합격 보장 지한쌤의 **EASY**한
맞춤형화장품 조제관리사

화장품법령 백과사전

이지한 편저

💡 이 책이 꼭 필요한 사람!

❶ **예비 맞춤형화장품조제관리사**: 법령 쉽게 외우는 50가지 암기 비법 수록! 특별부록으로 주관식 대비 단어장과 최신 가이드 수록! 시험은 법령에서 80문제 이상 나온다!
❷ **현재 화장품제조업, 화장품책임판매업, 맞춤형화장품판매업을 영위하는 사람**: 화장품법이 실제로 쓰이는 각종 사례 다수 수록! 화장품법 이해는 영업자의 필수 사항
❸ **화장품책임판매업소의 책임판매관리자**: 화장품법을 다뤄야 하는 실무진에게 꼭 필요한 교양서
❹ **맞춤형화장품조제관리사**: 합격하여 조제관리사로 일할 때에도 법적으로 문제가 있는지 확인해야 할 상황이 생겼을 때 큰 도움이 되는 책!
❺ **한국의 화장품 법령을 이해하기 쉽게 알고 싶은 사람**

💡 이 책의 특장점!

❶ 화장품 법령을 총망라하여 별도의 법령집을 사지 않아도 깔끔하고 위계적으로 정리 가능!
❷ '이해하기'와 '다지기'로 같은 법령을 손쉽게 2번 외운다! '다지기'에서는 법령의 모든 것을 단 하나의 **체계표**로 깔끔 총정리!
❸ 이해하기 매우 쉬운 해설!(각종 **예시**와 **설명자료** 가득!)
❹ 카페에 공유하지 않은 50가지 암기비법 제공! 어려운 법령, 암기도 뚝딱!
❺ 특별부록 제공! 시험 다출제 법령 별표 자료 대거 수록, 주관식 대비 단어장, 주관식 시험지, 간단 테스트지 및 답지 제공!
❻ 지한쌤 카페 가입 후 VIP 인증 시 매 순간 업데이트되는 최신 시험 대비 자료 및 암기 족보 열람 가능!(https://cafe.naver.com/cosnj)
❼ 화장품 법령 무료 유튜브 강의 열람 가능!
❽ 구매 시 네이버 카페 '화박사'에 각종 암기비법 자료 열람 가능!

종이향기

맞춤형화장품조제관리사 시험이 갈수록 어려워지고 있습니다.

절대평가임에도 합격하는 사람은 10명 중 1명꼴에 불과합니다. 매 회차의 평균 합격률은 10% 내외! 그런데도 시중의 많은 이론서가 법령에 충실하지 않아 실제 시험의 유형과 난이도를 따라가지 못하는 경우가 참 많습니다. 이는 맞춤형화장품조제관리사 자격시험을 준비하는 여러 인터넷 커뮤니티(카페)를 들어가 보시면 쉽게 알 수 있습니다. 시험이 끝난 직후에 회원분들이 남기시는 글을 보세요! 많은 분께서 실제 시험과는 너무도 다른 교재를 원망하고 실제 시험은 단순 암기식이 아닌 수능형으로 출제된다고 아우성칩니다.

마치 대학수학능력시험 '국어(언어)' 영역을 푸는 것 같은 문제들. 상당수의 문제는 화장품법령에서 토씨 하나만 바꿔서 틀린 것을 고르는 문제를 냅니다. '어, 다 맞는 말인 것 같은데?' - 여러분, 법령을 확실히 공부하지 않으면 다 틀립니다. 명심하세요! 조제관리사 자격시험의 범위는 "그 자격시험이 시행되는 날을 기점으로 시행되는 화장품 법령"이지, 여러분께서 구매하신 "이론서"가 아닙니다. 식약처장은 이를 정확히 시험공고로서 명시하고 있습니다. 즉, 여러분들께서는 공부하실 때 이론서는 참고용 도서로만 활용하시고, 화장품법령을 꼭! 꼭! 이해하시고 암기하셔야 합니다. "에이, 화장품법령은 1단원에만 해당하는 내용이니까 시험 출제 비율이 10%밖에 안 되잖아!"라고 오해하시는 분들이 계시는데, 화장품법령은 화장품법, 시행령, 시행규칙 및 각종 행정고시를 통으로 부르는 말입니다. 이는 행정절차뿐 아니라 각종 화장품 표기, 기재 사항, 광고 사항, 알레르기 유발 물질, 사용 시 주의사항, 화장품의 유형, 사용상의 제한이 필요한 원료, 유통화장품 안전관리 기준, CGMP, 맞춤형화장품 관련 모든 사항 등을 모두 규정합니다. 결국 1~4단원의 모든 내용이 다 법령에서 나옵니다. 피부 모발학을 제외한 전 시험 범위의 80% 이상이 다 법령에서 나온다는 뜻입니다. 그래서 법령 위주의 시험 대비가 필수적입니다.

그러나 너무나도 높은 법령의 장벽 – 안타깝지만, 법령은 너무나도 어렵습니다. 말도 어렵고 용어도 전문적이며 화장품 법령은 서로 간 유기적으로 결합하여 있기에 단순히 해당 법령만 단편적으로 보시면 시험에 낙방할 수밖에 없습니다. 게다가 법령을 다 프린트하면 수천 장에 이릅니다. 제가 출간한 모든 문제집은 다 화장품 법령에 기반하여 출간되었는데요, 제 문제집에 대한 이론서가 없다는 비판이 끊임없이 제기되었습니다. 저 역시 반성했어요. 법령을 기반으로 문제는 어렵게 출제해 놓고 법령을 쉽게 읽을 수 있는 책을 낼 생각을 하지 않았으니… 그래서 제가 50가지 특별 암기비법을 담아내어 정말 쉽게 법령을 이해할 수 있는 책을 출간하였습니다. 특히 이 책의 가장 큰 장점은 법령해설을 개별적인 법령별로 구성하되, 해당 법령 조문과 유기적으로 관련 있는 법령들을 그때그때 추가로 제시해 종합적인 법령의 이해를 도모했다는 점입니다. 더 나아가 많은 양의 법령을 손쉽게 외우시기를 바라는 마음에서 암기비법을 50가지나 제공하고 있으며 각종 예시자료와 사진 자료들을 첨부하는 등 독자분들의 쉬운 이해를 위해 노력하였습니다. 부디 이 책으로 화장품 법령을 정복하시기를 바랍니다.

[참고] 이 책에서 다루는 다양한 화장품 법령의 내용과 그 팁들을 문제로 직접 적용해보고 싶으신 분들은 '지한쌤의 맞춤형화장품조제관리사 모의고사 400제' 및 '지한쌤의 맞춤형화장품조제관리사 심화문제집(상/하)'를 풀어보시기를 추천해 드립니다. '나는 법령이 실제 시험 문제에 정말 어렵게 나오면 어떤 식으로 출제되는지 궁금하다' 하시는 분께서는 '지한쌤의 EASY한 FINAL 맞춤형화장품조제관리사 봉투형 모의고사'를 꼭 풀어보세요!(시험 전에 실제 시험처럼 풀어보시기를 추천해 드립니다.)

저자 **이지한**

1 화장품법령

- 화장품법
- 화장품법 시행령
- 화장품법 시행규칙
- 식약처 행정고시

2 화장품법의 목적

화장품법의 목적은 화장품의 **제조, 수입, 판매 및 수출** 등에 관한 사항을 규정함으로써 **국민 보건 향상**과 **화장품 산업**의 발전에 기여하는 것입니다. 화장품의 특성에 부합하는 관리와 화장품 산업의 경쟁력 배양을 위한 제도 마련의 필요성이 제기되어 원래 의약품 등과 함께 약사법에서 관리되던 화장품이 1999년 9월 7일에 제정되어 2000년 7월 1일에 시행됨에 따라 단독으로 관리되기 시작하였습니다.

3 화장품 법령의 종류

화장품 법령은 그 뿌리가 되는 **화장품법**(국회)으로 시작하여 이를 심화·구체화한 **시행령**(대통령령), **시행규칙**(총리령)으로 이어져 내려오며 이를 실질적으로 집행하는 정부 기관인 <u>식품의약품안전처</u>(이하 **식약처**)에서 최종적으로 구체화한 **행정규칙(행정고시)**을 고시함으로써 완성됩니다. 식약처는 이러한 식약처장 행정고시를 일반 국민들에게 알기 쉽게 전달하기 위하여 '민원인 가이드라인' 등의 안내서 및 지침을 제작하여 식약처 홈페이지를 통해 배포하고 있습니다.

4 화장품 법령 체계도 자세히 알아보기

구분	법령명
법률	화장품법
대통령령	화장품법 시행령
총리령	화장품법 시행규칙
고시	기능성화장품 기준 및 시험방법
	기능성화장품 심사에 관한 규정
	화장품 표시·광고 실증에 관한 규정
	화장품 표시·광고를 위한 인증 보증기관 신뢰성 인정에 관한 규정
	화장품 가격표시제 실시요령
	화장품 바코드 표시 및 관리요령
	화장품 사용 시의 주의사항 및 알레르기 유발성분 표시에 관한 규정
	화장품 안전기준 등에 관한 규정
	화장품의 색소 종류와 기준 및 시험방법
	화장품 안전성 정보관리 규정
	화장품의 생산 수입실적 및 원료목록 보고에 관한 규정
	천연화장품 및 유기농화장품의 기준에 관한 규정
	천연화장품 및 유기농화장품 인증기관 지정 및 인증 등에 관한 규정
	우수화장품 제조 및 품질관리 기준(CGMP)
	수입화장품 품질검사 면제에 관한 규정
	화장품 법령 제도 등 교육실시기관 지정 및 교육에 관한 규정
	인체적용제품의 위해성평가 등에 관한 규정
	소비자화장품안전관리감시원 운영 규정
	영유아 또는 어린이 사용 화장품 안전성 자료의 작성·보관에 관한 규정
	화장품 원료 사용기준 지정 및 변경심사에 관한 규정
	맞춤형화장품조제관리사 자격시험 운영기관 지정에 관한 규정
	맞춤형화장품판매업자의 준수사항에 관한 규정

☑ 행정규칙은 식약처장이 고시하며 이는 점점 늘어나고 있습니다.

5 화장품 산업 관련 법률

- **원료 및 생산 관련**:산업 안전 보건법, 대기 환경보전법, 폐기물 관리법
- **유통 및 판매 관련**:공정거래법, 표시광고법
- **생산·유통판매·소비자 관련**:자원재활용법
- **화장품 산업 전반과 관련된 법**:제조물책임(PL)법, 소비자기본법

6 화장품법의 변화(연혁)

연도	내용
1953. 12	약사법 제정(화장품 규제 포함)
1991. 12	종별 허가제 시행
1999. 09	화장품법 제정→ **그러나 화장품 산업의 특성을 충분히 반영하지 못함**
2000. 06	화장품법 시행령 제정
2000. 07	화장품법 시행규칙 제정/ **2000.07.01. 화장품법 시행**
2008. 10	전성분 표시제도 도입→ **현재의 화장품 법령의 토대 마련**
2011. 08	화장품법 전부개정법률 공포→ **책임판매업자 제도, 원료의 네거티브시스템 등 도입**
2012. 12	화장품법 시행령 일부 개정 및 화장품법 시행규칙 전부개정
2016. 05	화장품법 일부 개정 법률 공포(기능성화장품 확대 등)
2018. 03	화장품법 일부 개정 법률 공포(맞춤형화장품판매업 신설 등)

7 화장품 관련 법령 체계(화장품 법규 개요)

```
                              관리 감독
                    ┌──────────────────────┐
                    ↓                      ↓
┌──────────┐  ┌──────────┐  ┌──────────────┐  ┌────────────────────────┐
│  연구개발  │  │ 제조업 등록 │  │ 책임판매업 등록 │  │          감독            │
├──────────┤  ├──────────┤  ├──────────────┤  ├────────────────────────┤
│·정의, 유형  │  │·시설 기준  │  │·품질관리기준, 책임판매│  │·교육명령      ·회수폐기명령    │
│·기능성화장품심사│  │         │  │  후 안전관리기준 규정│  │·보고와 검사    ·위해화장품의 공표 │
│·천연화장품, │  │         │  │·책임판매관리자    │  │·검사명령      ·등록의 취소     │
│  유기농화장품 기준│ │         │  │              │  │·개수명령      (행정 처분)      │
└──────────┘  └──────────┘  └──────────────┘  └────────────────────────┘
```

```
┌──────────┐ ⮞ ┌────────┐ ⮞ ┌──────────┐ ⮞ ┌────────┐ ⮞ ┌────────┐
│  관리 감독  │   │  제조   │   │  책임 판매  │   │  판매   │   │  소비자  │
└──────────┘   └────────┘   └──────────┘   └────────┘   └────────┘
```

·화장품 안전기준
 -배합금지원료
 -사용제한원료
·화장품 색소의
 종류와 기준 및
 시험방법
·동물실험 금지
·안전용기사용

·준수사항
 -제조와 관련된
  기록, 시설기구 등의
  관리방법
 -시험·검사 검정실시
  방법 및 의무

·준수사항
 -품질관리기준 및
  책임판매 후
  안전관리기준 준수
 -품질검사방법 실시의무
 -안전성 유효성 관련
  정보사항 보고, 안전대책
  마련 의무 등
·화장품기재 사항
·생산·수입실적, 원료목록 보고

·가격 표시
·맞춤형화장품판매업
 ※맞춤형화장품
  조제관리사

식품의약품안전처에서
감독

앞으로 해설서에서 자주 사용할 용어 정리!

☑ 식품의약품안전처는 '**식약처**'로 줄여서 사용하겠습니다!(식품의약품안전처장＝식약처장)

☑ 지방식품의약품안전청은 '**지방식약청**'으로 줄여서 사용할게요!(지방식품의약품안전청장
　＝지방식약청장)

☑ 식품의약품안전평가원은 '**평가원**'으로 줄여서 사용하겠습니다!(식품의약품안전평가원장
　＝평가원장)

☑ 화장품제조업자는 **제조업자**로, 화장품책임판매업자는 **책판업자(혹은 책임판매업자)**로,
　맞춤형화장품판매업자는 **맞판업자**로, 맞춤형화장품조제관리사는 **조제관리사**로, 책임판매
　관리자는 **책판관리자**로 줄여서 사용하겠습니다!

☑ 영업자란 **제조업자, 책판업자, 맞판업자**를 합쳐서 부르는 말입니다.

목차

▌부록 및 특별부록　시험에 자주 출제되는 부분이니 꼭 암기하기!

01

화장품법 해설서

Ⅰ. 화장품법

꼼꼼하고 알기 쉬운 법조문 해설[이해하기]	
법령	화장품법
조항	제1조~제3조의2
관련 법령	우수화장품 제조 및 품질관리 기준 제1조(목적) 화장품법 시행령 제2조(영업의 세부종류와 범위) 화장품법 시행규칙 제2조(기능성화장품의 범위)

거의 모든 법은 제1조에 그 제정 목적이 담겨있답니다. 화장품법 역시 마찬가지예요! 법을 공부할 때 그 목적을 아는 것은 나침반을 가지고 길을 나서는 것과 같답니다. 목적 중 강조된 글씨는 꼭 암기해주세요!

화장품법 제1조(목적)

주관식 주의보! 중요도 : ★★★

이 법은 화장품의 **제조·수입·판매 및 수출** 등에 관한 사항을 규정함으로써 국민보건향상과 화장품 산업의 발전에 기여함을 목적으로 한다.

화장품법의 제정 목적은 화장품의 제조·수입·판매·수출 등을 규정하여 (국민보건향상)과 (화장품산업)의 발전에 기여하는 것입니다! 총 40조로 구성된 화장품법은 모든 화장품과 관련한 법규 및 행정규칙의 토대이므로 화장품법을 공부할 때에는 '전체적으로 이런 내용이 있구나' 정도로 이해하시고 넘어가세요. 화장품법을 심화·구체화한 시행령과 시행규칙, 행정고시는 뒤의 장에서 상세히 알아보도록 하겠습니다.

여기서 잠깐! plus point!

화장품법 제1조의 목적과 우수화장품 제조 및 품질관리기준(행정고시) 제1조의 목적을 구별하여 알아두시면 참 좋아요!

📝 비교하여 알아두기

식약처장 고시 우수화장품 제조 및 품질관리 기준(행정규칙) - CGMP 제1조(목적)

이 고시는 「화장품법」 제5조 제2항 및 화장품법 시행규칙 제12조 제2항에 따라 우수화장품 제조 및 품질관리 기준에 관한 세부사항을 정하고, 이를 이행하도록 권장함으로써 우수한 화장품을 제조·공급하여 소비자보호 및 국민보건 향상에 기여함을 목적으로 한다.

공통점은 모두 **국민보건 향상**이 목적이라는 점이네요~ 차이점은 화장품법의 목적은 <u>화장품 산업의 발전</u>에 포커스가 있다면 우수화장품 제조 및 품질관리 기준은 <u>소비자 보호</u>가 목적이군요~ 아하~!

제정 목적을 살펴보았으니 이제 다음 조항을 알아봅시다. 화장품법 제2조는 모조리 암기! **객관식 및 주관식 다출제 구간**이에요. 맞춤형화장품조제관리사 시험에 빼먹지 않고 항상 출제되는 부분입니다. 화장품법 제2조는 화장품법에서 쓰이는 다양한 용어에 대해 상세히 설명하는 부분입니다.

> **화장품법 제2조(정의)** - 이 법에서 사용하는 용어의 뜻은 다음과 같다.
>
> **객관식 및 주관식 주의보! 중요도 : ★★★★★**
>
> 1. 화장품이란 **인체를 청결·미화하여 매력을 더하고 용모를 밝게 변화시키거나 피부·모발의 건강을 유지 또는 증진하기 위하여 인체에 바르고 문지르거나 뿌리는 등 이와 유사한 방법으로 사용되는 물품으로서 인체에 대한 작용이 **경미**한 것을 말한다. 다만, 「약사법」 제2조 제4호의 <u>의약품</u>에 해당하는 물품은 제외한다.

제2조에 명시된 화장품의 정의를 분석하여 볼게요.

화장품의 사용 목적	인체를 청결·미화하여 매력을 더하고 용모를 밝게 변화시키거나 피부·모발의 건강을 유지 또는 증진하기 위함
화장품의 용법	인체에 바르고 문지르거나 뿌리는 등의 방법
화장품의 작용범위	인체, 피부 및 모발

<u>화장품의 작용범위</u>가 **피부 및 모발**이라는 점을 밝히고 있네요. '구강의 건강을 유지하는 것이 화장품이다.'라는 객관식 보기가 있으면 틀렸다는 것을 단번에 알아야 해요. 구강청결제는 화장품일까요? 당연히 아니겠죠! 구강은 화장품의 작용범위가 아니니까요. 치약 및 구강청결제는 **의약외품**이랍니다. 의약외품은 화장품이 아니에요! 점막 등에 사용되는 것도 화장품이 아닙니다.

좀 더 자세히 알아볼까요? 이 법에 따르면 화장품은 인체에 대한 작용이 경미한 것이며 의약품은 제외합니다. 그렇다면 의약품과 화장품을 구별하라는 시험문제가 나올 수 있겠네요. 실제로 출제된 적이 있습니다. 화장품과 의약외품에 대해 자세히 알아봅시다.

☐ 화장품과 의약품

- 화장품은 의약품과 다릅니다. 인체에 사용하는 물품이라도 질병의 진단이나 치료, 처치, 증상의 경감 또는 예방을 목적으로 사용하는 것은 화장품이 아니라 의약품에 해당합니다.
- <u>화장품은 의약품과 비교하여 인체에 미치는 작용이 **경미합니다.**</u> 의약품으로서의 효과성을 갖는 제품에는 의약품과 의약외품이 있고, 화장품으로서의 기능을 갖는 제품에는 일반화장품과 기능성화장품이 있습니다.
- 인체에 미치는 작용의 기준으로 보면 **의약품 > 의약외품 > 기능성화장품 > 화장품** 순으로 영향이 있습니다.

□ 손 세정제와 손 소독제를 통해 알아본 화장품과 의약품

손 세정제는 말 그대로 손을 세정하기 위해 물과 함께 씻어내는 것입니다. 비누와 핸드워시 등이 있죠. 이는 화장품으로 분류합니다. 손 소독제는 현재 우리나라에서 의약외품으로 분류합니다. 에탄올이 보통 70~80% 정도 함유되어 있지요. 손 소독제는 맞춤형화장품조제관리사가 조제할 수 있을까요? 손 소독제는 의약외품이므로 화장품이 아닙니다! 따라서 맞춤형화장품조제관리사가 혼합할 수도, 소분할 수도 없습니다.

구분	손 세정제	손 소독제
형상	물비누, 핸드워시, 거품 비누	에탄올이 함유된 투명한 겔
사용 방법	물과 함께 씻어내는 용도. 물이 없는 곳에선 사용할 수 없다.	물이 없는 모든 곳에서 사용 가능. 손에 짠 뒤 20초 정도 손을 비비면 된다.
장점	손에 묻은 오염을 제거하는 세정 효과가 강함.	손에 묻은 오염 제거에 큰 효과가 없지만 세균, 바이러스 제거에 더 효과적. 사용이 편리함.
분류	화장품	의약외품

□ 그 외의 의약외품

그 외에 맞춤형화장품조제관리사가 취급할 수 없는 의약외품에는 무엇이 있을까요? 치약, 구강청결제(가그린), 생리대, 마스크, 기피제, 비타민 복용제 등은 모두 의약외품입니다! 화장품 아닙니다. 헷갈리지 마세요!

[참고] 의약외품 목록표	
가	• 생리혈 위생처리 제품(생리대, 탐폰, 생리컵) • 마스크(수술용, 보건용) • 환부의 보존·보호·처치 등의 목적으로 사용하는 제품(안대, 붕대, 탄력붕대, 석고붕대, 원통형 탄력붕대, 거즈, 탈지면, 반창고 등) • 구강청결용 물휴지 등 • 기타 이와 유사한 물품
나	• 입 냄새 등의 방지제(구중청량제(가글제), 액체방지제, 땀띠·짓무름용제, 치약제) • 파리, 모기 등의 구제제, 방지제, 기피제 및 유인살충제 • 콘택트렌즈의 세척·소독 등 관리용품 • 금연용품(흡연욕구 저하 또는 흡연습관 개선 제품) • 손 소독제 등 인체에 직접 적용하는 외용소독제 • 의약품에서 전환된 내복용제(비타민·미네랄 제제, 자양강장변질제, 건위소화제, 정장제) • 구강위생 관리제품(치아근관·의치·틀니 등의 세척·소독제, 코골이 방지보조제, 치아미백제, 치태·설태 염색제) • 가습기 내의 물에 첨가하는 제제(미생물 번식과 물때 발생 예방목적) • 휴대용 공기·산소

| 다 | • 공중보건과 위생관리를 위한 방역의 목적으로 사용하는 살충·살서제
• 인체에 직접 적용되지 않는 살균제 등 |

※ '나' 제품 중 파리, 모기 등의 구제제, 방지제, 기피제 및 유인살충제(인체에 직접 적용되는 기피제는 제외), 가습기 내의 물에 첨가하는 제제, '다'의 모든 제품은 2019년 1월 1일부로 살생물제품으로 변경되어 환경부에서 관리

- [네이버 지식백과] 의약외품(시사상식사전, pmg 지식엔진연구소)

계속해서 화장품법 제2조의 다른 용어들을 알아봅시다.

화장품법 제2조(정의) - 이 법에서 사용하는 용어의 뜻은 다음과 같다.

객관식 및 주관식 주의보! 중요도 : ★★★★★

2. "기능성화장품"이란 화장품 중에서 다음의 어느 하나에 해당되는 것으로서 총리령으로 정하는 화장품을 말한다.

- 피부의 미백에 도움을 주는 제품

- 피부의 주름개선에 도움을 주는 제품

- 피부를 곱게 태워주거나 자외선으로부터 피부를 보호하는 데에 도움을 주는 제품

- 모발의 색상 변화·제거 또는 영양공급에 도움을 주는 제품

- 피부나 모발의 기능 약화로 인한 건조함, 갈라짐, 빠짐, 각질화 등을 방지하거나 개선하는 데에 도움을 주는 제품

기능성화장품이란 화장품 중에서 화장품 법령에서 규정하고 있는 특별한 효능을 가진 제품을 말합니다. 기능성화장품은 일반화장품과는 달리, 제조 또는 수입하기 전에 기능성화장품 심사를 받거나 보고서를 제출해야 합니다.

그런데 이 조항을 자세히 보면 기능성화장품이란 총리령으로 정하는 화장품이라는 사실을 알 수 있어요. 앞의 일러두기에서 총리령이 무엇이랑 같은 말이라고 했지요? 네, 맞습니다. 화장품법 시행규칙과 같은 말이었죠? 이처럼 화장품법에서 어떠한 것을 설명한 뒤에 '이는 총리령으로 정한다.' 혹은 '대통령령으로 정한다.' 라고 하는 것들은 다 해당 내용을 시행규칙(총리령)이나 시행령(대통령령)에서 더 자세히 다룬다는 뜻입니다. 기능성화장품은 총리령으로 정한다고 하였으니 이를 더 자세히 알기 위해서는 시행규칙을 함께 봐야겠네요.

☞ **소곤소곤!** 화장품법에서는 기능성화장품을 **5가지 종류**로 정하고 있어요. 그리고 이를 화장품법 시행규칙(총리령)에서 보다 구체화하여 **11가지**로 제시하고 있지요. 이는 상식이에요.

좀 더 깊게 공부하고 싶은 사람들을 위한 상식!(객관식 주의보)

화장품법 **제2조**에 기능성화장품의 정의가 명시되어 있다. 그리고 화장품법 시행규칙 **제2조**에서 이를 구체화하였다!(실제 시험의 객관식 선지였어요!)

📝 관련 있는 법령 같이 보기

화장품법 시행규칙 제2조(기능성화장품의 범위)

중요도 : ★★★★★

「화장품법」제2조 제2호에서 "총리령으로 정하는 화장품"이란 다음의 화장품을 말한다.

1. 피부에 멜라닌색소가 침착하는 것을 방지하여 기미·주근깨 등의 생성을 억제함으로써 피부의 **미백**에 도움을 주는 기능을 가진 화장품

2. 피부에 침착된 **멜라닌색소**의 색을 엷게 하여 피부의 미백에 도움을 주는 기능을 가진 화장품

3. 피부에 탄력을 주어 피부의 **주름**을 완화 또는 개선하는 기능을 가진 화장품

4. 강한 **햇볕을 방지**하여 피부를 곱게 태워주는 기능을 가진 화장품

5. 자외선을 차단 또는 산란시켜 자외선으로부터 피부를 보호하는 기능을 가진 화장품

6. 모발의 색상을 변화(탈염(脫染)·탈색(脫色) 포함)시키는 기능을 가진 화장품. 다만, 일시적으로 모발의 색상을 변화시키는 제품은 제외한다.

7. 체모를 제거하는 기능을 가진 화장품. 다만, 물리적으로 체모를 제거하는 제품은 제외한다.

8. 탈모 **증상의 완화**에 도움을 주는 화장품. 다만, 코팅 등 물리적으로 모발을 굵게 보이게 하는 제품은 제외한다.

9. 여드름성 피부를 **완화**하는 데 도움을 주는 화장품. 다만, **인체세정용 제품류로 한정**한다.

10. 피부장벽(피부의 가장 바깥 쪽에 존재하는 각질층의 표피)의 기능을 회복하여 **가려움 등의 개선**에 도움을 주는 화장품

11. 튼살로 인한 붉은 선을 엷게 하는 데 도움을 주는 화장품

화장품법 시행규칙 제2조에서 정하는 11가지의 기능성화장품은 뒤의 시행규칙을 다루는 장에서 자세히 다뤄 보도록 할게요. 그렇지만 강조된 글씨는 꼭 암기! 잊지 마세요! 강조된 글씨는 눈 감고도 쓸 수 있도록 암기가 되어야 해요!

그럼 다시 화장품법 제2조를 마저 봅시다.

화장품법 제2조(정의) - 이 법에서 사용하는 용어의 뜻은 다음과 같다.

객관식 및 주관식 주의보! 중요도 : ★★★★★

2의2. "천연화장품"이란 동식물 및 그 유래 원료 등을 함유한 화장품으로서 식품의약품안전처장이 정하는 기준에 맞는 화장품을 말한다.

3. "유기농화장품"이란 유기농 원료, 동식물 및 그 유래 원료 등을 함유한 화장품으로서 식품의약품안전처장이 정하는 기준에 맞는 화장품을 말한다.

3의2. "맞춤형화장품"이란 다음의 화장품을 말한다.

① 제조 또는 수입된 <u>화장품의 내용물</u>에 다른 화장품의 <u>내용물</u>이나 식품의약품안전처장이 정하는 <u>원료</u>를 **추가하여 혼합**한 화장품

② 제조 또는 수입된 화장품의 내용물을 <u>소분(小分)</u>한 화장품. 다만, 고형(固形) 비누 등 총리령으로 정하는 화장품의 내용물을 단순 소분한 화장품은 제외한다.

4. "안전용기·포장"이란 **만 5세 미만**의 어린이가 개봉하기 어렵게 설계·고안된 용기나 포장을 말한다.

5. "사용기한"이란 <u>화장품이 제조된 날</u>부터 적절한 보관 상태에서 제품이 **고유의 특성을 간직**한 채 소비자가 <u>안정적으로 사용</u>할 수 있는 <u>최소한의 기한</u>을 말한다.

6. "1차 포장"이란 화장품 제조 시 **내용물과 직접 접촉하는 포장용기**를 말한다.

7. "2차 포장"이란 1차 포장을 수용하는 1개 또는 그 이상의 포장과 보호재 및 표시의 목적으로 한 포장(첨부문서 포함)을 말한다.

8. "표시"란 <u>화장품의 용기·포장에 기재하는 문자·숫자·도형 또는 그림</u> 등을 말한다.

9. "광고"란 라디오·텔레비전·신문·잡지·음성·음향·영상·인터넷·인쇄물·간판, 그 밖의 방법에 의하여 화장품에 대한 <u>정보를 나타내거나 알리는 행위</u>를 말한다.

10. "화장품제조업"이란 화장품의 전부 또는 일부를 제조(2차 포장 또는 표시만의 공정 제외)하는 영업을 말한다.

11. "화장품책임판매업"이란 취급하는 화장품의 품질 및 안전 등을 관리하면서 이를 **유통·판매**하거나 **수입대행형** 거래를 목적으로 알선·수여(授與)하는 영업을 말한다.

12. "맞춤형화장품판매업"이란 맞춤형화장품을 판매하는 영업을 말한다.

법 제2조에 명시된 모든 단어의 정의는 꼭 완전 암기하셔야 합니다. 천연화장품이란 <u>동식물 및 그 유래 원료 등을 함유한 화장품</u>으로서 식품의약품안전처장이 정하는 기준에 맞는 화장품을, <u>유기농화장품이란 유기농 원료, 동식물 및 그 유래 원료 등을 함유한 화장품</u>으로서 식품의약품안전처장이 정하는 기준에 맞는 화장품을 말합니다. 여기서 '식품의약품안전처장이 정하는 기준'이란 천연화장품은 중량 기준으로 <u>천연 함량이 전체 제품에서 95% 이상</u>으로 구성되어야 하며 유기농화장품은 중량 기준으로 유기농 함량이 전체 제품에서 10% 이상, 유기농 함량을 포함한 천연 함량이 전체 제품에서 95% 이상으로 구성되어야 한다는 것입니다. **'천연 함량'이란 '천연 원료, 천연 유래 원료, 물'**을 말하며, **'유기농 함량'이란 '유기농 원료 및 유기농 유래 원료에서 유기농 부분에 해당되는 함량'**을 말합니다(물, 미네랄 또는 미네랄유래 원료는 유기농 함량 비율 계산에 포함하지 않습니다.).

📢 천연 함량과 유기농 함량 더 자세히 알아보기

1. 천연 함량(천연 원료＋천연 유래 원료＋물)

1) 천연 원료(유기농 원료, 식물 원료, 동물성 원료, 미네랄 원료)

(1) 유기농 원료

① 「친환경농어업 육성 및 유기식품 등의 관리·지원에 관한 법률」에 따른 <u>유기농수산물</u> 또는 이를 천연 및 유기농화장품 기준 규정에서 허용하는 **물리적 공정**에 따라 가공한 것(**축산물 아닙니다. ★수산물★**)

② 외국 정부(미국, 유럽연합, 일본 등)에서 정한 기준에 따른 인증기관으로부터 유기농수산물로 인정받거나 이를 천연 및 유기농화장품 기준 규정에서 허용하는 **물리적 공정**에 따라 가공한 것

③ **국제유기농업운동연맹(IFOAM)**에 등록된 인증기관으로부터 유기농 원료로 인증받거나 이를 천연 및 유기농화장품 기준 규정에서 허용하는 **물리적 공정**에 따라 가공한 것

「친환경농어업 육성 및 유기식품 등의 관리·지원에 관한 법률」에 따른 유기농수산물 마크	외국 정부(미국, 유럽연합, 일본 등)에서 정한 기준에 따른 인증기관의 예	국제유기농업운동연맹 (IFOAM) 마크

(2) 식물 원료

식물(해조류와 같은 해양식물, 버섯과 같은 균사체 포함) 그 자체로서 가공하지 않거나, 이 식물을 가지고 천연 및 유기농화장품 기준 규정에서 허용하는 **물리적 공정**에 따라 가공한 화장품 원료

(3) 동물에서 생산된 원료(동물성 원료)

동물 그 자체(세포, 조직, 장기)는 제외하고, 동물로부터 자연적으로 생산되는 것으로서 가공하지 않거나, 이 동물로부터 자연적으로 생산되는 것을 가지고 천연 및 유기농화장품 기준 규정에서 허용하는 **물리적 공정**에 따라 가공한 계란, 우유, 우유단백질 등의 화장품 원료

point!! 식물원료는 식물 그 자체! 동물성 원료는 동물 그 자체를 제외하여 동물로부터 자연적으로 생산되는 것!

(4) 미네랄 원료

지질학적 작용에 의해 자연적으로 생성된 물질을 가지고 천연 및 유기농화장품 기준 규정에서 허용하는 **물리적 공정**에 따라 가공한 화장품 원료. 다만, 화석연료로부터 기원한 물질은 제외

2) 천연 유래 원료(유기농 유래 원료, 식물유래, 동물성 유래 원료, 미네랄 유래 원료)

(1) 유기농 유래 원료

유기농 원료를 천연 및 유기농화장품 기준 규정에서 허용하는 **화학적 또는 생물학적 공정**에 따라 가공한 원료.

(2) 식물 유래, 동물성 유래 원료

식물 원료 또는 동물성 원료를 가지고 천연 및 유기농화장품 기준 규정에서 허용하는 **화학적 공정 또는 생물학적 공정**에 따라 가공한 원료.

(3) 미네랄 유래 원료

미네랄 원료를 가지고 천연 및 유기농화장품 기준 규정에서 허용하는 **화학적 공정 또는 생물학적 공정**에 따라 가공한 원료.

예 규조토, 마이카, 벤토나이트, 실리카, 씨솔트, 알루미늄, 울트라마린, 탤크, 티타늄디옥사이드, 칼슘하이드록사이드, 칼슘카보네이트, 카올린, 포타슘하이드록사이드, 골드, 징크옥사이드, 징크설페이트 등

3) 물

2. 유기농 함량

천연 원료 중 **유기농 원료**, 천연 유래 원료 중 **유기농 유래 원료의 유기농 부분**에 해당하는 함량.

□ **천연화장품 및 유기농화장품의 제조에 사용할 수 있는 원료**

천연 및 유기농화장품은 제조에 사용될 수 있는 원료도 정해져 있습니다. 이 화장품들은 천연 원료, 천연 유래 원료, 물 및 **허용되는 일부 합성 원료, 허용되는 일부 기타 원료**로만 이루어져야 합니다. 심지어 천연·유기농화장품에 사용될 수 있는 보존제 성분조차 따로 정하고 있습니다.

합성원료는 원칙적으로 천연화장품 및 유기농화장품의 제조에 사용할 수 없습니다. 단, 천연화장품 또는 유기농화장품의 품질 또는 안전을 위해 꼭 필요하지만 따로 자연에서 대체하기 곤란한 **허용 합성 원료 및 허용 기타 원료는** 5% 이내에서 사용할 수 있습니다. 이 경우에도 **석유화학 부분은** 2%를 초과할 수 없습니다.

① 천연화장품 및 유기농화장품의 제조에 사용할 수 있는 허용 기타원료	
원료	제한
베타인(Betaine)	
카라기난(Carrageenan)	
레시틴 및 그 유도체(Lecithin and Lecithin derivatives)	
토코페롤, 토코트리에놀(Tocopherol/ Tocotrienol)	

① 천연화장품 및 유기농화장품의 제조에 사용할 수 있는 허용 기타원료	
원료	제한
오리자놀(Oryzanol)	
안나토(Annatto)	
카로티노이드 / 잔토필(Carotenoids / Xanthophylls)	
앱솔루트, 콘크리트, 레지노이드(Absolutes, Concretes, Resinoids)	천연화장품에만 허용 (유기농화장품 X)
라놀린(Lanolin)	
피토스테롤(Phytosterol)	
글라이코스핑고리피드 및 글라이코리피드(Glycosphingolipids and Glycolipids)	
잔탄검	
알킬베타인	

- 위의 원료는 천연 원료에서 석유화학 용제를 이용하여 추출할 수 있습니다.
- 석유화학 용제의 사용 시 반드시 최종적으로 모두 회수되거나 제거되어야 하며, **방향족, 알콕실레이트화, 할로겐화, 니트로젠 또는 황(DMSO 예외) 유래 용제는 사용 불가**합니다.

☑ 위의 원료들을 석유화학 용제로 사용하면 '허용 기타원료'로 보는 것이고, 위의 원료를 천연 용제로 사용하여 추출한 경우는 허용 기타 원료로 보지 않고 천연물로 봅니다! 예를 들어 위의 표의 베타인을 석유화학 용제로 추출한 경우 허용 기타원료이므로 5% 이내에서 사용해야 하지만 이를 천연 용제로 추출한 경우에는 허용 기타원료가 아니므로 5%의 제한이 없습니다. 같은 베타인이어도 용제에 따라 달라요!

지한쌤의 첫 번째 암기비법!

허용 기타 원료 중 천연화장품에만 사용할 수 있는 원료 쉽게 외우기!

"앱솔루트(분유)가 콘크리트에 떠레지노!"

앱솔루트, 콘크리트, 레지노이드는 **천연화장품에만 허용**

👉 이 암기비법은 선한 영향력을 행사하시는 화박사 회원(테스형)님의 아이디어입니다.

② 천연화장품 및 유기농화장품의 제조에 사용할 수 있는 허용 합성원료	
천연·유기농화장품에 사용될 수 있는 합성 보존제·변성제	
원료	제한
벤조익애씨드 및 그 염류(Benzoic Acid and its salts)	
벤질알코올(Benzyl Alcohol)	
살리실릭애씨드 및 그 염류(Salicylic Acid and its salts)	
소르빅애씨드 및 그 염류(Sorbic Acid and its salts)	

원료	제한
데하이드로아세틱애씨드 및 그 염류(Dehydroacetic Acid and its salts)	
데나토늄벤조에이트, 3급부틸알코올, 기타 변성제(프탈레이트류 제외) (Denatonium Benzoate and Tertiary Butyl Alcohol and other denaturing agents for alcohol(excluding phthalates))	(관련 법령에 따라) **에탄올**에 변성제로 사용된 경우에 한함
이소프로필알코올(Isopropylalcohol)	
테트라소듐글루타메이트디아세테이트(Tetrasodium Glutamate Diacetate)	

천연 유래와 석유화학 부분을 모두 포함하고 있는 원료	
분류	**사용 제한**
디알킬카보네이트(Dialkyl Carbonate)	
알킬아미도프로필베타인(Alkylamidopropylbetaine)	
알킬메칠글루카미드(Alkyl Methyl Glucamide)	
알킬암포아세테이트 / 디아세테이트(Alkylamphoacetate / Diacetate)	
알킬글루코사이드카르복실레이트(Alkylglucosidecarboxylate)	
카르복시메칠 - 식물 폴리머(Carboxy Methyl-Vegetal polymer)	
식물성 폴리머-하이드록시프로필트리모늄클로라이드(Vegetal polymer-Hydroxypropyl Trimonium Chloride)	두발/수염에 사용하는 제품에 한함
디알킬디모늄클로라이드(Dialkyl Dimonium Chloride)	두발/수염에 사용하는 제품에 한함
알킬디모늄하이드록시프로필하이드로라이즈드식물성단백질(Alkyldimonium Hydroxypropyl Hydrolyzed Vegetal protein)	두발/수염에 사용하는 제품에 한함

지한쌤의 두 번째 암기비법!

천연화장품 및 유기농화장품의 제조에 사용할 수 있는 허용 합성원료 중
천연 유래와 석유화학 부분을 모두 포함하고 있는 원료 외우기
'알킬' 혹은 '식물'이란 단어를 포함한다.

그 중 두발/수염에 사용하는 제품에만 한하는 원료 외우기
"씨.. 프로필사진 찍어야 하는데 수염을 안 잘랐네. 클랐네!"
두발/수염 제품에 한함 : '-시프로필', '클로라이드'
· 식물성 폴리머 - 하이드록시프로필트리모늄클로라이드
· 알킬디모늄하이드록시프로필하이드로라이즈드식물성단백질
· 디알킬디모늄클로라이드

- 석유화학 부분(petrochemical moiety의 합)은 전체 제품에서 2%를 초과할 수 없습니다.

 석유화학 부분은 다음과 같이 계산합니다.

 - 석유화학 부분(%) = 석유화학 유래 부분 몰중량 / 전체 분자량×100

 이 원료들은 유기농이 될 수 없습니다.

- 제조에 사용하는 원료는 중금속, 방향족 탄화수소, 농약, 다이옥신 및 폴리염화비페닐, 방사능, 유전자변형 생물
 체, 곰팡이 독성, 의약 잔류물, 질산염, 니트로사민 등에 오염되어서는 안 됩니다. 이 물질들은 자연적으로 존재
 하는 것보다 많은 양이 제품에 존재해서는 안 됩니다.

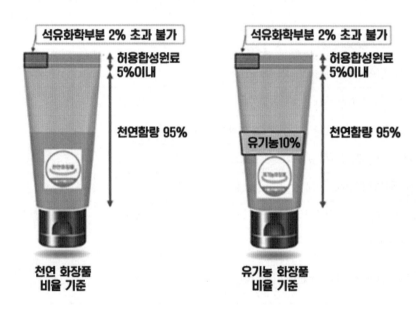

천연·유기농화장품 비율 기준

□ 제조공정

 천연 및 유기농화장품은 법으로 그 제조공정도 정해져 있습니다. 금지되는 공정과 허용되는 공정을 엄격히 구
분해 놓았습니다. 원료의 제조공정은 간단하고 오염을 일으키지 않으며, 원료 고유의 품질이 유지될 수 있어야
합니다. 허용되는 공정 또는 금지되는 공정은 다음과 같습니다.

📢 천연 및 유기농화장품의 제조공정

1. 허용되는 공정

1) 물리적 공정

물리적 공정 시 물이나 자연에서 유래한 천연 용매로 추출해야 합니다.

구분	공정명	비고
물리적 공정	흡수(Absorption) / 흡착(Adsorption)	불활성 지지체
	탈색(Bleaching) / 탈취(Deodorization)	불활성 지지체
	분쇄(Grinding)	
	원심분리(Centrifuging)	
	상층액분리(Decanting)	
	건조(Desiccation and Drying)	
	탈(脫)고무(Degumming) / 탈(脫)유(De - oiling)	
	탈(脫)테르펜(Deterpenation)	증기 또는 자연적으로 얻어지는 용매 사용
	증류(Distillation)	자연적으로 얻어지는 용매 사용(물, CO_2 등)
	추출(Extractions)	자연적으로 얻어지는 용매 사용(물, 글리세린 등)
	여과(Filtration)	불활성 지지체
	동결건조(Lyophilization)	
	혼합(Blending)	
	삼출(Percolation)	
	압력(Pressure)	
	멸균(Sterilization)	열처리
	멸균(Sterilization)	가스 처리(O_2, N_2, Ar, He, O_3, CO_2 등)
	멸균(Sterilization)	UV, IR, Microwave
	체로 거르기(Sifting)	
	달임(Decoction)	뿌리, 열매 등 단단한 부위를 우려냄
	냉동(Freezing)	
	우려냄(Infusion)	꽃, 잎 등 연약한 부위를 우려냄
	매서레이션(Maceration)	정제수나 오일에 담가 부드럽게 함
	마이크로웨이브(Microwave)	
	결정화(Settling)	
	압착(Squeezing) / 분쇄(Crushing)	
	초음파(Ultrasound)	
	UV 처치(UV Treatments)	
	진공(Vacuum)	
	로스팅(Roasting)	
	탈색(Decoloration, 벤토나이트, 숯가루, 표백토, 과산화수소, 오존 사용)	

2) 화학적·생물학적 공정

석유화학 용제의 사용 시 반드시 최종적으로 모두 회수되거나 제거되어야 하며, **방향족, 알콕실레이트화, 할로겐화, 니트로젠 또는 황**(DMSO 예외) **유래 용제는 사용이 불가**합니다.

구분	공정명	비고
화학적·생물학적 공정	알킬화(Alkylation)	
	아마이드 형성(Formation of amide)	
	회화(Calcination)	
	탄화(Carbonization)	
	응축 / 부가(Condensation / Addition)	
	복합화(Complexation)	
	에스텔화(Esterification) / 에스테르결합전이반응(Transesterification) / 에스테르교환(Interesterification)	
	에텔화(Etherification)	
	생명공학기술(Biotechnology)/ 자연발효(Natural fermentation)	
	수화(Hydration)	
	수소화(Hydrogenation)	
	가수분해(Hydrolysis)	
	중화(Neutralization)	
	산화 / 환원(Oxydization / Reduction)	
	양쪽성물질의 제조공정(Processes for the Manufacture of Amphoterics)	아마이드, 4기화반응 (Formation of amide and Quaternization)
	비누화(Saponification)	
	황화(Sulphatation)	
	이온교환(Ionic Exchange)	
	오존분해(Ozonolysis)	

2. ★금지되는 공정★

구분	공정명	비고
금지되는 제조공정	탈색, 탈취(Bleaching-Deodorisation)	동물 유래
	방사선 조사(Irradiation)	알파선, 감마선
	설폰화(Sulphonation)	
	에칠렌 옥사이드, 프로필렌 옥사이드 또는 다른 알켄 옥사이드 사용 (Use of ethylene oxide, propylene oxide or other alkylene oxides)	
	수은화합물을 사용한 처리(Treatments using mercury)	
	포름알데하이드 사용(Use of formaldehyde)	
	유전자 변형 원료 배합	
	니트로스아민류 배합 및 생성	
	일면 또는 다면의 외형 또는 내부구조를 가지도록 의도적으로 만들어진 불용성이거나 생체지속성인 1 ~ 100 나노미터 크기의 물질 배합	
	공기, 산소, 질소, 이산화탄소, 아르곤 가스 **외의 분사제** 사용 ☑ 즉, 천연·유기농 화장품의 분사제에는 공기, 산소, 질소, 이산화탄소, 아르곤 가스밖에 못 씀.	

□ 천연·유기농 화장품의 작업장과 제조설비의 세척제

천연화장품 또는 유기농화장품을 제조하는 작업장 및 제조설비는 교차오염이 발생하지 않도록 충분히 청소 및 세척되어야 합니다. 법에서는 천연·유기농 화장품의 작업장과 제조설비의 세척제까지도 정하고 있습니다. 아무 세척제나 사용하여 작업장을 세척하면 그 세척제가 잔류하여 화장품에 영향을 줄 수도 있기 때문이지요.

📢 천연·유기농 화장품의 작업장과 제조설비의 세척제에 사용 가능한 원료

- **과산화수소**(Hydrogen peroxide / their stabilizing agents)
- **과초산**(Peracetic acid)
- **락틱애씨드**(Lactic acid)
- **알코올**(이소프로판올 및 에탄올)
- **계면활성제(Surfactant)**

계면활성제의 조건
- ✓ 재생 가능해야 함.
- ✓ EC50 or IC50 or LC50 > 10 mg/l
- ✓ 혐기성 및 호기성 조건하에서 쉽고 빠르게 생분해 될 것(OECD 301 > 70% in 28 days)

> 에톡실화 계면활성제는 위의 조건과 더불어 다음 조건을 만족하여야 함
>
> ✓ 전체 계면활성제의 **50% 이하**일 것
> ✓ 에톡실화가 **8번 이하**일 것
> ✓ **유기농 화장품에 혼합되지 않을 것**

- **석회장석유**(Lime feldspar - milk)
- **소듐카보네이트**(Sodium carbonate)
- **소듐하이드록사이드**(Sodium hydroxide)
- **시트릭애씨드**(Citric acid)
- **식물성 비누**(Vegetable soap)
- **아세틱애씨드**(Acetic acid)
- **열수와 증기**(Hot water and Steam)
- **정유**(Plant essential oil)
- **포타슘하이드록사이드**(Potassium hydroxide)
- **무기산과 알칼리**(Mineral acids and alkalis)

★★★★
□ 천연·유기농 화장품의 포장

천연화장품 및 유기농화장품의 용기와 포장에는 폴리염화비닐(Polyvinyl chloride(PVC)), 폴리스티렌폼(Polysty-rene foam)을 사용할 수 없습니다.

□ 보관

유기농화장품을 제조하기 위한 유기농 원료는 다른 원료와 명확히 표시 및 구분하여 보관하여야 하고 표시 및 포장 전 상태의 유기농화장품은 다른 화장품과 구분하여 보관하여야 합니다.

□ 자료의 보존

화장품책임판매업자는 천연화장품 또는 유기농 화장품으로 표시·광고하여 제조, 수입 및 판매할 경우 천연화장품 및 유기농화장품의 기준에 관한 규정에 적합함을 증명하는 입증하는 자료를 구비하고, **제조일(수입일 경우 통관일)로부터 3년 또는 사용기한 경과 후 1년** 중 긴 기간 동안 보존하여야 합니다.

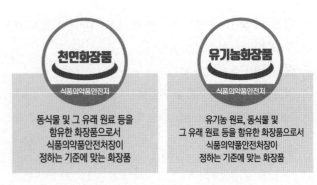

천연·유기농 화장품 인증 마크

□ **함량 계산법**

1. **천연 함량 비율**: 물 비율 + 천연 원료 비율 + 천연 유래 원료 비율

   예 어떤 화장품에 정제수 75%, 천연호호바씨 오일 10%, 규조토(천연 유래 원료) 5%가 들어간 경우 이 화장품의 천연 함량은 90%

2. **유기농 함량 비율**: 유기농 원료 및 유기농 유래 원료에서 유기농 부분에 해당하는 함량 비율로 계산합니다.

> **참고**
>
> 1) 물, 미네랄 또는 미네랄 유래 원료는 유기농 함량 비율 계산에 포함하지 않습니다.
> 2) 유기농 원물만 사용하거나, 유기농 용매를 사용하여 유기농 원물을 추출한 경우 해당 원료의 유기농 함량 비율은 100%로 계산합니다(예 : 유기농 글리세린을 사용하여 유기농 녹차잎을 우려낸 경우 이 유기농 녹차잎 추출물은 유기농 100%).
> 3) 용매는 최종 추출물에 존재하는 양으로 계산하며 물은 용매로 계산하지 않고, 동일한 식물의 유기농과 비유기농이 혼합되어 있는 경우 이 혼합물은 유기농으로 간주하지 않습니다(예 : 라벤더 추출물이 유기농 라벤더 60%와 비유기농 라벤더 40%로 구성된 경우 이는 유기농으로 간주하지 않습니다.).

① **물로만 추출한 원료의 경우**

유기농 함량 비율(%) = (신선한 유기농 원물 / 추출물) × 100

> **예시 |**
>
> **신선한 유기농 원물이 20kg이고 최종 추출물이 100kg이라면 이 추출물의 유기농 함량 비율은?(단, 물로만 추출하였다.)**
>
> ☑ 문제에서 '물로만 추출'하였다고 하였으므로 (신선한 유기농 원물 / 추출물) × 100을 하면 됩니다. 즉, (20÷100) × 100이므로 20%입니다.

② **수용성 추출물 원료의 경우**

1단계: 비율 = [신선한 유기농 원물 / (추출물 - 용매)]

　　　　비율이 1 이상인 경우 1로 계산

2단계: 유기농 함량 비율(%) = {[비율(ratio) × (추출물 - 용매) / 추출물] + [유기농 용매 / 추출물]} × 100

> **예시 |**
>
> **신선한 유기농 원물이 50kg이고 최종 추출물이 100kg일 때 이 추출물의 유기농 함량 비율은?(단, 수용성 추출물 원료인 경우이며 최종 추출물에서 비유기농 용매의 비율은 40%, 유기농 용매의 비율은 20%이다.)**
>
> 이 문제는 '수용성 추출물 원료'인 경우이므로 우선 위의 1단계라고 나와있는 '비율'을 먼저 구해야 합니다. 비율은 [신선한 유기농 원물 / (추출물 - 용매)]입니다. 위의 조건에서 신선한 유기농 원물은 50kg이고 최종 추출물(100kg)에서 비유기농 용매가 40%, 유기농 용매 20%를 차지한다고 하니 최종 추출물에서 모든 용매가 차지하는 비율은 60%겠군요? 그러면 이 추출물의 용매는 60kg인 것입니다. 따라서 [50÷(100 - 60)] = 1.25이므로 1이 넘습니다.

1 이상은 1로 계산한다고 위에 나와있으므로 1로 합니다.

위의 2단계를 보면 유기농 함량 비율(%)={[비율(ratio)×(추출물-용매)/추출물]+[유기농 용매 / 추출물]}×100입니다. 즉, 위에서 구한 비율인 1을 대입하고 추출물(100kg)과 용매(60kg), 유기농 용매(20kg)을 각각 대입하면 유기농 함량 비율(%)={[1×(100-60)/100]+[20 / 100]}×100이 됩니다. 따라서 [1×40/100]+[20 / 100]}×100이므로(0.4+0.2)×100. 즉, 답은 60%가 됩니다.

③ 비수용성 원료인 경우

유기농 함량 비율(%)=(신선 또는 건조 유기농 원물+사용하는 유기농 용매)/(신선 또는 건조 원물+사용하는 총 용매)×100

☑ 신선한 원물로 복원하기 위해서는 실제 건조 비율을 사용하거나(이 경우 증빙자료 필요) 중량에 아래 일정 비율을 곱해야 합니다.

나무, 껍질, 씨앗, 견과류, 뿌리	1 : 2.5	과일(예 : 살구, 포도)	1 : 5
잎, 꽃, 지상부	1 : 4.5	물이 많은 과일(예 : 오렌지, 파인애플)	1 : 8

예시 1

비수용성 원료 A를 이루는 재료가 다음과 같을 때, 이 원료의 유기농 함량 비율은?

[조건] 신선한 유기농 원물 20kg, 용매 총 60kg(단, 사용된 용매에서 비유기농 용매는 40kg, 유기농 용매는 20kg), 건조한 유기농 포도 5kg

☑ 비수용성 원료라고 하였으므로 유기농 함량 비율(%)=(신선 또는 건조 유기농 원물+사용하는 유기농 용매)/(신선 또는 건조 원물+사용하는 총 용매)×100으로 계산합니다. 그런데 건조 유기농 원물이 섞여 있네요. 건조한 유기농 포도가 5kg이 들어갔군요. 포도는 위의 표를 보면 1 : 5라고 나옵니다. 즉, 이 소리는 건조한 것을 신선하게 만들기 위해서는 5를 곱해준다는 뜻입니다. 따라서 여기서 건조된 포도 5kg은 신선한 포도 25kg과 같다고 봅니다. 25kg으로 놓고 위의 식에 대입하면, (20+25+20)/(20+25+60)×100입니다. 즉, 61.9047…%입니다.

④ 화학적으로 가공한 원료의 경우(예 : 유기농 글리세린이나 유기농 알코올의 유기농 함량 비율 계산)

유기농 함량 비율(%)={(투입되는 유기농 원물-회수 또는 제거되는 유기농 원물)/(투입되는 총 원료-회수 또는는 제거되는 원료)}×100

최종 물질이 1개 이상인 경우 분자량으로 계산합니다.

예시 1

유기농 글리세린과 유기농 알코올의 유기농 함량 비율 계산

☑ 유기농 유지를 가수분해하여 유기농 글리세린을 추출할 때 유기농 글리세린의 총 유기농 함량은 무엇인가?(단, 글리세린의 분자량은 92g/mol이다.)

☑ (글리세린 분자량-수소×3 원자량) / 글리세린 분자량

☑ (92-3) / 92=96.7%

이 경우는 그냥 보지 않으시기를 추천드립니다. 저 역시도 이해가 안 되어 서울대학교 화학과 대학원을 다니는 친구에게 물어물어 배웠습니다. 이 경우는 너무 어려워서 출제 가능성이 낮지 않을까 싶습니다.

□ 화장품법 제2조 "맞춤형화장품"

맞춤형화장품은 화장품제조공장에서 일괄적으로 대량 생산하는 기존의 방식에서 개개인의 개성과 니즈가 존중되는 시대로 변화됨에 따라 화장품 업계도 다양한 고객의 요구와 기대를 충족시키기 위한 개인맞춤형 제품 생산 시대로 변화하고자 도입되었습니다. 우리나라에서는 2018년 맞춤형화장품판매업 제도를 도입하였고, 2020년 3월 14일부터 시행되었습니다.

맞춤형화장품이란 제조 또는 수입된 화장품의 내용물에 다른 화장품의 내용물이나 식품의약품안전처장이 정하는 원료를 추가하여 혼합한 화장품 또는 제조 및 수입된 화장품의 내용물을 소분한 화장품을 말합니다.

여기서 내용물이란 맞춤형화장품 전용으로 제조·수입된 것이어야 합니다. 소비자에게 유통·판매되는 화장품 및 제품 홍보·판촉을 위한 견본품·비매품 등을 내용물

식품의약품안전처의 맞춤형화장품 홍보자료 중 일부
조제관리사는 기능성 원료를 다룰 수 있으나 식약처장이 고시한 기능성화장품의 효능·효과를 나타내기 위한 원료를 사용할 수 없다.

로 삼으면 안 돼요! 맞춤형화장품조제관리사는 내용물 등에 색소, 향, 기능성 원료 등의 원료를 혼합할 수 있어요. 여기서 '기능성 원료'란 '기능성 고시 원료'와는 다릅니다.

기능성 원료란 보습이나 피부 진정 등의 기능을 가진 글리세린, 병풀추출물 등의 원료들이 다 포함됩니다. 그래서 식약처에서도 조제관리사가 고객 맞춤형 기능성 원료를 다룰 수 있다고 홍보자료에서 홍보하고 있답니다. 그러나 조제관리사는 기능성 고시 원료를 다룰 수 없어요! 식품의약품안전처장이 정하여 고시한 기능성 고시 원료들은 사용 시 안전성 문제가 제기될 수 있기에 조제관리사는 다룰 수 없답니다!

뿐만 아니라 조제관리사는 식약처장이 고시한 사용할 수 없는 원료 및 사용상의 제한이 필요한 원료를 다룰 수 없어요. 사용할 수 없는 원료는 그 누구도 사용할 수 없기에 다룰 수 없는 것이 당연하죠. 그런데 사용상의 제한이 필요한 원료는 왜 다룰 수 없을까요? 사용상의 제한이 필요한 원료에는 보존제 같은 것들도 포함되어 있어요. 즉, 조제관리사는 보존제를 단독으로 넣을 수 없는 것입니다. 사용상의 제한이 필요한 원료의 사용은 기능성 고시 원료와 마찬가지로 안전성 문제가 제기될 수 있어요. 따라서 제조업자가 아닌 조제관리사에게는 그 혼합의 권한을 주지 않는 것이지요. 생각보다 조제관리사의 제약이 많죠?

맞춤형화장품의 내용물의 범위에는 수입된 화장품도 포함된다는 것도 꼭 알아두세요. 그리고 <u>고형화장비누를 단순 소분한 것은 맞춤형화장품으로 보지 않는다</u>는 것 역시 필수 암기예요! 시험에 나왔답니다~

안전용기·포장에서의 어린이의 기준이 만 5세 미만이라는 점 역시 필수 암기입니다. 원래 안전용기·포장을 제외한 화장품과 관련된 어린이의 기준은 만 4세 이상 만 13세 이하예요. 영유아는 만 3세 이하를 말하고요. 그렇다면 왜 안전용기·포장에서만 어린이의 기준이 다를까요? 안전용기·포장에 관한 규정은 산업통상자원부장관이 정하기 때문입니다. 안전용기·포장은 화장품 말고도 다른 공산품들에도 사용됩니다. 따라서 고시한 주체가 다르기에 안전용기·포장에만 다른 어린이의 기준이 적용된 것이지요. 어찌 되었건, 이 역시도 구별하여 암기하셔야 합니다(안전용기·포장은 뒤의 화장품법 제9조에서 더 자세히 보도록 하겠습니다.).

> ### 영유아 및 어린이 안전용기 포장기준 연령
>
> - **영유아** : 만 3세 이하
> - **어린이** : 만 4세 이상 만 13세 이하
>   - ☑ 안전용기 포장에서의 '어린이'기준은 만 5세 미만

사용기한의 정의 역시 상세히 암기하셔야 해요. 사용기한이란 화장품이 제조된 날부터 적절한 보관 상태에서 제품이 고유의 특성을 간직한 채 소비자가 안정적으로 사용할 수 있는 최소한의 기한을 말합니다. '화장품이 제조된 날'이 기준인 거예요. 이것을 '화장품이 유통된 날'이나 '화장품이 판매된 날' 등으로 바꿔치기하면 틀린 설명이에요!(객관식 주의보) 또, 사용기한은 제품의 고유의 특성을 간직해야 하며 소비자가 *안정적*으로 사용할 수 있는 *최소한*의 기한을 말해요. 최대한의 기한 아닙니다!

'안정적'이라는 말은 사용기한이 화장품의 4대 품질요소 중 하나인 '안정성'과 연관이 있다는 뜻입니다. 화장품이 변질, 변패, 분리, 침전된다면 이는 안정성이 떨어진다고 할 수 있어요.

□ 좀 더 알아보기! 화장품의 4대 품질요소

구분	의미
안전성	피부에 대한 자극 및 알레르기, 독성이 없어야 한다.
안정성	보관 시 변질, 변색, 변취, 미생물오염 등이 없어야 한다. **제형**에 변화가 없어야 한다. ☑ 변질되면 미생물에 오염된다.
유효성	메이크업, 세정, 보습, 노화 억제, 미백, 자외선차단 등 **기능성 효과**를 부여해야 한다.
사용성	사용하기 쉽고 흡수가 잘되어야 한다(발림성이 좋다. 등).

1차 포장과 2차 포장 역시 그 뜻을 명확히 알고 계셔야 합니다. 1차 포장이란 화장품을 충전하여 화장품 내용물과 바로 닿는 포장을 이야기해요. 우리가 바르는 크림을 예로 들면, 크림 뚜껑을 열어서 크림을 바르죠? 크림이 들어있는 바로 그 통이 1차 포장이에요. 화장품과 직접 닿는 포장을 말하죠.

2차 포장이란 그 외의 포장들을 말해요. 우리가 화장품을 구매하면 화장품 포장 상자가 있을 거예요. 그 상자는 화장품과 직접 닿지는 않지만 화장품 통을 보호하죠. 그것 말고도 상자 안에는 첨부문서가 있을 거예요. 그 역시도 화장품의 2차 포장 중 하나라고 할 수 있어요. 그러나 여기서 알아두셔야 할 것은, 2차 포장은 1차 포장을 수용한다는 것이에요. 화장품 가게에 가시면 박스로 포장된 화장품을 파는 곳도 있지만 화장품이 들어있는 통 그 자체를 판매하는 곳을 본 적이 있을 거예요. 다이O나 올리브O 같은 곳에 가보시면 많이 볼 수 있어요. 내용물이 들어있는 통 그 자체를 파는 것-이런 화장품들은 그냥 1차 포장만 한 것이죠? 법에서는 이러한 경우 그 포장을 1차 포장이자 2차 포장으로 봅니다. 그래서 법 조항에서 2차 포장을 정의할 때 '2차 포장이란 1차 포장을 수용하는 1개 또는 그 이상의 포장과 보호재 및 표시의 목적으로 한 포장'이란 표현을 사용한 것입니다.

표시와 광고의 정의 역시 그냥 넘기시면 아니 됩니다! '표시'는 한번 주관식 문제로 나왔었어요. 절대 그냥 지나치시면 아니 됩니다! 완벽 암기하세요. 특히 표시란 문자·숫자·도형 또는 그림이라는 것, 광고에 음성도 포함된다는 점을 꼭 짚고 넘어갑시다~(말로 화장품을 추천하는 것도 광고에 포함!)

지한쌤의 세 번째 암기비법!

표시 - 문자, 숫자, 도형, 그림[문숫도그!]

👉 *저는 이렇게 외웠어요! 문 앞의 숫기 없는 도그(dog!)*

앞의 화장품법 제2조 10번~12번을 보면, 화장품 영업의 범위를 법으로 정해놓았다는 것을 알 수 있어요. 이 영업의 범위를 세부적으로 살핀 것도 알아볼까요?

좀 더 깊게 공부하고 싶은 사람들을 위한 상식!(객관식 주의보)

화장품법 제2조에 화장품 영업별 정의가 규정되어 있다. 그리고 이는 화장품법 시행령 제2조에서 구체화된다(영업의 세부 종류와 범위).

📝 관련 있는 법령 같이 보기

화장품법 시행령 제2조 - 영업의 세부 종류와 범위

「화장품법」 제2조의2 제1항에 따른 화장품 영업의 세부 종류와 그 범위는 다음과 같다.

1. **화장품제조업**: 다음의 구분에 따른 영업

   가. 화장품을 **직접 제조**하는 영업

   나. 화장품 **제조를 위탁**받아 제조하는 영업

   다. 화장품의 **포장**(1차 포장만 해당)을 하는 영업

2. **화장품책임판매업** : 다음의 구분에 따른 영업

   가. 화장품제조업자가 화장품을 직접 제조하여 **유통·판매**하는 영업

   나. 화장품제조업자에게 **위탁**하여 제조된 화장품을 **유통·판매**하는 영업

   다. **수입된 화장품을 유통·판매**하는 영업

   라. **수입대행형 거래**(「전자상거래 등에서의 소비자보호에 관한 법률」 제2조 제1호에 따른 전자상거래만 해당)를 목적으로 화장품을 **알선·수여**(授與)하는 영업

3. **맞춤형화장품판매업** : 다음의 구분에 따른 영업

   가. **제조 또는 수입된 화장품**의 **내용물**에 다른 화장품의 **내용물**이나 식품의약품안전처장이 정하여 고시하는 **원료**를 추가하여 혼합한 화장품을 판매하는 영업

   나. **제조 또는 수입된 화장품**의 내용물을 소분(小分)한 화장품을 판매하는 영업

화장품과 관련된 영업은 화장품제조업, 화장품책임판매업, 맞춤형화장품판매업으로 총 3가지 종류가 있습니다. 화장품제조업이란 **화장품의 전부 또는 일부를 제조(2차 포장 또는 표시만의 공정 제외)하는 영업**을 말합니다. 즉, 화장품을 직접 만드는 사람이죠. 화장품을 전부 만들어도 제조업자이고, 화장품의 일부만 만들어도 제조업자입니다. 화장품을 만드는 기계가 부족해서 화장품을 교반하는 일만 맡아서 한다면 이 역시 화장품제조업자입니다. 화장품을 처음부터 포장까지 다 맡아서 해도 제조업자이겠지요. 그러나 화장품의 2차 포장 공정만 하는 사람은 제조업자로 등록할 수 없습니다. 2차 포장이란 통 안에 담긴 화장품을 다시 한 번 박스 같은 포장재로 감싸는 것을 말합니다. 2차 포장만 하는 사업자는 사실상 화장품을 만든다기보다는 1차 포장된 화장품을 다시 한번 박스에 싸는 것이기에 화장품제조업자로 보지 않습니다. 너무 중요한 내용이니 숙지하세요! **2차 포장만 하는 공정의 사업자나 표시만의 공정을 하는 사업자는 화장품제조업자로 등록할 수 없다!**

좀 더 깊게 공부하고 싶은 사람들을 위한 상식!

우수화장품 제조 및 품질관리기준(행정고시)에서 **"제조"란 원료 물질의 칭량부터 혼합**, 충전(1차포장), 2차 포장 및 표시 등의 일련의 작업을 말한다고 밝히고 있다. **2차 포장 및 표시의 공정 역시 제조의 정의에는 포함**되지만, 2차 포장만 하는 영업이나 표시만 하는 공정은 화장품제조업을 등록할 수는 없다는 것을 꼭 구별하여 알아둘 것!

화장품책임판매업이란 취급하는 **화장품의 품질 및 안전 등을 관리**하면서 이를 유통·판매하거나 수입대행형 거래를 목적으로 알선·수여(授與)하는 영업을 말합니다. 유통·판매에 초점을 맞춰주세요! 화장품을 만드는 사람은 화장품제조업자! 화장품 유통 및 판매를 책임지는 사람은 화장품책임판매업자! 그렇다면 화장품을 만들고 이를 유통·판매하는 사람은? 화장품제조업도 등록하고 화장품책임판매업자도 등록해야겠죠? 화장품제조업자와 화장품책임판매업자가 서로 다른 경우에는 보통 화장품책임판매업자가 화장품제조업자에게 문서를 주면서

화장품을 이런 식으로 만들어달라고 주문합니다. 즉, 화장품제조업자에게 위탁을 맡긴 것이죠(위탁이란 간단하게 부탁이라고 생각하세요.). 주문이 들어오면 화장품제조업자는 화장품을 만들고 이를 화장품책임판매업자에게 배송합니다. 그 후 화장품책임판매업자가 이를 소비자들에게 판매하는 것이지요. 그렇다면 화장품에 문제가 발생하였을 때 그에 대한 책임은 누구에게 있을까요? 화장품을 만든 제조업자에게 있을까요? 아닙니다. 우리나라 법에서는 화장품책임판매업자가 최종 책임자라고 명시하고 있답니다. 화장품제조업자가 화장품을 잘 만드는지 감시 및 감독을 똑바로 하지 않은 책임 역시 화장품책임판매업자에게 있답니다. 이름만 봐도 쉽게 알 수 있어요. '화장품책임판매업'이란 화장품을 책임져서 팔겠다는 뜻입니다.

화장품책임판매업(이하 책판업)의 종류는 다음 4가지입니다.

1. 화장품제조업자가 화장품을 직접 제조하여 **유통·판매**하는 영업
2. 화장품제조업자에게 위탁하여 제조된 화장품을 **유통·판매**하는 영업
3. **수입된 화장품을 유통·판매**하는 영업
4. **수입대행형 거래**(「전자상거래 등에서의 소비자보호에 관한 법률」 제2조 제1호에 따른 전자상거래만 해당)를 목적으로 화장품을 알선·수여(授與)하는 영업

화장품제조업자가 직접 제조하여 유통·판매하는 영업은 제조업자와 책판업자가 같은 경우겠지요? 예를 들어 '내가 비누를 직접 만들어서 팔겠다!' 이런 분들은 제조업 등록과 책판업 등록을 모두 하셔야 합니다. 제조업=만들겠다! 책판업=팔겠다! 즉, 만들어 팔겠다=제조업+책판업이라는 뜻입니다. 화장품제조업자에게 위탁하여 제조된 화장품을 유통·판매하는 영업은 앞에서 설명하였으니 넘어가겠습니다. 대신 이 경우 수탁자(일을 위탁(부탁)받은 자)에 대한 관리·감독을 철저히 해야겠지요?

수입된 화장품을 유통·판매하는 영업 역시 화장품책임판매업에 포함됩니다. 현행법상 맞춤형화장품의 내용물은 화장품책임판매업자만이 제공할 수 있습니다. 맞춤형화장품의 내용물로 수입된 화장품을 사용하였다면 당연히 화장품책임판매업자가 제공한 내용물일 것입니다.

수입대행형 거래를 목적으로 화장품을 알선·수여하는 영업 역시 책판업입니다. 혹시 인터넷 카페나 블로그에 해외직구 구하는 글을 보신 적이 있으신가요? 해외의 상품을 알선하고 수여하는 사람들인데요, 이러한 사람들 역시 책판업자입니다. 그러나 화장품법에서 이러한 거래는 '전자상거래'만 해당된다고 못 박고 있죠. 수입대행형 거래는 전자상거래만 해당! 기억해주세요~

맞춤형화장품판매업은 말 그대로 맞춤형화장품을 판매하는 영업을 말해요. 맞춤형화장품판매업자는 화장품제조업자나 화장품책임판매업자와는 다르게도 영업'신고'를 한답니다. 화장품제조업자나 화장품책임판매업자는 영업'등록'이었지요. 법 조항을 살펴보면서 등록과 신고의 차이에 대해 알아봅시다.

화장품법 제3조(영업의 등록)

① **화장품제조업 또는 화장품책임판매업**을 하려는 자는 각각 총리령으로 정하는 바에 따라 **식품의약품안전처장에게** 등록하여야 한다. 등록한 사항 중 총리령으로 정하는 중요한 사항을 변경할 때에도 또한 같다.

② 화장품제조업을 등록하려는 자는 총리령으로 정하는 시설기준을 갖추어야 한다. 다만, 화장품의 일부 공정만을 제조하는 등 총리령으로 정하는 경우에 해당하는 때에는 시설의 일부를 갖추지 않을 수 있다.

③ 화장품책임판매업을 등록하려는 자는 총리령으로 정하는 화장품의 품질관리 **및 책임판매 후** 안전관리에 관한 기준을 갖추어야 하며, 이를 관리할 수 있는 관리자(책임판매관리자)를 두어야 한다.

④ 등록 절차 및 책임판매관리자의 자격기준과 직무 등에 관하여 필요한 사항은 총리령으로 정한다.

화장품법 제3조의2(맞춤형화장품판매업의 신고)

① **맞춤형화장품판매업**을 하려는 자는 총리령으로 정하는 바에 따라 **식품의약품안전처장에게** 신고하여야 한다. 신고한 사항 중 총리령으로 정하는 사항을 변경할 때에도 또한 같다.

② 맞춤형화장품판매업을 신고하려는 자는 총리령으로 정하는 시설기준을 갖추어야 하며, 맞춤형화장품의 혼합·소분 등 품질·안전 관리 업무에 종사하는 자(맞춤형화장품조제관리사)를 두어야 한다.

등록과 신고의 차이를 알아보기 위해서는 인·허가 제도에 대해 알아야 합니다. 인·허가 제도(認許可制度)란 행정 관청의 인가나 허가를 받은 뒤에 영업이나 상업 행위를 하도록 하는 제도를 말합니다. 현행법에서는 허가, 인가, 면허, 등록, 신고 등 여러 가지 인허가 제도가 활용되고 있습니다.

항목	개념
허가	일반적으로 금지되는 행위를 특정한 경우에 해제하는 것
특허	특정인에게 일정한 권리나 법률관계를 설정하는 것
인가	타인의 법률행위의 효력을 보충하여 법률상의 효력을 완성시키는 것
등록	일정한 사실이나 법률관계를 행정기관에 갖추어둔 장부에 등재하고 그 존부(存否)를 공적으로 증명하는 것
신고	특정한 사실이나 법률관계의 존부를 행정청에 알리는 것

인허가 제도 표에 따르면 등록이란 일정한 사실이나 법률관계를 행정기관에 갖추어둔 장부에 등재하고 그 존부(存否)를 공적으로 증명하는 것을 뜻합니다. 즉, 서류를 갖추고 이를 공적으로 증명해야 합니다. 그러나 신고는 단순히 서류를 갖추어 행정청에 알리는 것을 뜻합니다. 그저 서류만 내면 큰 문제가 되지 않는 한 영업을 할 수 있는 것입니다. 맞춤형화장품판매업이 제조업과 책판업에 비해 영업 인정이 더 쉬운 것입니다.

화장품제조업자 및 화장품책임판매업자는 등록! 맞춤형화장품판매업은 신고! 꼭 구별하여 외워주세요. 여기서 잠깐! 영업자(제조업자, 책판업자, 맞판업자) 등록 및 신고는 지방식약청장이 받는 것인데 왜 이 조항에서 식약처장으로 되어있냐고 질문하는 분들이 있습니다. 맞아요. 실제로 등록 및 신고는 지방식약청장이 받는 것입니다. 화장품법에서는 우선 큰 것들을 위주로 정해놓아요. 그리고 시행령, 시행규칙을 거치며 그 내용이 심화·구체화 됩니다. 화장품법에서는 우선 '영업자의 등록 및 신고는 식약처장이 알아서 하라!'라고 정해놓은 거예요. 그리고 이를 시행령에서 '영업자의 등록 및 신고의 권한을 식약처장이 지방식약청장에게 양도한다!'라고 명시해 놓았답니다. 즉, 이 말도 맞고 저 말도 맞는 거예요. 위에서 '맞춤형화장품판매업을 하려는 자는 총리령으로 정하는 바에 따라 식품의약품안전처장에게 신고하여야 한다.'라고 쓰여있다고 놀라지 마세요! 이를 바로 아래 단계의 시행령에서 '식약처장이 지방식약청장에게 권한을 양도한다.'라고 명시하고 있기에 실제로 이를 이행하는 사람은 지방식약청장인 것이에요.

좀 더 알아보기!

• 등록 및 신고 의무 위반자에 대한 벌칙

위 의무를 위반해 영업등록을 하지 않거나 맞춤형화장품판매업 신고를 하지 않은 자는 **3년 이하의 징역 또는 3천만원 이하의 벌금**에 처해집니다. 이 경우 징역형과 벌금형은 이를 함께 부과할 수 있습니다(「화장품법」 제36조 제1항 제1호, 제1호의2 및 제2항).

※ 법인의 대표자나 법인 또는 개인의 대리인, 사용인, 그 밖의 종업원이 그 법인 또는 개인의 업무에 관하여 위의 위반행위를 하면 그 행위자를 벌하는 외에 그 법인 또는 개인에게도 해당 조문의 벌금형을 과(科)합니다. 다만, 법인 또는 개인이 그 위반행위를 방지하기 위해 해당 업무에 관하여 상당한 주의와 감독을 게을리 하지 않은 경우에는 그렇지 않습니다(「화장품법」 제39조).

- 찾기 쉬운 생활법령정보 중에서

지한쌤의 네 번째 암기비법!

화장품제조업(등록), 화장품책임판매업(등록), 맞춤형화장품판매업(신고)
차례대로 앞 글자만 따서 외우면 등등신!(욕 같지만.......)
신신등 아닙니다. 등등신으로 외우세요!
제조업, 책판업, 맞판업 차례대로 등록, 등록, 신고!

화장품법 제3조를 더 자세히 살펴봅시다. 제조업자는 시설기준을 갖추어야 합니다. 당연한 이야기지요. 화장품을 만들기 위해서는 제조를 위한 다양한 기계나 장비, 공장이 필요할 거예요. 화장품책임판매업자는 책임판매관리자를 두어야 합니다. 화장품의 모든 책임은 누가 진다고 했지요? 화장품책임판매업자가 진다고 했었지요? 화장품이 소비자에게 판매되기 전에는 다양한 검사를 해야 합니다. 유통화장품 안전관리기준에 적합하게 화장품이 제조되었는지, pH나 점도는 적합한지 등을 다 검사하여야 해요. 이를 품질관리라고 합니다. 그리고 화장품이 유통·판매된 뒤에 소비자가 부작용을 앓거나 그 화장품에 쓰인 원료가 사회적으로 논란이 되는 경우가 있어요. 이럴 때 대처하는 것을 책임판매 후 안전관리라고 합니다. 물론, 제가 지금은 품질관리와 안전관리를 이해하기 쉽게 단편적으로 설명한 경향이 있습니다. 화장품법 시행규칙에서 더 자세히 개념을 풀어낼게요!

화장품책임판매업자의 가장 중요한 의무사항은 바로 이러한 화장품의 품질관리 및 책임판매 후 안전관리에 관한 기준을 세우고 똑바로 이행하는 것입니다(특히 '품질'과 '안전'은 둘이 뗄 수 없는 짝꿍 단어예요!). 그러기 위해서 화장품책임판매업자는 이를 관리하는 사람을 꼭 채용해야 합니다. 이러한 사람을 책임판매관리자라고 합니다. 즉, 책임판매관리자 없이는 화장품책임판매업자가 책판업 영업을 등록할 수 없어요.

화장품책임판매업자(=책판업자)가 책임판매관리자(=책판관리자)를 두어야 한다면, 맞춤형화장품판매업자는 맞춤형화장품조제관리사(=조제관리사)를 두어야 합니다. 맞춤형화장품판매업자는 단순히 맞춤형화장품을 판매하는 사업자일 뿐입니다. 이 사업장에 맞춤형화장품을 조제할 수 있는 맞춤형화장품조제관리사를 두어야 제대로 맞춤형화장품을 판매할 수 있겠죠. 따라서 여러분들께서 이 자격증을 취득하시면 맞춤형화장품판매업소에서 맞춤형화장품 혼합 및 소분 업무를 하실 수 있게 되는 것입니다.

화장품제조업자가 갖추어야 하는 구체적인 시설기준, 화장품책임판매업자가 갖추어야 하는 사항들, 책임판매관리자의 자격과 등록 및 신고와 관련된 서류 등은 모두 시행규칙에 자세히 나와 있으니 시행규칙 해설편에서 상세히 알려드릴게요!

02 화장품법 제1조~제3조의2

Ⅰ. 화장품법

간단하고 명료한 화장품법 체계표[다지기]	
법령	화장품법
조항	제1조~제3조의2

□ [화장품법 제1조] 제정 목적 : 국민보건향상과 화장품 산업의 발전에 기여

□ [화장품법 제2조] 화장품의 정의 분석

화장품의 사용목적	인체를 청결·미화하여 매력을 더하고 용모를 밝게 변화시키거나 피부·모발의 건강을 유지 또는 증진하기 위함
화장품의 용법	인체에 바르고 문지르거나 뿌리는 등의 방법
화장품의 작용범위	인체의 청결·미화, 피부 및 모발
비고	• 인체에 대한 작용이 경미한 것이어야 함 • 의약품에 해당하는 물품은 제외!

□ 화장품법에서 말하는 기능성화장품의 종류(화장품법 시행규칙 2조와 연계)

1. 피부의 미백에 도움을 주는 제품

2. 피부의 주름개선에 도움을 주는 제품

3. 피부를 곱게 태워주거나 자외선으로부터 피부를 보호하는 데에 도움을 주는 제품

4. 모발의 색상 변화·제거 또는 영양공급에 도움을 주는 제품

5. 피부나 모발의 기능 약화로 인한 **건조함, 갈라짐, 빠짐, 각질화** 등을 방지하거나 개선하는 데에 도움을 주는 제품

암기 필수 용어 정리	
천연화장품	동식물 및 그 유래 원료 등을 함유한 화장품으로서 식품의약품안전처장이 정하는 기준에 맞는 화장품. 천연화장품은 중량 기준으로 <u>천연 함량이 전체 제품에서 95% 이상</u>으로 구성되어야 한다.
유기농화장품	유기농 원료, 동식물 및 그 유래 원료 등을 함유한 화장품으로서 식품의약품안전처장이 정하는 기준에 맞는 화장품. 유기농화장품은 중량 기준으로 <u>유기농 함량이 전체 제품에서 10% 이상, 유기농 함량을 포함한 천연 함량이 전체 제품에서 95% 이상</u>으로 구성되어야 한다.
천연·유기농화장품에 관련된 세부사항은 앞의 내용 참고	
맞춤형화장품	• 제조 또는 수입된 화장품의 내용물에 다른 화장품의 내용물이나 식품의약품안전처장이 정하는 원료를 추가하여 혼합한 화장품 • 제조 또는 수입된 화장품의 내용물을 소분(小分)한 화장품. 다만, **고형(固形) 화장 비누의 내용물을 단순 소분한 화장품은 제외한다.**
안전용기·포장	만 5세 미만의 어린이가 개봉하기 어렵게 설계·고안된 용기나 포장
사용기한	화장품이 제조된 날부터 적절한 보관 상태에서 제품이 고유의 특성을 간직한 채 소비자가 안정적으로 사용할 수 있는 최소한의 기한
1차 포장	화장품 제조 시 내용물과 직접 접촉하는 포장용기
2차 포장	1차 포장을 수용하는 1개 또는 그 이상의 포장과 보호재 및 표시의 목적으로 한 포장(첨부문서 포함)
표시	화장품의 용기·포장에 기재하는 **문자·숫자·도형 또는 그림**
광고	라디오·텔레비전·신문·잡지·음성·음향·영상·인터넷·인쇄물·간판, 그 밖의 방법에 의하여 화장품에 대한 정보를 나타내거나 알리는 행위
화장품제조업	화장품의 전부 또는 일부를 제조(2차 포장 또는 표시만의 공정 제외)하는 영업
화장품 책임판매업	취급하는 화장품의 품질 및 안전 등을 관리하면서 이를 유통·판매하거나 수입대행형 거래를 목적으로 알선·수여(授與)하는 영업
맞춤형 화장품판매업	맞춤형화장품을 판매하는 영업

□ 화장품법에서 정하는 영업의 종류(3) : 화장품제조업, 화장품책임판매업, 맞춤형화장품판매업

□ <u>영업별 인·허가 형태</u>

화장품제조업	화장품책임판매업	맞춤형화장품판매업
등록	등록	신고

□ [화장품법 제3조] 영업자가 갖추어야 할 사항

화장품제조업자	시설기준
화장품책임판매업자	품질관리 및 책임판매 후 안전관리에 관한 기준과 책임판매관리자
맞춤형화장품판매업자	시설기준, 맞춤형화장품조제관리사

Ⅰ. 화장품법

꼼꼼하고 알기 쉬운 법조문 해설[이해하기]	
법령	화장품법
조항	제3조의3 ~ 제5조
관련 법령	화장품법 제24조(등록의 취소) 화장품법 시행규칙 제10조의2 화장품법 시행규칙 제10조의3

화장품법 제3조의3(결격사유)

객관식 주의보! 중요도 : ★★★★

다음의 어느 하나에 해당하는 자는 화장품제조업 또는 화장품책임판매업의 등록이나 맞춤형화장품판매업의 신고를 할 수 없다. 다만, 제1호 및 제3호는 화장품제조업만 해당한다.

1. 「정신건강증진 및 정신질환자 복지서비스 지원에 관한 법률」 제3조 제1호에 따른 정신질환자. 다만, 전문의가 화장품제조업자로서 적합하다고 인정하는 사람은 제외한다.

2. 피성년후견인 또는 파산선고를 받고 복권되지 않은 자

3. 「마약류 관리에 관한 법률」 제2조 제1호에 따른 마약류의 중독자

4. 화장품법 또는 「보건범죄 단속에 관한 특별조치법」을 위반하여 금고 이상의 형을 선고받고 그 집행이 끝나지 아니하거나 그 집행을 받지 않기로 확정되지 않은 자

5. 제24조에 따라 등록이 취소되거나 영업소가 폐쇄(이 조 제1호부터 제3호까지의 어느 하나에 해당하여 등록이 취소되거나 영업소가 폐쇄된 경우는 제외)된 날부터 1년이 지나지 않은 자

화장품법 제3조의3은 영업자의 결격사유에 관한 조항입니다. 영업자란 화장품제조업자, 화장품책임판매업자, 맞춤형화장품판매업자를 말해요. 결격사유에 해당하는 사람은 이러한 영업자로 등록 혹은 신고할 수 없답니다. 그런데 화장품제조업자와 화장품책임판매업자·맞춤형화장품판매업자의 결격사유가 조금 달라요. 정확히 말하면 화장품제조업자의 결격사유가 다른 영업자에 비해 2가지가 더 추가됩니다. 제3조의3을 그대로 표로 만들어 봤어요.

화장품 영업별 결격사유		
화장품제조업자	화장품책임판매업자	맞춤형화장품 판매업자
1. 정신질환자 2. 피성년후견인 또는 파산선고를 받고 복권되지 않은 자 3. 마약류의 중독자 4. 화장품법 또는 「보건범죄 단속에 관한 특별조치법」을 위반하여 금고 이상의 형을 선고받고 그 집행이 끝나지 않거나 그 집행을 받지 않기로 확정되지 않은 자 5. 제24조에 따라 등록이 취소되거나 영업소가 폐쇄(제24조의 제1호부터 제3호까지의 어느 하나에 해당하여 등록이 취소되거나 영업소가 폐쇄된 경우 제외)된 날부터 1년이 지나지 않은 자	2. 피성년후견인 또는 파산선고를 받고 복권되지 않은 자 4. 화장품법 또는 「보건범죄 단속에 관한 특별조치법」을 위반하여 금고 이상의 형을 선고받고 그 집행이 끝나지 않거나 그 집행을 받지 않기로 확정되지 않은 자 5. 제24조에 따라 등록이 취소되거나 영업소가 폐쇄(제24조의 제1호부터 제3호까지의 어느 하나에 해당하여 등록이 취소되거나 영업소가 폐쇄된 경우 제외)된 날부터 1년이 지나지 않은 자	

우선 모든 영업자는 피성년후견인이거나 파산선고를 받고 복권되지 않은 사람이면 안 돼요.

 개념 쏙쏙!

• 피성년후견인
  질병, 장애, 노령, 그 밖의 사유로 인한 정신적 제약으로 사무를 처리할 능력이 지속적으로 결여된 사람으로서 **가정법원으로부터 성년후견개시의 심판을 받은 사람**(민법 9조).

피성년후견인이란 여러 정신적 제약으로 인하여 사무를 처리할 능력이 지속적으로 결여된 사람을 말하는데, 민법 9조에 따르면 가정법원으로부터 성년후견개시의 심판을 받아야 피성년후견인으로 인정됩니다. 즉, 다음과 같은 문제가 나오면 이것이 피성년후견인을 의미한다는 사실을 알아야 합니다.

예시

다음 중 맞춤형화장품판매업 신고를 할 수 없는 사람은?

-가정법원으로부터 성년후견개시의 심판을 받은 사람

피성년후견인 말고도 파산선고를 받은 사람도 영업자로 등록 혹은 신고할 수 없죠. 그러나 파산선고를 받았는데 복권된 사람은 등록·신고가 가능합니다. 파산선고를 받았는데 복권되지 않은 사람만 영업자의 결격사유에 해당하는 것입니다.

또, 화장품법이나 「보건범죄 단속에 관한 특별조치법」을 어겨서 법원에서 금고 이상의 형을 선고받았는데 그 집행이 끝나지 않아 형을 받아야 하는 사람이나 그 형을 집행 받지 않기로 된 사람이 아닌 경우에는 영업자가 될 수 없습니다. 당연한 말이죠? 화장품법이나 「보건범죄 단속에 관한 특별조치법」을 어겨서 법원에서 금고 이상의 형을 선고받았는데 형을 모두 집행 받으면 죗값을 모두 치른 것이 되니까 영업자가 될 수 있겠지요. 그리고 어떤 이유에서든 형을 집행하지 않기로 된 사람은 감옥에 갈 일이 없으니 영업자가 될 수 있을 것입니다.

제24조에 따라 등록이 취소되거나 영업소가 폐쇄된 날부터 1년이 지나지 않은 자(제24조의 제1호부터 제3호까지의 어느 하나에 해당하여 등록이 취소되거나 영업소가 폐쇄된 경우 제외) 역시 영업자가 될 수 없습니다. 그렇다면 제24조를 같이 봐야 되겠네요.

📝 관련있는 법령 같이보기

화장품법 제24조(등록의 취소)

① 영업자가 다음의 어느 하나에 해당하는 경우 식품의약품안전처장은 등록을 취소하거나 영업소 폐쇄를 명하거나, 품목의 제조·수입 및 판매의 금지를 명하거나 1년의 범위에서 기간을 정하여 그 업무의 전부 또는 일부에 대한 정지를 명할 수 있다. 다만, 제3호 또는 제14호(광고 업무에 한정하여 정지를 명한 경우 제외)에 해당하는 경우에는 등록을 취소하거나 영업소를 폐쇄하여야 한다.

1. 화장품제조업 또는 화장품책임판매업의 변경 사항 등록을 하지 않은 경우

2. 화장품제조업자가 시설을 갖추지 않은 경우

2의2. 맞춤형화장품판매업의 변경신고를 하지 않은 경우

3. 영업자의 결격사유에 해당하는 경우

4. 국민보건에 위해를 끼쳤거나 끼칠 우려가 있는 화장품을 제조·수입한 경우

5. 심사를 받지 아니하거나 보고서를 제출하지 않은 기능성화장품을 판매한 경우

5의2. 영유아 또는 어린이가 사용할 수 있는 화장품임을 표시·광고하면서 제품별 안전성 자료를 작성 또는 보관하지 않은 경우

6. 영업자의 준수사항을 이행하지 않은 경우

6의2. 회수 대상 화장품을 회수하지 아니하거나 회수하는 데에 필요한 조치를 하지 않은 경우

6의3. 회수계획을 보고하지 아니하거나 거짓으로 보고한 경우

7. 법 개정으로 인하여 삭제됨.

8. 화장품의 안전용기·포장에 관한 기준을 위반한 경우

9. 화장품의 용기 또는 포장 및 첨부문서에 기재·표시한 경우

10. 화장품을 표시·광고하거나 중지명령을 위반하여 화장품을 표시·광고 행위를 한 경우

11. 제15조(영업의 금지 조항)를 위반하여 판매하거나 판매의 목적으로 제조·수입·보관 또는 진열한 경우

12. 검사·질문·수거 등을 거부하거나 방해한 경우

13. 시정명령·검사명령·개수명령·회수명령·폐기명령 또는 공표명령 등을 이행하지 않은 경우

13의2. 회수계획을 보고하지 아니하거나 거짓으로 보고한 경우

14. 업무정지기간 중에 업무를 한 경우

② 행정처분의 기준은 총리령으로 정한다.

화장품법 제24조는 행정처분에 관한 조항입니다. 이 조항(행정처분)에 따라 등록이 취소되거나 영업소가 폐쇄된 날부터 1년이 지나지 않은 자는 영업자가 될 수 없습니다. 그런데 제24조의 제1호부터 제3호까지의 어느 하나에 해당하여 등록이 취소되거나 영업소가 폐쇄된 경우는 제외됩니다.

정신질환자와 마약류의 중독자는 영업자 중 화장품제조업자만의 결격사유입니다! 「정신건강증진 및 정신질환자 복지서비스 지원에 관한 법률」 제3조 제1호에 따른 정신질환자는 화장품제조업자로 등록이 불가능합니다. 화장품책임판매업자나 맞춤형화장품판매업자는 정신질환자여도 등록 혹은 신고가 가능합니다. 게다가 정신질환자이지만 전문의가 화장품제조업자로서 적합하다고 인정하는 사람은 화장품제조업자로 등록이 가능합니다. 즉, 전문의가 '이 정도의 질환 정도면 제조업자 등록이 가능하겠군.'이라고 생각하여 이를 증명하는 서류를 작성하여 주면 제조업자 등록이 가능합니다.

📝 관련있는 법령 같이보기

「정신건강증진 및 정신질환자 복지서비스 지원에 관한 법률」 제3조 제1호 - 정신질환자의 정의

"정신질환자"란 망상, 환각, 사고(思考)나 기분의 장애 등으로 인하여 독립적으로 일상생활을 영위하는 데 중대한 제약이 있는 사람을 말한다.

정신질환자 말고도 「마약류 관리에 관한 법률」 제2조 제1호에 따른 마약류의 중독자 역시 화장품제조업자 등록이 불가능합니다. 그러나 화장품책임판매업자 및 맞춤형화장품판매업자 등록 혹은 신고는 가능합니다.

📝 관련있는 법령 같이보기

마약류 관리에 관한 법률 제2조 제1호

1. "마약류"란 마약·향정신성의약품 및 대마를 말한다.

2. "마약"이란 다음의 어느 하나에 해당하는 것을 말한다.

　가. 양귀비

　나. 아편

　다. 코카 잎[엽]

　라. 양귀비, 아편 또는 코카 잎에서 추출되는 모든 알카로이드 및 그와 동일한 화학적 합성품으로서 대통령령으로 정하는 것

　마. 가목부터 라목까지에 규정된 것 외에 그와 동일하게 남용되거나 해독(害毒) 작용을 일으킬 우려가 있는 화학적 합성품

　바. 가목부터 마목까지에 열거된 것을 함유하는 혼합물질 또는 혼합제제

마약류 관리에 관한 법률에 따르면, 마약 중독자와 마약류의 중독자는 다릅니다. 마약은 양귀비, 아편, 코카 잎이나 이를 조합한 화학적 합성품 등인데요, 마약류란 마약뿐만 아니라 향정신성의약품 및 대마까지 포함하는 개념입니다.

지한쌤의 다섯 번째 암기비법!

영업자 중 화장품제조업자에만 해당하는 결격사유!
① **마**약류의 중독자
② **정**신질환자
"위의 사람들은 화장품제조업자 '약정'(마약류＋정신질환)이 불가능하다!"

자 이제 결격사유를 알아보았으니 화장품법 제3조의4를 알아보도록 합시다.

화장품법 제3조의4(맞춤형화장품조제관리사 자격시험)

① 맞춤형화장품조제관리사가 되려는 사람은 화장품과 원료 등에 대하여 식품의약품안전처장이 실시하는 자격시험에 합격하여야 한다.

② 식품의약품안전처장은 거짓이나 그 밖의 부정한 방법으로 자격시험에 응시한 사람 또는 자격시험에서 부정행위를 한 사람에 대하여는 그 자격시험을 정지시키거나 합격을 무효로 한다. 이 경우 자격시험이 정지되거나 합격이 무효가 된 사람은 그 처분이 있는 날부터 3년간 자격시험에 응시할 수 없다.

③ 식품의약품안전처장은 자격시험의 관리 및 자격증 발급 등에 관한 업무를 효과적으로 수행하기 위하여 필요한 전문인력과 시설을 갖춘 기관 또는 단체를 시험운영기관으로 지정하여 시험업무를 위탁할 수 있다(→**한국생산성본부**).

④ 자격시험의 시기, 절차, 방법, 시험과목, 자격증의 발급, 시험운영기관의 지정 등 자격시험에 필요한 사항은 총리령으로 정한다.

화장품법 제3조의4는 맞춤형화장품조제관리사 시험의 조항입니다. 자격시험의 시행 근거가 되는 조항이지요. 맞춤형화장품조제관리사가 되려는 사람은 화장품과 원료 등에 대하여 식품의약품안전처장이 실시하는 자격시험에 합격하여야 하며 합격한 조제관리사가 알고 보니 부정행위로 시험에 합격했다면 자격을 취소하고 취소된 날부터 3년간 자격시험에 응시할 수 없답니다. 식약처장은 현재 시험운영기관을 '한국생산성본부'에 위탁하여 관리하고 있습니다.

화장품법 제3조의5(맞춤형화장품조제관리사의 결격사유)

다음 각 호의 어느 하나에 해당하는 자는 맞춤형화장품조제관리사가 될 수 없다.

1. 「정신건강증진 및 정신질환자 복지서비스 지원에 관한 법률」 제3조 제1호에 따른 정신질환자. 다만, 전문의가 맞춤형화장품조제관리사로서 적합하다고 인정하는 사람은 제외한다.

2. 피성년후견인

3. 「마약류 관리에 관한 법률」 제2조 제1호에 따른 마약류의 중독자

4. 이 법 또는 「보건범죄 단속에 관한 특별조치법」을 위반하여 금고 이상의 형을 선고받고 그 집행이 끝나지 아니하거나 그 집행을 받지 아니하기로 확정되지 아니한 자

5. 제3조의8에 따라 맞춤형화장품조제관리사의 자격이 취소된 날부터 3년이 지나지 아니한 자

조제관리사는 제조업자와 마찬가지로 정신질환자, 피성년후견인, 마약류의 중독자, 화장품법 또는 「보건범죄 단속에 관한 특별조치법」을 위반하여 금고 이상의 형을 선고받고 그 집행이 끝나지 아니하거나 그 집행을 받지 아니하기로 확정되지 아니한 자, 맞춤형화장품조제관리사의 자격이 취소된 날부터 3년이 지나지 아니한 자는 맞춤형화장품조제관리사가 될 수 없습니다.

화장품법 제3조의6(자격증 대여 등의 금지)

① 맞춤형화장품조제관리사는 다른 사람에게 자기의 성명을 사용하여 맞춤형화장품조제관리사 업무를 하게 하거 나 자기의 맞춤형화장품조제관리사자격증을 양도 또는 대여하여서는 아니된다.

② 누구든지 다른 사람의 맞춤형화장품조제관리사자격증을 양수하거나 대여받아 이를 사용하여서는 아니된다.

조제관리사는 타인에게 자기의 이름을 사용하여 맞춤형화장품조제관리사 업무를 하게 하거나 자기의 맞춤형 화장품조제관리사자격증을 양도 또는 대여하여서는 안 됩니다.

화장품법 제3조의7(유사명칭의 사용금지)

맞춤형화장품조제관리사가 아닌 자는 맞춤형화장품조제관리사 또는 이와 유사한 명칭을 사용하지 못한다.

조제관리사가 아니면서 마치 조제관리사와 유사한 명칭을 사용하여 조제관리사인 것처럼 행세를 하여서는 안 됩니다. 적발 시 과태료 100만원입니다.

화장품법 제3조의8(맞춤형화장품조제관리사 자격의 취소)

식품의약품안전처장은 맞춤형화장품조제관리사가 다음 각 호의 어느 하나에 해당하는 경우에는 그 자격을 취소하 여야 한다.

1. 거짓이나 그 밖의 부정한 방법으로 맞춤형화장품조제관리사의 자격을 취득한 경우

2. 제3조의5 제1호부터 제4호까지 중 어느 하나에 해당하는 경우

3. 제3조의6 제1항을 위반하여 다른 사람에게 자기의 성명을 사용하여 맞춤형화장품조제관리사 업무를 하게 하거 나 맞춤형화장품조제관리사자격증을 양도 또는 대여한 경우

식약처장은 거짓이나 그 밖의 부정한 방법으로 맞춤형화장품조제관리사의 자격을 취득한 사람, 조제관리사 결 격사유에 해당하는 사람, 자신의 자격증을 양도, 대여해준 사람 등에 대해 자격을 취소하여야 합니다.

자격이 취소된 자는 3년동안 조제관리사가 될 수 없습니다.

화장품법 제4조(기능성화장품의 심사 등)

① 기능성화장품으로 인정받아 판매 등을 하려는 화장품제조업자, 화장품책임판매업자 또는 총리령으로 정하는 대학·연구소 등은 품목별로 안전성 및 유효성에 관하여 식품의약품안전처장의 심사를 받거나 식품의약품안전처장에게 보고서를 제출하여야 한다. 제출한 보고서나 심사받은 사항을 변경할 때에도 또한 같다.

② 유효성에 관한 심사는 화장품법 제2조 제2호 각 목에 규정된 효능·효과에 한하여 실시한다.

③ 심사를 받으려는 자는 총리령으로 정하는 바에 따라 그 심사에 필요한 자료를 식품의약품안전처장에게 제출하여야 한다.

④ 심사 또는 보고서 제출의 대상과 절차 등에 관하여 필요한 사항은 총리령으로 정한다.

화장품법 제4조는 기능성화장품의 심사와 보고에 관한 조항이에요. 이것과 세트로 볼 것은 화장품법 시행규칙 제9조랍니다! '나는 고득점이 목표다!!'하시는 분께서는 화장품법 제4조와 화장품법 시행규칙 제9조가 기능성화장품의 심사와 관련된 조항이라는 것도 암기하세요(**객관식 주의보!**).

이 조항을 보면 기능성화장품 심사 및 보고를 식약처장이 한다고 나와 있죠. 그러나 많은 분들께서 식품의약품안전평가원장이 하는 일 아니냐고 질문을 하십니다. 맞아요! 식품의약품안전평가원장이 합니다. 그렇다면 이 조항은 무엇일까요? 잘못 쓴 것일까요? 아닙니다! 우선 화장품법 제4조에서는 크게 식약처장이 기능성화장품의 심사 및 보고를 책임진다고 명시한 것이고, 이를 시행규칙에서 세분화하여 식약처의 식품의약품안전평가원장이 하라고 명시한 것이죠. 즉, 화장품법에서는 '식약처가 기능성화장품 심사 및 보고의 주체이다.'라고 밝힌 것이고, 시행규칙에서는 '식약처 중 식품의약품안전평가원장이 그 업무를 한다.'라고 상세히 밝힌 것입니다. 따라서 둘은 상충하는 조항이 아닙니다.

그렇다면 도대체 어떻게 알아두란 말인가?!

앞에서 말씀드렸죠? 더 상세한 것은 시행규칙이라고. 그냥 기능성화장품의 심사 및 보고를 받는 주체는 식품의약품안전처 산하의 식품의약품안전평가원장이 한다고 외우세요. 그렇다고 식약처장이 기능성화장품 심사 및 보고를 받는다는 것이 틀린 말은 아닙니다. 최종 책임 주체는 식약처장에게 있어요. 학교로 비교하면 교장과 교사의 느낌이에요. 아이들을 케어하는 것은 교사가 그 책임이 있지만 사실 큰 문제가 생기면 교장 선생님도 최종 책임자이기에 그 책임을 피할 수 없죠. 이해가 되셨나요?

이 1항에서 유념하여야 할 것은 기능성화장품으로 인정받을 수 있는 주체입니다. 기능성화장품으로 인정받아 판매할 수 있는 주체를 '**화장품제조업자, 화장품책임판매업자, 대학 및 연구소**'로 한정하고 있습니다. 맞춤형화장품판매업자는 기능성화장품을 인정받기 위한 심사를 받거나 보고서를 제출할 수 없다는 것이죠. **그러나!** 맞춤형화장품판매업자도 기능성화장품을 판매할 수는 있어요. 화장품책임판매업자로부터 납품받은 기능성화장품을 판매할 수는 있겠죠. 다만 자신이 기능성화장품을 연구하고 개발하여 이를 식약처에 심사를 요청하거나 보고서를 제출할 수 없을 뿐이랍니다.

화장품법 제4조의2(영유아 또는 어린이 사용 화장품의 관리)

① 화장품책임판매업자는 **영유아 또는 어린이가 사용할 수 있는 화장품임을 표시·광고하려는 경우**에는 제품별로 안전과 품질을 입증할 수 있는 다음의 자료(제품별 안전성 자료)를 작성 및 보관하여야 한다.

★★★★★주관식 주의보!

1. 제품 및 제조방법에 대한 설명 자료
2. 화장품의 안전성 평가 자료
3. 제품의 효능·효과에 대한 증명 자료

② 식품의약품안전처장은 **영유아 또는 어린이가 사용할 수 있는 화장품**에 대하여 <u>제품별 안전성 자료, 소비자 사용 실태, 사용 후 이상사례 등</u>에 대하여 주기적으로 실태조사를 실시하고, 위해요소의 저감화를 위한 계획을 수립하여야 한다.

③ 식품의약품안전처장은 소비자가 **영유아 또는 어린이가 사용할 수 있는 화장품**을 안전하게 사용할 수 있도록 교육 및 홍보를 할 수 있다.

④ 영유아 또는 어린이의 연령 및 표시·광고의 범위, 제품별 안전성 자료의 작성 범위 및 보관기간 등과 실태조사 및 계획 수립의 범위, 시기, 절차 등에 필요한 사항은 총리령으로 정한다.

화장품법 제4조의2는 모조리 암기! 암기 필수예요! 영유아 또는 어린이 사용 화장품이라고 표시하거나 광고하려는 경우 "**화장품책임판매업자**"가 제품별 안전성 자료(3가지)를 보관해야 합니다. 화장품제조업자 아닙니다! 제품별 안전성 자료의 3가지 종류 역시 꼭 외워두세요~ 그러면 이 조항과 관련 있는 총리령을 살펴볼까요?

📝 관련 있는 법령 같이보기

화장품법 시행규칙 제10조의2(영유아 또는 어린이 사용 화장품의 표시·광고)

① **영유아 또는 어린이의 연령 기준**은 다음의 구분에 따른다.

1. **영유아**: 만 3세 이하

2. **어린이**: 만 4세 이상부터 만 13세 이하까지

② 화장품책임판매업자가 제품별 안전성 자료를 작성·보관해야 하는 표시·광고의 범위는 다음의 구분에 따른다.

1. **표시의 경우: 화장품의 1차 포장 또는 2차 포장에 영유아 또는 어린이가 사용할 수 있는 화장품임을 특정하여 표시하는 경우**(화장품의 명칭에 영유아 또는 어린이에 관한 표현이 표시되는 경우 포함)

2. **광고의 경우**: 아래의 표 '가'부터 '바'까지(<u>어린이 사용 화장품의 경우에는 '바'만 제외</u>)의 규정에 따른 매체·수단 또는 해당 매체·수단과 유사하다고 식품의약품안전처장이 정하여 고시하는 매체·수단에 영유아 또는 어린이가 사용할 수 있는 화장품임을 특정하여 광고하는 경우

표시·광고의 범위 표

가. 신문·방송 또는 잡지　　　　　　　나. 전단·팸플릿·견본 또는 입장권

다. 인터넷 또는 컴퓨터통신　　　　　라. 포스터·간판·네온사인·애드벌룬 또는 전광판

마. 비디오물·음반·서적·간행물·영화 또는 연극　　바. 방문광고 또는 실연(實演)에 의한 광고

사. 자기 상품 외의 다른 상품의 포장

☑ 그 밖에 가목부터 사목까지의 매체 또는 수단과 유사한 매체 또는 수단

이 시행규칙에서 알아두어야 할 것은 영유아 및 어린이의 나이 기준입니다. 주관식으로 출제된 적이 있으므로 필수암기입니다. 안전용기·포장에서의 어린이의 나이 기준(만 5세 미만)과 다른 점 꼭 구별 암기해주세요.

화장품책임판매업자가 제품별 안전성 자료를 작성·보관해야 하는 경우는 다음과 같습니다. 첫째, **화장품의 1차 포장 또는 2차 포장에 영유아 또는 어린이가 사용할 수 있는 화장품임을 특정하여 표시한 화장품**(화장품 이름에 영유아 또는 어린이에 관한 표현이 표시되는 경우 포함!)을 유통·판매하는 경우입니다. 즉, '베이비' 등과 같은 표현을 사용하는 화장품들은 다 그 대상입니다. 둘째, 앞의 표시·광고의 범위 표 가~바까지의 광고를 하는 영유아 또는 어린이 사용 화장품을 유통·판매하는 경우입니다. 즉, 영유아나 어린이 전용 화장품이라고 광고하는 것들은 다 해당이 되죠. 그러나 이 법에 의하면 어린이 사용 화장품의 경우에는 가~바 중 '바'만 제외합니다. 즉, 어린이 사용 화장품이라고 방문광고 또는 실연에 의한 광고를 한다면 이 경우에는 화장품책임판매업자가 제품별 안전성 자료를 작성·보관할 필요가 없다는 것이죠. 그러나 영유아 사용 화장품은 가~바에 해당하는 광고를 하는 경우 모두 제품별 안전성 자료를 작성·보관해야 합니다.

영유아·어린이 사용 화장품이라고 표시·광고를 하려는 화장품책임판매업자는 제품별 안전성 자료 모두를 미리 작성하여야 합니다. 제품을 광고한 후 작성하면 아니 됩니다!

영유아·어린이 사용 화장품이라고 표시 및 광고하는 화장품책임판매업자는 제품별 안전성 자료를 작성·보관해야 한다는 것까지 알겠어요. 그러면 이 자료를 도대체 얼마나 보관해야 할까요?

제품에 사용기한을 표시한 경우	표시·광고한 날부터 마지막으로 제조·수입된 제품의 **사용기한 만료일 이후 1년까지의 기간**.
제품에 개봉 후 사용기간을 표시한 경우	표시·광고한 날부터 마지막으로 제조·수입된 제품의 **제조연월일 이후 3년까지의 기간**.

☑ 단, 이 두 경우 모두 제조는 화장품의 제조번호에 따른 제조일자를 기준으로 하며, 수입은 통관일자를 기준으로 합니다.

보통 화장품 법령에서는 **사용기한과 '1년'**이 세트이고, **개봉 후 사용기간과 '3년'**이 세트입니다. 영유아·어린이 사용 화장품이라고 표시 및 광고하는 제품 중 사용기한을 적은 것들은 그 표시·광고하는 날을 기준으로 마지막으로 제조 및 수입된 제품의 사용기한+1년까지 이 자료들을 보관해야 하며, 개봉 후 사용기간을 적은 제품은 그 표시·광고하는 날을 기준으로 마지막으로 제조 및 수입된 제품의 제조연월일+3년까지 이 자료들을 보관해야 한답니다. 그렇다면 사용기한과 개봉 후 사용기간의 차이를 알아볼까요?

사용기한이란 화장품이 제조된 날부터 적절한 보관 상태에서 제품이 고유의 특성을 간직한 채 소비자가 안정적으로 사용할 수 있는 최소한의 기한을 말합니다(「화장품법」 제2조 제5호). 주로 EXP나 BE, BB, BBE로 표시를 합니다.

EXP(Expiry date)	화장품 유통 가능 기한(유통기한 만료일) 예 EXP20210306 = 2021년 3월 6일까지 유통가능하다.
BB(Best Before) BBE(Best Before End dates) BE(Best Before End)	화장품 사용 권장 기한 예 BB 03/21 → 2021년 3월까지 사용 권장 BE 03/21 → 2021년 3월까지 사용 권장 BBE : 06 March 2021 → 2021년 3월 6일까지 사용 권장

사용기한을 표시하는 제품들은 '언제까지 사용해라.'라고 명시하는 것입니다. 따라서 영유아·어린이 사용 화장품이라고 표시·광고하는 이러한 제품들은 적혀있는 사용기한에 1년을 더한 날까지 제품별 안전성 자료를 보관합니다. 예를 들어 EXP20211010의 제품이라면 이 제품의 제품별 안전성 자료는 2022년 10월 9일까지 보관하여야겠지요?(어떤 날로부터+1년(365일)은 기준일에서 하루를 빼야 합니다. 2020년 1월 2일로부터 1년 뒤는 2021년 1월 1일입니다!)

개봉 후 사용기간이란 개봉일로부터 안전하게 사용 가능한 기한이며, 꼭 제조연월일(언제 만들어졌는지)을 같이 표시해야 합니다. 또한, 개봉 후 사용기간을 나타내는 **심벌과 기간**을 기재·표시할 수 있어요. 혹시 이런 표시를 본 적이 있으신가요?

이 그림을 '심벌'이라고 하고 안의 24M이 바로 '기간'입니다. 개봉 후 사용기간은 이렇게 심벌과 기간으로 표시를 합니다. '화장품 뚜껑을 딴 후(개봉 후) 24개월 이내에 사용하라'라는 뜻입니다. 그리고 이러한 **개봉 후 사용기간을 표시한 제품에는 반드시 '제조연월일(맞춤형화장품의 경우 혼합소분일)'을 병행** 표시하여야 합니다. 제조연월일은 다음과 같이 표시합니다.

MFG, MFD, M	• MFG 03/2020 → 2020년 3월 제조
	• MFD06032021, MFD060321
	  → 2021년 3월 6일 제조
	• M060321, M06032021
	  → 2021년 3월 6일 제조

알파벳과 숫자로 나타내는 방법	첫 번째 알파벳은 '월', 두 번째와 세 번째 숫자는 '연도', 네 번째 알파벳은 '생산된 공장의 번호', 다섯 번째, 여섯 번째 숫자는 '일'을 의미함. 예 C21E06 C - 알파벳의 세 번째 순서이므로 3월 21 - 2021년 E - 생산공장번호 06 - 6일 즉, 2021년 3월 6일 E공장에서 생산

사실 이런 제조연월일 표기도 있으나 보통 그냥 날짜로 표시합니다. '제조연월일 : 2021/03/06' 이런 식으로요. 영유아·어린이 사용 화장품이라고 표시·광고하는 제품들은 적혀있는 제조연월일에 3년을 더한 날까지 제품별 안전성 자료를 보관합니다. 제조연월일이 2020년 3월 2일이었다면, 2023년 3월 1일까지 보관을 해야겠지요.

화장품법 제5조(영업자의 의무)

객관식·주관식 고루 출제! 중요도 : ★★★★★

영업자＝화장품제조업자＋화장품책임판매업자(책판업자)＋맞춤형화장품판매업자(맞판업자)

① 화장품제조업자는 화장품의 **제조와 관련된 기록·시설·기구 등 관리 방법, 원료·자재·완제품 등에 대한 시험·검사·검정 실시 방법 및 의무** 등에 관하여 총리령으로 정하는 사항을 준수하여야 한다.

② 화장품책임판매업자는 **화장품의 품질관리기준, 책임판매 후 안전관리기준, 품질 검사 방법 및 실시 의무, 안전성·유효성 관련 정보사항 등의 보고 및 안전대책 마련 의무** 등에 관하여 총리령으로 정하는 사항을 준수하여야 한다.

③ 맞춤형화장품판매업자는 소비자에게 유통·판매되는 화장품을 임의로 혼합·소분하여서는 아니 된다.

④ 맞춤형화장품판매업자는 맞춤형화장품 판매장 시설·기구의 관리 방법, 혼합·소분 안전관리기준의 준수 의무, 혼합·소분되는 내용물 및 원료에 대한 설명 의무, 안전성 관련 사항 보고 의무 등에 관하여 총리령으로 정하는 사항을 준수하여야 한다.

⑤ 화장품책임판매업자는 총리령으로 정하는 바에 따라 화장품의 생산실적 또는 수입실적, 화장품의 제조과정에 사용된 원료의 목록 등을 식품의약품안전처장에게 보고하여야 한다. 이 경우 원료의 목록에 관한 보고는 화장품의 유통·판매 전에 하여야 한다.

⑥ 맞춤형화장품판매업자는 총리령으로 정하는 바에 따라 맞춤형화장품에 사용된 모든 원료의 목록을 매년 1회 식품의약품안전처장에게 보고하여야 한다.

⑦ 책임판매관리자 및 맞춤형화장품조제관리사는 화장품의 안전성 확보 및 품질관리에 관한 교육을 매년 받아야 한다.

⑧ 식품의약품안전처장은 국민 건강상 위해를 방지하기 위하여 필요하다고 인정하면 화장품제조업자, 화장품책임 판매업자 및 맞춤형화장품판매업자에게 화장품 관련 법령 및 제도(화장품의 안전성 확보 및 품질관리에 관한 내용 포함)에 관한 교육을 받을 것을 명할 수 있다.

⑨ 교육을 받아야 하는 자가 둘 이상의 장소에서 화장품제조업, 화장품책임판매업 또는 맞춤형화장품판매업을 하는 경우에는 종업원 중에서 총리령으로 정하는 자를 책임자로 지정하여 교육을 받게 할 수 있다.

⑩ 교육의 실시 기관, 내용, 대상 및 교육비 등에 관하여 필요한 사항은 총리령으로 정한다.

화장품법 제5조는 영업자의 의무에 관한 부분입니다. 영업자란 제조업자, 책판업자, 맞판업자를 모두 합쳐서 부르는 말입니다. 화장품법 제5조에 나와있는 영업자의 의무는 화장품법 시행규칙에서 더 상세하고 자세하게 나와있기 때문에, 여기서는 화장품법에 나와있는 부분만 간략하게 보도록 하겠습니다.

화장품법 제5조에 명시된 영업자의 의무 정리	
화장품제조업자	화장품의 **제조와 관련된 기록·시설·기구 등 관리 방법, 원료·자재·완제품 등에 대한 시험·검사·검정 실시 방법 및 의무** 등
화장품책임판매업자 (=책판업자)	화장품의 **품질관리기준, 책임판매 후 안전관리기준, 품질 검사 방법 및 실시 의무, 안전성·유효성 관련 정보사항 등의 보고 및 안전대책 마련 의무, 화장품의 생산실적 또는 수입실적, 화장품의 제조과정에 사용된 원료의 목록 등을 식품의약품안전처장에게 보고**
맞춤형화장품판매업자 (=맞판업자)	맞춤형화장품 판매장 **시설·기구의 관리 방법, 혼합·소분 안전관리기준의 준수 의무, 혼합·소분되는 내용물 및 원료에 대한 설명 의무, 안전성 관련 사항 보고 의무, 맞춤형화장품에 사용된 모든 원료의 목록을 매년 1회 식품의약품안전처장에게 보고하여야 하는 의무** 등

화장품제조업자는 화장품 제조와 관련된 기록 및 시설·기구 등에 대한 관리를 철저히 해야 하고 관리 방법 및 원료·자재·완제품 등에 대한 시험·검사·검정 실시 방법 및 실시 의무가 있습니다. 즉, 자기들이 만든 화장품에 대해 그 기록을 명확히 하고 만든 화장품에 대한 시험을 하는 등의 의무가 있지요. 제조업자는 화장품의 제조에 필요한 시설 및 기구에 대해 정기적으로 점검하여 작업에 지장이 없도록 관리·유지해야 합니다. 또, 보건위생상 위해(危害)가 없도록 제조소, 시설 및 기구를 위생적으로 관리하고 오염되지 않도록 해야 하죠. 너무나도 상식적인 의무네요. 작업소에는 위해가 발생할 염려가 있는 물건을 두어서는 안 되며, 작업소에서 국민보건 및 환경에 유해한 물질이 유출되거나 방출되지 않도록 해야할 의무가 있답니다. 즉, 제조공장을 잘 관리하고, 화장품을 잘 관리하라는 소리입니다. 추가로, 원료 및 자재의 입고부터 완제품의 출고에 이르기까지 필요한 시험·검사 또는 검정을 해야 할 의무가 있지요. 그런데 이러한 시험 및 검사 도구가 없는 제조업자는 이를 다른 전문 시험기관에 위탁하여 맡길 수 있어요. 이 경우 제조업자는 그 위탁기관을 잘 감독해야겠지요?

화장품책임판매업자는 화장품의 품질관리기준, 책임판매 후 안전관리기준, 품질 검사 방법 및 실시 의무, 안전성·유효성 관련 정보사항 등의 보고 및 안전대책 마련 의무가 있습니다. 사실, 영업자 중 제일 의무가 많은 사람이에요. 책판업자는 품질관리기준 및 안전관리기준을 준수하여야 하며 수입하는 화장품에 대해서는 수입관리

기록서를 작성·보관하여야 하고, 자신이 유통·판매하는 화장품에 대해서는 제조번호별로 품질검사를 철저히 한 후 유통하여야 하죠. 게다가 제품과 관련하여 국민보건에 직접 영향을 미칠 수 있는 안전성·유효성에 관한 새로운 자료가 나오면 그 자료가 나올 때마다 이를 유념하여두고, 필요한 대책을 세워야 합니다. 화장품 사용에 의한 부작용 발생사례를 포함한 다양한 자료 등을 알게 되었을 때에는「화장품 안전성 정보관리 규정」에 따라 보고하고 필요한 안전대책을 마련해야 하죠. 심지어 어떤 특정 성분들을 0.5% 이상 포함하는 제품들을 판매하는 경우 안정성 시험자료를 또 보관해야 해요. 정말 의무가 많죠? 뿐만 아니라 화장품책임판매업자는 지난해의 생산실적 또는 수입실적을 매년 2월 말까지 대한화장품협회 등「화장품법」제17조에 따라 설립된 화장품업 단체(「약사법」제67조에 따라 조직된 약업단체를 포함)를 통해 식품의약품안전처장에게 보고해야 합니다.

맞춤형화장품판매업자는 맞춤형화장품 판매장 시설·기구의 관리 방법, 혼합·소분 안전관리기준의 준수 의무, 혼합·소분되는 내용물 및 원료에 대한 설명 의무가 있어요. 맞춤형화장품 판매장 시설·기구를 정기적으로 점검하여 보건위생상 위해가 없도록 관리해야 하죠. 그리고 맞춤형화장품 판매 시 혼합·소분에 사용된 내용물·원료의 내용 및 특성, 맞춤형화장품 사용 시의 주의사항을 소비자에게 설명할 의무가 있지요. 또, 맞춤형화장품 사용과 관련된 부작용 발생사례에 대해서는 지체 없이 식품의약품안전처장에게 보고해야 해요. 또 맞판업자는 총리령으로 정하는 바에 따라 맞춤형화장품에 사용된 모든 원료의 목록을 매년 1회 식품의약품안전처장에게 보고하여야 합니다.

자, 영업자의 의무를 간단하게 알아보니 어떠신가요? 영업자들이 마냥 쉽게 영업을 하는 것 같지는 않지요? 더 상세하고 자세한 영업자의 의무는 시행규칙의 해설에서 아주 자세히 알아볼 것입니다! 여기서는 그냥 가볍게 읽기!

추가로 알아두면 좋은 상식

• 위반자에 대한 처벌

이러한 화장품제조업자, 화장품책임판매업자 및 맞춤형화장품판매업자가 준수해야 할 사항을 위반한 자는 200만원 이하의 벌금에 처해집니다(「화장품법」제38조 제1호).

☑ 법인의 대표자나 법인 또는 개인의 대리인, 사용인, 그 밖의 종업원이 그 법인 또는 개인의 업무에 관하여 위의 위반행위를 하면 그 행위자를 벌하는 외에 그 법인 또는 개인에게도 해당 조문의 벌금형을 과(科)합니다. 다만, 법인 또는 개인이 그 위반행위를 방지하기 위해 해당 업무에 관하여 상당한 주의와 감독을 게을리하지 않은 경우에는 그렇지 않습니다(「화장품법」제39조).

• 생산실적 등의 미보고자에 대한 과태료 부과

화장품의 생산실적 또는 수입실적과 화장품 제조과정에 사용된 원료의 목록 등을 보고(규제「화장품법」제5조 제4항)하지 않은 자에게는 100만원 이하의 과태료(과태료 50만원)가 부과됩니다(「화장품법」제40조 제1항 제3호).

- 찾기쉬운 생활법령정보 중에서

책임판매관리자 및 맞춤형화장품조제관리사는 화장품의 안전성 확보 및 품질관리에 관한 교육을 매년 받아야 합니다. 또 세트 단어가 나왔네요! '안전'과 '품질'. 매년 교육을 받아야 하는 주체는 **책임판매관리자와 맞춤형화장품조제관리사**입니다. 이 둘을 꼭 기억하여 주세요. 그런데 맞춤형화장품조제관리사 시험에 합격하시고 영업체에 <u>취직</u>한 사람에 한하여 매년 교육을 받아야 하는 것입니다. 즉, 시험에 합격하고 조제관리사로 취직하지 않으셨다면 교육의 의무가 없습니다. 더 나아가서 조제관리사 취직일로부터 1년 내에 관리사 자격을 취득하였다면 최초 교육을 받지 않아도 됩니다. 즉, 2021년 9월에 시험에 합격하고 2021년 10월에 취직을 하였다면 최초교육이 면제됩니다. 교육은 한번 할 때에 <u>4시간 이상, 8시간 이하</u>로 규정되어 있습니다. 그렇다면 매년 교육의 의무가 있음에도 교육을 받지 않은 사람은 어떤 처벌을 받을까요? 100만원 이하의 과태료(과태료 50만원)가 부과됩니다. 교육과 관련된 부분을 더 자세히 알고싶으시다면 화장품법 시행규칙 해설편 제14조를 참고하여 주세요.

영업자들은 원래 기본적으로 교육을 받는 자는 아닙니다. 그러나 영업자가 어떤 잘못을 하였을 때 이로 인해 시정명령 처분을 받거나 준수사항을 위반한 경우 식약처장은 이들에게 교육이 필요하다고 판단하면 교육명령을 내릴 수 있습니다. 즉, 상시적이고 규칙적인 교육은 아니지요. 그러나 교육을 받아야 하는 자가 둘 이상의 장소에서 화장품제조업, 화장품책임판매업 또는 맞춤형화장품판매업을 하는 경우에는 종업원 중에서 <u>다음의 어느 하나에 해당하는 자</u>를 책임자로 지정하여 교육을 받게 할 수 있습니다.

1. 책임판매관리자
2. 맞춤형화장품조제관리사
3. 「화장품법 시행규칙」의 품질관리기준에 따라 <u>품질관리 업무에 종사하는 종업원</u>

I. 화장품법

간단하고 명료한 화장품법 체계표[다지기]	
법령	화장품법
조항	제3조의3~제5조

☐ [화장품법 제3조의3] 화장품 영업별 결격사유

화장품 영업별 결격사유		
화장품제조업자	화장품책임판매업자	맞춤형화장품판매업자
1. 정신질환자 2. 피성년후견인 또는 파산선고를 받고 복권되지 않은 자 3. 마약류의 중독자 4. 화장품법 또는 「보건범죄 단속에 관한 특별조치법」을 위반하여 금고 이상의 형을 선고받고 그 집행이 끝나지 않거나 그 집행을 받지 않기로 확정되지 않은 자 5. 제24조에 따라 등록이 취소되거나 영업소가 폐쇄(제24조의 제1호부터 제3호까지의 어느 하나에 해당하여 등록이 취소되거나 영업소가 폐쇄된 경우 제외)된 날부터 1년이 지나지 않은 자	2. 피성년후견인 또는 파산선고를 받고 복권되지 않은 자 4. 화장품법 또는 「보건범죄 단속에 관한 특별조치법」을 위반하여 금고 이상의 형을 선고받고 그 집행이 끝나지 않거나 그 집행을 받지 않기로 확정되지 않은 자 5. 제24조에 따라 등록이 취소되거나 영업소가 폐쇄(제24조의 제1호부터 제3호까지의 어느 하나에 해당하여 등록이 취소되거나 영업소가 폐쇄된 경우 제외)된 날부터 1년이 지나지 않은 자	

☐ [화장품법 제3조의4] 맞춤형화장품조제관리사 자격시험 시행의 근거 조항

맞춤형화장품조제관리사 자격 시험			
시험위탁기관	한국생산성본부	부정행위 시 자격시험 응시 제한	자격이 취소된 날부터 3년간

자격시험의 시기, 절차, 방법, 시험과목, 자격증의 발급, 시험운영기관의 지정 등 자격시험에 필요한 사항은 총리령으로 정한다.

□ [화장품법 제3조의5 ~ 제3조의8]맞춤형화장품조제관리사

① 조제관리사 결격사유

1. 「정신건강증진 및 정신질환자 복지서비스 지원에 관한 법률」 제3조제1호에 따른 정신질환자. 다만, 전문의가 맞춤형화장품조제관리사로서 적합하다고 인정하는 사람은 제외한다.

2. 피성년후견인

3. 「마약류 관리에 관한 법률」 제2조제1호에 따른 마약류의 중독자

4. 이 법 또는 「보건범죄 단속에 관한 특별조치법」을 위반하여 금고 이상의 형을 선고받고 그 집행이 끝나지 아니하거나 그 집행을 받지 아니하기로 확정되지 아니한 자

5. 제3조의8에 따라 맞춤형화장품조제관리사의 자격이 취소된 날부터 3년이 지나지 아니한 자

② 자격증 대여 등의 금지 : 맞춤형화장품조제관리사는 다른 사람에게 자기의 성명을 사용하여 맞춤형화장품조제관리사 업무를 하게 하거나 자기의 맞춤형화장품조제관리사자격증을 양도 또는 대여하여서는 안 됨.

③ 유사명칭의 사용금지 : 맞춤형화장품조제관리사가 아닌 자는 맞춤형화장품조제관리사 또는 이와 유사한 명칭을 사용하지 못함.

④ 맞춤형화장품조제관리사 자격의 취소 : 식약처장은 조제관리사가 거짓이나 그 밖의 부정한 방법으로 자격을 취득한 경우, 조제관리사 결격사유에 해당하는 경우, 다른 사람에게 자기의 성명을 사용하여 맞춤형화장품조제관리사 업무를 하게 하거나 자격증을 양도 또는 대여한 경우 그 자격을 취소하여야 한다.

□ [화장품법 제4조] 기능성화장품의 심사 및 보고

기능성화장품의 심사 및 보고	
심사 및 보고할 수 있는 주체	화장품제조업자, 화장품책임판매업자 또는 총리령으로 정하는 대학·연구소
기능성화장품으로 인정받아 판매하는 방법	품목별로 안전성 및 유효성에 관하여 식품의약품안전처장의 심사를 받거나 식품의약품안전처장에게 보고서를 제출하여야 함.

화장품법 제4조에서는 기능성화장품의 심사 및 보고서 제출 대상을 '식품의약품안전처장'으로 명시함. 좀 더 구체화한 시행규칙 제9조에서는 기능성화장품의 심사 및 보고서 제출 대상을 '식품의약품안전처장' 산하의 '식품의약품안전평가원장'으로 명시하고 있음. 즉, 실제로 기능성화장품을 심사·보고 받는 사람은 식품의약품안전평가원장임.

□ [화장품법 제4조의2] 영유아 또는 어린이 사용 화장품의 관리

제품별 안전성 자료			
위 자료를 작성·보관해야 하는 영업자	화장품책임판매업자	위 자료를 작성·보관해야 하는 경우	영유아 또는 어린이가 사용할 수 있는 화장품임을 표시·광고하려는 경우
위 자료를 작성·보관해야 하는 목적		제품별로 안전과 품질을 입증하기 위하여	
위 자료의 종류			

1. 제품 및 제조방법에 대한 설명 자료
2. 화장품의 안전성 평가 자료
3. 제품의 효능·효과에 대한 증명 자료

영유아 또는 어린이가 사용할 수 있는 화장품의 안전한 유통을 위하여 식품의약품안전처장이 해야 하는 노력

1. 실태조사 실시 : 식품의약품안전처장은 영유아 및 어린이 사용 화장품에 대하여 제품별 안전성 자료, 소비자 사용실태, 사용 후 이상사례 등에 대하여 주기적으로 실태조사(5년 주기)를 실시하여야 함.

2. 위해요소의 저감화를 위한 계획 수립

3. 교육 및 홍보 : 영유아 및 어린이 사용 화장품을 안전하게 사용할 수 있도록 교육 및 홍보할 수 있음.

□ [화장품법 제5조] 영업자의 의무

화장품법 제5조에 명시된 영업자의 의무	
화장품제조업자	화장품의 제조와 관련된 기록·시설·기구 등 관리 방법, 원료·자재·완제품 등에 대한 시험·검사·검정 실시 방법 및 의무 등
화장품책임판매업자 (=책판업자)	화장품의 품질관리기준, 책임판매 후 안전관리기준, 품질 검사 방법 및 실시 의무, 안전성·유효성 관련 정보사항 등의 보고 및 안전대책 마련 의무, 화장품의 생산실적 또는 수입실적, 화장품의 제조과정에 사용된 원료의 목록 등을 식품의약품안전처장에게 보고
맞춤형화장품판매업자 (=맞판업자)	맞춤형화장품 판매장 시설·기구의 관리 방법, 혼합·소분 안전관리기준의 준수 의무, 혼합·소분되는 내용물 및 원료에 대한 설명 의무, 안전성 관련 사항 보고 의무, 맞춤형화장품에 사용된 모든 원료의 목록을 매년 1회 식품의약품안전처장에게 보고하여야 하는 의무 등

화장품법 제5조에 명시된 정기 교육(보수교육) 관련 사항	
정기적으로 교육을 받아야 하는 사람	맞춤형화장품조제관리사, 책임판매관리자
교육내용	화장품의 안전성 확보 및 품질관리
교육주기	매년(1년에 한 번)

화장품법 제5조에 명시된 일시적 교육 관련 사항	
일시적으로 교육을 받아야 하는 사람	잘못된 행위를 하여 교육이 필요하다고 판단되는 화장품제조업자, 화장품책임판매업자 및 맞춤형화장품판매업자
교육목적	시정명령 등 처분을 받아 교육을 통해 그 행동을 교정하고 법령의 바른 이해를 통하여 문제 재발 방지
교육내용	• 화장품 관련 법령 및 제도 • 화장품의 안전성 확보 및 품질관리
비고	교육을 받아야 하는 자가 둘 이상의 장소에서 화장품제조업, 화장품책임판매업 또는 맞춤형화장품판매업을 하는 경우에는 종업원 중에서 총리령으로 정하는 자를 책임자로 지정하여 교육을 받게 할 수 있다.

교육 명령을 받은 영업자가 이를 위반한 경우에는 과태료 50만원!

I. 화장품법

꼼꼼하고 알기 쉬운 법조문 해설[이해하기]	
법령	화장품법
조항	제5조의2~제14조
관련 법령	화장품법 시행규칙 제14조의2, 제14조의3, 제15조, 제17조~제17조의3, 제18조~제23조

화장품법 제5조의2(위해화장품의 회수)

객관식 주의보! 중요도 ★★★★★(시행규칙에서 더 자세히!)

① 영업자(제조업자+책판업자+맞판업자)는 **제9조(안전용기·포장), 제15조(영업의 금지 조항) 또는 제16조 제1항(판매 등의 금지 조항)**에 위반되어 국민보건에 위해(危害)를 끼치거나 끼칠 우려가 있는 화장품이 유통 중인 사실을 알게 된 경우에는 지체 없이 해당 화장품을 회수하거나 회수하는 데에 필요한 조치를 하여야 한다.

② 해당 화장품을 회수하거나 회수하는 데에 필요한 조치를 하려는 영업자는 회수계획을 식품의약품안전처장에게 미리 보고하여야 한다.

③ 식품의약품안전처장은 회수 또는 회수에 필요한 조치를 성실하게 이행한 영업자가 해당 화장품으로 인하여 받게 되는 제24조에 따른 행정처분을 총리령으로 정하는 바에 따라 감경 또는 면제할 수 있다.

④ 회수 대상 화장품, 해당 화장품의 회수에 필요한 위해성 등급 및 그 분류기준, 회수계획 보고 및 회수절차 등에 필요한 사항은 총리령으로 정한다.

　　화장품법 제5조의2는 위해화장품의 회수와 관련된 조항입니다. 화장품이 여러 이유로 위해화장품 판정을 받으면, 영업자는 유통 중인 이 화장품들을 지체 없이 회수하여야 하죠. 회수하기 전에 회수계획을 식약처장에게 미리 보고하여야 한답니다. 그리고 회수를 해도 위해화장품을 유통시킨 죄를 물을 겁니다. 그러나 회수에 필요한 조치를 성실하게 이행하고 위해화장품 회수를 최대한 많이 했다면 그 회수비율에 따라 행정처분이 감경 또는 면제될 수 있답니다.

☐ 회수대상화장품

　　이 조항에 따르면, 화장품법 제9조, 제15조 또는 제16조 제1항에 위반되어 국민보건에 위해를 끼치거나 끼칠 우려가 있다는 사실을 영업자가 알게 된 경우에 영업자는 위해화장품 회수를 해야 합니다.

<참고 : 화장품법 제9조, 제15조, 제16조 제1항>

○ **법 제9조(안전용기·포장 등)**에 따라 어린이가 화장품을 잘못 사용하여 인체에 위해를 끼치는 사고가 발생하지 아니하도록 안전용기·포장을 사용하지 않은 경우

○ **법 제15조(영업의 금지)**에 따른 다음에 해당하는 화장품을 판매하거나 판매할 목적으로 제조·수입·보관 또는 진열한 경우

　1. 심사를 받지 아니하거나 보고서를 제출하지 않은 기능성화장품

　2. 전부 또는 일부가 변패(變敗)된 화장품

　3. 병원미생물에 오염된 화장품

　4. 이물이 혼입되었거나 부착된 것

　5. 화장품에 사용할 수 없는 원료를 사용하였거나 유통화장품 안전관리 기준에 적합하지 않은 화장품

　6. 코뿔소 뿔 또는 호랑이 뼈와 그 추출물을 사용한 화장품

　7. 보건위생상 위해가 발생할 우려가 있는 비위생적인 조건에서 제조되었거나 시설기준에 적합하지 않은 시설에서 제조된 것

　8. 용기나 포장이 불량하여 해당 화장품이 보건위생상 위해를 발생할 우려가 있는 것

　9. 사용기한 또는 개봉 후 사용기간(병행 표기된 제조연월일 포함)을 위조·변조한 화장품

　10. 식품의 형태·냄새·색깔·크기·용기 및 포장 등을 모방하여 섭취 등 식품으로 오용될 우려가 있는 화장품

○ **법 제16조(판매 등의 금지)**에 따른 다음에 해당하는 화장품을 판매하거나 판매할 목적으로 보관 또는 진열한 경우

　1. 등록을 하지 않은 자가 제조한 화장품 또는 제조·수입하여 유통·판매한 화장품

　2. 법 제10조부터 제12조까지에 위반되는 화장품 또는 의약품으로 잘못 인식할 우려가 있게 기재·표시된 화장품

　3. 판매의 목적이 아닌 제품의 홍보·판매촉진 등을 위하여 미리 소비자가 시험·사용하도록 제조 또는 수입된 화장품

　4. 화장품의 포장 및 기재·표시 사항을 훼손 또는 위조·변조한 것

회수는 크게 영업자 회수와 정부 회수로 나뉘며, 그 절차는 다음과 같습니다.

📢 회수·폐기 업무절차

1. 영업자 회수 절차도

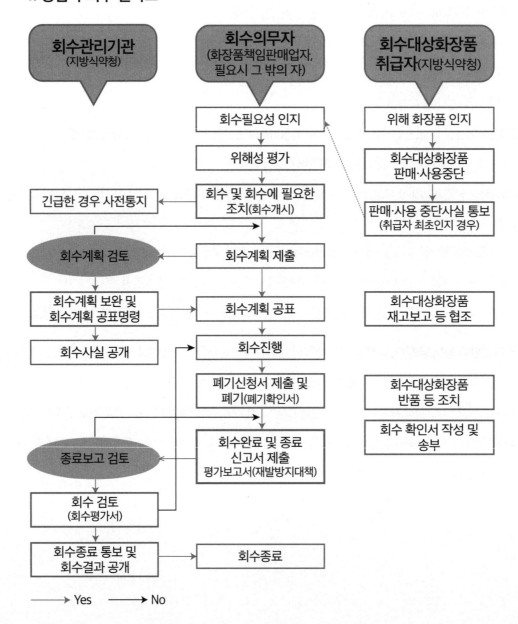

2. 정부 회수 절차도

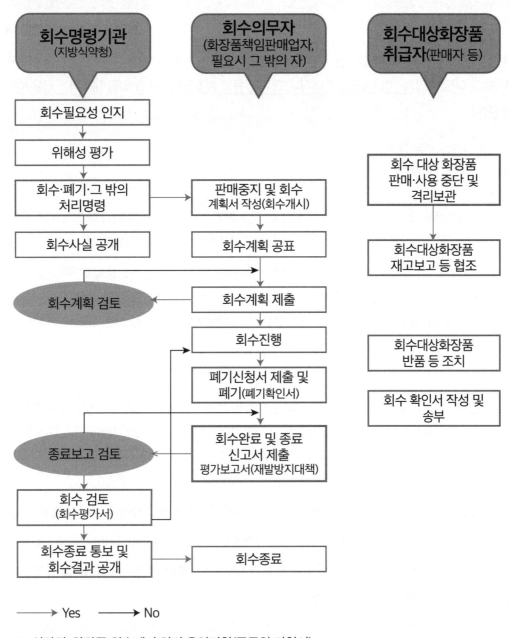

※ 식약처, 화장품 회수폐기 처리 운영지침(공무원 지침서)

자세한 회수 계획과 회수 절차, 회수에 필요한 서류 등은 화장품법 시행규칙을 해설할 때 면밀히 따져보도록 하겠습니다. 여기서는 그냥 개략적인 부분만 읽고 이해만 해주세요!

화장품법 제6조(폐업 등의 신고)

객관식 주의보! 중요도 : ★★★★

① 영업자는 다음의 어느 하나에 해당하는 경우에는 총리령으로 정하는 바에 따라 식품의약품안전처장에게 신고하여야 한다. 다만, <u>휴업기간이 1개월 미만이거나 그 기간 동안 휴업하였다가 그 업을 재개하는 경우에는 그러하지 아니하다.</u>

> 1. 폐업 또는 휴업하려는 경우
> 2. 휴업 후 그 업을 재개하려는 경우

② 식품의약품안전처장은 화장품제조업자 또는 화장품책임판매업자가 「부가가치세법」 제8조에 따라 관할 세무서장에게 폐업신고를 하거나 관할 세무서장이 사업자등록을 말소한 경우에는 등록을 취소할 수 있다.

③ 식품의약품안전처장은 등록을 취소하기 위하여 필요하면 관할 세무서장에게 화장품제조업자 또는 화장품책임판매업자의 폐업여부에 대한 정보 제공을 요청할 수 있다. 이 경우 요청을 받은 관할 세무서장은 「전자정부법」 제39조에 따라 화장품제조업자 또는 화장품책임판매업자의 폐업여부에 대한 정보를 제공하여야 한다.

④ 식품의약품안전처장은 폐업신고 또는 휴업신고를 받은 날부터 7일 이내에 신고수리 여부를 신고인에게 통지하여야 한다.

⑤ 식품의약품안전처장이 제4항에서 정한 기간 내에 신고수리 여부 또는 민원 처리 관련 법령에 따른 처리기간의 연장을 신고인에게 통지하지 아니하면 그 기간(민원 처리 관련 법령에 따라 처리기간이 연장 또는 재연장된 경우 해당 처리기간을 의미함)이 끝난 날의 다음 날에 신고를 수리한 것으로 본다.

영업자는 폐업, 휴업, 휴업 후 업을 재개할 때 식품의약품안전처장에게 신고하여야 합니다(물론 이 권한은 시행령에서 지방식약청장에게 양도하므로 실제적으로는 지방식약청장에게 신고합니다.). 그러나 휴업기간이 1개월 미만인 경우에는 그냥 단순한 휴가라고 보므로 신고할 필요가 없습니다. 폐업 · 휴업 · 휴업 후 업 재개는 '등록'이 아닌 '신고'입니다! 영업자 구별 없이 신고라는 점!

영업자는 단순히 식약처에만 등록(혹은 신고)하면 되는 것이 아닙니다. 사실 영업자는 지자체에 묶여있는 사업자이므로 부가가치세법에 따라 세금을 냅니다. 즉, 세무서와도 관련이 있습니다. 그러므로 영업자가 폐업을 할 시에는 지방식약청에 낼 서류, 세무서에 낼 서류를 갖추어야 합니다. 현재 법령상 폐업하는 영업자의 편의를 위해 이 서류들은 한 곳에다가 한꺼번에 제출하면 됩니다(지방식약청이든 세무서든 둘 중 한 곳에만 제출). 그러면 한꺼번에 받은 서류를 그 기관에서 상대의 기관에 송부를 해줍니다.

식약처장(여기서는 사실상 지방식약청장)은 폐업신고 또는 휴업신고를 받은 날부터 7일 이내에 신고수리 여부를 신고인에게 통지하여야 합니다. 2021년 3월 8일에 폐업 신고를 하였다면, 2021년 3월 14일까지는 신고 수리 여부를 통지하여야 합니다(폐업신고 또는 휴업신고를 받은 날부터 7일 이내이므로 3월 8일을 포함하여 7일 이내로 계산하면 3월 14일까지.). 그러나 시간이 지나도 폐업 신고가 제대로 수리되었다는 통지를 못 받았다면 그 기간이 끝난 날의 다음 날에 신고를 수리된 것으로 봅니다. 즉, 3월 14일까지 폐업이 신고되었는지 여부를 통지받지 못하였다면 3월 14일의 다음 날인 15일에 신고가 수리된 것으로 봅니다.

화장품법 제7조는 개정에 의하여 삭제된 내용이므로, 바로 제8조를 보도록 하겠습니다.

화장품법 제8조(화장품 안전기준 등)

객관식 및 주관식 고루 출제! 중요도 : ★★★★★(시행규칙에서 더 자세히!)

① 식품의약품안전처장은 **화장품의 제조 등에 사용할 수 없는 원료를 지정하여 고시**하여야 한다.

② 식품의약품안전처장은 **보존제, 색소, 자외선차단제 등과 같이 특별히 사용상의 제한이 필요한 원료에 대하여는 그 사용기준을 지정하여 고시**하여야 하며, 사용기준이 지정·고시된 원료 외의 보존제, 색소, 자외선차단제 등은 사용할 수 없다.

③ 식품의약품안전처장은 국내외에서 유해물질이 포함되어 있는 것으로 알려지는 등 국민보건상 위해 우려가 제기되는 화장품 원료 등의 경우에는 총리령으로 정하는 바에 따라 위해요소를 신속히 평가하여 그 위해 여부를 결정하여야 한다.

④ 식품의약품안전처장은 제3항에 따라 위해평가가 완료된 경우에는 해당 화장품 원료 등을 화장품의 제조에 사용할 수 없는 원료로 지정하거나 그 사용기준을 지정하여야 한다.

⑤ 식품의약품안전처장은 제2항에 따라 지정·고시된 원료의 사용기준의 안전성을 정기적으로 검토하여야 하고, 그 결과에 따라 지정·고시된 원료의 사용기준을 변경할 수 있다. 이 경우 안전성 검토의 주기 및 절차 등에 관한 사항은 총리령으로 정한다.

⑥ <u>화장품제조업자, 화장품책임판매업자 또는 대학·연구소 등 총리령으로 정하는 자</u>는 제2항에 따라 지정·고시되지 않은 원료의 사용기준을 지정·고시하거나 지정·고시된 원료의 사용기준을 변경하여 줄 것을 총리령으로 정하는 바에 따라 식품의약품안전처장에게 신청할 수 있다.

⑦ 식품의약품안전처장은 제6항에 따른 신청을 받은 경우에는 신청된 내용의 타당성을 검토하여야 하고, 그 타당성이 인정되는 경우에는 원료의 사용기준을 지정·고시하거나 변경하여야 한다. 이 경우 신청인에게 검토 결과를 서면으로 알려야 한다.

⑧ 식품의약품안전처장은 그 밖에 유통화장품 안전관리 기준을 정하여 고시할 수 있다.

화장품법 제8조에 따르면, 식품의약품안전처장은 화장품의 제조 등에 사용할 수 없는 원료를 지정하여 고시해야 합니다. 또한 보존제, 색소, 자외선차단제 등과 같이 특별히 사용상의 제한이 필요한 원료에 대하여는 그 사용기준을 지정하여 고시해야 하며, 사용기준이 지정·고시된 원료 외의 보존제, 색소, 자외선차단제 등은 사용할 수 없습니다. 납, 수은과 같은 중금속 역시 화장품에 원칙적으로 사용할 수 없으며 리도카인, 라카익애씨드, 천수국꽃 추출물 등 역시 사용 금지 원료입니다. 보통 인체에 위험한 영향을 끼치거나 의약품으로 사용되는 성분들은 사용상 안전성에 문제가 있으므로 사용 금지 원료로 지정됩니다. 식약처장이 지정한 사용금지 원료(사용할 수 없는 원료)는 약 1,000여개 정도 됩니다. 이 천 여개 중 주요한 원료들은 암기를 하셔야 합니다. 식약처장이 지정한 사용금지 원료 및 사용상의 제한이 필요한 원료의 목록은 부록에서 다루고 있습니다. 부록을 꼭 참고하여 주세요!

사용상의 제한이 필요한 원료들도 정말 많은데요, 크게 보존제, 색소, 자외선차단제, 기타로서 4가지 항목으로 구성되어 있습니다. 특히 보존제, 색소, 자외선차단제 – 이 3단어를 기억해주세요. 사용상의 제한이 필요한 원료는 보존제, 색소, 자외선차단제 성분들! 하나 더 추가하자면 염모제 성분도 제한이 필요한 원료로 고시되어 있습니다. 이 성분들은 안전성에 지속적으로 문제를 제기 받은 것들입니다. 특히 보존제(방부제)를 일정 한도 이상 사용하면 피부에 습진, 발진, 홍반 등을 동반할 수 있죠. 따라서 식약처장이 애초에 사용할 수 있는 보존제, 색소, 자외선차단제, 염모제 성분들을 정해놓고 **그것들만 사용기준에 적합하게 사용하게 합니다.** 예를 들면 페녹시에탄올은 대표적인 보존제 성분이며 식약처장은 1%까지만 사용할 수 있게 고시해 놓았습니다. 구체적으로 어떤 성분들이 있는지는 부록을 꼭 참고하여 주세요!

☐ <u>화장품 원료의 사용 제한</u>

2012년 전면 개정된 「화장품법」에서는 <u>화장품에 사용할 수 없는 원료와 사용상의 제한이 필요한 원료를 지정하고 그 밖의 원료는 화장품책임판매업자의 안전성에 대한 책임 하에 사용할 수 있게 하는 **네거티브 리스트 (negative list)** 방식</u>으로 전환하였습니다. 이에 따라 화장품제조업자 및 책임판매업자는 법령에서 정한 기준에 따라 사용하려는 원료의 안전성에 대한 책임하에 다양한 화장품 원료를 개발·사용할 수 있고, 화장품 소비자는 인체에 위해 가능성이 있는 원료로부터 보호받을 수 있게 되었습니다.

좀 더 알아보는 화장품 상식

"네거티브(Negative) 시스템(네거티브 리스트 시스템)"

네거티브 리스트에 화장품에 <u>사용할 수 없는 원료를 고시하고 그 밖의 모든 원료는 사용할 수 있도록 하는 체계.</u> 명기된 원료 외에 사용을 금지하는 '포지티브(Positive) 리스트 시스템' 방식과 정반대의 체계이다. 2012년 법의 전면 개정에 따라 식약처는 기존의 포지티브 시스템에서 네거티브 시스템으로 화장품 원료 사용 체계를 바꾸었다.

□ 위해평가의 필요성(제8조 3항, 4항)

화장품은 식품과 같이 직접적으로 몸에 들어가서 흡수되는 것이 아니라 피부와 호흡을 통해 흡수되므로 건강 상에 심각한 위해를 일으키는 경우는 많지 않습니다. 그러나 최근 화장품의 사용 연령이 낮아지고 종류가 다양 해지면서 반복적인 노출과 많은 사용으로 인해 화장품의 안전성 확보를 위한 노력이 점점 중요해지고 있습니다.

이러한 화장품의 안전성을 확보하기 위해 국제적으로 인정되는 방법 중 하나가 바로 '위해평가'이며, 우리나라 에서도 화장품의 성분의 안전성을 확보하기 위한 화장품의 위해평가를 적극적으로 활용하고 있습니다. 식품의 약품안전처장은 국내외에서 유해물질이 포함되어 있는 것으로 알려지는 등 국민보건상 위해 우려가 제기되는 화장품 원료 등의 경우에는 위해평가 방법 및 절차에 따라 위해요소를 신속히 평가하여 그 위해 여부를 결정해 야 합니다. 식품의약품안전처장은 위해평가가 완료된 경우에는 해당 화장품 원료 등을 화장품의 제조에 사용할 수 없는 원료로 지정하거나 그 사용기준을 지정하여야 합니다.

□ 지정·고시된 원료의 사용기준의 안전성 검토(제8조 5항)

자, 식약처장이 위해평가를 통하여 어떤 원료에 대한 위해 여부를 결정하였습니다. 그렇다면 식약처장은 이 원 료를 사용금지 원료나 사용상의 제한이 필요한 원료로 지정을 하겠지요? 그런데 이렇게 지정된 원료들은 영원 히 사용 금지 원료이고, 사용기준이 변하지 않을까요? 아닙니다! 식품의약품안전처장은 지정·고시된 원료의 사 용기준의 안전성을 정기적으로 검토하여야 하고, 그 결과에 따라 지정·고시된 원료의 사용기준을 변경할 수 있 답니다. 식약처장의 지정·고시된 원료의 사용기준의 안전성 검토 주기는 5년입니다. 보통 식약처장이 하는 일 은 거의 다 주기가 5년입니다. 영유아·어린이 사용 화장품의 표시·광고에 대한 실태조사 역시 식약처장이 5년 마다 시행합니다.

□ 원료의 사용기준 지정 및 변경 신청(6항~7항)

사용기준이 지정·고시된 화장품 원료의 사용기준을 바꿔달라고 요청할 수도 있을까요? 예를 들면 현행법상 페녹시에탄올을 화장품에 보존제로서 1%밖에 넣을 수 없게 되어있는데 이것을 2%로 올려달라고 요청할 수 있 을까요? 독자님께서 돈이 많으시고 화장품제조업자, 화장품책임판매업자 또는 대학·연구소를 대표하는 분이시 라면 가능하십니다! 화장품제조업자, 화장품책임판매업자 또는 대학·연구소 등 총리령으로 정하는 자는 지정· 고시되지 않은 원료의 사용기준을 지정·고시하거나 지정·고시된 원료의 사용기준을 변경하여 줄 것을 식품의 약품안전처장에게 신청할 수 있답니다. 맞춤형화장품조제관리사는 당연히 신청할 수 없고요, 맞춤형화장품판매 업자도 신청할 수 없답니다. 그리고 신청 자격이 된다고 하시더라도 굉장히 많은 자료를 첨부하여 식약처장에게 제출하여야 합니다. 그래서 돈이 많이 듭니다. 식품의약품안전처장은 위와 같은 신청을 받은 경우 신청된 내용 의 타당성을 검토한 후 그 타당성이 인정되는 경우 원료의 사용기준을 지정·고시하거나 변경하여야 한답니다. 이 경우 신청인에게 검토 결과를 서면으로 알려야 하죠.

화장품법 제9조(안전용기·포장)

객관식 및 주관식 고루 출제! 중요도: ★★★★★

① 화장품책임판매업자 및 맞춤형화장품판매업자는 화장품을 판매할 때 어린이가 화장품을 잘못 사용하여 인체에 위해를 끼치는 사고가 발생하지 않도록 안전용기·포장을 사용하여야 한다.

② 안전용기·포장을 사용하여야 할 품목 및 용기·포장의 기준 등에 관하여는 총리령으로 정한다.

안전용기·포장은 너무 중요한 내용이에요. 화장품책임판매업자 및 맞춤형화장품판매업자는 화장품을 판매할 때 어린이가 화장품을 잘못 사용하여 인체에 위해를 끼치는 사고가 발생하지 않도록 안전용기·포장을 사용해야 합니다. 앞쪽의 화장품법 제2조에 각종 화장품 관련 용어의 정의가 나와 있던 것, 기억하시나요?

"안전용기·포장"이란?

만 5세 미만의 어린이가 개봉하기 어렵게 설계·고안된 용기나 포장을 말한다.

– 화장품법 제2조 중 일부

안전용기(왼쪽)와 일반용기(오른쪽)

– 출처 : 한국소비자원, 「화장품 안전용기 포장실태조사」, 4면 참조

혹시 손톱 지우는 아세톤 용기 뚜껑을 보신 적이 있으신가요? 밑으로 꾹 누르고 돌려야 겨우 열리는 그 용기! 그것이 바로 안전용기·포장입니다. 만 5세 미만의 어린이가 개봉하기 어렵게 만든 것이지요. 보통 그런 제품들은 대개 액체 제품들이에요. 아이들이 마시면 위험한 것들에 이러한 포장을 하지요. 안전용기·포장에서의 어린이의 기준과 화장품 법령의 영유아·어린이 기준이 다소 달랐지요? 그 이유는 안전용기·포장 관련 규정은 산업통상자원부장관이 정하였기 때문입니다.

안전용기·포장을 사용해야 하는 품목은 다음과 같습니다. 다만, <u>일회용 제품, 용기 입구 부분이 펌프 또는 방아쇠로 작동되는 분무용기 제품, 압축 분무용기 제품(에어로졸 제품 등)</u>은 제외합니다.

1. 아세톤을 함유하는 네일 에나멜 리무버 및 네일 폴리시 리무버
2. 어린이용 오일 등 개별포장 당 탄화수소류를 10퍼센트 이상 함유하고 운동점도가 21센티스톡스(섭씨 40도 기준) 이하인 비에멀전 타입의 액체상태의 제품
3. 개별포장당 메틸 살리실레이트를 5퍼센트 이상 함유하는 액체상태의 제품

- 화장품법 시행규칙 제18조 중 일부

안전용기 · 포장을 사용해야 하는 품목과 제외되는 품목! 꼭 암기하여 주세요. 주관식 및 객관식 단골 출제입니다. 일회용 제품, 용기 입구가 펌프나 방아쇠로 되어있는 분무용기 제품, 에어로졸 제품은 아세톤이 들어있고 액체라고 할지라도 안전용기 · 포장을 하지 않습니다. 이 사항을 보시며 일단 '이런 제품들에 어린이의 안전을 위하여 안전용기 · 포장을 해야 하는구나!'하고 이해하시고 넘어가주세요. '나는 고득점이 목표다!'하시는 분은 안전용기 · 포장이 화장품법 제9조와 화장품법 시행규칙 제18조에 명시되어 있다는 것도 기억해주세요. 쉽게 외우는 방법! 9×2=18! 화장품법 9조! 화장품법 시행규칙에는 18조!

안전용기 · 포장은 한국에서 유통되는 화장품을 대상으로 합니다. 국내에서 판매되지 않고 수출만을 목적으로 하는 제품은 안전용기 · 포장 등에 관한 규정을 적용하지 않고 수입국의 규정에 따를 수 있습니다.

만약 영업자가 안전용기 · 포장을 해야하는 상품에 이를 하지 않고 유통 · 판매하였다면 어떻게 될까요? 영업자는 안전용기 · 포장 등의 기준에 위반되어 국민보건에 위해(危害)를 끼치거나 끼칠 우려가 있는 화장품이 유통 중인 사실을 알게 된 경우에는 지체 없이 해당 화장품을 회수하거나 회수하는 데에 필요한 조치를 해야 합니다. 영업자가 안전용기 · 포장을 해야하는 지를 모르고 유통하였다면 식품의약품안전처장은 해당 영업자 · 판매자 또는 그 밖에 화장품을 업무상 취급하는 자에게 해당 물품의 회수 · 폐기 등의 조치를 명해야 합니다(회수 · 폐기 명령).

• 안전용기 · 포장 사용의무 위반자에 대한 처벌
안전용기 · 포장에 사용의무 및 기준 등에 관한 사항을 위반한 자는 1년 이하의 징역 또는 1천만원 이하의 벌금에 처해집니다. 이 경우 징역형과 벌금형은 함께 부과될 수 있습니다(「화장품법」 제37조 제1항 및 제2항).

• 양벌규정
법인의 대표자나 법인 또는 개인의 대리인, 사용인, 그 밖의 종업원이 그 법인 또는 개인의 업무에 관하여 위의 위반행위를 하면 그 행위자를 벌하는 외에 그 법인 또는 개인에게도 해당 조문의 벌금형을 과(科)합니다. 다만, 법인 또는 개인이 그 위반행위를 방지하기 위해 해당 업무에 관하여 상당한 주의와 감독을 게을리하지 않은 경우에는 그렇지 않습니다(「화장품법」 제39조).

화장품법 제10조(화장품의 기재사항)

모두 중요! 완전 암기! 중요도 : ★★★★★(이 내용은 시행규칙에서 더 자세히 해설하겠습니다.)

① 화장품의 1차 포장 또는 2차 포장에는 총리령으로 정하는 바에 따라 다음의 사항을 기재·표시하여야 한다. 다만, 내용량이 소량인 화장품의 포장 등 총리령으로 정하는 포장에는 화장품의 명칭, 화장품책임판매업자 및 맞춤형화장품판매업자의 상호, 가격, 제조번호와 사용기한 또는 개봉 후 사용기간(개봉 후 사용기간을 기재할 경우 제조연월일을 병행 표기하여야 함)만을 기재·표시할 수 있다.

  1. 화장품의 명칭

  2. 영업자의 상호 및 주소

  3. 해당 화장품 제조에 사용된 모든 성분(인체에 무해한 소량 함유 성분 등 총리령으로 정하는 성분 제외)

  4. 내용물의 용량 또는 중량

  5. 제조번호

  6. 사용기한 또는 개봉 후 사용기간

  7. 가격

  8. 기능성화장품의 경우 "기능성화장품"이라는 글자 또는 기능성화장품을 나타내는 도안으로서 식품의약품안전처장이 정하는 도안

  9. 사용할 때의 주의사항

  10. 그 밖에 총리령으로 정하는 사항

② 제1항 각 호 외의 부분 본문에도 불구하고 다음 각 호의 사항은 1차 포장에 표시하여야 한다. 다만, 소비자가 화장품의 1차 포장을 제거하고 사용하는 고형비누 등 총리령으로 정하는 화장품의 경우에는 그러하지 아니한다.

  1. 화장품의 명칭

  2. 영업자의 상호

  3. 제조번호

  4. 사용기한 또는 개봉 후 사용기간

③ 기재사항을 화장품의 용기 또는 포장에 표시할 때 제품의 명칭, 영업자의 상호는 시각장애인을 위한 점자 표시를 병행할 수 있다.

④ 표시기준과 표시방법 등은 총리령으로 정한다.

화장품 포장에 기재·표시해야 하는 사항을 알기 전에 1차 포장과 2차 포장에 대해 복습해봅시다. 1차 포장이란, 화장품 제조 시 내용물과 직접 접촉하는 포장 용기였습니다. 2차 포장이란, 1차 포장을 수용하는 1개 또는 그 이상의 포장과 보호재 및 표시의 목적으로 한 포장(첨부문서 등을 포함함!)이었습니다. 우측의 사진을 보시면 그 의미를 정확히 이해하실 수 있으실 것입니다.

1차 포장 / 2차 포장

📢 화장품 포장에 기재·표시해야 하는 사항

★ 1차 포장 또는 2차 포장에 기재하여야 하는 사항!

1. 화장품의 명칭

2. 영업자의 상호 및 주소

3. 해당 화장품 제조에 사용된 모든 성분(인체에 무해한 소량 함유 성분 등 총리령으로 정하는 다음의 성분은 제외)

기재·표시를 생략할 수 있는 성분(「화장품법 시행규칙」제19조 제2항)
① 제조과정 중에 제거되어 최종 제품에는 남아 있지 않은 성분
② 안정화제, 보존제 등 원료 자체에 들어 있는 부수 성분으로서 그 효과가 나타나게 하는 양보다 적은 양이 들어 있는 성분
③ 내용량이 10밀리리터 초과 50밀리리터 이하 또는 중량이 10그램 초과 50그램 이하 화장품의 포장인 경우에는 다음의 성분을 제외한 성분

    가. 타르색소

    나. 금박

    다. 샴푸와 린스에 들어 있는 인산염의 종류

    라. 과일산(AHA)

    마. 기능성화장품의 경우 그 효능·효과가 나타나게 하는 원료

    바. 식품의약품안전처장이 사용 한도를 고시한 화장품의 원료

※ 다만, 위 ③의 경우 해당 화장품의 제조에 사용된 성분의 기재·표시를 생략하려는 경우에는 소비자가 화장품제조에 사용된 모든 성분을 즉시 확인할 수 있도록 포장에 전화번호나 홈페이지 주소를 적거나 모든 성분이 적힌 책자 등의 인쇄물을 판매업소에 늘 갖추어 두어 생략된 성분을 확인할 수 있도록 해야 합니다(「화장품법 시행규칙」 제19조 제5항).

4. 내용물의 용량 또는 중량

5. 제조번호

6. 사용기한 또는 개봉 후 사용기간

- "사용기한"이란 화장품이 제조된 날부터 적절한 보관 상태에서 제품이 고유의 특성을 간직한 채 소비자가 안정적으로 사용할 수 있는 최소한의 기한을 말합니다(「화장품법」 제2조 제5호).
- 개봉 후 사용기간을 기재할 경우에는 제조연월일을 병행 표기해야 합니다. 또한 개봉 후 사용기간을 나타내는 심벌과 기간을 기재·표시할 수 있습니다(「화장품법」 제2조 제5호).

7. 가격

8. 기능성화장품의 경우 "기능성화장품"이라는 글자 또는 기능성화장품을 나타내는 도안으로서 식품의약품안전처장이 정하는 도안

9. 사용할 때의 주의사항

10. 「화장품 바코드 표시 및 관리요령」에서 정하는 바코드

11. 기능성화장품의 경우 심사받거나 보고한 효능·효과, 용법·용량

12. 성분명을 제품 명칭의 일부로 사용한 경우 그 성분명과 함량(방향용 제품은 제외)

13. 인체 세포·조직 배양액이 들어있는 경우 그 함량

14. 화장품에 천연 또는 유기농으로 표시·광고하려는 경우에는 원료의 함량

15. 수입화장품인 경우에는 제조국의 명칭(「대외무역법」에 따른 원산지를 표시한 경우에는 제조국의 명칭을 생략할 수 있음), 제조회사명 및 그 소재지

16. 다음에 해당하는 기능성화장품(「화장품법 시행규칙」 제2조 제8호부터 제11호까지)의 경우에는 "질병의 예방 및 치료를 위한 의약품이 아님"이라는 문구

- 탈모 증상의 완화에 도움을 주는 화장품(다만, 코팅 등 물리적으로 모발을 굵게 보이게 하는 제품은 제외)
- 여드름성 피부를 완화하는 데 도움을 주는 화장품(다만, 인체세정용 제품류로 한정)
- 피부장벽(피부의 가장 바깥 쪽에 존재하는 각질층의 표피를 말함)의 기능을 회복하여 가려움 등의 개선에 도움을 주는 화장품
- 튼살로 인한 붉은 선을 엷게 하는 데 도움을 주는 화장품

17. 다음의 어느 하나에 해당하는 경우 사용기준이 지정·고시된 원료 중 보존제의 함량

 ① 영유아용 제품류인 경우
 ② 화장품에 어린이용 제품임을 특정하여 표시·광고하려는 경우

 이러한 다양한 것들을 화장품의 1차 포장 혹은 2차 포장에 기재하여야 합니다. 이 내용은 시행규칙의 내용이므로 그때 가서 더 자세히 분류하여 보도록 합시다. 영업자의 대부분은 이 1차 포장 혹은 2차 포장에 기재하여야 하는 사항을 2차 포장에 기재할 것입니다. 1차 포장은 내용물을 담은 화장품 용기이므로 적을 공간이 마땅치 않거든요. 그래서 2차 포장인 화장품 박스에 빼곡히 이러한 사항을 적을 것입니다. 그러나 만약에 여러분이 사용하는 화장품 용기에 아~무것도 적혀있지 않고 그 박스에만 모든 사항이 적혀있으면 어떠실 것 같나요? 화장품 이름이나 사용기한 같은 중요한 사항마저 2차 포장에만 적혀있다면 여러분 화장대에 있는 여러 화장품들을 구별할 수 없으실 겁니다. 이 점을 우려하여 법에서는 '반드시 1차 포장에 표시해야 하는 사항'을 규제하였습니다.

반드시 1차 포장에 표시해야 하는 사항

앞의 사항에도 불구하고 다음의 사항은 1차 포장에 표시해야 합니다(「화장품법」 제10조 제2항).

- 화장품의 명칭
- 영업자의 상호
- 제조번호
- 사용기한 또는 개봉 후 사용기간(제조연월일을 병행 표기해야 함)
- ☑ 다만, 소비자가 화장품의 1차 포장을 제거하고 사용하는 고형비누의 경우에는 이를 따르지 않습니다.

이 사항은 꼭 외우셔야 합니다! 저는 '명상제사'라고 외웠어요.

지한쌤의 여섯 번째 암기비법!

반드시 1차 포장에 표시해야 하는 사항 : 명상제사!

(1차 포장을 위해 명상하며 제사를 지낸다.)

명 : 화장품의 명칭

상 : 영업자의 상호

제 : 제조번호

사 : 사용기한 또는 개봉 후 사용기간

화장품의 용기 또는 포장에 표시할 때 제품의 명칭, 영업자의 상호는 시각장애인을 위한 점자 표시를 병행할 수 있습니다. 이 조항에도 불구하고, 내용량이 소량인 화장품의 포장 등 총리령으로 정하는 다음에 해당하는 1차 포장 또는 2차 포장에는 <u>화장품의 명칭, 화장품책임판매업자 또는 맞춤형화장품판매업자의 상호, 가격, 제조번호와 사용기한 또는 개봉 후 사용기간(개봉 후 사용기간을 기재할 경우 제조연월일 병행 표기)</u>만을 기재·표시할 수 있습니다(「화장품법」 제10조 제1항 단서 및 「화장품법 시행규칙」 제19조 제1항).

- 내용량이 10밀리리터 이하 또는 10그램 이하인 화장품의 포장
- 판매의 목적이 아닌 제품의 선택 등을 위해 미리 소비자가 시험·사용하도록 제조 또는 수입된 화장품의 포장(이 경우 가격이란 견본품이나 비매품 등의 표시를 말함)

소용량 화장품의 기준은 내용량이 10ml(g)이하 입니다. 이러한 화장품 외에도 견본품·비매품 등의 화장품들은 '명상제사+가격' 이 다섯가지만 표시해야 합니다. 그렇다면 이 화장품들에 어떤 성분이 함유되어 있는지 알 방법이 없을까요? 있습니다! 위 화장품의 제조에 사용된 성분의 기재·표시를 생략하려는 경우 다음의 어느 하나에 해당하는 방법으로 생략된 성분을 확인할 수 있도록 해야 합니다.

- 소비자가 해당 화장품 제조에 사용된 모든 성분을 즉시 확인할 수 있도록 포장에 전화번호나 홈페이지 주소를 적을 것
- 해당 화장품 제조에 사용된 모든 성분이 적힌 책자 등의 인쇄물을 판매업소에 늘 갖추어 둘 것

위 두 가지 사항을 모두 이행할 필요는 없고요, 둘 중 한 가지를 택하여 시행하면 됩니다.

이러한 어마어마한 기재·표시사항에 관한 규정에도 예외가 있습니다. 국내에서 판매되지 않고 수출만을 목적으로 하는 제품은 이 화장품의 기재·표시사항에 관한 규정(「화장품법」 제10조)을 적용하지 않고 수입국의 규정에 따를 수 있습니다(「화장품법」 제30조).

□   기재·표시사항 위반자에 대한 벌칙

위반자에 대한 처벌

화장품 기재·표시사항에 관한 사항(위 7.의 가격은 제외)을 위반한 자는 200만원 이하의 벌금에 처해집니다(「화장품법」 제38조 제2호). 가격을 기재·표시하지 않은 자는 200만원 이하의 벌금은 아니고, 과태료 50만원이 부과됩니다. 가격을 제외한 모든 사항의 기재·표시 의무자는 영업자에게 있습니다. 그러나 가격은 직접 판매자(판매처에서 직접 판매하는 사람)에게 있으므로 처벌 규정이 다른 것입니다.

화장품법 제11조(화장품의 가격표시)

중요도: ★★★★

① 가격은 소비자에게 화장품을 **직접 판매하는 자(판매자)**가 판매하려는 가격을 표시하여야 한다.

② 표시방법과 그 밖에 필요한 사항은 총리령으로 정한다.

앞서 설명한 바와 같이, 가격은 영업자가 아니라 **직접 판매하는 자**가 기재합니다. 여러분이 화장품을 구매하시면 그 가격은 화장품 박스 자체에 인쇄되어 있지 않고 박스에 스티커로 붙어 있거나 선반 하단에 라벨로 붙어 있는 것을 확인하실 수 있으실 것입니다. 이러한 가격표시 규정은 모두 식약처 고시로서 규제되어 있습니다. 화장품의 직접 판매자가 가격표시의 의무를 지키지 않으면 100만원 이하의 과태료(정확히 말하면 **과태료 50만원**)에 처해집니다.

화장품법 제12조(기재·표시상의 주의)

중요도: ★★★

제10조 및 제11조에 따른 기재·표시는 다른 문자 또는 문장보다 쉽게 볼 수 있는 곳에 하여야 하며, 총리령으로 정하는 바에 따라 읽기 쉽고 이해하기 쉬운 한글로 정확히 기재·표시하여야 하되, 한자 또는 외국어를 함께 기재할 수 있다.

📝 관련 있는 법령 같이 보기

화장품법 시행규칙 제21조(기재·표시상의 주의사항)

화장품법 제12조에 따른 화장품 포장의 기재·표시 및 화장품의 가격표시상의 준수사항은 다음 각 호와 같다.

1. 한글로 읽기 쉽도록 기재·표시할 것. 다만, 한자 또는 외국어를 함께 적을 수 있고, 수출용 제품 등의 경우에는 그 수출대상국의 언어로 적을 수 있다.

2. 화장품의 성분을 표시하는 경우에는 표준화된 일반명을 사용할 것

화장품의 기재·표시 및 화장품의 가격표시는 다른 문자 또는 문장보다 쉽게 볼 수 있는 곳에 해야 하며 읽기 쉽고 이해하기 쉬운 한글로 정확히 기재·표시해야 하되, 한자 또는 외국어를 함께 기재할 수 있습니다. 그러나 수출용 제품 등의 경우에는 그 수출 대상국의 언어로 적을 수 있습니다. 화장품의 성분을 표시하는 경우 표준화된 일반명을 사용하여야 합니다. 표준화된 일반명은 식약처 의약품 안전나라 홈페이지 및 대한화장품협회 성분 사전을 참고할 수 있습니다. 해당 원료의 성분명이 화장품 성분 사전에 등재되지 않았을 경우 성분명 표준화를 담당하는 대한화장품협회에 문의하여 해당 원료를 성분 사전에 등재한 뒤에 표준화된 명칭을 사용하여야 합니다.

화장품법 제13조(부당한 표시·광고 행위 등의 금지)

객관식 주의보! 중요도 : ★★★★★(시행규칙에서 더 자세히!)

① 영업자 또는 판매자는 다음의 어느 하나에 해당하는 표시 또는 광고를 하여서는 안 된다.

  1. 의약품으로 잘못 인식할 우려가 있는 표시 또는 광고

  2. 기능성화장품이 아닌 화장품을 기능성화장품으로 잘못 인식할 우려가 있거나 기능성화장품의 안전성·유효성에 관한 심사 결과와 다른 내용의 표시 또는 광고

  3. 천연화장품 또는 유기농화장품이 아닌 화장품을 천연화장품 또는 유기농화장품으로 잘못 인식할 우려가 있는 표시 또는 광고

  4. 그 밖에 사실과 다르게 소비자를 속이거나 소비자가 잘못 인식하도록 할 우려가 있는 표시 또는 광고

② 표시·광고의 범위와 그 밖에 필요한 사항은 총리령으로 정한다.

화장품법 제2조에서 공부한 광고의 개념을 정리하여 봅시다. 광고란 라디오·텔레비전·신문·잡지·음성·음향·영상·인터넷·인쇄물·간판, 그 밖의 방법에 의하여 화장품에 대한 정보를 나타내거나 알리는 행위를 말합니다. 화장품을 광고하는 매체·수단은 다음과 같습니다.

화장품을 광고하는 매체 · 수단

- 신문·방송 또는 잡지
- 전단·팸플릿·견본 또는 입장권
- 인터넷 또는 컴퓨터통신
- 포스터·간판·네온사인·애드벌룬 또는 전광판
- 비디오물·음반·서적·간행물·영화 또는 연극
- 방문광고 또는 실연(實演)에 의한 광고
- 자기 상품 외의 다른 상품의 포장
- 그 밖에 위의 매체 또는 수단과 유사한 매체 또는 수단

영업자가 화장품 표시·광고 시 준수해야 할 사항은 다음과 같습니다(「화장품법」 제13조 제1항, 제2항, 「화장품법 시행규칙」 제22조 및 별표 5 제2호).

- 의약품으로 잘못 인식할 우려가 있는 내용, 제품의 명칭 및 효능·효과 등에 대한 표시·광고를 하지 말 것
- 기능성화장품, 천연화장품 또는 유기농화장품이 아님에도 불구하고 제품의 명칭, 제조 방법, 효능·효과 등에 관하여 기능성화장품, 천연화장품 또는 유기농화장품으로 잘못 인식할 우려가 있는 표시·광고를 하지 말 것
- 의사·치과의사·한의사·약사·의료기관·연구기관 또는 그 밖의 자(할랄 화장품, 천연화장품 또는 유기농화장품 등을 인증·보증하는 기관으로서 식품의약품안전처장이 정하는 기관은 제외)가 이를 지정·공인·추천·지도·연구·개발 또는 사용하고 있다는 내용이나 이를 암시하는 등의 표시·광고를 하지 말 것. 다만, 화장품, 기능성화장품, 천연화장품 및 유기농화장품(「화장품법」 제2조 제1호부터 제3호까지)의 정의에 부합되는 인체 적용시험 결과가 관련 학회 발표 등을 통해 공인된 경우에는 그 범위에서 관련 문헌을 인용할 수 있으며, 이 경우 인용한 문헌의 본래 뜻을 정확히 전달해야 하고, 연구자 성명·문헌명과 발표연월일을 분명히 밝혀야 함
- 외국제품을 국내제품으로 또는 국내제품을 외국제품으로 잘못 인식할 우려가 있는 표시·광고를 하지 말 것
- 외국과의 기술제휴를 하지 않고 외국과의 기술제휴 등을 표현하는 표시·광고를 하지 말 것
- 경쟁상품과 비교하는 표시·광고는 비교 대상 및 기준을 분명히 밝히고 객관적으로 확인될 수 있는 사항만을 표시·광고해야 하며, 배타성을 띤 "최고" 또는 "최상" 등의 절대적 표현의 표시·광고를 하지 말 것
- 사실과 다르거나 부분적으로 사실이라고 하더라도 전체적으로 보아 소비자가 잘못 인식할 우려가 있는 표시·광고 또는 소비자를 속이거나 소비자가 속을 우려가 있는 표시·광고를 하지 말 것
- 품질·효능 등에 관하여 객관적으로 확인될 수 없거나 확인되지 않았는데도 불구하고 이를 광고하거나 「화장품법」 제2조 제1호에 따른 화장품의 범위를 벗어나는 표시·광고를 하지 말 것
- 저속하거나 혐오감을 주는 표현·도안·사진 등을 이용하는 표시·광고를 하지 말 것
- 국제적 멸종 위기종의 가공품이 함유된 화장품임을 표현하거나 암시하는 표시·광고를 하지 말 것
- 사실 유무와 관계없이 다른 제품을 비방하거나 비방한다고 의심이 되는 표시·광고를 하지 말 것

화장품의 표시·광고 시 준수사항을 위반한 자는 <u>**1년 이하의 징역 또는 1천만원 이하의 벌금**</u>에 처해집니다. 이 경우 징역형과 벌금형은 이를 함께 부과할 수 있습니다(「화장품법」 제37조 제1항 및 제2항).

화장품법 제14조(표시·광고 내용의 실증 등)

객관식 주의보! 중요도 : ★★★★

① 영업자 및 판매자는 자기가 행한 표시·광고 중 사실과 관련한 사항에 대하여는 이를 실증할 수 있어야 한다.

② 식품의약품안전처장은 영업자 또는 판매자가 행한 표시·광고가 제13조 제1항 제4호에 해당하는지를 판단하기 위하여 실증이 필요하다고 인정하는 경우 그 내용을 구체적으로 명시하여 해당 영업자 또는 판매자에게 관련 자료의 제출을 요청할 수 있다.

③ 실증자료의 제출을 요청받은 영업자 또는 판매자는 요청받은 날부터 15일 이내에 그 실증자료를 식품의약품안전처장에게 제출하여야 한다. 다만, 식품의약품안전처장은 <u>정당한 사유가 있다고 인정하는 경우에는 그 제출기간을 연장할 수 있다.</u>

④ 식품의약품안전처장은 영업자 또는 판매자가 제2항에 따라 실증자료의 제출을 요청받고도 <u>제출기간 내에 이를 제출하지 않은 채 계속하여 표시·광고를 하는 때에는 실증자료를 제출할 때까지 그 표시·광고 행위의 중지를 명하여야 한다.</u>

⑤ 식품의약품안전처장으로부터 실증자료의 제출을 요청받아 제출한 경우 「표시·광고의 공정화에 관한 법률」 등 다른 법률에 따라 <u>다른 기관이 요구하는 자료제출을 거부할 수 있다.</u>

⑥ 식품의약품안전처장은 제출받은 실증자료에 대하여 「표시·광고의 공정화에 관한 법률」 등 다른 법률에 따른 <u>다른 기관의 자료요청이 있는 경우에는 특별한 사유가 없는 한 이에 응하여야 한다.</u>

⑦ 실증의 대상, 실증자료의 범위 및 요건, 제출방법 등에 관하여 필요한 사항은 총리령으로 정한다.

영업자 또는 판매자는 자기가 행한 표시·광고 중 사실과 관련한 사항에 대하여는 이를 **실증**(實證)할 수 있어야 합니다. 자신의 화장품이 여드름성 피부에 적합하다고 광고해놓고 사실 일반화장품과 다를 것이 없다면 이는 허위광고일 것입니다. 표시·광고 실증의 대상은 화장품의 포장 또는 화장품 광고의 매체 또는 수단에 의한 표시·광고 중 사실과 다르게 소비자를 속이거나 소비자가 잘못 인식하게 할 우려가 있어 식품의약품안전처장이 실증이 필요하다고 인정하는 표시·광고로 합니다. 즉, 식약처장이 시중의 표시·광고에 대한 실태조사를 하다가 '이 화장품의 표시·광고는 실증이 필요하겠군'이라고 판단하면 영업자 혹은 판매자에게 이를 실증하라고 요청합니다. 식품의약품안전처장은 영업자가 행한 표시·광고가 사실과 다르게 소비자를 속이거나 소비자가 잘못 인식하도록 할 우려가 있는 표시 또는 광고에 해당하는지를 판단하기 위해 실증이 필요하다고 인정하는 경우 그 내용을 구체적으로 명시하여 해당 영업자 또는 판매자에게 관련 자료의 제출을 요청할 수 있습니다. 실증자료의 제출을 요청받은 영업자는 요청받은 날부터 15일 이내에 그 실증자료를 식품의약품안전처장에게 제출해야 합니다. 다만, 식품의약품안전처장은 정당한 사유가 있다고 인정하는 경우 그 제출기간을 연장할 수 있습니다. 구체적인 실증자료의 범위 및 요건, 실증자료 제출 방법은 시행규칙에서 보도록 하겠습니다.

실증자료 제출을 거부할 수 있는 경우

식품의약품안전처장으로부터 실증자료의 제출을 요청받아 제출한 경우 「표시·광고의 공정화에 관한 법률」 등 다른 법률에 따라 다른 기관이 요구하는 자료 제출을 거부할 수 있으며, 식품의약품안전처장은 제출받은 실증자료에 대하여 「표시·광고의 공정화에 관한 법률」 등 다른 법률에 따른 다른 기관의 자료요청이 있는 경우에는 특별한 사유가 없는 한 이에 응해야 합니다(「화장품법」 제14조 제5항 및 제6항).

좀 더 알아보기

• 실증자료 미제출 시 표시·광고의 중지명령

식품의약품안전처장은 영업자가 실증자료의 제출을 요청받고도 제출 기간 내에 이를 제출하지 않은 채 계속하여 표시·광고를 하는 때에는 실증자료를 제출할 때까지 그 표시·광고 행위의 중지를 명해야 합니다(「화장품법」 제14조 제4항). 위의 중지명령에 따르지 않은 자는 1년 이하의 징역 또는 1천만원 이하의 벌금에 처해집니다. 이 경우 징역형과 벌금형은 함께 부과될 수 있습니다(「화장품법」 제37조 제1항).

☑ 수출용 제품의 예외

국내에서 판매되지 않고 수출만을 목적으로 하는 제품은 표시·광고 내용의 실증에 관한 사항을 적용하지 않고 수입국의 규정에 따를 수 있습니다(「화장품법」 제30조 참조).

---

06 화장품법 제5조의2~제14조

I. 화장품법

간단하고 명료한 화장품법 체계표[다지기]	
법령	화장품법
조항	제5조의2~제14조

□ **[화장품법 제5조의2] 위해화장품의 회수**

위해화장품의 회수 의무자	영업자(화장품제조업자, 화장품책임판매업자, 맞춤형화장품판매업자)
위해화장품을 회수하여야 할 때	화장품법 제9조, 제15조 또는 제16조 제1항에 위반되어 국민보건에 위해(危害)를 끼치거나 끼칠 우려가 있는 화장품이 유통 중인 사실을 알게 된 경우
회수 의무자의 의무	지체 없는 위해화장품의 회수 및 회수하는 데에 필요한 조치 이행, 위해화장품 회수 혹은 회수하는 데에 필요한 조치 이행 전 식약처장에게 회수계획 보고(시행령에서 이 권한을 지방식약청장에게 양도함.)
회수 의무자의 적극적 의무 이행으로 인한 행정처분 감경 및 면제 조항	식품의약품안전처장은 회수 또는 회수에 필요한 조치를 성실하게 이행한 영업자가 해당 화장품으로 인하여 받게 되는 행정처분을 총리령으로 정하는 바에 따라 감경 또는 면제할 수 있음(시행령에서 이 권한을 지방식약청장에게 양도함.).

□ **[화장품법 제6조] 폐업 등의 신고(폐업·휴업·휴업 후 업 재개 신고)**

폐업·휴업·휴업 후 업 재개 신고의 의무자	폐업·휴업·휴업 후 업을 재개하고자 하는 영업자
신고 수리자	식품의약품안전처장(시행령에서 이 권한을 지방식약청장에게 양도함.)
신고 기한	20일 이내
신고 수리 여부 통보 기한	폐업신고 또는 휴업신고를 받은 날부터 7일 이내
신고 수리 여부가 통지되지 않은 경우 신고 수리일의 계산	7일 이내에 신고수리 여부를 신고인에게 통지하지 않은 경우, 그 기간이 끝난 날의 다음 날에 신고를 수리한 것으로 봄.
식약처장과 세무서장의 협력	• 식품의약품안전처장은 영업자가 「부가가치세법」 제8조에 따라 관할 세무서장에게 폐업신고를 하거나 관할 세무서장이 사업자등록을 말소한 경우에는 등록을 취소할 수 있음.

식약처장과 세무서장의 협력	• 식품의약품안전처장은 등록을 취소하기 위하여 필요하면 관할 세무서장에게 영업자의 폐업여부에 대한 정보 제공을 요청할 수 있음. 이 경우 요청을 받은 관할 세무서장은 「전자정부법」 제39조에 따라 영업자의 폐업여부에 대한 정보를 제공하여야 함.
예외 조항	휴업 시 휴업 기간이 1개월 미만이거나 그 기간 동안 휴업하였다가 영업을 재개하는 경우에는 이러한 신고를 할 필요가 없음.

□ [화장품법 제8조] 화장품의 안전기준

화장품의 안전을 위하여 식약처장이 지정하여 고시하여야 하는 사항	1. 화장품의 제조 등에 사용할 수 없는 원료 2. 보존제, 색소, 자외선차단제 등과 같이 특별히 사용상의 제한이 필요한 원료인 경우 그 사용기준
국민보건상 위해 우려가 제기되는 화장품 원료 문제가 대두되었을 때 식약처장이 이행하여야 하는 사항	위해요소 평가 및 위해 여부 결정
위해평가 완료 후 식약처장의 의무	해당 화장품 원료 등을 화장품의 제조에 사용할 수 없는 원료로 지정하거나 그 사용기준 지정
지정·고시된 원료의 관리	식품의약품안전처장은 지정·고시된 원료의 사용기준의 안전성을 정기적으로 검토하여야 하고, 그 결과에 따라 지정·고시된 원료의 사용기준을 변경할 수 있음.
지정·고시되지 않은 원료의 사용기준 지정 신청 및 지정·고시된 원료의 사용기준 변경 신청에 권한이 있는 자	화장품제조업자, 화장품책임판매업자 또는 대학·연구소
지정·고시되지 않은 원료의 사용기준 지정 신청 및 지정·고시된 원료의 사용기준 변경 신청에 대한 식약처장의 조치	• 신청된 내용의 타당성 검토 • 타당성 인정 시 원료의 사용기준 지정·고시 혹은 변경
지정·고시되지 않은 원료의 사용기준 지정 신청 및 지정·고시된 원료의 사용기준 변경 신청에 대한 검토 결과 통지 방식	서면

□ [화장품법 제9조] 안전용기·포장

안전용기·포장의 의무자	화장품책임판매업자 및 맞춤형화장품판매업자
안전용기·포장의 목적	어린이(만 5세 미만)가 화장품을 잘못 사용하여 인체에 위해를 끼치는 사고가 발생하는 것을 방지

□ [화장품법 제10조] 화장품의 기재사항

화장품의 1차 포장 또는 2차 포장에 기재·표시하여야 하는 사항
1. 화장품의 명칭
2. 영업자의 상호 및 주소
3. 해당 화장품 제조에 사용된 모든 성분(인체에 무해한 소량 함유 성분 등 총리령으로 정하는 성분 제외)
4. 내용물의 용량 또는 중량
5. 제조번호
6. 사용기한 또는 개봉 후 사용기간
7. 가격
8. 기능성화장품의 경우 "기능성화장품"이라는 글자 또는 기능성화장품을 나타내는 식약처장이 정한 도안
9. 사용할 때의 주의사항
10. 그 밖에 총리령으로 정하는 사항
화장품의 1차 포장에 꼭 포함되어야 하는 사항
1. 화장품의 명칭
2. 영업자의 상호
3. 제조번호
4. 사용기한 또는 개봉 후 사용기간
☑ 다만, 소비자가 화장품의 1차 포장을 제거하고 사용하는 고형비누 등 총리령으로 정하는 화장품의 경우에는 이를 따르지 않는다.
위의 사항과는 예외적으로 소용량(10㎖(g)이하), 견본품, 비매품의 경우 기재사항
화장품의 명칭, 화장품책임판매업자 및 맞춤형화장품판매업자의 상호, 가격, 제조번호와 사용기한 또는 개봉 후 사용기간(제조연월일 병행 표기)만 기재·표시
기타사항
기재사항을 화장품의 용기 또는 포장에 표시할 때 제품의 명칭, 영업자의 상호는 시각장애인을 위한 점자 표시를 병행할 수 있음.

□ [화장품법 제11조] 화장품의 가격표시

화장품의 가격표시 의무자 : 소비자에게 화장품을 직접 판매하는 자(판매자)

□ [화장품법 제12조] 화장품의 기재·표시상의 주의

기재·표시는 다른 문자 또는 문장보다 쉽게 볼 수 있는 곳에 하여야 하며, 읽기 쉽고 이해하기 쉬운 한글로 정확히 기재·표시하여야 하되, 한자 또는 외국어를 함께 기재할 수 있음.

□ **[화장품법 제13조] 부당한 표시·광고 행위 등의 금지**

영업자 또는 판매자가 할 수 없는 표시 또는 광고
1. 의약품으로 잘못 인식할 우려가 있는 표시 또는 광고
2. 기능성화장품이 아닌 화장품을 기능성화장품으로 잘못 인식할 우려가 있거나 기능성화장품의 안전성·유효성에 관한 심사결과와 다른 내용의 표시 또는 광고
3. 천연화장품 또는 유기농화장품이 아닌 화장품을 천연화장품 또는 유기농화장품으로 잘못 인식할 우려가 있는 표시 또는 광고
4. 그 밖에 사실과 다르게 소비자를 속이거나 소비자가 잘못 인식하도록 할 우려가 있는 표시 또는 광고
☑ 이 외의 여러 다른 사항들은 총리령으로 정함(시행규칙 해설에서 보기).

□ **[화장품법 제14조] 표시·광고 내용의 실증 등**

표시·광고 실증의 의무자	영업자 및 판매자
실증 자료의 요청을 받는 경우	해당 표시·광고가 사실과 다르게 소비자를 속이거나 소비자가 잘못 인식하도록 할 우려가 있는 표시·광고에 해당하는지를 확인하기 위하여 식약처장이 영업자 또는 판매자에게 요구
실증자료 제출기한	요청을 받은 날로부터 15일 이내
제출기한 연장 가능 여부	식품의약품안전처장은 정당한 사유가 있다고 인정하는 경우 그 제출기간을 연장할 수 있음.
실증자료의 제출을 요청받았음에도 이를 제출하지 않은 채 계속 표시·광고하는 경우의 처분	실증자료를 제출할 때까지 그 표시·광고 행위의 중지 명령
실증자료 제출 거부권	식품의약품안전처장으로부터 실증자료의 제출을 요청받아 식약처에 이를 제출한 경우 다른 법률에 따라 다른 기관이 요구하는 자료제출을 거부할 수 있음.
다른 기관과의 교류	식품의약품안전처장은 제출받은 실증자료에 대하여 「표시·광고의 공정화에 관한 법률」 등 다른 법률에 따른 다른 기관의 자료요청이 있는 경우 특별한 사유가 없는 한 이에 응함.

07 화장품법 제14조의2~제16조

I. 화장품법

꼼꼼하고 알기 쉬운 법조문 해설[이해하기]	
법령	화장품법
조항	제14조의2~제16조
관련 법령	화장품법 시행규칙 제23조의2, 제23조의3

화장품법 제14조의2(천연화장품 및 유기농화장품에 대한 인증)

객관식 주의보! 중요도 : ★★★★

① 식품의약품안전처장은 천연화장품 및 유기농화장품의 품질제고를 유도하고 소비자에게 보다 정확한 제품정보가 제공될 수 있도록 <u>식품의약품안전처장이 정하는 기준에 적합한 천연화장품 및 유기농화장품에 대하여 인증할 수 있다.</u>

② 인증을 받으려는 **화장품제조업자, 화장품책임판매업자 또는 총리령으로 정하는 대학·연구소** 등은 식품의약품안전처장에게 인증을 신청하여야 한다.

③ 식품의약품안전처장은 인증을 받은 화장품이 다음의 어느 하나에 해당하는 경우에는 그 인증을 취소하여야 한다.

  1. 거짓이나 그 밖의 부정한 방법으로 인증을 받은 경우
  2. 인증기준에 적합하지 않게 된 경우

④ 식품의약품안전처장은 인증업무를 효과적으로 수행하기 위하여 <u>필요한 전문 인력과 시설을 갖춘 기관 또는 단체를 인증기관으로 지정하여 인증업무를 위탁할 수 있다.</u>

⑤ 인증절차, 인증기관의 지정기준, 그 밖에 인증제도 운영에 필요한 사항은 총리령으로 정한다.

화장품법 제14조의3(인증의 유효기간)

주관식 주의보! 중요도 : ★★★★★

① 제14조의2 제1항에 따른 인증의 유효기간은 인증을 받은 날부터 3년으로 한다.

② 인증의 유효기간을 연장 받으려는 자는 유효기간 만료 90일 전에 총리령으로 정하는 바에 따라 연장신청을 하여야 한다.

화장품법 제14조의4(인증표시)

중요도 : ★★★

① 제14조의2 제1항에 따라 인증을 받은 화장품에 대해서는 총리령으로 정하는 인증표시를 할 수 있다.

② 누구든지 제14조의2 제1항에 따라 인증을 받지 않은 화장품에 대하여 인증표시나 이와 유사한 표시를 하여서는 안 된다.

화장품법 제14조의5(인증기관 지정 취소)

중요도 : ★★★

① 식품의약품안전처장은 필요하다고 인정하는 경우에는 관계 공무원으로 하여금 제14조의2 제4항에 따라 지정받은 인증기관이 업무를 적절하게 수행하는지를 조사하게 할 수 있다.

② 식품의약품안전처장은 인증기관이 다음의 어느 하나에 해당하면 그 지정을 취소하거나 1년 이내의 기간을 정하여 해당 업무의 전부 또는 일부의 정지를 명할 수 있다. 단, 제1호에 해당하는 경우 그 지정을 취소하여야 한다.

1. 거짓이나 그 밖의 부정한 방법으로 인증기관의 지정을 받은 경우
2. 제14조의2 제5항에 따른 지정기준에 적합하지 않게 된 경우

③ 지정 취소 및 업무 정지 등에 필요한 사항은 총리령으로 정한다.

천연화장품과 유기농화장품의 인증에 대해 알아보기 전에 먼저 화장품법 제2조에 나온 각각의 정의에 대해 복습해봅시다. "천연화장품"이란 동식물 및 그 유래 원료 등을 함유한 화장품으로서 식품의약품안전처장이 정하는 기준에 맞는 화장품이며 "유기농화장품"이란 유기농 원료, 동식물 및 그 유래 원료 등을 함유한 화장품으로서 식품의약품안전처장이 정하는 기준에 맞는 화장품을 말합니다. 2000년대에 들어 전 세계는 천연화장품 열풍이 불었습니다. 자연에서 온 것이 무조건 좋다는 인식이 팽배해져 온갖 화장품에 '천연', '자연', '유기농', '에코' 등과 같은 말이 붙기 시작했습니다. 이는 우리나라에서도 마찬가지였답니다. 하지만 당시 한국에는 '천연화장품'이나 '유기농화장품'에 대한 구체적인 기준이 없었습니다. 심지어 천연화장품 및 유기농화장품에 대한 정의도 없다 보니 각 화장품 회사에서는 자기네들의 입맛에 따라 스스로 이를 정의하기 시작했습니다. 어떤 화장품은 온갖 합성 원료를 듬뿍 넣었으면서 천연 원료가 1%라도 들어가면 천연화장품이라고 광고했습니다. 이러다가는 소비자들에게 피해가 갈 것이라고 우려한 정부는 「천연화장품 및 유기농화장품 인증기관 지정 및 인증 등에 관한 규정」(식품의약품안전처고시 제2019-20호, 2019. 3. 14. 발령·시행)을 고시하는 등 천연 및 유기농화장품의 기준, 인증 기준 등을 정하였습니다.

□ 천연·유기농화장품의 인증(화장품법 제14조의2 1항)

식품의약품안전처장은 천연화장품 및 유기농화장품의 품질 제고를 유도하고 소비자에게 정확한 제품정보가 제공될 수 있도록 식품의약품안전처장이 정하는 기준에 적합한 천연화장품 및 유기농화장품에 대하여 인증할 수 있습니다. 이러한 인증은 원래 식약처장이 직접 하는 것이 원칙이지만, 식약처장은 바쁩니다. 따라서 현재는 필요한 전문 인력과 시설을 갖춘 기관 또는 단체를 인증기관으로 지정하여 인증업무를 위탁하고 있습니다.

□ 인증 신청자

그렇다면 천연 및 유기농화장품을 인증받을 수 있는 사람은 누구일까요? 화장품법 제14조의2 2항에서는 인증 신청 가능자를 화장품제조업자, 화장품책임판매업자 또는 총리령으로 정하는 대학·연구소로 한정해 놓았습니다. 즉, 맞춤형화장품판매업자는 서류를 갖춰도 천연 및 유기농화장품 인증을 받을 수 없는 것이지요.

□ 인증 기간(인증의 유효기간) 및 갱신 기간

한 번 천연 및 유기농화장품 인증을 받으면 인증의 유효기간은 인증을 받은 날부터 3년입니다. 인증의 유효기간을 연장 받으려는 자는 유효기간 만료 90일 전에 천연·유기농화장품 유효기간 연장 신청서와 인증서 원본, 인증받은 제품이 최신의 인증기준에 적합함을 입증하는 서류를 갖추어 연장신청을 하여야 합니다. 그런데 만약 내가 인증받은 인증기관이 3년 안에 망해서 갱신이 불가능한 경우에는 어떻게 하죠? 우리 법에서는 인증기관이 그 구실을 하지 못할 때 다른 인증기관에 신청할 수 있다고 명시하고 있습니다. 인증을 한 인증기관이 폐업, 업무정지 또는 그 밖의 부득이한 사유로 연장신청이 불가능한 경우에는 다른 인증기관에 신청할 수 있습니다.

□ 인증의 취소

인증받은 자가 거짓이나 그 밖의 부정한 방법으로 인증을 받았거나 인증을 받을 때에는 인증기준에 부합하였으나 추후에 인증기준에 적합하지 않게 된 경우 식품의약품안전처장은 그 인증을 취소해야 합니다. 그리고 식품의약품안전처장은 인증의 취소를 할 경우에 청문을 해야 합니다(「화장품법」 제27조).

□ 인증기관 지정의 취소

인증 받은 자의 인증만 취소가 될 수 있는 것은 아닙니다. 식약처장이 처음에 천연·유기농화장품 인증기관으로 위탁 지정한 업체가 후에 만약 돈을 받고 몰래 다른 영업체의 기준 미달의 화장품을 천연·유기농 화장품으로 인증하였다면 조사 대상이겠지요? 그리고 인증기관으로 인정받기 위해 인증업체가 거짓이나 부당한 방법을 사용하였다면 이 역시 인증기관 지정이 취소될 수 있겠지요. 이를 위하여 식약처장은 필요하다고 인정하는 경우 관계 공무원으로 하여금 지정받은 인증기관이 업무를 적절하게 수행하는지를 조사하게 할 수 있습니다.

인증을 잘하는지, 부정한 방법이 있지는 않은지 등을 조사하게 하는 것이지요. 식품의약품안전처장은 조사 중 인증기관이 지정기준에 적합하지 않게 된 경우를 발견하면 그 지정을 취소하거나 1년 이내의 기간을 정하여 해당 업무의 전부 또는 일부의 정지를 명할 수 있습니다. 그리고 거짓이나 그 밖의 부정한 방법으로 인증기관의 지정을 받은 것이 발각되면 식약처장은 그 인증업체에 대해 인증기관 지정을 취소하여야 합니다.

☐ 인증표시

인증을 받은 화장품에 대해서는 다음의 인증표시를 할 수 있습니다.

☐ 인증 표시방법

도안의 크기는 용도 및 포장재의 크기에 따라 동일 배율로 조정하고, 도안을 알아보기 쉽도록 인쇄 또는 각인 등의 방법으로 표시해야 합니다(「화장품법 시행규칙」 별표 5의2 제2호).

☐ 미인증 화장품에 대한 표시금지

누구든지 인증을 받지 않은 화장품에 대하여 인증표시나 이와 유사한 표시를 해서는 안 됩니다.

좀 더 알아보기 : 천연·유기농화장품 표시 위반자에 대한 벌칙

• 거짓이나 부정한 방법 등으로 표시한 자에 대한 처벌

다음의 자는 3년 이하의 징역 또는 3천만원 이하의 벌금에 처해집니다. 이 경우 징역형과 벌금형은 이를 함께 부과할 수 있습니다(「화장품법」 제36조 제1항 제2호의2, 제2호의3 및 제36조 제2항)

1. 거짓이나 부정한 방법으로 인증받은 자(「화장품법」 제14조의2 제3항 제1호)
2. 인증을 받지 않은 화장품에 대해 인증표시나 이와 유사한 표시를 한 자(「화장품법」 제14조의4 제2항)

• 유효기간이 경과 후 표시한 자에 대한 처벌

인증의 유효기간이 경과한 화장품에 대해 인증표시를 한 자는 200만원 이하의 벌금에 처해집니다(「화장품법」 제38조 제2호의2).

화장품법 제15조, 제15조의2, 제16조는 제조·수입·판매 등이 금지되는 화장품에 대한 규정입니다.

화장품법 제15조(영업의 금지)

객관식 주의보! 중요도 : ★★★★

누구든지 다음의 어느 하나에 해당하는 화장품을 판매(수입대행형 거래를 목적으로 하는 알선·수여 포함)하거나 판매할 목적으로 제조·수입·보관 또는 진열하여서는 안 된다.

1. 기능성화장품 심사를 받지 않거나 보고서를 제출하지 않은 기능성화장품

2. 전부 또는 일부가 변패(變敗)된 화장품

3. 병원미생물에 오염된 화장품

4. 이물이 혼입되었거나 부착된 것

5. 화장품에 사용할 수 없는 원료를 사용하였거나 유통화장품 안전관리 기준에 적합하지 않은 화장품

6. 코뿔소 뿔 또는 호랑이 뼈와 그 추출물을 사용한 화장품

7. 보건위생상 위해가 발생할 우려가 있는 비위생적인 조건에서 제조되었거나 시설기준에 적합하지 않은 시설에서 제조된 것

8. 용기나 포장이 불량하여 해당 화장품이 보건위생상 위해를 발생할 우려가 있는 것

9. 사용기한 또는 개봉 후 사용기간(병행 표기된 제조연월일 포함)을 위조·변조한 화장품

10. 식품의 형태·냄새·색깔·크기·용기 및 포장 등을 모방하여 섭취 등 식품으로 오용될 우려가 있는 화장품

※ 수출용 제품의 예외

국내에서 판매되지 않고 수출만을 목적으로 하는 제품은 위 1. 및 5.에 관한 규정을 적용하지 않고 수입국의 규정에 따를 수 있습니다(「화장품법」 제30조).

화장품법 제15조는 영업의 금지 조항입니다. 누구든지 제15조에 명시된 어느 하나에 해당하는 화장품을 판매하거나 판매할 목적으로 제조·수입·보관 또는 진열하여서는 안 됩니다. 판매할 목적으로 진열하는 것조차 안 되죠. 이 조항은 이런 식으로 문제에 나옵니다.

예시 |

다음 중 「화장품법」 제15조 영업의 금지 조항에 명시된 판매·제조·수입·보관 또는 진열을 할 수 없는 화장품이 아닌 것은?
① 병원미생물에 오염된 화장품
② 용기나 포장이 불량하여 해당 화장품이 보건위생상 위해를 발생할 우려가 있는 것
③ 이물이 혼입되었거나 부착된 것
④ 사용기한 또는 개봉 후 사용기간(병행 표기된 제조연월일 포함)을 위조·변조한 화장품
⑤ 동물실험을 실시한 화장품

정답은 5번이죠? 물론 특별한 경우를 제외하고는 동물실험을 실시한 화장품 역시 판매 · 제조 · 수입 · 보관 또는 진열을 할 수 없는 화장품입니다. 그런데 왜 답이 5번일까요? 왜냐하면 동물실험을 실시한 화장품은 화장품법 제15조 영업의 금지 조항에 명시되어 있지 않기 때문이죠. 동물실험을 실시한 화장품의 유통판매 금지 조항은 제15조가 아니라 제15조의2 조항입니다. 즉, 이 문제의 출제 근거는 문제에 명시된 대로 '「화장품법」 제15조 영업의 금지 조항'이기 때문에 답은 5번인 것입니다. 사법고시 같죠? 실제 2회 시험이 이런 식으로 출제되었습니다. 따라서 고득점을 위해서는 조항을 다 외워야 합니다. 그렇지만 아무도 그렇게 비효율적으로 공부하지는 않을 거예요. 제가 이 조항을 쉽게 외우는 암기 비법을 드리겠습니다.

지한쌤의 일곱 번째 암기비법!

영업의 금지(제15조) 조항! 10개 한번에 외우기!
"보건에 안 좋으니 식사기한 지난 코뿔소 변기의 물병 유통금지"

보건	· 보건위생상 위해가 발생할 우려가 있는 비위생적인 조건에서 제조되었거나 시설기준에 적합하지 않은 시설에서 제조된 것 · 용기나 포장이 불량하여 해당 화장품이 보건위생상 위해를 발생할 우려가 있는 것
식	식품의 형태·냄새·색깔·크기·용기 및 포장 등을 모방하여 섭취 등 식품으로 오용될 우려가 있는 화장품
기한	사용기한 또는 개봉 후 사용기간(병행 표기된 제조연월일 포함)을 위조·변조한 화장품
코뿔소	코뿔소 뿔 또는 호랑이 뼈와 그 추출물을 사용한 화장품
변	전부 또는 일부가 변패(變敗)된 화장품
기	기능성화장품 심사를 받지 아니하거나 보고서를 제출하지 않은 기능성화장품
물	이물이 혼입되었거나 부착된 것
병	병원미생물에 오염된 화장품
유통금지	화장품에 사용할 수 없는 원료를 사용하였거나 유통화장품 안전관리 기준에 적합하지 않은 화장품(사용금지, 유통화장품 안전기준 부적합)

이렇게 외우는 방법도 있어요! "사기 변호를 위한 금식유보"

영업금지(아래 해당 화장품 판매, 제조, 수입, 보관, 진열 금지)[10개!] 사기 변호 금식유보	
가짜 기능성화장품	1. 심사를 받지 않았거나 보고서를 제출하지 않은 기능성화장품
변패 및 병원미생물 오염, 이물 혼입	2. 전부 또는 일부가 변패 3. 병원미생물에 오염 4. 이물이 혼입되거나 부착된 화장품
사용금지원료 및 유통화장품 안전관리 기준 부적합	5. 사용금지원료를 사용하였거나 유통화장품 안전관리 기준 부적합

코뿔소 뿔, 호랑이 뼈, 그 추출물을 사용	6. 코뿔소 뿔, 호랑이 뼈, 그 추출물을 사용
보건위생	7. 보건위생상 위해가 발생할 수 있는 비위생적 조건, 시설기준에 부적합한 시설에서 제조 8. 용기나 포장이 불량하여 보건위생상 위해를 발생시킬 우려가 있는 화장품
사용기간, 개봉 후 사용기간 위변조	9. 사용기한, 개봉 후 사용기간 위변조
식	10. 식품의 형태·냄새·색깔·크기·용기 및 포장 등을 모방하여 섭취 등 식품으로 오용될 우려가 있는 화장품

이 암기 비법, 정말 웃기죠? 그런데 시험장 가서 떠오르실 것입니다. 진짜 저런 식으로 시험문제에 출제되니 암기하고 가셔야 합니다.

화장품법 제15조의2(동물실험을 실시한 화장품 등의 유통판매 금지)

객관식 주의보! 중요도 : ★★★★

① 화장품책임판매업자 및 맞춤형화장품판매업자는 「실험동물에 관한 법률」 제2조 제1호에 따른 **동물실험을 실시한 화장품 또는 동물실험을 실시한 화장품 원료를 사용하여 제조(위탁제조 포함) 또는 수입한 화장품을 유통·판매하여서는 안 된다.** 다만, 다음의 어느 하나에 해당하는 경우는 **동물실험을 실시한 화장품을 유통·판매할 수 있다.**

1. 보존제, 색소, 자외선차단제 등 특별히 사용상의 제한이 필요한 원료에 대하여 그 사용기준을 지정하거나 국민보건상 위해 우려가 제기되는 화장품 원료 등에 대한 위해평가를 하기 위하여 필요한 경우

2. 동물대체시험법(동물을 사용하지 않는 실험방법 및 부득이하게 동물을 사용하더라도 그 사용되는 동물의 개체 수를 감소하거나 고통을 경감시킬 수 있는 실험방법으로서 식품의약품안전처장이 인정하는 것) 이 존재하지 않아 동물실험이 필요한 경우

3. 화장품 수출을 위하여 수출 상대국의 법령에 따라 동물실험이 필요한 경우

4. 수입하려는 상대국의 법령에 따라 제품 개발에 동물실험이 필요한 경우

5. 다른 법령에 따라 동물실험을 실시하여 개발된 원료를 화장품의 제조 등에 사용하는 경우

6. 그 밖에 동물실험을 대체할 수 있는 실험을 실시하기 곤란한 경우로서 식품의약품안전처장이 정하는 경우

② 식품의약품안전처장은 동물대체시험법을 개발하기 위하여 노력하여야 하며, 화장품책임판매업자 등이 동물대체시험법을 활용할 수 있도록 필요한 조치를 하여야 한다.

동물실험을 실시한 화장품이나 동물실험을 실시한 화장품 원료를 사용하여 제조·수입한 화장품은 원칙적으로는 한국에서 유통·판매할 수 없습니다. 그러나 화장품법에서는 예외적으로 동물실험을 허용하는 경우를 6가지 정도 규정하여 놓았습니다. 이 역시 암기하셔야 합니다. 시험에 출제된 적이 있어요.

지한쌤의 여덟 번째 암기비법!

동물실험이 예외적으로 허용되는 경우

"위대한 동물들의 수다!"

위 - 위해평가를 하기 위해 필요한 경우

대 - 동물대체시험법이 없는 경우

수 - 수입/수출을 위해서

다 - 다른 법령에 따라 해야 하는 경우

화장품법 제16조(판매 등의 금지)

객관식 주의보! 중요도 : ★★★★

① 누구든지 다음의 어느 하나에 해당하는 화장품을 판매하거나 판매할 목적으로 보관 또는 진열해서는 안 된다. 다만, 3번 사항의 경우에는 소비자에게 판매하는 화장품에 한한다.

1. 등록을 하지 않은 자가 제조한 화장품 또는 제조·수입하여 유통·판매한 화장품

1의2. 신고를 하지 않은 자가 판매한 맞춤형화장품

1의3. 맞춤형화장품조제관리사를 두지 않고 판매한 맞춤형화장품

2. 화장품법 제10조~제12조(화장품의 기재사항, 화장품의 가격표시, 화장품의 기재·표시사항의 주의)에 위반되는 화장품 또는 의약품으로 잘못 인식할 우려가 있게 기재·표시된 화장품

3. 판매의 목적이 아닌 제품의 홍보·판매촉진 등을 위하여 미리 소비자가 시험·사용하도록 제조 또는 수입된 화장품

4. 화장품의 포장 및 기재·표시 사항을 훼손(맞춤형화장품 판매를 위하여 필요한 경우 제외) 또는 위조·변조한 것

② 누구든지 화장품의 용기에 담은 내용물을 나누어 판매하여서는 안 된다(단, 맞춤형화장품조제관리사를 통하여 판매하는 맞춤형화장품판매업자가 소분 판매를 목적으로 조제하는 화장품의 경우 허용).

누구든지 법 제16조에 명시된 화장품을 판매하여서는 안 됩니다. 판매 금지 조항도 꼭 외우세요! 외워야 할 것이 너무 많죠? 제가 저만의 암기비법으로 도와드릴게요.

지한쌤의 아홉 번째 암기비법!

"등 관리사의 샘표간장 소동

(등마사지를 간장으로 하려고 했던 소동… 결국 간장은 판매금지됨!)"

판매금지(아래 해당 화장품 판매, 제조, 수입, 보관, 진열 금지)[8개!] 등 관리사의 샘표간장 소동(등마사지를 간장으로 하려고 했던 소동… 결국 간장은 판매금지됨!)	
등록/신고 안 한 사람이 판매	1. 등록 하지 않은 자가 제조·수입·유통·판매한 화장품 2. 신고 안 한 자가 판매한 맞춤형화장품
맞춤형화장품조제관리사 없이 판매함	3. 맞춤형화장품조제관리사 없이 판매한 맞춤형화장품
의약품 오인 기재 표시	4. 화장품 기재사항, 가격표시, 기재·표시사항 주의를 위반하여 화장품 또는 의약품으로 잘못 인식할 우려가 있게 기재 표시
샘플 판매	5. 판매의 목적이 아닌 제품의 홍보, 판매 촉진 등을 위해 미리 소비자가 시험, 사용하도록 제조 또는 수입된 화장품을 판매
기재·표시사항 훼손 또는 위변조	6. 화장품의 포장, 기재·표시사항 훼손 또는 위변조
동물실험	7. 동물실험 실시 화장품·동물실험원료포함 화장품(이 사항은 **화장품법 제15조의2임.**)
내용물 소분	8. 화장품의 용기에 담은 내용물을 나누어 판매

화장품법 제14조의2~제16조

Ⅰ. 화장품법

간단하고 명료한 화장품법 체계표[다지기]	
법령	화장품법
조항	제14조의2~제16조

□ [화장품법 14조의2, 14조의3, 14조의4, 14조의5] 천연·유기농화장품에 대한 인증 모음

천연·유기농화장품에 대한 인증			
법률 근거	화장품법 14조의2, 14조의3, 14조의4, 14조의5		
시행 근거	(제14조의1 제1항) 식품의약품안전처장은 천연화장품 및 유기농화장품의 품질제고를 유도하고 소비자에게 보다 정확한 제품정보가 제공될 수 있도록 식품의약품안전처장이 정하는 기준에 적합한 천연화장품 및 유기농화장품에 대하여 인증할 수 있다.		
인증 받을 수 있는 사람 혹은 기관		화장품제조업자, 화장품책임판매업자 또는 총리령으로 정하는 대학·연구소	
인증을 취소할 수 있는 화장품		1. 거짓이나 그 밖의 부정한 방법으로 인증을 받은 경우 2. 인증기준에 적합하지 않게 된 경우	
인증의 유효기간	3년	인증 갱신 신청	유효기간 만료 90일 전
인증 표시	인증 받은 화장품은 총리령으로 정하는 인증표시를 할 수 있으며 인증을 받지 않은 화장품은 인증표시나 이와 유사한 표시를 하여서는 안 된다.		
인증 기관의 지정 취소	• 식품의약품안전처장은 필요하다고 인정하는 경우 관계 공무원을 시켜 지정받은 인증기관이 업무를 적절하게 수행하는지를 조사하게 할 수 있다. • 식품의약품안전처장은 인증기관이 다음의 어느 하나에 해당하면 <u>그 지정을 취소하거나 1년 이내의 기간을 정하여 해당 업무의 전부 또는 일부의 정지를 명할 수 있다.</u> 다만, <u>1번의 경우에는 그 지정을 취소</u>하여야 한다. 1. 거짓이나 그 밖의 부정한 방법으로 인증기관의 지정을 받은 경우 2. 지정기준에 적합하지 아니하게 된 경우		

☐ [화장품법 제15조] 영업의 금지 조항

영업금지(아래 해당 화장품 판매, 제조, 수입, 보관, 진열 금지)[10개!] 사기 변호 금식유보	
가짜 기능성화장품	1. 심사를 받지 않았거나 보고서를 제출하지 않은 기능성화장품
변패 및 병원미생물 오염, 이물 혼입	2. 전부 또는 일부가 변패 3. 병원미생물에 오염 4. 이물이 혼입되거나 부착된 화장품
사용금지원료 및 유통화장품 안전관리 기준 부적합	5. 사용금지원료를 사용하였거나 유통화장품 안전관리 기준 부적합
코뿔소 뿔, 호랑이 뼈, 그 추출물을 사용	6. 코뿔소 뿔, 호랑이 뼈, 그 추출물을 사용
보건위생	7. 보건위생상 위해가 발생할 수 있는 비위생적 조건, 시설기준에 부적합한 시설에서 제조 8. 용기나 포장이 불량하여 보건위생상 위해를 발생시킬 우려가 있는 화장품
사용기간, 개봉 후 사용기간 위변조	9. 사용기한, 개봉 후 사용기간 위변조
식	10. 식품의 형태·냄새·색깔·크기·용기 및 포장 등을 모방하여 섭취 등 식품으로 오용될 우려가 있는 화장품

☐ [화장품법 제15조의2] 동물실험을 실시한 화장품 등의 유통판매 금지

화장품책임판매업자 및 맞춤형화장품판매업자는 「실험동물에 관한 법률」 제2조 제1호에 따른 동물실험을 실시한 화장품 또는 동물실험을 실시한 화장품 원료를 사용하여 제조(위탁제조 포함) 또는 수입한 화장품을 유통·판매하여서는 안 되지만 예외로 허용되는 경우가 있다.

동물실험을 예외적으로 허용하는 경우(위대한 동물들의 수다!)
1. 보존제, 색소, 자외선차단제 등 특별히 사용상의 제한이 필요한 원료에 대하여 그 사용기준을 지정하거나 국민보건상 위해 우려가 제기되는 화장품 원료 등에 대한 위해평가를 하기 위하여 필요한 경우
2. 동물대체시험법이 존재하지 아니하여 동물실험이 필요한 경우
3. 화장품 수출을 위하여 수출 상대국의 법령에 따라 동물실험이 필요한 경우
4. 수입하려는 상대국의 법령에 따라 제품 개발에 동물실험이 필요한 경우
5. 다른 법령에 따라 동물실험을 실시하여 개발된 원료를 화장품의 제조 등에 사용하는 경우
6. 그 밖에 동물실험을 대체할 수 있는 실험을 실시하기 곤란한 경우로서 식품의약품안전처장이 정하는 경우

? 단어 기억!

• **동물대체시험법**
  동물을 사용하지 않는 실험방법 및 부득이하게 동물을 사용하더라도 그 사용되는 동물의 개체 수를 감소하거나 고통을 경감시킬 수 있는 실험방법으로서 식품의약품안전처장이 인정하는 것

□ [화장품법 제16조] 판매 등의 금지

판매금지(아래 해당 화장품 판매, 제조, 수입, 보관, 진열 금지)[8개!] 등 관리사의 샘표간장 소동(등마사지를 간장으로 하려고 했던 소동... 결국 간장은 판매금지됨!)	
등록/신고 안 한 사람이 판매	1. 등록 하지 않은 자가 제조·수입·유통·판매한 화장품
	2. 신고 안 한 자가 판매한 맞춤형화장품
맞춤형화장품조제관리사 없이 판매함	3. 맞춤형화장품조제관리사 없이 판매한 맞춤형화장품
의약품 오인 기재 표시	4. 화장품 기재사항, 가격표시, 기재·표시사항 주의를 위반하여 화장품 또는 의약품으로 잘못 인식할 우려가 있게 기재 표시
샘플 판매	5. 판매의 목적이 아닌 제품의 홍보, 판매 촉진 등을 위해 미리 소비자가 시험, 사용하도록 제조 또는 수입된 화장품을 판매
기재·표시사항 훼손 또는 위변조	6. 화장품의 포장, 기재·표시사항 훼손 또는 위변조
동물실험	7. 동물실험 실시 화장품·동물실험원료포함 화장품(이 사항은 화장품법 제15조의2임.)
내용물 소분	8. 화장품의 용기에 담은 내용물을 나누어 판매

09 화장품법 제17조~제23조의2

Ⅰ. 화장품법

꼼꼼하고 알기 쉬운 법조문 해설[이해하기]	
법령	화장품법
조항	제17조~제23조의2
관련 법령	화장품법 시행규칙 제24조~제28조

화장품법 제17조(단체 설립)

영업자는 자주적인 활동과 공동이익을 보장하고 국민 보건 향상에 기여하기 위하여 단체를 설립할 수 있다.

화장품과 관련한 영업(화장품제조업, 화장품책임판매업, 맞춤형화장품판매업)을 영위하는 영업자는 자주적인 활동과 공동이익을 보장하고 국민보건향상에 기여하기 위해 단체를 설립할 수 있습니다. 그냥 '영업자들이 단체를 조직할 수 있다.'라고만 이해하시고 넘어가시면 됩니다. 이러한 단체의 임직원 중 해당 단체의 장이 추천한 사람이나 화장품 안전관리에 관한 지식이 있는 사람은 식품의약품안전처장 또는 지방식품의약품안전청장이 소비자화장품안전관리감시원으로 위촉할 수 있습니다. 소비자화장품안전관리감시원은 화장품법 제18조의2에서 알아보도록 합시다.

화장품법 제18조(보고와 검사)

객관식 주의보! 중요도 : ★★★

① 식품의약품안전처장은 필요하다고 인정하면 영업자·판매자 또는 그 밖에 화장품을 업무상 취급하는 자에 대하여 필요한 보고를 명하거나, 관계 공무원으로 하여금 화장품 제조장소·영업소·창고·판매장소, 그 밖에 화장품을 취급하는 장소에 출입하여 그 시설 또는 관계 장부나 서류, 그 밖의 물건의 검사 또는 관계인에 대한 질문을 할 수 있다.

② 식품의약품안전처장은 화장품의 품질 또는 안전기준, 포장 등의 기재·표시 사항 등이 적합한지 여부를 검사하기 위하여 필요한 최소 분량을 수거하여 검사할 수 있다.

③ 식품의약품안전처장은 총리령으로 정하는 바에 따라 제품의 판매에 대한 모니터링 제도를 운영할 수 있다.

④ 제1항의 경우에 관계 공무원은 그 권한을 표시하는 증표를 관계인에게 내보여야 한다.

⑤ 관계 공무원의 자격과 그 밖에 필요한 사항은 총리령으로 정한다.

식품의약품안전처장은 영업자 및 판매자에 대해 보고를 명하거나 검사를 할 수 있습니다. 어느 제조업자가 만든 화장품이 이상이 있는 것 같다는 제보가 들어오면, 식약처장은 필요하다고 판단될 시에 관계 공무원을 제조업소에 출입하게 하여 관련 사항을 검사하게 할 수 있습니다. 마치 검찰 같죠? 단, 이때 관계 공무원은 자신이 관계 공무원이라는 '증표'를 검사 대상자에게 보여주어야 합니다. 암행어사 마패처럼요. 제조업자뿐만 아니라 책임판매업자나 맞춤형화장품판매업자, 기타 판매자 등 업무를 취급하는 모두에게 이와 같이 필요한 보고를 명하거나 공무원을 시켜 검사를 하게 하거나, 의구심이 드는 사항에 대해 질문을 할 수 있습니다.

그리고 관계 공무원이 검사를 하는 도중 해당 화장품이 품질기준이나 안전기준에 적합하게 제조된 것인지 의구심이 든다면, 해당 제품을 수거해갈 수도 있어요. 식약처장은 화장품의 품질 또는 안전기준, 포장 등의 기재·표시 사항 등이 적합한지 그 여부를 검사하기 위해 수거할 수 있는 권한이 있습니다. 그런데 수거 시에는 '최소 분량'을 수거해야 합니다. 영업자는 어찌 되었든 물건을 파는 사람입니다. 최대 분량을 수거한다면 영업자는 팔 물건이 없습니다. 따라서 식약처장은 진실을 규명할 수 있는 정도의 양만큼, 그러니까 '진실을 규명할 수 있는 최소의 분량'만을 수거해야 합니다.

식약처장은 뿐만 아니라 제품의 판매에 대한 모니터링 제도를 운영할 수 있습니다. 모니터링을 실시하면 진행 상황을 수시로 체크하여 이를 관리할 수 있으며 감시 혹은 경계 임무의 효과를 얻을 수 있습니다.

화장품법 제18조의2(소비자화장품안전관리감시원 = 소비자화장품감시원)

객관식 주의보! 중요도 : ★★★★

① 식품의약품안전처장 또는 지방식품의약품안전청장은 화장품 안전관리를 위하여 제17조에 따라 설립된 단체 또는 「소비자기본법」 제29조에 따라 등록한 소비자단체의 임직원 중 해당 단체의 장이 추천한 사람이나 화장품 안전관리에 관한 지식이 있는 사람을 소비자화장품안전관리감시원으로 위촉할 수 있다.

② 위촉된 소비자화장품안전관리감시원(소비자화장품감시원)의 직무는 다음과 같다.

소비자화장품안전관리감시원(소비자화장품감시원)의 직무

1. 유통 중인 화장품이 제10조 제1항 및 제2항에 따른 표시기준에 맞지 않거나 불법 표시 또는 광고를 한 화장품인 경우 관할 행정관청에 신고하거나 그에 관한 자료 제공
2. 관계 공무원이 하는 출입·검사·질문·수거의 지원
3. 그 밖에 화장품 안전관리에 관한 사항으로서 총리령으로 정하는 사항

③ 식품의약품안전처장 또는 지방식품의약품안전청장은 소비자화장품감시원에게 직무 수행에 필요한 교육을 실시할 수 있다.

④ 식품의약품안전처장 또는 지방식품의약품안전청장은 소비자화장품감시원이 다음의 어느 하나에 해당하는 경우에는 해당 소비자화장품감시원을 해촉(解囑)하여야 한다.

> 1. 해당 소비자화장품감시원을 추천한 단체에서 퇴직하거나 해임된 경우
> 2. 직무와 관련하여 부정한 행위를 하거나 권한을 남용한 경우
> 3. 질병이나 부상 등의 사유로 직무 수행이 어렵게 된 경우

⑤ 소비자화장품감시원의 자격, 교육, 그 밖에 필요한 사항은 총리령으로 정한다.

식약처장 혹은 지방식약청장은 화장품의 안전관리를 위해 소비자화장품안전관리감시원을 위촉할 수 있습니다. 제 17조에 따라 설립된 화장품업 단체나 소비자단체의 임직원 중 각 단체의 장이 추천한 사람이나 화장품의 안전관리에 관한 지식이 있는 사람들을 위촉합니다. 즉, 이 사람들은 공무원이 아니라 공무원을 돕는 사람들입니다. 소비자화장품안전관리감시원은 소비자화장품감시원이라고도 하며 유통 중인 화장품이 법을 어긴 것이 있는지(주로 표시 기준이 맞지 않거나 법에 저촉되는 표시·광고를 한 경우)를 살펴봅니다. 그리고 이를 발견하면 신고하거나 자료를 제공합니다. 이 사람들은 관계 공무원처럼 영업소에 출입하여 검사하는 것이 아닙니다. 다만, 관계 공무원이 하는 출입, 검사, 질문, 수거를 도울 수는 있습니다. 소비자화장품감시원이 공무원의 지시 없이 출입, 검사, 질문, 수거의 업무를 직접 담당한다면 이는 월권행위입니다. 소비자화장품감시원은 관계 공무원을 지원하는 보조자의 역할을 수행할 뿐입니다.

식약처장 또는 지방식약청장은 소비자화장품감시원에게 직무 수행에 필요한 교육을 시킬 수 있으며 소비자화장품감시원을 해촉시킬 수도 있습니다. 만약 화장품법 제17조에 따라 설립된 화장품업 단체나 소비자단체의 임직원이 소비자화장품감시원으로 임명받았는데 해당 단체에서 퇴직하거나 해임된 경우 해촉 대상입니다. 그것 외에도 부정행위를 하거나 권한을 남용한 경우, 질병이나 부상 등으로 직무 수행이 어렵게 된 경우 감시원을 해촉시킬 수 있습니다.

화장품법에 명시된 식약처장의 각종 명령권(제19조~제23조)
화장품법 제19조(시정명령)

중요도:★★

식품의약품안전처장은 이 법을 지키지 않는 자에 대해 필요하다고 인정하면 그 시정을 명할 수 있다.

화장품법 제20조(검사명령)

중요도:★★

식품의약품안전처장은 영업자에 대해 필요하다고 인정하면 취급한 화장품에 대해 「식품·의약품분야 시험·검사 등에 관한 법률」 제6조 제2항 제5호에 따른 화장품 시험·검사기관의 검사를 받을 것을 명할 수 있다.

화장품법 제21조 개정으로 <삭제>된 조항

화장품법 제22조(개수명령)

중요도 : ★★★

식품의약품안전처장은 화장품제조업자가 갖추고 있는 시설이 화장품법 제3조 제2항에 따른 시설기준에 적합하지 않거나 노후 또는 오손되어 있어 그 시설로 화장품을 제조하면 화장품의 안전과 품질에 문제의 우려가 있다고 인정되는 경우 화장품제조업자에게 그 시설의 개수를 명하거나 그 개수가 끝날 때까지 해당 시설의 전부 또는 일부의 사용금지를 명할 수 있다.

화장품법 제23조(회수·폐기명령 등)

중요도 : ★★★★

① 식품의약품안전처장은 판매·보관·진열·제조 또는 수입한 화장품이나 그 원료·재료 등(물품)이 화장품법 제9조, 제15조 또는 제16조 제1항을 위반하여 국민보건에 위해를 끼칠 우려가 있는 경우에는 해당 영업자·판매자 또는 그 밖에 화장품을 업무상 취급하는 자에게 해당 물품의 회수·폐기 등의 조치를 명해야 한다.

② 식품의약품안전처장은 판매·보관·진열·제조 또는 수입한 물품이 국민보건에 위해를 끼치거나 끼칠 우려가 있다고 인정되는 경우 해당 영업자·판매자 또는 그 밖에 화장품을 업무상 취급하는 자에게 해당 물품의 회수·폐기 등의 조치를 명할 수 있다.

③ 제1항 및 제2항에 따른 명령을 받은 영업자·판매자 또는 그 밖에 화장품을 업무상 취급하는 자는 미리 식품의약품안전처장에게 회수계획을 보고해야 한다.

④ 식품의약품안전처장은 다음의 어느 하나에 해당하는 경우 관계 공무원으로 하여금 해당 물품을 폐기하게 하거나 그 밖에 필요한 처분을 하게 할 수 있다.

　1. 제1항 및 제2항에 따른 명령을 받은 자가 그 명령을 이행하지 않은 경우
　2. 그 밖에 국민보건을 위하여 긴급한 조치가 필요한 경우

⑤ 물품의 회수에 필요한 위해성 등급 및 그 분류기준, 회수·폐기의 절차·계획 및 사후조치 등에 필요한 사항은 총리령으로 정한다.

　　식약처장은 **시정·검사·개수·회수 및 폐기명령**을 내릴 수 있습니다. 이는 시행령에서 지방식약청장에게도 양도되어 지방식약청장 역시 본인이 관할하는 지방의 시정·검사·개수·회수 및 폐기명령을 내릴 수 있습니다. 첫째로 **'시정명령'**이란 화장품법을 지키지 않는 자에 대해 '화장품법 좀 잘 지켜라~'라고 언질을 주는 것입니다. 사실상 큰 행정처분은 아닙니다. 맞춤형화장품판매업소 상호가 변경되었음에도 이에 대한 변경신고를 30일 이내에 하지 않았을 때 이를 지방식약청장에게 들키면 시정명령의 행정처분을 받습니다. 즉, '당신, 법적으로 변경신고를 해야 하는데 안 했으니 어서 속히 변경신고 하세요!'라고 경고하는 것입니다. 그럼에도 또 변경신고를 안 하면 판매업무 정지 5일의 처분을 받습니다. 5일 처분을 받았는데도 또 변경신고를 안 할 시에는 판매업무 정지 15일, 4차까지 위반하면 판매업무 정지 1개월의 처분을 받습니다.

　　식약처장 혹은 지방식약청장은 필요한 경우에 한해 취급한 화장품에 대해서 「식품·의약품분야 시험·검사 등에 관한 법률」 제6조 제2항 제5호에 따른 화장품 시험·검사기관의 검사를 받을 것을 명할 수 있습니다. 이를

검사명령이라고 합니다. 예를 들어 화장품이 유통화장품 안전관리 기준에 부적합하다는 신고가 들어오고(화장품에 사용금지 원료를 배합하였거나 사용상의 제한이 필요한 원료의 기준을 초과한 것 같다던가, 각종 세균에 오염이 된 것 같은 경우 등) 이 신고가 타당하다고 판단될 시에 이 화장품에 대해 화장품 시험·검사기관의 검사를 받을 것을 명할 수 있습니다.

식약처장 혹은 지방식약청장은 **개수명령** 역시 내릴 수 있습니다. 이름이 생소할 텐데요, 개수란 시설이 노후하거나 적합하지 않은 경우 그 시설을 고치라고 명령하는 것입니다. 식약처장 혹은 지방식약청장은 화장품제조업자가 갖추고 있는 시설이 법에 명시된 시설기준에 적합하지 않거나 너무 오래되거나 손상되어 있어서(한마디로 낡아빠져서) 그 시설로 화장품을 제조하면 화장품의 안전과 품질에 문제가 있을 수 있다고 인정되는 경우 화장품제조업자에게 그 시설의 개수를 명하거나 그 개수가 끝날 때까지 해당 시설의 전부 또는 일부의 사용금지를 명할 수 있습니다.

식약처장 혹은 지방식약청장은 영업자에게 **회수·폐기 명령**을 내릴 수도 있습니다. 영업자가 판매하는 화장품이 위해화장품이므로 시중에 유통된 그 영업자의 화장품을 영업자가 스스로 회수하고 이를 폐기하라고 명령하는 것이지요. 식약처장 혹은 지방식약청장은 판매·보관·진열·제조 또는 수입한 화장품이나 그 원료·재료 등이 제9조, 제15조 또는 제16조 제1항을 위반하여 국민보건에 위해를 끼칠 우려가 있는 경우에는 해당 영업자·판매자 또는 그 밖에 화장품을 업무상 취급하는 자에게 해당 물품의 회수·폐기 등의 조치를 명하여야 합니다. 여기서 말하는 제9조, 제15조 또는 제16조 제1항이 무엇인지 같이 살펴봅시다.

제9조(안전용기·포장 등): 화장품책임판매업자 및 맞춤형화장품판매업자는 화장품을 판매할 때에는 어린이가 화장품을 잘못 사용하여 인체에 위해를 끼치는 사고가 발생하지 않도록 안전용기·포장을 사용하여야 한다.

제15조(영업의 금지): 누구든지 다음의 어느 하나에 해당하는 화장품을 판매(수입대행형 거래를 목적으로 하는 알선·수여 포함)하거나 판매할 목적으로 제조·수입·보관 또는 진열하여서는 안 된다.

1. 기능성화장품 심사를 받지 않거나 보고서를 제출하지 않은 기능성화장품

2. 전부 또는 일부가 변패(變敗)된 화장품

3. 병원미생물에 오염된 화장품

4. 이물이 혼입되었거나 부착된 것

5. 화장품에 사용할 수 없는 원료를 사용하였거나 유통화장품 안전관리 기준에 적합하지 않은 화장품

6. 코뿔소 뿔 또는 호랑이 뼈와 그 추출물을 사용한 화장품

7. 보건위생상 위해가 발생할 우려가 있는 비위생적인 조건에서 제조되었거나 시설기준에 적합하지 않은 시설에서 제조된 것

8. 용기나 포장이 불량하여 해당 화장품이 보건위생상 위해를 발생할 우려가 있는 것

9. 제10조 제1항 제6호에 따른 사용기한 또는 개봉 후 사용기간(병행 표기된 제조연월일 포함)을 위조·변조한 화장품

10. 식품의 형태·냄새·색깔·크기·용기 및 포장 등을 모방하여 섭취 등 식품으로 오용될 우려가 있는 화장품

제16조(판매 등의 금지) : 누구든지 다음의 어느 하나에 해당하는 화장품을 판매하거나 판매할 목적으로 보관 또는 진열하여서는 안 된다. 다만, 제3호의 경우에는 소비자에게 판매하는 화장품에 한한다.

1. 등록을 하지 않은 자가 제조한 화장품 또는 제조·수입하여 유통·판매한 화장품

1의2. 신고를 하지 않은 자가 판매한 맞춤형화장품

1의3. 맞춤형화장품조제관리사를 두지 않고 판매한 맞춤형화장품

2. 제10조부터 제12조까지에 위반되는 화장품 또는 의약품으로 잘못 인식할 우려가 있게 기재·표시된 화장품

3. 판매의 목적이 아닌 제품의 홍보·판매촉진 등을 위하여 미리 소비자가 시험·사용하도록 제조 또는 수입된 화장품

4. 화장품의 포장 및 기재·표시 사항을 훼손(맞춤형화장품 판매를 위하여 필요한 경우 제외) 또는 위조·변조한 것

즉, 이러한 화장품들을 판매·보관·진열·제조 또는 수입한 영업자에게 해당 물품의 회수·폐기 등의 조치를 명하는 것입니다. 이러한 회수·폐기 명령을 받은 영업자 및 판매자는 마음대로 회수·폐기를 하는 것이 아니라 미리 식품의약품안전처장 혹은 지방식약청장에게 회수계획을 보고하여야 합니다(사실상 지방식약청장이 합니다. 외우실 때는 지방식약청장이 회수계획을 보고받는다고 외워주세요.). 그리고 이러한 명령을 받은 영업자·판매자 또는 그 밖에 화장품을 업무상 취급하는 자가 이 명령을 이행하지 않거나 그 밖에 국민보건을 위하여 긴급한 조치가 필요한 경우에 식품의약품안전처장은 관계 공무원을 시켜 해당 물품을 폐기하게 하거나 그 밖에 필요한 처분을 하게 할 수 있습니다. 즉, 화장품 폐기를 명하는 것은 그냥 내리는 것이 아니라 필요한 조치를 명하였음에도 이행하지 않거나 폐기 명령을 하지 않으면 국민보건에 큰 위협을 가한다고 판단될 때 내려지는 명령입니다. 사실 회수·폐기에 대해서는 알아두셔야 할 것이 정말 많습니다. 위해성 등급 및 그 분류기준, 회수·폐기의 절차·계획 및 사후 조치 등을 다 암기하셔야 하는데, 이는 시행규칙에서 자세히 다루겠습니다.

화장품법 제23조의2(위해화장품의 공표)

객관식 · 주관식 모두 주의! 중요도 : ★★★★

① 식품의약품안전처장은 다음의 어느 하나에 해당하는 경우 해당 영업자에 대해 그 사실의 공표를 명할 수 있다.

1. 영업자 스스로 자신의 유통되고 있는 화장품이 국민보건에 위해(危害)를 끼치거나 끼칠 우려가 있는 화장품이라는 사실을 알게 되어 해당 화장품에 대한 회수계획을 식약처장에게 보고한 때

2. 식약처장이 회수 명령을 내린 뒤 영업자·판매자 또는 그 밖에 화장품을 업무상 취급하는 자로부터 회수계획을 보고받은 때

② 공표의 방법·절차 등에 필요한 사항은 총리령으로 정한다.

회수는 크게 **영업자 회수와 정부 회수**로 나뉩니다. **영업자 회수**란 영업자가 스스로 화장품법 제9조, 제15조 또는 제16조 제1항에 위반되어 국민보건에 위해(危害)를 끼치거나 끼칠 우려가 있는 자신의 화장품이 유통 중인 사실을 알게 되어 지체 없이 해당 화장품을 회수하거나 회수하는 데에 필요한 조치를 하는 것을 말합니다. 즉, 자진 신고입니다. 정부 회수란 식약처가 검사를 해 보니 어떤 영업체의 화장품이 위해 화장품으로 판명이 나서 이 영업체에 회수명령을 내려 해당 화장품을 회수하게 하거나 회수하는 데에 필요한 조치를 하게 하는 것을 말합니다. 어느 회수이든 회수 전에 회수 계획을 보고하여야 합니다. 회수 계획을 보고 받은 지방식품의약품안전청장은 '이 화장품은 국민 보건에 대단히 큰 위해를 가할 수 있겠군!'이라고 판단하면 해당 영업자로 하여금 **공표**를 하라고 명령할 수 있습니다. 즉, **공표 명령**은 회수 계획을 제출한 모든 영업자에게 다 내려지는 것이 아니라 지방식품의약품안전청장 판단 하에 국민에게 공표를 할 필요가 있겠다 싶은 것들에 한하여 내려집니다. 공표란 해당 사실을 모두에게 알리는 것을 말합니다. 위해 화장품은 국민보건에 위해를 가할 수 있으므로 속히 회수되어야 합니다. 그런데 이를 공표하지 않으면 국민들은 자신이 사용하는 화장품이 위해 화장품임에도 이를 모르고 계속 사용할 것입니다. 뿐만 아니라 공표를 하지 않으면 회수 방법과 회수 사유, 회수 절차 등을 알 방법이 없으므로 제대로 회수를 할 수 없을 것입니다. 위해 화장품의 공표를 명령받은 영업자는 [①일반일간신문 ②해당 영업자의 인터넷 홈페이지 ③식품의약품안전처의 인터넷 홈페이지에 게재 요청]-이 세 가지 방법을 모두 이행해야 합니다. 물론, 위해화장품 '다' 등급은 신문에의 공표를 제외시켜 줍니다만, 자세한 사항은 시행규칙에서 보도록 합시다. 공표에는 화장품을 회수한다는 내용의 표제, 제품명, 회수 대상 화장품의 제조번호, 사용기한 또는 개봉 후 사용기간(제조연월일 포함), 회수 사유, 회수 방법, 회수하는 영업자의 명칭, 회수하는 영업자의 전화번호, 주소, 그 밖에 회수에 필요한 사항 등을 적습니다. 그리고 공표를 한 영업자는 공표일, 공표매체, 공표횟수, 공표문 사본 또는 내용이 포함된 공표 결과를 지체 없이 지방식품의약품안전청장에게 통보하여야 합니다.

<위해화장품의 공표문의 예시>

위해화장품 회수

「화장품법」 제5조의2에 따라 아래의 화장품을 회수합니다.

가. 회수제품명 :

나. 제조번호 :

다. 사용기한 또는 개봉 후 사용기간(병행 표기된 제조연월일을 포함한다) :

라. 회수 사유 :

마. 회수 방법 :

바. 회수 영업자 :

사. 영업자 주소 :

아. 연락처 :

자. 그 밖의 사항 : 위해화장품 회수 관련 협조 요청

  1) 해당 회수화장품을 보관하고 있는 판매자는 판매를 중지하고 회수 영업자에게 반품하여 주시기 바랍니다.

  2) 해당 제품을 구입한 소비자께서는 그 구입한 업소에 되돌려 주시는 등 위해화장품 회수에 적극 협조하여 주시기 바랍니다.

I. 화장품법

간단하고 명료한 화장품법 체계표[다지기]	
법령	화장품법
조항	제17조~제23조의2

☐ [화장품법 제17조] 단체의 설립

영업자는 자주적인 활동과 공동이익을 보장하고 국민보건향상에 기여하기 위해 단체를 설립할 수 있음.

☐ [화장품법 제18조] 보고와 검사(식약처장의 권한)

보고·검사·질문	식품의약품안전처장은 필요하다고 인정하면 영업자·판매자 또는 그 밖에 화장품을 업무상 취급하는 자에 대하여 필요한 <u>보고를 명</u>하거나, 관계 공무원으로 하여금 화장품 제조장소·영업소·창고·판매장소, 그 밖에 화장품을 취급하는 장소에 출입하여 그 시설 또는 관계 장부나 서류, 그 밖의 물건의 검사 또는 관계인에 대한 질문을 할 수 있음. ☑ 단, 관계 공무원은 그 권한을 표시하는 증표를 관계인에게 내보여야 함.
수거 검사	식품의약품안전처장은 화장품의 품질 또는 안전기준, 포장 등의 기재·표시 사항 등이 적합한지 여부를 검사하기 위하여 필요한 <u>최소 분량을 수거</u>하여 검사할 수 있음.
모니터링 제도의 운영	식품의약품안전처장은 제품의 판매에 대한 모니터링 제도를 운영할 수 있음.

☐ [화장품법 제18조의2] 소비자화장품안전관리감시원

소비자화장품안전관리감시원(=소비자화장품감시원)			
임명자	식약처장·지방식약청장	임명인	• 제17조에 따라 설립된 단체 또는 「소비자기본법」 제29조에 따라 등록한 소비자단체의 임직원 중 해당 단체의 장이 추천한 사람
운영 목적	화장품 안전관리		• 화장품 안전관리에 관한 지식이 있는 사람

직무
• 유통 중인 화장품이 제10조 제1항 및 제2항에 따른 <u>표시기준</u>에 맞지 않거나 제13조 제1항의 어느 하나에 해당하는 <u>표시 또는 광고를 한 화장품</u>인 경우 관할 행정관청에 신고하거나 그에 관한 자료 제공 • 관계 공무원이 하는 출입·검사·질문·수거의 지원 • 그 밖에 화장품 안전관리에 관한 사항으로서 총리령으로 정하는 사항

식약처장·지방식약청장의 관리
• 직무 수행에 필요한 교육 실시 • 감시원이 해당 소비자화장품감시원을 추천한 단체에서 퇴직하거나 해임된 경우, 직무와 관련하여 부정한 행위를 하거나 권한을 남용한 경우, 질병이나 부상 등의 사유로 직무 수행이 어렵게 된 경우 감시원 해촉

☐ <u>[화장품법 제19조~제23조] 각종 명령</u>

시정명령	식품의약품안전처장은 화장품법을 지키지 않은 자에 대하여 필요하다고 인정하면 그 시정을 명할 수 있음.	
검사명령	식품의약품안전처장은 영업자에 대하여 필요하다고 인정하면 취급한 화장품에 대하여 화장품 시험·검사 기관의 검사를 받을 것을 명할 수 있음.	
개수명령	식품의약품안전처장은 화장품제조업자가 갖추고 있는 시설이 시설기준에 적합하지 않거나 노후 또는 오손되어 있어 그 시설로 화장품을 제조하면 화장품의 안전과 품질에 문제의 우려가 있다고 인정되는 경우에는 화장품제조업자에게 그 시설의 개수를 명하거나 그 개수가 끝날 때까지 해당 시설의 전부 또는 일부의 사용금지를 명할 수 있음.	
회수·폐기명령	회수·폐기 등의 조치를 반드시 명하여야 할 때	판매·보관·진열·제조 또는 수입한 화장품이나 그 원료·재료 등이 제9조, 제15조 또는 제16조 제1항을 위반하여 국민보건에 위해를 끼칠 우려가 있는 경우
	회수·폐기 등의 조치를 명할 수 있을 때	판매·보관·진열·제조 또는 수입한 물품이 국민보건에 위해를 끼치거나 끼칠 우려가 있다고 인정되는 경우
	회수계획의 보고	회수 명령을 받은 영업자·판매자 또는 그 밖에 화장품을 업무상 취급하는 자는 미리 식품의약품안전처장에게 회수계획을 보고하여야 함.
	폐기 명령 처분을 할 수 있는 경우	• 회수명령을 받은 자가 그 명령을 이행하지 않은 경우 • 그 밖에 국민보건을 위하여 긴급한 조치가 필요한 경우

□ **[제23조의2] 위해화장품의 공표**

식품의약품안전처장은 다음의 어느 하나에 해당하는 경우 해당 영업자에 대하여 그 사실의 공표를 명할 수 있음.

- 영업자 스스로 자신의 유통되고 있는 화장품이 국민보건에 위해(危害)를 끼치거나 끼칠 우려가 있는 화장품이라는 사실을 알게 되어 해당 화장품에 대한 회수계획을 식약처장에게 보고한 때
- 식약처장이 회수 명령을 내린 뒤 영업자·판매자 또는 그 밖에 화장품을 업무상 취급하는 자로부터 회수계획을 보고받은 때

11 화장품법 제24조~제40조

Ⅰ. 화장품법

꼼꼼하고 알기 쉬운 법조문 해설[이해하기]

법령	화장품법
조항	제24조~제40조
관련 법령	화장품법 시행령 제11조~제12조, 제12조의2, 제13조, 제14조, 제16조 화장품법 시행규칙 제29조, 제31조, 제32조

화장품법 제24조(등록의 취소·영업소 폐쇄·품목의 제조·수입·판매 금지, 업무 전부 혹은 일부 정지)

① 영업자가 다음의 어느 하나에 해당하는 경우 식품의약품안전처장은 등록·신고를 취소하거나 영업소 폐쇄를 명하거나, 품목의 제조·수입 및 판매(수입대행형 거래를 목적으로 하는 알선·수여 포함)의 금지를 명하거나 1년의 범위에서 기간을 정하여 그 업무의 전부 또는 일부에 대한 정지를 명할 수 있다. 다만, 제3호 또는 제14호(광고 업무에 한정하여 정지를 명한 경우 제외)에 해당하는 경우에는 등록을 취소하거나 영업소를 폐쇄하여야 한다.

1. 변경사항이 있음에도 화장품제조업 또는 화장품책임판매업의 변경 사항 등록을 하지 않은 경우

1의2. 거짓이나 그 밖의 부정한 방법으로 제3조 제1항 또는 제3조의2 제1항에 따른 등록·변경등록 또는 신고·변경 신고를 한 경우

2. 화장품제조업자가 시설을 갖추지 않은 경우

2의2. 변경사항이 있음에도 맞춤형화장품판매업의 변경신고를 하지 않은 경우

2의3. 맞춤형화장품판매업자가 제3조의2 제2항에 따른 시설기준을 갖추지 아니하게 된 경우

3. 영업자의 결격사유(화장품법 제3조의3) 중 어느 하나에 해당하는 경우

<영업자의 결격사유>

1. 정신질환자(제조업자의 결격사유에만 해당)
2. 피성년후견인 또는 파산선고를 받고 복권되지 않은 자
3. 마약류의 중독자(제조업자의 결격사유에만 해당)
4. 화장품법 또는 「보건범죄 단속에 관한 특별조치법」을 위반하여 금고 이상의 형을 선고받고 그 집행이 끝나지 않은 자 혹은 그 집행을 받지 않기로 확정되지 않은 자
5. 등록이 취소되거나 영업소가 폐쇄된 날부터 1년이 지나지 않은 자

4. 국민보건에 위해를 끼쳤거나 끼칠 우려가 있는 화장품을 제조·수입한 경우

5. 심사를 받지 않거나 보고서를 제출하지 않은 기능성화장품을 판매한 경우

<u>5의2.</u> 제품별 안전성 자료를 작성·보관하여야 하는 상황에서 이를 작성·보관하지 않은 경우

<u>6.</u> 영업자의 준수사항을 이행하지 않은 경우

<u>6의2.</u> 회수 대상 화장품을 회수하지 않거나 회수하는 데에 필요한 조치를 하지 않은 경우

<u>6의3.</u> 영업자의 자진 회수 시 회수계획을 보고하지 아니하거나 거짓으로 보고한 경우

<u>7.</u> 법 개정으로 인해 삭제된 내용

<u>8.</u> 화장품의 안전용기·포장에 관한 기준을 위반한 경우

<u>9.</u> 화장품의 용기 또는 포장 및 첨부문서에 기재·표시한 경우

<u>10.</u> 제13조(부당한 표시·광고 행위 등의 금지)를 위반하여 화장품을 표시·광고하거나 식약처장의 광고 중지명령을 위반하여 화장품을 표시·광고 행위를 한 경우

<u>11.</u> 제15조(영업의 금지)를 위반하여 판매하거나 판매의 목적으로 제조·수입·보관 또는 진열한 경우

<u>12.</u> 관계공무원의 검사·질문·수거 등을 거부하거나 방해한 경우

<u>13.</u> 식약처장 혹은 지방식약청장의 시정명령·검사명령·개수명령·회수명령·폐기명령 또는 공표명령 등을 이행하지 않은 경우

<u>13의2.</u> 정부(식약처)의 회수 명령으로 인한 회수 시 회수계획을 보고하지 않거나 거짓으로 보고한 경우

<u>14.</u> 업무정지기간 중에 업무를 한 경우

② 행정처분의 기준은 총리령으로 정한다.

화장품법 제24조는 식약처장이 내릴 수 있는 행정처분에 대한 법적 근거입니다. 식약처장은 ①<u>등록·신고 취소</u>, ②<u>영업소 폐쇄</u>, ③<u>문제가 된 해당 품목의 제조·수입 및 판매(수입대행형 거래를 목적으로 하는 알선·수여 포함)의 금지</u>, ④<u>1년의 범위에서 기간을 정하여 그 업무의 전부 또는 일부에 대한 정지</u>를 명할 수 있습니다. 그 정도와 범위는 화장품법 시행규칙에서 매우 상세하게 기술되어 있습니다. 화장품법 제24조가 추후에 시행규칙에서 굉장히 다양하게 분류되기 때문에 여기서는 이를 외울 필요 없이 '화장품법 제24조를 통해 식약처장이 영업자들에게 행정처분을 내릴 수 있구나' 정도로만 이해하시고 넘어가십시오.

화장품법 제24조의2(기능성화장품의 인정 취소)

식품의약품안전처장은 화장품제조업자, 화장품책임판매업자 또는 총리령으로 정하는 대학·연구소 등이 다음 각 호의 어느 하나에 해당하는 경우에는 기능성화장품 인정을 취소하여야 한다.
<u>1.</u> 거짓이나 그 밖의 부정한 방법으로 제4조에 따른 심사 또는 변경심사를 받은 경우
<u>2.</u> 거짓이나 그 밖의 부정한 방법으로 제4조에 따른 보고서를 제출한 경우

식약처장은 화장품제조업자, 화장품책임판매업자 또는 총리령으로 정하는 대학·연구소 등이 거짓이나 그 밖의 부정한 방법으로 기능성화장품 심사, 변경심사, 보고서 제출을 한 경우 기능성화장품 인정을 취소하여야 합니다.

화장품법 제25조는 개정으로 인해 삭제된 내용이니 26조를 보도록 하겠습니다.

화장품법 제26조(영업자의 지위 승계)

영업자가 사망하거나 그 영업을 양도한 경우 또는 법인인 영업자가 합병한 경우에는 그 상속인, 영업을 양수한 자 또는 합병 후 존속하는 법인이나 합병에 따라 설립되는 법인이 그 영업자의 의무 및 지위를 승계한다.

이것은 너무나도 당연한 이야기이지요? 영업자가 사망한 경우에는 그 영업자의 상속인(보통 가족이겠지요?)이 그 영업자의 영업체를 이어받을 테니 당연히 영업자의 의무 및 지위가 승계되는 것이고, 영업자가 자신의 영업소를 다른 이에게 판매하였다면 산 사람이 영업자의 의무 및 지위를 받는 것이며 법인인 영업자가 합병한 경우에는 합병 후 존속하는 법인이나 합병에 따라 설립되는 법인이 그 영업자의 의무 및 지위를 이어받는 것입니다.

화장품법 제26조의2(행정제재처분 효과의 승계)

법 제26조에 따라 영업자의 지위를 승계한 경우 종전(직전)의 영업자에 대한 제24조에 따른 행정제재처분의 효과는 그 처분 기간이 끝난 날부터 1년간 해당 영업자의 지위를 승계한 자에게 승계되며, 행정제재처분의 절차가 진행 중일 때에는 해당 영업자의 지위를 승계한 자에 대하여 그 절차를 계속 진행할 수 있다. 다만, **영업자의 지위를 승계한 자가 지위를 승계할 때에 그 처분 또는 위반 사실을 알지 못하였음을 증명하는 경우에는 그렇지 않다.**

어떤 영업자가 만약 자신의 영업체를 다른 이에게 판매하였다고 칩시다. 그런데 알고 보니 그 영업체가 행정처분을 받아서 현재 행정처분을 받는 중이라고 합니다. 그러면 영업체를 산 사람은 행정처분을 받지 않을 수 있을까요? 사실 그 행정처분은 자기가 잘못한 것이 아니라 영업체를 판 사람의 잘못으로 인해 받은 처분입니다. 따라서 영업자의 지위를 승계한 자가 지위를 승계할 때 그 처분 또는 위반 사실을 알지 못하였음을 증명하는 경우 행정처분을 승계받지 않을 수 있습니다. 그러나 증명이 쉽지가 않겠지요. 행정처분을 받은 사실을 알고 영업체를 산 것인지 모르고 산 것인지 증명하기란 쉽지 않을 것입니다. 만약 이를 알고 샀다면 종전(직전)의 영업자에 대한 행정제재처분의 효과는 그 처분 기간이 끝난 날부터 1년간 해당 영업자의 지위를 승계한 자에게 승계됩니다. 그런데 만약 아직 행정처분은 내려지지 않았으나 행정처분을 어떻게 내려야 할지에 대한 행정제재처분의 절차가 진행 중일 때에는 해당 영업자의 지위를 승계한 자에 대해 그 절차를 계속 진행할 수 있습니다.

화장품법 제27조(청문)

객관식 및 주관식 주의! 중요도 : ★★★★

식품의약품안전처장은 맞춤형화장품조제관리사의 자격 취소, 천연화장품 및 유기농화장품에 대한 인증의 취소, 천연화장품 및 유기농화장품 인증기관 지정의 취소 또는 업무의 전부에 대한 정지를 명하거나 등록의 취소, 영업소 폐쇄, 품목의 제조·수입 및 판매(수입대행형 거래를 목적으로 하는 알선·수여 포함)의 금지 또는 업무의 전부에 대한 정지를 명하고자 하는 경우에는 청문을 하여야 한다.

청문이란 사실조사를 하는 행정절차를 말합니다. 행정기관이 규칙제정이나 행정처분 또는 재결(裁決) 등을 행하는데 그 필요성·타당성을 판단하기 위해 상대방·이해관계인·증인·감정인 등의 변명이나 의견 등을 청취하고 증거를 제출하게 함으로써 사실을 조사하는 절차입니다. 따라서 중대한 사항일 경우에만 진행이 됩니다. 보통 아예 영업소를 폐쇄시키거나 등록을 말소하는 경우, 인증을 취소시키거나 인증기관 지정을 취소시키거나 업무의 모든 것을 못 하게 만들 때 잘못한 사람을 식약처 혹은 지방식약청에 불러서 변명을 해 보라고 합니다. 이것이 바로 청문입니다. 중대한 처분을 내리기 전에 변명의 여지를 주는 것이지요. 자료 및 소명 근거 제출 등 변명이 먹힌다면 운 좋게 처분을 면할 수도 있습니다. 청문이라는 단어는 꼭 외워두시고요. 청문을 해야 하는 상황도 꼭 외우세요!

화장품법 제28조(과징금 처분)

객관식 주의보! 중요도: ★★★

① 식품의약품안전처장은 제24조에 따라 영업자에게 업무정지처분을 해야 할 경우 그 업무정지처분을 갈음하여 10억원 이하의 과징금을 부과할 수 있다.

② 과징금을 부과하는 위반행위의 종류와 위반정도 등에 따른 과징금의 금액과 그 밖에 필요한 사항은 대통령령으로 정한다.

③ 식품의약품안전처장은 과징금을 부과하기 위하여 필요한 경우에는 다음의 사항을 적은 문서로 관할 세무관서의 장에게 과세 정보 제공을 요청할 수 있다.

1. 납세자의 인적 사항
2. 과세 정보의 사용 목적
3. 과징금 부과기준이 되는 매출금액

④ 식품의약품안전처장은 과징금을 내야 할 자가 납부기한까지 과징금을 내지 않으면 대통령령으로 정하는 바에 따라 과징금부과처분을 취소하고 업무정지처분을 하거나 국세 체납처분의 예에 따라 이를 징수한다.
다만, 제6조에 따른 폐업 등으로 업무정지처분을 할 수 없을 때에는 국세 체납처분의 예에 따라 이를 징수한다.

⑤ 식품의약품안전처장은 체납된 과징금의 징수를 위하여 다음의 어느 하나에 해당하는 자료 또는 정보를 해당 각 호의 자에게 요청할 수 있다. 이 경우 요청을 받은 자는 정당한 사유가 없으면 요청에 따라야 한다.

1. 「건축법」 제38조에 따른 건축물대장 등본: 국토교통부장관
2. 「공간정보의 구축 및 관리 등에 관한 법률」 제71조에 따른 토지대장 등본: 국토교통부장관
3. 「자동차관리법」 제7조에 따른 자동차등록원부 등본: 특별시장·광역시장·특별자치시장·도지사 또는 특별자치도지사

아까 공부했던 화장품법 제24조, 기억나시나요? 식약처장 혹은 지방식약청장은 영업소에 행정처분을 내릴 수 있습니다. 예를 들어 어떤 영업소가 국민보건에 위해를 끼쳤거나 끼칠 우려가 있는 화장품을 제조하였다고 칩시다. 이 행위가 처음 발각되었다면 이 영업자에게는 제조업무 정지 1개월의 처분이 내려집니다. 그런데 법 제28조 제1항에 따르면 식약처장(혹은 지방식약청장)은 이 영업정지 처분 대신에 '과징금'을 부과할 수 있습니다. 제조업무 정지 1개월 처분 대신 돈으로 내라는 거죠. 그렇다면 영업정지처분을 과징금으로 환산하는 기준이 있겠지요? 상세한 기준은 시행령에서 알아봅시다. 굉장히 복잡하거든요. 어찌 됐든, 식약처장(혹은 지방식약청장)은 영업정지 처분을 과징금으로 바꿔서 내릴 수 있는데, 이때 **과징금의 최대 금액은 10억원** 입니다.

과징금의 기준은 영업체의 매출액을 기준으로 매겨지기 때문에 영업체의 영업 규모마다 다릅니다. 1년에 3천만원 버는 제조소와 1년에 10억원을 버는 제조소의 과징금이 같으면 공평한 것일까요? 1년에 3천만원 버는 제조소에게의 과징금 5천만원은 1년에 10억원을 버는 제조소의 과징금 5천만원보다 더 크게 느껴질 것입니다. 따라서 식약처장(혹은 지방식약청장)은 과징금을 부과할 때 매출액을 기준으로 산정합니다. 그렇다면 이러한 매출액을 정확히 알아야겠지요? 식약처장은 과징금을 부과하기 위해 관할 세무관서의 장에게 납세자의 인적 사항, 과세 정보의 사용 목적, 과징금 부과기준이 되는 매출금액이 적힌 문서로 과세 정보 제공을 요청합니다.

자, 식약처장이 어떤 영업체에 과징금을 산정하여 과징금을 징수하라고 고지를 하였어요. 그런데 그 영업체가 이를 무시하였다면 어떻게 될까요? 식품의약품안전처장은 과징금을 내야 할 자가 납부기한까지 과징금을 내지 않으면 과징금부과처분을 취소하고 업무정지처분을 하거나 국세 체납처분의 예에 따라 이를 징수할 수 있습니다. 예를 들어 처음에 제조업무 정지 1개월의 처분을 내렸다가 이를 갈음하여 과징금 100만원 처분을 내렸는데, 이를 내지 않았으므로 그냥 처음에 내렸던 제조업무 정지 1개월 처분을 내리는 것입니다. 혹은 강제로 징수하게 할 수도 있습니다. '국세 체납처분의 예에 따라 이를 징수한다.'의 뜻은 국세징수법을 적용하여 강제로 환수를 집행한다는 뜻입니다. 즉, 권한 있는 각 기관이나 국세청(각 관할 세무서장)에서 체납처분의 예에 따라 자력 집행하게 됩니다. 가끔 TV에 보면 세금 안 낸 사람들 강제로 찾아가서 자동차를 처분하거나 다른 물건을 처분하죠? 그것이 국세체납처분의 예에 따라 징수하는 것입니다. 이런 경우는 거의 흔치 않은데, 제조업무 정지 1개월 처분을 하였는데 이를 과징금으로 갈음하였음에도 기한을 지키지 않아 영업자를 찾아보니 영업체가 없어진 경우에 주로 진행됩니다. 영업체가 없어졌으니 제조업무 정지 1개월 처분을 할 수 없겠지요? 그래서 강제로 처분하는 것입니다. 그런데 강제로 처분하기 위해서는 많은 자료들이 필요합니다. 이 영업자의 건물은 무엇이 있는지, 땅은 있는지, 자동차가 가격이 나가는지 등을 알아봐야 합니다. 식품의약품안전처장은 체납된 과징금의 징수를 위하여 다음의 어느 하나에 해당하는 자료 또는 정보를 해당 각 호의 자에게 요청할 수 있습니다. 이 경우 요청을 받은 자는 정당한 사유가 없으면 요청에 따라야 합니다.

1. 「건축법」 제38조에 따른 건축물대장 등본 : 국토교통부장관
2. 「공간정보의 구축 및 관리 등에 관한 법률」 제71조에 따른 토지대장 등본 : 국토교통부장관
3. 「자동차관리법」 제7조에 따른 자동차등록원부 등본 : 특별시장·광역시장·특별자치시장·도지사 또는 특별자치도지사

화장품법 제28조의2(위반사실의 공표)

중요도:★★

① 식품의약품안전처장은 제22조(개수명령), 제23조(회수·폐기명령), 제23조의2(위해화장품의 공표), 제24조(등록의 취소) 또는 제28조(과징금처분)에 따라 <u>행정처분이 확정된 자에 대한 처분 사유, 처분 내용, 처분 대상자의 명칭·주소 및 대표자 성명, 해당 품목의 명칭 등 처분과 관련한 사항으로서 대통령령으로 정하는 사항을 공표할 수 있다.</u>

② 공표방법 등 공표에 필요한 사항은 대통령령으로 정한다.

식약처장은 개수명령, 회수 및 폐기명령, 위해화장품의 공표, 등록의 취소 또는 과징금 처분에 따라서 행정처분이 확정된 사람에 대해 그 처분 사유, 처분 내용, 처분 대상자의 명칭 및 주소, 대표자의 성명, 해당 품목의 명칭 등 처분과 관련된 사항을 적어서 공표할 수 있습니다.

화장품법 제29조(자발적 관리의 지원)

식품의약품안전처장은 영업자가 스스로 표시·광고, 품질관리, 국내외 인증 등의 준수사항을 위하여 노력하는 자발적 관리체계가 정착·확산될 수 있도록 행정적·재정적 지원을 할 수 있다.

식약처장은 영업자가 스스로 표시·광고, 품질관리, 국내외 인증 등 영업자가 지켜야 하는 준수사항을 위해 노력하는 자발적인 관리체계가 정착되고 이를 확산시킬 수 있도록 행정적·재정적 지원을 할 수 있습니다. 하지 말아야 하는 규정뿐만 아니라 각종 행정적·재정적 지원을 통해 스스로 지키게끔 만드는 규정을 둔 것이지요.

화장품법 제30조(수출용 제품의 예외)

국내에서 판매되지 않고 수출만을 목적으로 하는 제품은 제4조(기능성화장품의 심사), 제8조부터 제12조까지(화장품 안전기준, 안전용기·포장, 화장품의 기재사항, 화장품의 가격표시, 기재·표시상의 주의), 제14조(표시·광고 내용의 실증), 제15조 제1호(심사를 받지 아니하거나 보고서를 제출하지 아니한 기능성화장품)·제5호(화장에 사용할 수 없는 원료를 사용하였거나 유통화장품 안전관리 기준에 적합하지 않은 화장품), 제16조 제1항 제2호(제10조부터 제12조까지에 위반되는 화장품 또는 의약품으로 잘못 인식할 우려가 있게 기재·표시된 화장품)·제3호(판매의 목적이 아닌 제품의 홍보·판매촉진 등을 위하여 미리 소비자가 시험·사용하도록 제조 또는 수입된 화장품) 및 같은 조 제2항(소분판매 금지)을 적용하지 않고 수입국의 규정에 따를 수 있다.

이 조항은 앞에서 여러 조항들과 같이 본 내용입니다. 만약, 화장품이 국내에서 판매되지 않고 수출만을 목적으로 하는 제품이라면 이 제품은 한국에서 유통되는 화장품이 아닙니다. 따라서 한국의 법을 따르지 않아도 됩니다. 대신 수출되는 외국의 법령을 따라야겠지요? 이 화장품이 기능성화장품이라고 할지라도 식약처에 심사 혹은 보고할 필요가 없습니다. 이 화장품은 한국에서 유통되지 않으므로 화장품의 안전기준, 안전용기·포장, 화장품의 기재사항, 화장품의 가격표시, 기재·표시상의 주의, 표시·광고 내용의 실증 등의 규정을 따르지 않아도 됩니다. 심지어 유통화장품 안전관리기준에 부적합해도 됩니다. 한국의 유통화장품이 아니기 때문이지요. 예를 들어 한국의 제품에서는 안티몬은 g당 $10\mu g$이하가 검출되어야 합니다. 그러나 내가 수출하고자 하는 나라의 법에 안티몬에 대한 규정이 없다면, 안티몬이 얼마가 검출되어도 상관없다는 것이지요. 대신 수출국의 국민들이 사용하다가 부작용이 날 확률이 높겠죠?

화장품법 제31조(등록필증 등의 재교부)

영업자가 등록필증·신고필증 또는 기능성화장품심사결과통지서 등을 잃어버리거나 못쓰게 될 때는 총리령으로 정하는 바에 따라 이를 다시 교부받을 수 있다.

영업자가 자신의 영업을 등록 혹은 신고하면, 지방식약청장이 이를 인정하는 증서를 부여합니다. 이것이 바로 '등록필증' 혹은 '신고필증'입니다. 이 필증이 없으면 화장품 영업을 영위할 수 없습니다. 그런데 만약 이러한 등록필증, 신고필증 혹은 기능성화장품심사결과통지서 등을 잃어버리면 다시 등록을 하거나 신고를 하거나 심사를 받아야 할까요? 아닙니다. 법에서는 이러한 경우를 대비하여 다시 교부를 받을 수 있는 장치를 마련하였습니다.

화장품법 제32조(수수료)

① 다음의 어느 하나에 해당하는 자는 총리령으로 정하는 바에 따라 식품의약품안전처장에게 수수료를 납부하여야 한다. 다만, 제3조의4 제3항에 따라 업무를 위탁하는 경우 위탁받은 기관(수탁기관)이 정하는 수수료를 해당 수탁기관에 납부하여야 한다.

1. 이 법에 따른 등록·신고를 하거나 심사·인증을 받으려는 자

2. 이 법에 따른 등록·신고사항 또는 심사·인증받은 사항을 변경하려는 자

3. 제3조의4에 따른 자격시험에 응시하거나 그 자격증의 발급을 신청하려는 자

② 수탁기관은 수수료를 정하는 경우 그 기준을 정하여 식품의약품안전처장의 승인을 받아야 한다. 승인받은 사항을 변경하려는 경우에도 또한 같다.

③ 수탁기관이 징수하는 수수료는 제3조의4 제3항에 따른 수탁업무의 이행 대가로서 수탁기관의 수입으로 한다.

등록·신고·심사 또는 인증을 받거나, 자격시험 응시와 자격증 발급을 신청하고자 하는 자는 수수료를 납부하여야 합니다. 변경하는 경우에도 마찬가지입니다. 우리가 동사무소에서 등본을 뗄 때도 수수료를 냅니다. 뿐만 아니라 맞춤형화장품자격시험의 자격시험 응시료는 10만원에 달합니다. 이 법 조항은 수수료를 부여하는 것에 대해 정당성을 부여하는 것이라고 할 수 있습니다.

화장품법 제33조(화장품산업의 지원)

중요도: ★

보건복지부장관과 식품의약품안전처장은 화장품산업의 진흥을 위한 기반조성 및 경쟁력 강화에 필요한 시책을 수립·시행하여야 하며 이를 위한 재원을 마련하고 기술개발, 조사·연구 사업, 해외 정보의 제공, 국제협력체계의 구축 등에 필요한 지원을 하여야 한다.

화장품법 제33조는 보건복지부장관과 식약처장의 화장품산업 진흥을 위한 협력에 관련된 조항입니다. '보건복지부장관과 식약처장이 함께 화장품산업의 진흥을 위해 노력해야 한다'라는 정도만 이해해주세요.

화장품법 제33조의2(국제협력)

식품의약품안전처장은 화장품의 수출 진흥 및 안전과 품질관리 등을 위하여 수입국·수출국과 협약을 체결하는 등 국제협력에 노력하여야 한다.

이 조항도 읽고 넘어가시면 됩니다. 식약처장은 화장품의 수출 진흥 및 안전과 품질관리 등을 위하여 수입국·수출국과 협약을 체결하는 등 국제협력에 노력해야 합니다.

화장품법 제34조(권한 등의 위임·위탁)

① 이 법에 따른 식품의약품안전처장의 권한은 그 일부를 대통령령으로 정하는 바에 따라 지방식품의약품안전청장이나 특별시장·광역시장·도지사 또는 특별자치도지사에게 위임할 수 있다.

② 식품의약품안전처장은 이 법에 따른 화장품에 관한 업무의 일부를 대통령령으로 정하는 바에 따라 제17조에 따른 단체 또는 화장품 관련 기관·법인·단체에 위탁할 수 있다.

화장품법 제34조에서는 식약처장이 일이 너무 많으므로 이 일들을 나눠서 일부의 사람 혹은 기관에게 위탁할 수도 있다는 것을 밝히고 있습니다. 굉장히 많은 분들께서 제게 다음과 같은 질문을 하십니다. '화장품법에서는 화장품 영업 등록을 식약처장에게 하라고 했는데 왜 실제적으로는 지방식약청장인가요', '화장품법에서는 기능성화장품 심사 및 보고를 식약처장에게 하라고 나와있는데 왜 식품의약품안전평가원장이 하는 것인가요', '화장품법에서는 청문은 식약처장만 한다는 것으로 나와있는 것 같은데 지방식약청장도 할 수 있지 않나요'-이 조항을 한번 보시면 '모든 궁금증이 해결되실 것입니다. 이 법에 '식약처장이 한다'라고 말한 것을 화장품법 시행령 및 화장품법 시행규칙에서 모조리 쪼개서 다른 다양한 사람 혹은 기관에 권한을 위임했습니다. 등록 및 신고, 청문, 회수 및 폐기, 각종 명령 등은 지방식약청장에게 위임하였고요, 기능성화장품 심사 및 보고는 식품의약품안전평가원장에게 그 권한을 위임하였습니다. 뿐만 아니라 굉장히 많은 권한들을 많은 이들에게 위임했어요. 따라서 저희가 자세히 외워야 할 것은 화장품법이 아니라 이를 실제적으로 쪼개놓은 화장품법 시행규칙이랍니다.

화장품법 제35조는 개정으로 삭제된 내용이니 바로 36조를 보도록 하겠습니다.

화장품법 제36조(벌칙)

객관식 주의보! 중요도 : ★★★★

① 다음의 어느 하나에 해당하는 자는 <u>3년 이하의 징역 또는 3천만원 이하의 벌금에 처한다.</u>

- 제조업과 책임판매업 등록을 위반한 자, 거짓이나 그 밖의 부정한 방법으로 등록·변경등록한 자

- 맞춤형화장품판매업 신고를 위반한 자, 거짓이나 그 밖의 부정한 방법으로 신고·변경신고한 자

- 맞춤형화장품조제관리사를 두지 않은 맞춤형화장품판매업자

- 시설기준을 충족하지 않은 맞춤형화장품판매업자

- 기능성화장품을 식약처장에게 심사 혹은 보고받지 않은 자, 거짓이나 그 밖의 부정한 방법으로 기능성화장품을 심사, 변경심사, 보고서를 제출한 자

- 천연화장품 및 유기농화장품을 거짓이나 부정한 방법으로 인증받은 자

- 천연화장품 및 유기농화장품 인증을 받지도 않았으면서 인증표시를 한 자

- 제15조(영업의 금지)를 위반한 자

- 등록을 하지 않은 자가 제조 또는 제조·수입하여 유통·판매한 화장품, 신고를 안 한 자가 판매한 맞춤형화장품, 맞춤형화장품조제관리사를 두지 않고 판매한 맞춤형화장품 또는 화장품의 포장 및 기재·표시 사항을 훼손(맞춤형화장품 판매를 위하여 필요한 경우 제외)·위조·변조한 것을 판매하거나 판매를 위해 보관 또는 진열한 자

② 징역형과 벌금형은 이를 함께 부과할 수 있다.

화장품법 제36~38조는 벌칙에 관한 내용입니다. 징역형과 벌금형이죠. 흔히 말해 빨간 줄 그이는 것을 벌칙이라고 합니다. 화장품과 관련된 벌칙은 크게 3가지입니다. ① 3년 이하의 징역 또는 3천만원 이하의 벌금, ② 1년 이하의 징역 또는 1천만원 이하의 벌금 ③ 200만원 이하의 벌금 – 이 3가지를 구별하여 암기해두어야 합니다. 이는 시험에 객관식으로 출제된 적이 있습니다.

지한쌤의 열 번째 암기비법!

3년 이하의 징역 또는 3천만원 이하의 벌금(등등관천영표기) [9개]

① 제조업·책판업에 필요한 등록/변경사항 등록 위반

② 맞판업에 필요한 신고/변경사항 신고 위반

등록하지 않은 자가 제조한 화장품 또는 제조·수입해 유통·판매한 자

맞춤형화장품조제관리사 두지 않은 맞판업자, 시설기준 어긴 맞판업자

① 천연화장품, 유기농화장품 가짜 인증마크사용(인증 안 받고 인증표시나 유사 표시한 자)

② 거짓·부정한 방법으로 인증

영업금지 조항을 위반한 자

화장품 포장 및 기재·표기사항 위변조 혹은 훼손

기능성화장품 심사 및 보고서 제출을 안하거나 거짓이나 부정한 방법으로 한 경우

화장품법 제37조(벌칙)

객관식 주의보! 중요도 : ★★★★

① 제3조의6(조제관리사 자격증 대여 금지), 제4조의2 제1항(영유아 또는 어린이 사용 화장품의 관리), 제9조(안전용기·포장), 제13조(부당한 표시·광고 행위), 제16조 제1항 제2호·제3호(제10조부터 제12조까지에 위반되는 화장품 또는 의약품으로 잘못 인식할 우려가 있게 기재·표시된 화장품) 또는 같은 조 제2항(화장품의 용기에 담은 내용물을 불법으로 소분하여 나누어 판매)을 위반하거나, 제14조 제4항(표시·광고 내용의 실증)에 따른 중지명령에 따르지 않은 자는 1년 이하의 징역 또는 1천만원 이하의 벌금에 처한다.

② 징역형과 벌금형은 이를 함께 부과할 수 있다.

벌칙의 내용이 좀 복잡하네요. 복잡하게 적힌 내용을 제가 알기 쉽게 표로 만들어보았습니다. 다음 표를 어긴 자는 1년 이하의 징역 혹은 1천만원 이하의 벌금에 처합니다. 이것도 모두 외워주셔야 합니다. 실제 시험에서 객관식으로 출제된 적이 있답니다.

지한쌤의 열한 번째 암기비법!

1년 이하의 징역 또는 1천만원 이하의 벌금(광어샘표조선안실소) [10개]

광어회를 샘표 조선간장에 찍어먹는 거 안 싫소

1~4. 광고에 문제가 있는 경우

(천연·유기농/기능성화장품(안전성·유효성 심사결과와 다른 내용의 광고도 포함)

의약품 오인 광고/소비자 속이거나 오인 우려)

5. 영유아·어린이 사용 화장품을 표시·광고하기 위한 제품별 안전성 자료 작성·보관 위반

6. 샘플 판매:판매 목적이 아닌 제품의 홍보, 판촉을 위해 제조·수입한 화장품 판매·진열

7. 의약품으로 잘못 인식할 우려가 있게 기재·표시된 화장품

8. 안전용기·포장 기준 위반

9. 실증자료 제출 요청 → 무시 → 표시·광고 중지 명령 → 무시하고 계속 표시·광고한 경우

10. 내용물을 불법으로 소분하여 판매한 경우(조제관리사 통해 소분하는 맞판업자 제외)

11. 조선: 조제관리사 자격증 불법 대여

화장품법 제38조(벌칙)

객관식 주의보! 중요도 : ★★★★

다음의 어느 하나에 해당하는 자는 200만원 이하의 벌금에 처한다.

<u>1.</u> 영업자의 의무에 따른 준수사항을 위반한 자

<영업자의 의무에 따른 준수사항>

• 화장품제조업자는 화장품의 제조와 관련된 기록·시설·기구 등 관리 방법, 원료·자재·완제품 등에 대한 시험·검사·검정 실시 방법 및 의무 등에 관하여 총리령으로 정하는 사항을 준수하여야 한다.

• 화장품책임판매업자는 화장품의 품질관리기준, 책임판매 후 안전관리기준, 품질 검사 방법 및 실시 의무, 안전성·유효성 관련 정보사항 등의 보고 및 안전대책 마련 의무 등에 관하여 총리령으로 정하는 사항을 준수하여야 한다.

• 맞춤형화장품판매업자는 맞춤형화장품 판매장 시설·기구의 관리 방법, 혼합·소분 안전관리기준의 준수 의무, 혼합·소분되는 내용물 및 원료에 대한 설명 의무 등에 관하여 총리령으로 정하는 사항을 준수하여야 한다.

<u>1의2.</u> 위해화장품 회수 시 화장품을 회수하거나 회수하는 데에 필요한 조치를 하지 않은 자

<u>1의3.</u> 위해화장품 회수 시 회수계획을 식품의약품안전처장에게 미리 보고하지 않은 자

<u>2.</u> 화장품의 기재사항(가격표시는 제외)을 위반한 자

<u>2의2.</u> 천연화장품·유기농화장품의 인증의 유효기간이 지났음에도 계속 인증표시를 한 자

<u>3.</u> 식약처장(지방식약청장)의 보고 및 검사 명령, 시정명령, 검사명령, 개수명령 및 회수 및 폐기 명령을 위반하거나 관계 공무원의 검사·수거 또는 처분을 거부·방해하거나 기피한 자

제38조에 해당하는 사람들은 200만원 이하의 벌금을 물게 됩니다. 예를 들어 맞춤형화장품판매업자는 혼합·소분되는 내용물 및 원료에 대한 설명 의무가 있는데, 소비자에게 이러한 설명을 안 했을 시 200만원 이하의 벌금을 물 수 있어요. 그리고 화장품에 기재해야 하는 사항들을 똑바로 기재하지 않았을 시에는 200만원 이하의 벌금을 물죠. 그러나 위에 표를 보시면 '가격 표시는 제외'라고 되어 있지요? 가격표시 위반은 과태료로 따로 정하고 있어요. 과태료 50만원이죠. 가격 표시는 너무 많은 사람들이 실수로 안 하기도 하고, 영업자가 아니라 '직접 화장품을 판매하는 자'가 해야 하는 사항이기에 과태료로 따로 매기고 있습니다.

지한쌤의 열두 번째 암기비법!

200만원 이하 벌금(공업회 123) [5개]

공무원의 [보고/검사/시정명령/검사명령/개수명령/회수명령/폐기명령 위반/검사/수거/처분]

위반, 거부 및 방해

영업자의 의무사항 위반

① 화장품제조업자는 화장품의 제조와 관련된 기록·시설·기구 등 관리 방법, 원료·자재·완제품 등에 대한 시험·검사·검정 실시 방법 및 의무 등에 관하여 총리령으로 정하는 사항을 준수하여야 한다.

② 화장품책임판매업자는 화장품의 품질관리기준, 책임판매 후 안전관리기준, 품질 검사 방법 및 실시 의무, 안전성·유효성 관련 정보사항 등의 보고 및 안전대책 마련 의무 등에 관하여 총리령으로 정하는 사항을 준수하여야 한다.

③ 맞춤형화장품판매업자는 맞춤형화장품 판매장 시설·기구의 관리 방법, 혼합·소분 안전관리기준의 준수 의무, 혼합·소분되는 내용물 및 원료에 대한 설명 의무 등에 관하여 총리령으로 정하는 사항을 준수하여야 한다. - 설명 똑바로 안 하면 벌금 200만원 이하 입니다!

위해화장품의 회수, 회수 계획 보고 위반

1, 2차 포장 기재 사항 위반(가격 표시 제외)

천연, 유기농 인증(3년) 지나도 마크 계속 사용

화장품법 제39조(양벌규정)

법인의 대표자나 법인 또는 개인의 대리인, 사용인, 그 밖의 종업원이 그 법인 또는 개인의 업무에 관하여 제36조부터 제38조까지의 어느 하나에 해당하는 위반행위를 하면 그 행위자를 벌하는 외에 그 법인 또는 개인에게도 해당 조문의 벌금형을 과(科)한다. 다만, 법인 또는 개인이 그 위반행위를 방지하기 위하여 해당 업무에 관하여 상당한 주의와 감독을 게을리하지 않은 경우에는 그러하지 않는다.

화장품법 제39조는 양벌규정입니다. 예를 들어 영업자가 중대한 잘못을 하여 3년 이하의 징역 혹은 3천만원 이하의 벌금에 처해졌다고 가정합시다. 그러면 그 행위자 외에 법인의 대표자나 법인, 개인의 대리인, 사용인, 그 밖의 종업원 역시 해당 조문의 벌금형을 과할 수 있습니다. 그 행위자에 대한 벌 말고도 그 행위자를 제대로 감독하지 못한 개인 혹은 법인에게도 해당 조문의 벌금형을 과한다는 것이지요. 위법행위에 대하여 행위자를 처벌하는 외에 그 업무의 주체인 법인 또는 개인 역시도 함께 처벌하는 규정으로서 쌍벌규정이라고도 합니다. 이런 조항도 있다는 것을 아시고, '양벌규정'이라는 단어도 한번 체크하시고 넘어가세요.

화장품법 제40조(과태료)

객관식 주의보! 중요도 : ★★★★(시행령에서 더 자세히!)

① 다음의 어느 하나에 해당하는 자에게는 100만원 이하의 과태료를 부과한다.

1. 캐정으로 인한 삭제

1의 2. 맞춤형화장품조제관리사 또는 이와 유사한 명칭을 사용한 자(과태료 100만원)

2. 이미 심사 혹은 보고한 기능성화장품에 변경사항이 있어 제출한 보고서나 심사받은 사항을 변경해야 하나 이를 위반하여 변경심사를 받지 않은 자(과태료 100만원)

3. 화장품의 생산실적, 수입실적 또는 화장품 원료의 목록 등을 보고하지 않은 화장품책임판매업자(과태료 50만원)

3의 2. 맞춤형화장품 원료의 목록을 보고하지 아니한 자(과태료 50만원)

4. 화장품의 안전성 확보 및 품질관리에 관한 교육을 매년 받아야 하나 이를 지키지 않은 책임판매관리자 또는 맞춤형화장품조제관리사, 교육명령을 어긴 영업자(과태료 50만원)

5. 폐업 또는 휴업하려는 경우, 휴업 후 그 업을 재개하려는 경우에 신고를 하지 않은 자(과태료 50만원)

5의2. 화장품의 판매 가격을 표시하지 않은 직접 판매자(과태료 50만원)

6. 식품의약품안전처장이 필요하다고 인정하여 영업자·판매자 또는 그 밖에 화장품을 업무상 취급하는 자에게 필요한 보고를 명하였으나 보고를 하지 않은 자(과태료 100만원)

7. 동물실험을 실시한 화장품 또는 동물실험을 실시한 화장품 원료를 사용하여 제조(위탁제조 포함) 또는 수입한 화장품을 유통·판매한 자(과태료 100만원)

② 과태료는 대통령령으로 정하는 바에 따라 식품의약품안전처장이 부과·징수한다.

화장품법 제40조는 과태료에 대한 설명입니다. 과태료에 들어가기에 앞서, 화장품법 제36~38조의 벌칙(벌금 및 징역)과 과태료가 어떻게 다른지 아셔야 합니다.

과태료란 행정법상 의무위반에 대한 제재로서 부과·징수되는 금전을 말합니다. 과태료 부과 대상 행위에 대해서는 개별 법령(지방자치단체의 조례 포함)에서 규정하고 있습니다.

<행정형벌과 행정질서벌의 구별>

행정상의 의무위반에 대하여 과하는 제재로서의 벌을 행정벌이라고 하며, 이는 그 처벌내용에 따라 행정형벌과 행정질서벌로 나누어집니다. 행정벌로서 형법에 정해진 형(징역, 벌금 등)이 과하는 것을 행정형벌이라고 하며, 과태료가 부과되는 경우를 행정질서벌이라고 합니다. 행정형벌은 행정상의 의무를 위반함으로써 직접적으로 행정목적을 침해하는 경우에 과하여지는 것임에 반하여, 행정질서벌은 행정상의 신고, 등록 등의 의무를 태만히 하는 것과 같이 간접적으로 행정목적의 달성에 장해를 미칠 위험성이 있는 행위에 과해지게 됩니다.

★즉, 과태료는 형벌이 아니므로 원칙적으로 형법이 적용되지 않으며, 과태료를 받는 경우에도 전과로 되지 않고 다른 형벌과 누범 관계가 생기지 않습니다.

□ 구별하여 알아둘 개념

- **벌금** : 범인으로부터 일정액의 금액을 징수하는 형벌을 말합니다. 「형법」상 그 금액은 5만원 이상으로 되어 있으며, 벌금을 납입하지 않는 경우에는 노역장에 유치하여 작업에 복무하게 됩니다(「형법」 제45조 및 제69조).

- **과료** : 벌금과 같이 범인으로부터 일정액의 금액을 징수하는 형벌이지만, 그 금액의 범위에서 벌금과 구별이 됩니다. 「형법」상 과료는 2천원 이상 5만원 미만으로 규정되어 있습니다. 과료는 가장 가벼운 형벌로서 주로 경범죄에 대하여 과하게 됩니다(「형법」 제41조, 제47조 및 「형사소송법」 제477조 제1항).

- **범칙금** : 「도로교통법」을 위반한 범칙자가 통고처분에 의해 국고에 납부해야 할 금전을 말합니다. 범칙금제도는 일정한 금액의 범칙금 납부를 통고하고, 그 통고를 받은 자가 기간 내에 이를 납부한 경우에는 해당 범칙행위에 대해 공소가 제기되지 않고, 범칙금을 납부하지 않았을 때에는 이후 형사처벌 절차가 진행됩니다(「도로교통법」 제162조, 제163조, 제164조 및 제165조).

- **과징금** : 행정법상의 의무불이행으로 인해 발생한 경제적 이익을 상쇄하거나 의무불이행에 대해 행정처분에 갈음하여 부과하는 제재적 금전부담을 말합니다(규제「독점규제 및 공정거래에 관한 법률」 제6조, 「규제「물환경보전법」 제43조 참조).

이에 따르면 화장품법 제36~38조의 벌칙(벌금 및 징역)에서의 '벌금'은 형법의 영역입니다. 즉, 빨간 줄이 그이는 것입니다. 그러나 '과태료'는 형법의 영역이 아닙니다. 쉽게 말해 자동차를 타고 가다가 빨리 달리면 딱지 끊기죠? 그런 것이 과태료입니다. 딱지 끊기면 돈은 내야 하지만 그렇다고 이게 징역과 관련이 있거나 빨간 줄이 그이지 않습니다. 과태료와 벌금의 차이, 이해하셨나요? 과태료는 화장품법 시행령에서 자세히 정해놓았습니다. 지금은 '아~ 이런 행동을 할 때 과태료를 부과받을 수 있구나'정도로만 이해하고 넘어가 주세요.

자, 화장품법을 다 보았네요. 화장품법은 총 40조로 구성된 법으로서, 모든 화장품 관련 법규의 뿌리가 되는 법입니다. 화장품법은 '개론서'의 느낌이 강합니다. 앞의 제 해설이 모두 이해가 가셨다면 화장품 법령의 뿌리를 이해하셨다는 뜻입니다. 뿌리를 알았으니 몸통과 가지들을 만나러 가야겠지요? 화장품법 시행령과 화장품법 시행규칙의 내용은 모두 화장품법에서 파생되는 상세한 해설이라고 생각하시면 되겠습니다. 화장품법 시행규칙을 보고 있는데 이해가 안 되는 부분이 있으시면 바로 화장품법 해설로 돌아오셔서 관련 있는 화장품법 조항을 찾아보시기를 바랍니다. '아! 이 내용이 이 조항을 구체화한 것이구나!'라고 생각하게 되실 것입니다.

12 화장품법 제24조~제40조

Ⅰ. 화장품법

간단하고 명료한 화장품법 체계표[다지기]	
법령	화장품법
조항	제24조~제40조
관련 법령	화장품법 시행령 제11조 ~ 제12조, 제12조의2, 제13조, 제14조, 제16조 화장품법 시행규칙 제29조, 제31조, 제32조

[화장품법 제24조] 등록의 취소·영업소 폐쇄·품목의 제조·수입·판매 금지, 업무 전부 혹은 일부 정지

① 영업자가 다음의 어느 하나에 해당하는 경우 식품의약품안전처장은 등록·신고를 취소하거나 영업소 폐쇄를 명하거나, 품목의 제조·수입 및 판매(수입대행형 거래를 목적으로 하는 알선·수여 포함)의 금지를 명하거나 1년의 범위에서 기간을 정하여 그 업무의 전부 또는 일부에 대한 정지를 명할 수 있다. 다만, **제3호 또는 제14호(광고 업무에 한정하여 정지를 명한 경우 제외)에 해당하는 경우에는 등록을 취소하거나 영업소를 폐쇄하여야 한다.**

1. 변경사항이 있음에도 화장품제조업 또는 화장품책임판매업의 변경 사항 등록을 하지 않은 경우

1의2. 거짓이나 그 밖의 부정한 방법으로 제3조 제1항 또는 제3조의2 제1항에 따른 등록·변경등록 또는 신고·변경신고를 한 경우

2. 화장품제조업자가 시설을 갖추지 않은 경우

2의2. 변경사항이 있음에도 맞춤형화장품판매업의 변경신고를 하지 않은 경우

2의3. 맞춤형화장품판매업자가 제3조의2 제2항에 따른 시설기준을 갖추지 아니하게 된 경우

3. 영업자의 **결격사유**(화장품법 제3조의3) 중 어느 하나에 해당하는 경우

<영업자의 결격사유>

1. 정신질환자(제조업자의 결격사유에만 해당)

2. 피성년후견인 또는 파산선고를 받고 복권되지 않은 자

3. 마약류의 중독자(제조업자의 결격사유에만 해당)

4. 화장품법 또는 「보건범죄 단속에 관한 특별조치법」을 위반하여 금고 이상의 형을 선고받고 그 집행이 끝나지 않은 자 혹은 그 집행을 받지 않기로 확정되지 않은 자

5. 등록이 취소되거나 영업소가 폐쇄된 날부터 1년이 지나지 않은 자

4. 국민보건에 위해를 끼쳤거나 끼칠 우려가 있는 화장품을 제조·수입한 경우

5. 심사를 받지 않거나 보고서를 제출하지 않은 기능성화장품을 판매한 경우

5의2. 제품별 안전성 자료를 작성·보관하여야 하는 상황에서 이를 작성·보관하지 않은 경우

6. 영업자의 준수사항을 이행하지 않은 경우

6의2. 회수 대상 화장품을 회수하지 않거나 회수하는 데에 필요한 조치를 하지 않은 경우

6의3. 영업자의 자진 회수 시 회수계획을 보고하지 아니하거나 거짓으로 보고한 경우

7. 법 개정으로 인해 삭제된 내용

8. 화장품의 안전용기·포장에 관한 기준을 위반한 경우

9. 화장품의 용기 또는 포장 및 첨부문서에 기재·표시한 경우

10. 제13조(부당한 표시·광고 행위 등의 금지)를 위반하여 화장품을 표시·광고하거나 식약처장의 광고 중지명령을 위반하여 화장품을 표시·광고 행위를 한 경우

11. 제15조(영업의 금지)를 위반하여 판매하거나 판매의 목적으로 제조·수입·보관 또는 진열한 경우

12. 관계공무원의 검사·질문·수거 등을 거부하거나 방해한 경우

13. 식약처장 혹은 지방식약청장의 시정명령·검사명령·개수명령·회수명령·폐기명령 또는 공표명령 등을 이행하지 않은 경우

13의2. 정부(식약처)의 회수 명령으로 인한 회수 시 회수계획을 보고하지 아니하거나 거짓으로 보고한 경우

14. 업무정지기간 중에 업무를 한 경우

[화장품 제24조의2]기능성화장품의 인정 취소

식품의약품안전처장은 화장품제조업자, 화장품책임판매업자 또는 총리령으로 정하는 대학·연구소 등이 다음 각 호의 어느 하나에 해당하는 경우에는 기능성화장품 인정을 취소하여야 한다.

1. 거짓이나 그 밖의 부정한 방법으로 제4조에 따른 심사 또는 변경심사를 받은 경우

2. 거짓이나 그 밖의 부정한 방법으로 제4조에 따른 보고서를 제출한 경우

□ [화장품법 제26조] 영업자의 지위 승계

영업자가 사망하거나 그 영업을 양도한 경우 또는 법인인 영업자가 합병한 경우 그 상속인, 영업을 양수한 자 또는 합병 후 존속하는 법인이나 합병에 따라 설립되는 법인이 그 영업자의 의무 및 지위를 승계함.

□ [화장품법 제26조의2] 행정제재처분 효과의 승계

영업자의 지위를 승계한 경우 종전의 영업자에 대한 행정제재처분의 효과는 그 처분 기간이 끝난 날부터 1년간 해당 영업자의 지위를 승계한 자에게 승계됨.

행정제재처분의 절차가 진행 중일 때 해당 영업자의 지위를 승계한 자에 대해 그 절차를 계속 진행할 수 있음. 그러나 영업자의 지위를 승계한 자가 지위를 승계할 때 **그 처분 또는 위반 사실을 알지 못하였음을 증명하는 경우**에는 그렇지 않음.

□ [화장품법 제27조] 청문

청문	
청문을 하는 자	식약처장, 지방식약청장
청문을 해야 할 때	① 천연화장품 및 유기농화장품에 대한 인증의 취소 ② 천연화장품 및 유기농화장품 인증기관 지정의 취소 또는 인증기관 업무의 전부에 대한 정지 ③ 영업 등록의 취소, 영업소 폐쇄, 품목의 제조·수입 및 판매(수입대행형 거래를 목적으로 하는 알선·수여 포함)의 금지 또는 업무의 전부에 대한 정지를 명하고자 하는 경우 ④ 맞춤형화장품조제관리사의 자격 취소

□ [화장품법 제28조] 과징금 처분

과징금: 행정법상의 의무불이행으로 인해 발생한 경제적 이익을 상쇄하거나 의무 불이행에 대해 **행정처분에 갈음하여 부과하는 제재적 금전 부담**(화장품법에서는 업무정지처분을 갈음하여 처분하는 것으로서 최대 10억원까지 부여)

과징금	
식약처장이 세무관서의 장에게 과징금을 부과하기 위해 과세 정보 제공을 요청할 시 송부하는 문서에 적힌 내용	1. 납세자의 인적 사항 2. 과세 정보의 사용 목적 3. 과징금 부과기준이 되는 매출금액
과징금을 부과받은 사람이 과징금을 내지 않을 시 식약처장의 대처	과징금 부과를 취소하고 업무정지처분을 하거나 국세 체납처분의 예에 따라 징수. 단, 폐업 등으로 업무정지처분이 불가능할 시에는 국세 체납처분의 예에 따라 징수
체납된 과징금의 징수를 위해 식약처장이 요청할 수 있는 자료와 각 자료에 따른 요청인	1. 「건축법」 제38조에 따른 건축물대장 등본: 국토교통부장관 2. 「공간정보의 구축 및 관리 등에 관한 법률」 제71조에 따른 토지대장 등본: 국토교통부장관 3. 「자동차관리법」 제7조에 따른 자동차등록원부 등본: 특별시장·광역시장·특별자치시장·도지사 또는 특별자치도지사

☐ **[화장품법 제28조의2] 위반사실의 공표**

식약처장은 화장품법의 다음 조항에 따라 행정처분이 확정된 자에 대한 처분 사유, 처분 내용, 처분 대상자의 명칭·주소 및 대표자 성명, 해당 품목의 명칭 등 처분과 관련한 사항으로서 대통령령으로 정하는 사항을 공표할 수 있음.

화장품법 제22조(개수명령)

식품의약품안전처장은 화장품제조업자가 갖추고 있는 시설이 시설기준에 적합하지 않거나 노후 또는 오손되어 있어 그 시설로 화장품을 제조하면 화장품의 안전과 품질에 문제의 우려가 있다고 인정되는 경우에는 화장품제조업자에게 그 시설의 개수를 명하거나 그 개수가 끝날 때까지 해당 시설의 전부 또는 일부의 사용금지를 명할 수 있다.

화장품법 제23조(회수 및 폐기 명령)

식품의약품안전처장은 판매·보관·진열·제조 또는 수입한 화장품이나 그 원료·재료 등이 제9조, 제15조 또는 제16조 제1항을 위반하여 국민보건에 위해를 끼칠 우려가 있는 경우에는 해당 영업자·판매자 또는 그 밖에 화장품을 업무상 취급하는 자에게 해당 물품의 회수·폐기 등의 조치를 명하여야 한다.

화장품법 제23조의2(위해화장품의 공표)

식품의약품안전처장은 영업자로부터 위해화장품에 대한 회수계획을 보고받은 때에 해당 영업자에 대하여 그 사실의 공표를 명할 수 있다.

화장품법 제24조(행정처분을 내리는 근거)

식품의약품안전처장은 법을 위반(구체적 위반사항은 화장품법 제24조 참고)한 영업자에 대해 등록을 취소하거나 영업소 폐쇄를 명하거나, 품목의 제조·수입 및 판매(수입대행형 거래를 목적으로 하는 알선·수여 포함)의 금지를 명하거나 1년의 범위에서 기간을 정하여 그 업무의 전부 또는 일부에 대한 정지를 명할 수 있다.

화장품법 제28조(과징금 처분)

식품의약품안전처장은 제24조에 따라 영업자에게 업무정지처분을 하여야 할 경우에는 그 업무정지처분을 갈음하여 10억원 이하의 과징금을 부과할 수 있다.

□ [화장품법 제29조] 자발적 관리의 지원

식품의약품안전처장은 영업자가 스스로 표시·광고, 품질관리, 국내외 인증 등의 준수사항을 위하여 노력하는 자발적 관리체계가 정착·확산될 수 있도록 행정적·재정적 지원을 할 수 있음.

□ [화장품법 제30조] 수출용 제품의 예외

국내에서 판매되지 않고 수출만을 목적으로 하는 제품은 화장품법에서 지키라고 명시한 다음의 사항들을 지키지 않아도 됨. 단, 그 화장품은 수입국의 규정에 따름.

1. 제4조(기능성화장품의 심사)

2. 제8조부터 제12조까지(화장품 안전기준, 안전용기·포장, 화장품의 기재사항, 화장품의 가격표시, 기재·표시상의 주의)

3. 제14조(표시·광고 내용의 실증)

4. 제15조 제1호(심사를 받지 않거나 보고서를 제출하지 않은 기능성화장품)

5. 제15조 제5호(화장품에 사용할 수 없는 원료를 사용하였거나 유통화장품 안전관리 기준에 적합하지 않은 화장품)

6. 제16조 제1항 제2호(제10조부터 제12조까지에 위반되는 화장품 또는 의약품으로 잘못 인식할 우려가 있게 기재·표시된 화장품)

7. 제16조 제1항 제3호(판매의 목적이 아닌 제품의 홍보·판매촉진 등을 위하여 미리 소비자가 시험·사용하도록 제조 또는 수입된 화장품)

8. 제16조 제2항(소분판매 금지)

□ [화장품법 제31조] 등록필증 등의 재교부

영업자가 등록필증·신고필증 또는 기능성화장품심사결과통지서 등을 잃어버리거나 못쓰게 될 때는 총리령으로 정하는 바에 따라 이를 다시 교부받을 수 있음.

□ [화장품법 제32조] 수수료

이 법에 따른 등록·신고·심사 또는 인증을 받거나, 자격시험 응시와 자격증 발급을 신청하고자 하는 자는 총리령으로 정하는 바에 따라 수수료를 납부하여야 함. 등록·신고·심사 또는 인증받은 사항을 변경하고자 하는 경우에도 수수료를 부과할 수 있음.

□ [화장품법 제33조] 화장품 산업의 지원

　보건복지부장관과 식품의약품안전처장은 화장품산업의 진흥을 위한 기반조성 및 경쟁력 강화에 필요한 시책을 수립·시행하여야 하며 이를 위한 재원을 마련하고 기술개발, 조사·연구 사업, 해외 정보의 제공, 국제협력체계의 구축 등에 필요한 지원을 하여야 함.

□ [화장품법 제33조의2] 국제협력

　식품의약품안전처장은 화장품의 수출 진흥 및 안전과 품질관리 등을 위하여 수입국·수출국과 협약을 체결하는 등 국제협력에 노력하여야 함.

□ [화장품법 제34조] 권한 등의 위임·위탁

식약처장의 권한 위임 혹은 화장품에 관한 업무의 일부 위탁	
권한 위임	지방식품의약품안전청장이나 특별시장·광역시장·도지사 또는 특별자치도지사에게 위임할 수 있음
업무의 일부 위탁	제17조에 따른 단체 또는 화장품 관련 기관·법인·단체에 업무의 일부를 위탁할 수 있음

□ [화장품법 제36조] 벌칙(3년 이하의 징역 또는 3천만원 이하의 벌금)

3년 이하의 징역 또는 3천만원 이하의 벌금(등등관천영표기) [9개]
① 제조업·책판업에 필요한 등록/변경사항 등록 위반, 거짓 등록, 변경등록 ② 맞판업에 필요한 신고/변경사항 신고 위반, 거짓 신고, 변경신고
등록하지 않은 자가 제조한 화장품 또는 제조·수입해 유통·판매한 자
맞춤형화장품조제관리사 두지 않은 맞판업자, 시설기준 충족X
① 천연화장품, 유기농화장품 가짜 인증마크사용(인증 안 받고 인증표시나 유사표시한 자) ② 거짓·부정한 방법으로 인증
영업금지 조항을 위반한 자
화장품 포장 및 기재·표기사항 위변조 혹은 훼손
기능성화장품 심사 및 보고서 제출을 위반하거나 이에 대한 변경 위반
거짓 및 부정한 방법으로 기능성화장품 심사, 변경심사, 보고서 제출

□ [화장품법 제37조] 벌칙(1년 이하의 징역 또는 1천만원 이하의 벌금)

1년 이하의 징역 또는 1천만원 이하의 벌금(광어샘표조선간장안실소) [10개] 광어회를 샘표 조선간장에 찍어먹는 거 안 싫소
1~4. 광고에 문제가 있는 경우 (천연·유기농/기능성화장품(안전성·유효성 심사결과와 다른 내용의 광고도 포함) 의약품 오인 광고/소비자 속이거나 오인 우려)
5. 영유아·어린이 사용 화장품을 표시·광고하기 위한 제품별 안전성 자료 작성·보관 위반
6. 샘플 판매 : 판매 목적이 아닌 제품의 홍보, 판촉을 위해 제조·수입한 화장품 판매·진열
7. 의약품으로 잘못 인식할 우려가 있게 기재·표시된 화장품
8. 안전용기·포장 기준 위반
9. 실증자료 제출 요청→무시→표시·광고 중지 명령→무시하고 계속 표시·광고한 경우
10. 내용물을 불법으로 소분하여 판매한 경우(조제관리사 통해 소분하는 맞판업자 제외)
11. 조선 : 조제관리사 자격증 불법 대여 등

□ [화장품법 제38조] 벌칙(200만원 이하의 벌금)

200만원 이하 벌금(공업회 123) [5개]
공무원의 [보고/검사/시정명령/검사명령/개수명령/회수명령/폐기명령 위반/검사/수거/처분] 위반, 거부 및 방해
영업자의 의무사항 위반 ① 화장품제조업자는 화장품의 제조와 관련된 기록·시설·기구 등 관리 방법, 원료·자재·완제품 등에 대한 시험·검사·검정 실시 방법 및 의무 등에 관하여 총리령으로 정하는 사항을 준수하여야 한다. ② 화장품책임판매업자는 화장품의 품질관리기준, 책임판매 후 안전관리기준, 품질 검사 방법 및 실시 의무, 안전성·유효성 관련 정보사항 등의 보고 및 안전대책 마련 의무 등에 관하여 총리령으로 정하는 사항을 준수하여야 한다. ③ 맞춤형화장품판매업자는 맞춤형화장품 판매장 시설·기구의 관리 방법, 혼합·소분 안전관리기준의 준수 의무, 혼합·소분되는 내용물 및 원료에 대한 설명 의무 등에 관하여 총리령으로 정하는 사항을 준수하여야 한다. – 설명 똑바로 안 하면 벌금 200만원 이하
위해화장품의 회수, 회수 계획 보고 위반
1, 2차 포장 기재 사항 위반(가격 표시 제외)
천연, 유기농 인증(3년) 지나도 마크 계속 사용

□ [화장품법 제39조] 양벌규정

법인의 대표자나 법인 또는 개인의 대리인, 사용인, 그 밖의 종업원이 그 법인 또는 개인의 업무에 관하여 제36조부터 제38조까지의 어느 하나에 해당하는 위반행위를 하면 그 행위자를 벌하는 외에 <u>그 법인 또는 개인에게 도 해당 조문의 벌금형을 과(科)함.</u>

다만, 법인 또는 개인이 <u>그 위반행위를 방지하기 위하여 해당 업무에 관하여 상당한 주의와 감독을 게을리하지 않은 경우에는 양벌규정을 적용하지 않음.</u>

□ [화장품법 제40조] 과태료(과태료의 최대 금액 : 100만원)

과태료
100만원 이하의 과태료를 받을 수 있는 경우

<u>1.</u> 개정으로 인한 삭제

<u>1의2.</u> 맞춤형화장품조제관리사 또는 이와 유사한 명칭을 사용한 자

<u>2.</u> 이미 심사 혹은 보고한 기능성화장품에 변경사항이 있어 제출한 보고서나 심사받은 사항을 변경해야 하나 이를 위반하여 변경심사를 받지 않은 자

<u>3.</u> 화장품의 생산실적, 수입실적 또는 화장품 원료의 목록 등을 보고하지 않은 화장품책임판매업자

<u>3의2.</u> 맞춤형화장품 원료의 목록을 보고하지 아니한 자

<u>4.</u> 화장품의 안전성 확보 및 품질관리에 관한 교육을 매년 받아야 하나 이를 지키지 않은 책임판매관리자 또는 맞춤형화장품조제관리사 및 교육명령을 어긴 영업자

<u>5.</u> 폐업 또는 휴업하려는 경우, 휴업 후 그 업을 재개하려는 경우에 신고를 하지 않은 자

<u>6.</u> 화장품의 판매 가격을 표시하지 않은 직접 판매자

<u>7.</u> 식품의약품안전처장이 필요하다고 인정하여 영업자·판매자 또는 그 밖에 화장품을 업무상 취급하는 자에게 필요한 보고를 명하였으나 보고를 하지 않은 자

<u>8.</u> 동물실험을 실시한 화장품 또는 동물실험을 실시한 화장품 원료를 사용하여 제조(위탁제조 포함) 또는 수입한 화장품을 유통·판매한 자

※ 시행령에 각 조항이 과태료 얼마인지 자세히 매겨져 있으므로 시행령 해설에서 자세히 다루겠습니다.

memo

02

화장품법 시행령 해설서

II. 화장품법 시행령(대통령령)

꼼꼼하고 알기 쉬운 법조문 해설[이해하기]	
법령	화장품법 시행령
조항	제1조~제16조
관련 법령	화장품법 시행규칙 제29조, 제30조 개인정보 보호법, 개인정보 보호법 시행령

화장품법 시행령은 「화장품법」에서 위임된 사항과 그 시행에 필요한 사항을 규정함을 목적으로 하는 대통령령입니다. 대통령이 화장품법을 기반으로 명령을 내린 것입니다. 그 내용은 화장품법에서의 영업의 종류 세분화, 과징금 관련 사항, 식약처장의 권한의 위임, 민감정보 및 고유식별정보의 처리, 과태료의 부과기준으로 이루어져 있습니다. 1조부터 16조까지로 운영되고 있으나 법 개정으로 인해 3조부터 10조까지는 삭제되었습니다. 즉, 사실상 8개 조항밖에 없는 적은 법령입니다. 그러나 과징금 및 과태료를 정하고 있기에 꼭 알아두셔야 합니다.

지한쌤의 열세 번째 암기비법!

총리령과 대통령령 구분하기!

간혹 「화장품법」에서 어떤 내용은 총리령으로 정한다고 명시되어 있고 어떤 내용은 대통령령으로 정한다고 명시되어 있는 부분이 있습니다. 이 내용이 문제에 나오면 대단히 헷갈리는데, 사실 대통령령으로 정하는 것은 아래 4가지 밖에 없답니다.

나머지는 다 무조건 그냥 총리령으로 정한다고 외우세요.

시행령 = 대통령령

화장품법 시행령(대통령령)은 그 분량이 제1조~제16조(2페이지) 밖에 안 되며 제3조~제10조까지는 심지어 법 개정으로 삭제됨.

대통령령으로 정하는 것은 4가지 밖에 없다!(나머지는 사실상 "총리령"으로 정한다!)

① 영업의 세부 종류와 범위 : 화장품제조업, 화장품책임판매업, 맞춤형화장품판매업(시행령 제2조)

② 과징금(제11~13조, 과징금의 금액 산정기준, 미납자에 대한 처분, 처분에 대한 위반사실의 공표) · 과태료(제16조)의 구체적인 부과기준 ♥단, 과징금의 징수절차 · 업무정지처분기준만 총리령으로 정한다.

대통령령으로 정하는 과징금 등과 관련된 사항	내용	비고
과징금의 금액 산정기준	과징금의 금액은 위반행위의 종류·정도 등을 고려하여 산정	총리령으로 정하는 업무정지 처분기준에 따라 산정함
과징금 미납자에 대한 처분	독촉장 발부, 국세 체납처분의 예에 따라 징수 등	서면으로 통지하여야 함
위반 사실의 공표	행정처분이 확정된 자에 대한 처분 사유, 처분 내용, 처분 대상자의 명칭·주소 및 대표자 성명, 해당 품목의 명칭 및 제조번호를 식약처 홈페이지에 공표하는 것	-

③ 지방식품의약품안전청장의 역할(제14조, 식약처장이 지방식약청장에게 위임한 지방식약청장의 업무)

④ 민감정보 및 고유식별정보의 처리(제15조)

☑ OX문제! 기능성화장품은 대통령령으로 정하는 화장품을 말한다? (X)

☑ 위의 4가지 빼고는 다 "총리령"으로 정한다. 따라서 기능성화장품은 총리령으로 정하는 화장품이다.

화장품법 시행령 제1조(목적)

이 영은 「화장품법」에서 위임된 사항과 그 시행에 필요한 사항을 규정함을 목적으로 한다.

화장품법 시행령의 목적은 「화장품법」에서 위임된 사항과 그 시행에 필요한 사항을 규정하는 것입니다.

화장품법 시행령 제2조(영업의 세부 종류와 범위)

「화장품법」 제2조의2 제1항에 따른 화장품 영업의 세부 종류와 그 범위는 다음과 같다.

1. **화장품제조업**: 다음의 구분에 따른 영업

가. 화장품을 **직접 제조**하는 영업

나. 화장품 **제조를 위탁받아 제조**하는 영업

다. 화장품의 **포장(1차 포장만 해당)을 하는 영업**

2. **화장품책임판매업**: 다음의 구분에 따른 영업

가. **화장품제조업자가 화장품을 직접 제조하여 유통·판매**하는 영업

나. **화장품제조업자에게 위탁하여 제조된 화장품을 유통·판매**하는 영업

다. **수입된 화장품을 유통·판매**하는 영업

라. **수입대행형 거래**(「전자상거래 등에서의 소비자보호에 관한 법률」 제2조 제1호에 따른 **전자상거래만 해당**)를 목적으로 화장품을 **알선·수여(授與)**하는 영업

3. **맞춤형화장품판매업** : 다음의 구분에 따른 영업

   가. 제조 또는 수입된 화장품의 내용물에 다른 화장품의 내용물이나 식품의약품안전처장이 정하여 고시하는 원료를 추가하여 혼합한 화장품을 판매하는 영업

   나. 제조 또는 수입된 화장품의 내용물을 소분(小分)한 화장품을 판매하는 영업

화장품법령에서 정하는 화장품의 영업은 3가지가 있습니다. 화장품제조업, 화장품책임판매업, 맞춤형화장품판매업이 있지요. 화장품제조업은 화장품을 직접 만들거나 화장품책임판매업자가 주문을 넣으면 화장품을 만들어 이를 화장품책임판매업자에게 주는 위탁 형태의 영업, 화장품의 포장(충진)만 하는 영업으로 나뉩니다. 화장품제조란 말 그대로 화장품을 만드는 것입니다. 화장품을 만들기 위해서는 제조업자로 등록을 해야 합니다. 그런데 여기서 알아두셔야 할 점은 화장품의 포장만을 하는 영업도 제조업에 포함이 된다는 것입니다. 여기서 포장이란 **1차 포장**을 말합니다. 직접 화장품 용기에 화장품 내용물을 충전하는 형태의 영업만 화장품제조업으로 봅니다. 화장품 용기를 박스에 넣는 2차 포장만 하는 형태의 영업은 제조업으로 인정받을 수 없습니다.

화장품책임판매업은 화장품을 '유통·판매'하는 사람들입니다. 즉, 화장품책임판매업자는 화장품을 직접 만드는 사람이 아니라 화장품을 소비자에게 알선하거나 파는 사람입니다. 화장품책임판매업자의 첫 번째 사항을 보시면, 화장품제조업자가 화장품을 직접 제조하여 유통·판매하는 영업이 화장품책임판매업에 포함된다고 기술되어 있습니다. 이 말은 즉, 이와 같은 사항으로 화장품책판업 등록을 할 시에는 화장품제조업자로 등록이 되어 있어야 한다는 뜻입니다. '화장품을 직접 만들고 이를 판매한다'라는 말은 '만든다(화장품제조업자)' + '판매한다(책임판매업자)'이므로 직접 제조하고 이를 유통·판매하고자 한다면 둘 다 등록해야 합니다. 위 내용에 대한 구체적인 설명은 앞의 화장품법 해설서 제2조의 설명을 참고하여 주세요!

화장품법 시행령 제11조(과징금의 산정기준)

식약처장이 업무정지처분을 갈음하여 과징금을 부과할 때 과징금의 금액은 위반행위의 종류·정도 등을 고려하여 총리령으로 정하는 업무정지처분기준에 따라 별표 1의 기준을 적용하여 산정하되, 과징금의 총액은 10억원을 초과하여서는 아니된다.

이 조항은 식약처장이 잘못된 행위를 한 영업자에게 업무정지처분을 하였을 때, 이를 갈음하여 과징금으로 부과할 시 과징금의 금액을 산정하는 기준에 대한 내용입니다. 내용이 조금 복잡하지만 같이 알아봅시다.

📢 [별표1] 과징금의 산정기준

1. 일반기준

가. 업무정지 1개월은 30일을 기준으로 한다.

나. 화장품의 영업자에 대한 과징금 산정기준은 다음과 같다.

① **판매업무 또는 제조업무의 정지처분**을 갈음하여 과징금처분을 하는 경우에는 처분일이 속한 연도의 전년도 모든 품목의 1년간 총생산금액 및 총수입금액을 기준으로 한다.

② **품목에 대한 판매업무 또는 제조업무의 정지처분**을 갈음하여 과징금처분을 하는 경우에는 처분일이 속한 연도의 **전년도 해당 품목의 1년간 총생산금액 및 총수입금액**을 기준으로 한다.

③ ① 및 ②의 경우 영업자가 신규로 품목을 제조 또는 수입하거나 휴업 등으로 1년간의 총생산금액 및 총수입금액을 기준으로 과징금을 산정하는 것이 불합리하다고 인정되는 경우에는 **분기별 또는 월별 생산금액 및 수입금액**을 기준으로 산정한다.

다. 법 제10조부터 제13조까지 및 제14조 제4항의 위반에 따른 해당 품목 판매업무 또는 광고업무의 정지처분을 갈음하여 과징금처분을 하는 경우에는 처분일이 속한 연도의 전년도 해당 품목의 1년간 총생산금액 및 총수입금액을 기준으로 하고, 업무정지 1일에 해당하는 과징금의 2분의 1의 금액에 처분기간을 곱하여 산정한다.

2. 업무정지 1일에 해당하는 과징금 산정기준

전년도 총생산액 및 총수입액(단위 : 백만원)	업무정지 1일에 해당하는 과징금의 금액(단위 : 천원)
20 미만	6
20 이상 50 미만	21
50 이상 70 미만	36
70 이상 100 미만	51
100 이상 150 미만	75
150 이상 200 미만	105
200 이상 300 미만	150
300 이상 500 미만	241
500 이상 700 미만	310
700 이상 1,000 미만	350
1,000 이상 2,000 미만	400
2,000 이상 3,000 미만	450
3,000 이상 5,000 미만	596
5,000 이상 7,000 미만	894

전년도 총생산액 및 총수입액(단위 : 백만원)	업무정지 1일에 해당하는 과징금의 금액(단위 : 천원)
7,000 이상 10,000 미만	1,267
10,000 이상 20,000 미만	2,235
20,000 이상 30,000 미만	3,726
30,000 이상 40,000 미만	5,216
40,000 이상	5,961

 굉장히 복잡하죠? 하나하나 꼼꼼히 설명해드릴게요. 과징금이란 업무정지처분을 받은 사람에게 해주는 일종의 '보석금'입니다. 예를 들어, 내가 화장품제조업자인데 일이 생겨 제조소를 다른 지역으로 옮겼고 제조소의 소재지가 변경되었음에도 깜빡하고 30일 이내에 변경등록을 하지 않았다고 가정합시다. 이 경우 1차 위반 시 제조업무 정지 1개월의 처분을 받습니다. 이 '제조업무 정지 1개월'을 대신하여 돈(과징금)만 내면 된다는 것이 과징금의 기본 원리입니다. '돈으로 때워라'

 그런데 이 부과되는 돈의 기준은 화장품법에서 해설했다시피 영업자마다 다릅니다. 영업자마다 매출이 다르니 과징금은 매출액에 따라 각자에게 다르게 부여됩니다. 이 시행령의 조항은 바로 이러한 과징금의 산출기준에 관한 것입니다. '어떻게 과징금을 부과할 것인가'에 관한 규정입니다.

과징금의 산정 기준	
업무정지처분의 종류	과징금 산정 기준
판매업무 또는 제조업무의 정지처분	처분일이 속한 연도의 전년도 **모든 품목**의 1년간총생산금액 및 총수입금액
품목에 대한 판매업무 또는 제조업무의 정지처분	처분일이 속한 연도의 전년도 **해당 품목**의 1년간 총생산금액 및 총수입금액
법 제10조부터 제13조까지 및 제14조 제4항의 위반에 따른 해당 품목 판매업무 또는 광고업무의 정지처분	처분일이 속한 연도의 전년도 **해당 품목**의 1년간 총생산금액 및 총수입금액 **단, 업무정지 1일에 해당하는 과징금의 2분의 1의 금액에 처분기간을 곱하여 산정**

 영업자가 신규로 품목을 제조 또는 수입하거나 휴업 등으로 1년간의 총생산금액 및 총수입금액을 기준으로 과징금을 산정하는 것이 불합리하다고 인정되는 경우에는 분기별 또는 월별 생산금액 및 수입금액을 기준으로 산정한다.

 과징금은 이 표와 같이 산정합니다. 예를 들어, 내가 제조업무 정지 1개월을 받았다고 가정합시다. 위 표에 의하면 **'판매업무 또는 제조업무의 정지처분'**의 과징금 산정 기준은 '처분일이 속한 연도의 전년도 모든 품목의 1년간 총 생산금액 및 총수입금액'입니다. 즉, 저의 처분일이 2021년 3월 14일이었다면, 2020년 동안의 제 1년간 총생산금액 및 총수입금액을 기준으로 부과한다는 것이지요.

전년도 총생산액 및 총수입액(단위 : 백만원)	업무정지 1일에 해당하는 과징금의 금액(단위 : 천원)
20 미만	6
20 이상 50 미만	21
50 이상 70 미만	36
70 이상 100 미만	51
100 이상 150 미만	75
150 이상 200 미만	105

만약, 제 1년간 총 생산금액 및 총수입금액이 1억 5천만 원이 조금 넘는다고 가정합시다. 앞의 표를 참고하면 해당 매출액 범위의 업무 정지 1일에 해당하는 과징금의 금액이 105,000원이지요? 근데 제가 받은 처분은 '제조업무 정지 1개월'이었습니다. 법에서는 1개월을 30일로 보고 저의 **전년도 총생산액 및 총수입액**에 해당하는 업무 정지 1일 산정 과징금 금액이 105,000원이므로 제가 내야 할 과징금은 105,000(원)×30(일)=315만원입니다. 즉, 제조업무 정지 1개월 처분을 315만원으로 갈음한 것입니다. 과징금은 대통령령에 의하여 이렇게 계산됩니다.

그런데 만약 제가 2020년에 6개월 정도 휴업을 하였다면 어떻게 계산해야 할까요? 기준은 1년간의 총생산액 및 총수입액인데 그 내역은 6개월 치밖에 나오지 않는다면요? 걱정하지 마세요. 이 역시도 시행령에서 정하고 있습니다. 영업자가 신규로 품목을 제조 또는 수입하거나 휴업 등으로 <u>1년간의 총생산금액 및 총수입금액을 기준으로 과징금을 산정하는 것이 불합리하다고 인정되는 경우에는 분기별 또는 월별 생산금액 및 수입금액을 기준으로 산정합니다.</u>

판매업무 또는 제조업무의 정지처분, 품목에 대한 판매업무 또는 제조업무의 정지처분은 방금 제가 위에서 예시를 든 방법으로 계산하시면 됩니다. 한번 계산해보세요!(뒤의 시행규칙 해설편의 업무정지처분기준을 보고 연습해보세요!) 그러나 **법 제10조부터 제13조까지 및 제14조 제4항의 위반에 따른 해당 품목 판매업무 또는 광고 업무의 정지처분**은 계산 방법이 조금 다릅니다. 이 경우는 앞서 설명한 **판매업무 또는 제조업무의 정지처분, 품목에 대한 판매업무 또는 제조업무의 정지처분**보다 그 법적 처벌 수위가 낮습니다. 잘못한 정도가 다른데 똑같은 처벌기준을 들이밀면 억울하겠지요. 잘못은 형이 훨씬 더 많이 했는데 동생하고 형 둘 다 똑같은 벌을 받는다면 억울하겠죠? **법 제10조부터 제13조까지 및 제14조 제4항의 위반에 따른 해당 품목 판매업무 또는 광고 업무의 정지처분**은 우리가 했던 계산방식에서 업무정지 1일에 해당하는 과징금의 금액에 2분의 1을 곱합니다. 즉, 50% DC인 셈이지요. 예를 들어 제가 광고업무 정지처분 3개월을 처분받았고 저의 **전년도 총생산액 및 총수입액**이 2억 5천만원이라면 저에게 산정되는 **업무정지 1일에 해당하는 과징금의 금액**은 150,000원이므로 15만원의 50% DC인 75,000원을 곱하여 주는 것이지요. 즉, 75,000(원)×90(일)=675만원이 저의 과징금인 것입니다.

많이 어렵죠? 이런 계산이 실제 시험에 나오려나 모르겠지만, 알아두면 좋을 것 같습니다. 사실 시험에 나오면 난이도가 상당한 문제일 것입니다. 제 '모의고사 400제' 및 '지한쌤의 EASY한 FINAL 모의고사' 문제집을 통해 한번 훈련해 보세요.

화장품법 시행령 제12조(과징금의 부과·징수절차)

① 법 제28조(과징금 처분)에 따라 식품의약품안전처장이 과징금을 부과하려면 그 위반행위의 종류와 과징금의 금액 등을 적은 서면으로 통지하여야 한다.

② 과징금의 징수절차는 총리령으로 정한다.

과징금을 부과할 시 식약처장 혹은 지방식약청장은 그 위반행위의 종류와 과징금의 금액 등을 적은 '서면'으로 통지해야 합니다. 전화나 문자 아닙니다~ 그렇다면 총리령으로 정하는 과징금의 징수절차를 한번 알아볼까요?

📝 관련있는 법령 같이 보기

화장품법 시행규칙 제30조(과징금의 징수절차)

「화장품법 시행령」 제12조 제1항에 따른 과징금의 징수절차는 「국고금관리법 시행규칙」을 준용한다. 이 경우 납입 고지서에는 **이의제기 방법 및 기간**을 함께 적어 넣어야 한다.

과징금의 징수절차는 「국고금관리법 시행규칙」대로 진행합니다. 사실 화장품법령에서는 구체적인 과징금의 징수절차를 명시하지 않았습니다. 「국고금관리법 시행규칙」에 따라 진행되는 사항이거든요. 그렇다고 「국고금관리법 시행규칙」을 별도로 볼 필요는 없습니다. 식약처장이 과징금과 관련하며 부과받은 사람에게 서면으로 통지할 때 **이의제기 방법 및 기간**을 함께 적어야 한답니다.

화장품법 시행령 제12조의 2(과징금 납부기한의 연기 및 분할 납부)

① 식품의약품안전처장은 과징금을 부과받은 자가 **납부해야 하는 과징금의 금액이 100만원 이상인 경우**에는 「**행정기본법**」 **제29조 단서에 따라 과징금의 납부기한을 연기하거나 분할 납부하게 할 수 있다.**

② 과징금납부의무자는 과징금의 납부기한을 연기하거나 분할 납부하려는 경우에는 **그 납부기한의 10일 전**까지 납부기한의 연기 또는 분할 납부의 사유를 증명하는 서류를 첨부하여 식품의약품안전처장에게 신청해야 한다. → 법 개정으로 삭제됨.

③ 제1항에 따라 **과징금의 납부기한을 연기하는 경우 그 기한은 납부기한의 다음 날부터 1년 이내로 한다.**

④ 제1항에 따라 과징금을 **분할납부하게 하는 경우 각 분할된 납부기한 간의 간격은 4개월 이내**로 하고, 분할납부의 횟수는 3회 이내로 한다.

화장품법 시행령 제12조의 2는 과징금의 납부 기한 연장 및 분할납부에 관한 조항입니다. 화장품 영업자가 천재지변, 자금 사정 등의 사유로 부과된 과징금을 일시에 납부하기 곤란하다고 인정되는 경우 그 납부기한의 연장 및 분할 납부를 허용하여 영업자의 부담을 완화하고 있습니다. 이는 부과받은 과징금이 100만원 이상인 경우에 가능합니다. 천재지변이나 재해 등으로 재산에 현저한 손실을 입은 경우, 사업 여건의 악화로 사업이 중대한 위기에 있는 경우, 과징금을 한꺼번에 납부하면 자금 사정에 현저한 어려움이 예상되는 경우, 그 밖에 식품의약품안전처장이 인정하는 경우에 납부기간 연장 및 분할납부가 가능하며 이 경우 식약처장은 연장 및 분할납부를 원하는 이에게 담보를 요구할 수 있습니다.

납부기한 연기 및 분할 납부 신청은 기존의 납부기한으로부터 10일 전까지 신청하여야 합니다. 신청 시 그 사유를 증명하는 서류를 첨부하여야 합니다. 납부기한의 연기는 그 **납부기한의 다음 날부터** 1년 이내로 하고, 각 분할된 납부기한 간의 간격은 4개월 이내로 하며, 분할 납부의 횟수는 3회 이내로 합니다. 그런데 납부 의무자가 분할 납부하기로 결정된 과징금을 납부기한까지 내지 않은 경우, 담보의 변경, 그 밖에 담보 보전에 필요한 식품의약품안전처장의 명령을 이행하지 않은 경우, 강제집행, 경매의 개시, 파산선고, 법인의 해산, 국세 또는 지방세의 체납처분 등의 사유로 과징금의 전부 또는 잔여분을 징수할 수 없다고 인정되는 경우 납부 연기 혹은 분납 사유가 해소되어 과징금을 한꺼번에 납부할 수 있다고 인정되는 경우에는 과징금을 한 번에 징수하게 할 수 있습니다.

화장품법 시행령 제12조의3(과징금 미납자에 대한 처분)

① 식품의약품안전처장은 과징금납부의무자(앞의 조항에 따라 분할납부 결정을 취소한 경우 해당 과징금을 한꺼번에 내도록 한 기한을 말함)가 납부기한까지 내지 않으면 납부기한이 지난 후 15일 이내에 독촉장을 발부하여야 한다. 이 경우 납부기한은 **독촉장을 발부하는 날부터** 10일 이내로 하여야 한다.

② 식품의약품안전처장은 과징금을 내지 않은 자가 독촉장을 받고도 납부기한까지 과징금을 내지 않으면 과징금 부과처분을 취소하고 업무정지처분을 하여야 한다. 단, 폐업 등으로 업무정지처분을 할 수 없을 때에는 국세 체납처분의 예에 따라 이를 징수한다.

③ 과징금 부과처분을 취소하고 업무정지처분을 하려면 처분대상자에게 서면으로 그 내용을 통지하되, 서면에는 **처분이 변경된 사유와 업무정지처분의 기간** 등 업무정지처분에 필요한 사항을 적어야 한다.

화장품법에서 제가 설명했던 과징금에 대해 떠올려보세요. 업무정지처분을 과징금으로 갈음하여 어떤 영업자에게 부과하였는데, 그 영업자가 과징금을 내지 않았을 시에 어떻게 한다고 말씀드렸지요? 네, 다시 갈음 전의 업무정지처분을 하거나 아니면 억지로 징수한다고 하였죠. 여기서 말하는 '억지로 징수'가 '국세 체납처분의 예에 따른 징수'였습니다. 그런데 과징금을 내지 않은 영업자에게 다시 업무정지처분을 하거나 억지로 징수하기 전에 식약처장은 '너, 과징금 까먹고 있는 것 같아! 빨리 내라!'라는 의미의 '독촉장'을 발부하여야 해요. 마지막 기회를 주는 것이죠. '당신, 업무정지처분을 갈음해서 특별히 과징금을 부과해주었는데 내라는 기한까지 과징금을 내지 않았어. 이대로 가다간 다시 업무정지처분을 하거나 억지로 징수해야 해. 마지막 기회를 줄테니 돈 내!'

-독촉장은 과징금 납부기한이 지난 후 15일 이내에 발부합니다. 예를 들어, 2021년 3월 14일까지 과징금을 내야 하는데 내지 않았을 때 식약처장은 2021년 3월 29일 이내에 독촉장을 만들어 나에게 송부합니다. 독촉장에 쓰여 있는 '마지막 기회'인 과징금의 납부기한은 독촉장을 발부하는 날부터 10일 이내입니다. 내가 독촉장을 받은 날로부터 10일이 아닙니다! 식약처장이 독촉장을 발부하는 날로부터 10일 이내입니다.

독촉장을 보냈음에도, 추가 기회를 주었는데도 과징금을 내지 않으면 과징금부과처분을 취소하고 업무정지처분을 하여야 합니다. 그런데 만약 처분 기간 중 사정이 어려워 폐업을 하였다면요? 제조업무정지 처분 1개월을 받았는데 과징금을 내지 않고 버티다가 폐업하면 제조업무 1개월 정지 처분을 받을 영업체 자체가 사라진 것인데요. 법에는 이런 구멍도 다 막아놓았답니다. 폐업으로 인해 처분을 받지 못하는 경우 국세 체납처분의 예에 따라 강제 징수합니다. 식약처장은 과징금 부과처분을 취소하고 업무정지처분을 하기 위해서는 처분대상자에게 서면으로 그 내용을 통지하되, 서면에는 처분이 변경된 사유와 업무정지처분의 기간 등 업무정지처분에 필요한 사항을 적어야 한답니다.

화장품법 시행령 제13조(위반사실의 공표)

① 식품의약품안전처장은 행정처분이 확정된 자에 대한 처분 사유, 처분 내용, 처분 대상자의 명칭·주소 및 대표자 성명, 해당 품목의 명칭 등 처분과 관련한 사항으로서 대통령령으로 정하는 사항을 공표할 수 있다. "대통령령으로 정하는 사항"이란 다음의 사항을 말한다.

 1. 처분 사유

 2. 처분 내용

 3. 처분 대상자의 명칭·주소 및 대표자 성명

 4. 해당 품목의 명칭 및 제조번호

② 위의 공표는 식품의약품안전처의 **인터넷 홈페이지**에 게재하는 방법으로 한다.

식약처장은 행정처분이 확정된 사람에 대한 '**처분 사유, 처분 내용, 처분 대상자의 명칭 및 주소, 대표자의 성명, 해당 품목의 명칭 및 제조번호**'를 식약처 인터넷 홈페이지에 게재함으로써 국민의 알 권리를 보장합니다. 이를 '위반사실의 공표'라고 합니다. 내가 사용하던 샴푸가 알고 보니 문제가 있어 등록의 취소사항에 해당하는 행정처분을 받은 영업자가 제조한 것이라고 한다면 저는 당황스러울 것 같아요. 따라서 식약처장은 위반사항에 대한 정보를 적어서 식약처 홈페이지에 게재한답니다. 국민들에게 처분의 사유, 내용, 처분대상자에 대한 정보, 해당 품목의 명칭 및 제조번호를 알 수 있게 하여 국민의 알 권리를 보호하는 것이지요.

화장품법 시행령 제14조(권한의 위임)-지방식약청장의 역할

식품의약품안전처장은 다음의 권한을 지방식품의약품안전청장에게 위임한다.

1. 화장품제조업 또는 화장품책임판매업의 등록 및 변경등록

1의2. 맞춤형화장품판매업의 신고 및 변경신고의 수리

1의3. 화장품제조업자, 화장품책임판매업자 및 맞춤형화장품판매업자에 대한 교육명령

1의4. 회수계획 보고의 접수 및 회수 관련 행정처분의 감경·면제

2. 영업자의 폐업, 휴업 등 신고의 수리(폐업으로 인한 등록 취소, 정보 제공의 요청, 통지 등)

2의2. 표시·광고에 대한 실증 요청, 자료 접수 및 제출기간 연장, 표시·광고 행위의 중지 명령, 다른 기관의 자료요청에 대한 회신

3. 보고명령·출입·검사·질문 및 수거

3의2. 소비자화장품안전관리감시원의 위촉·해촉 및 교육

3의3. 다음의 경우에 따른 시정명령

가. 변경등록을 하지 않은 경우 영업자에 대한 시정명령

나. 변경신고를 하지 않은 경우 영업자에 대한 시정명령

다. 교육명령을 위반한 경우에 대한 시정명령

라. 폐업 또는 휴업신고나 휴업 후 재개신고를 하지 않은 경우에 대한 시정명령

4. 검사명령

5. 개수명령 및 시설의 전부 또는 일부의 사용금지명령

6. 회수·폐기 등의 명령, 회수계획 보고의 접수와 폐기 또는 그 밖에 필요한 처분

6의2. 공표명령

7. 등록의 취소, 영업소의 폐쇄명령, 품목의 제조·수입 및 판매의 금지명령, 업무의 전부 또는 일부에 대한 정지명령

8. 청문

9. 과징금의 부과·징수

9의2. 행정처분 시 관련 내용 공표

10. 등록필증·신고필증의 재교부

11. 과태료의 부과·징수

자, 이 조항이 바로 지방식약청장의 권한입니다. 화장품법에서 정해놓은 식약처장의 권한을 바로 이 조항을 통해 지방식약청장에게 양도한 것이지요. 전체적으로 쭉 보시면 식약처장의 거의 모든 권한이 양도되었어요. 지방식약청장은 영업자 등록 및 신고, 등록필증 및 신고필증의 재교부, 각종 명령, 회수 및 폐기명령, 회수계획 보고 및 접수, 청문, 과징금의 부과 및 징수, 공표, 과태료 부과 및 징수, 행정처분, 표시·광고에 대한 실증 요청, 제출

기간 연장 및 표시·광고 행위의 중지 명령 등 사실상 화장품법에서 식약처의 권한이라고 말한 거의 모든 부분을 양도받았습니다. 이 조항이 있기에 화장품법에는 화장품제조업자로 등록하려면 식약처장에게 인정받아야 한다고 쓰여있었지만 실제로는 지방식약청장에게 등록하는 것입니다.

화장품법 시행령 제15조(민감정보 및 고유식별정보의 처리)

식품의약품안전처장(식약처장의 권한을 위임받은 자 또는 자격시험의 관리 및 자격증 발급 등의 업무를 위탁받은 자 포함)은 다음의 사무를 수행하기 위하여 불가피한 경우 「개인정보 보호법」 제23조에 따른 건강에 관한 정보, 같은 법 시행령 제18조 제2호에 따른 범죄경력자료에 해당하는 정보, 같은 영 제19조 제1호 또는 제4호에 따른 주민등록번호 또는 외국인등록번호가 포함된 자료를 처리할 수 있다.

1. 화장품제조업 또는 화장품책임판매업의 등록 및 변경등록에 관한 사무

1의2. 맞춤형화장품판매업의 신고 및 변경신고에 관한 사무

1의3. 맞춤형화장품조제관리사 자격시험의 관리 및 자격증 발급 등에 관한 사무

2. 기능성화장품의 심사 등에 관한 사무

3. 폐업 등의 신고에 관한 사무

4. 보고와 검사 등에 관한 사무

4의2. 시정명령에 관한 사무

5. 검사명령에 관한 사무

6. 개수명령 및 시설의 전부 또는 일부의 사용금지명령에 관한 사무

7. 회수·폐기 등의 명령과 폐기 또는 그 밖에 필요한 처분에 관한 사무

8. 등록의 취소, 영업소의 폐쇄명령, 품목의 제조·수입 및 판매의 금지명령, 업무의 전부 또는 일부에 대한 정지명령에 관한 사무

9. 청문에 관한 사무

10. 과징금의 부과·징수에 관한 사무

11. 등록필증 등의 재교부에 관한 사무

식약처장(처장의 권한을 위임받은 자와 자격시험 업무를 위탁받은 자 모두 포함!)은 이 조항의 1~11번까지의 사무를 수행하기 위해 어쩔 수 없는 경우 국민의 민감정보 및 고유식별정보를 처리할 수 있습니다. 그렇다면 민감정보와 고유식별정보가 무엇인지 알아보아야겠지요?

좀 더 알아보기

- 민감정보 : 사상·신념, 노동조합·정당의 가입·탈퇴, 정치적 견해, 건강, 성생활 등에 관한 정보, 그 밖에 정보주체의 사생활을 현저히 침해할 우려가 있는 개인정보로서 대통령령으로 정하는 정보

  ▶ 민감정보의 예

  1. 유전자검사 등의 결과로 얻어진 유전정보
  2. 「형의 실효 등에 관한 법률」 제2조 제5호에 따른 범죄경력자료에 해당하는 정보
  3. 개인의 신체적, 생리적, 행동적 특징에 관한 정보로서 특정 개인을 알아볼 목적으로 일정한 기술적 수단을 통해 생성한 정보
  4. 인종이나 민족에 관한 정보

- 고유식별정보 : 법령에 따라 개인을 고유하게 구별하기 위하여 부여된 식별정보로서 대통령령으로 정하는 정보

  ▶ 고유식별정보의 예

  1. 「주민등록법」 제7조의2 제1항에 따른 주민등록번호
  2. 「여권법」 제7조 제1항 제1호에 따른 여권번호
  3. 「도로교통법」 제80조에 따른 운전면허의 면허번호
  4. 「출입국관리법」 제31조 제5항에 따른 외국인등록번호

영업자 등록 혹은 신고를 할 때 영업자로 등록 혹은 신고하려는 자의 정보가 필요할 것입니다. 뿐만 아니라 어떤 영업자에게 각종 명령을 내릴 때 이를 서면으로 송부해야 하는데 그 영업자에 대한 정보가 부족하여 실수로 동명이인에게 서류가 내려진다면 큰 봉변일 것입니다. 맞춤형화장품조제관리사 자격시험을 위해 자격시험 홈페이지 가입을 할 때 실명인증을 하지요? 식약처장은 맞춤형화장품조제관리사 자격시험에 관한 사무를 처리하기 위해 민감정보 및 고유식별정보를 처리할 수 있습니다. 시행령 제15조에 명시된 사무를 수행하기 위해 민감정보와 고유식별정보를 처리할 수 있다는 것! 꼭 명심하세요. 어떤 사무들인지도 꼭 암기하시고요!

화장품법 시행령 제16조(과태료의 부과기준)

법 제40조 제1항에 따른 과태료의 부과기준은 별표 2와 같다.

과태료의 부과기준인 별표 2는 다음과 같습니다.

📢 [별표2] 과태료의 부과기준

1. 일반기준

가. 하나의 위반행위가 둘 이상의 과태료 부과기준에 해당하는 경우에는 그 중 금액이 큰 과태료 부과기준을 적용한다.

나. 식품의약품안전처장은 해당 위반행위의 정도, 위반횟수, 위반행위의 동기와 그 결과 등을 고려하여 과태료 금액의 2분의 1의 범위에서 그 금액을 늘리거나 줄일 수 있다. 다만, 과태료를 체납하고 있는 위반행위자에 대해서는 그렇지 않다.

1) 위반행위자가 「질서위반행위규제법 시행령」 제2조의2 제1항 각 호의 어느 하나에 해당하는 경우

2) 위반행위가 사소한 부주의나 오류로 인한 것으로 인정되는 경우

3) 위반행위의 내용·정도가 경미하여 피해가 적다고 인정되는 경우

4) 위반행위자가 법 위반상태를 시정하거나 해소하기 위해 노력한 사실이 인정되는 경우

5) 그 밖에, 위반행위의 정도, 위반행위의 동기와 그 결과 등을 고려하여 과태료 금액을 줄일 필요가 있다고 인정되는 경우

다. 식품의약품안전처장은 다음의 어느 하나에 해당하는 경우에는 제2호에 따른 과태료 금액의 2분의 1 범위에서 그 금액을 늘릴 수 있다. 다만, 늘리는 경우에도 법 제40조 제1항에 따른 과태료 금액의 상한을 넘을 수 없다.

1) 위반행위의 내용 및 정도가 중대하여 이로 인한 피해가 크다고 인정되는 경우

2) 법 위반상태의 기간이 6개월 이상인 경우

3) 그 밖에 위반행위의 정도, 위반행위의 동기 등을 고려하여 늘릴 필요가 있다고 인정되는 경우

위반행위	근거 법조문	과태료 금액 (단위 : 만원)
가. 심사 혹은 보고받은 기능성화장품의 제출한 보고 내용이나 심사받은 사항이 변경되었는데 변경심사를 받지 않은 경우	법 제40조 제1항 제2호	100
나. 화장품의 생산실적 또는 수입실적 또는 화장품 원료의 목록 등을 보고하지 않은 화장품책임판매업자	법 제40조 제1항 제3호	50
다. 화장품의 안전성 확보 및 품질관리에 관한 교육을 매년 받아야 하는 책임판매관리자 및 맞춤형화장품조제관리사가 그 명령을 어긴 경우	법 제40조 제1항 제4호	50
라. 폐업 또는 휴업하려는 경우 혹은 휴업 후 그 업을 재개하려는 경우에 신고를 하지 않은 영업자	법 제40조 제1항 제5호	50
마. 소비자에게 화장품을 직접 판매하는 자가 화장품의 판매 가격을 표시하지 않은 경우	법 제40조 제1항 제5호의2	50
바. 동물실험을 실시한 화장품 또는 동물실험을 실시한 화장품 원료를 사용하여 제조(위탁제조 포함) 또는 수입한 화장품을 유통·판매한 경우	법 제40조 제1항 제7호	100
사. 식약처장이 영업자·판매자 또는 그 밖에 화장품을 업무상 취급하는 자에 대하여 필요한 보고를 명하였으나 명령을 위반하여 보고를 하지 않은 경우	법 제40조 제1항 제6호	100
아. 맞춤형화장품조제관리사 또는 이와 유사한 명칭을 사용한 경우	법 제 40조 제1항 제1호의2	100

위반행위	근거 법조문	과태료 금액 (단위 : 만원)
자. 맞춤형화장품 원료의 목록을 보고하지 않은 경우	법 제 40조 제1항 제3호의2	50
차. 교육 명령을 받은 영업자가 교육을 받지 않는 경우	법 제 40조 제1항 제4호의2	50

자, 드디어 화장품법 시행령의 마지막 조항이네요. 마지막 조항은 '과태료'에 관한 부분입니다. **이 부분은 무조건 암기에요! 꼭 다 외우고 가셔야 합니다.** 과징금은 업무정지처분을 갈음하여 돈으로 내라는 취지의 금전적 부담이었어요. 최대 과징금은 10억원이었지요. 이와는 다르게도 과태료는 여러분이 운전하고 가다가 과속해서 내는 것과 같은 금전적 부담입니다. 잘못된 행위에 대한 부담이지요. 벌금이나 과료와 달리 형벌의 성질을 가지지 않습니다. 과태료는 보통 큰 잘못은 아니고 작은 잘못이지만 그래도 지켜야 하는 것에 대해 가해집니다. 과태료의 상한은 100만원입니다. 문제에 '과태료를 120만원 부과받았다'라는 선지가 있다면 앞뒤 보지도 않고 틀린 설명입니다.

하나의 위반행위가 둘 이상의 과태료 부과기준에 해당하는 경우 그중 금액이 큰 과태료 부과기준을 적용합니다. 예를 들어, 내가 화장품책임판매업자이자 화장품을 직접 판매하는 사람이었는데 판매 가격을 표시하지 않고 동물실험을 실시한 화장품을 유통했다면 이 사람은 과태료 부과기준 표의 '마' 항과 '바' 항을 동시에 어긴 셈입니다. 이때, 각각의 과태료인 50만원과 100만원을 합쳐 150만원을 부과하는 것이 아니라 이 둘 중 액수가 큰 100만원만 부과합니다.

식품의약품안전처장은 해당 위반행위의 정도, 위반횟수, 위반행위의 동기와 그 결과 등을 고려하여 과태료 금액의 **2분의 1의 범위**에서 그 금액을 늘리거나 줄일 수 있습니다. 과태료의 금액은 고정된 것이 아니라는 것입니다. 만약 화장품의 판매 가격을 표시하지 않아 전에도 계속해서 과태료를 50만원씩 냈었는데, 또 까먹어서 판매 가격을 표시하지 않은 것을 들켰다면 식약처장(혹은 그 권한을 양도받은 다른 사람)은 위반행위의 정도를 고려하여 50만원의 절반의 범위인 25만원을 더하여 50만원~75만원 사이 범위의 과태료를 부과할 수도 있습니다. 혹은 판매 가격을 적지 않은 것이 이번 한 번뿐이고 그 동기도 단순 실수였다면 이를 감안해 50만원의 절반의 범위인 25만원을 줄여 25만원~50만원 범위에서 과태료를 부과할 수도 있겠지요. 사실상 과태료 50만원의 부과범위는 25~75만원이고, 과태료 100만원의 부과범위는 50~100만원인 것입니다. 엇, 과태료 100만원의 부과범위는 과태료 100만원의 절반을 더하고 뺀 범위이니 50~150만원이 과태료 범위여야 하는 것 아닌가요?! 아까 말씀드렸지요? 과태료의 최대 부과 액수는 100만원입니다. 150만원의 과태료는 화장품법에서 있을 수 없습니다.

지한쌤의 열네 번째 암기비법!

과태료 쉽게 외우기! 오-폐가교생, 백명의 기동대!

과태료	
50만원(오 폐가교생)	100만원(백 명기동사)
• 폐업, 휴업, 휴업 재개 신고 X • 판매가격 표시 X • 책판관리자, 맞관리사가 매년 교육을 안 받음, 영업자의 교육명령 무시 • 생산실적, 수입실적, 원료목록보고 X	• 보고, 검사 등 명령을 위반하여 보고 X • 기능성화장품 보고서·심사사항 변경 시 변경심사를 받지 않은 자 • 동물실험 화장품, 동물실험 원료 사용해 제조한 화장품 유통 판매 • 조제관리사 사칭

02 화장품법 시행령 제1조~제16조

II. 화장품법 시행령(대통령령)

간단하고 명료한 화장품법 시행령 체계표[다지기]	
법령	화장품법 시행령
조항	제1조~제16조

☐ [화장품법 시행령 제2조] 영업의 세부 종류와 범위

영업명	세부 종류 및 범위
화장품제조업	• 화장품을 직접 제조하는 영업 • 화장품 제조를 위탁받아 제조하는 영업 • 화장품의 포장(1차 포장만 해당)을 하는 영업
화장품책임판매업	• 화장품제조업자가 화장품을 직접 제조하여 유통·판매하는 영업 • 화장품제조업자에게 위탁하여 제조된 화장품을 유통·판매하는 영업 • 수입된 화장품을 유통·판매하는 영업 • 수입대행형 거래(전자상거래만 해당)를 목적으로 화장품을 알선·수여(授與)하는 영업
맞춤형화장품판매업	• 제조 또는 수입된 화장품의 내용물에 다른 화장품의 내용물이나 식품의약품안전처장이 정하여 고시하는 원료를 추가하여 혼합한 화장품을 판매하는 영업 • 제조 또는 수입된 화장품의 내용물을 소분(小分)한 화장품을 판매하는 영업

☐ [화장품법 시행령 제11조~제12조의3] 과징금

과징금의 모든 것	
산정 기준	위반행위의 종류·정도 등을 고려하여 총리령으로 정하는 업무정지처분기준에 따라 별표 1의 기준을 적용하여 산정(별표 1의 기준은 앞 페이지 참고)
과징금의 총액	10억원
과징금의 통지방식	서면
과징금의 징수절차	「국고금관리법 시행규칙」 준용 납입고지서에 이의제기 방법 및 기간을 함께 적어 넣어야 함.

과징금 미납자에 대한 처분 관련 사항 모음	
과징금 미납자에 대한 처분	납부기한이 지난 후 15일 이내 독촉장 발부
독촉장 발부 시 다시 정한 납부기한	독촉장을 발부하는 날부터 10일 이내
독촉장을 받고도 납부하지 않은 경우	과징금부과처분 취소, 업무정지처분 강행 단, 폐업한 경우에는 국세 체납처분의 예에 따라 징수
과징금 부과처분을 취소하고 업무 정지처분을 강행할 시의 유의점	처분대상자에게 서면으로 그 내용을 통지하되, 서면에는 처분이 변경된 사유와 업무정지처분의 기간 등 업무정지처분에 필요한 사항을 적어야 함.
과징금 납부기한의 연기 및 분할 납부	
과징금 납부기한의 연기 및 분할 납부가 가능한 과징금의 액수	100만원 이상
과징금 납부 연기 및 분할 납부 신청이 가능한 경우	• 천재지변이나 재해 등으로 재산에 현저한 손실을 입은 경우 • 사업 여건의 악화로 사업이 중대한 위기에 있는 경우 • 과징금을 한꺼번에 납부하면 자금사정에 현저한 어려움이 예상되는 경우 • 그 밖에 제1호부터 제3호까지의 규정에 준하는 사유가 있다고 식품의약품안전처장이 인정하는 경우 ☑ 이 경우 필요하다고 인정하면 과징금납부의무자에게 담보를 제공하게 할 수 있음.
신청	과징금의 납부기한을 연기하거나 분할 납부하려는 경우 그 납부기한의 10일 전까지 납부기한의 연기 또는 분할 납부의 사유를 증명하는 서류를 첨부하여 식품의약품안전처장에게 신청해야 함.
납부기한의 연기 신청 후의 납부기한	원래의 납부기한의 다음 날부터 1년 이내
분할 납부 신청 후의 분할 기간	• **분할된 납부기한 간의 간격** : 4개월 이내 • **분할 납부의 횟수** : 3회 이내
납부기한의 연기 또는 분할 납부 결정을 취소하고 과징금을 한꺼번에 징수할 수 있는 경우	• 분할 납부하기로 결정된 과징금을 납부기한까지 내지 않은 경우 • 담보의 변경, 그 밖에 담보 보전에 필요한 식품의약품안전처장의 명령을 이행하지 않은 경우 • 강제집행, 경매의 개시, 파산선고, 법인의 해산, 국세 또는 지방세의 체납처분 등의 사유로 과징금의 전부 또는 잔여분을 징수할 수 없다고 인정되는 경우 • 제1항 각 호에 따른 사유가 해소되어 과징금을 한꺼번에 납부할 수 있다고 인정되는 경우

□ **[화장품법 시행령 제13조] 위반사실의 공표 : 식약처장은 행정처분이 확정된 자에 대한 다음과 같은 사항을 공표할 수 있다(단, 공표는 식약처 인터넷 홈페이지에 한다.).**

> 1. 처분 사유
> 2. 처분 내용
> 3. 처분 대상자의 명칭·주소 및 대표자 성명
> 4. 해당 품목의 명칭 및 제조번호

□ **[화장품법 시행령 제14조] 식약처장이 지방식약청장에게 양도한 권한(지방식약청장의 업무)**

지방식약청장의 업무

1. 화장품제조업 또는 화장품책임판매업의 등록 및 변경등록

1의2. 맞춤형화장품판매업의 신고 및 변경신고의 수리, 등록 취소 및 영업자의 폐업 여부에 대한 정보 제공 요청

1의3. 화장품제조업자, 화장품책임판매업자 및 맞춤형화장품판매업자에 대한 교육명령

1의4. 회수계획 보고의 접수 및 회수 관련 행정처분의 감경·면제

2. 영업자의 폐업, 휴업 등 신고의 수리

2의2. 표시·광고 실증 요청, 제출기간 연장 및 표시·광고 행위의 중지 명령

3. 보고명령·출입·검사·질문 및 수거

3의2. 소비자화장품안전관리감시원의 위촉·해촉 및 교육

3의3. 다음의 경우에 따른 시정명령

> 가. 변경등록을 하지 않은 경우 영업자에 대한 시정명령
> 나. 변경신고를 하지 않은 경우 영업자에 대한 시정명령
> 다. 교육명령을 위반한 경우에 대한 시정명령
> 라. 폐업 또는 휴업신고나 휴업 후 재개신고를 하지 않은 경우에 대한 시정명령

4. 검사명령

5. 개수명령 및 시설의 전부 또는 일부의 사용금지명령

6. 회수·폐기 등의 명령, 회수계획 보고의 접수와 폐기 또는 그 밖에 필요한 처분

6의2. 공표명령

7. 등록의 취소, 영업소의 폐쇄명령, 품목의 제조·수입 및 판매의 금지명령, 업무의 전부 또는 일부에 대한 정지명령

8. 청문

9. 과징금의 부과·징수

9의2. 행정처분 시 관련 내용 공표

10. 등록필증·신고필증의 재교부

11. 과태료의 부과·징수

[화장품법 시행령 제15조] 민감정보 및 고유식별정보의 처리

식품의약품안전처장(식약처장의 권한을 위임받은 자 또는 자격시험 업무를 위탁받은 자 포함)은 다음의 사무를 수행하기 위하여 불가피한 경우 「개인정보 보호법」 제23조에 따른 건강에 관한 정보, 같은 법 시행령 제18조 제2호에 따른 범죄경력자료에 해당하는 정보, 같은 영 제19조 제1호 또는 제4호에 따른 주민등록번호 또는 외국인등록번호가 포함된 자료를 처리할 수 있다.

1. 화장품제조업 또는 화장품책임판매업의 등록 및 변경등록에 관한 사무

1의2. 맞춤형화장품판매업의 신고 및 변경신고에 관한 사무

1의3. 맞춤형화장품조제관리사 자격시험에 관한 사무

2. 기능성화장품의 심사 등에 관한 사무

3. 폐업 등의 신고에 관한 사무

4. 보고와 검사 등에 관한 사무

4의2. 시정명령에 관한 사무

5. 검사명령에 관한 사무

6. 개수명령 및 시설의 전부 또는 일부의 사용금지명령에 관한 사무

7. 회수·폐기 등의 명령과 폐기 또는 그 밖에 필요한 처분에 관한 사무

8. 등록의 취소, 영업소의 폐쇄명령, 품목의 제조·수입 및 판매의 금지명령, 업무의 전부 또는 일부에 대한 정지명령에 관한 사무

9. 청문에 관한 사무

10. 과징금의 부과·징수에 관한 사무

11. 등록필증 등의 재교부에 관한 사무

□ [화장품법 시행령 제16조] 과태료

과태료의 모든 것	
과태료의 부과 원칙	

① 하나의 위반행위가 둘 이상의 과태료 부과기준에 해당하는 경우 그 중 금액이 큰 과태료 부과기준 적용
② 식품의약품안전처장은 해당 위반행위의 정도, 위반횟수, 위반행위의 동기와 그 결과 등을 고려하여 과태료 금액의 2분의 1의 범위에서 그 금액을 늘리거나 줄일 수 있음(이 경우에도 최대 금액인 100만원을 넘을 수 없음.).

과태료 금액의 상한	100만원
과태료 50만원(오 폐가교생)	과태료 100만원(백 명기동사)
• 폐업, 휴업, 휴업 재개 신고 X • 판매가격 표시 X • 책판관리자, 맞관리사가 매년 교육을 안 받음, 영업자의 교육명령 무시 • 생산실적, 수입실적, 원료목록보고 X	• 보고, 검사 등 명령을 위반히여 보고 X • 기능성화장품 보고서·심사사항 변경 시 변경심사를 받지 않은 자 • 동물실험 화장품, 동물실험 원료 사용해 제조한 화장품 유통 판매 • 사 : 조제관리사 사칭

03

식약처장이 고시한 행정규칙과 함께 살펴보는

화장품법 시행규칙 해설서

III. 화장품법 시행규칙(총리령)

꼼꼼하고 알기 쉬운 법조문 해설[이해하기]	
법령	화장품법 시행규칙
조항	제1조~제5조
관련 법령	화장품법 제2조~제3조, 시행령 제2조

화장품법과 그 시행령의 해설을 공부하고 외우시느라 고생 많으셨습니다. 화장품법이 법령의 뿌리라면, 화장품법 시행규칙은 화장품 법령의 꽃이라고 할 수 있습니다. 이 시행규칙은 식약처에서 고시한 각종 행정규칙과 매우 긴밀하게 얽혀있습니다. 이번 장에서는 화장품법 시행규칙과 더불어 그 시행규칙의 조문과 긴밀한 관련이 있는 행정규칙을 같이 보겠습니다. 실질적인 시험문제는 이 부분에서 많이 출제되니 화장품법 시행규칙부터는 눈을 크게 뜨고 이해를 기반으로 암기하시기를 바랍니다.

화장품법 시행규칙 제1조(목적)

이 규칙은 「화장품법」 및 같은 법 시행령에서 위임된 사항과 그 시행에 필요한 사항을 규정함을 목적으로 한다.

이 규칙의 목적은 화장품법 및 화장품법 시행령에서 위임된 사항과 그 시행에 필요한 사항을 규정하는 것입니다.

화장품법 시행규칙 제2조(기능성화장품의 범위)

객관식 · 주관식 주의! 중요도 : ★★★★★

「화장품법」 제2조 제2호 각 목 외의 부분에서 "총리령으로 정하는 화장품"이란 다음의 화장품을 말한다.

1. 피부에 멜라닌색소가 침착하는 것을 방지하여 기미·주근깨 등의 생성을 억제함으로써 피부의 미백에 도움을 주는 기능을 가진 화장품

2. 피부에 침착된 멜라닌색소의 색을 엷게 하여 피부의 미백에 도움을 주는 기능을 가진 화장품

3. 피부에 탄력을 주어 피부의 <u>주름을 완화 또는 개선</u>하는 기능을 가진 화장품

4. 강한 **햇볕을 방지**하여 피부를 **곱게 태워주는** 기능을 가진 화장품

5. <u>자외선을 차단 또는</u> 산란시켜 <u>자외선으로부터 피부를 보호</u>하는 기능을 가진 화장품

6. 모발의 색상을 변화(탈염(脫染)·탈색(脫色) 포함)시키는 기능을 가진 화장품. 다만, <u>일시적으로 모발의 색상을 변화시키는 제품은 제외한다.</u>

7. 체모를 제거하는 기능을 가진 화장품. 다만, 물리적으로 체모를 제거하는 제품은 제외한다.

8. 탈모 **증상의** 완화에 도움을 주는 화장품. 다만, **코팅 등 물리적으로 모발을 굵게 보이게 하는 제품은 제외**한다.

9. 여드름성 피부를 완화하는 데 도움을 주는 화장품. 다만, 인체세정용 제품류로 한정한다.

10. 피부장벽(피부의 가장 바깥 쪽에 존재하는 각질층의 표피)의 기능을 회복하여 가려움 등의 개선에 도움을 주는 화장품

11. 튼살로 인한 붉은 선을 엷게 하는 데 도움을 주는 화장품

화장품법 제2조에서는 기능성화장품을 5목으로 규정하였었습니다. 화장품법 시행규칙에서는 이 5목을 더 세분화하여 11목으로 구체화하였습니다. 일단 포인트! 기능성화장품의 범위는 화장품법 제2조와 화장품법 시행규칙 제2조에 나온다!(**실제 객관식 선지로 기출**)

화장품법과 화장품법 시행규칙의 기능성화장품 범위 연계	
화장품법에 명시된 기능성화장품의 범위 (5목)	화장품법 시행규칙에서 구체화된 기능성화장품의 범위 (11목)
가. 피부의 미백에 도움을 주는 제품	1. 피부에 **멜라닌색소가 침착**하는 것을 **방지**하여 **기미·주근깨** 등의 생성을 **억제**함으로써 피부의 **미백**에 도움을 주는 기능을 가진 화장품 2. 피부에 **침착된 멜라닌색소의 색을 엷게 하여** 피부의 **미백**에 도움을 주는 기능을 가진 화장품
나. 피부의 주름개선에 도움을 주는 제품	3. 피부에 **탄력**을 주어 피부의 **주름을 완화 또는 개선**하는 기능을 가진 화장품
다. 피부를 곱게 태워주거나 자외선으로부터 피부를 보호하는 데에 도움을 주는 제품	4. **강한 햇볕을 방지**하여 피부를 곱게 태워주는 기능을 가진 화장품 5. **자외선을 차단 또는 산란**시켜 **자외선**으로부터 피부를 보호하는 기능을 가진 화장품
라. 모발의 색상 변화·제거 또는 영양공급에 도움을 주는 제품	6. **모발**의 색상을 변화[탈염(脫染)·탈색(脫色) 포함]시키는 기능을 가진 화장품. 다만, **일시적으로 모발의 색상을 변화시키는 제품은 제외** 7. **체모를 제거**하는 기능을 가진 화장품. 다만, **물리적으로 체모를 제거하는 제품은 제외**
마. 피부나 모발의 기능 약화로 인한 건조함, 갈라짐, 빠짐, 각질화 등을 방지하거나 개선하는 데에 도움을 주는 제품	8. 탈모 증상의 완화에 도움을 주는 화장품. 다만, **코팅 등 물리적으로 모발을 굵게 보이게 하는 제품은 제외** 9. **여드름성 피부**를 완화하는 데 도움을 주는 화장품. 다만, **인체세정용 제품류로 한정** 10. **피부장벽**(피부의 가장 바깥 쪽에 존재하는 각질층의 표피)의 기능을 회복하여 가려움 등의 개선에 도움을 주는 화장품 11. **튼살**로 인한 **붉은 선**을 엷게 하는 데 도움을 주는 화장품

이 기능성화장품 표는 시험에 자주 출제되므로 꼭 외워주세요. 미백에 도움을 주는 기능을 가진 화장품에는 멜라닌색소가 침착되는 것을 방지하거나 이미 피부에 침착된 **멜라닌색소의 색을 엷게** 하는 것으로 분류가 된다는 점, 주름 개선에 도움이 되는 화장품은 피부에 **탄력**을 준다는 점, 자외선 관련된 기능성화장품은 강한 햇볕을 방지하여 피부를 곱게 태워주는 기능을 가진 화장품과 자외선을 **차단 또는 산란**시켜 자외선으로부터 피부를 보호하는 기능을 가진 화장품으로 나뉜다는 점, 염모제 및 탈색제 역시 기능성화장품이라는 점, 체모 제거제도 기능성화장품에 포함된다는 점, 탈모 증상의 완화에 도움을 주는 화장품도 기능성화장품이라는 점을 기억해주세요. 특히, 여드름성 피부를 완화하는 데 도움을 주는 화장품은 <u>인체세정용 제품류만 기능성화장품으로 한정합니다.</u> 피부장벽의 기능을 회복하여 가려움 등의 개선에 도움을 주는 화장품도 꼭 암기하세요! 원래는 '아토피성 피부로 인한 건조함 등을 완화하는 데 도움을 주는 화장품'이었는데 아토피라는 말로 인해 의약품으로 착각하게 할 수 있다는 의견이 있어 법이 바뀌었습니다. 여기서 피부장벽이란 피부의 가장 바깥쪽에 존재하는 각질층의 표피를 말합니다. 주관식으로 나올 수 있겠지요? 튼살로 인한 붉은 선을 엷게 하는 데 도움을 주는 화장품도 기능성화장품입니다. 튼살로 인한 **'붉은 선'**입니다! '흰 선'을 없애주는 게 아니라 '붉은 선'을 엷게 하는 데 도움을 줄 수도 있는 화장품이 기능성화장품입니다. 꼼꼼히 암기하세요. 그리고 체모 제거, 탈모 완화, 모발의 색상을 변화시키는 화장품 중 일시적, 물리적으로 그렇게 보이게끔만 하는 것들은 화장품은 맞으나 기능성화장품에는 포함되지 않습니다.

화장품법 시행규칙 제2조의2(맞춤형화장품의 제외 대상)

중요도 : ★★★★

법 제2조 제3호의2 나목 단서에서 "고형(固形) 비누 등 총리령으로 정하는 화장품"이란 화장 비누(고체 형태의 세안용 비누)를 말한다.

화장품법에서는 '맞춤형화장품이란 제조 또는 수입된 화장품의 내용물에 다른 내용물 혹은 원료를 혼합하거나 제조 또는 수입된 화장품의 내용물을 소분(小分)한 화장품'이라고 말하고 있습니다. 그런데, '**고형(固形) 비누 등 총리령으로 정하는 화장품의 내용물**을 단순 소분한 화장품은 제외한다.'라고 규정해놓았습니다. 이 화장품법 시행규칙은 맞춤형화장품이라고 할 수 없는 '고형비누 등 총리령으로 정하는 화장품의 내용물을 단순 소분한 것'이 무엇인지를 규정하는 조문입니다. 이 조항에 따르면 이는 '**인체세정용 제품류**'에 속하는 **고체 형태의 세안용 비누**를 말합니다. 즉, 고체로 된 화장비누를 단순히 칼로 잘라서 소분한 것은 맞춤형화장품으로 보지 않는다는 것입니다. 그렇다면 액체비누를 소분하는 것은 맞춤형화장품일까요? 법에는 고체비누를 소분하는 것만 맞춤형화장품이 아니라고 하였으므로 액체비누를 소분하는 것은 맞춤형화장품이 될 수 있습니다.

화장품법 시행규칙에서는 모든 화장품의 종류를 13가지로 분류해 놓았습니다. 이를 '화장품의 유형'이라고 합니다. 총 13가지의 화장품의 유형은 각자 그 명칭을 외우셔야 하고 각 유형에 해당하는 화장품에는 무엇이 있는지를 꼭 구별하여 암기하셔야 합니다.

화장품의 유형 13가지

영유아용 제품류 (만 3세 이하)	목욕용 제품류	인체 세정용 제품류	눈 화장용 제품류
방향용 제품류	두발 염색용 제품류	색조 화장용 제품류	두발용 제품류
손발톱용 제품류	면도용 제품류	기초화장품 제품류	체취 방지용 제품류
체모 제거용 제품류			

지한쌤의 열다섯 번째 암기비법!

화장품의 유형 13가지 외우기

눈과 손발톱 색이 예뻐 인기가 많은 영목이가 방귀를 두두꿔어서 체면 구겼네 쳇(체)

눈화장용 제품류, **손발톱**용 제품류, **색**조화장용 제품류, **인체** 세정용 제품류, **기초**화장용 제품류, **영유아**용 제품류, **목욕**용 제품류, **방향**용 제품류, **두발**용 제품류, **두발염색**용 제품류, **체취방지**용 제품류, **면도**용 제품류, **체모제거**용 제품류

화장품법 시행규칙에서 정하는 화장품의 유형 13가지	
화장품의 유형(의약외품 제외)	
영유아용 제품류	목욕용 제품류
1) 영유아용 샴푸, 린스 2) 영유아용 로션, 크림 3) 영유아용 오일 4) 영유아 인체 세정용 제품 5) 영유아 목욕용 제품	1) 목욕용 오일·정제·캡슐 2) 목욕용 소금류 3) 버블 배스(bubble baths) 4) 그 밖의 목욕용 제품류

화장품의 유형(의약외품 제외)	
인체 세정용 제품류	눈 화장용 제품류
1) 폼 클렌저(foam cleanser) 2) 바디 클렌저(body cleanser) 3) 액체 비누(liquid soaps) 및 화장 비누(고체 형태의 세안용 비누) 4) 외음부 세정제 5) 물휴지 「식품위생법」에 따른 식품접객업의 영업소에서 손을 닦는 용도 등으로 사용할 수 있도록 포장된 물티슈, 「장사 등에 관한 법률」에 따른 장례식장 또는 「의료법」에 따른 의료기관 등에서 시체(屍體)를 닦는 용도로 사용되는 물휴지 제외 6) 그 밖의 인체 세정용 제품류	1) 아이브로 펜슬(eyebrow pencil) 2) 아이 라이너(eye liner) 3) 아이 섀도(eye shadow) 4) 마스카라(mascara) 5) 아이 메이크업 리무버(eye make-up remover) 6) 그 밖의 눈 화장용 제품류
방향용 제품류	두발 염색용 제품류
1) 향수 2) 분말향 3) 향낭(香囊) 4) 콜롱(cologne) 5) 그 밖의 방향용 제품류	1) 헤어 틴트(hair tints) 2) 헤어 컬러스프레이(hair color sprays) 3) 염모제 4) 탈염·탈색용 제품 5) 그 밖의 두발 염색용 제품류
색조 화장용 제품류	두발용 제품류
1) 볼연지 2) 페이스 파우더(face powder), 페이스 케이크(face cakes) 3) 리퀴드(liquid)·크림·케이크 파운데이션(foundation) 4) 메이크업 베이스(make-up bases) 5) 메이크업 픽서티브(make-up fixatives) 6) 립스틱, 립라이너(lip liner) 7) 립글로스(lip gloss), 립밤(lip balm) 8) 바디페인팅(body painting), 페이스페인팅(face painting), 분장용 제품 9) 그 밖의 색조 화장용 제품류	1) 헤어 컨디셔너(hair conditioners) 2) 헤어 토닉(hair tonics) 3) 헤어 그루밍 에이드(hair grooming aids) 4) 헤어 크림·로션 5) 헤어 오일 6) 포마드(pomade) 7) 헤어 스프레이·무스·왁스·젤 8) 샴푸, 린스 9) 퍼머넌트 웨이브(permanent wave) 10) 헤어 스트레이트너(hair straightner) 11) 흑채 12) 그 밖의 두발용 제품류

손발톱용 제품류	면도용 제품류
1) 베이스코트(basecoats), 언더코트(under coats)	1) 애프터셰이브 로션(aftershave lotions)
2) 네일폴리시(nail polish), 네일에나멜(nail enamel)	2) 남성용 탤컴(talcum)
3) 탑코트(topcoats)	3) 프리셰이브 로션(preshave lotions)
4) 네일 크림·로션·에센스	4) 셰이빙 크림(shaving cream)
5) 네일폴리시·네일에나멜 리무버	5) 셰이빙 폼(shaving foam)
6) 그 밖의 손발톱용 제품류	6) 그 밖의 면도용 제품류
기초화장용 제품류	체취 방지용 제품류
1) 수렴·유연·영양 화장수(face lotions)	
2) 마사지 크림	
3) 에센스, 오일	
4) 파우더	
5) 바디 제품	
6) 팩, 마스크	1) 데오도런트
7) 눈 주위 제품	2) 그 밖의 체취 방지용 제품류
8) 로션, 크림	
9) 손·발의 피부연화 제품	
10) 클렌징 워터, 클렌징 오일, 클렌징 로션, 클렌징 크림 등 메이크업 리무버	
11) 그 밖의 기초화장용 제품류	
체모 제거용 제품류	
1) 제모제	
2) 제모왁스	
3) 그 밖의 체모 제거용 제품류	

물론 이 표는 몽땅 다 암기를 하셔야 하지만, 그중에서 특히 헷갈릴만한 요소들을 제가 강조 표시를 하였습니다. 강조된 글씨는 암기를 세 번 이상 하세요!

화장품법 시행규칙 제3조(제조업의 등록 등)

① 법 개정으로 삭제됨.

② 화장품제조업 등록을 하려는 자는 화장품제조업 등록신청서(전자문서로 된 신청서 포함)에 다음의 서류를 첨부하여 **제조소의 소재지를 관할하는** 지방식품의약품안전청장에게 제출하여야 한다.

1. 화장품제조업을 등록하려는 자(법인인 경우 대표자)가 정신질환자에 해당되지 않음을 증명하는 의사의 진단서. 다만, 정신질환자이지만 전문의가 화장품제조업자로서 적합하다고 인정하는 사람인 경우 이를 증명하는 전문의의 진단서.
2. 화장품제조업을 등록하려는 자가 마약류의 중독자에 해당하지 않음을 증명하는 의사의 진단서
3. 시설의 명세서

③ 위의 신청서를 받은 지방식품의약품안전청장은 「전자정부법」 제36조 제1항에 따른 행정정보의 공동이용을 통하여 법인 등기사항증명서(법인인 경우만 해당)를 확인하여야 한다.

④ 지방식품의약품안전청장은 등록신청이 등록요건을 갖춘 경우에는 화장품 제조업 등록대장에 다음의 사항을 적고, 화장품제조업 등록필증을 발급해야 한다.

1. 등록번호 및 등록연월일
2. 화장품제조업자의 성명 및 "주민등록번호 또는 외국인 등록번호"(법인인 경우 대표자의 성명 및 생년월일)
3. 화장품제조업자의 상호(법인인 경우에는 법인의 명칭)
4. 제조소의 소재지
5. 제조 유형

화장품법에서는 화장품제조업 또는 화장품책임판매업을 하려는 자는 **식품의약품안전처장**에게 등록해야 한다고 나와 있었습니다. 이 조항을 보니 시행령에서 이 권한을 식약처장이 지방식약청장에게 양도했다는 것을 알 수 있군요. 따라서 실질적으로 화장품제조업 또는 화장품책임판매업을 하려는 자는 자신의 영업체의 소재지를 관할하는 지방식약청장에게 제출하여야 합니다. 지방식약청은 전국에 6곳 밖에 없습니다. 경기 남부와 인천을 관할하는 경인지방식약청, 서울, 경기 북부, 강원도를 관할하는 서울지방식약청, 대전 및 충청지역을 관할하는 대전지방식약청, 대구 및 경북지역을 관할하는 대구지방식약청, 광주, 전남, 전북, 제주지역을 관할하는 광주지방식약청, 부산, 울산 및 경남지역을 관할하는 부산지방식약청으로 구성되어 있습니다. 특히, 광주지방식약청은 담당 구역이 4개의 구역으로 넓기에 4개의 분소로 운영되고 있습니다. 제조업으로 등록하려는 자는 제조소의 소재지를 관할하는 지방식약청장에게 제조업자로 등록을 하기 위한 서류들을 제출하여야 합니다. 혹시 화장품법에서 배웠던 화장품제조업자의 결격사유, 기억나시나요? 다음과 같은 사람들은 화장품제조업자가 될 수 없어요.

화장품제조업 등록 결격사유

다음의 어느 하나에 해당하는 자는 화장품제조업의 등록을 할 수 없습니다(「화장품법」 제3조의3).

1. 정신질환자(「정신건강증진 및 정신질환자 복지서비스 지원에 관한 법률」 제3조 제1호). 다만, 전문의가 화장품제조업자로서 적합하다고 인정하는 사람은 등록 가능
2. 피성년후견인 또는 파산선고를 받고 복권되지 않은 자
3. 마약류의 중독자(규제「마약류 관리에 관한 법률」 제2조 제1호)
4. 「화장품법」 또는 「보건범죄 단속에 관한 특별조치법」을 위반해 금고 이상의 형을 선고받고 그 집행이 끝나지 않거나 그 집행을 받지 않기로 확정되지 않은 자
5. 등록이 취소되거나 영업소가 폐쇄(위 1.부터 3.까지의 어느 하나에 해당하여 등록이 취소되거나 영업소가 폐쇄된 경우 제외)된 날부터 1년이 지나지 않은 자

화장품제조업자로 등록하기 위해서는 이러한 사항 중 1번(정신질환자)과 3번(마약류의 중독자)이 아님을 증명하는 서류를 제출하여야 합니다. 그러나 만약 정신질환자이지만 그 정도가 가벼워 제조업자를 해도 무방하다는 판단을 받은 자라면 이를 증명하는 전문의의 진단서를 제출해야 하지요. 그리고 제조업자는 시설의 명세서 역시 갖추어야 합니다. 시설의 명세서에 포함되는 내용은 다음과 같습니다.

화장품제조업자로 등록하기 위해 제출해야 하는 시설의 명세서에 포함되어야 하는 내용

① 건축물관리대장(건축물의 용도, 면적, 소유자 등 확인)→용도 : "주거용"(주택)에서는 할 수 없음
② 임대차계약서 사본(임대의 경우)
③ 제조시설 및 시험시설 내역서(시설 목록 및 사진)→양식 첨부(화장품시설내역서)
④ 제조 및 품질시험 위·수탁계약서 사본
⑤ 평면도(작업소, 보관소, 시험실-출입문, 방위, 가로, 세로, 면적표시)
⑥ 공장등록증 사본(500m² 이상인 경우 필수)

의사의 진단서와 시설 명세서를 갖추었다면 마지막으로 사업자등록증을 갖추어야 합니다. 개인인 경우에 사업자등록증 사본, 법인인 경우에는 사업자등록증 사본 및 법인등기부등본 사본을 준비해야 합니다.

필요한 서류를 갖추어 등록 신청을 하면 지방식품의약품안전청장은 등록신청이 등록요건을 갖춘 경우 화장품제조업 등록대장에 다음의 사항을 적고, 신청한 제조업자에게 화장품제조업 등록필증을 발급하여야 합니다.

<화장품제조업 등록필증 기재사항>

1. 등록번호 및 등록연월일
2. 화장품제조업자의 성명 및 생년월일(법인인 경우 대표자의 성명 및 생년월일)
3. 화장품제조업자의 상호(법인인 경우에는 법인의 명칭)
4. 제조소의 소재지
5. 제조 유형

제조업의 등록필증의 예시는 다음과 같습니다. 등록필증의 기재사항도 모두 암기해주세요.

제12345호 ◀등록번호

화장품제조업 등록필증

1. 상호 : ◀제조업자의 상호

2. 소재지 : ◀제조소의 소재지

3. 성명 : ◀제조업자의 성명

4. 생년월일 : ◀제조업자의 생년월일

5. 제조 유형 : ◀제조 유형

「화장품법」 제3조 및 같은 법 시행규칙 제3조에 따라 위와 같이 등록하였음을 증명합니다.

년　　월　　일 ◀등록연월일

○○지방식품의약품안전청장　　[직인]

화장품법 시행규칙 제4조(화장품책임판매업의 등록)

① 법 개정으로 삭제된 내용.

② 화장품책임판매업을 등록하려는 자는 화장품책임판매업 등록신청서(전자문서로 된 신청서 포함)에 다음의 서류(단, **수입대행형 거래를 목적으로 화장품을 알선·수여(授與)하는 책임판매업을 등록하는 경우는 제외**)를 첨부하여 화장품책임판매업소의 소재지를 관할하는 **지방식품의약품안전청장**에게 제출해야 한다.

1. 화장품의 품질관리 및 책임판매 후 안전관리에 적합한 기준에 관한 규정

2. 책임판매관리자의 자격을 확인할 수 있는 서류

③ 신청서를 받은 지방식품의약품안전청장은 「전자정부법」 제36조 제1항에 따른 행정정보의 공동이용을 통하여 법인 등기사항증명서(법인인 경우만 해당)를 확인하여야 한다.

④ 지방식품의약품안전청장은 등록신청이 등록요건을 갖춘 경우 화장품책임판매업 등록대장에 다음의 사항을 적고, 화장품책임판매업 등록필증을 발급해야 한다.

1. 등록번호 및 등록연월일

2. 화장품책임판매업자의 성명 및 주민등록번호 등(법인인 경우에는 대표자의 성명 및 생년월일)

3. 화장품책임판매업자의 상호(법인인 경우에는 법인의 명칭)

4. 화장품책임판매업소의 소재지

5. 책임판매관리자의 성명 및 주민등록번호 등

6. 책임판매 유형

화장품법 시행규칙 제4조는 화장품책임판매업의 등록사항입니다. 다음의 어느 하나에 해당하는 자는 화장품 책임판매업의 등록을 할 수 없습니다(「화장품법」 제3조의3 제2호, 제4호 및 제5호).

1. 피성년후견인 또는 파산선고를 받고 복권되지 않은 자
2. 「화장품법」 또는 「보건범죄 단속에 관한 특별조치법」을 위반해 금고 이상의 형을 선고받고 그 집행이 끝나지 않 거나 그 집행을 받지 않기로 확정되지 않은 자
3. 등록이 취소되거나 영업소가 폐쇄(피성년후견인 또는 파산선고를 받고 복권되지 않아 등록이 취소되거나 영업 소가 폐쇄된 경우 제외)된 날부터 1년이 지나지 않은 자

그럼 책판업자로 등록하기 위해 갖추어야 할 것들을 알아볼까요? 그 전에 화장품책임판매업의 종류에 대해 복 습합시다. 시행령에서 밝힌 화장품책임판매업의 종류는 4가지입니다.

1. 화장품제조업자가 화장품을 직접 제조하여 유통·판매하는 영업
2. 화장품제조업자에게 위탁하여 제조된 화장품을 유통·판매하는 영업
3. 수입된 화장품을 유통·판매하는 영업
4. 수입대행형 거래(「전자상거래 등에서의 소비자보호에 관한 법률」 제2조 제1호에 따른 전자상거래)를 목적으로 화장 품을 알선·수여(授與)하는 영업

이 중 화장품법 시행규칙 제4조에 따라 책임판매업의 유형 중 1번 ~ 3번까지는 다음과 같은 구비서류를 제출하 여야 합니다. 4번에 해당하는 수입대행형 거래는 갖추어야 할 서류가 간소화되어있습니다. 이는 뒤에서 배워보 도록 합시다.

□ 화장품의 품질관리 및 책임판매 후 안전관리에 관한 기준

화장품책임판매업을 등록하려는 자는 화장품의 품질관리 및 책임판매 후 안전관리에 관한 기준을 갖추어야 합니다. 화장품의 품질관리 기준과 책임판매 후 안전관리에 관한 기준을 제출하여야 하는데, 이를 간단히 말해 '품질관리 매뉴얼', '안전관리 매뉴얼'이라고 합니다. 각 매뉴얼의 구성 예시는 다음과 같습니다.

안전관리기준 매뉴얼	품질관리기준 매뉴얼
1) 제1장 총칙	1) 제1장 총칙
2) 제2장 안전관리정보 수집	2) 제2장 제조, 품질관리 확보
3) 제3장 안전관리정보의 검토와 안전확보 조치	3) 제3장 품질정보, 불량 처리
4) 제4장 안전확보 조치의 실시	4) 제4장 회수처리
	5) 제5장 교육훈련
	6) 제6장 문서 및 기록의 관리
	7) 제7장 시장출하에 관한 기록

화장품책임판매업자는 유통·판매되는 화장품의 최종 주인으로서 화장품에 대한 모든 것을 책임지는 자입니다. 따라서 국가의 입장에서는 화장품책임판매업자를 아무나 등록해줄 수는 없습니다. 국가는 이 책임판매업자가 제대로 된 화장품의 품질관리를 하고 있는지, 책임판매 후에 화장품을 내팽겨치지는 않는지, 돈 주고 팔았다고 시중에 유통되고 있는 본인의 화장품에 대한 관리를 소홀히 하지는 않는지에 대해 끊임없이 궁금해합니다. 따라서 정부는 이 사람들을 등록할 때 이러한 것을 알 수 있는 서류를 요구합니다. 그것이 바로 '품질관리 매뉴얼'과 '안전관리 매뉴얼'입니다. **품질관리 매뉴얼**은 보통 화장품 유통·판매 전에 하는 것으로(모든 것이 그러한 것은 아님.) 화장품의 화장품제조업자 및 제조에 관계된 업무에 대한 관리·감독 및 화장품의 시장 출하에 관한 관리, 그 밖에 제품의 품질의 관리에 대한 기준을 말합니다. 즉, 품질관리란 화장품을 판매하기 전에 여러 제조 과정 속에서 여러 기준들을 잘 충족시켰는지, 화장품제조업자에게 본인의 화장품을 위탁하여 제조하게 하였다면 그러한 화장품제조업자가 화장품을 잘 만드는지에 대해 관리 및 감독을 했는지 등을 포함합니다. 직원들을 교육시키는 것도 품질관리라고 할 수 있어요. 직원들이 품질관리에 대해 많이 알수록 화장품의 품질관리가 더 수월해질 수 있을테니까요. 뿐만 아니라 화장품을 유통하기 전에 품질검사를 하여 우리 몸에 유해한 물질은 없는지 확인하는 것도 품질관리의 일환입니다.

 단어정리

- **품질관리** : 화장품의 책임판매 시 필요한 제품의 품질을 확보하기 위해서 실시하는 것으로서, 화장품제조업자 및 제조에 관계된 업무(시험·검사 등의 업무 포함)에 대한 관리·감독 및 화장품의 시장 출하에 관한 관리, 그 밖에 제품의 품질의 관리에 필요한 업무
- **시장출하** : 화장품책임판매업자가 그 제조 등(타인에게 위탁 제조 또는 검사하는 경우 포함, 타인으로부터 수탁 제조 또는 검사하는 경우는 포함하지 않음)을 하거나 수입한 화장품의 **판매를 위해 출하**하는 것

화장품책임판매업자는 책임판매관리자를 두어야 하며, 품질관리 업무를 적정하고 원활하게 수행할 능력이 있는 인력을 충분히 갖추어야 합니다. 책임판매관리자란 화장품책임판매업자를 도와 전반적인 품질관리 업무와 안전관리 업무를 도맡아 하는 직원을 말합니다. 화장품책임판매업자는 품질관리 업무를 적정하고 원활하게 수행하기 위하여 다음의 사항이 포함된 품질관리 업무 절차서를 작성·보관합니다.

품질관리 업무 절차서에 기재되는 내용

1. 적정한 제조관리 및 품질관리 확보에 관한 절차
2. 품질 등에 관한 정보 및 품질 불량 등의 처리 절차
3. 회수처리 절차
4. 교육·훈련에 관한 절차
5. 문서 및 기록의 관리 절차
6. 시장출하에 관한 기록 절차
7. 그 밖에 품질관리 업무에 필요한 절차

화장품책임판매업자는 품질관리 업무 절차서에 따라 다음의 업무를 수행해야 합니다.

품질관리 업무 절차서에 따른 화장품책임판매업자의 업무 수행(품질관리 업무)

1. 화장품제조업자가 화장품을 적정하고 원활하게 제조한 것임을 확인하고 기록할 것
2. 제품의 품질 등에 관한 정보를 얻었을 때 해당 정보가 인체에 영향을 미치는 경우에는 그 원인을 밝히고, 개선이 필요한 경우에는 적정한 조치를 하고 기록할 것
3. 책임판매한 제품의 품질이 불량하거나 품질이 불량할 우려가 있는 경우 회수 등 신속한 조치를 하고 기록할 것
4. 시장출하에 관하여 기록할 것
5. 제조번호별 품질검사를 철저히 한 후 그 결과를 기록할 것. 다만, 화장품제조업자와 화장품책임판매업자가 같은 경우, 화장품제조업자 또는 「식품·의약품분야 시험·검사 등에 관한 법률」 제6조에 따른 식품의약품안전처장이 지정한 화장품 시험·검사기관에 품질검사를 위탁하여 제조번호별 품질검사 결과가 있는 경우에는 품질검사를 하지 않을 수 있다.
6. 그 밖에 품질관리에 관한 업무를 수행할 것

이러한 품질관리 업무 절차서는 어디에다가 보관해야 할까요? 화장품책임판매업자는 책임판매관리자가 업무를 수행하는 장소에 품질관리 업무 절차서 원본을 보관하고, 그 외의 장소에는 원본과 대조를 마친 사본을 보관해야 합니다. 책임판매관리자가 화장품책임판매업자를 도와 품질관리 업무를 총괄하는 직원이라고 하였지요? 그럼 이 직원이 구체적으로 어떤 일을 하는지 알아봅시다. 화장품책임판매업자는 품질관리 업무 절차서에 따라 다음의 업무를 책임판매관리자에게 수행하도록 해야 합니다.

책임판매관리자의 품질관리 업무

1. 품질관리 업무를 총괄할 것
2. 품질관리 업무가 적정하고 원활하게 수행되는 것을 확인할 것
3. 품질관리 업무의 수행을 위하여 필요하다고 인정할 때에는 화장품책임판매업자에게 문서로 보고할 것
4. 품질관리 업무 시 필요에 따라 화장품제조업자, 맞춤형화장품판매업자 등 그 밖의 관계자에게 문서로 연락하거나 지시할 것
5. 품질관리에 관한 기록 및 화장품제조업자의 관리에 관한 기록을 작성하고 이를 해당 제품의 제조일(수입의 경우 수입일을 말한다)부터 3년간 보관할 것
6. 회수한 화장품은 구분하여 일정 기간 보관한 후 폐기 등 적정한 방법으로 처리할 것
7. 회수 내용을 적은 기록을 작성하고 화장품책임판매업자에게 문서로 보고할 것
8. 교육·훈련계획서를 작성할 것
9. 품질관리 업무에 종사하는 사람들에게 품질관리 업무에 관한 교육·훈련을 정기적으로 실시하고 그 기록을 작성, 보관할 것
10. 책임판매관리자 외의 사람이 교육·훈련 업무를 실시하는 경우에는 교육·훈련 실시 상황을 화장품책임판매업자에게 문서로 보고할 것

책임판매관리자의 역할이 정말 중요하죠? 모든 종류의 보고를 문서로 해야 하며 기록을 작성 및 보관해야 하며 심지어 직원들 교육도 시켜야 합니다. 책임판매관리자는 여러 문서를 많이 만드는 사람이죠.

화장품책임판매업자는 이렇게 만들어진 문서·기록에 관하여 다음과 같이 관리해야 합니다.

1. 문서를 작성하거나 개정했을 때에는 품질관리 업무 절차서에 따라 해당 문서의 승인, 배포, 보관 등을 할 것
2. 품질관리 업무 절차서를 작성하거나 개정했을 때에는 해당 품질관리 업무 절차서에 그 날짜를 적고 개정 내용을 보관할 것

이제 품질관리 기준에 대해 이해가 가셨나요? 위와 관련된 모든 사항이 다 품질관리입니다. 그런데 책임판매업자는 품질관리만 신경쓰면 안 됩니다. **책임판매 후의 안전관리**에도 만전을 기해야 합니다. 따라서 정부에서는 **품질관리기준**뿐만 아니라 **책임판매 후 안전관리기준** 역시 책임판매업자 등록 시에 요구하고 있습니다. <u>안전관리란 보통 안전에 대한 정보 수집, 검토 및 그 결과에 따른 필요한 조치를 하는 것</u>을 말합니다. 품질관리가 화장품 유통 전에 중점을 둔다면, 안전관리는 유통판매 후에 중점을 둡니다. 물론, 모든 품질관리가 화장품 유통 전의 것들에 중점을 두는 것은 아닙니다. 그러나 이해하기 쉽게 이렇게 설명할게요. 만약 내가 유통시킨 화장품이 한국법상 아무 문제가 없었는데 외국 정부에서 갑자기 내가 화장품에 넣은 어떤 원료에 대해 위험하다는 발표를 하였다고 칩시다. 그렇다면 나는 법을 어긴 것은 아니지요. 국내법상 사용 가능한 원료만 배합하여 유통하였으니까요. 그러나 화장품책임판매업자는 '외국 정부가 해당 원료를 위험하다고 발표하였다.'라는 안전관리 정보를 끊임없이 수집하고, 이에 대해 어떻게 대처할 것인지에 대해 생각해놔야 합니다. 이러한 책판업자의 정보 수집, 필요한 조치 시행을 안전확보 조치라고 하며 이런 모든 행위를 아울러 안전관리라고 합니다.

> **?** 　　　　　　　　　　　　단어 정리
> • **안전관리 정보** : 화장품의 품질, 안전성·유효성, 그 밖에 적정 사용을 위한 정보
> • **안전확보 업무** : 화장품책임판매 후 안전관리 업무 중 정보 수집, 검토 및 그 결과에 따른 필요한 조치(안전확보 조치)에 관한 업무

이 안전관리를 총괄하는 자 역시 책임판매관리자입니다. 책임판매관리자는 품질관리도 총괄하고 안전관리도 총괄하기에 매우 바쁜 분입니다. 그래서 법적으로 아무나 책임판매관리자가 될 수 없게 상당히 까다로운 조건을 제정해놓았습니다. 책임판매관리자의 자격기준은 뒤에서 보도록 합시다. 안전관리를 총괄하는 책임판매관리자의 업무를 알아볼까요? 책임판매관리자는 학회, 문헌, 그 밖의 연구보고 등에서 안전관리 정보를 수집·기록해야 합니다. 이렇게 수집한 안전관리 정보를 신속히 검토·기록해야 하고 수집한 안전관리 정보의 검토 결과 조치가 필요하다고 판단될 경우 회수, 폐기, 판매정지 또는 첨부문서의 개정, 식품의약품안전처장에게 보고 등 안전확보 조치를 해야 하지요. 또 이러한 조치를 시행할 시에는 안전확보 조치계획을 화장품책임판매업자에게 문서로 보고한 후 그 사본을 보관해야 합니다. 그리고 안전확보 조치계획을 적정하게 평가하여 안전확보 조치를 결정하고 이를 기록·보관해야 하며 안전확보 조치를 수행할 경우 문서로 지시하고 이를 보관해야 하지요. 안전

확보 조치를 실시했다면 그 결과를 화장품책임판매업자에게 문서로 보고한 후 보관해야 합니다. 정리하자면, 책임판매관리자는 안전확보 업무를 총괄하며 안전확보 업무가 적정하고 원활하게 수행되는 것을 항상 확인하여 문서로 기록·보관해야 하고 안전확보 업무의 수행을 위하여 필요하다고 인정할 때에는 화장품책임판매업자에게 문서로 보고한 후 보관해야 합니다.

자, 이제 우리는 품질관리와 안전관리가 무엇인지 배워보았습니다. 정부는 화장품책임판매업자로 등록하려는 자에게 품질관리기준 매뉴얼과 책임판매 후 안전관리기준 매뉴얼을 요구합니다. 다 국민의 안전을 위해서이지요. 제출할 매뉴얼은 원본이어도 되고 사본이어도 됩니다.

□ 책임판매관리자의 자격 확인 서류

책임판매관리자는 품질관리와 책임판매 후 안전관리를 모두 총괄하기 때문에 매우 중요합니다. 이 직원이 없으면 정부에서는 화장품책임판매업자 등록 자체를 해주지 않습니다. 그러므로 등록 전에 미리 책임판매관리자를 구해놔야겠지요? 책임판매관리자는 아무나 할 수 있는 직책이 아닙니다. 화장품법 시행규칙에 따르면 책임판매관리자가 될 수 있는 사람은 다음과 같습니다.

책임판매관리자의 자격기준 및 역할(시행규칙 제8조)
1. 「의료법」에 따른 **의사** 또는 「약사법」에 따른 **약사**
2. 이공계(「국가과학기술 경쟁력 강화를 위한 이공계지원 특별법」 제2조 제1호에 따른 이공계) 학과 또는 향장학·화장품과학·한의학·한약학·간호학·간호과학·건강간호학 등을 전공하여 학사 이상의 학위를 취득(법령에서 이와 같은 수준 이상의 학력이 있다고 인정하는 경우 포함)한 사람
3. 화학·생물학·화학공학·생물공학·미생물학·생화학·생명과학·생명공학·유전공학·향장학·화장품과학·한의학·한약학·간호학·간호과학·건강간호학 등 화장품 관련 분야를 전공하여 **전문학사 학위를 취득**(법령에서 이와 같은 수준 이상의 학력이 있다고 **인정하는 경우 포함**)한 후 화장품 제조 또는 품질관리 업무에 1년 이상 종사한 경력이 있는 사람
3의2. 식품의약품안전처장이 정하여 고시하는 **전문 교육과정을 이수한 사람**(식품의약품안전처장이 정하여 고시하는 품목만 해당)
3의3. **맞춤형화장품조제관리사 자격 시험**에 합격('맞춤형화장품조제관리사 자격 시험에 합격한 사람')
4. 그 밖에 **화장품 제조 또는 품질관리 업무**에 2년 이상 종사한 경력이 있는 사람

② 책임판매관리자는 다음의 직무를 수행한다.

1. 품질관리기준에 따른 품질관리 업무

2. 책임판매 후 안전관리기준에 따른 안전확보 업무

3. 원료 및 자재의 입고(入庫)부터 완제품의 출고에 이르기까지 필요한 시험·검사 또는 검정에 대하여 제조업자를 관리 ·감독하는 업무

③ 상시근로자수가 **10명 이하**인 화장품책임판매업을 경영하는 화장품책임판매업자(법인인 경우 그 대표자)가 책임판매관리자의 자격요건에 해당하는 경우에는 그 사람이 책임판매관리자의 직무를 수행할 수 있다. 이 경우 책임판매관리자를 둔 것으로 본다.

엄청나지요? 책임판매관리자의 자격 조항은 화장품법 시행규칙 제8조에서 보도록 하고 지금은 일단 간단히 읽어봅시다. 이와 같은 사람들만이 책임판매관리자가 될 수 있기에 이와 같은 자격을 갖춘 사람임을 증명하는 서류를 내야 등록이 승인됩니다. 그렇다면 어떤 서류들이 있을까요?

📢 책임판매관리자 증명 서류의 종류

1. 약사, 의사면허 소지자⇒약사, 의사 면허증 사본

2. 학위인정자(원본) ▶ 증명서는 최근 3개월내 발급본 제출요망

(1) 4년제 대학 졸업자

① 이공계학과 전공자(이학사, 공학사, 농학사 등)⇒**졸업증명서**

　※학사 이상의 학위를 취득한 사람으로서 이공계(「국가과학기술 경쟁력 강화를 위한 이공계지원 특별법」 제2조 제1호에 따른 이공계) 전공자

② 향장학, 화장품과학, 한의학, 한약학과 전공자⇒**졸업증명서**

③ 의약계열을 전공한 경우에도 화장품 관련 분야를 전공한 사람으로 인정(성적증명서 확인 필요)

　- 의약계열 : 의학 · 치의학 · 수의학 · 간호학 · 보건학 등⇒**졸업증명서＋성적증명서**

(2) 2, 3년제 전문학사(전문대학교 졸업자)

① 화장품관련분야전공자 : 화장품과학과 등

　⇒**졸업증명서＋경력증명서**(1년 이상의 "화장품 제조 및 품질관리" 업무 경력)

3. 경력자(원본)

① 화장품 제조 및 책임판매 업체에서 제조 및 품질관리업무 경력자

⇒ 경력증명서(업무 : **"화장품 제조 또는 품질관리"** 기재)

- 학력 상관없이 경력 2년(24개월) 이상인 자

책임판매업자로 등록을 하기 위해서는 책임판매관리자를 미리 섭외하여 그 관리자의 자격을 증명할 수 있는 이와 같은 서류 중 해당하는 서류를 제출해야 합니다. 그런데 우리 법에서는 예외적으로 책임판매업자가 책임판매관리자를 겸임할 수 있는 경우를 인정하고 있습니다. 상시근로자수가 **10명 이하**인 화장품책임판매업을 경영하는 화장품책임판매업자(법인인 경우 그 대표자)가 책임판매관리자의 자격요건에 해당하는 경우 그 사람이 책임판매관리자의 직무를 수행할 수 있습니다. 이 경우 책임판매관리자를 둔 것으로 본답니다. 화장품책임판매업자와 책임판매관리자가 같은 사람인 경우는 이 경우밖에 없으니 꼭 암기하세요.

대표자가 책임판매관리자를 겸할 수 있는 경우, 제출서류(아래 조건 ①, ② 모두 충족)

① **책임판매관리자 자격 서류**

② **상시근로자 10인이하(대표 포함) 사업장임을 확인할 수 있는 서류(가 또는 나에 해당되지 않는 경우, 다의 서류)**

가. 중소기업(소상공인)확인서(중소벤처기업부 발급)

나. 4대보험 사업장 가입한 업체의 경우 : 4대사회보험사업장가입자명부(신청일 현재)

다. 대표자가 건강보험 지역가입자 또는 직장피부양자인 경우 : 10인 이하임을 확인한다는 확인서(자사 공문 양식)+건강보험자격득실확인서

□ 사업자 등록증 사본 혹은 법인등기부등본 사본

화장품책임판매업자는 제조업자나 맞춤형화장품판매업자와 마찬가지로 사업자이기에 사업자등록증을 제출해야 등록이 됩니다. 법인인 경우 법인등기부등본까지 제출해야 합니다.

□ 품질관리 시험 위·수탁계약서

화장품책임판매업자로 등록하기 위해서는 품질관리 시험(품질검사)을 어떻게 할지에 대해서도 정해놓아야 합니다. 화장품을 유통하기 전 품질관리를 위해 모든 제조번호의 화장품에 대해 품질검사를 실시합니다. 유통화장품 안전관리 기준에 따라 다음과 같은 항목을 꼭 시험하게 되어있습니다.

1) 비의도적 유래물질 검출되는 물질

① 납 ② 니켈 ③ 비소 ④ 수은 ⑤ 안티몬 ⑥ 카드뮴 ⑦ 디옥산 ⑧ 메탄올 ⑨ 포름알데하이드 ⑩ 프탈레이트류

2) 미생물 한도시험 3) 내용량 시험 4) Ph시험

즉, 유통 전에 이와 같은 항목의 시험을 하는 것이 필수입니다. 이에 대한 의무는 화장품책임판매업자에게 있습니다. 그러나 만약 위와 같은 시험을 할 시험실과 시험도구가 없다면 어떻게 해야 할까요? 책임판매업 등록을 못 할까요? 아닙니다. 위와 같은 시험실을 갖추고 있는 시험기관이나 제조업자 등에게 시험을 맡기면 됩니다. 정부에서는 화장품책임판매업자가 등록을 신청할 시에 품질관리 시험을 타 업소 혹은 기관에 위탁한 경우라면 이를 증명할 수 있는 계약서를 요구합니다.

□ 예외적인 책임판매업자의 유형 : 수입대행형 거래(4번 유형)

다음은 화장품책임판매업의 유형입니다.

1. 화장품제조업자가 화장품을 직접 제조하여 유통·판매하는 영업
2. 화장품제조업자에게 위탁하여 제조된 화장품을 유통·판매하는 영업
3. 수입된 화장품을 유통·판매하는 영업
4. 수입대행형 거래(「전자상거래 등에서의 소비자보호에 관한 법률」 제2조 제1호에 따른 전자상거래)를 목적으로 화장품을 알선·수여(授與)하는 영업

화장품책임판매업자의 4가지 유형 중 앞에서 설명한 모든 서류를 갖추어야 하는 업자는 1번부터 3번까지의 업자라고 위에서 언급하였습니다. 그렇다면 4번의 책임판매 유형인 수입대행형 거래(「전자상거래 등에서의 소비자보호에 관한 법률」 제2조 제1호에 따른 전자상거래)를 목적으로 화장품을 알선·수여(授與)하는 영업은 어떻게 등록할 수 있을까요? 수입대행형 거래의 경우 일반 화장품 수입과는 달리 통관절차나 별도의 유통과정을 거치지 않으므로 수입절차가 간단합니다. 이미 해외에서 만들어진 화장품을 소비자에게 해외직구의 형태로 알선하고 수여하는 영업이므로 다른 화장품책임판매업자의 등록에 비해 훨씬 간단합니다. 자가품질검사를 위한 시험검사 시설도 요구되지 않으며 화장품의 품질관리 및 책임판매 후 안전관리에 적합한 기준에 관한 매뉴얼과 책임판매관리자의 자격을 확인할 수 있는 서류를 제출할 필요가 없습니다. 물론 책임판매관리자에 관한 서류를 제출하기는 하나 수입대행형 거래 유형의 책임판매업자의 책임판매관리자는 별도의 자격요건을 요구하지 않습니다. 1~3번 책임판매업자들은 어마어마한 조건을 갖춘 책임판매관리자가 필요했습니다. 그러나 수입대행형 거래 유형의 책임판매업자가 갖추어야 하는 책임판매관리자는 아무나 될 수 있습니다. 직원 중 누구라도 관리자로 선임될 수 있으며 다른 유형과 마찬가지로 10인 이하의 사업장이라면 대표자가 직접 관리자가 될 수도 있습니다. 그러나 등록 시 제출서류가 면제된다고 해서 수입대행형 거래 유형의 책임판매업자에게 품질관리나 책임판매 후 안전관리의 의무까지 면제가 되는 것은 아닙니다. 이 책임판매업자 역시 품질관리 업무 절차서를 갖추고 품질관리를 위해 노력해야 합니다.

지방식품의약품안전청장은 등록신청이 등록요건을 갖춘 경우 화장품책임판매업 등록대장에 다음의 사항을 적고, 화장품책임판매업 등록필증을 발급하여야 합니다.

<화장품책임판매업 등록필증 기재사항>

1. 등록번호 및 등록연월일

2. 화장품책임판매업자의 성명 및 생년월일(법인인 경우에는 대표자의 성명 및 생년월일)

3. 화장품책임판매업자의 상호(법인인 경우에는 법인의 명칭)

4. 화장품책임판매업소의 소재지

5. 책임판매관리자의 성명 및 생년월일

6. 책임판매 유형

화장품책임판매업의 등록필증의 예시는 다음과 같습니다. 등록필증의 기재사항도 모두 암기해주세요.

제12345호 ◀등록번호

화장품책임판매업 등록필증

1. 상호: ◀화장품책임판매업자의 상호

2. 소재지: ◀화장품책임판매업소의 소재지

3. 성명: ◀화장품책임판매업자의 성명

4. 생년월일: ◀화장품책임판매업자의 생년월일(주민등록번호 아님)

5. 책임판매 유형: ◀책임판매 유형

「화장품법」제3조 및 같은 법 시행규칙 제4조 제4항에 따라 위와 같이 등록하였음을 증명합니다.

년   월   일 ◀등록연월일

지방식품의약품안전청장   직인

지금까지 화장품제조업과 화장품책임판매업 등록을 신청하는 방법과 필요한 서류에 대해서 알아보았습니다. 그런데 영업을 영위하는 중에 처음에 등록을 신청한 것과 달라지면 어떻게 해야 할까요? 예를 들어 화장품제조업자가 제조업소를 다른 사람에게 판매하여 제조업자가 변경되는 경우, 개인 사정으로 인하여 제조업소를 다른 지역으로 이전한 경우, 책임판매관리자가 갑자기 일을 관두어 새로운 책임판매관리자를 선임한 경우 등 – 이러한 변경사항이 생겼을 때에는 다시 새롭게 등록을 해야 할까요? 아닙니다. 화장품법 시행규칙에 따르면 등록 변경사항이 생겼을 시에 변경된 사항에 대해서만 '변경등록' 절차를 거치면 됩니다. 화장품제조업과 화장품책임판매업의 변경등록과 관련된 화장품법 시행규칙 제5조를 함께 살펴봅시다.

화장품법 시행규칙 제5조(화장품제조업과 화장품책임판매업의 변경등록)

① 화장품제조업자 또는 화장품책임판매업자가 변경등록을 하여야 하는 경우는 다음과 같다.

1. 화장품제조업자가 변경등록을 신청하여야 하는 경우

가. 화장품제조업자의 변경(법인인 경우에는 대표자의 변경)

나. 화장품제조업자의 상호 변경(법인인 경우에는 법인의 명칭 변경)

다. 제조소의 소재지 변경

라. 제조 유형 변경

2. 화장품책임판매업자 변경등록을 신청하여야 하는 경우

가. 화장품책임판매업자의 변경(법인인 경우에는 대표자의 변경)

나. 화장품책임판매업자의 상호 변경(법인인 경우에는 법인의 명칭 변경)

다. 화장품책임판매업소의 소재지 변경

라. 책임판매관리자의 변경

마. 책임판매 유형 변경

② 화장품제조업자 또는 화장품책임판매업자는 변경등록을 하는 경우에 변경 사유가 발생한 날부터 30일(행정구역 개편에 따른 소재지 변경의 경우에는 90일) 이내에 화장품제조업 변경등록 신청서 또는 화장품책임판매업 변경등록 신청서에 화장품제조업 등록필증 또는 화장품책임판매업 등록필증과 다음의 구분에 따라 해당 서류를 첨부하여 지방식품의약품안전청장에게 제출하여야 한다. 이 경우 등록 관청을 달리하는 화장품제조소 또는 화장품책임판매업소의 소재지 변경의 경우에는 **새로운 소재지를 관할하는 지방식품의약품안전청장에게 제출**하여야 한다.

1. 화장품제조업자 또는 화장품책임판매업자의 변경(법인의 경우에는 대표자의 변경)의 경우에는 다음의 서류

가. 정신질환자가 아님을 증명하는 의사의 진단서(제조업자만 제출)

나. 마약류의 중독자가 아님을 증명하는 의사의 진단서(제조업자만 제출)

다. 양도·양수의 경우에는 이를 증명하는 서류

라. 상속의 경우에는 「가족관계의 등록 등에 관한 법률」 제15조 제1항 제1호의 가족관계증명서

2. 제조소의 소재지 변경(행정구역개편에 따른 사항은 제외)의 경우 : 시설 명세서

3. 책임판매관리자 변경의 경우 : 책임판매관리자의 자격확인 서류(수입대행형 거래를 하는 화장품책임판매업을 등록한 자는 제외)

<u>4.</u> 제조 유형 또는 책임판매 유형 변경의 경우

가. 화장품의 포장만(1차 포장)을 하는 화장품제조업자가 화장품을 직접 제조하는 영업 또는 화장품 제조를 위탁받아 제조하는 영업 유형으로 변경하거나 화장품을 직접 제조하는 영업 또는 화장품 제조를 위탁받아 제조하는 영업의 제조 유형을 추가하는 경우 : 시설 명세서

나. 수입대행형 거래를 목적으로 알선·수여하는 화장품책임판매 유형으로 등록한 자가 화장품제조업자가 화장품을 직접 제조하여 유통·판매하는 영업, 화장품제조업자에게 위탁하여 제조된 화장품을 유통·판매하는 영업, 수입된 화장품을 유통·판매하는 영업의 책임판매 유형으로 변경하거나 화장품제조업자가 화장품을 직접 제조하여 유통·판매하는 영업, 화장품제조업자에게 위탁하여 제조된 화장품을 유통·판매하는 영업, 수입된 화장품을 유통·판매하는 영업의 책임판매 유형을 추가하는 경우 : 화장품의 품질관리 및 책임판매 후 안전관리에 적합한 기준에 관한 규정 및 책임판매관리자의 자격확인 서류

③ 화장품제조업 변경등록 신청서 또는 화장품책임판매업 변경등록 신청서를 받은 지방식품의약품안전청장은 「전자정부법」 제36조 제1항에 따른 행정정보의 공동이용을 통하여 법인 등기사항증명서(법인인 경우만 해당한다)를 확인하여야 한다.

④ <u>지방식품의약품안전청장은 변경등록 신청사항을 확인한 후 화장품 제조업 등록대장 또는 화장품책임판매업 등록대장에 각각의 변경사항을 적고, 화장품제조업 등록필증 또는 화장품책임판매업 등록필증의 뒷면에 변경사항을 적은 후 이를 내주어야 한다.</u>

화장품제조업을 변경 등록해야 하는 경우는 4가지입니다. 화장품제조업자의 변경(법인인 경우에는 대표자의 변경)된 경우, 화장품제조업자의 상호가 변경(법인인 경우에는 법인의 명칭 변경)된 경우, 제조소의 소재지가 변경된 경우, 제조 유형이 변경된 경우입니다. 각 경우를 면밀히 알아보겠습니다. 우선, 모든 경우에 **변경등록 신청서, 등록필증**을 제출해야 합니다.

□ 화장품제조업자가 변경된 경우

화장품제조업자는 다양한 이유로 변경될 수 있습니다. 갑자기 사망하여 가족 중 누군가가 상속받는 경우, 제조소를 다른 이에게 판매하여 양도·양수로 인한 변경의 경우가 있습니다. 화장품제조업자가 변경된 경우 민원인이 제출해야 하는 서류는 다음과 같습니다.

- 기본서류 : **사업자등록증과 변경등록 신청서, 등록필증**
- 화장품제조업자(법인인 경우 대표자)가 정신질환자가 아님을 증명하는 의사의 진단서 또는 정신질환자이지만 화장품제조업을 해도 된다는 소견이 적힌 전문의의 진단서
- 화장품제조업자가 마약류의 중독자가 아님 증명하는 의사의 진단서
- 양도·양수의 경우에는 이를 증명할 수 있는 서류
- 상속의 경우에는 「가족관계의 등록 등에 관한 법률」 제15조 제1항 제1호의 가족관계증명서
- 행정처분 내용 고지 확인서

화장품제조업을 처음에 등록하면 등록필증을 주죠. 이 필증은 국가가 등록 신청자에게 영업을 해도 된다고 인정한 서류로서, 이 필증이 없으면 영업 자체가 불가능합니다. 그리고 지금 내가 영위하는 영업의 내용과 필증의 내용이 서로 맞지 않으면 절대 안 됩니다. 예를 들어 필증에는 제조업자의 성명이 홍길동으로 되어있는데, 실제 제조업자의 이름이 홍당무라면 이는 불법 영업이며 행청처분을 받습니다. 따라서 영업 중에 어떤 변경사항이 생겼다면 반드시 변경 등록을 하여 필증에 기재된 내용을 바꾸어야 합니다. 즉, 모든 변경 등록 시에 국가가 발급해준 등록필증을 함께 제출합니다.

화장품제조업자의 결격사유, 기억나시나요? 정신질환자나 마약류의 중독자는 제조업자가 될 수 없습니다. 상속이든 양도·양수로 인하든 제조업자가 바뀌었다면 바뀐 제조업자에 대해서도 이러한 사람들이 아니라는 증명서(진단서)를 제출해야 합니다.

상속으로 인하여 제조업자가 바뀌었다면 추가적으로 가족관계증명서를 동봉해야 합니다. 돈 주고 업소를 사고 팔아서 그 주인(제조업자)이 바뀐 경우라면 양도·양수 계약서를 갖추어야 합니다.

그리고 마지막으로 행정처분 내용 고지 확인서를 기재하여 제출해야 합니다. 예를 들어 어떤 제조업자가 행정처분을 받아 영업소 문을 1개월간 닫아야 하는데, 이때 바로 다른 사람에게 제조업소를 팔았다고 합시다. 새로 제조업소를 산 사람이 이 행정처분을 모르고 계약을 체결했다면 낭패겠지요? 따라서 국가에서는 '행정처분 내용 고지 확인서'를 통해 이러한 일이 생기지 않게 사전에 방지합니다.

☐ 화장품제조업자의 상호가 변경된 경우

화장품제조업자의 상호가 무엇인지 아시나요? 여러분이 사용하는 화장품 용기의 뒷면을 봐주세요. [화장품제조업자] 옆에 뭐라고 쓰여있지요? 그것이 화장품제조업자의 상호입니다. 즉, 회사 이름이죠. ㈜코리아코스메틱, ㈜한국화장품 등과 같은 것들을 상호라고 합니다. 제조업자는 이러한 회사의 이름이 변경되었을 때에도 변경 등록을 해야합니다. 그런데 이때 제출하여야 하는 서류는 간단합니다. 변경등록 신청서와 사업자등록증, 등록필증만 있으면 됩니다. 회사 이름은 등록필증에만 기재가 되어 있기 때문에 바꿔야 할 서류도 사업자등록증을 제외하면 등록필증 하나밖에 없습니다.

☐ 제조소의 소재지가 변경된 경우

어떤 이유로든 화장품 제조공장을 이전하였다면 변경 등록을 해야 합니다. 화장품 제조소의 소재지가 변경되면 우선 예전 소재지가 적혀있는 사업자등록증과 등록필증부터 바꿔야겠지요? 그리고 이사 간 제조공장에 화장품을 제조할 시설이 있는지, 위생을 위한 시설이 있는지 등에 대해 알 수 있게 시설의 명세서를 함께 제출해야 합니다.

□ 제조업 유형의 변경

화장품의 포장만(1차 포장)을 하는 화장품제조업자가 화장품을 직접 제조하는 영업 또는 화장품 제조를 위탁받아 제조하는 영업 유형으로 변경하거나, 화장품을 직접 제조하는 영업 또는 화장품 제조를 위탁받아 제조하는 영업의 제조 유형을 추가하는 경우에는 시설 명세서를 추가로 제출해야 합니다. 이는 당연한 것 입니다. 화장품의 내용물을 단순히 용기에 충전하는 영업만 하다가 모든 화장품 제조 공정을 다 하는 영업으로 바꾸려는 경우, 정부는 이 화장품 제조업체가 모든 화장품 공정을 다 할 수 있을 만큼의 시설과 제조소를 갖추었는지 확인해야 합니다. 따라서 시설의 명세서가 필요한 것입니다.

위 외에도 법인인 경우에 한해 대표자가 변경된 경우, 법인의 명칭이 변경된 경우 등에 법인등기사항증명서가 필요합니다. 그러나 이는 보통 담당 공무원이 행정정보의 공동이용을 통하여 알아서 확인합니다.

그렇다면 이제 화장품책임판매업을 변경 등록하여야 하는 경우를 알아볼까요? 아래 5가지의 경우가 있습니다. 다음에 설명하는 모든 경우에 **변경등록 신청서, 등록필증**을 함께 제출해야 합니다.

1. 화장품책임판매업자의 변경(법인인 경우에는 대표자의 변경)
2. 화장품책임판매업자의 상호 변경(법인인 경우에는 법인의 명칭 변경)
3. 화장품책임판매업소의 소재지 변경
4. 책임판매관리자의 변경
5. 책임판매 유형 변경

□ 화장품책임판매업자의 변경 등록

화장품책임판매업자의 변경 등록을 위해서는 다음과 같은 서류가 필요합니다. 각 서류의 설명은 앞의 제조업자의 변경 등록 부분을 참고해주세요.

- 기본서류 : **사업자등록증과 변경등록 신청서, 등록필증**
- 양도·양수의 경우에는 이를 증명할 수 있는 서류
- 상속의 경우에는 「가족관계의 등록 등에 관한 법률」 제15조 제1항 제1호의 가족관계증명서
- 행정처분 내용 고지 확인서(화장품책임판매업자 변경에 한함)

□ 화장품책임판매업자의 상호변경

화장품책임판매업의 회사 이름을 바꾸는 것으로서 제조업자의 상호 변경과 마찬가지로 기본서류(**사업자등록증과 변경등록 신청서**)와 함께 화장품책임판매업 등록필증만 갖추시면 됩니다.

□　화장품책임판매업소의 소재지 변경

　이 경우에는 제조업소의 소재지 변경과는 필요한 서류가 다소 다릅니다. 제조업소는 화장품을 직접 만드는 곳이므로 각각의 시설명세서가 상세히 구비되어 있어야 합니다. 그러나 화장품책임판매업소는 화장품을 유통·판매하기 위한 목적으로 만든 사무실이기 때문에 사실상 사무실의 시설을 정부가 알 필요는 없습니다. 대신 소재지 변경으로 인해 사업자등록증이 바뀌었으니 이 등록증의 사본은 제출하여야 합니다. 책임판매업소의 소재지가 변경된 곳이 임대한 장소라면 임대차계약서만 추가적으로 챙기시면 됩니다.

□　책임판매관리자의 변경

　만약 책임판매관리자가 사직을 하여 새로운 관리자를 구했다면 변경된 책임판매관리자의 자격을 확인할 수 있는 서류를 제출해야 합니다. 물론, 수입대행형 거래 유형의 책임판매업자의 책임판매관리자가 바뀐 경우에는 관리자의 자격을 증명할 서류는 필요 없고 '재직 증명서'만 제출하면 됩니다.

□　책임판매 유형 변경

　만약, 수입대행형 거래 유형의 책임판매업자가 1~3번까지의 유형으로 책임판매 유형을 변경한다면 어떻게 하여야 할까요?

　　1. 화장품제조업자가 화장품을 직접 제조하여 유통·판매하는 영업
　　2. 화장품제조업자에게 위탁하여 제조된 화장품을 유통·판매하는 영업
　　3. 수입된 화장품을 유통·판매하는 영업
　　4. 수입대행형 거래(「전자상거래 등에서의 소비자보호에 관한 법률」 제2조 제1호에 따른 전자상거래)를 목적으로 화장품을 알선·수여(授與)하는 영업

　즉, 4번에 해당하는 사람이 1~3번으로 전향하려 한다면? 수입대행형 거래의 유형은 처음에 등록할 때에 다른 유형과는 다르게도 화장품의 품질관리 및 책임판매 후 안전관리에 적합한 기준에 관한 규정과 책임판매관리자의 자격을 확인할 수 있는 서류를 제출하지 않았었습니다. 따라서 4번 유형이 1~3번 유형으로 바꾸려거든 등록 시 제출하지 않았던 이 서류들을 제출하여야 합니다. 또한 자격 조건을 갖춘 책임판매관리자 선임 후 이에 대한 자격을 확인할 수 있는 서류를 제출하여야 합니다.

　이 외에도 법인인 경우에 한해 대표자가 변경된 경우, 법인의 명칭이 변경된 경우 등에 법인등기사항증명서가 필요합니다. 그러나 이는 보통 담당 공무원이 행정정보의 공동이용을 통하여 알아서 확인합니다.

참고

Q. 변경 사유가 발생한 날로부터 며칠 이내에 변경 등록 신청을 해야하나요?

A. 화장품제조업자 또는 화장품책임판매업자는 변경등록을 하는 경우에 변경 사유가 발생한 날부터 30일(**행정구역 개편에 따른 소재지 변경의 경우에는** 90일)이내에 변경 등록을 하여야 합니다. 이 기간을 지키지 않을 시에 행정처분을 받습니다.

Q. 행정구역 개편에 따른 소재지 변경이란 말은 무슨 뜻인가요?

A. 만약, 국가의 행정구역 개편으로 인해 제조업소나 책판업소의 소재지가 변경되었다면 이는 90일 이내에만 변경 등록하면 됩니다. 즉, 내가 이사를 가지 않았고 내 업소는 가만히 있었는데 행정구역이 갑자기 바뀌어 다른 지방식약청 관할로 바뀌게 되었다면 이 경우에는 90일 이내에만 변경 등록하면 된다는 것입니다. 단, 이 경우 새로운 소재지를 관할하는 지방식품의약품안전청장에게 변경 등록 신청서를 제출합니다.

제조업 및 책판업 변경 등록이 지방식약청으로 접수되면, 지방식약청은 변경등록 신청사항을 확인한 후 화장품 제조업 등록대장 또는 화장품책임판매업 등록대장에 각각의 변경사항을 적고, 화장품제조업 등록필증 또는 화장품책임판매업 등록필증의 뒷면에 변경사항을 적은 후 이를 내줍니다.

III. 화장품법 시행규칙(총리령)

간단하고 명료한 화장품법 시행령 체계표[다지기]	
법령	화장품법 시행규칙
조항	제2조~제5조

□ **[화장품법 시행규칙 제2조] 기능성화장품의 범위**

화장품법과 화장품법 시행규칙의 기능성화장품 범위 연계 **(객관식 주관식 모두 주의)★★★★★**	
화장품법에 명시된 기능성화장품의 범위 (5목)	화장품법 시행규칙에서 구체화된 기능성화장품의 범위(11목)
가. 피부의 미백에 도움을 주는 제품	1. 피부에 멜라닌색소가 침착하는 것을 방지하여 기미·주근깨 등의 생성을 억제함으로써 피부의 미백에 도움을 주는 기능을 가진 화장품 2. 피부에 침착된 멜라닌색소의 색을 엷게 하여 피부의 미백에 도움을 주는 기능을 가진 화장품
나. 피부의 주름개선에 도움을 주는 제품	3. 피부에 탄력을 주어 피부의 주름을 완화 또는 개선하는 기능을 가진 화장품
다. 피부를 곱게 태워주거나 자외선으로부터 피부를 보호하는 데에 도움을 주는 제품	4. 강한 햇볕을 방지하여 피부를 곱게 태워주는 기능을 가진 화장품 5. 자외선을 차단 또는 산란시켜 자외선으로부터 피부를 보호하는 기능을 가진 화장품
라. 모발의 색상 변화·제거 또는 영양공급에 도움을 주는 제품	6. 모발의 색상을 변화[탈염(脫染)·탈색(脫色) 포함]시키는 기능을 가진 화장품. **다만, 일시적으로 모발의 색상을 변화시키는 제품은 제외** 7. 체모를 제거하는 기능을 가진 화장품. **다만, 물리적으로 체모를 제거하는 제품은 제외**
마. 피부나 모발의 기능 약화로 인한 건조함, 갈라짐, 빠짐, 각질화 등을 방지하거나 개선하는 데에 도움을 주는 제품	8. 탈모 증상의 완화에 도움을 주는 화장품. **다만, 코팅 등 물리적으로 모발을 굵게 보이게 하는 제품은 제외** 9. 여드름성 피부를 완화하는 데 도움을 주는 화장품. **다만, 인체 세정용 제품류로 한정** 10. 피부장벽(피부의 가장 바깥 쪽에 존재하는 각질층의 표피)의 기능을 회복하여 가려움 등의 개선에 도움을 주는 화장품 11. 튼살로 인한 붉은 선을 엷게 하는 데 도움을 주는 화장품

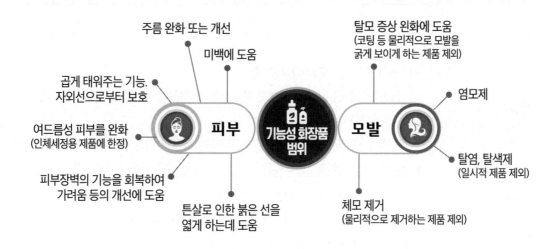

☐ **[화장품법 시행규칙 제2조의2] 맞춤형화장품의 제외 대상**

고형(固形) 화장 비누(고체 형태의 세안용 비누)를 단순 소분한 화장품은 맞춤형화장품에서 제외한다.

☐ **[화장품법 시행규칙 제3조] 화장품제조업의 등록**

화장품제조업 등록의 모든 것			
제출처	관할 지방식약청	처리기한	영업일 기준 제출일로부터 15일 이내
접수 방법	① 인터넷 접수 : 의약품안전나라 https://nedrug.mfds.go.kr/index • 민원사무명 「화장품제조업등록」 검색 후, 웹상의 신청서 작성 • 제출서류는 스캔본(pdf, jpg 등)으로 업로드하고, 그 중 원본이라 명시된 서류는 우편으로 송부 ② 우편 및 방문 접수 • 화장품법시행규칙 별지 제1호 서식 「화장품 제조업 등록신청서」 작성 • 제출서류는 신청서와 함께 우편 혹은 방문 제출		
처리 수수료	인터넷 접수	27,000원(시스템이용료 별도)	
	우편 혹은 방문 접수	30,000원	
등록 가능한 제조업의 유형	1. 화장품을 직접 제조하는 영업 2. 화장품 제조를 위탁받아 제조하는 영업 3. 화장품의 포장(1차포장만 해당)을 하는 영업		

화장품제조업 등록의 모든 것

등록을 위한 구비 서류 목록(등록 신청서 기본)

1. 대표자 서류	○ 대표자 진단서 • 다음과 같은 문구가 들어가야 함. - 「정신건강증진 및 정신질환자 복지서비스 지원에 관한 법률」제3조 제1호에 따른 정신질환자가 아니며, - 「마약류 관리에 관한 법률」제2조 제1호에 따른 마약류 중독자가 아님을 증명함 ▶ 가까운 의원, 내과, 정신과병원, 가정의학과 등 특정하게 지정한 병원은 없음

2. 시설 명세서	• 시설의 명세서에 포함되어야 하는 내용
	① 건축물관리대장(건축물의 용도, 면적, 소유자 등 확인)
	  ▶ 용도 : "주거용"(주택)에서는 할 수 없음
	② 임대차계약서 사본(임대의 경우)
	③ 제조시설 및 시험시설 내역서(시설 목록 및 사진)
	  ☑ 양식 첨부(화장품시설내역서)
	④ 제조 및 품질시험 위·수탁계약서 사본
	⑤ 평면도(작업소, 보관소, 시험실 - 출입문, 방위, 가로, 세로, 면적표시)
	⑥ 공장등록증 사본(500㎡ 이상인 경우 필수)

3. 사업자등록증 사본 및 법인등기부등본 사본 (법인의 경우만)	• 개인 : 사업자등록증 사본 • 법인 : 사업자등록증 사본 및 법인등기부등본 사본

< 화장품제조업 등록필증 기재사항 >

1. 등록번호 및 등록연월일
2. 화장품제조업자의 성명 및 생년월일(법인인 경우 대표자의 성명 및 생년월일)
3. 화장품제조업자의 상호(법인인 경우에는 법인의 명칭)
4. 제조소의 소재지
5. 제조 유형

□ **[화장품법 시행규칙 제4조] 화장품책임판매업의 등록**

화장품책임판매업 등록의 모든 것			
제출처	관할 지방식약청	처리기한	영업일 기준 접수일로부터 10일 이내
접수 방법	① 인터넷 접수 : 의약품안전나라 https://nedrug.mfds.go.kr/index • 민원사무명 「화장품책임판매업등록」 검색 후, 웹상의 신청서 작성 • 제출서류는 스캔본(pdf, jpg 등)으로 업로드하고, 그 중 원본이라 명시된 서류는 우편으로 송부 ② 우편 및 방문 접수 • 화장품법시행규칙 별지 제3호 서식 「화장품책임판매업 등록신청서」 작성 • 제출서류는 신청서와 함께 우편 혹은 방문 제출		
처리 수수료	인터넷 접수	27,000원(시스템이용료 별도)	
	우편 혹은 방문 접수	30,000원	
이 방법으로 등록 가능한 책판업의 유형	1. 화장품제조업자가 화장품을 직접 제조하여 유통·판매하는 영업 2. 화장품제조업자에게 위탁하여 제조된 화장품을 유통·판매하는 영업 3. 수입된 화장품을 유통·판매하는 영업 ☑ 책임판매유형 중 수입대행형 거래를 목적으로 알선수여하는 영업은 이 방법이 아니라 간소화된 다른 방법으로 등록함.		
등록을 위한 구비 서류 목록(등록 신청서 기본)			
1. 대표자 서류	등록 신청서에 주민번호 정확히 명시(외국인의 경우, 생년월일 표시)		

2. 책임판매관리자 자격 증명 서류	① 약사, 의사면허 소지자⇒약사, 의사 면허증 사본
	② 학위인정자(원본) ▶ 증명서는 최근 3개월내 발급본 제출요망
	 1) 4년제 대학 졸업자
	 • 이공계학과 전공자(이학사, 공학사, 농학사 등)⇒**졸업증명서**
	  ☑ 학사 이상의 학위를 취득한 사람으로서 이공계(「국가과학기술 경쟁력 강화를 위한 이공계지원 특별법」 제2조 제1호에 따른 이공계) 전공자
	 • 향장학, 화장품과학, 한의학, 한약학과 전공자⇒**졸업증명서**
	 • 의약계열을 전공한 사람은 화장품 관련 분야를 전공한 사람으로 인정(성적증명서 확인 필요)
	  ☑ 의약계열 : 의학·치의학·수의학·간호학·보건학 등⇒**졸업증명서+성적증명서**
	 2) 2, 3년제 전문학사(전문대)
	 • 화장품관련분야전공자 : 화장품과학과 등
	  ⇒**졸업증명서+경력증명서**(1년이상의 "화장품 제조 및 품질관리"업무 경력)		

등록을 위한 구비 서류 목록(등록 신청서 기본)			

2. 책임판매관리자 자격 증명 서류	③ 경력자(원본) 화장품 제조 및 책임판매 업체에서 제조 및 품질관리업무 경력자 ⇒ 경력증명서(업무 : "**화장품 제조 또는 품질관리**" 기재) ☑ **학력 상관없이 경력** 2년(24개월) **이상인 자** ※ 대표자가 책임판매관리자를 겸할 수 있는 경우, 제출서류(아래 조건 ①② 모두 충족) ① **책임판매관리자 자격 서류**(상기 사항 참조) ② **상시근로자 10인 이하(대표 포함) 사업장임을 확인할 수 있는 서류**(가 또는 나에 해당되지 않는 경우, 다의 서류) 　가. 중소기업(소상공인)확인서(중소벤처기업부 발급) 　나. 4대보험 사업장 가입한 업체의 경우 : 4대사회보험사업장가입자명부(신청일 현재) 　다. 대표자가 건강보험 지역가입자 또는 직장피부양자인 경우 : 10인 이하임을 확인한다는 확인서(자사 공문 양식)＋건강보험자격득실확인서
3. 사업자등록증 사본 및 법인등기부등본 사본(법인의 경우만)	• 개인 : 사업자등록증 사본 • 법인 : 사업자등록증 사본 및 법인등기부등본 사본
4. 책임판매 후 안전 관리기준 매뉴얼 (원본 또는 사본) **5. 품질관리기준 매뉴얼(원본 또는 사본)**	<table><tr><th>안전관리기준 매뉴얼</th><th>품질관리기준 매뉴얼</th></tr><tr><td>1) 제1장 총칙 2) 제2장 안전관리정보 수집 3) 제3장 안전관리정보의 검토와 안전확보 조치 4) 제4장 안전확보 조치의 실시</td><td>1) 제1장 총칙 2) 제2장 제조, 품질관리 확보 3) 제3장 품질정보, 불량 처리 4) 제4장 회수처리 5) 제5장 교육훈련 6) 제6장 문서 및 기록의 관리 7) 제7장 시장출하에 관한 기록</td></tr></table>
6. 품질관리 시험 위 · 수탁계약서(사본)	"완제품을 유통하기에 앞서 품질검사를 실시하겠다"라는 제조업체 또는 품질검사기관과의 계약서(제조업체와의 계약 시에는 제조업체 보유 **시험장비목록** 포함) 품질검사를 실시하여야 하는 검사항목 ☐ *책임판매업 등록 후 유통하기에 앞서 실시하여야 하는 품질검사임* <화장품 안전기준 등에 관한 규정> 제3장 유통화장품 안전관리 기준(제5조) 1) 비의도적 유래물질 검출 되는 물질 　① 납　② 니켈　③ 비소　④ 수은　⑤ 안티몬　⑥ 카드뮴　⑦ 디옥산　⑧ 메탄올 　⑨ 포름알데하이드　⑩프탈레이트류 2) 미생물한도시험 3) 내용량 시험 4) Ph시험

수입대행형 거래를 목적으로 화장품을 알선·수여하는 유형의 화장품책임판매업자가등록 시 갖추어야 하는 서류 정리

1. **화장품 책임판매업 등록신청서** · 우편/방문 접수 시 제출(인터넷 접수의 경우, 웹상에서 신청서를 작성하게 되므로 별도로 제출하지 않음)
2. **대표자에 관한 사항** : 등록신청서에 주민번호 정확히 명시(외국인의 경우, 생년월일 표시)
3. **책임판매관리자 관련 서류** : 자격확인서류 아님. 단순 재직증명서.
- 상시근로자로 근무하고 있는 직원의 경우 : 재직증명서

☑ 책임판매유형 1~3번과는 다르게도 **수입대행형 거래의 유형 등록인 경우 책임판매관리자에게 별도의 자격을 요구하지 않으므로 자격 확인 서류는 필요 없음.** 다만, 아무 직원 중 한 명이 책임판매관리자를 하여야 하므로 책임판매관리자를 하고자 하는 직원의 재직증명서는 제출하여야 함.

대표자가 책임판매관리자를 겸할 수 있는 경우, 제출서류

○ **상시근로자 10인이하(대표 포함) 사업장임을 확인할 수 있는 서류(가 또는 나에 해당되지 않는 경우, 다의 서류)**
  가. 중소기업(소상공인)확인서(중소벤처기업부 발급)
  나. 4대보험 사업장 가입한 업체의 경우 : 4대사회보험사업장가입자명부(신청일 현재)
  다. 대표자가 건강보험 지역가입자 또는 직장피부양자인 경우 : 10인 이하 임을 확인한다는 확인서(자사 공문 양식) + 건강보험자격득실확인서

---

4. **사업자등록증 사본, 법인등기부등본 사본(법인에 한함)**
  - 개인 : 사업자등록증 사본
  - 법인 : 사업자등록증 사본 및 법인등기부등본 사본

<화장품책임판매업 등록필증 기재사항>

1. 등록번호 및 등록연월일
2. 화장품책임판매업자의 성명 및 생년월일(법인인 경우에는 대표자의 성명 및 생년월일)
3. 화장품책임판매업자의 상호(법인인 경우에는 법인의 명칭)
4. 화장품책임판매업소의 소재지
5. 책임판매관리자의 성명 및 생년월일
6. 책임판매 유형

□ **[화장품법 시행규칙 제5조] 화장품제조업 및 화장품책임판매업의 변경 등록**

화장품제조업 및 화장품책임판매업 변경 등록의 모든 것				
제출처	관할 지방식약청	처리 기한	제조업	영업일 기준 접수일로부터 15일 이내
변경 등록 기한	변경 사유가 발생한 날부터 30일 **(행정구역 개편에 따른 소재지 변경의 경우에는 90일)**이내		책판업	영업일 기준 접수일로부터 10일 이내
			단, 책임판매관리자만 변경하는 경우 7일 이내	
접수 방법	① 인터넷 접수 : 의약품안전나라 https://nedrug.mfds.go.kr/index • 민원사무명 「화장품제조업 및 책임판매업 변경 등록」 검색 후, 웹상의 신청서 작성 • 제출서류는 스캔본(pdf, jpg 등)으로 업로드하고, 그 중 원본이라 명시된 서류는 우편으로 송부 ② 우편 및 방문 접수 • 화장품법시행규칙 별지 「화장품제조업 혹은 책임판매업 변경 등록신청서」 작성 • 제출서류는 신청서와 함께 우편 혹은 방문 제출			
처리 수수료	인터넷 접수	9,000원(시스템이용료 별도)		
	우편 혹은 방문 접수	10,000원		
	단, 책임판매관리자만 변경하는 경우에는 수수료 없음			
변경 등록을 위한 구비 서류 목록(기본 서류 : 변경 등록 신청서+등록필증 원본)				
대표자가 변경된 경우	[1] **대표자에 관한 사항** : 등록신청서에 주민번호 정확히 명시(외국인의 경우, 생년월일 표시) [2] **법인등기부등본 사본**(말소사항포함/**법인에 한함**)과 **사업자등록증 사본** ☑ 단, 법인등기부등본에 대해 개인정보에 동의한 경우에 한하여 담당 공무원이 알아서 확인함 [3] **대표자 의사진단서 원본**(제조업에 한함) ※ 아래와 같은 문구가 들어가야 함. • 「정신건강증진 및 정신질환자 복지서비스 지원에 관한 법률」 제3조 제1호에 따른 정신질환자가 아니고 • 「마약류 관리에 관한 법률」제2조 제1호에 따른 마약류 중독자가 아님을 증명함 ▶ 가까운 의원, 내과, 정신과병원, 가정의학과 등 특정하게 지정한 병원은 없음			
상호가 변경된 경우	사업자등록증 사본, 법인등기부등본 사본(말소사항포함/**법인에 한함**)			

변경 등록을 위한 구비 서류 목록(기본 서류 : 변경 등록 신청서 + 등록필증 원본)	
소재지 변경	**공통서류** : 사업자등록증 사본, 법인등기부등본 사본(말소사항포함/법인에 한함) **① 제조업** • 공장등록증 사본 1부 : 500m²이상인 경우 필수 • 건축물관리대장 및 임대차계약서 사본 1부 • 제조시설 및 시험시설 내역서 • 제조 또는 시험 위·수탁계약서 원본 1부 • 평면도(작업소, 보관소, 시험실 - 출입문 표시) **② 책임판매업** • 임대차계약서 사본(사업자등록증/법인등기부등본 상의 주소지와 다른 곳을 지정할 때)

책임판매관리자의 변경
(책임판매업의 변경 등록에 한함)
	책임판매관리자 변경 ※ 겸직되지 않음
	① 약사, 의사면허 소지자⇒약사, 의사 면허증 사본
	② 학위인정자(원본) ▶ 증명서는 최근 3개월내 발급본 제출요망
	 1) 4년제 대학 졸업자
	 • 이공계학과 전공자(이학사, 공학사, 농학사 등)⇒**졸업증명서**
	  ☑ 학사 이상의 학위를 취득한 사람으로서 이공계(「국가과학기술 경쟁력 강화를 위한 이공계 지원 특별법」 제2조 제1호에 따른 이공계) 전공자
	 • 향장학, 화장품과학, 한의학, 한약학과 전공자⇒**졸업증명서**
	 • 의약계열을 전공한 사람은 화장품 관련 분야를 전공한 사람으로 인정 (성적증명서 확인 필요)
	  ☑ 의약계열 : 의학·치의학·수의학·간호학·보건학 등⇒**졸업증명서＋성적증명서**
	 2) 2, 3년제 전문학사
	 • 화장품관련분야전공자 : 화장품과학과 등
	 ⇒**졸업증명서＋경력증명서**(1년이상의 "화장품 제조 및 품질관리"업무 경력)
	③ 경력자(원본)
	 • 화장품 제조 및 책임판매 업체에서 제조 및 품질관리업무 경력자
	 ⇒경력증명서 (업무 : "**화장품 제조 또는 품질관리**" 기재)
	  ☑ 학력 상관없이 경력 2년(24개월) 이상인 자

변경 등록을 위한 구비 서류 목록(기본 서류 : 변경 등록 신청서 + 등록필증 원본)	

책임판매관리자 의 변경 (책임판매업의 변 경 등록에 한함)	※ 대표자가 책임판매관리자를 겸할 수 있는 경우, 제출서류 (아래조건 ①, ② 모두충족) ① 책임판매관리자 자격 서류 (상기 사항 참조) ② 상시근로자 10인이하(대표 포함) 사업장임을 확인할 수 있는 서류(가 또는 나에 해당되 지 않는 경우, 다의 서류) 　　가. 중소기업(소상공인)확인서 (중소벤처기업부 발급) 　　나. 4대보험 사업장 가입한 업체의 경우 : 4대사회보험사업장가입자명부 (신청일 현재) 　　다. 대표자가 건강보험 지역가입자 또는 직장피부양자인 경우 : 10인이하임을 확인한다는 　　　확인서(자사 공문 양식) + 건강보험자격득실확인서 ※ 수입대행형 거래(전자상거래만 해당한다)를 목적으로 화장품을 알선·수여하려는 자 　- 재직증명서(상시근로자로 근무하고 있는 직원) ※ 대표자가 책임판매관리자 겸할 수 있는 경우 (아래조건 충족) 상시근로자 10인이하(대표 포함) 사업장임을 확인할 수 있는 서류(가 또는 나에 해당되지 않는 경우, 다의 서류) 　　가. 중소기업(소상공인)확인서 (중소벤처기업부 발급) 　　나. 4대보험 사업장 가입한 업체의 경우 : 4대사회보험사업장가입자명부 (신청일 현재) 　　다. 대표자가 건강보험 지역가입자 또는 직장피부양자인 경우 : 10인이하임을 확인한다는 　　　확인서(자사 공문 양식) + 건강보험자격득실확인서
제조업 및 책판업 유형 변경	① 제조업 <제조업의 유형> 1. 화장품을 직접 제조하는 영업 2. 화장품 제조를 위탁받아 제조하는 영업 3. 화장품의 포장(1차포장만 해당한다)을 하는 영업 - 업체의 유형 추가/삭제 시, 변경등록신청서만 제출 ② 책임판매업 <책임판매업의 유형> 1. 화장품제조업자가 화장품을 직접 제조하여 유통·판매하는 영업 2. 화장품제조업자에게 위탁하여 제조된 화장품을 유통·판매하는 영업 3. 수입된 화장품을 유통·판매하는 영업 4. 수입대행형 거래(전자상거래만 해당한다)를 목적으로 화장품을 알선·수여하는 영업

변경 등록을 위한 구비 서류 목록(기본 서류 : 변경 등록 신청서 + 등록필증 원본)

제조업 및 책판업 유형 변경	(1) 유형 1번 추가 시 : 화장품제조업 등록여부 확인 (2) 유형 2, 3, 4번 추가 시 : 변경등록신청서만으로 가능 (3) 유형 4번만 해당하는 업체 : 그 외의 유형 추가 시 　• 화장품책임판매관리자의 자격을 증빙하는 서류 　• 시험 위·수탁계약서 사본 1부 　• 안전관리기준 / 품질관리기준 매뉴얼 (사본)
업 지위 승계 (양도·양수)	업 허가권의 이동 : 법인(개인)⇔법인(개인) / 법인 합병 / 법인 분할 등 (1) **행정처분 내용 고지확인서 원본** (2) **사업 양도양수계약서 공증서 원본** (3) **대표자 의사진단서**(원본 - 제조업에 한함) / **대표자의 주민번호 명시** (4) **법인등기부등본 사본**(말소사항포함/법인에 한함)**과 사업자등록증 사본** (5) 업 지위승계에 의해, **관리자나 유형의 변경이 있을 시**, 그를 증빙하는 서류

지방식품의약품안전청장은 변경등록 신청사항을 확인한 후 화장품 제조업 등록대장 또는 화장품책임판매업 등록대장에 각각의 변경사항을 적고, 화장품제조업 등록필증 또는 화장품책임판매업 등록필증의 뒷면에 변경사항을 적은 후 이를 내주어야 한다.

III. 화장품법 시행규칙(총리령)

꼼꼼하고 알기 쉬운 법조문 해설[이해하기]	
법령	화장품법 시행규칙
조항	제6조~제8조의3
관련 법령	화장품법 제3조 제2항~제3항, 화장품법 제3조의2

화장품법 시행규칙 제6조(시설기준)

객관식 및 주관식 주의! 중요도 : ★★★★

① 화장품제조업을 등록하려는 자가 갖추어야 하는 시설은 다음과 같다.

　1. 제조 작업을 하는 다음의 시설을 갖춘 **작업소**

　　가. **쥐·해충 및 먼지** 등을 막을 수 있는 시설
　　나. **작업대** 등 제조에 필요한 **시설 및 기구**
　　다. 가루가 날리는 작업실은 **가루를 제거하는 시설**

　2. 원료·자재 및 제품을 보관하는 **보관소**

　3. 원료·자재 및 제품의 품질검사를 위하여 필요한 **시험실**

　4. **품질검사**에 필요한 시설 및 기구

② 제조업자는 위의 1항에 제시된 시설을 갖추어야 하지만 다음의 경우에는 그 구분에 따라 시설의 일부를 갖추지 않을 수 있다.

　1. 화장품제조업자가 화장품의 일부 공정만을 제조하는 경우 해당 공정에 필요한 시설 및 기구 외의 시설 및 기구를 갖출 필요가 없다.
　2. 다음의 어느 하나에 해당하는 기관 등에 원료·자재 및 제품에 대한 품질검사를 위탁하는 경우 원료·자재 및 제품의 품질검사를 위하여 필요한 **시험실 및 품질검사**에 필요한 시설 및 기구를 갖출 필요가 없다.

★화장품 품질검사 위탁 가능 기관★

객관식 주의!

가. 「보건환경연구원법」 제2조에 따른 **보건환경연구원**

나. 제1항 제3호에 따른 **시험실을 갖춘 제조업자**

다. 「식품·의약품분야 시험·검사 등에 관한 법률」 제6조에 따른 **화장품 시험·검사기관**

라. 「약사법」 제67조에 따라 조직된 사단법인인 **한국의약품수출입협회**

③ 제조업자는 **화장품의 제조시설을 이용하여 화장품 외의 물품을 제조할 수 있다.** 다만, 제품 상호간에 오염의 우려가 있는 경우에는 그렇지 않다.

화장품법 시행규칙 제6조는 제조업자가 갖추어야 하는 시설의 기준을 명시하고 있습니다. 화장품제조업을 하는 사람은 제조 작업소, 원료, 자재 및 제품을 보관하는 보관소, 원료·자재 및 제품의 품질검사를 위하여 필요한 **시험실, 품질검사에 필요한 시설 및 기구**를 갖추어야 합니다. 특히 이 제조 작업소에는 **쥐·해충 및 먼지** 등을 막을 수 있는 시설, **작업대** 등 제조에 필요한 **시설 및 기구**, 가루가 날리는 작업실은 **가루를 제거하는 시설**을 꼭 갖추어야 한다고 명시하고 있답니다. 그러나 제조업자가 자신이 만든 화장품에 대한 품질검사를 할 시험실을 갖출 여력이 안 된다면 어떻게 하여야 할까요? 품질검사와 관련된 기계 및 장비들은 굉장히 고가입니다. 따라서 여력이 안 되는 제조업자는 품질검사 장비와 시험실을 갖춘 품질검사 위탁 기관에 자신이 만든 화장품의 품질검사를 의뢰해야 합니다. 이 경우에는 원료·자재 및 제품의 품질검사를 위하여 필요한 **시험실, 품질검사에 필요한 시설 및 기구**를 갖추지 않아도 됩니다. 품질검사를 위탁하였으니 위탁을 증명하는 서류만 있다면 이러한 시설을 갖출 필요가 없죠. 또, 화장품제조업자가 화장품의 일부 공정만을 제조하는 경우라면 해당 공정에 필요한 시설 및 기구 외의 시설 및 기구를 갖출 필요가 없습니다. 즉, 모든 화장품 제조 공정을 다 하고 싶으나 장비를 살 돈이 없어 화장품 충전만 하는 제조업자는 충전과 관련된 시설 및 기구만 갖추면 됩니다.

앞에서 제조업자가 품질검사를 할 여력이 안 되면 품질검사를 타 기관에 위탁해야 한다고 했었지요? 품질검사를 위탁할 수 있는 기관 역시 법으로 정하고 있습니다. 어떤 기관이 있는지 알아봅시다.

★화장품 품질검사 위탁 가능 기관★

객관식 주의!

가. 「보건환경연구원법」 제2조에 따른 **보건환경연구원**

나. 제1항 제3호에 따른 **시험실을 갖춘 제조업자**

다. 「식품·의약품분야 시험·검사 등에 관한 법률」 제6조에 따른 **화장품 시험·검사기관**

라. 「약사법」 제67조에 따라 조직된 사단법인인 **한국의약품수출입협회**

품질검사를 위탁할 수 있는 기관은 위와 같습니다. 객관식으로 출제된 적이 있으니 꼼꼼히 확인하세요.

지한쌤의 열여섯 번째 암기비법!

★화장품 품질검사 위탁 가능 기관★ 객관식 주의!

"한국 보조 시험!"

한국 : 한국의약품수출입협회

보 : 보건환경연구원

조 : 시험실을 갖춘 제3업자

시험 : 화장품 시험 및 검사기관

제조업자는 화장품의 제조시설을 이용하여 화장품 외의 물품을 제조할 수 있습니다. 다만, 제품 상호간에 오염의 우려가 있는 경우에는 같은 제조시설에서 제조할 수 없습니다. 이 경우 화장품제조업자는 화장품 외의 물품(공산품 등) 제조에 있어서 사용원료, 용매, 최종 제품 등이 시설에 잔류하지 않게 관리하는 등 다른 물품 제조에 따라 동일 제조시설을 이용하는 화장품이 오염되지 않음을 입증할 수 있어야 합니다.

화장품법 시행규칙 제7조(화장품의 품질관리기준·책임판매 후 안전관리기준)

객관식 및 주관식 주의! 중요도 : ★★★★★

법 제3조 제3항에 따른 화장품의 품질관리기준은 별표 1과 같고, 책임판매 후 안전관리기준은 별표 2와 같다.

화장품의 **품질관리기준·책임판매 후 안전관리기준** 별표 자료는 앞에서 제가 정리했습니다. 화장품법 시행규칙 제4조의 **화장품의 품질관리 및 책임판매 후 안전관리에 관한 기준**에 대한 해설을 참고하세요!

화장품법 시행규칙 제8조(책임판매관리자의 자격기준 등)

객관식 주의보! 중요도 : ★★★★★

① 화장품책임판매업자가 두어야 하는 책임판매관리자는 다음의 어느 하나의 해당하는 사람이어야 한다.

1. 「의료법」에 따른 **의사** 또는 「약사법」에 따른 **약사**

2. 이공계(「국가과학기술 경쟁력 강화를 위한 이공계지원 특별법」 제2조 제1호에 따른 이공계) 학과 또는 향장학·화장품과학·한의학·한약학·간호학·간호과학·건강간호학 등을 전공하여 학사 이상의 학위를 취득(법령에서 이와 같은 수준 이상의 학력이 있다고 인정하는 경우 포함)한 사람

3. 화학·생물학·화학공학·생물공학·미생물학·생화학·생명과학·생명공학·유전공학·향장학·화장품과학·한의학·한약학·간호학·간호과학·건강간호학 등 화장품 관련 분야를 전공하여 **전문학사 학위를 취득(법령**에서 이와 같은 수준 이상의 학력이 있다고 **인정하는 경우 포함)**한 후 화장품 제조 또는 품질관리 업무에 1년 이상 종사한 경력이 있는 사람

<u>3의2.</u> 식품의약품안전처장이 정하여 고시하는 **전문 교육과정을 이수한 사람**(식품의약품안전처장이 정하여 고시하는 품목만 해당)

<u>3의3.</u> **맞춤형화장품조제관리사 자격시험에 합격한 사람**

<u>4.</u> 그 밖에 **화장품 제조 또는 품질관리 업무에 2년 이상 종사한 경력**이 있는 사람

② 책임판매관리자는 다음의 직무를 수행한다.

1. 품질관리기준에 따른 품질관리 업무
2. 책임판매 후 안전관리기준에 따른 안전확보 업무
3. 원료 및 자재의 입고(入庫)부터 완제품의 출고에 이르기까지 필요한 시험·검사 또는 검정에 대하여 제조업자를 관리·감독하는 업무

③ 상시근로자수가 **10명 이하**인 화장품책임판매업을 경영하는 화장품책임판매업자(법인인 경우 그 대표자)가 책임판매관리자의 자격요건에 해당하는 경우에는 그 사람이 책임판매관리자의 직무를 수행할 수 있다. 이 경우 책임판매관리자를 둔 것으로 본다.

화장품책임판매업을 하기 위해서는 품질관리 업무와 책임판매 후 안전관리를 책임지는 안전확보 업무를 총괄하는 책임판매관리자를 두어야 했습니다. 이 책임판매관리자는 아무나 다 되는 것이 아니었습니다. 책임판매관리자는 막중한 임무가 있으므로 자격 조건이 까다로웠습니다(물론, 책임판매 유형 중 수입대행형 거래의 유형에 해당하는 책임판매업자의 책임판매관리자는 예외!). 그 자격요건이 이 표에 나와 있는 것입니다. 어마어마하지요? 한꺼번에 암기하는 것은 너무 어려워요. 쉽게 외우는 암기비법을 알려드릴게요.

지한쌤의 열일곱 번째 암기비법!

책임판매관리자의 자격요건 쉽게 외우기!

〈 책임판매관리자 자격요건의 규칙성 〉
· 의사·약사·한의사는 무조건 책임판매관리자 프리패스
· 화장품 제조 또는 품질관리 업무에 2년 이상 종사한 경력이 있는 자는 무조건 프리패스
· "4년제 대학"을 졸업한 사람 중 이공계나 화장품 관련 학과를 졸업한 사람은 그 자체로 책임판매관리자 프리패스
· "4년제 대학"을 졸업한 사람은 화장품 제조 및 품질관리 업무 경력 아예 안 봄.
· "전문대"라는 말이 들어갔으면 무조건 "화장품 제조 또는 품질관리 업무에 1년 이상 종사한 경력"이 있어야 함.

1. **의사, 약사**

2. 4년제 대학을 졸업한 사람 중 **이공계 학과 또는 향장학·화장품과학·한의학·한약학과·간호학·간호학과·건강간호학** 등을 전공한 사람

3. 전문대를 졸업하고 **화학·생물학·화학공학·생물공학·미생물학·생화학·생명과학·생명공학·유전공학·향장학·화장품과학·한의학과·한약학과·간호학·간호학과·건강간호학** 등 화장품 관련 분야를 전공한 후 **화장품 제조 또는 품질관리 업무에 1년 이상 종사**한 경력이 있는 사람

4. 식품의약품안전처장이 정하여 고시하는 전문 교육과정을 이수한 사람

5. 그 밖에 화장품 제조 또는 품질관리 업무에 2년 이상 종사한 경력이 있는 사람

6. **맞춤형화장품조제관리사 자격시험에 합격한 사람**

이 암기비법만 세 번 읽으면 책임판매관리자의 자격 조건은 다 암기한 셈입니다. 시험에 꽤 출제되니 꼭 기억하세요! 최근 법 개정으로 인해 맞춤형화장품조제관리사 자격시험에 합격한 사람도 책임판매관리자의 자격 인정기준에 추가되었습니다.

책임판매관리자는 품질관리 업무, 책임판매 후 안전관리기준에 따른 안전확보 업무, 원료 및 자재의 입고(入庫)부터 완제품의 출고에 이르기까지 필요한 시험·검사 또는 검정에 대하여 제조업자를 관리·감독하는 업무를 맡습니다. 이렇게 중요한 사람이니 아무나 뽑을 수 없겠지요?

상시근로자수가 **10명 이하**인 화장품책임판매업을 경영하는 화장품책임판매업자(법인인 경우 그 대표자)가 책임판매관리자의 자격요건에 해당하는 경우 그 사람이 책임판매관리자의 직무를 수행할 수 있습니다. 이 경우 책임판매관리자를 둔 것으로 봅니다. 책임판매관리자의 자격요건에 해당되지 않는다면 10인 이하의 영업체라도 책임판매업자가 책임판매관리자를 겸임할 수 없습니다!

화장품법 시행규칙 제8조의2(맞춤형화장품판매업의 신고)

① 맞춤형화장품판매업의 신고를 하려는 자는 맞춤형화장품판매업 신고서(전자문서로 된 신고서 포함)에 **맞춤형화장품조제관리사의 자격증 사본과 시설의 명세서**를 첨부하여 맞춤형화장품판매업소의 소재지를 관할하는 지방식품의약품안전청장에게 제출해야 한다. **다만**, 맞춤형화장품판매업자가 판매업소로 신고한 소재지 외의 장소에서 1개월의 범위에서 한시적으로 같은 영업을 하려는 경우에는 해당 **맞춤형화장품판매업 신고서**에 **맞춤형화장품판매업 신고필증 사본**과 **맞춤형화장품조제관리사 자격증 사본**을 첨부해서 제출해야 한다.

② 지방식품의약품안전청장은 위의 신고를 받은 경우에는 「전자정부법」 제36조 제1항에 따른 행정정보의 공동이용을 통해 법인 등기사항증명서(법인인 경우만 해당)를 확인해야 한다.

③ 지방식품의약품안전청장은 신고가 그 요건을 갖춘 경우 맞춤형화장품판매업 신고대장에 다음의 사항을 적고, 맞춤형화장품판매업 신고필증을 발급해야 한다.

1. 신고 번호 및 신고 연월일
2. 맞춤형화장품판매업자의 성명 및 주민등록번호 등(법인인 경우에는 대표자의 성명 및 주민등록번호 등)
3. 맞춤형화장품판매업자의 상호 및 소재지
4. 맞춤형화장품판매업소의 상호 및 소재지
5. 맞춤형화장품조제관리사의 성명, 주민등록번호 및 자격증 번호
6. 영업의 기간 : 한시적으로 맞춤형화장품판매업을 하려는 경우만 해당.

④ 맞춤형화장품판매업자 자신이 맞춤형화장품조제관리사 자격을 취득한 경우에는 하나의 판매업소에서 맞춤형화장품조제관리사의 업무를 수행할 수 있다. 이 경우 해당 판매업소에는 맞춤형화장품조제관리사를 둔 것으로 본다.

드디어 맞춤형화장품판매업의 신고이군요. 맞춤형화장품판매업은 다른 영업들과는 다르게 등록이 아니라 '신고'제도입니다. 그런데 맞춤형화장품판매업을 신고할 때 꼭 필요한 서류가 있습니다. 바로 맞춤형화장품조제관리사의 자격증 사본입니다. 맞춤형화장품판매업을 영위할 때에는 반드시 맞춤형화장품조제관리사가 영업장마다 있어야 합니다. 예를 들어 맞춤형화장품판매업소 3개를 운영하는 맞춤형화장품판매업자는 자신이 영위하는 업소 3곳마다 각각 조제관리사를 두어야 합니다. 신고도 각각 따로 해야 합니다. 다음의 예를 참고해주세요.

맞춤형화장품판매업자(대표자 : 이지한, 상호 : 지한코스메틱(주), 소재지 : 충북 청주, 전화번호 : 043-***-****)가 **광주지역**에 **맞춤형화장품판매업소**(상호 : 지한코스메틱 광주점, 소재지 : 광주 북구, 전화번호 : 062-***-****)와 **부산지역**에 **맞춤형화장품판매업소**(상호 : 지한코스메틱 부산점, 소재지 : 부산 부산진구, 전화번호 : 051-***-****)를 개설하려는 경우 **광주청과 부산청에 각각 신고해야 함**.

이렇게 필요한 서류를 갖추어 맞춤형화장품판매업 신고를 하였다면 지방식품의약품안전청장은 신고의 요건을 살피고 맞춤형화장품판매업 신고대장에 다음의 사항을 적은 뒤에 맞춤형화장품판매업 신고필증을 발급해야 합니다. 신고필증 기재사항도 꼭 암기!

지방식약청의 맞춤형화장품판매업 신고대장에 적어야 하는 사항

1. 신고 번호 및 신고 연월일
2. 맞춤형화장품판매업자의 성명 및 생년월일(법인인 경우에는 대표자의 성명 및 생년월일)
3. 맞춤형화장품판매업자의 상호 및 소재지(이 중 맞춤형화장품판매업자의 소재지는 신고필증에 적지 않음)
4. 맞춤형화장품판매업소의 상호 및 소재지
5. 맞춤형화장품조제관리사의 성명, 생년월일 및 자격증 번호
6. 영업의 기간 : 한시적으로 맞춤형화장품판매업을 하려는 경우만 해당

제12345호 ◀신고번호

맞춤형화장품판매업 신고필증

1. 맞춤형화장품판매업자 성명 : ◀맞춤형화장품판매업을 신고한 자의 성명

2. 맞춤형화장품판매업자 생년월일 : ◀맞춤형화장품판매업을 신고한 자의 생년월일

3. 맞춤형화장품판매업자 상호 : ◀맞춤형화장품판매업자의 상호

4. 맞춤형화장품판매업소 상호 : ◀맞춤형화장품판매업소의 상호

5. 맞춤형화장품판매업소 소재지 : ◀맞춤형화장품판매업소의 소재지

<u>6. 영업의 기간 : 한시적으로 맞춤형화장품판매업을 하려는 경우만 해당.</u>

「화장품법」 제3조의2 제1항 및 같은 법 시행규칙 제8조의2 제3항에 따라 위와 같이 신고하였음을 증명합니다.

년   월   일 ◀신고연월일

지방식품의약품안전청장   직인

만약 **서울**에서 맞춤형화장품판매업자 신고를 완료하여 맞판업을 영위하던 중 **일산**에서 '맞춤형화장품' 박람회가 개최된다는 소식을 듣고 박람회에서 부스를 얻어 박람회 진행 기간인 1주일 동안만 맞춤형화장품을 일시적으로 판매하고 싶다면 어떻게 하여야 할까요? 화장품법 시행규칙 제8조의2 제1항의 단서에서는 맞춤형화장품의 판매 촉진이나 홍보를 위해 박람회, 행사장 등 <u>신고된 장소 이외의 장소에서 일시적으로 영업을 하고자 하는 경우</u>(맞춤형화장품판매업의 신고 시 기존에 신고된 장소(**서울**)가 아닌 장소(**일산**)에서 한시적으로 영업하고자 하는 경우) 맞춤형화장품판매업 신고필증 사본 등의 확인만으로 영업 신고가 가능함을 밝혀 보다 수월하게 영업을 운영할 수 있도록 신고 절차를 마련하였습니다. 이러한 맞춤형화장품판매업자는 기존에 신고된 장소 이외의 행사장 등의 장소에서 영업하려는 경우 신고필증 사본 등을 **영업장소의 소재지 관할 지방식품의약품안전청장**에게 제출하고 해당 지방식품의약품안전청장은 7일 이내에 **영업의 기간이 기재된 새로운 신고필증을 발급**하도록 합니다.

맞춤형화장품판매업자가 맞춤형화장품조제관리사를 겸임할 수 있을까요? 가능합니다. 자격시험에 합격만 한다면 말이죠. 영세업자인 경우에 인건비 등의 문제로 조제관리사 선임이 어려울 수 있는데요, 맞판업자가 조제관리사 자격시험에 합격하면 맞판업자이면서 동시에 본인의 영업장에서 조제관리사로 일할 수 있습니다. 즉, 맞춤형화장품판매업 영업자가 스스로 맞춤형화장품조제관리사 자격을 취득한 경우 하나의 영업소에서 직접 그 업무를 수행할 수 있으며 이 경우 맞춤형화장품조제관리사를 둔 것으로 봅니다.

화장품법 시행규칙 제8조의3(맞춤형화장품판매업의 변경신고)

① 맞춤형화장품판매업자가 변경신고를 해야 하는 경우는 다음과 같다.

> 1. 맞춤형화장품판매업자를 변경하는 경우
> 2. 맞춤형화장품판매업소의 상호 또는 소재지를 변경하는 경우
> 3. 맞춤형화장품조제관리사를 변경하는 경우

② 맞춤형화장품판매업자가 변경신고를 하려면 맞춤형화장품판매업 변경신고서(전자문서로 된 신고서 포함)에 맞춤형화장품판매업 신고필증과 그 변경을 증명하는 서류(전자문서 포함)를 첨부하여 맞춤형화장품판매업소의 소재지를 관할하는 지방식품의약품안전청장에게 제출해야 한다. 이 경우 소재지를 변경하는 때에는 새로운 소재지를 관할하는 지방식품의약품안전청장에게 제출해야 한다.

③ 지방식품의약품안전청장은 제2항에 따라 맞춤형화장품판매업 변경신고를 받은 경우에는 「전자정부법」 제36조 제1항에 따른 행정정보의 공동이용을 통해 법인 등기사항증명서(법인인 경우만 해당)를 확인해야 한다.

④ 지방식품의약품안전청장은 변경신고가 그 요건을 갖춘 때에는 맞춤형화장품판매업 신고대장과 맞춤형화장품판매업 신고필증의 뒷면에 각각의 변경사항을 적어야 한다. 이 경우 맞춤형화장품판매업 신고필증은 신고인에게 다시 내주어야 한다.

맞춤형화장품판매업자가 변경되었거나 맞춤형화장품판매업소의 상호 혹은 소재지가 변경된 경우, 맞춤형화장품조제관리사가 변경된 경우에는 맞춤형화장품판매업 변경 신고를 해야합니다. 맞춤형화장품판매업소의 상호와 소재지가 변경된 경우가 변경신고 대상입니다. 맞춤형화장품판매업자의 상호 및 소재지는 변경신고 대상이 아닙니다. 그 차이가 무엇일까요? 예시를 통해 알아봅시다.

맞춤형화장품판매업자(대표자 : 이지한, 상호 : 지한코스메틱(주), 소재지 : 충북 청주, 전화번호 : 043-***-****)가 **광주지역에 맞춤형화장품판매**업소(상호 : 지한코스메틱 광주점, 소재지 : 광주 북구, 전화번호 : 062-***-****)와 **부산지역에 맞춤형화장품판매**업소(상호 : 지한코스메틱 부산점, 소재지 : 부산 부산진구, 전화번호 : 051-***-****)를 개설하였다.

맞춤형화장품판매업자는 '이지한'씨입니다. 이지한씨는 주식회사 지한코스메틱을 충북 청주에 냈네요. 즉, 이 주식회사의 상호가 '맞춤형화장품판매업자의 상호'인 것입니다. 이 주식회사의 소재지가 '충북 청주'인 것이고 요. 즉, 업자의 상호란 회사 이름, 업자의 소재지란 회사의 주소를 말합니다. 이 회사는 각 여러 업소를 관리하는 컨트롤타워가 되겠지요? 지한씨의 회사는 광주와 부산에 업소를 두었군요. 광주에 지한코스메틱을, 부산에도 지한코스메틱을 냈어요. 그런데 광주에 있는 지한코스메틱은 끝에 '광주점'이 붙고, 부산에 있는 지한코스메틱 은 끝에 '부산점'이 붙는군요. 이것이 바로 맞춤형화장품판매업소의 상호명입니다. 업소의 상호란 각각의 영업 을 실제적으로 하는 업소의 이름을 말합니다. 주식회사의 이름이 아닙니다. 따라서 보통 프랜차이즈의 경우 업 소의 상호 구별을 위해 끝에 OO점을 붙입니다. 그리고 이러한 각 업소의 주소를 업소의 소재지라고 하는 것이죠.

맞춤형화장품판매업자의 상호 또는 소재지는 변경신고 대상이 아닙니다. 맞춤형화장품판매업은 각 분점(업소) 마다 신고필증이 부여되기 때문입니다. 업자의 상호 또는 소재지는 변경 신고를 할 필요가 없습니다. 그러나 업 소의 상호나 소재지가 바뀌었을 때는 꼭 변경 신고를 해야 합니다. 지한코스메틱 광주점이 지한코스메틱 광주북 구점으로 이름을 바꾸었다면 업소의 상호가 바뀐 것이므로 변경 신고를 해야 합니다.

맞춤형화장품판매업자가 변경신고를 하려면 맞춤형화장품판매업 변경신고서에 맞춤형화장품판매업 신고필 증과 그 변경을 증명하는 서류를 첨부하여 맞춤형화장품판매업소의 소재지를 관할하는 지방식품의약품안전청 장에게 제출해야 합니다. 이 경우 소재지를 변경하는 때에는 새로운 소재지를 관할하는 지방식품의약품안전청 장에게 제출해야 합니다.

지방식품의약품안전청장은 변경신고가 그 요건을 갖춘 때에는 맞춤형화장품판매업 신고대장과 맞춤형화장 품판매업 신고필증의 뒷면에 각각의 변경사항을 적어야 합니다. 이 경우 맞춤형화장품판매업 신고필증은 신고인 에게 다시 내주어야 합니다.

04 화장품법 시행규칙 제6조~제8조의3

III. 화장품법 시행규칙(총리령)

간단하고 명료한 화장품법 시행령 체계표[다지기]	
법령	화장품법 시행규
조항	제6조~제8조의3

□ [화장품법 시행규칙 제6조] 화장품제조업의 시설기준

화장품제조업 시설기준의 모든 것	
화장품제조업을 등록하려는 자가 갖추어야 하는 시설	1. 제조 작업을 하는 다음의 시설을 갖춘 작업소 가. 쥐·해충 및 먼지 등을 막을 수 있는 시설 나. 작업대 등 제조에 필요한 시설 및 기구 다. 가루가 날리는 작업실은 가루를 제거하는 시설 2. 원료·자재 및 제품을 보관하는 보관소 3. 원료·자재 및 제품의 품질검사를 위하여 필요한 시험실 4. 품질검사에 필요한 시설 및 기구
화장품제조업을 등록하려는 자가 시설의 일부를 갖추지 않을 수 있는 경우	1. 화장품제조업자가 화장품의 일부 공정만을 제조하는 경우 ☑ 해당 공정에 필요한 시설 및 기구 외의 시설 및 기구는 안 갖추어도 됨! 2. 품질검사 위탁기관 등에 원료·자재 및 제품에 대한 품질검사를 위탁하는 경우 ☑ 원료·자재 및 제품의 품질검사를 위하여 필요한 시험실과 품질검사에 필요한 시설 및 기구를 안 갖추어도 됨!
시행규칙으로 인정한 품질검사 위탁기관	1.「보건환경연구원법」제2조에 따른 보건환경연구원 2. 시험실을 갖춘 제조업자 3.「식품·의약품분야 시험·검사 등에 관한 법률」제6조에 따른 화장품 시험·검사기관 4.「약사법」제67조에 따라 조직된 사단법인인 한국의약품수출입협회

제조업자는 화장품의 제조시설을 이용하여 화장품 외의 물품을 제조할 수 있다. 다만, 제품 상호간에 오염의 우려가 있는 경우에는 그럴 수 없다!

□ **[화장품법 시행규칙 제7조] 화장품의 품질관리기준 및 책임판매 후 안전관리 기준**

화장품의 품질관리기준		
용어의 정의	품질관리	화장품의 책임판매 시 필요한 제품의 품질을 확보하기 위해서 실시하는 것으로서, 화장품 제조업자 및 제조에 관계된 업무(시험·검사 등의 업무 포함)에 대한 관리·감독 및 화장품의 시장 출하에 관한 관리, 그 밖에 제품의 품질의 관리에 필요한 업무
	시장출하	화장품책임판매업자가 그 제조 등(타인에게 위탁 제조 또는 검사하는 경우 포함, 타인으로부터 수탁 제조 또는 검사하는 경우는 포함하지 않음)을 하거나 수입한 화장품의 판매를 위해 출하하는 것
품질관리 업무에 관련된 조직 및 인원		화장품책임판매업자는 책임판매관리자를 두어야 하며, 품질관리 업무를 적정하고 원활하게 수행할 능력이 있는 인력을 충분히 갖추어야 함.
품질관리업무의 절차에 관한 문서 및 기록 등		

화장품책임판매업자는 품질관리 업무를 적정하고 원활하게 수행하기 위하여 다음의 사항이 포함된 품질관리 업무 절차서를 작성·보관해야 함.

1) 적정한 제조관리 및 품질관리 확보에 관한 절차
2) 품질 등에 관한 정보 및 품질 불량 등의 처리 절차
3) 회수처리 절차
4) 교육·훈련에 관한 절차
5) 문서 및 기록의 관리 절차
6) 시장출하에 관한 기록 절차
7) 그 밖에 품질관리 업무에 필요한 절차

화장품책임판매업자는 품질관리 업무 절차서에 따라 다음의 업무를 수행해야 함.

1) 화장품제조업자가 화장품을 적정하고 원활하게 제조한 것임을 확인하고 기록할 것
2) 제품의 품질 등에 관한 정보를 얻었을 때 해당 정보가 인체에 영향을 미치는 경우에는 그 원인을 밝히고, 개선이 필요한 경우에는 적정한 조치를 하고 기록할 것
3) 책임판매한 제품의 품질이 불량하거나 품질이 불량할 우려가 있는 경우 회수 등 신속한 조치를 하고 기록할 것
4) 시장출하에 관하여 기록할 것
5) 제조번호별 품질검사를 철저히 한 후 그 결과를 기록할 것. 다만, 화장품제조업자와 화장품책임판매업자가 같은 경우, 화장품제조업자 또는 「식품·의약품분야 시험·검사 등에 관한 법률」 제6조에 따른 식품의약품안전처장이 지정한 화장품 시험·검사기관에 품질검사를 위탁하여 제조번호별 품질검사 결과가 있는 경우에는 품질검사를 하지 않을 수 있다.
6) 그 밖에 품질관리에 관한 업무를 수행할 것

화장품책임판매업자는 책임판매관리자가 업무를 수행하는 장소에 품질관리 업무 절차서 원본을 보관하고, 그 외의 장소에는 원본과 대조를 마친 사본을 보관해야 함.

책임판매관리자의 업무	화장품책임판매업자는 품질관리 업무 절차서에 따라 다음의 업무를 책임판매관리자에게 수행하도록 해야함. 가. 품질관리 업무를 총괄할 것 나. 품질관리 업무가 적정하고 원활하게 수행되는 것을 확인할 것 다. 품질관리 업무의 수행을 위하여 필요하다고 인정할 때에는 화장품책임판매업자에게 문서로 보고할 것 라. 품질관리 업무 시 필요에 따라 화장품제조업자, 맞춤형화장품판매업자 등 그 밖의 관계자에게 문서로 연락하거나 지시할 것 마. 품질관리에 관한 기록 및 화장품제조업자의 관리에 관한 기록을 작성하고 이를 해당 제품의 제조일(수입의 경우 수입일을 말한다)부터 3년간 보관할 것
회수처리	화장품책임판매업자는 품질관리 업무 절차서에 따라 책임판매관리자에게 다음과 같이 회수 업무를 수행하도록 해야 함. 가. 회수한 화장품은 구분하여 일정 기간 보관한 후 폐기 등 적정한 방법으로 처리할 것 나. 회수 내용을 적은 기록을 작성하고 화장품책임판매업자에게 문서로 보고할 것
교육·훈련	화장품책임판매업자는 책임판매관리자에게 교육·훈련계획서를 작성하게 하고, 품질관리 업무 절차서 및 교육·훈련계획서에 따라 다음의 업무를 수행하도록 해야 함. 가. 품질관리 업무에 종사하는 사람들에게 품질관리 업무에 관한 교육·훈련을 정기적으로 실시하고 그 기록을 작성, 보관할 것 나. 책임판매관리자 외의 사람이 교육·훈련 업무를 실시하는 경우에는 교육·훈련 실시 상황을 화장품책임판매업자에게 문서로 보고할 것
문서 및 기록의 정리	화장품책임판매업자는 문서·기록에 관하여 다음과 같이 관리해야 함. 가. 문서를 작성하거나 개정했을 때에는 품질관리 업무 절차서에 따라 해당 문서의 승인, 배포, 보관 등을 할 것 나. 품질관리 업무 절차서를 작성하거나 개정했을 때에는 해당 품질관리 업무 절차서에 그 날짜를 적고 개정 내용을 보관할 것

화장품의 책임판매 후 안전관리기준		
용어의 정의	안전관리 정보	화장품의 품질, 안전성·유효성, 그 밖에 적정 사용을 위한 정보
	안전확보 업무	화장품책임판매 후 안전관리 업무 중 정보 수집, 검토 및 그 결과에 따른 필요한 조치(이하 "안전확보 조치")에 관한 업무
안전확보 업무에 관련된 조직 및 인원		화장품책임판매업자는 책임판매관리자를 두어야 하며, 안전확보 업무를 적정하고 원활하게 수행할 능력을 갖는 인원을 충분히 갖추어야 함.
안전관리 정보 수집		화장품책임판매업자는 책임판매관리자에게 학회, 문헌, 그 밖의 연구보고 등에서 안전관리 정보를 수집·기록하도록 해야 함.

195

화장품의 책임판매 후 안전관리기준	
안전관리 정보의 검토 및 그 결과에 따른 안전확보 조치	화장품책임판매업자는 다음의 업무를 책임판매관리자에게 수행하도록 해야 함. 가. 수집한 안전관리 정보를 신속히 검토·기록할 것 나. 수집한 안전관리 정보의 검토 결과 조치가 필요하다고 판단될 경우 회수, 폐기, 판매정지 또는 첨부문서의 개정, 식품의약품안전처장에게 보고 등 안전확보 조치를 할 것 다. 안전확보 조치계획을 화장품책임판매업자에게 문서로 보고한 후 그 사본을 보관할 것
안전확보 조치의 실시	화장품책임판매업자는 다음의 업무를 책임판매관리자에게 수행하도록 해야 함. 가. 안전확보 조치계획을 적정하게 평가하여 안전확보 조치를 결정하고 이를 기록·보관할 것 나. 안전확보 조치를 수행할 경우 문서로 지시하고 이를 보관할 것 다. 안전확보 조치를 실시하고 그 결과를 화장품책임판매업자에게 문서로 보고한 후 보관할 것
책임판매관리자의 업무	화장품책임판매업자는 다음의 업무를 책임판매관리자에게 수행하도록 해야 한다. 가. 안전확보 업무를 총괄할 것 나. 안전확보 업무가 적정하고 원활하게 수행되는 것을 확인하여 기록·보관할 것 다. 안전확보 업무의 수행을 위하여 필요하다고 인정할 때에는 화장품책임판매업자에게 문서로 보고한 후 보관할 것

□ [화장품법 시행규칙 제8조] 책임판매관리자의 자격기준

책임판매관리자의 모든 것
책임판매관리자의 자격기준

< 책임판매관리자 자격요건의 규칙성 >

- 의사·약사·한의사는 무조건 책임판매관리자 프리패스
- 화장품 제조 또는 품질관리 업무에 2년 이상 종사한 경력이 있는 자는 무조건 프리패스
- "4년제 대학"을 졸업한 사람 중 **이공계나 화장품 관련 학과**를 졸업한 사람은 그 자체로 책임판매관리자 프리패스
- "4년제 대학"을 졸업한 사람은 화장품 제조 및 품질관리 업무 경력 아예 안 봄.
- "전문대"라는 말이 들어갔으면 무조건 "**화장품 제조 또는 품질관리 업무에 1년 이상 종사한 경력**"이 있어야 함.

1. **의사, 약사**
2. 4년제 대학을 졸업한 사람 중 **이공계 학과 또는 향장학·화장품과학·한의학·한약학과·간호학과·간호과학과·건강간호학과** 등을 전공한 사람

3. 전문대를 졸업하고 **화학·생물학·화학공학·생물공학·미생물학·생화학·생명과학·생명공학·유전공학·향장학· 화장품과학·한의학과·한약학과·간호학과·간호과학과·건강간호학과** 등 화장품 관련 분야를 전공한 후 **화장품 제 조 또는 품질관리 업무에 1년 이상 종사**한 경력이 있는 사람

4. 식품의약품안전처장이 정하여 고시하는 전문 교육과정을 이수한 사람

5. 그 밖에 화장품 제조 또는 품질관리 업무에 2년 이상 종사한 경력이 있는 사람

6. **맞춤형화장품조제관리사 자격시험 합격자**

책임판매관리자의 업무

① 품질관리 업무

② 책임판매 후 안전관리기준에 따른 안전확보 업무

③ 원료 및 자재의 입고(入庫)부터 완제품의 출고에 이르기까지 필요한 시험·검사 또는 검정에 대하여 제조업자를 관리·감독하는 업무

책임판매업자가 책임판매관리자를 겸임할 수 있는 경우(원칙적으로는 불가)

상시근로자수가 10명 이하인 화장품책임판매업을 경영하는 화장품책임판매업자(법인인 경우 그 대표자)가 <u>책임판매 관리자의 자격요건에 해당하는 경우</u>에는 그 사람이 책임판매관리자의 직무를 수행할 수 있음.

□ [화장품법 시행규칙 제8조의2] 맞춤형화장품판매업의 신고

맞춤형화장품판매업 신고의 모든 것			
제출처	관할 지방식약청	처리기한	• 영업일 기준 접수일로부터 15일 이내 • 한시적 영업의 신고는 7일
접수 방법	① 인터넷 접수 : 의약품안전나라 https://nedrug.mfds.go.kr/index • 민원사무명 「맞춤형화장품판매업 신고」 검색 후, 웹상의 신청서 작성 • 제출서류는 스캔본(pdf, jpg 등)으로 업로드하고, 그 중 원본이라 명시된 서류는 우편으로 송부 ② 우편 및 방문 접수 • 화장품법시행규칙 별지 제6호의2서식 「맞춤형화장품판매업신고서」 작성 • 제출서류는 신청서와 함께 우편 혹은 방문 제출		
처리 수수료	인터넷 접수	27,000원(시스템이용료 별도)	
	우편 혹은 방문 접수	30,000원	
신고를 위한 구비 서류 목록(신고 신청서 기본)			

구분	서류명	원본	사본
기본정보	사업자등록증* 및 법인등기부등본(법인에 한함)	○	○
조제관리사	맞춤형화장품조제관리사 자격증(맞춤형화장품판매업자가 겸임 가능)		○
장소·시설	건축물관리대장(건축물의 용도, 면적, 소유자 등 확인)	○	○
	임대차계약서(임대의 경우에 한함)	○	○
	혼합·소분 장소·시설 등을 확인할 수 있는 세부 평면도 및 상세 사진	○	○

- 판매업자와 판매업소의 상호·소재지가 상이하여 추가 확인이 필요한 경우 양자 간의 관계를 증명할 수 있는 자료 추가 제출(판매업자 공문 등)

- 세부 사항
  - 「건축법 시행령」[별표1]에 따른 건축물 용도는 1종·제2종 근린생활시설, **판매시설, 업무시설**에 해당되어야 함
  - 2인 이상의 조제관리사 신고가 가능하며, 이 경우 신고하려는 모든 조제관리사의 자격증 사본을 제출하여야 함

신고필증 기재사항

제12345호 ◀신고번호

맞춤형화장품판매업 신고필증

1. 맞춤형화장품판매업자 성명 : ◀맞춤형화장품판매업을 신고한 자의 성명
2. 맞춤형화장품판매업자 생년월일 : ◀맞춤형화장품판매업을 신고한 자의 생년월일
3. 맞춤형화장품판매업자 상호 : ◀맞춤형화장품판매업자의 상호
4. 맞춤형화장품판매업소 상호 : ◀맞춤형화장품판매업소의 상호
5. 맞춤형화장품판매업소 소재지 : ◀맞춤형화장품판매업소의 소재지
6. 영업의 기간 : 단, 이는 한시적으로 맞춤형화장품판매업을 하려는 경우만 해당.

「화장품법」 제3조의2 제1항 및 같은 법 시행규칙 제8조의2 제3항에 따라 위와 같이 신고하였음을 증명합니다.

년   월   일 ◀신고연월일

지방식품의약품안전청장   [직인]

맞춤형화장품판매업자가 판매업소로 신고한 소재지 외의 장소에서 1개월의 범위에서
한시적으로 같은 영업을 하려는 경우(박람회나 행사장 같은 곳에서 한시적으로 업무 수행)

- 맞춤형화장품판매업자가 기존에 신고된 장소 이외의 행사장 등의 장소에서 영업하려는 경우 신고필증 사본 등을 영업장소의 소재지 관할 지방식품의약품안전청장에게 제출하고 해당 지방식품의약품안전청장은 7일 이내에 영업의 기간이 기재된 새로운 신고필증을 발급하도록 함
- 맞춤형화장품판매업자가 판매업소로 신고한 소재지 외의 장소에서 1개월의 범위에서 한시적으로 같은 영업을 하려는 경우에는 해당 맞춤형화장품판매업 신고서에 맞춤형화장품판매업 신고필증 사본과 **맞춤형화장품조제관리사 자격증 사본**을 첨부해서 제출해야 함.

☐ [화장품법 시행규칙 제8조의3] 맞춤형화장품판매업의 변경 신고

맞춤형화장품판매업 변경 신고의 모든 것			
제출처	관할 지방식약청	처리기한	영업일 기준 접수일로부터 10일 이내 (단, **조제관리사만 7일**)
접수 방법	① 인터넷 접수 : 의약품안전나라 https://nedrug.mfds.go.kr/index • 민원사무명 「맞춤형화장품판매업 변경 신고」 검색 후, 웹상의 신청서 작성 • 제출서류는 스캔본(pdf, jpg 등)으로 업로드하고, 그 중 원본이라 명시된 서류는 우편으로 송부 ② 우편 및 방문 접수 • 화장품법시행규칙 별지 「맞춤형화장품판매업 변경 신고서」 작성 • 제출서류는 신청서와 함께 우편 혹은 방문 제출		
처리 수수료	인터넷 접수	9,000원(시스템이용료 별도)	
	우편 혹은 방문 접수	10,000원	
	단, 맞춤형화장품조제관리사만 변경하는 경우 **수수료 없음.**		

맞춤형화장품판매업 변경신고

○ 의약품안전나라 시스템(nedrug.mfds.go.kr) 전자민원 신청을 통하여 변경신고

○ 변경신고가 필요한 항목

- 맞춤형화장품판매업자 변경
- 맞춤형화장품판매업소 상호 변경
- 맞춤형화장품판매업소 소재지 변경
- 맞춤형화장품조제관리사 변경

예시로 알아보는 맞판업 변경 신고대상 구별법!

★ 맞춤형화장품판매업자(법인 포함)의 상호 및 소재지 변경은 변경신고 대상에 해당되지 않음!

(예시)맞춤형화장품판매업자(대표자 : 이지한, 상호 : 지한코스메틱(주), 소재지 : 충북 청주)가 서울지역에 맞춤형
화장품판매업소(상호 : 지한코스메틱 서울점 소재지 : 서울 양천구)를 신고한 경우

• **변경신고 대상**

- 맞춤형화장품판매업자 변경(이지한→지지효)
- 맞춤형화장품판매업소 상호 변경(지한코스메틱 서울점→지한코스메틱 경인점)
- 맞춤형화장품판매업소 소재지 변경(서울 양천구→경기도 과천시)

• **변경신고 미대상**

- 맞춤형화장품판매업자 상호 변경(지한코스메틱(주)→타로타로코스메틱(주))
- 맞춤형화장품판매업자 소재지 변경(충북 청주→대전 유성구)

○ 구비서류

구분	서류명	원본	사본
맞춤형 화장품 판매업자	맞춤형화장품판매업신고필증	○	
	사업자등록증 및 법인등기부등본(법인에 한함)	○	○
	양도·양수 또는 합병의 경우에는 이를 증명할 수 있는 서류	○	
	상속의 경우에는 「가족관계의 등록 등에 관한 법률」 제15조 제1항 제1호의 가족 관계증명서	○	○
	행정처분 내용 고지 확인서*(붙임)	○	
판매업소 상호	맞춤형화장품판매업신고필증	○	
	사업자등록증** 및 법인등기부등본(법인에 한함)	○	○
판매업소 소재지	맞춤형화장품판매업신고필증	○	
	사업자등록증** 및 법인등기부등본(법인에 한함)	○	○
	건축물관리대장(건축물의 용도, 면적, 소유자 등 확인)	○	○
	임대차계약서(임대의 경우에 한함)	○	○
	혼합·소분 장소·시설 등을 확인할 수 있는 세부 평면도 및 상세 사진	○	○
조제 관리사	맞춤형화장품판매업신고필증	○	
	맞춤형화장품조제관리사 자격증		○

* 행정처분 내용 고지 확인서는 화장품제조업자·화장품책임판매업자 변경에도 동일 적용('20.3.14 ~)

** 판매업자와 판매업소의 상호·소재지가 상이하여 추가 확인이 필요한 경우 양자 간의 관계를 증명할 수 있는 자료
추가 제출(판매업자 공문 등)

○ 세부 사항

- 변경 신고(신청) 일자 적용기준*은 화장품제조업·화장품책임판매업 변경과 동일

☑ **변경사유가 발생한 날부터 30일(행정구역 개편에 따른 소재지 변경의 경우 90일) 이내**

- 맞춤형화장품판매업 업지위승계(양도양수)

 (업 허가권의 이동 : 법인(개인)⇔법인(개인) / 법인 합병 / 법인 분할 등)

• 행정처분 내용 고지확인서 원본

• 사업 양도양수계약서 공증서 원본

• 대표자의 주민번호 명시

• 법인등기부등본 사본(말소사항포함/법인에 한함)과 사업자등록증 사본

• 업 지위승계에 의해, 관리자, 상호, 소재지 등의 변경이 있을 시, 그를 증빙하는 서류

지방식품의약품안전청장은 위와 같은 변경신고가 그 요건을 갖춘 때에는 맞춤형화장품판매업 신고대장과 맞춤형
화장품판매업 신고필증의 뒷면에 각각의 변경사항을 적어야 함. 이 경우 맞춤형화장품판매업 신고필증은 신고인
에게 다시 내주어야 함.

III. 화장품법 시행규칙(총리령)

꼼꼼하고 알기 쉬운 법조문 해설[이해하기]	
법령	화장품법 시행규칙
조항	제8조의4 ~ 제8조의7
관련 법령	화장품법 제3조의4 맞춤형화장품조제관리사 자격시험 운영에 관한 규정(식약처 고시)

화장품법 시행규칙 제8조의4(맞춤형화장품판매업소의 시설기준)

맞춤형화장품판매업을 신고하려는 자는 맞춤형화장품의 혼합·소분 이외의 용도로 사용되는 공간과 분리 또는 구획된 공간으로서 맞춤형화장품의 혼합·소분을 위한 공간을 갖추어야 한다. 다만, 혼합·소분의 행위가 맞춤형화장품의 품질·안전 등 보건위생상 위해 발생의 우려가 없다고 인정되는 경우에는 해당 시설은 분리 또는 구획된 것으로 본다.

맞춤형화장품판매업 신고를 위해서는 다른 공간과는 분리 또는 구획된 혼합·소분실이 있어야 합니다. 그러나 맞춤형화장품의 품질·안전 등 보건위생상 위해 발생의 우려가 없다고 인정한 경우에는 분리 또는 구획되지 않아도 괜찮습니다.

화장품법 시행규칙 제8조의5(맞춤형화장품조제관리사 자격시험)

① 식품의약품안전처장은 매년 1회 이상 맞춤형화장품조제관리사 자격시험을 실시해야 한다.

② 식품의약품안전처장은 자격시험을 실시하려는 경우에는 시험일시, 시험장소, 시험과목, 응시방법 등이 포함된 자격시험 시행계획을 시험 실시 90일전까지 식품의약품안전처 인터넷 홈페이지에 공고해야 한다.

③ 자격시험은 필기시험으로 실시하며, 그 시험과목은 다음의 구분에 따른다.

  1. 제1과목 : 화장품 관련 법령 및 제도 등에 관한 사항

  2. 제2과목 : 화장품의 제조 및 품질관리와 원료의 사용기준 등에 관한 사항

  3. 제3과목 : 화장품의 유통 및 안전관리 등에 관한 사항

  4. 제4과목 : 맞춤형화장품의 특성·내용 및 관리 등에 관한 사항

④ 자격시험은 전 과목 총점의 60퍼센트 이상의 점수와 매 과목 만점의 40퍼센트 이상의 점수를 모두 득점한 사람을 합격자로 한다.

⑤ 자격시험에서 부정행위를 한 사람에 대해서는 그 시험을 정지시키거나 그 합격을 무효로 한다.

⑥ 식품의약품안전처장은 자격시험을 실시할 때마다 시험과목에 대한 전문 지식을 갖추거나 화장품에 관한 업무 경험이 풍부한 사람 중에서 시험 위원을 위촉한다. 이 경우 해당 위원에 대해서는 예산의 범위에서 수당 및 여비 등을 지급할 수 있다.

⑦ 자격시험의 실시 방법 및 절차 등에 필요한 세부 사항은 식품의약품안전처장이 정하여 고시한다.

 시행규칙 제8조의5는 화장품법 제3조의4 맞춤형화장품조제관리사 자격시험에 관한 법률입니다. 식약처장은 현재 자격시험 업무를 효과적으로 수행하기 위해 필요한 전문인력과 시설을 갖춘 기관인 한국생산성본부를 시험 운영기관으로 지정하여 시험업무를 위탁하고 있습니다. 식약처장은 법에 따라 자격시험을 매년 1회 이상 실시하여야 합니다. 현재는 매년 2회 실시되고 있지요? 사실 법적으로 따지면 1년에 1번만 봐도 됩니다. 식품의약품안전처장은 자격시험을 실시하려는 경우에 시험일시, 시험장소, 시험과목, 응시방법 등이 포함된 자격시험 시행계획을 시험 실시 90일 전까지 식품의약품안전처 인터넷 홈페이지에 공고해야 합니다. 물론 이 모든 권한을 한국생산성본부에 양도하였으므로 실제적으로는 식약처장이 하지 않고 한국생산성본부에서 공고하겠지요. 시험과목은 총 4과목이며 각과목별로 40% 이상을 득점하고 모든 과목 합산 점수가 만점 대비 60% 이상이 되어야 합격합니다. 절대평가입니다만, 현재 합격률이 10%도 안 되어 굉장히 낮은 편입니다. 자격시험에서 부정행위를 한 사람에 대해서는 그 시험을 정지시키거나 그 합격을 무효로 하며 부정행위로 합격을 하였으나 추후에 밝혀지면 자격이 취소되고 취소된 날로부터 3년간 시험에 응시할 수 없습니다. 이러한 시험에 관한 모든 사항을 구체화한 것이 「맞춤형화장품조제관리사 자격시험 운영에 관한 규정」입니다(뒤의 **간단하고 명료한 화장품법 시행령 체계표[다지기]**에서 살펴보세요!).

화장품법 시행규칙 제8조의6(맞춤형화장품조제관리사 자격증의 발급 신청 등)

① 자격시험에 합격하여 자격증을 발급받으려는 사람은 맞춤형화장품조제관리사 자격증 발급 신청서(전자문서로 된 신청서 포함)에 다음의 서류들을 첨부하여 식품의약품안전처장에게 제출해야 한다.

 1. 정신질환자가 아님을 증명하는 최근 6개월 이내의 의사의 진단서 또는 정신질환자이지만 조제관리사를 하는 데에 문제가 없는 사람임을 증명하는 최근 6개월 이내의 전문의 진단서

 2. 마약류의 중독자가 아님을 증명하는 최근 6개월 이내의 의사의 진단서

② 식품의약품안전처장은 발급 신청이 그 요건을 갖춘 경우에는 맞춤형화장품조제관리사 자격증을 발급해야 한다.

③ 자격증을 잃어버리거나 못 쓰게 된 경우에는 맞춤형화장품조제관리사 자격증 재발급 신청서(전자문서로 된 신청서 포함)에 다음의 구분에 따른 서류(전자문서 포함)를 첨부하여 식품의약품안전처장에게 제출해야 한다.[(**참고**)자격증 재발급은 실제로 맞춤형화장품조제관리사 자격시험 홈페이지에서 전자문서로 신청합니다.]

 1. 자격증을 잃어버린 경우 : 분실 사유서

 2. 자격증을 못 쓰게 된 경우 : 자격증 원본

조제관리사 자격시험에 합격하시면 식약처장은 맞춤형화장품조제관리사 자격증을 발급합니다. 그런데 합격만 하면 자격증이 바로 자동으로 나오는 것은 아니며 별도로 자격증 신청을 꼭 해야 합니다. 한국생산성본부가 운영하는 자격시험 홈페이지에서 신청하실 수 있습니다. 신청이 들어가면 식약처가 조제관리사 자격증을 발급하여 줍니다. 자격증을 잃어버리거나 못 쓰게 된 경우 자격증을 재발급받으면 됩니다. 잃어버린 경우라면 분실사유서를 작성하여 제출하면 되고, 자격증을 못 쓰게 된 경우에는 자격증 원본이 필요합니다. 자격증에 잉크를부어 자신이 이 자격을 취득하였음을 알아보기가 어렵다 – 이 경우에는 자격증을 못 쓰게 된 경우이므로 못 쓰게 된 자격증 원본을 제출해야 합니다. 왜 못 쓰게 된 자격증 원본을 가져오라고 하는 걸까요? 이는 필증과 그이유가 같습니다. 자격증이란 국가에서 자격을 인증해준 것이기에 못 쓰게 됐다고 해놓고 이를 다른 사업자와돌려쓰거나 자격이 없는 자가 타인의 자격증을 가로채 자격이 있는 것처럼 행세할 수 있습니다. 따라서 국가에서는 못 쓰게 된 자격증이나 필증을 반드시 수거한 후에 새로운 자격증이나 필증을 발급해줍니다. 그렇다면 필증을 잃어버려 재발급받았는데 서랍을 뒤져보니 찾은 경우에는 어떻게 해야할까요? 반드시 다시 찾은 필증을지방식약청에 제출해야 합니다. 그리고 제조업자와 마찬가지로 정신질환자와 마약류의 중독자는 조제관리사가될 수 없습니다. 단, 정신질환자의 경우 전문의가 조제관리사를 해도 된다고 보는 경우에 이를 증명하는 서류가있으면 조제관리사가 될 수 있습니다.

화장품법 시행규칙 제8조의7(시험운영기관의 지정 등)

식품의약품안전처장은 법 제3조의4 제3항에 따라 시험운영기관을 지정하거나 시험운영기관에 자격시험의 관리및 자격증 발급 등의 업무를 위탁한 경우에는 그 내용을 식품의약품안전처 **인터넷 홈페이지**에 게재해야 한다.

현재 조제관리사 자격 시험운영기관은 한국생산성본부입니다. 한국생산성본부가 조제관리사 자격시험을 위해 해야 하는 일은 뒤의 표에 기재하여 놓았으니 참고 부탁드립니다.

III. 화장품법 시행규칙(총리령)

간단하고 명료한 화장품법 시행령 체계표[다지기]	
법령	화장품법 시행규칙
조항	제8조의4 ~ 제8조의7

□ **[화장품법 시행규칙 제8조의4 ~ 제8조의7 및 화장품법 제3조의4, 관련 행정규칙] 조제관리사 자격시험**

법령에 근거한 맞춤형화장품조제관리사 자격시험의 모든 것	
실시자	식약처장(단, 현재 한국생산성본부에 위탁하여 진행 중)
실시 규정	매년 1회 이상 맞춤형화장품조제관리사 자격시험을 실시해야 함.
부정행위 관련 조항	식품의약품안전처장은 맞춤형화장품조제관리사가 거짓이나 그 밖의 부정한 방법으로 시험에 합격한 경우에는 자격을 취소하여야 하며, 자격이 취소된 사람은 취소된 날부터 3년간 자격시험에 응시할 수 없음. 자격시험에서 부정행위를 한 사람에 대해서는 그 시험을 정지시키거나 그 합격을 무효로 함.
시행계획 작성 및 자격시험 공고	운영기관의 장(한국생산성본부장)은 자격시험 시행계획을 수립하여 시험 실시 90일 전까지 맞춤형화장품조제관리사 자격시험 홈페이지에 공고하여야 함(원래는 식약처장이 해야 하나 위탁하였으므로 한국생산성본부장이 공고해야 함!). • 재난 등 불가피한 상황으로 시행계획을 공고하기 어려운 경우 식약처장의 승인을 받아 그 사유를 먼저 공개하고 해당 사유가 소멸되는 즉시 시행계획을 공고하여야 함. • 운영기관의 장(한국생산성본부장)은 자격시험 시행계획을 자격시험 공고 5일 전까지 식약처장에게 제출하고 승인을 받아야 함.
시험과목	필기시험으로만 실시 1. 제1과목 : 화장품 관련 법령 및 제도 등에 관한 사항 2. 제2과목 : 화장품의 제조 및 품질관리와 원료의 사용기준 등에 관한 사항 3. 제3과목 : 화장품의 유통 및 안전관리 등에 관한 사항 4. 제4과목 : 맞춤형화장품의 특성·내용 및 관리 등에 관한 사항
합격 규정	절대평가로서 전 과목 총점의 60퍼센트 이상의 점수와 매 과목 만점의 40퍼센트 이상의 점수를 모두 득점한 사람을 합격자로 함.

한국생산성본부의 업무	1. 시험 위원 위촉 및 운영에 관한 사항 2. 시험본부 설치 및 자격시험 시행계획 수립 및 공고 3. 원서접수, 문제출제·채점 등에 관한 사항 4. 합격자 결정 및 공고에 관한 사항 5. 부정행위 기준 및 행위자 처리에 관한 사항 6. 자격정보 관리에 관한 사항 7. 수당 등의 지급에 관한 사항 8. 자격증 발급 지원 등 기타 자격시험 운영에 관한 사항 ☑ 운영기관의 장(한국생산성본부장)은 위의 업무의 수행을 위해 필요한 세부 운영 규정을 작성하여 식약처장으로부터 승인을 받아야 함. 승인받은 사항을 변경하는 경우에도 식약처장 승인 필수
시험 출제 위원 위촉 기준	1. 해당 분야의 박사학위가 있는 자 2. 대학(교)에서 해당 분야의 조교수 이상으로 재직한 자 3. 대학(교)에서 해당 분야에 2년 이상 강의한 경력이 있는 자 4. 해당 분야에서 10년 이상 실무에 종사한 자 또는 이와 동등한 자격이 있는 자로서 학식과 경험이 풍부하여 자격이 있다고 운영기관의 장이 인정한 자 ☑ 운영기관의 장(한국생산성본부장)은 시험 위원을 위촉하거나 위촉한 사항을 변경하려는 경우 시험 위원의 성명, 소속, 전문 분야 등에 대한 정보를 식품의약품안전처장에게 보고하여야 함.
합격자 공고	운영기관의 장(한국생산성본부장)은 시험일로부터 30일 이내에 합격자 수험번호를 맞춤형화장품조제관리사 자격시험 홈페이지에 공고하여야 함. ☑ 운영기관의 장(한국생산성본부장)은 **합격자를 공고하기 전까지** 합격자의 성명, 성별, 생년월일, 수험번호 및 합격 연월일이 포함된 정보를 식품의약품안전처장에게 보고하여야 함.
자격증 발급	식품의약품안전처장은 운영기관의 장(한국생산성본부장)으로 하여금 자격증의 발급 신청서 접수 및 자격증 발송 등의 업무를 지원하게 할 수 있음.
자격정보 관리	운영기관의 장(한국생산성본부장)은 **자격이 취소된 자 및 자격시험을 합격한 자**의 다음에 해당하는 정보를 적은 문서를 보존 및 관리하여야 함. 　1. 성명, 성별 및 생년월일 　2. 수험번호 　3. 합격연월일(자격이 취소된 자의 경우 취소사실과 그 사유 포함)
자격증 발급 신청	자격증을 발급받으려는 사람은 맞춤형화장품조제관리사 자격증 발급 신청서, 정신질환자와 마약류의 중독자가 아님을 증명하는 최근 6개월 내의 의사 진단서를 식품의약품안전처장에게 제출해야 함.
자격증 재발급	맞춤형화장품조제관리사 자격증 재발급 신청서에 다음의 구분에 따른 서류를 첨부하여 식품의약품안전처장에게 제출 　1. 자격증을 잃어버린 경우 : 분실 사유서 　2. 자격증을 못 쓰게 된 경우 : 자격증 원본
비밀 유지의 의무	이 규정에 따라 자격시험의 시행에 관여한 자는 직무상 알게 된 비밀을 누설하여서는 안 됨. ☑ 운영기관의 장(한국생산성본부장)은 위에 해당하는 자에 대하여 서약서를 받는 등 자격시험의 보안을 유지하기 위하여 필요한 조치를 취하여야 함.

III. 화장품법 시행규칙(총리령)

꼼꼼하고 알기 쉬운 법조문 해설[이해하기]	
법령	화장품법 시행규칙
조항	제9조~제10조
관련 법령	화장품법 제4조, 기능성화장품 심사에 관한 규정, 기능성화장품 기준 및 시험방법

　기능성화장품으로 인정받아 판매하려는 화장품제조업자, 화장품책임판매업자 또는 총리령으로 정하는 대학·연구소는 품목별로 안전성 및 유효성에 관하여 식품의약품안전처장의 심사를 받거나 식품의약품안전처장에게 보고서를 제출하여야 합니다. 제출한 보고서나 심사받은 사항을 변경할 때에도 심사를 받거나 보고서를 제출해야 합니다. 기능성화장품이란 화장품법 제2조 및 화장품법 시행규칙 제2조에도 자세히 그 범위가 나와 있듯, 피부에 미백, 주름 개선 등의 특정 기능이 강화된 화장품을 말합니다. 이러한 특정 기능을 부여하는 원료들은 과용하면 보통 피부에 자극적입니다. '순한 화장품의 반대말은 기능성화장품이다'라는 말이 있을 정도이지요. 피부가 예민한 날이라면 기능성화장품을 사용하지 않는 것이 좋습니다. 이처럼 기능성화장품에 들어가는 기능적 특징을 부여하는 원료들은 그 안전성 및 유효성 등에 관하여 충분히 안전한지, 그리고 충분히 효과가 있는지를 검증해야 합니다. 이러한 과정이 바로 '기능성화장품 심사'입니다. 그런데 일선의 기능성화장품에 들어가는 기능성 원료 중 식약처장이 인정한 원료들이 있습니다. 이러한 원료들은 보통 그 함량까지도 식약처장이 고시해놓았습니다. 식약처에서 고시한 이러한 기능성 원료를 '기능성 고시 원료(식약처장 고시 원료)'라고 합니다. 식약처장 고시 원료로 고시된 함량만 잘 지켜 기능성화장품을 제조하고 식약처에서 정한 '기준 및 시험방법'을 그대로 따랐다면 기능성화장품을 심사하지 않고 단순히 '식약처가 고시한 대로 이렇게 잘 했습니다!'라는 내용의 보고서만 제출하면 됩니다. 이를 '기능성화장품 보고'라고 합니다. 물론 제가 방금 설명한 부분은 지나치게 간단히 언급한 경향이 있습니다. 지금부터 제대로 파헤쳐봅시다.

화장품법 시행규칙 제9조(기능성화장품의 심사)

① 기능성화장품으로 인정받아 판매 등을 하려는 **화장품제조업자, 화장품책임판매업자 또는 「기초연구진흥 및 기술개발지원에 관한 법률」** 제6조 제1항 및 제14조의2에 따른 **대학·연구기관·연구소**는 품목별로 기능성화장품 심사의뢰서에 다음의 서류를 첨부하여 식품의약품안전평가원장의 심사를 받아야 한다. 다만, 식품의약품안전처장이 제품의 효능·효과를 나타내는 성분·함량을 고시한 품목의 경우에는 제1호부터 제4호까지의 자료 제출을, 기준 및 시험방법을 고시한 품목의 경우에는 제5호의 자료 제출을 각각 생략할 수 있다.

1. 기원(起源) 및 개발 경위에 관한 자료

2. 안전성에 관한 자료

   가. 단회 투여 독성시험 자료
   나. 1차 피부 자극시험 자료
   다. 안(眼)점막 자극 또는 그 밖의 점막 자극시험 자료
   라. 피부 감작성시험(感作性試驗) 자료
   마. 광독성(光毒性) 및 광감작성 시험 자료
   바. 인체 첩포시험(貼布試驗) 자료

3. 유효성 또는 기능에 관한 자료

   가. 효력시험 자료
   나. 인체 적용시험 자료

4. 자외선 차단지수 및 자외선A 차단등급 설정의 근거자료(자외선을 차단 또는 산란시켜 자외선으로부터 피부를 보호하는 기능을 가진 화장품의 경우만 해당)

5. 기준 및 시험방법에 관한 자료[검체(檢體) 포함]

※법 개정으로 ②는 삭제됨.

③ 심사를 받은 사항을 변경하려는 자는 기능성화장품 변경심사 의뢰서에 다음의 서류를 첨부하여 식품의약품안전평가원장에게 제출하여야 한다. 다만, 기능성화장품 심사를 받은 자 간에 기능성화장품 심사를 받은 기능성화장품에 대한 권리를 양도·양수하려는 경우에는 제2호의 첨부서류를 갈음하여 양도·양수계약서를 제출할 수 있다.

1. 먼저 발급받은 기능성화장품심사결과통지서
2. 변경사유를 증명할 수 있는 서류

④ 식품의약품안전평가원장은 기능성화장품 심사의뢰서나 변경심사 의뢰서를 받은 경우에는 다음의 심사기준에 따라 심사하여야 한다.

1. 기능성화장품의 원료와 그 분량은 효능·효과 등에 관한 자료에 따라 합리적이고 타당하여야 하며, 각 성분의 배합의의(配合意義)가 인정되어야 할 것
2. 기능성화장품의 효능·효과는 화장품법 제2조 제2호 각 목에 적합할 것
3. 기능성화장품의 용법·용량은 오용될 여지가 없는 명확한 표현으로 적을 것

⑤ 식품의약품안전평가원장은 기능성화장품을 심사를 한 후 심사대장에 다음의 사항을 적고, 기능성화장품 심사·변경심사 결과통지서를 발급하여야 한다.

1. 심사번호 및 심사연월일 또는 변경심사 연월일
2. 기능성화장품 심사를 받은 화장품제조업자, 화장품책임판매업자 또는 연구기관등의 상호(법인인 경우에는 법인의 명칭) 및 소재지
3. 제품명
4. 효능·효과

⑥ 위 규정에 따른 첨부자료의 범위·요건·작성요령과 제출이 면제되는 범위 및 심사기준 등에 관한 세부 사항은 식품의약품안전처장이 정하여 고시한다.

우선 기능성화장품의 심사부터 알아봅시다. 기능성화장품으로 인정받아 판매 등을 하려는 **화장품제조업자, 화장품책임판매업자** 또는 「기초연구진흥 및 기술개발지원에 관한 법률」 제6조 제1항 및 제14조의2에 따른 **대학·연구기관·연구소**는 품목별로 기능성화장품 심사의뢰서에 여러 서류를 첨부하여 **식품의약품안전평가원장의 심사를 받아야 합니다.** 여기서 알아두어야 할 점은 첫째, 맞춤형화장품판매업자는 기능성화장품 심사를 못 받는다는 것이고 둘째, 기능성화장품의 심사는 식품의약품안전평가원장이 한다는 것입니다. 그렇다면 기능성화장품 심사에 필요한 여러 서류들에는 무엇이 있는지 알아봅시다.

☐ 기원 및 개발경위에 관한 자료

심사받을 해당 기능성화장품에 대한 판단에 도움을 줄 수 있도록 육하원칙에 따라 명료하게 기재된 자료로서 '언제, 어디서, 누가, 무엇으로부터 이 원료를 추출, 분리 또는 합성하였고 발견의 근원이 된 것은 무엇이며 효력시험, 인체적용시험 등의 결과는 어떻다.'라는 식으로 작성합니다. 원료에 대한 전반적인 역사서라고나 할까요? 원료의 약력이라고 이해하시면 편하실 것입니다.

기원 및 개발경위에 관한 자료의 예

★★★★★은/는 △△△에서 추출한 ◉◉◉◉ 성분인 ☆☆로서 티로시나아제 활성 억제효과가 보고되었으며, 이를 기반으로 미백 후보 물질로 개발하였다. 또한 이를 기반으로 효력시험 및 인체적용시험을 수행한 결과 효능을 확인할 수 있었다.

□ 안전성에 관한 자료

    심사받을 기능성화장품이 피부에 사용하였을 때 안전한지에 대한 근거자료입니다. '여러 시험을 해봤으나 위험한 것은 없었다.'라는 메시지를 식품의약품안전평가원장에게 전하기 위한 근거자료이지요. 인체 첩포시험 및 인체 누적 첩포시험 외의 안전성에 관한 자료는 인체에 직접 시험하지는 않고 동물시험을 실시합니다. 다음은 식약처 고시 행정규칙에서 안전성에 관한 자료의 종류들을 구체화한 목록입니다. 이 목록은 통으로 외우셔야 합니다. 자료의 이름을 적는 문제가 주관식으로 몇 번 출제되었어요. 특히 '흡광도'라는 단어가 시험에 주관식으로 출제된 적이 있습니다.

<안전성에 관한 자료의 종류>

(1) **단회 투여 독성 시험자료** : 실험 동물(쥐)에게 시험 약물을 한 번 투여하고, 일정 시간 내에 일어나는 독성을 양적·질적으로 판단하는 시험

(2) **1차 피부자극 시험자료** : 한정된 부위의 피부에 바르는 연고제와 같이, 피부와 접촉할 가능성이 있는 물질의 자극성을 평가하는 시험. 보통 백색 토끼를 실험동물로 사용하여 화장품의 자극성을 판정한다.

(3) **안 점막 자극 또는 기타 점막 자극 시험자료** : 점막에 접촉 가능성이 있는 물질의 자극성을 평가하는 시험. 토끼의 한쪽 눈의 하안검을 당겨서 화장품을 투여한다.

(4) **피부감작성 시험자료** : 피부에 바르는 화장품에 반복적으로 접촉하였을 때, 알레르기와 같은 피부의 과민 반응을 평가하는 시험(감작성 = 알레르기).

(5) **광독성 및 광감작성 시험자료**(자외선에서 흡수가 없음을 입증하는 흡광도 시험자료를 제출하는 경우 면제)

• **광독성 시험자료** : 피부에 화장품을 바른 후 햇빛이나 광선에 노출되었을 때 일광 화상과 유사한 피부 반응(홍반, 부종, 물집 등)이 나타나는지 시험하는 것

• **광감작성 시험자료** : 피부에 화장품을 바른 후 햇빛이나 광선에 노출되었을 때 알레르기 피부 반응이 나타나는지 시험하는 것

(6) **인체 첩포시험자료** : 접촉 피부염의 원인 물질을 시험하기 위한 검사. 원인으로 추정되는 물질을 등이나 전완부에 붙여 반응을 조사한다.

(7) **인체 누적 첩포시험자료** : 인체적용시험자료에서 피부이상반응 발생 등 안전성 문제가 우려된다고 판단되는 경우에만 실시한다.

(8) **유전독성시험자료** : 박테리아를 이용한 복귀돌연변이시험과 포유류 배양세포를 이용한 체외 염색체이상시험, 설치류 조혈세포를 이용한 체내 소핵 시험이 있다.

지한쌤의 열여덟 번째 암기비법

안전성에 관한 자료는 중요해서 첩자 감독을 2번 한다!
인체 첩포시험자료, 1차 피부자극 시험자료, 피부감작성 시험자료, 단회 투여 독성 시험자료
인체 누적 첩포시험자료, 안 점막 자극 또는 기타 점막 자극 시험자료, 광독성·광감작성 시험자료, 유전독성시험자료
👉 이 아이디어는 지한쌤이 아닌 선한 영향력을 행사하시는 화박사의 다른 회원분의 아이디어입니다.

안전성에 관한 자료들은 「비임상**시험관리기준**」(식품의약품안전처 고시)에 따라 시험한 자료를 말합니다. 임상시험이 아닙니다! 다만, 인체첩포시험 및 인체누적첩포시험은 국내·외 대학 또는 전문 연구기관에서 실시하여야 하며 관련분야 전문의사, 연구소 또는 병원 기타 관련기관에서 5년 이상 **해당 시험 경력을 가진 자**의 지도 및 감독 하에 수행·평가되어야 합니다. 시험방법은 '기능성화장품 심사에 관한 규정'의 [별표 1] 독성시험법에 따르는 것을 원칙으로 하며 기타 독성시험법에 대해서는 「**의약품등의 독성시험기준**」(식품의약품안전처 고시)을 따라야 합니다. 이 규정의 [별표] 자료들은 '법제처' 홈페이지에서 검색하시면 쉽게 찾으실 수 있습니다. 그러나 식약처장이 고시한 독성시험법에 따르지 않아도 되는 경우가 있습니다. 시험방법 및 평가기준 등이 과학적·합리적으로 타당성이 인정되거나 경제협력개발기구(Organization for Economic Cooperation and Development) 또는 식품의약품안전처가 인정하는 동물대체시험법인 경우에는 규정된 독성시험법을 적용하지 않을 수 있답니다.

동물대체시험법의 예시	
시험명	주요내용
화장품 독성시험 동물대체시험법 가이드라인(I) (피부감작성시험법)	**국소림프절시험법** 기니피그를 이용한 시험법을 마우스로 대체하여 방사성 동위원소를 이용하여 림프구 증식량을 측정하는 시험법(동물의 수 감소 및 고통경감)
화장품 광독성 동물대체시험법(In vitro 3T3 NRU 시험법) 가이드라인	**In Vitro 3T3 NRU 광독성시험법** 기니피그를 이용한 광독성시험법을 세포생존율을 측정하는 세포 시험으로 대체한 시험법(동물 대체)
화장품 단회투여독성 동물대체시험법(고정용량법) 가이드라인	**고정용량법** 동물사망을 종료시점으로 하던 단회투여 독성시험법을 투여용량에 따른 명확한 독성반응으로 평가하는 시험법(동물의 수 감소 및 고통경감)
화장품 단회투여독성 동물대체시험법(독성등급법) 가이드라인	**독성등급법** 동물사망을 종료시점으로 하던 단회투여 독성시험법을 미리 정한 용량에서의 사망동물수로 평가하는 시험법(동물의 수 감소 및 고통경감)
생체외 피부흡수시험 가이드라인 (생체외 피부흡수시험법)	살아있는 동물에서 물질의 흡수 정도를 측정하던 방법을 인체피부모델 등으로 대체한 시험법(동물 대체)
화장품 독성시험 동물대체시험법 가이드라인(IV) (피부감작성시험법)	**DA법을 이용한 국소림프절시험법** 기니피그를 이용한 시험법을 마우스로 대체하여 세포내 ATP(에너지)량을 이용하여 림프구 증식량을 측정하는 시험법(동물의 수 감소 및 고통경감)
화장품 독성시험 동물대체시험법 가이드라인(IV) (피부감작성시험법)	**ELISA법을 이용한 국소림프절시험법** 기니피그를 이용한 시험법을 마우스로 대체하여 ELISA 장비를 이용하여 림프구 증식량을 측정하는 시험법(동물의 수 감소 및 고통경감)

| 동물대체시험법의 예시 ||
시험명	주요내용
화장품 독성시험 동물대체시험법 가이드라인(III) (안점막자극시험법)	**소각막을 이용한 안점막자극시험법** 살아있는 토끼의 각막을 이용한 안점막자극시험을 도축된 소의 각막으로 대체한 시험법(동물 대체)
화장품 독성시험 동물대체시험법 가이드라인(V) (피부자극시험법)	**인체피부모델을 이용한 피부자극시험** 토끼를 이용하여 피부자극성을 평가하는 시험법을 3D로 제작한 인체피부모델로 대체한 시험법(동물 대체)
화장품 독성시험 동물대체시험법 가이드라인(VI) (안점막자극시험법)	**닭의 안구를 이용한** 안점막자극시험법 살아있는 토끼의 각막을 이용한 안점막자극시험을 도축된 닭의 각막으로 대체한 시험법(동물 대체)
화장품 단회투여독성 동물대체시험법(용량고저법) 가이드라인	**용량고저법** 단회투여 독성시험법을 미리 정한 용량을 높이거나 낮추는 것을 반복하여 반수치사량을 평가하는 시험법(동물 수 감소 및 고통경감)
화장품 독성시험 동물대체시험법 가이드라인(VIII) (피부감작성시험법)	**펩타이드 반응성시험** 기존 동물을 이용한 피부감작성시험법을 펩타이드 반응성 분석으로 평가하는 시험법(동물 대체)
화장품 독성시험 동물대체시험법 가이드라인(IX) (안자극시험법)	**인체각막모델을 이용한 안자극시험** 토끼를 이용하여 안자극성을 평가하는 시험법을 3D로 제작한 인체각막모델로 대체한 시험법(동물 대체)
화장품 피부감작성 동물대체시험법 가이드라인 (**ARE-Nrf2 루시퍼라아제 시험법**)	기존 동물을 이용한 피부감작성시험법을 ARE-Nrf2 루시퍼라아제 반응으로 평가하는 시험법(동물 대체)
화장품 피부감작성 동물대체시험법 가이드라인 (**인체 세포주 활성화 방법, h-CLAT**)	기존 동물을 이용한 피부감작성시험법을 인체 세포주 활성화 방법(h-CLAT)으로 평가하는 시험법(동물 대체)
화장품 안자극 동물대체시험법 가이드라인 (단시간 노출법, STE)	토끼를 이용하여 안자극성을 평가하는 시험법을 세포를 이용한 단시간 노출법으로 대체한 시험법(동물 대체)
화장품 피부부식성 동물대체시험법(경피성 전기저항 시험법, TER) 가이드라인	랫드 피부의 경피 전기저항 값을 측정하여 비가역적인 피부손상(피부괴사)인 부식성을 평가하는 생체외(in vitro) 시험법
화장품 피부감작성 동물대체시험법 (LLNA : BrdU-FCM) 가이드라인	**유세포 분석을 이용한 국소림프절시험** 피부감작성의 독성발현경로 중 네 번째 핵심 단계인 T-세포의 활성화와 증식을 평가하는 방법으로서, UN-GHS 기준에 따라 시험물질의 피부감작성을 평가하는 유세포 분석을 이용한 시험법

□ **유효성 또는 기능에 관한 자료**

심사받을 기능성화장품의 기능성 효과에 대한 입증 자료입니다. 기능성화장품이 효과는 하나도 없고 안전하기만 하다면 소비자들이 구매할까요? 우리는 안전하고 효과도 좋은 화장품을 원합니다. 따라서 기능성화장품을 심사받고자 하는 이는 그 화장품이 효과가 있는지, 있다면 얼마나 있는지, 그 효과는 얼마나 지속되는지, 효과를 얻기 위해서는 얼마나 사용해야 하는지 등에 대한 자료를 제출합니다. 이것이 바로 유효성 또는 기능에 관한 자료입니다. **효력시험자료, 인체적용시험자료, 염모효력시험자료**가 있으며 염모제가 아닌 다른 기능성화장품들은 **효력시험자료와 인체적용시험자료**만 제출합니다. 염모제를 심사한다면 **염모효력시험자료**만 제출합니다. 그렇다면 각 자료들의 의미를 알아봅시다.

(1) 효력시험에 관한 자료

심사대상 효능을 뒷받침하는 성분의 효력에 대한 비임상시험자료로서 효과발현의 작용기전이 포함되어야 하며, 다음 중 어느 하나에 해당되어야 합니다.

1. **국내·외 대학 또는 전문 연구기관**에서 시험한 것으로서 **당해 기관의 장이 발급**한 자료(시험시설 개요, 주요설비, 연구인력의 구성, 시험자의 연구경력에 관한 사항이 포함될 것)
2. 해당 기능성화장품이 **개발국 정부에 제출되어 평가된 모든 효력시험자료로서 개발국 정부(허가 또는 등록기관) 가 제출받았거나 승인하였음을 확인한 것** 또는 이를 증명한 자료
3. **과학논문인용색인**(Science Citation Index 또는 Science Citation Index Expanded)에 등재된 **전문학회지에 게재된 자료**

(2) 인체적용시험자료

사람에게 적용 시 효능·효과 등 기능을 입증할 수 있는 자료(즉, 임상시험자료)를 말합니다. 다음 중 어느 하나에 해당되어야 합니다. 인체적용시험의 실시기준 및 자료의 작성방법 등에 관하여는 「화장품 표시·광고 실증에 관한 규정」(식품의약품안전처 고시)을 준용하여야 합니다.

1. **국내·외 대학 또는 전문 연구기관**에서 시험한 것으로서 **당해 기관의 장이 발급**한 자료(시험시설 개요, 주요설비, 연구인력의 구성, 시험자의 연구경력에 관한 사항이 포함될 것)
2. 해당 기능성화장품이 **개발국 정부에 제출되어 평가된 모든 효력시험자료로서 개발국 정부(허가 또는 등록기관) 가 제출받았거나 승인하였음을 확인한 것** 또는 이를 증명한 자료

(3) 염모효력시험자료

인체모발을 대상으로 효능·효과에서 표시한 색상을 입증하는 자료로서 염모제에 해당하는 기능성화장품만 제출합니다.

유효성 또는 기능에 관한 자료 중 위의(2)번 자료인 **인체적용시험자료**를 제출하는 경우 **효력시험자료** 제출을 면제할 수 있습니다. 다만, 이 경우에는 **효력시험자료의 제출을 면제받은 성분에 대해서는 효능·효과를 기재·표시할 수 없습니다.**

□ **자외선차단지수(SPF), 내수성자외선차단지수(SPF), 자외선A차단등급(PA) 설정의 근거자료**

이 자료는 당연히 자외선차단제만 제출하겠죠? 심사받으려는 기능성화장품이 미백 기능성화장품이라면 이 자료는 제출할 필요가 없습니다. 이 자료는 심사받을 해당 자외선차단제가 어느 정도로 자외선을 차단하는지에 대한 근거자료입니다. 각 자료가 무엇을 의미하는지 알아봅시다.

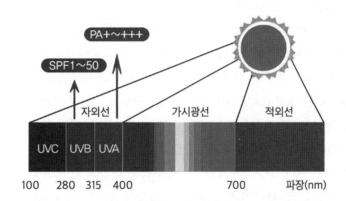

자료 알아보기 전 자외선 관련 지식 쌓기

자외선이란 태양광의 스펙트럼을 사진으로 찍었을 때, 가시광선보다 짧은 파장으로 눈에 보이지 않는 빛입니다. 가시광선의 파란색이나 보라색 광선보다 더 짧은 파장을 가진 자외선은 살갗을 태우고 건강에 해로운 영향을 줍니다. 성층권에 존재하는 오존층은 대부분의 해로운 자외선이 지구에 도달하는 것을 막아줍니다. 자외선은 사람의 피부를 태우거나 살균작용을 하며, 과도하게 노출될 경우 피부암에 걸릴 수도 있습니다. 살균 효과가 있기에 인류는 자외선을 살균기로 이용하고 있습니다. 그러나 자외선은 피부 DNA를 변형시키며 피부를 태우고 피부 노화를 촉진시킵니다. 따라서 자외선을 차단하는 일은 대단히 중요합니다.

자외선의 종류

• 피부 노화의 원인 UVA(320~400nm)

UVA는 오존층에 흡수되지 않습니다. UVA는 UVB에 비하여 에너지량이 적지만 피부를 그을릴 수 있습니다. 피부를 태우는 것은 UVB이지만 UVA는 피부 면역 체계에 작용하여 피부 노화에 따른 장기적 피부 손상을 일으킬 수 있습니다. 자외선이 인체에 도달하면 표피층 아래로 흡수되는데, 이 해로운 광선에서 피부를 보호하기 위하여 인체 면역 작용이 발동합니다. 그 예로 일부 세포는 자외선에 노출될 때 멜라닌이란 검은 색소를 생성하는데 그것이 자외선의 일부를 흡수합니다. 따라서, 백인종과 같이 멜라닌을 적게 생성하는 사람은 UVB에 대한 자연적 보호막도 적은 셈입니다. UVA는 창문을 닫아도 구름이 끼어도 이를 뚫고 우리의 피부에 침투합니다.

- 피부 화상의 원인 UVB(290~320nm)

  대부분은 오존층에 흡수되지만, 일부는 지표면에 도달합니다. 지구에 극소량이 도달하는 UVB는 동물체의 피부를 태우고 피부 조직을 뚫고 들어가며 때로는 피부암을 일으키는데, 피부암 발생의 원인은 대부분 태양 광선의 노출 및 UVB와 관련이 있습니다. 또, UVB는 피부에서 프로비타민 D를 활성화시켜 인체에 필수적인 비타민 D로 전환시킵니다. 창문이나 구름을 뚫지 못하며 피부 화상의 원인입니다.

- 최악의 UVC(200~290nm)

  UVC는 염색체 변이를 일으키고 단세포 유기물을 죽이며, 눈의 각막을 해치는 등 생명체에 심각한 해로운 영향을 미칩니다. 다행히 UVC는 성층권의 오존층에 의해 사실상 모두 흡수됩니다.

  – [네이버 지식백과] 자외선 [UV, ultraviolet rays, 紫外線](두산백과) 참고

(1) 자외선차단지수(SPF) 설정 근거자료

SPF(Sun Protection Factor, SPF)는 자외선 차단 지수를 말하며 UVB를 차단하는 정도를 나타내는 지표입니다. 이는 자외선차단제품을 도포하여 얻은 최소홍반량을 자외선차단제품을 도포하지 않고 얻은 최소홍반량으로 나눈 값입니다. "최소홍반량(Minimum Erythema Dose, MED)"이란 UVB를 사람의 피부에 조사한 후 16 ~ 24시간의 범위 내에 조사영역의 전 영역에 홍반을 나타낼 수 있는 최소한의 자외선 조사량을 말합니다. 여러분들께서는 자외선차단제 용기에 'SPF50+'라고 적힌 것을 보신 적이 있으실 것입니다. 보통 SPF1이 10~15분 정도 UVB를 차단해줍니다. 그러면 SPF50은 대략 12시간 정도 UVB를 차단해주겠지요? 따라서 SPF는 50을 넘어가면 의미가 없습니다. 태양이 뜬 다음부터 12시간 후에는 깜깜한 밤일 테니까요. 그래서 우리나라에서는 SPF가 50이 넘어가면 SPF60 등으로 표시하는 것이 아니라 그 뒤에 '+'를 붙입니다.

이러한 자외선차단지수(SPF) 설정 근거자료로는 기능성화장품 심사에 관한 규정 [별표 3] 자외선 차단효과 측정방법 및 기준·일본(JCIA)·미국(FDA)·유럽(Cosmetics Europe)·호주/뉴질랜드(AS/NZS) 또는 국제표준화기구(ISO 24444) 등의 자외선차단지수 측정방법에 의한 자료가 있습니다.

(2) 내수성자외선차단지수(SPF) 설정 근거자료

내수성자외선차단지수란 차단제를 도포한 후 물 안에 들어갔다 나와도 자외선차단의 효과가 지속되는지에 대한 지수입니다. 내수성과 지속내수성으로 나뉩니다. 지속내수성이 내수성에 비해 좀 더 물에 들어갔을 때 잘 안 씻겨집니다. 내수성 제품은 제품을 바르고 20분간 물에 입수한 뒤 물 밖에서 20분간 쉬고 다시 20분간 입수 후 물 밖에 나와 15분 이상 자연건조 후 남아있는 자외선차단제 성분이 얼마나 UVB를 차단해주는지에 대해 시험합니다. 지속내수성 제품은 20분간 입수를 4번 진행한 뒤에 최소홍반량을 측정합니다.

내수성자외선차단지수(SPF) 설정 근거자료에는 기능성화장품 심사에 관한 규정 [별표 3] 자외선 차단효과 측정방법 및 기준·미국(FDA)·유럽(Cosmetics Europe)·호주/뉴질랜드(AS/NZS) 또는 국제표준화기구(ISO 16217) 등의 내수성자외선차단지수 측정방법에 의한 자료가 있습니다.

(3) 자외선A차단등급(PA) 설정 근거자료

자외선 A 차단등급(Protection grade of UVA)은 UVA 차단효과의 정도를 나타내며 약칭은 피·에이(PA)라고 합니다. 등급이기 때문에 SPF와는 다르게도 PA+, PA++, PA+++, PA++++로 나뉩니다. 이 등급은 **자외선A차단지수(PFA)**를 기반으로 산정됩니다. "자외선A차단지수(Protection Factor of UVA, PFA)"는 UVA를 차단하는 제품의 차단효과를 나타내는 지수로 자외선A차단제품을 도포하여 얻은 최소지속형즉시흑화량을 자외선A차단제품을 도포하지 않고 얻은 최소지속형즉시흑화량으로 나눈 값입니다. "최소지속형즉시흑화량 (Minimal Persistent Pigment darkening Dose, MPPD)"이란 UVA를 사람의 피부에 조사한 후 2 ~ 24시간의 범위내에 조사영역의 전 영역에 희미한 흑화가 인식되는 최소 자외선 조사량을 말합니다. PFA 값이 **2 이상 4 미만은 PA+, 4 이상 8 미만은 PA++, 8 이상 16 미만은 PA+++, 16 이상은 PA++++로** 기재합니다.

자외선A차단등급(PA) 설정 근거자료에는 기능성화장품 심사에 관한 규정 [별표 3] 자외선 차단효과 측정방법 및 기준·일본(JCIA) 또는 국제표준화기구(ISO 24442) 등의 자외선A 차단효과 측정방법에 의한 자료가 있습니다.

□ 기준 및 시험방법에 관한 자료

품질관리에 적정을 기할 수 있는 시험항목과 각 시험항목에 대한 시험방법의 밸리데이션, 기준치 설정의 근거가 되는 자료입니다. 이 경우 시험방법은 공정서, 국제표준화기구(ISO) 등의 공인된 방법에 의해 검증되어야 합니다. 예를 들어, 내가 미백 기능성 원료인 나이아신아마이드를 넣어 만든 로션에 대한 기준 및 시험방법에 관한 자료를 작성한다면 이 자료에는 확인시험방법, 정량법 등을 작성할 것입니다. 다음은 기준 및 시험방법에 관한 자료의 예시입니다.

나이아신아마이드 로션제 Niacinamide Lotion	
이 기능성화장품은 정량할 때 표시량의 90.0% 이상에 해당하는 나이아신아마이드(C6H6N2O : 122.13)를 함유한다.	
제법	이 기능성화장품은 나이아신아마이드를 주성분(기능성성분)으로 하는 로션제이다. 이 제품은 안정성 및 유용성을 높이기 위해 안정제, 습윤제, 유화제, 보습제, pH 조정제, 착색제, 착향제 등을 첨가할 수 있다.
확인시험	정량법의 검액에서 얻은 주피크의 유지시간은 표준액에서 얻은 주피크의 유지시간과 같다.
pH	기준치±1.0 (2→30) (다만, pH 범위는 3.0 ~ 9.0이다)
정량법	이 기능성화장품을 가지고 나이아신아마이드로서 약 20 mg에 해당하는 양을 정밀하게 달아 이동상을 넣어 분산시킨 다음 정확하게 50mL로 하고 필요하면 여과하여 검액으로 한다. 따로 나이아신아마이드 표준품 약 20 mg을 정밀하게 달아 이동상을 넣어 녹여 50 mL로 한 액을 표준액으로 한다. 검액 및 표준액 각 10μL씩을 가지고 다음 조건으로 액체크로마토그래프법에 따라 시험하여 검액 및 표준액의 피크 면적 AT 및 AS를 각각 구한다.

$$\text{나이아신아마이드}(C6H6N2O : 122.13)\text{의 양}(mg) = \text{나이아신아마이드 표준품의 양}(mg) \times \frac{A_T}{A_S}$$

조작조건	
검출기	자외부흡광광도계 (측정파장 260 ㎚)
칼럼	안지름 약 4.6㎜, 길이 약 25㎝인 스테인레스관에 5㎛의 액체크로마토그래프용 옥타데실실릴화한 실리카겔을 충전한다.
이동상	메탄올·0.05 M 인산이수소칼륨용액 혼합액 (15 : 85)
유량	1.0mL/분

자, 우리는 여태 기능성화장품을 심사받기 위해 필요한 5가지 서류를 살펴보았습니다. 다시 정리해볼까요?

1. 기원(起源) 및 개발 경위에 관한 자료
2. 안전성에 관한 자료
3. 유효성 또는 기능에 관한 자료
4. 자외선 차단지수 및 자외선A 차단등급 설정의 근거자료(자외선을 차단 또는 산란시켜 자외선으로부터 피부를 보호하는 기능을 가진 화장품의 경우만 해당)
5. 기준 및 시험방법에 관한 자료[검체(檢體) 포함]

이 다섯 가지 서류의 명칭은 모두 암기해주세요. 그렇다면 여기서 문제! 만약 미백 기능성화장품을 심사받으려고 한다면 위의 자료 중 어떤 자료를 구비해야 할까요?(단, 미백 기능성화장품에 사용된 미백 기능성 원료는 식약처장이 고시한 원료가 아님. 또한 기준 및 시험방법이 고시되지 않은 제형임.) 답은 1, 2, 3, 5입니다. 4번은 자외선차단제만 제출한다고 했었지요? 자, 이 정도 이해하였으면 5문제 중 2문제 맞힐 정도는 되셨습니다. 그러면 나머지 문제 맞히러 갑시다!

기능성화장품을 심사받기 위해서는 위의 서류들을 챙겨야 하는데요, **심사 시에 자료가 생략되는 경우**가 있답니다. 앞의 화장품법 시행규칙에 명시된 심사 자료 생략 요건은 너무나도 간단하게 써 놓았습니다. 이를 구체화하여 실제로 시행되는 법령인 「기능성화장품 심사에 관한 규정」을 기반으로 심사 시 자료를 안 내도 되는 경우를 알려드리겠습니다.

1. 안전성에 관한 자료를 면제받을 수 있는 경우

「기능성화장품 기준 및 시험방법」(식품의약품안전처 고시), 국제화장품원료집(ICID), 「식품의 기준 및 규격」(식품의약품안전처 고시)에서 정하는 원료로 제조되거나 제조되어 수입된 기능성화장품의 경우 안전성에 관한 자료 제출을 면제합니다. 단! **유효성 또는 기능 입증자료** 중 **인체적용시험자료**에서 피부이상반응 발생 등 안전성에 문제가 우려된다면 안정성에 관한 자료를 면제 받을 수 없습니다.

2. 유효성 또는 기능에 관한 자료 중 일부를 면제받는 경우

유효성 또는 기능에 관한 자료 중에서 **인체적용시험자료**를 제출하는 경우 **효력시험자료** 제출을 면제 받을 수 있습니다. 그런데 이 경우에는 효력시험자료의 제출을 면제 받은 성분에 대해서는 효능 효과를 기재·표시할 수 없습니다.

3. 기원 및 개발경위에 관한 자료, 안전성에 관한 자료, 유효성 또는 기능에 관한 자료를 면제받는 경우

「기능성화장품 심사에 관한 규정」(식품의약품안전처 고시)의 자료제출이 생략되는 기능성화장품의 종류에서 식약처장이 성분·함량을 고시한 품목은 위 자료 제출을 면제받을 수 있습니다. 예를 들어 「기능성화장품 심사에 관한 규정」(식품의약품안전처 고시)에 고시된 자료제출이 생략되는 미백 기능성 원료 중 나이아신아마이드를 고시된 함량인 2~5%만 사용하여 화장품을 제조하였다면 이 기능성화장품은 심사 시 기원 및 개발경위에 관한 자료, 안전성에 관한 자료, 유효성 또는 기능에 관한 자료가 면제됩니다.

★꼭 암기하여야 하는 식약처장 고시 기능성화장품 성분·함량★ "자료 제출이 생략되는 기능성화장품의 종류"		
자외선 차단 고시 성분 및 함량 영·유아용 제품류 중 로션, 크림 및 오일 및 기초화장용 제품류, 색조화장용 제품류에 한함		
연번	성분명	최대함량
1	<삭 제>	<삭 제>
2	드로메트리졸	1%
3	디갈로일트리올리에이트	5%
4	4-메칠벤질리덴캠퍼	4%
5	멘틸안트라닐레이트	5%
6	벤조페논-3	5%
7	벤조페논-4	5%
8	벤조페논-8	3%
9	부틸메톡시디벤조일메탄	5%
10	시녹세이트	5%
11	에칠헥실트리아존	5%
12	옥토크릴렌	10%
13	에칠헥실디메칠파바	8%
14	에칠헥실메톡시신나메이트	7.5%
15	에칠헥실살리실레이트	5%

연번	성분명	최대함량
16	<개정으로 인한 삭제>	<삭 제>
17	페닐벤즈이미다졸설포닉애씨드	4 %
18	호모살레이트	10 %
19	징크옥사이드	25 %(자외선차단성분으로서)
20	티타늄디옥사이드	25 %(자외선차단성분으로서)
21	이소아밀p-메톡시신나메이트	10 %
22	비스-에칠헥실옥시페놀메톡시페닐트리아진	10 %
23	디소듐페닐디벤즈이미다졸테트라설포네이트	산으로 10 %
24	드로메트리졸트리실록산	15 %
25	디에칠헥실부타미도트리아존	10 %
26	폴리실리콘-15 (디메치코디에칠벤잘말로네이트)	10 %
27	메칠렌비스-벤조트리아졸릴테트라메칠부틸페놀	10 %
28	테레프탈릴리덴디캠퍼설포닉애씨드 및 그 염류	산으로 10 %
29	디에칠아미노하이드록시벤조일헥실벤조에이트	10 %

미백 기능성 고시 성분 및 함량		
(제형은 로션제, 액제, 크림제 및 침적 마스크에 한하며, 제품의 효능·효과는 "피부의 미백에 도움을 준다"로, 용법·용량은 "본품 적당량을 취해 피부에 골고루 펴 바른다. 또는 본품을 피부에 붙이고 10~20분 후 지지체를 제거한 다음 남은 제품을 골고루 펴 바른다(침적 마스크만 해당)"로 제한)		
연번	성분명	최대함량
1	닥나무추출물	2%
2	알부틴	2~5%
3	에칠아스코빌에텔	1~2%
4	유용성감초추출물	0.05%
5	아스코빌글루코사이드	2%
6	마그네슘아스코빌포스페이트	3%
7	나이아신아마이드	2~5%
8	알파-비사보롤	0.5%
9	아스코빌테트라이소팔미테이트	2%

주름 개선 기능성 고시 성분 및 함량		
(제형은 로션제, 액제, 크림제 및 침적 마스크에 한하며, 제품의 효능·효과는 "피부의 주름개선에 도움을 준다"로, 용법·용량은 "본품 적당량을 취해 피부에 골고루 펴 바른다. 또는 본품을 피부에 붙이고 10 ~ 20분 후 지지체를 제거한 다음 남은 제품을 골고루 펴 바른다(침적 마스크만 해당)"로 제한)		
연번	성분명	함량
1	레티놀	2,500IU/g
2	레티닐팔미테이트	10,000IU/g
3	아데노신	0.04%
4	폴리에톡실레이티드레틴아마이드	0.05 ~ 0.2%

체모를 제거하는 기능을 가진 제품의 고시 성분 및 함량		
(제형은 액제, 크림제, 로션제, 에어로졸제에 한하며, 제품의 효능·효과는 "제모(체모의 제거)"로, 용법·용량은 "사용 전 제모할 부위를 씻고 건조시킨 후 이 제품을 제모할 부위의 털이 완전히 덮이도록 충분히 바른다. 문지르지 말고 5 ~ 10분간 그대로 두었다가 일부분을 손가락으로 문질러 보아 털이 쉽게 제거되면 젖은 수건 [(제품에 따라서는) 또는 동봉된 부직포 등]으로 닦아 내거나 물로 씻어낸다. 면도한 부위의 짧고 거친 털을 완전히 제거하기 위해서는 한 번 이상(수일 간격) 사용하는 것이 좋다"로 제한)		
연번	성분명	함량
1	치오글리콜산(= 치오글라이콜릭애씨드) 80%	치오글리콜산으로서 3.0 ~ 4.5 %

여드름성 피부를 완화하는데 도움을 주는 제품의 고시 성분 및 함량		
유형은 인체세정용 제품류(비누조성의 제제)에 한함 (제형은 액제, 로션제, 크림제에 한함(부직포 등에 침적된 상태 제외!) 제품의 효능·효과는 "여드름성 피부를 완화하는 데 도움을 준다"로, 용법·용량은 "본품 적당량을 취해 피부에 사용한 후 물로 바로 깨끗이 씻어낸다"로 제한)		
연번	성분명	함량
1	살리실릭애씨드(= 살리실산, BHA)	0.5 %

탈모 증상의 완화에 도움을 주는 화장품의 성분 및 함량		
• 제형 : 액제, 로션제, 크림제, • 효능·효과 : "탈모 증상의 완화에 도움을 준다."로, 용법·용량 및 유형은 아래 표에 따라 제한 (단, 탈모 증상 완화 사항은 현재 무기한 입법 연기됨.)		
연번	성분명 및 함량	용법 용량

1	복합제로서
	
	• 덱스판테놀 0.2 %,
	
	• 살리실릭애씨드 0.25 %,
	
	• 엘 - 멘톨 0.3 %
		1. (삼푸)모발이 젖은 상태에서 적당량을 취하여 모발과 두피에 가볍게
		    마사지한 후 물로 깨끗이 씻어냅니다.
		2. (헤어 컨디셔너) 샴푸 후 모발이 젖은 상태에서 적당량을 취하여 모발
		    에 가볍게 마사지한 후 물로 깨끗이 씻어낸다.
		3. (헤어 토닉) 본 품을 두피에 적당량을 고루 바른 다음 손가락을 이용하
		    여 마사지하여 충분히 흡수되도록 문질러 준다.

2	복합제로서 • 나이아신아마이드 0.3 %, • 덱스판테놀 0.5 %, • 비오틴 0.06 %, • 징크피리치온액(50%) 2.0 %	(샴푸) 모발이 젖은 상태에서 적당량을 취하여 모발과 두피에 가볍게 마 사지 한다. 거품을 낸 상태에서 약 3분 동안 기다린 후 물로 깨끗이 씻어 낸다.
☑ 염모제 성분 및 함량은 법제처 사이트 참고		

4. 기원 및 개발경위에 관한 자료, 안전성에 관한 자료, 유효성 또는 기능에 관한 자료, 자외선차단제의 경우 자외선차단지수(SPF), 내수성자외선차단지수(SPF, 내수성 또는 지속내수성) 및 자외선A차단등급(PA) 설정의 근거자료를 면제 받는 경우

이미 심사를 받은 기능성화장품과 그 효능·효과를 나타내게 하는 원료의 종류, 규격 및 분량, 용법 용량이 동일하고 다음의 어느 하나에 해당하는 경우 이 4가지 자료의 제출을 면제합니다.

1. 효능·효과를 나타나게 하는 성분을 제외한 대조군과의 비교실험으로서 효능을 입증한 경우
2. 착색제, 착향제, 현탁화제, 유화제, 용해보조제, 안정제, 등장제, pH 조절제, 점도조절제, 용제만 다른 품목의 경우. 단! 기능성화장품 중 피부장벽의 기능을 회복하여 가려움 등의 개선에 도움을 주는 화장품, 튼살로 인한 붉은 선을 엷게 하는 데 도움을 주는 화장품에 해당하는 기능성화장품은 **착향제, 보존제만 다른 경우**에 한합니다.

☑ 단, 여기서 말하는 '이미 심사를 받은 기능성화장품'이란 화장품책임판매업자가 같거나 화장품제조업자(화장품제조업자가 제품을 설계·개발·생산하는 방식으로 제조한 경우만 해당)가 같은 기능성화장품만 해당합니다.

5. (자외선차단제를 심사받고자 하는 경우에만 해당) 자외선차단지수(SPF), 내수성자외선차단지수(SPF, 내수성 또는 지속내수성) 및 자외선A차단등급(PA) 설정의 근거자료를 면제받는 경우

자외선차단지수(SPF)가 10 이하라면 위 서류를 면제받을 수 있습니다.

6. 자외선차단제를 심사할 때에 '기원 및 개발경위에 관한 자료, 안전성에 관한 자료, 유효성 또는 기능에 관한 자료, 자외선차단지수(SPF), 내수성자외선차단지수(SPF, 내수성 또는 지속내수성) 및 자외선A차단등급(PA) 설정의 근거자료'를 면제 받을 수 있는 경우

자외선 차단 기능성화장품의 경우 이미 심사를 받은 기능성화장품과 그 효능 효과를 나타내게 하는 원료의 종류, 규격, 분량, 용법 용량, 제형이 동일한 경우 위의 자료 생략이 가능합니다. 다만, 내수성 제품은 이미 심사를 받은 기능성화장품과 **착향제, 보존제** 외에 모든 원료의 종류, 규격, 분량 용법, 용량, 제형이 동일해야 합니다.

☑ 단, 여기서 말하는 '이미 심사를 받은 기능성화장품'이란 화장품책임판매업자가 같거나 화장품제조업자(화장품제조업자가 제품을 설계·개발·생산하는 방식으로 제조한 경우만 해당)가 같은 기능성화장품만 해당합니다.

7. 산화염모제 중 기원 및 개발경위에 관한 자료, 안전성에 관한 자료, 유효성 또는 기능에 관한 자료가 면제되는 경우

제2형 산화염모제에 해당하지만 제1제를 두 가지로 분리하여 제1제 두 가지를 각각 제2제와 섞어 순차적으로 사용하거나 제1제를 먼저 혼합한 후 제2제를 섞는 것으로 용법 용량을 신청하는 품목인 경우입니다.

자, 여러분들께서는 방금 화장품법에서 제일 어려운 부분을 공부하였습니다. 기능성화장품의 심사 시 자료 제출이 생략되는 부분은 꼼꼼히 공부하셔야 합니다. 이렇게 어렵게 기능성화장품을 심사받았는데 화장품책임판매업자가 심사를 받은 기능성화장품에 대한 권리를 양도·양수하였다면 양도받은 책임판매업자는 기능성화장품 심사를 다시 받아야 할까요? 아닙니다. 이런 경우 위의 기능성화장품 심사 시 제출하여야 하는 여러 첨부서류를 갈음하여 양도·양수계약서를 제출할 수 있습니다.

기능성화장품 심사를 받은 사항을 변경하려는 사람 역시 기능성화장품 변경심사 의뢰서에 다음의 서류를 첨부하여 식품의약품안전평가원장에게 제출하면 됩니다.

1. 먼저 발급받은 기능성화장품심사결과통지서
2. 변경사유를 증명할 수 있는 서류

그렇다면 이렇게 기능성화장품의 심사 혹은 변경 심사 요청을 받은 식품의약품안전평가원장은 무슨 기준을 가지고 이를 심사할까요? 기능성화장품의 심사 기준은 다음과 같습니다.

1. 기능성화장품의 원료와 그 분량은 효능·효과 등에 관한 자료에 따라 합리적이고 타당하며, 각 성분의 배합의의(配合意義)가 인정되는가?
2. 기능성화장품의 효능·효과는 법에 명시된 기능성화장품 범위에 적합한가?
3. 기능성화장품의 용법·용량은 오용될 여지가 없는 명확한 표현으로 적혀있는가?

효능·효과, 용법·용량이라는 말이 계속 나오네요? 시중에 판매되는 기능성화장품의 뒷면을 봐주세요. 효능·효과와 용법·용량이 무엇인지 한 번에 알 수 있답니다.

[효능효과]
탈모 증상의 완화에 도움을 줍니다.

[용법용량]
1일 1회 온수로 모발 및 두피를 충분히 적신 후 적당량(3~5ml)을 모발과 두피에 골고루 도포하여 마사지한 다음 깨끗이 헹궈냅니다.

• 효능·효과란 그 기능성 제품을 사용할 시에 어디에 도움을 주는지에 대해 적는 것입니다. '피부의 미백에 도움이 된다, 탈모 증상의 완화에 도움이 된다.' 등으로 기재합니다.
• 용법·용량이란, 그러한 효능·효과를 얻기 위해 '어떤 방법(용법)'으로 '어느 정도의 양(용량)'을 사용해야 하는지 적은 것입니다. 옆의 예를 보시면, 1일 1회 온수로 모발 및 두피를 충분히 적신 후 적당량(3~5ml)을 모발과 두피에 골고루 도포하여 마사지한 다음 깨끗이 헹구라고 나와 있습니다. 용법·용량에서의 용량과 화장품 전체의 용량을 착각하시는 분들이 있습니다. 용법·용량에서의 용량은 이 제품을 사용할 때에 효과를 얻기 위해 한 번 사용 시 사용되는 양을 의미합니다. 가령 '적당량'이라고 적힌 경우도 있고 위처럼 3~5ml와 같이 자세히 적힌 것도 있습니다. 뿐만 아니라 '2~3번 펌핑한 양'이라고 나와있는 제품도 있습니다.

식품의약품안전평가원장은 위와 같은 기준으로 기능성화장품 심사를 한 후 심사대장에 다음의 사항을 적고, 기능성화장품 심사·변경심사 결과통지서를 발급하여야 합니다.

1. 심사번호 및 심사연월일 또는 변경심사 연월일
2. 기능성화장품 심사를 받은 화장품제조업자, 화장품책임판매업자 또는 연구기관등의 상호(법인인 경우에는 법인의 명칭) 및 소재지
3. 제품명
4. 효능·효과

화장품법 시행규칙 제10조(기능성화장품 보고서 제출 대상 등)

① 기능성화장품의 심사를 받지 않고 식품의약품안전평가원장에게 보고서를 제출하여야 하는 대상은 다음과 같다.

1. 효능·효과가 나타나게 하는 성분의 종류·함량, 효능·효과, 용법·용량, 기준 및 시험방법이 식품의약품안전처장이 고시한 품목과 같은 기능성화장품

2. '이미 심사를 받은 기능성화장품'과 다음의 사항이 모두 같은 품목.

가. 효능·효과가 나타나게 하는 원료의 종류·규격 및 함량(액체 상태인 경우에는 농도를 말함)
나. 효능·효과(자외선 차단 기능성화장품의 경우 자외선 차단지수의 측정값이 마이너스 20퍼센트 이하의 범위에 있는 경우에는 같은 효능·효과로 본다.)
다. 기준[산성도(pH)에 관한 기준 제외] 및 시험방법
라. 용법·용량
마. 제형(劑形)[자외선 차단 기능성화장품을 제외한 다른 기능성화장품의 경우에는 액제(Solution), 로션제(Lotion) 및 크림제(Cream)를 같은 제형으로 본다.]

· 단, 여기서 '이미 심사를 받은 기능성화장품'이란, 화장품제조업자(화장품제조업자가 제품을 설계·개발·생산하는 방식으로 제조한 경우만 해당)가 같거나 화장품책임판매업자가 같은 경우 또는 기능성화장품으로 심사받은 연구기관 등이 같은 기능성화장품만 해당한다.
· 단, 기능성화장품 중 다음 표에 열거된 화장품의 경우 이미 심사를 받은 품목이 대조군(對照群)(효능·효과가 나타나게 하는 성분을 제외한 것)과의 비교실험을 통하여 효능이 입증된 경우만 해당한다.

1. 피부에 멜라닌색소가 침착하는 것을 방지하여 기미·주근깨 등의 생성을 억제함으로써 피부의 미백에 도움을 주는 기능을 가진 화장품
2. 피부에 침착된 멜라닌색소의 색을 엷게 하여 피부의 미백에 도움을 주는 기능을 가진 화장품
3. 피부에 탄력을 주어 피부의 주름을 완화 또는 개선하는 기능을 가진 화장품
4. 탈모 증상의 완화에 도움을 주는 화장품
5. 여드름성 피부를 완화하는 데 도움을 주는 인체세정용 화장품
6. 피부장벽의 기능을 회복하여 가려움 등의 개선에 도움을 주는 화장품
7. 튼살로 인한 붉은 선을 엷게 하는 데 도움을 주는 화장품은

3. '이미 심사를 받은 기능성화장품' 및 식품의약품안전처장이 고시한 기능성화장품과 비교하여 다음의 사항이 모두 같은 품목(이미 심사를 받은 자외선 차단 기능성화장품으로서 그 효능·효과를 나타나게 하는 성분·함량과 식품의약품안전처장이 고시한 미백 및 주름 개선에 도움을 주는 기능성화장품으로서 그 효능·효과를 나타나게 하는 성분·함량이 서로 혼합된 품목만 해당)

가. 효능·효과를 나타나게 하는 원료의 종류·규격 및 함량
나. 효능·효과(자외선 차단 효능·효과의 경우 자외선차단지수의 측정값이 마이너스 20퍼센트 이하의 범위에 있는 경우에는 같은 효능·효과로 본다.)
다. 기준[산성도(pH)에 관한 기준 제외] 및 시험방법
라. 용법·용량
마. 제형

② 기능성화장품으로 인정받아 판매 등을 하려는 화장품제조업자, 화장품책임판매업자 또는 연구기관 등은 품목별로 기능성화장품 심사 제외 품목 보고서(전자문서로 된 보고서 포함)를 식품의약품안전평가원장에게 제출해야 한다.

③ 보고서를 받은 식품의약품안전평가원장은 요건을 확인한 후 다음의 사항을 기능성화장품의 보고대장에 적어야 한다.

1. 보고번호 및 보고연월일
2. 화장품제조업자, 화장품책임판매업자 또는 연구기관등의 상호(법인인 경우에는 법인의 명칭) 및 소재지
3. 제품명
4. 효능·효과

이 조항 전까지는 기능성화장품의 심사와 심사 시 필요한 제출 서류 중 일부를 생략할 수 있는 경우에 대해 배웠습니다. 이 조항부터는 심사가 아니라 아예 보고서만 제출하면 되는 경우에 대해 배워보겠습니다. 앞의 제10조에 명시된 화장품들은 심사를 받지 않고 그저 보고만 하면 기능성화장품으로 인정되고 판매가 가능합니다. 즉, 심사를 받는 것이 아니므로 앞에서 배운 심사자료 5가지를 모두 지참할 필요가 없겠죠? 그렇다면 보고만 해도 되는 경우를 알아봅시다.

□ 효능·효과가 나타나게 하는 성분의 종류·함량, 효능·효과, 용법·용량, 기준 및 시험방법이 식품의약품안전처장이 고시한 품목과 같은 기능성화장품

1. 기원(起源) 및 개발 경위에 관한 자료
2. 안전성에 관한 자료
3. 유효성 또는 기능에 관한 자료
4. 기준 및 시험방법에 관한 자료[검체(檢體) 포함]

이 4가지 자료는 심사 시 필요한 제출서류였습니다(자외선 차단 관련 자료는 자외선차단제에만 해당되므로 제외했습니다.). 그런데 식약처장이 효능·효과가 나타나게 하는 성분의 종류·함량, 효능·효과, 용법·용량까지 정해줬고 그 기준을 모두 따랐다면 그 성분에 대한 기원(起源) 및 개발 경위를 심사할 필요도, 안전성에 대한 사항을 심사할 필요도, 유효성 또는 기능에 대한 사항을 심사할 필요도 없을 것입니다. 이미 식약처에서는 '이 원료는 로션제에 2~5%만 사용하고 그 효능·효과는 '피부의 미백에 도움을 준다'는 점이며 용법·용량은 '적당량을 피부에 펴 바른다' 정도로만 사용하면 오용될 일도 없으니 안전하겠군. 게다가 이미 국제적으로도 이 원료를 이렇게 사용했을 때 유효성이 있다고 입증되었군.'-이렇게 생각하여 기능성 원료에 대한 사용 가이드라인을 행정고시로서 제시했습니다. 따라서 식약처의 이 행정고시를 따르면 4번(기준 및 시험방법에 관한 자료)을 제외한 위와 같은 자료들의 제출이 생략되죠. 그런데 여기에 더해서 만약 4번에 대한 가이드라인 역시 식약처에서 고시하였다면? 그렇습니다. 식약처에서 기능성화장품의 기준 및 시험방법 역시 가이드라인으로서 고시하였어요. 즉, 식약처가 고시한 대로 효능·효과가 나타나게 하는 성분의 종류·함량, 효능·효과, 용법·용량이 같고 <u>기준 및 시험방법 역시 식약처 고시와 일맥상통</u>하다면, 위의 모든 자료를 제출할 필요가 없게 되는 것이죠. 따라서 이 경우에는 심사를 하지 않고 '보고'를 합니다.

☑ 참고로 자외선차단제는 '기준 및 시험방법'이 원료만 고시되어 있으므로 사실상 보고 대상에서 제외됩니다.

☐ <u>'이미 심사를 받은 기능성화장품'과 다음의 사항이 모두 같은 품목</u>

1. 효능·효과가 나타나게 하는 원료의 종류·규격 및 함량(액체 상태인 경우에는 농도를 말함)
2. 효능·효과(자외선 차단 기능성화장품의 경우 자외선 차단지수의 측정값이 마이너스 20퍼센트 이하의 범위에 있는 경우에는 같은 효능·효과로 본다.)
3. 기준[산성도(pH)에 관한 기준은 제외] 및 시험방법
4. 용법·용량
5. 제형(劑形)[자외선 차단 기능성화장품을 제외한 다른 기능성화장품의 경우에는 액제(Solution), 로션제(Lotion) 및 크림제(Cream)를 같은 제형으로 본다.]

이미 심사를 받은 기능성화장품과 모든 것이 일치한다면 다시 심사를 받을 필요가 있을까요? 이 경우에는 보고만 합니다. 단, 여기서 <u>'이미 심사를 받은 기능성화장품'</u>이란, <u>화장품제조업자</u>(화장품제조업자가 제품을 설계·개발·생산하는 방식으로 제조한 경우만 해당)가 <u>같거나 화장품책임판매업자가 같은 경우</u> 또는 <u>기능성화장품으로 심사받은 연구기관 등이 같은 기능성화장품</u>만 해당합니다.

그리고 또 알아두어야 할 것은 화장품 법령에서는 **자외선 차단 기능성화장품의 경우 자외선 차단지수의 측정값이 마이너스 20퍼센트 이하의 범위에 있는 경우에는 같은 효능·효과로 본다**는 점입니다. 즉, 어떤 제품의 SPF가 40이었다면 SPF 32부터 40까지를 같은 효능·효과로 봅니다. 그리고 자외선차단제의 경우 로션제와 액제, 크림제를 각각 다르게 봅니다. 그 외의 기능성화장품들은 로션제와 액제와 크림제를 서로 같은 제형으로 보고 있습니다. 왜냐하면 액제는 로션에 물을 탄 것이고 로션제는 크림에 물을 탄 것이니까요(쉽게 설명하기 위해 물을 탔다고 표현했습니다. 물론 당연히 물 말고도 폴리올류나 카보머 등등이 있을 겁니다.). 그러나 자외선차단제에서만큼은 이를 다르게 봅니다. 자외선차단제는 그 제형의 종류에 따라 자외선이 차단되는 정도가 달라지기 때문입니다. 뻑뻑한 크림이 훨씬 차단력이 좋고 묽은 액제가 차단력이 떨어집니다. 따라서 우리의 법령에서는 자외선차단제에 한하여 이러한 제형들을 다르게 봅니다.

단, 위의 사항에서 기능성화장품 중 피부에 멜라닌색소가 침착하는 것을 방지하여 기미·주근깨 등의 생성을 억제함으로써 피부의 미백에 도움을 주는 기능을 가진 화장품, 피부에 침착된 멜라닌색소의 색을 엷게 하여 피부의 미백에 도움을 주는 기능을 가진 화장품, 피부에 탄력을 주어 피부의 주름을 완화 또는 개선하는 기능을 가진 화장품, 탈모 증상의 완화에 도움을 주는 화장품, 여드름성 피부를 완화하는 데 도움을 주는 인체세정용 화장품, 피부장벽의 기능을 회복하여 가려움 등의 개선에 도움을 주는 화장품, 튼살로 인한 붉은 선을 엷게 하는 데 도움을 주는 화장품은 이미 심사를 받은 품목이 대조군(對照群)**(효능·효과가 나타나게 하는 성분을 제외한 것)과의 비교실험을 통하여 효능이 입증된 경우만 해당**합니다. 이는 비교군 대조시험을 해야 한다는 뜻입니다. 한 사람에게는 주름 개선 기능성화장품을, 다른 사람에게는 이 화장품과 똑같은 성분이되 거기서 주름을 개선 시켜주는 성분만 쏙 뺀 화장품을 바르게 하여 실제로 주름 개선 성분이 효과가 있는지 실험한 뒤 효능을 입증한 경우만 해당된다는 의미입니다.

□ '이미 심사를 받은 기능성화장품' 및 식품의약품안전처장이 고시한 기능성화장품과 비교하여 다음의 사항이 모두 같은 품목(단, 3중 기능성화장품(자외선 차단 + 미백 + 주름개선)인 경우에 해당)

　　1. 효능·효과를 나타나게 하는 원료의 종류·규격 및 함량
　　2. 효능·효과(자외선 차단 효능·효과의 경우 자외선차단지수의 측정값이 마이너스 20퍼센트 이하의 범위에 있는 경우에는 같은 효능·효과로 본다.)
　　3. 기준[**산성도(pH)에 관한 기준 제외**] 및 시험방법
　　4. 용법·용량
　　5. 제형

이 경우는 이미 심사를 받은 자외선 차단 기능성화장품으로서 그 효능·효과를 나타나게 하는 성분·함량과 식품의약품안전처장이 고시한 미백 및 주름 개선에 도움을 주는 기능성화장품으로서 그 효능·효과를 나타나게 하는 성분·함량이 서로 혼합된 품목만 해당됩니다. 즉, 3중 기능성화장품(자외선 차단 + 미백 + 주름개선)에만 해당되는 내용입니다. 해당 3중 기능성 화장품의 경우 역시 보고서만 제출하면 됩니다.

화장품법 시행규칙 제9조~제10조

III. 화장품법 시행규칙(총리령)

간단하고 명료한 화장품법 시행령 체계표[다지기]	
법령	화장품법 시행규칙
조항	제9조~제10조

☐ [화장품법 시행규칙 제9조] 기능성화장품의 심사

기능성화장품의 심사	
심사 의뢰가 가능한 자	**화장품제조업자, 화장품책임판매업자**, 「기초연구진흥 및 기술개발지원에 관한 법률」 제6조 제1항 및 제14조의2에 따른 **대학·연구기관·연구소**
심사자	식품의약품안전평가원장
심사 의뢰 시 지참서류	기능성화장품 심사의뢰서＋다음의 다섯 가지 서류(단, 4번 서류는 자외선 차단·산란제만 제출) 1. 기원(起源) 및 개발 경위에 관한 자료 2. 안전성에 관한 자료 　가. 단회 투여 독성시험 자료 　나. 1차 피부 자극시험 자료 　다. 안(眼)점막 자극 또는 그 밖의 점막 자극시험 자료 　라. 피부 감작성시험(感作性試驗) 자료 　마. 광독성(光毒性) 및 광감작성 시험 자료 　바. 인체 첩포시험(貼布試驗) 자료 3. 유효성 또는 기능에 관한 자료 　가. 효력시험 자료 　나. 인체 적용시험 자료
	4. 자외선 차단지수 및 자외선A 차단등급 설정의 근거자료(자외선을 차단 또는 산란시켜 자외선으로부터 피부를 보호하는 기능을 가진 화장품의 경우만 제출하면 된다.) 5. 기준 및 시험방법에 관한 자료[검체(檢體) 포함]

심사 시 서류 제출이 면제되는 경우	• 안전성에 관한 자료를 면제받을 수 있는 경우 「기능성화장품 기준 및 시험방법」(식품의약품안전처 고시), 국제화장품원료집(ICID), 「식품의 기준 및 규격」(식품의약품안전처 고시)에서 정하는 원료로 제조되거나 제조되어 수입된 기능성화장품의 경우 안전성에 관한 자료 제출 면제 단, 유효성 또는 기능 입증자료 중 인체적용시험자료에서 피부이상반응 발생 등 안전성에 문제가 우려되는 경우 안정성에 관한 자료를 면제 받을 수 없음.
	• 유효성 또는 기능에 관한 자료 중 일부를 면제받는 경우 유효성 또는 기능에 관한 자료 중에서 인체적용시험자료를 제출할때 효력시험자료 제출 면제 가능. 단, 이 경우 효력시험자료의 제출을 면제 받은 성분에 대해 효능·효과를 기재·표시할 수 없음.
	• 기원 및 개발경위에 관한 자료, 안전성에 관한 자료, 유효성 또는 기능에 관한 자료를 면제받는 경우 「기능성화장품 심사에 관한 규정」(식품의약품안전처 고시)의 '자료제출이 생략되는 기능성화장품의 종류'에서 성분·함량을 고시한 품목은 위 자료 제출 면제
	• 기원 및 개발경위에 관한 자료, 안전성에 관한 자료, 유효성 또는 기능에 관한 자료, 자외선차단제의 경우 자외선차단지수(SPF), 내수성자외선차단지수(SPF, 내수성 또는 지속내수성) 및 자외선A차단등급(PA) 설정의 근거자료를 면제 받는 경우 이미 심사를 받은 기능성화장품과 그 효능·효과를 나타내게 하는 원료의 종류, 규격 및 분량, 용법 용량이 동일하고 다음의 어느 하나에 해당하는 경우 이 4가지 자료 제출 면제 1. 효능·효과를 나타나게 하는 성분을 제외한 대조군과의 비교실험으로서 효능을 입증한 경우 2. 착색제, 착향제, 현탁화제, 유화제, 용해보조제, 안정제, 등장제, pH 조절제, 점도조절제, 용제만 다른 품목의 경우. 단, 기능성화장품 중 피부장벽의 기능을 회복하여 가려움 등의 개선에 도움을 주는 화장품, 튼살로 인한 붉은 선을 엷게 하는 데 도움을 주는 화장품에 해당하는 기능성화장품은 착향제, 보존제만 다른 경우에 한함. 단, '이미 심사를 받은 기능성화장품'이란 화장품책임판매업자가 같거나 화장품제조업자(화장품제조업자가 제품을 설계·개발·생산하는 방식으로 제조한 경우만 해당)가 같은 기능성화장품만 해당됨.
	• (자외선차단제를 심사받고자 하는 경우에만 해당) 자외선차단지수(SPF), 내수성자외선차단지수(SPF, 내수성 또는 지속내수성) 및 자외선A차단등급(PA) 설정의 근거자료를 면제받는 경우 자외선차단지수가 10 이하인 자외선 차단(흡수+산란)제의 경우 면제

심사 시 서류 제출이 면제되는 경우	• 자외선차단제를 심사할 때에 '기원 및 개발경위에 관한 자료, 안전성에 관한 자료, 유효성 또는 기능에 관한 자료, 자외선차단지수(SPF), 내수성자외선차단지수(SPF, 내수성 또는 지속내수성) 및 자외선A차단등급(PA) 설정의 근거자료'를 면제 받을 수 있는 경우 자외선 차단 기능성화장품의 경우 이미 심사를 받은 기능성화장품과 그 효능 효과를 나타내게 하 는 원료의 종류, 규격, 분량, 용법 용량, 제형이 동일한 경우 위의 자료 생략 가능. 　- 단, 여기서 말하는 '이미 심사를 받은 기능성화장품'이란 화장품책임판매업자가 같거나 화장품 　　제조업자(화장품제조업자가 제품을 설계·개발·생산하는 방식으로 제조한 경우만 해당)가 같 　　은 기능성화장품만 해당 　- 그러나 위의 사항 중에서도 **내수성 제품**은 이미 심사를 받은 기능성화장품과 착향제, 보존제 　　외에 모든 원료의 종류, 규격, 분량 용법, 용량, 제형이 동일해야 함.
	• 산화염모제 중 기원 및 개발경위에 관한 자료, 안전성에 관한 자료, 유효성 또는 기능에 관한 자 료가 면제되는 경우 제2형 산화염모제에 해당하지만 제1제를 두 가지로 분리하여 제1제 두 가지를 각각 제2제와 섞어 순차적으로 사용하거나 제1제를 먼저 혼합한 후 제2제를 섞는 것으로 용법·용량을 신청하는 품목 인 경우
심사받은 기능성 화장품의 권리 양도	기능성화장품 심사를 받은 자 간 심사를 받은 기능성화장품에 대한 권리를 양도·양수하여 심사를 받으려는 경우 변경사유를 증명할 수 있는 서류를 갈음하여 양도·양수계약서를 제출할 수 있음.
심사받은 사항의 변경	기능성화장품 변경심사 의뢰서에 다음의 서류 첨부 　1. 먼저 발급받은 기능성화장품심사결과통지서 　2. 변경사유를 증명할 수 있는 서류
심사기준	식품의약품안전평가원장은 기능성화장품 심사의뢰서나 변경심사 의뢰서를 받은 경우 다음의 심 사기준에 따라 심사하여야 함. 　1. 기능성화장품의 원료와 그 분량은 효능·효과 등에 관한 자료에 따라 합리적이고 타당하여야 　　하며, 각 성분의 배합의의(配合意義)가 인정되어야 할 것 　2. 기능성화장품의 효능·효과는 법 제2조 제2호 각 목에 적합할 것 　3. 기능성화장품의 용법·용량은 오용될 여지가 없는 명확한 표현으로 적을 것
심사 후 심사대장에 기재할 사항	식품의약품안전평가원장은 심사를 한 후 심사대장에 다음의 사항을 적고, 기능성화장품 심사·변 경심사 결과통지서를 발급하여야 함. 　1. 심사번호 및 심사연월일 또는 변경심사 연월일 　2. 기능성화장품 심사를 받은 화장품제조업자, 화장품책임판매업자 또는 연구기관등의 상호(법 　　인인 경우에는 법인의 명칭) 및 소재지 　3. 제품명 　4. 효능·효과

□ [화장품법 시행규칙 제10조] 기능성화장품의 보고

기능성화장품의 보고	
보고 의뢰가 가능한 자	**화장품제조업자, 화장품책임판매업자,** 「기초연구진흥 및 기술개발지원에 관한 법률」제6조 제1항 및 제14조의2에 따른 **대학·연구기관·연구소**
보고서 처리자	식품의약품안전평가원장
보고	
보고해야 하는 경우 3가지 (보고서 제출 대상 기능성화장품)	1. 효능·효과가 나타나게 하는 성분의 종류·함량, 효능·효과, 용법·용량, 기준 및 시험방법이 식품의약품안전처장이 고시한 품목과 같은 기능성화장품 2. '이미 심사를 받은 기능성화장품'과 다음의 사항이 모두 같은 품목 　가. 효능·효과가 나타나게 하는 원료의 종류·규격 및 함량(액체 상태인 경우에는 농도를 말함) 　나. 효능·효과(**자외선 차단 기능성화장품의 경우 자외선 차단지수의 측정값이** 마이너스 20퍼센트 **이하**의 범위에 있는 경우에는 같은 효능·효과로 본다.) 　다. 기준[**산성도(pH)에 관한 기준은 제외**] 및 시험방법 　라. 용법·용량 　마. 제형(劑形)[자외선 차단 기능성화장품을 제외한 다른 기능성화장품의 경우에는 액제(Solution), 로션제(Lotion) 및 크림제(Cream)를 같은 제형으로 본다.] 단, 위의 사항에서 기능성화장품 중 피부에 멜라닌색소가 침착하는 것을 방지하여 기미·주근깨 등의 생성을 억제함으로써 피부의 미백에 도움을 주는 기능을 가진 화장품, 피부에 침착된 멜라닌색소의 색을 엷게 하여 피부의 미백에 도움을 주는 기능을 가진 화장품, 피부에 탄력을 주어 피부의 주름을 완화 또는 개선하는 기능을 가진 화장품, 탈모 증상의 완화에 도움을 주는 화장품, 여드름성 피부를 완화하는 데 도움을 주는 인체세정용 화장품, 피부장벽의 기능을 회복하여 가려움 등의 개선에 도움을 주는 화장품, 튼살로 인한 붉은 선을 엷게 하는 데 도움을 주는 화장품은 이미 심사를 받은 품목이 **대조군(對照群)(효능·효과가 나타나게 하는 성분을 제외한 것)과의 비교실험을 통하여 효능이 입증된 경우만 해당** 3. '이미 심사를 받은 기능성화장품' 및 식품의약품안전처장이 고시한 기능성화장품과 비교하여 다음의 사항이 모두 같은 품목(단, 3중 기능성화장품(자외선 차단＋미백＋주름개선)인 경우에 해당) 　가. 효능·효과를 나타나게 하는 원료의 종류·규격 및 함량 　나. 효능·효과(자외선 차단 효능·효과의 경우 자외선차단지수의 측정값이 마이너스 20퍼센트 이하의 범위에 있는 경우에는 같은 효능·효과로 본다.) 　다. 기준[**산성도(pH)에 관한 기준 제외**] 및 시험방법 　라. 용법·용량 　마. 제형

기능성화장품의 보고	
보고해야 하는 경우 3가지 (보고서 제출 대상 기능성화장품)	단, 위에서 말하는 '**이미 심사를 받은 기능성화장품**'이란 <u>화장품제조업자(화장품제조업자가 제품을 설계·개발·생산하는 방식으로 제조한 경우만 해당)가 같거나 화장품책임판매업자가 같은 경우</u> 또는 <u>기능성화장품으로 심사받은 연구기관 등이 같은 기능성화장품만 해당</u>
제출 서류	기능성화장품 심사 제외 품목 보고서
보고 후 보고대장 기재사항	보고서를 받은 식품의약품안전평가원장은 요건 확인한 후 다음의 사항을 기능성화장품의 보고대장에 적어야 함. 1. 보고번호 및 보고연월일 2. 화장품제조업자, 화장품책임판매업자 또는 연구기관등의 상호(법인인 경우에는 법인의 명칭) 및 소재지 3. 제품명 4. 효능·효과

09 화장품법 시행규칙 제10조의2~제10조의5

Ⅲ. 화장품법 시행규칙(총리령)

꼼꼼하고 알기 쉬운 법조문 해설[이해하기]	
법령	화장품법 시행규칙
조항	제10조의2~제10조의5
관련 법령	화장품법 제4조의2, 영유아 또는 어린이 사용 화장품 안전성 자료의 작성·보관에 관한 규정

화장품법 시행규칙 제10조의2(영유아 또는 어린이 사용 화장품의 표시·광고)

객관식 및 주관식 주의! 중요도 : ★★★★★

① 영유아 또는 어린이의 연령 기준은 다음과 같다.

  1. **영유아** : 만 3세 이하

  2. **어린이** : 만 4세 이상부터 만 13세 이하까지

② 화장품책임판매업자가 제품별 안전성 자료를 작성·보관해야 하는 표시·광고의 범위는 다음의 구분에 따른다.

  1. **표시**의 경우 : 화장품의 1차 포장 또는 2차 포장에 영유아 또는 어린이가 사용할 수 있는 화장품임을 특정하여 표시하는 경우(화장품의 명칭에 영유아 또는 어린이에 관한 표현이 표시되는 경우 포함)

  2. **광고**의 경우 : 다음의 '가'부터 '바'까지(어린이 사용 화장품의 경우에는 '바' 제외)의 규정에 따른 매체·수단 또는 해당 매체·수단과 유사하다고 식품의약품안전처장이 정하여 고시하는 매체·수단에 영유아 또는 어린이가 사용할 수 있는 화장품임을 특정하여 광고하는 경우

  가. 신문·방송 또는 잡지
  나. 전단·팸플릿·견본 또는 입장권
  다. 인터넷 또는 컴퓨터통신
  라. 포스터·간판·네온사인·애드벌룬 또는 전광판
  마. 비디오물·음반·서적·간행물·영화 또는 연극
  바. 방문광고 또는 실연(實演)에 의한 광고

화장품법 시행규칙 제10조의3(제품별 안전성 자료의 작성·보관)

객관식 및 주관식 주의! 중요도 : ★★★★

① 화장품법 제4조의2 제1항 및 위의 제10조의2 제2항에 따라 영유아·어린이 사용 화장품이라고 표시·광고하려는 화장품책임판매업자는 제품별 안전성 자료 모두를 미리 작성해야 한다.

② 제품별 안전성 자료의 보관기간은 다음의 구분에 따른다.

  1. 화장품의 1차 포장에 사용기한을 표시하는 경우 : 영유아 또는 어린이가 사용할 수 있는 화장품임을 표시·광고한 날부터 마지막으로 제조·수입된 제품의 사용기한 만료일 이후 **1년**까지의 기간. 이 경우 제조는 화장품의 제조번호에 따른 **제조일자**를 기준으로 하며, 수입은 **통관일자**를 기준으로 한다.

  2. 화장품의 1차 포장에 개봉 후 사용기간을 표시하는 경우 : 영유아 또는 어린이가 사용할 수 있는 화장품임을 표시·광고한 날부터 마지막으로 제조·수입된 제품의 제조연월일 이후 **3년**까지의 기간. 이 경우 제조는 화장품의 제조번호에 따른 **제조일자**를 기준으로 하며, 수입은 **통관일자**를 기준으로 한다.

③ 제품별 안전성 자료의 작성·보관의 방법 및 절차 등에 필요한 세부 사항은 식품의약품안전처장이 정하여 고시한다.

화장품법 시행규칙 제10조의4(실태조사의 실시)

객관식 주의보 중요도 : ★★

① 식품의약품안전처장은 영유아·어린이 사용 화장품이라고 표시·광고하는 화장품에 대하여 제품별 안전성 자료, 소비자 사용실태, 사용 후 이상사례 등에 대하여 주기적으로 **실태조사**를 실시하고, 위해요소의 저감화를 위한 계획을 수립하여야 한다. 이 실태조사는 5년마다 실시한다.

② 실태조사에는 다음의 사항이 포함되어야 한다.

  1. 제품별 안전성 자료의 작성 및 보관 현황

  2. 소비자의 사용실태

  3. 사용 후 이상사례의 현황 및 조치 결과

  4. 영유아 또는 어린이 사용 화장품에 대한 표시·광고의 현황 및 추세

  5. 영유아 또는 어린이 사용 화장품의 유통 현황 및 추세

  6. 그 밖에 제1호부터 제5호까지의 사항과 유사한 것으로서 식품의약품안전처장이 필요하다고 인정하는 사항

③ 식품의약품안전처장은 실태조사를 위해 필요하다고 인정하는 경우 관계 행정기관, 공공기관, 법인·단체 또는 전문가 등에게 필요한 의견 또는 자료의 제출 등을 요청할 수 있다.

④ 식품의약품안전처장은 실태조사의 효율적 실시를 위해 필요하다고 인정하는 경우 화장품 관련 연구기관 또는 법인·단체 등에 실태조사를 의뢰하여 실시할 수 있다.

⑤ 실태조사의 대상, 방법 및 절차 등에 필요한 세부 사항은 식품의약품안전처장이 정한다.

화장품법 시행규칙 제10조의5(위해요소 저감화계획의 수립)

객관식 주의보! 중요도 : ★

① 식품의약품안전처장은 영유아·어린이 사용 화장품이라고 표시·광고하는 화장품에 대한 위해요소의 저감화를 위한 계획(**위해요소 저감화계획**)을 수립해야 하며 위해요소 저감화 계획에는 다음의 사항이 포함되어야 한다.

　1. 위해요소 저감화를 위한 기본 방향과 목표

　2. 위해요소 저감화를 위한 단기별 및 중장기별 추진 정책

　3. 위해요소 저감화 추진을 위한 환경 여건 및 관련 정책의 평가

　4. 위해요소 저감화 추진을 위한 조직 및 재원 등에 관한 사항

　5. 그 밖에 제1호부터 제4호까지의 사항과 유사한 것으로서 위해요소 저감화를 위해 식품의약품안전처장이 필요하다고 인정하는 사항

② 식품의약품안전처장은 위해요소 저감화계획을 수립하는 경우에는 실태조사에 대한 분석 및 평가 결과를 반영해야 한다.

③ 식품의약품안전처장은 위해요소 저감화계획의 수립을 위해 필요하다고 인정하는 경우에는 관계 행정기관, 공공기관, 법인·단체 또는 전문가 등에게 필요한 의견 또는 자료의 제출 등을 요청할 수 있다.

④ 식품의약품안전처장은 위해요소 저감화계획을 수립한 경우에는 그 내용을 식품의약품안전처 인터넷 홈페이지에 공개해야 한다.

⑤ 위해요소 저감화계획의 수립 대상, 방법 및 절차 등에 필요한 세부 사항은 식품의약품안전처장이 정한다.

　화장품법 해설서 제4조의2 해설에서 이 부분을 다뤘던 것, 기억나시나요? 제가 다시 화장품법 제4조의2를 가져와 봤어요.

📝 관련 법령 참고하기

화장품법 제4조의2(영유아 또는 어린이 사용 화장품의 관리)

① 화장품책임판매업자는 영유아 또는 어린이가 사용할 수 있는 화장품임을 표시·광고하려는 경우에는 제품별로 안전과 품질을 입증할 수 있는 다음의 자료(제품별 안전성 자료)를 작성 및 보관하여야 한다.

주관식 주의보!

1. 제품 및 제조방법에 대한 설명 자료
2. 화장품의 안전성 평가 자료
3. 제품의 효능·효과에 대한 증명 자료

② 식품의약품안전처장은 **영유아 또는 어린이가 사용할 수 있는 화장품**에 대하여 제품별 안전성 자료, 소비자 사용실태, 사용 후 이상사례 등에 대하여 주기적으로 실태조사를 실시하고, 위해요소의 저감화를 위한 계획을 수립하여야 한다.

③ 식품의약품안전처장은 소비자가 **영유아 또는 어린이가 사용할 수 있는 화장품**을 안전하게 사용할 수 있도록 교육 및 홍보를 할 수 있다.

④ 영유아 또는 어린이의 연령 및 표시·광고의 범위, 제품별 안전성 자료의 작성 범위 및 보관기간 등과 실태조사 및 계획 수립의 범위, 시기, 절차 등에 필요한 사항은 총리령으로 정한다.

영유아 또는 어린이 사용 화장품이라고 표시하거나 광고하려는 경우 "화장품책임판매업자"가 제품별 안전성 자료(3가지)를 보관해야 합니다. 정부에서는 영유아 및 어린이가 사용해도 된다고 표시·광고하여 소비자들을 안심시키는 화장품들을 관리하는 법적 토대를 마련하였습니다. 이 법이 시행되기 전까지만 하여도 영유아·어린이 사용 화장품을 관리하는 수단이 없었습니다. 영유아·어린이 사용 화장품이라고 광고하여 팔면 왠지 순할 것 같고 안전할 것 같지요? 그러나 사실 일반 화장품과 다를 것이 없고 어떤 일부 영유아 및 어린이 사용 화장품의 경우에서는 중금속이나 불순물 같은 것들이 더 많이 들어있는 경우도 있었죠. 따라서 이러한 사태를 방지하기 위해 정부에서는 영유아·어린이 사용 화장품이라고 표시 혹은 광고하는 화장품들을 관리하기에 이릅니다.

이 시행규칙에서 알아두어야 할 것은 영유아 및 어린이의 나이 기준입니다. 주관식으로 출제된 적이 있으므로 필수암기입니다. 안전용기·포장에서의 어린이의 나이 기준(만 5세 미만)과 다른 점 꼭 구별 암기하세요! 화장품책임판매업자의 제품별 안전성 자료에 대해서는 앞의 '화장품법 해설서' 제4조의2에서 상세하게 다루었으니 그 부분을 다시 참고하여 주세요.

식품의약품안전처장은 영유아·어린이 사용 화장품이라고 표시·광고하는 화장품에 대하여 제품별 안전성 자료, 소비자 사용실태, 사용 후 이상사례 등에 대하여 주기적으로 실태조사를 실시하고, 위해요소의 저감화를 위한 계획을 수립하여야 합니다. 이 실태조사의 주기는 5년입니다.

실태조사에 포함되어야 하는 사항

1. 제품별 안전성 자료의 작성 및 보관 현황
2. 소비자의 사용실태
3. 사용 후 이상사례의 현황 및 조치 결과
4. 영유아 또는 어린이 사용 화장품에 대한 표시·광고의 현황 및 추세
5. 영유아 또는 어린이 사용 화장품의 유통 현황 및 추세
6. 그 밖에 제1호부터 제5호까지의 사항과 유사한 것으로서 식품의약품안전처장이 필요하다고 인정하는 사항

식품의약품안전처장은 실태조사를 위해 필요하다고 인정하는 경우 관계 행정기관, 공공기관, 법인·단체 또는 전문가 등에게 필요한 의견 또는 자료의 제출 등을 요청할 수 있으며 실태조사의 효율적 실시를 위해 필요하다고 인정하는 경우 화장품 관련 연구기관 또는 법인·단체 등에 실태조사를 의뢰하여 실시할 수 있습니다. 이러한 실태조사를 실시한 식약처장은 그 실태조사에 대한 분석 및 평가 결과를 토대로 위해요소 저감화 계획을 수립합니다. 위해요소 저감화 계획에는 다음의 사항이 포함되어야 합니다. 간단히 객관식으로 나올 수 있는 부분입니다.

위해요소 저감화 계획에 포함되어야 하는 사항

1. 위해요소 저감화를 위한 기본 방향과 목표
2. 위해요소 저감화를 위한 단기별 및 중장기별 추진 정책
3. 위해요소 저감화 추진을 위한 환경 여건 및 관련 정책의 평가
4. 위해요소 저감화 추진을 위한 조직 및 재원 등에 관한 사항
5. 그 밖에 제1호부터 제4호까지의 사항과 유사한 것으로서 위해요소 저감화를 위해 식품의약품안전처장이 필요하다고 인정하는 사항

식품의약품안전처장은 위해요소 저감화계획의 수립을 위해 필요하다고 인정하는 경우 관계 행정기관, 공공기관, 법인·단체 또는 전문가 등에게 필요한 의견 또는 자료의 제출 등을 요청할 수 있으며 위해요소 저감화계획을 수립한 경우 그 내용을 식품의약품안전처 인터넷 홈페이지에 공개해야 합니다.

10 화장품법 시행규칙 제10조의2~제10조의5

III. 화장품법 시행규칙(총리령)

간단하고 명료한 화장품법 시행령 체계표[다지기]

법령	화장품법 시행규칙
조항	제10조의2~제10조의5

□ [화장품법 시행규칙 제10조의2~제10조의5] 화장품법령의 "영유아·어린이 사용 화장품의 관리"의 모든 것

영유아·어린이 사용 화장품의 관리	
영유아·어린이 사용 화장품의 관리가 필요한 상황	화장품책임판매업자가 영유아 또는 어린이가 사용할 수 있는 화장품임을 표시·광고하려는 경우
영유아·어린이 사용 화장품임을 표시·광고하기 위해 필요한 서류 (제품별 안전성 자료)	제품별로 안전과 품질을 입증할 수 있는 다음의 자료(제품별 안전성 자료)를 표시·광고 전에 미리 작성 및 보관하여야 함 **주관식 주의!** 1. 제품 및 제조방법에 대한 설명 자료 2. 화장품의 안전성 평가 자료 3. 제품의 효능·효과에 대한 증명 자료
영유아·어린이 연령 기준	1. **영유아**: 만 3세 이하 2. **어린이**: 만 4세 이상부터 만 13세 이하까지 ☑ 참고: 안전용기·포장에서의 **어린이**의 기준은 만 5세 미만
화장품책임판매업자가 제품별 안전성 자료를 작성·보관해야 하는 표시·광고의 범위	• 화장품의 1차 포장 또는 2차 포장에 영유아 또는 어린이가 사용할 수 있는 화장품임을 특정하여 표시하는 경우 • 화장품의 명칭에 영유아 또는 어린이에 관한 표현이 표시되는 경우 • 다음 광고 매체·수단이나 이와 유사한 매체·수단에 영유아 사용 화장품이라고 특정하여 광고하는 경우 - 신문·방송 또는 잡지 - 전단·팸플릿·견본 또는 입장권 - 인터넷 또는 컴퓨터통신 - 포스터·간판·네온사인·애드벌룬 또는 전광판 - 비디오물·음반·서적·간행물·영화 또는 연극 - 방문광고 또는 실연(實演)에 의한 광고

화장품책임판매업자가 제품별 안전성 자료를 작성·보관해야 하는 표시·광고의 범위	• 다음 광고 매체·수단이나 이와 유사한 매체·수단에 어린이 사용 화장품이라고 특정하여 광고하는 경우 – 신문·방송 또는 잡지 – 전단·팸플릿·견본 또는 입장권 – 인터넷 또는 컴퓨터통신 – 포스터·간판·네온사인·애드벌룬 또는 전광판 – 비디오물·음반·서적·간행물·영화 또는 연극

제품별 안전성 자료의 보관기간	1. 화장품의 1차 포장에 사용기한을 표시하는 경우
	영유아 또는 어린이가 사용할 수 있는 화장품임을 표시·광고한 날부터 마지막으로 제조·수입된 제품의 사용기한 만료일 이후 1년까지의 기간
	2. 화장품의 1차 포장에 개봉 후 사용기간을 표시하는 경우
	영유아 또는 어린이가 사용할 수 있는 화장품임을 표시·광고한 날부터 마지막으로 제조·수입된 제품의 제조연월일 이후 3년까지의 기간
	☑ 위 두 경우 모두 제조는 화장품의 제조번호에 따른 제조일자를 기준으로 하며, 수입은 통관일자를 기준으로 한다.

제품별 안전성 자료 작성·보관 의무를 위반한 자에 대한 처벌	**1년 이하의 징역 또는 1천만원 이하의 벌금**

영유아·어린이 사용 화장품 관리를 위한 식약처장의 실태조사	식품의약품안전처장은 **영유아·어린이 사용 화장품**에 대해 제품별 안전성 자료, 소비자 사용실태, 사용 후 이상사례 등에 대하여 주기적으로(5년 마다!) 실태조사를 실시하여야 함.

식약처장의 실태조사에 포함되어야 하는 사항	1. 제품별 안전성 자료의 작성 및 보관 현황 2. 소비자의 사용실태 3. 사용 후 이상사례의 현황 및 조치 결과 4. 영유아 또는 어린이 사용 화장품에 대한 표시·광고의 현황 및 추세 5. 영유아 또는 어린이 사용 화장품의 유통 현황 및 추세 6. 그 밖에 제1호부터 제5호까지의 사항과 유사한 것으로서 식품의약품안전처장이 필요하다고 인정하는 사항 ☑ 식품의약품안전처장은 실태조사를 위해 필요하다고 인정하는 경우 관계 행정기관, 공공기관, 법인·단체 또는 전문가 등에게 필요한 의견 또는 자료의 제출 등을 요청할 수 있음. ☑ 식품의약품안전처장은 실태조사의 효율적 실시를 위해 필요하다고 인정하는 경우 화장품 관련 연구기관 또는 법인·단체 등에 실태조사를 의뢰하여 실시할 수 있음.

위해요소 저감화 계획의 수립	식품의약품안전처장은 **영유아·어린이 사용 화장품**에 대해 실태조사에 대한 분석 및 평가 결과를 반영한 위해요소의 저감화를 위한 계획을 수립하여야 함.

위해요소 저감화계획에 포함되어야 하는 사항	1. 위해요소 저감화를 위한 기본 방향과 목표 2. 위해요소 저감화를 위한 단기별 및 중장기별 추진 정책 3. 위해요소 저감화 추진을 위한 환경 여건 및 관련 정책의 평가 4. 위해요소 저감화 추진을 위한 조직 및 재원 등에 관한 사항 5. 그 밖에 제1호부터 제4호까지의 사항과 유사한 것으로서 위해요소 저감화를 위해 식품의약품안전처장이 필요하다고 인정하는 사항 • 위에서 추진한 실태조사에 대한 분석 및 평가 결과를 반영해야 함. • 식품의약품안전처장은 위해요소 저감화계획의 수립을 위해 필요하다고 인정하는 경우 관계 행정기관, 공공기관, 법인·단체 또는 전문가 등에게 필요한 의견 또는 자료의 제출 등을 요청할 수 있음. • 식품의약품안전처장은 위해요소 저감화계획을 수립한 경우 그 내용을 식품의약품안전처 인터넷 홈페이지에 공개해야 함.

11 화장품법 시행규칙 제11조~제13조의2

Ⅲ. 화장품법 시행규칙(총리령)

꼼꼼하고 알기 쉬운 법조문 해설[이해하기]	
법령	화장품법 시행규칙
조항	제11조~제13조의2
관련 법령	화장품법 제5조 맞춤형화장품판매업자의 준수사항에 관한 규정 우수화장품 제조 및 품질관리기준 수입화장품 품질검사 면제에 관한 규정 화장품 안전성 정보관리 규정

화장품법령에서는 영업자가 지켜야 하는 준수사항을 정확히 명시하고 있습니다. 이 준수사항을 지키지 않을 시에는 행정처분을 받습니다. 따라서 영업자는 반드시 준수사항을 숙지하고 있어야 합니다. 화장품제조업자의 준수사항부터 살펴볼까요?

화장품법 시행규칙 제11조(화장품제조업자의 준수사항)

객관식 및 주관식 대비! 중요도: ★★★★★

① **화장품 제조업자**가 준수하여야 할 사항은 다음과 같다.

1. 품질관리기준에 따른 화장품책임판매업자의 지도·감독 및 요청에 따를 것

2. 제조관리기준서·제품표준서·제조관리기록서 및 품질관리기록서(전자문서 형식 포함)를 작성·보관할 것

3. 보건위생상 위해(危害)가 없도록 제조소, 시설 및 기구를 위생적으로 관리하고 오염되지 않도록 할 것

4. 화장품의 제조에 필요한 시설 및 기구에 대하여 정기적으로 점검하여 작업에 지장이 없도록 관리·유지할 것

5. 작업소에는 위해가 발생할 염려가 있는 물건을 두어서는 안 되며, 작업소에서 국민보건 및 환경에 유해한 물질이 유출되거나 방출되지 않도록 할 것

6. 제2호의 사항 중 품질관리를 위하여 필요한 사항을 화장품책임판매업자에게 제출할 것. 다만, 다음의 어느 하나에 해당하는 경우 제출하지 않을 수 있다.

가. 화장품제조업자와 화장품책임판매업자가 동일한 경우
나. 화장품제조업자가 제품을 설계·개발·생산하는 방식으로 제조하는 경우로서 품질·안전관리에 영향이 없는 범위에서 화장품제조업자와 화장품책임판매업자 상호 계약에 따라 영업비밀에 해당하는 경우

7. 원료 및 자재의 입고부터 완제품의 출고에 이르기까지 필요한 시험·검사 또는 검정을 할 것

8. 제조 또는 품질검사를 위탁하는 경우 제조 또는 품질검사가 적절하게 이루어지고 있는지 수탁자에 대한 관리·감독을 철저히 하고, 제조 및 품질관리에 관한 기록을 받아 유지·관리할 것

② 식품의약품안전처장은 위의 준수사항 외에 식품의약품안전처장이 정하여 고시하는 우수화장품 제조관리기준(＝우수화장품 제조 및 품질관리기준(CGMP))을 준수하도록 제조업자에게 권장할 수 있다.

③ 식품의약품안전처장은 우수화장품 제조관리기준(＝우수화장품 제조 및 품질관리기준(CGMP))을 준수하는 제조업자에게 다음의 사항을 지원할 수 있다.

1. 우수화장품 제조관리기준 적용에 관한 전문적 기술과 교육
2. 우수화장품 제조관리기준 적용을 위한 자문
3. 우수화장품 제조관리기준 적용을 위한 시설·설비 등 개수·보수

화장품 제조업자는 크게 3가지로 나뉩니다. 자신이 직접 제조한 화장품을 직접 파는 사람, 자신이 직접 제조한 화장품을 화장품책임판매업자에게 납품하는 사람, 화장품의 일부만 제조하는 사람입니다. 화장품의 일부만 제조하는 사람 역시 결국은 위탁자에게 자신이 제조한 화장품을 납품하는 업자일 것이므로, 크게 보면 자신이 직접 제조한 화장품을 직접 파는 사람, 자신이 직접 제조한 화장품을 화장품책임판매업자에게 납품하는 사람으로 나눌 수 있습니다. 화장품책임판매업자는 계약한 제조업자에게 '화장품을 이런 식으로 만들어달라.'라고 주문을 넣을 것입니다. 그에 맞게 화장품제조업자는 화장품을 열심히 만들 것이고요. 이런 관계를 '**위탁관계**'라고 합니다. 사무의 처리를 다른 사람에게 맡겨 부탁함으로써 맺어진 관계란 뜻입니다. 화장품 법령에서 화장품에 대한 모든 책임을 지는 자는 항상 위탁자이므로 위탁자는 수탁자에 대한 모든 관리·감독을 철저히 수행해야 합니다. 수탁자는 반대로 위탁자의 관리·감독에 성실히 응해야 합니다.

제조업자는 품질관리기준에 따른 화장품책임판매업자의 지도·감독 및 요청에 따라야 합니다. 더 나아가 품질관리를 위하여 필요한 서류 등 각종 사항을 화장품책임판매업자에게 제출해야 하지요. 그러나 이 경우 예외가 존재합니다. 화장품제조업자와 화장품책임판매업자가 동일한 경우 혹은 화장품제조업자의 영업 비밀에 해당하는 경우에 품질관리를 위하여 필요한 사항을 화장품책임판매업자에게 제출하지 않아도 됩니다. 화장품제조업자와 화장품책임판매업자가 동일한 경우라면 화장품제조업자가 자신이 직접 만든 화장품을 직접 판매하는 경우이겠지요. 이 경우에는 동일한 사람이 화장품제조업과 화장품책임판매업 등록을 한 경우이므로 당연히 품질관리를 위하여 필요한 서류를 주고받을 필요가 없겠지요. 자기가 자기에게 서류를 주고받는 셈이니까요. 화장품제조업자가 제품을 설계·개발·생산하는 방식으로 제조하는 경우로서 품질·안전관리에 영향이 없는 범위에서 화장품제조업자와 화장품책임판매업자 상호 계약에 따라 **영업비밀**에 해당하는 경우에도 품질관리를 위하여 필요한 사항을 화장품책임판매업자에게 제출하지 않아도 됩니다. 그 서류를 화장품책임판매업자에게 제공하면

자신의 영업비밀이 알려져 큰 영업상의 피해를 받게 될 수 있으니 법적으로 이를 보장해주는 것입니다.

화장품제조업자는 기본적으로 화장품을 만드는 사람입니다. 따라서 보건위생상 위해(危害)가 없도록 제조소, 시설 및 기구를 위생적으로 관리하고 오염되지 않도록 만전을 기해야 합니다. 화장품의 제조에 필요한 시설 및 기구에 대해서도 정기적으로 점검하여 작업에 지장이 없도록 항상 관리·유지해야 합니다. 또, 작업소에는 위해가 발생할 염려가 있는 물건을 두어서는 안 되며, 작업소에서 국민보건 및 환경에 유해한 물질이 유출되거나 방출되지 않도록 관리해야 합니다.

화장품제조업자는 또한 원료 및 자재의 입고부터 완제품의 출고에 이르기까지 필요한 시험·검사 또는 검정을 해야 합니다. 화장품을 만들기 위해서는 많은 원료들을 원료상에게 구입하겠지요. 그 원료에 대한 성적서를 확인하고 상태를 확인해야 합니다. 원료뿐 아니라 화장품을 포장하는 용기를 구입한 경우에도 필요한 시험·검사를 철저히 해야 합니다. 더 나아가 화장품제조업자는 화장품 제조 후 완제품의 출고 전 각종 다양한 시험을 실시해야 합니다. 화장품 출고 전에 화장품의 품질검사를 해야 하지요. 하지만 이 품질검사 역시 위탁할 수 있습니다. 제조업자가 검사를 위한 시험실 및 시험도구가 없는 경우 위탁하여 시험을 진행할 수도 있습니다. 그러나 이 경우 제조 또는 품질검사가 적절하게 이루어지고 있는지 수탁자에 대한 관리·감독을 철저히 하고, 제조 및 품질관리에 관한 기록을 받아 유지·관리하여야 합니다.

화장품제조업자는 또 제조관리기준서·제품표준서·제조관리기록서 및 품질관리기록서를 작성·보관하여야 합니다. 이 네 가지 서류는 꼭 암기해주세요. 우수화장품 제조 및 품질관리 기준(CGMP)의 4대 기준서와는 같은 서류도 있고 다른 서류도 있으니 각각 따로 암기하셔야 합니다. 그렇다면 각 서류가 무엇을 의미하는지 상세히 알아봅시다.

- **제조관리기준서**:제품 생산과 관련하여 제조관리에 대한 기준 절차를 작성한 문서. 제품 생산에 대한 전체적인 관리 기준을 기록하여 문서화한 것
- **제품표준서**:그 품목의 제조에 필요한 내용을 표준화함으로써 작업상 착오가 없도록 하고 항상 동일한 수준의 제품을 생산하도록 작성하는 문서
- **제조관리기록서**:제조와 관련된 내용을 기록하여 관리하기 위한 양식. 제조관리의 기준이 되는 방침을 명시한 제조관리기준서에 입각하여 제조관리를 해 왔다는 것을 증빙하는 기록물
- **품질관리기록서**:품질관리의 기준이 되는 방침을 명시한 문서인 품질관리기준서에 입각하여 품질관리가 철저히 진행되었다는 것을 기록한 문서

제조관리기준서란 제품 생산에 대한 전체적인 관리 기준을 기록하여 문서화한 것을 말합니다. 작업소는 어떻게 관리하는지, 사용하려는 원자재의 적합판정 여부를 확인하는 방법은 무엇인지, 시설 및 주요설비의 정기적인 점검방법은 무엇인지, 장비의 교정 및 성능점검 방법은 무엇인지, 재고관리는 어떻게 할 것인지, 완제품의 보관방법, 보관장소, 완제품 입·출하 시 승인판정의 확인방법은 무엇인지 등을 다룹니다. 즉, 제조관리기준서란 어떤 특정한 화장품을 만드는 레시피를 다루는 것이 아니라 한 제조소에서 화장품을 제조하는 데에 있어 필요한

모든 규칙을 다룬 매뉴얼입니다. 쉽게 말해 '제조소(화장품공장) 규칙'이라고 할 수 있습니다. 이와는 다르게도 **제품표준서**란 어떤 특정한 화장품을 만드는 레시피를 뜻합니다. 그 화장품을 만드는 백과사전이라고 할 수 있죠. 특정한 한 품목의 제조에 필요한 내용을 표준화함으로써 작업상 착오가 없도록 하고 항상 동일한 수준의 제품을 생산하기 위하여 작성하는 문서입니다. 그 화장품의 제품명, 효능·효과(기능성화장품의 경우) 및 사용상의 주의사항, 원료명, 분량 및 제조단위당 기준량, 공정별 상세 작업내용 및 제조공정흐름도(만드는 방법), 원자재·반제품·완제품의 기준 및 시험방법, 사용기한 또는 개봉 후 사용기간, 제조지시서 등을 다룹니다. 이제 제조관리기준서와 제품표준서의 차이를 아시겠죠?

　제조관리기록서란 앞에서 설명한 제조관리기준서를 보고 이 기준서대로 제대로 했는지 정기적으로 기록하는 문서를 뜻합니다. '기록서'라는 말은 보통 '기준서를 기준 삼아 기록했다.'라는 의미입니다. 즉, 제조소 규칙을 벽에 붙여 놓고 이를 종이에다 체크리스트로 만들어 매일매일 날짜를 적고 잘 지켰는지 체크를 했다면 이 역시 간략한 형태이지만 제조관리기록서이겠네요(물론 여러분들의 이해를 위해 굉장히 간략하게 설명했습니다! 원래는 상당히 복잡해요.).

　그렇다면 품질관리기록서 역시 품질관리기준서를 바탕으로 작성한 문서이겠네요. **품질관리기준서**는 품질 보증을 위한 '시험'과 관련이 있습니다. 품질이 적합한지에 대한 검사·시험에 대한 매뉴얼입니다. 시험항목 및 시험기준이 적힌 시험지시서, 시험검체 채취방법 및 채취 시의 주의사항과 채취 시의 오염방지대책, 시험시설 및 시험기구의 점검(장비의 교정 및 성능점검 방법), 안정성시험, 완제품 등 보관용 검체의 관리, 표준품 및 시약의 관리, 위탁시험 또는 위탁제조하는 경우 검체의 송부방법 및 시험결과의 판정방법 등을 다룹니다. 이 기준서를 보고 해당 화장품에 대한 품질관리를 기록한 것을 **품질관리기록서**라고 합니다.

　화장품제조업자는 제조관리기준서·제품표준서·제조관리기록서 및 품질관리기록서를 작성·보관하여야 합니다. 그리고 이 중 품질관리를 위해 필요한 사항을 화장품책임판매업자에게 제출할 의무가 있습니다. 여기서 **품질관리를 위해 필요한 사항**이란 제품표준서와 품질관리기록서를 말합니다. 화장품책임판매업자는 제조업자로부터 받은 제품표준서 및 품질관리기록서를 보관할 의무가 있습니다. 물론, 아까 말씀드렸지만 제조업자와 책판업자가 동일한 경우나 제조업자의 품질·안전관리에 영향이 없는 범위에서의 상호 계약에 따른 영업비밀에 해당하는 경우에는 예외입니다.

? 　　　　　　　　　　　*간단정리!*
- 화장품제조업자는 제조관리기준서·제품표준서·제조관리기록서 및 품질관리기록서를 작성·보관하여야 함.
- 제조업자는 이 문서들 중 제품표준서와 품질관리기록서를 화장품책임판매업자에게 줌!
- 화장품책임판매업자는 제조업자로부터 받은 제품표준서 및 품질관리기록서를 보관할 의무가 있음!

지한쌤의 열아홉 번째 암기비법!

화장품제조업자가 작성 보관하여야 하는 문서 : 제품기기
제조관리기준서·제품표준서·제조관리기록서 및 품질관리기록서
화장품책임판매업자가 보관할 의무가 있는 문서 : 제품
제품표준서, 품질관리기록서

헷갈리지 말기! CGMP 4대 기준서

제품표준서, 제조관리기준서, 품질관리기준서, 제조위생관리기준서

식품의약품안전처장은 앞의 준수사항 외에 식품의약품안전처장이 정하여 고시하는 우수화장품 제조관리기준(=우수화장품 제조 및 품질관리기준(CGMP))을 준수하도록 제조업자에게 권장할 수 있습니다. 우수화장품 제조 및 품질관리기준(CGMP)이란 우수한 화장품을 제조·공급하여 소비자보호 및 국민 보건 향상에 기여함을 목적으로 식약처장이 고시한 행정규칙입니다. 즉, 화장품제조업자의 상세 매뉴얼이라고 할 수 있습니다. 물론 이를 준수하는 것은 의무사항이 아닙니다! 그러나 식약처에서는 이러한 CGMP 준수 업소를 우수화장품 제조 및 품질관리기준 적합업소로 인증하여 다양한 혜택을 줍니다. 식약처장은 CGMP 인증 업소에게 우수화장품 제조관리기준 적용에 관한 전문적 기술과 교육, 우수화장품 제조관리기준 적용을 위한 자문, 우수화장품 제조관리기준 적용을 위한 시설·설비 등 개수·보수를 지원할 수 있습니다. 이 부분은 헷갈리게 객관식으로 나올 수 있으니 암기하세요! 식약처장은 이러한 CGMP에 대한 해설서를 200여 페이지에 달하는 문서로 만들어 배포하였습니다. 이 해설서가 3회 시험에 15문제 이상 나오는 등 CGMP는 대단히 중요한데요, 이 해설서를 축약하여 문제와 함께 '심화문제집'에서 다뤘습니다. 상세한 우수화장품 제조 및 품질관리기준의 해설은 '지한쌤의 맞춤형화장품조제관리사 심화문제집(상) 70쪽~121쪽'을 꼭 참고하여 주세요!(CGMP는 시험에 많이 출제되는 부분이니 꼭 참고 당부드립니다.)

지한쌤의 스무 번째 암기비법!

우수화장품 제조 및 품질관리기준(CGMP)적합업소에게 식약처장이 지원할 수 있는 것
CGMP 인증받으면 식약처장이 전자시계(개)준다!
우수화장품 제조관리기준 적용에 관한 전문적 기술과 교육
우수화장품 제조관리기준 적용을 위한 자문
우수화장품 제조관리기준 적용을 위한 시설·설비 등 개수·보수

화장품법 시행규칙 제12조(화장품책임판매업자(＝책판업자)의 준수사항)

객관식 및 주관식 대비! 중요도 : ★★★★★

화장품책임판매업자가 준수해야 할 사항은 다음과 같다(단, 수입대행형거래의 화장품책임판매업을 등록한 자는 제1호, 제2호, 제4호 가목·다목·사목·차목 및 제10호만 해당!).

1. 품질관리기준을 준수할 것

2. 책임판매 후 안전관리기준을 준수할 것

3. 제조업자로부터 받은 제품표준서 및 품질관리기록서(전자문서 형식 포함)를 보관할 것

4. 수입한 화장품에 대하여 다음의 사항을 적거나 또는 첨부한 수입관리기록서를 작성·보관할 것

> 가. 제품명 또는 국내에서 판매하려는 명칭
>
> 나. 원료성분의 규격 및 함량
>
> 다. 제조국, 제조회사명 및 제조회사의 소재지
>
> 라. 기능성화장품심사결과통지서 사본
>
> 마. **제조 및 판매증명서**. 다만, 「대외무역법」 제12조 제2항에 따른 통합 공고상의 수출입 요건 확인기관에서 제조 및 판매증명서를 갖춘 화장품책임판매업자가 수입한 화장품과 같다는 것을 확인받고, 「보건환경연구원법」 제2조에 따른 **보건환경연구원**, 규제「식품·의약품분야 시험·검사 등에 관한 법률」 제6조에 따른 **화장품 시험·검사기관** 또는 「약사법」 제67조에 따라 조직된 사단법인인 **한국의약품수출입협회**로부터 화장품책임판매업자가 정한 **품질관리기준에 따른 검사**를 받아 그 **시험성적서**를 갖추어 둔 경우에는 이를 생략할 수 있음.
>
> 바. 한글로 작성된 **제품설명서** 견본
>
> 사. 최초 수입연월일(통관연월일)
>
> 아. 제조번호별 수입연월일 및 수입량
>
> 자. 제조번호별 품질검사 연월일 및 결과
>
> 차. 판매처, 판매연월일 및 판매량

5. 제조번호별로 품질검사를 철저히 한 후 유통시킬 것. 다만, 화장품제조업자와 화장품책임판매업자가 같은 경우 또는 품질검사를 위탁하여 제조번호별 품질검사결과가 있는 경우에는 품질검사를 하지 않을 수 있다.

6. 화장품의 제조를 위탁하거나 제조업자에게 품질검사를 위탁하는 경우 제조 또는 품질검사가 적절하게 이루어지고 있는지 수탁자에 대한 관리·감독을 철저히 하여야 하며, 제조 및 품질관리에 관한 기록을 받아 유지·관리하고, 그 **최종제품의 품질관리**를 철저히 할 것

7. 제5호에도 불구하고 **수입된 화장품을 유통·판매하는 영업**을 등록한 자는 제조국 제조회사의 품질관리기준이 국가 간 상호 인증되었거나, 식품의약품안전처장이 고시하는 우수화장품 제조관리기준과 같은 수준 이상이라고 인정되는 경우에는 국내에서의 품질검사를 하지 않을 수 있다. 이 경우 <u>제조국 제조회사의 품질검사 시험성적서는 품질관리기록서를 갈음</u>한다.

8. 제7호에 따라 **수입된 화장품을 유통·판매하는 영업**을 등록한 자가 수입화장품에 대한 품질검사를 하지 않으려는 경우에는 식품의약품안전처장이 정하는 바에 따라 식품의약품안전처장에게 수입화장품의 제조업자에 대한 현지실사를 신청하여야 한다. 현지실사에 필요한 신청절차, 제출서류 및 평가방법 등에 대하여는 식품의약품안전처장이 정하여 고시한다.

8의2. 제7호에 따른 인정을 받은 수입 화장품 제조회사의 품질관리기준이 우수화장품 제조관리기준과 같은 수준 이상이라고 인정되지 않으며 제7호에 따른 인정이 취소된 경우에는 제5호 본문에 따른 품질검사를 하여야 한다. 이 경우 인정 취소와 관련하여 필요한 세부적인 사항은 식품의약품안전처장이 정하여 고시한다.

9. 수입된 화장품을 유통·판매하는 영업을 등록한 자의 경우 「대외무역법」에 따른 수출·수입요령을 준수하여야 하며, 「전자무역 촉진에 관한 법률」에 따른 전자무역문서로 표준통관예정보고를 할 것

10. 제품과 관련하여 국민보건에 직접 영향을 미칠 수 있는 안전성·유효성에 관한 새로운 자료, 정보사항(화장품 사용에 의한 부작용 발생사례를 포함한다) 등을 알게 되었을 때에는 식품의약품안전처장이 정하여 고시하는 바에 따라 보고하고, 필요한 안전대책을 마련할 것

11. ★★★★★ 다음의 어느 하나에 해당하는 성분을 0.5퍼센트 이상 함유하는 제품의 경우에는 해당 품목의 안정성시험 자료를 최종 제조된 제품의 사용기한이 만료되는 날부터 1년간 보존할 것

가. 레티놀(비타민A) 및 그 유도체
나. 아스코빅애시드(비타민C) 및 그 유도체
다. 토코페롤(비타민E)
라. 과산화화합물
마. 효소

이제 화장품책임판매업자의 준수사항을 알아봅시다. 화장품에 대한 최종 책임자는 화장품책임판매업자이기 때문에 책판업자는 준수하여야 할 사항이 많습니다. 우선 유통되는 화장품에 대한 품질관리 및 책임판매 후 안전관리에 대한 책임이 있으므로 품질관리 및 책임판매 후 안전관리기준(매뉴얼)을 세워 이를 준수하여야 합니다. 그리고 앞서 제조업자가 작성·보관하였던 4가지 서류 중 제품표준서 및 품질관리기록서(전자문서 형식 포함)를 제조업자로부터 받아서 보관**하여야 하는 의무가 있습니다.** 수입한 화장품을 유통·판매하는 책판업자의 경우 수입관리기록서를 작성·보관하여야 합니다. 수입관리기록서에 기재되어야 하는 사항은 앞의 내용을 참고하여 주세요.

모든 책판업자는 제조번호별로 품질검사를 철저히 한 후 유통시켜야 합니다. 그러나 화장품제조업자와 책판업자가 동일인인 경우 화장품제조업자로서 품질검사를 하였다면 또 품질검사를 할 필요가 없겠지요. 품질검사를 다른 기관에 위탁하여 제조번호별 품질검사결과가 있는 경우에도 책판업자가 품질검사를 할 필요가 없습니다. 그러나 위탁을 맡겼다면 해당 기관에 대한 관리·감독을 철저히 해야 합니다. 화장품의 제조 및 품질검사를 위탁하는 경우 제조 및 품질관리에 관한 기록을 받아 유지·관리하여야 하며, 위탁한다고 하더라도 그 최종 제품

의 품질관리의 책임은 책판업자에게 있습니다. 수입된 화장품을 유통·판매하는 책판업자의 경우 제조국 제조회사의 품질관리기준이 국가 간 서로 믿을 수 있다고 인증되었거나, 식품의약품안전처장이 고시하는 우수화장품 제조 및 품질관리기준(CGMP)과 같은 수준 이상이라고 인정되는 경우에는 그 품질을 신뢰할만하므로 국내에서의 품질검사를 하지 않을 수 있답니다. 이 경우 **제조국 제조회사의 품질검사 시험성적서는 품질관리기록서**를 대체합니다. 그러나 이처럼 수입화장품에 대한 품질검사를 하지 않으려는 경우에는 그 해외의 제조업자가 우수화장품 제조 및 품질관리기준(CGMP)과 같은 수준 이상인지를 식약처에서 따져봐야겠지요? 같은 수준 미만이라면 품질을 신뢰할 수 없으므로 품질검사를 시켜야 하니까요. 이런 경우 책판업자는 식품의약품안전처장이 정하는 바에 따라 식품의약품안전처장에게 수입화장품의 제조업자에 대한 현지실사를 신청하여야 합니다. 책판업자가 식약처에 '이 제조업자가 믿을 만하고 우수화장품 제조 및 품질관리기준(CGMP)과 같은 수준 이상이므로 식약처에서 팀을 꾸려 현지실사를 하여 이를 증명하여 주기를 바랍니다.'와 같은 의미로 실사신청을 하는 것입니다. 신청이 들어오고 그 서류가 적합하면 식약처장은 팀을 꾸려 해외에 보냅니다. 모든 소요 경비는 신청한 책판업자가 부담합니다. 만약 식약처의 실사 결과가 수입 화장품 제조회사의 품질관리기준이 우수화장품 제조 및 품질관리기준과 같은 수준 이상이라고 인정되지 않는다면 책판업자는 품질검사를 해야 합니다. 처음에는 우수화장품 제조 및 품질관리기준과 같은 수준 이상이라고 인정을 하였다가 시간이 지나 수입화장품 제조회사의 질이 하락하여 이러한 인정이 취소된 경우에도 마찬가지로 품질검사를 하여야 합니다. 수입된 화장품을 유통·판매하는 책판업자의 경우 「대외무역법」에 따른 수출·수입요령을 준수하여야 하며, 「전자무역 촉진에 관한 법률」에 따른 전자무역문서로 **표준통관예정보고**를 하여야 합니다. 특히 표준통관예정보고를 한 경우에는 수입실적 및 원료의 목록을 보고하지 않을 수 있습니다. 이는 뒤에서 더 자세히 알아보겠습니다.

화장품책임판매업자는 제품과 관련하여 국민보건에 직접 영향을 미칠 수 있는 안전성·유효성에 관한 새로운 자료, 정보사항(화장품 사용에 의한 부작용 발생사례 포함) 등(**안전성 정보**)을 알게 되었을 때에는 **식품의약품안전처장이 정하여 고시하는 바**에 따라 보고하고, 필요한 안전대책을 마련해야 합니다. 안전성·유효성에 관한 새로운 자료, 정보사항 등을 "안전관리 정보(안전성 정보)"라고 합니다. 그리고 화장품책임판매 후 안전관리 업무 중 정보 수집, 검토 및 그 결과에 따른 필요한 조치(안전확보 조치)에 관한 업무를 "안전확보 업무"라고 합니다. 화장품책임판매업자는 책임판매관리자에게 학회, 문헌, 그 밖의 연구보고 등에서 안전관리 정보를 수집·기록하도록 해야 합니다. 책임판매관리자는 수집한 안전관리 정보를 신속히 검토·기록하고 검토 결과 조치가 필요하다고 판단될 경우 회수, 폐기, 판매정지 또는 첨부문서의 개정, 식품의약품안전처장에게 보고 등 안전확보 조치를 해야 합니다.

화장품책임판매업자가 책임판매 후 안전관리를 위해 해야 할 일이 참 많이 있네요! 식약처장 행정고시를 통해 안전성 정보 관리에 대해 좀 더 자세히 알아봅시다.

📝 [관련 있는 법령 같이 보기]

화장품 안전성 정보관리 규정의 주요 내용

객관식 및 주관식 대비! 중요도 : ★★★★

- **규정의 목적** : 화장품의 취급·사용 시 인지되는 안전성 관련 정보를 체계적이고 효율적으로 수집·검토·평가하여 적절한 안전대책을 강구함으로써 국민 보건상의 위해 방지
- **간단 용어 정리(객관식 및 주관식 출제 주의!)**

용어	뜻
유해사례 (Adverse Event/Adverse Experience, AE)	• 화장품의 사용 중 발생한 바람직하지 않고 의도되지 아니한 징후, 증상 또는 질병 • 해당 화장품과 **반드시 인과관계를 가져야 하는 것은 아님.**

중대한 유해사례
(Serious AE)
	유해사례 중 다음의 어느 하나에 해당하는 경우
	  가. 사망을 초래하거나 생명을 위협하는 경우
	  나. 입원 또는 입원기간의 연장이 필요한 경우
	  다. 지속적 또는 중대한 불구나 기능저하를 초래하는 경우
	  라. 선천적 기형 또는 이상을 초래하는 경우
	  마. 기타 의학적으로 중요한 상황

실마리 정보 (Signal)	유해사례와 화장품 간의 **인과관계 가능성이 있다고 보고된 정보**로서 그 인과관계가 알려지지 아니하거나 입증자료가 불충분한 것
안전성 정보	화장품과 관련하여 국민보건에 직접 영향을 미칠 수 있는 안전성·유효성에 관한 새로운 자료, 유해사례 정보 등

- 화장품 안전성 정보의 보고·수집·평가·전파 등 관리체계

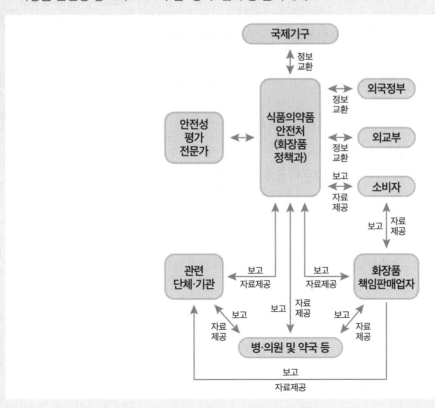

• 안전성 정보의 보고 **매우 중요! 객관식 및 주관식 대비!** ★★★★

보고 종류	보고자	보고를 해야 할 때	보고 대상	보고 방법
상시 보고	의사·약사·간호사· 판매자·소비자 또는 관련 단체 등의 장 (즉, <u>모든 사람</u>)	① 화장품 사용 중 유해사례가 발생한 때 ② 화장품에 관한 유해사례 등 안전성 정보를 알게 된 때	식약처장 또는 화장품책임 판매업자	식약처 홈페이지, 전화 ·우편·팩스·정보통신 망 등
★ 신속 보고	화장품책임판매업자 맞춤형화장품판매업자	① 중대한 유해사례 또는 이와 관련하여 식약처장이 보고를 지시한 때 ② 판매중지나 회수에 준하는 외국 정부의 조치 또는 이와 관련하여 식약처장이 보고를 지시한 때 ③ 맞춤형화장품판매업자의 경우 중대한 부작용이 발생하였을 때	식약처장	해당 정보를 알게 된 날로부터 15일 이내에 식약처장에게 식약처 홈페이지를 통해 보고하거나 우편·팩스·정보통신망 등의 방법으로 신속히 보고하여야 함.
★ 정기 보고	화장품책임판매업자	• 1년에 2번 의무적으로 시행(매 반기 종료 후 1월 이내) • 1월~6월=7월 보고 • 7월~12월=다음 해 1월)	식약처장	신속보고 되지 않은 화장품의 안전성 정보를 식약처 홈페이지를 통해 보고하거나 전자파일과 함께 우편·팩스·정보통신망 등의 방법으로 식약처장에게 보고

• 단, 상시근로자수가 2인 이하로서 <u>직접 제조한 화장비누만을 판매하는 화장품책임판매업자는 정기보고를</u> <u>하지 않아도 된다!</u>
• 맞춤형화장품판매업자는 안전성 정보의 신속보고만 하면 된다!(정기보고 X)

• **보고한 안전성 정보에 관한 보완** : 식품의약품안전처장은 안전성 정보의 보고가 이 규정에 적합하지 않거나 추가 자료가 필요하다고 판단하는 경우 일정 기한을 정하여 자료의 보완을 요구할 수 있음.
• **안전성 정보의 검토 및 평가** : 식품의약품안전처장은 다음에 따라 화장품 안전성 정보를 검토 및 평가하며 필요한 경우 화장품 안전관련 분야의 전문가 등의 자문을 받을 수 있음.

1. 정보의 신뢰성 및 인과관계의 평가 등
2. 국내·외 사용현황 등 조사·비교(화장품에 사용할 수 없는 원료 사용 여부 등)
3. 외국의 조치 및 근거 확인(필요한 경우에 한함)
4. 관련 유해사례 등 안전성 정보 자료의 수집·조사
5. 종합검토

- 식품의약품안전처장 또는 지방식품의약품안전청장은 보고된 안전성 정보의 검토 및 평가가 끝난 후 **검토 및 평가 결과에 따라 다음과 같은 필요한 조치**를 할 수 있음.

  1. 품목 제조·수입·판매 금지 및 수거·폐기 등의 명령
  2. 사용상의 주의사항 등 추가
  3. 조사연구 등의 지시
  4. 실마리 정보로 관리
  5. 제조·품질관리의 적정성 여부 조사 및 시험·검사 등 기타 필요한 조치

- **정보의** 전파

  ① 식품의약품안전처장은 안전하고 올바른 화장품의 사용을 위하여 화장품 안전성 정보의 평가 결과를 화장품책임판매업자 등에게 전파하고 필요한 경우 이를 소비자에게 제공할 수 있음.

  ② 식품의약품안전처장은 수집된 안전성 정보, 평가결과 또는 후속조치 등에 대하여 필요한 경우 국제기구나 관련 국 정부 등에 통보하는 등 국제적 정보교환체계를 활성화하고 상호협력 관계를 긴밀하게 유지함으로써 화장품으로 인한 범국가적 위해의 방지에 적극 노력하여야 함.

- **보고자 등의 보호**: 화장품 안전성 정보의 수집·분석 및 평가 등의 업무에 종사하는 자와 관련 공무원은 보고자, 환자 등 특정인의 인적사항 등에 관한 정보로서 당사자의 생명·신체를 해할 우려가 있는 경우 또는 당사자의 사생활의 비밀 또는 자유를 침해할 우려가 있다고 인정되는 경우 등 당사자 또는 제3자 등의 권리와 이익을 부당하게 침해할 우려가 있다고 인정되는 사항에 대하여는 이를 공개하여서는 안 됨.
- **포상**: 식품의약품안전처장은 이 규정에 따라 적극적이고 성실한 보고자나 기타 화장품 안전성 정보 관리체계의 활성화에 기여한 자에 대해 「식품의약품안전처 공적심사규정」(식약처 훈령)에 따라 포상 또는 표창을 실시할 수 있음.

이 행정규칙은 중요하니 꼭 숙지해두시기 바랍니다. 특히 안전성 정보의 종류 및 보고에 대한 사항은 객관식 및 주관식으로 자주 출제되는 어려운 부분입니다. 화장품책임판매업자가 보고해야 하는 안전성 정보의 보고는 2가지입니다. ①신속보고는 긴급한 상황으로서 알게 된 유해사례가 중대하거나(중대한 유해사례에 해당) 판매중지나 회수에 준하는 외국정부의 조치가 있을 경우에 빠르게 보고하는 것을 말합니다. 정기적인 것은 아니며 이러한 정보를 알게 된 날로부터 15일 이내에 식품의약품안전처장에게 신속히 보고하여야 합니다. ②정기보고란 말 그대로 정기적으로 보고하는 것으로서 매 반기 종료 후 1월 이내(즉, 7월과 1월 - 1년에 2번)에 신속보고하지 않은 화장품의 안전성 정보를 식품의약품안전처장에게 보고합니다. 단, 상시근로자수가 2인 이하로서 직접 제조한 화장비누만을 판매하는 화장품책임판매업자는 안전성 정보 정기보고를 하지 않아도 됩니다.

일반 소비자들은 안전성 정보의 신고를 할 수 없을까요? 어떤 화장품을 꾸준히 발랐는데 피부가 이상해서 병원에 갔더니 수은 중독이라는 판정을 받았다면 소비자들은 손 놓고 가만히만 있어야 할까요? 아닙니다. 의사·약사·간호사·판매자·소비자 또는 관련 단체 등의 장(즉, 모든 사람)은 화장품의 사용 중 발생하였거나 알게 된 유해사례 등 안전성 정보에 대해 식품의약품안전처장 또는 화장품책임판매업자에게 보고할 수 있습니다.

화장품책임판매업자가 해야 하는 일은 이뿐만이 아닙니다. 화장품책임판매업자는 다음의 어느 하나에 해당하는 성분을 0.5퍼센트 이상 함유하는 제품의 경우에는 해당 품목의 <u>안정성시험 자료</u>를 최종 제조된 제품의 사용기한이 만료되는 날부터 1년간 보존하여야 합니다.

1. 레티놀(비타민A) 및 그 유도체
2. 아스코빅애시드(비타민C) 및 그 유도체
3. 토코페롤(비타민E)
4. 과산화화합물
5. 효소

이러한 성분들은 보통 산화가 잘 됩니다. 변질도 잘 되고요. 그래서 화장품의 안정성(안전성 아닙니다!!) 문제를 야기할 수 있어요. 따라서 화장품책임판매업자는 위의 5가지 성분들 중 하나라도 0.5% 이상 함유하는 제품을 유통·판매하고 있다면 해당 품목의 안정성 시험 자료를 최종 제조된 제품의 <u>사용기한이 만료하는 날로부터 1년</u>간 보관하여야 합니다. 이 성분들은 모두 외워주세요! 주관식으로 출제되었습니다.

지한쌤의 스물한 번째 암기비법!

화장품책임판매업자가 0.5% 이상 **함유하였을 시에 해당 품목의** 안정성시험 자료를
사용기한이 만료되는 **날부터** 1년간 **보존하여야 하는 성분들**
"ACE효과"
레티놀(비타민A) 및 그 유도체
아스코빅애시드(비타민C) 및 그 유도체
토코페롤(비타민E)
효소
과산화화합물

☞ '과'는 과산화수소 아님. 정확히 '과산화화합물'로 외울 것

☞ '효'는 효모 아님. 효소로 외울 것.

☞ 비타민A와 C는 그 스스로와 유도체 모두 포함.

例 레티놀 포함 제품도 안정성시험자료를 보관하여야 하고 레티닐팔미테이트도 보관하여야 함.
例 아스코빅애씨드도 안정성시험자료를 보관하여야 하고 아스코빌글루코사이드도 보관하여야 함.

☞ 그러나 비타민E는 그 스스로만 포함. 유도체는 포함하지 않음.

例 토코페롤 포함 제품은 안정성시험자료를 보관하여야 하나 토코페릴아세테이트는 X

화장품책임판매업자의 준수사항이 참 많죠? 화장품의 최종 주인이자 책임자가 화장품책임판매업자이기 때문입니다. 단, 수입대행형 거래(전자상거래만 해당)를 목적으로 화장품을 알선·수여(授輿)하는 영업으로 등록한 화장품책임판매업자는 앞의 제1호, 제2호, 제4호가목·다목·사목·차목 및 제10호만 준수하면 됩니다.

화장품법 시행규칙 제12조의2(맞춤형화장품판매업자의 준수사항)

객관식 및 주관식 대비! 중요도:★★★★★

맞춤형화장품판매업자가 준수해야 할 사항은 다음과 같다.

1. 맞춤형화장품 판매장 시설·기구를 정기적으로 점검하여 보건위생상 위해가 없도록 관리할 것

2. 다음의 혼합·소분 안전관리기준을 준수할 것

가. 혼합·소분 전에 혼합·소분에 사용되는 내용물 또는 원료에 대한 품질성적서를 확인할 것
나. 혼합·소분 전에 손을 소독하거나 세정할 것. 다만, 혼합·소분 시 **일회용 장갑을 착용하는 경우에는 그렇지 않다.**
다. 혼합·소분 전에 혼합·소분된 제품을 담을 포장용기의 오염 여부를 확인할 것
라. 혼합·소분에 사용되는 장비 또는 기구 등은 **사용 전**에 그 위생 **상태를 점검**하고, **사용 후에는 오염이 없도록** 세척할 것
마. 그 밖에 위의 사항과 유사한 것으로서 혼합·소분의 안전을 위해 식품의약품안전처장이 정하여 고시하는 사항을 준수할 것

3. 다음의 사항이 포함된 맞춤형화장품 판매내역서(전자문서로 된 판매내역서 포함)를 작성·보관할 것

가. 제조번호
나. 사용기한 또는 개봉 후 사용기간
다. 판매일자 및 판매량

4. 맞춤형화장품 판매 시 다음의 사항을 소비자에게 설명할 것

가. 혼합·소분에 사용된 **내용물·원료의** 내용 및 특성
나. 맞춤형화장품 **사용 시의** 주의사항

5. 맞춤형화장품 사용과 관련된 **부작용 발생사례**에 대해서는 지체 없이 식약처장이 정하여 고시하는 바에 따라 식품의약품안전처장에게 보고할 것

이제 맞춤형화장품판매업자가 준수해야 하는 사항을 알아봅시다. 맞춤형화장품판매업자는 당연하게도 맞춤형화장품 판매장 시설·기구를 정기적으로 점검하여 보건위생상 위해가 없도록 관리하여야 합니다. 더 나아가 혼합·소분 안전관리기준을 준수해야 하지요. 물론, 맞춤형화장품판매업소에서 혼합·소분을 하는 사람은 맞춤

형화장품조제관리사입니다. 즉, 맞춤형화장품판매업자는 맞춤형화장품조제관리사가 혼합·소분 안전관리기준을 준수하도록 해야 할 의무가 있다는 뜻입니다. 맞춤형화장품판매업자는 혼합·소분 전에 혼합·소분에 사용되는 내용물 또는 원료에 대한 품질성적서를 확인함으로써 내용물과 원료에 대한 품질을 확인해야 합니다. 또 맞춤형화장품조제관리사가 **혼합·소분 전**에 손을 소독하거나 세정하도록 지시하여야 합니다. **일회용장갑**을 끼는 경우에는 법적으로 손을 소독하거나 세정할 필요가 없습니다. 맞춤형화장품판매업자는 **혼합·소분 전**에 혼합·소분된 제품을 담을 포장용기의 오염 여부를 확인하여 보건위생상 위해가 없도록 해야 하고 혼합·소분에 사용되는 장비 또는 기구 등은 **사용 전**에 그 위생 **상태를 점검**하고, **사용 후에는 오염**이 없도록 세척해야 합니다. 헷갈리지 마세요! 사용 전에 위생상태 점검! 사용 후에 오염이 없도록 세척!('사용 전에 세척, 사용 후에 위생상태 점검'이 아닙니다!)

　또한 맞춤형화장품판매업자는 맞춤형화장품 판매내역서를 작성·보관해야 합니다. 나중에 화장품이 위해화장품으로 판정이 났을 시에 회수하기 위함이죠. 그 판매내역서에는 '제조번호, 사용기한 또는 개봉 후 사용기간, 판매일자 및 판매량'을 필수로 기재하여야 합니다. 이는 너무 중요한 내용이므로 필히 암기하셔야 합니다.

지한쌤의 스물두 번째 암기비법!

맞춤형화장품 판매내역서 기재사항
"(판매내역서 작성 제대로 안 하면) 양일(2일)간 연속으로 제사를 지내야 한다."
판매량(양), 판매일자, 제조번호, 사용기한 또는 개봉 후 사용기간

　맞춤형화장품판매업자는 또 맞춤형화장품 판매 시 혼합·소분에 사용된 **내용물·원료의** 내용 및 특성과 맞춤형화장품 **사용 시의** 주의사항을 필히 설명하여야 합니다. 어린이가 사용하면 안 되는 원료가 들어있지는 않은지, 알레르기 유발 원료가 있지는 않은지 등을 소비자에게 설명할 의무가 있습니다. 0.5%를 초과하는 AHA(알파-하이드록시애써드) 성분이 함유된 제품에는 햇빛에 대한 피부의 감수성을 증가시킬 수 있으므로 자외선차단제를 함께 사용하라고 설명해주어야 하죠(씻어내는 제품 및 두발용 제품 제외).

　맞춤형화장품을 판매하는 중에 맞춤형화장품 사용으로 부작용이 발생하였다면 맞춤형화장품판매업자는 어디에 보고를 해야 할까요? 맞춤형화장품 사용과 관련된 **부작용 발생사례**에 대해서 맞춤형화장품판매업자는 지체 없이 식품의약품안전처장에게 보고하여야 합니다. 위해 맞춤형화장품을 회수하고 폐기하는 모든 책임은 최종판매자인 맞춤형화장품판매업자에게 있습니다.

　혼합·소분의 안전을 위해 식품의약품안전처장이 정하여 고시하는 맞춤형화장품판매업자의 준수사항을 좀 더 자세히 알아볼까요? 식품의약품안전처장이 정하여 고시한 사항은 다음과 같습니다. 이 내용은 객관식 및 주관식으로 단골 출제되니 꼭 암기해주세요. 특히 강조된 글씨는 더더욱 철저히 암기해주세요.

[관련 있는 법령 같이 보기] 맞춤형화장품판매업자의 준수사항에 관한 규정

객관식 및 주관식 대비! 중요도 : ★★★★★

1. 맞춤형화장품판매업자는 맞춤형화장품 조제에 사용하는 내용물 또는 원료의 혼합·소분의 범위에 대해 사전에 검토하여 최종 제품의 품질 및 안전성을 확보할 것. 다만, 화장품책임판매업자가 혼합 또는 소분의 범위를 미리 정하고 있는 경우에는 그 범위 내에서 혼합 또는 소분 할 것

2. 혼합·소분에 사용되는 내용물 또는 원료가 「**화장품법**」 **제8조의 화장품 안전기준** 등에 적합한 것인지 여부를 확인하고 사용할 것

3. 혼합·소분 전에 내용물 또는 원료의 **사용기한 또는 개봉 후 사용기간을 확인**하고, **사용기한 또는 개봉 후 사용기간이 지난 것은 사용하지 말 것**

4. 혼합·소분에 사용되는 **내용물 또는 원료의 사용기한 또는 개봉 후 사용기간을 초과하여 맞춤형화장품의 사용기한 또는 개봉 후 사용기간을 정하지 말 것.** 다만 과학적 근거를 통하여 맞춤형화장품의 안정성이 확보되는 **사용기한 또는 개봉 후 사용기간**을 설정한 경우에는 예외로 한다.

5. 맞춤형화장품 조제에 사용하고 남은 내용물 또는 원료는 **밀폐가 되는 용기에 담는 등** 비의도적인 오염을 방지할 것

6. 소비자의 **피부 유형**이나 **선호도** 등을 확인하지 아니하고 맞춤형화장품을 미리 혼합·소분하여 보관하지 말 것

여태까지 영업자(제조업자+책판업자+맞판업자)의 준수사항에 대해 알아보았는데요, 이 준수사항들을 어기면 어떤 처벌을 받을까요? 이러한 화장품제조업자, 화장품책임판매업자 및 맞춤형화장품판매업자가 준수해야 할 사항을 위반한 자는 200만원 이하의 벌금에 처해집니다(「화장품법」 제38조 제1호). 따라서 벌칙을 받지 않기 위해서는 준수사항을 꼭 지켜야겠죠? 특히 맞춤형화장품판매업자의 경우 고객에게 맞춤형화장품에 대한 다양한 사항을 설명할 의무가 있었죠. 설명 똑바로 안 하면 200만원 이하의 벌금과 더불어 행정처분을 받을 수 있습니다.

화장품법 시행규칙 제13조(화장품의 생산실적 등 보고)

객관식 및 주관식 대비! 중요도 : ★★★★

① 화장품책임판매업자는 지난해의 생산실적 또는 수입실적을 매년 2월 말까지 식품의약품안전처장이 정하여 고시하는 바에 따라 대한화장품협회 등 법 제17조에 따라 설립된 화장품업 단체(「약사법」 제67조에 따라 조직된 약업단체 포함)를 통하여 식품의약품안전처장에게 보고하여야 한다.

② 화장품책임판매업자는 화장품의 제조과정에 사용된 원료의 목록을 화장품의 유통·판매 전까지 보고해야 한다. 보고한 목록이 변경된 경우에도 또한 같다.

③ 제1항 및 제2항에도 불구하고 「전자무역 촉진에 관한 법률」에 따라 전자무역문서로 표준통관예정정보고를 하고 수입하는 화장품책임판매업자는 수입실적 및 원료의 목록을 보고하지 않을 수 있다.

화장품책임판매업자가 해야 하는 사항은 또 있습니다. 화장품책임판매업자는 전년도의 생산실적 또는 수입실적을 **매년 2월 말**까지 식품의약품안전처장이 정하여 고시하는 바에 따른 단체를 통하여 식품의약품안전처장에게 보고하여야 합니다. 즉, 2021년 2월 말까지 2020년의 1년치 생산실적 혹은 수입실적을 보고하여야 합니다.

생산·수입실적 외에도 책판업자는 화장품의 제조과정에 사용된 원료의 목록을 그 화장품의 유통·판매 전까지 보고해야 합니다. 만약 유통하던 화장품의 원료 목록에 변경사항이 있을 시에는 변경된 원료로 제조한 화장품이 유통되기 전에 변경된 원료 목록을 보고하여야 합니다. 화장품책임판매업자가 화장품의 생산·수입실적 및 원료 목록을 제출하여야 할 관련 단체는 다음과 같습니다.

화장품책임판매업자가 화장품의 생산·수입실적 및 원료 목록을 제출하여야 할 관련 단체

1. 생산실적 및 국내 제조 화장품 원료목록 보고 : (사)**대한화장품협회**
2. 수입실적 및 수입 화장품 원료목록 보고 : (사)**한국의약품수출입협회**

위의 사항에도 불구하고 **표준통관예정보고**를 하고 수입하는 화장품책임판매업자는 수입실적 및 원료의 목록을 보고하지 않을 수 있습니다. 통관보고 시에 이미 수입과 관련된 사항과 원료의 목록을 기재하여 보고하기 때문입니다.

화장품의 생산실적 또는 수입실적과 화장품 제조과정에 사용된 원료의 목록 등을 보고(규제「화장품법」제5조 제4항)하지 않은 화장품책임판매업자에게는 100만원 이하의 과태료(과태료 50만원)가 부과됩니다(「화장품법」제40조 제1항 제3호).

화장품법 시행규칙 제13조의 2(맞춤형화장품의 원료 목록 보고)
맞춤형화장품판매업자는 지난해에 판매한 맞춤형화장품에 사용된 원료의 목록을 매년 2월 말까지 식품의약품안전처장이 정하여 고시하는 바에 따라 법 제17조에 따라 설립된 화장품업 단체를 통하여 식품의약품안전처장에게 보고하여야 한다.

맞춤형화장품판매업자는 1년에 1번(매년 2월 말까지) 화장품업 단체를 통해 원료 목록을 보고하여야 합니다.

12 화장품법 시행규칙 제11조~제13조의2

Ⅲ. 화장품법 시행규칙(총리령)

간단하고 명료한 화장품법 시행령 체계표[다지기]	
법령	화장품법 시행규칙
조항	제11조~제13조의2

☐ [화장품법 시행규칙 제11조] 화장품제조업자의 준수사항

화장품제조업자의 준수사항	
기본사항 (제조소 등 환경관리)	• 보건위생상 위해(危害)가 없도록 제조소, 시설 및 기구를 위생적으로 관리하고 오염되지 않도록 할 것 • 화장품의 제조에 필요한 시설 및 기구에 대하여 정기적으로 점검하여 작업에 지장이 없도록 관리·유지할 것 • 작업소에는 위해가 발생할 염려가 있는 물건을 두어서는 안 되며, 작업소에서 국민보건 및 환경에 유해한 물질이 유출되거나 방출되지 않도록 할 것
책판업자와의 연계	• 품질관리기준에 따른 화장품책임판매업자의 지도·감독 및 요청에 따를 것 • 품질관리를 위하여 필요한 사항을 화장품책임판매업자에게 제출할 것. 다만, 다음의 어느 하나에 해당하는 경우 제출하지 않을 수 있다. 1. 화장품제조업자와 화장품책임판매업자가 동일한 경우 2. 화장품제조업자가 제품을 설계·개발·생산하는 방식으로 제조하는 경우로서 품질·안전관리에 영향이 없는 범위에서 화장품제조업자와 화장품책임판매업자 상호 계약에 따라 영업비밀에 해당하는 경우
품질관리사항	• 원료 및 자재의 입고부터 완제품의 출고에 이르기까지 필요한 시험·검사 또는 검정을 할 것 • 제조 또는 품질검사를 위탁하는 경우 제조 또는 품질검사가 적절하게 이루어지고 있는지 수탁자에 대한 관리·감독을 철저히 하고, 제조 및 품질관리에 관한 기록을 받아 유지·관리할 것
문서 작성 및 보관	제조관리기준서·제품표준서·제조관리기록서 및 품질관리기록서를 작성·보관할 것

식품의약품안전처장은 위의 준수사항 외에 우수화장품 제조 및 품질 관리기준을 준수하도록 제조업자에게 권장할 수 있다.

우수화장품 제조관리기준을 준수하는 제조업자에게 식약처장이 지원할 수 있는 사항

1. 우수화장품 제조관리기준 적용에 관한 **전문적 기술과 교육**
2. 우수화장품 제조관리기준 적용을 위한 **자문**
3. 우수화장품 제조관리기준 적용을 위한 **시설·설비 등 개수·보수**

☐ **[화장품법 시행규칙 제12조] 화장품책임판매업자의 준수사항**

화장품책임판매업자의 준수사항	
품질관리 관련 사항	• 품질관리기준을 준수할 것 • <u>제조번호별로 품질검사</u>를 철저히 한 후 유통시킬 것(단, 화장품제조업자와 화장품책임판매업자가 같은 경우 또는 품질검사를 위탁하여 제조번호별 품질검사결과가 있는 경우에는 품질검사를 하지 않을 수 있음) • 화장품의 제조를 위탁하거나 제조업자에게 품질검사를 위탁하는 경우 제조 또는 품질검사가 적절하게 이루어지고 있는지 수탁자에 대한 관리·감독을 철저히 하여야 하며, 제조 및 품질관리에 관한 기록을 받아 유지·관리하고, 그 최종 제품의 품질관리를 철저히 할 것
책임판매 후 안전관리 관련 사항	• <u>책임판매 후 안전관리기준을 준수할 것</u> • 제품과 관련하여 국민보건에 직접 영향을 미칠 수 있는 안전성·유효성에 관한 새로운 자료, 정보사항(화장품 사용에 의한 부작용 발생사례 포함) 등을 알게 되었을 때에는 식품의약품안전처장이 정하여 고시하는 바에 따라 보고하고, 필요한 안전대책을 마련할 것
문서 보관	제조업자로부터 받은 제품표준서 및 품질관리기록서(전자문서 형식 포함)를 보관할 것
안정성시험 자료 작성·보관의 의무	다음의 어느 하나에 해당하는 성분을 0.5퍼센트 이상 함유하는 제품의 경우 해당 품목의 안정성시험 자료를 최종 제조된 제품의 **사용기한이 만료되는 날부터** 1년간 보존할 것 1. 레티놀(비타민A) 및 그 유도체 2. 아스코빅애시드(비타민C) 및 그 유도체 3. 토코페롤(비타민E) 4. 과산화화합물 5. 효소

	수입화장품을 유통·판매하는 영업을 하는 책판업자만 해당하는 준수사항
수입관리기록서 작성 및 보관의 의무	수입한 화장품에 대하여 다음의 사항을 적거나 또는 첨부한 수입관리기록서를 작성·보관할 것 가. 제품명 또는 국내에서 판매하려는 명칭 나. 원료성분의 규격 및 함량 다. 제조국, 제조회사명 및 제조회사의 소재지 라. 기능성화장품심사결과통지서 사본 마. 제조 및 판매증명서. 다만, 「대외무역법」 제12조 제2항에 따른 통합 공고상의 수출입 요건 확인기관에서 제조 및 판매증명서를 갖춘 화장품책임판매업자가 수입한 화장품과 같다는 것을 확인받고, 품질검사 위탁기관으로부터 화장품책임판매업자가 정한 품질관리기준에 따른 검사를 받아 그 시험성적서를 갖추어 둔 경우에는 이를 생략할 수 있다. 바. 한글로 작성된 제품설명서 견본 사. 최초 수입연월일(통관연월일) 아. 제조번호별 수입연월일 및 수입량 자. 제조번호별 품질검사 연월일 및 결과 차. 판매처, 판매연월일 및 판매량
수입화장품을 유통·판매하는 화장품책임판매업자만의 준수사항	• 제조국 제조회사의 품질관리기준이 국가 간 상호 인증되었거나, 우수화장품 제조관리기준과 같은 수준 이상이라고 인정되는 경우 국내에서의 품질검사를 하지 않을 수 있음. 이 경우 **제조국 제조회사의 품질검사 시험성적서는 품질관리기록서를 갈음함.** • 수입화장품에 대한 품질검사를 하지 않으려는 경우 식품의약품안전처장에게 수입화장품의 제조업자에 대한 현지실사를 신청하여야 한다. • 현지실사 후 식약처 인정을 받은 수입 화장품 제조회사의 품질관리기준이 우수화장품 제조관리기준과 같은 수준 이상이라고 인정되지 않아 인정이 **취소**된 경우에는 <u>품질검사를 하여야 한다.</u> • 「대외무역법」에 따른 수출·수입요령을 준수하여야 하며, 「전자무역 촉진에 관한 법률」에 따른 전자무역문서로 **표준통관예정보고**를 해야 한다.

□ 화장품 안전성 정보관리 규정 정리

화장품 안전성 정보관리 규정	
목적	화장품의 취급·사용 시 인지되는 안전성 관련 정보를 체계적이고 효율적으로 수집·검토·평가하여 적절한 안전대책을 강구함으로써 국민 보건상의 위해 방지

용어 정리	용어	뜻
	유해사례 (Adverse Event/ Adverse Experience, AE)	화장품의 사용 중 발생한 바람직하지 않고 의도되지 아니한 징후, 증상 또는 질병, 해당 화장품과 **반드시 인과관계를 가져야 하는 것은 아님.**
	중대한 유해사례 (Serious AE)	유해사례 중 다음의 어느 하나에 해당하는 경우 가. 사망을 초래하거나 생명을 위협하는 경우 나. 입원 또는 입원기간의 연장이 필요한 경우 다. 지속적 또는 중대한 불구나 기능저하를 초래하는 경우 라. 선천적 기형 또는 이상을 초래하는 경우 마. 기타 의학적으로 중요한 상황
	실마리 정보 (Signal)	유해사례와 화장품 간의 **인과관계 가능성이 있다고 보고된 정보**로서 그 인과관계가 알려지지 아니하거나 입증자료가 불충분한 것
	안전성 정보	화장품과 관련하여 국민보건에 직접 영향을 미칠 수 있는 안전성·유효성에 관한 새로운 자료, 유해사례 정보 등

관리체계	최종 컨트롤타워 : 식약처(**화장품정책과**)

안전성 정보의 보고	보고 종류	보고자	보고해야 할 때	보고 대상	보고 방법
	상시 보고	의사·약사·간호사·판매자·소비자·관련단체 등의 장 (즉, 모든 사람)	① 화장품 사용 중 유해사례가 발생한 때 ② 화장품에 관한 유해사례 등 안전성 정보를 알게 된 때	**식약처장 또는 화장품책임 판매업자**	식약처 홈페이지, 전화·우편·팩스·정보통신망 등
	★ 신속 보고	화장품책임 판매업자, 맞춤형화장품 판매업자	① 중대한 유해사례 또는 이와 관련하여 식약처장이 보고를 지시한 때 ② 판매중지나 회수에 준하는 외국정부의 조치 또는 이와 관련하여 식약처장이 보고를 지시한 때 ③ 맞춤형화장품판매업자의 경우 중대한 부작용이 발생한 때	식약처장	해당 정보를 알게 된 날로부터 15일 이내에 식약처장에게 식약처 홈페이지를 통해 보고하거나 우편·팩스·정보통신망 등의 방법으로 신속히 보고하여야 함.

	보고 종류	보고자	보고해야 할 때	보고 대상	보고 방법
안전성 정보의 보고	★ 정기 보고	화장품책임 판매업자	1년에 2번 의무적으로 시행 (매 반기 종료 후 1월 이내)	식약처장	신속보고 되지 않은 화장품의 안전성 정보를 식약처 홈페이지를 통해 보고하거나 전자파일과 함께 우편·팩스·정보통신망 등의 방법으로 식약처장에게 보고
	단, 상시근로자수가 2인 이하로서 직접 제조한 화장비누만을 판매하는 화장품책임판매업자는 정기보고를 하지 않아도 된다!				

보고 보완	식품의약품안전처장은 안전성 정보의 보고가 이 규정에 적합하지 않거나 추가 자료가 필요하다고 판단하는 경우 일정 기한을 정하여 자료의 보완을 요구할 수 있음.
검토 및 평가	식품의약품안전처장은 다음에 따라 화장품 안전성 정보를 검토 및 평가하며 필요한 경우 화장품 안전 관련 분야의 전문가 등의 자문을 받을 수 있음. 1. 정보의 신뢰성 및 인과관계의 평가 등 2. 국내·외 사용현황 등 조사·비교(화장품에 사용할 수 없는 원료 사용 여부 등) 3. 외국의 조치 및 근거 확인(필요한 경우에 한함) 4. 관련 유해사례 등 안전성 정보 자료의 수집·조사 5. 종합검토
검토 및 평가 결과에 따른 조치	식품의약품안전처장 또는 지방식품의약품안전청장은 보고된 안전성 정보의 **검토 및 평가가 끝난 후 검토 및 평가 결과에 따라 다음과 같은 필요한 조치**를 할 수 있음. 1. 품목 제조·수입·판매 금지 및 수거·폐기 등의 명령 2. 사용상의 주의사항 등 추가 3. 조사연구 등의 지시 4. 실마리 정보로 관리 5. 제조·품질관리의 적정성 여부 조사 및 시험·검사 등 기타 필요한 조치
정보의 전파	① 식품의약품안전처장은 안전하고 올바른 화장품의 사용을 위하여 화장품 안전성 정보의 평가 결과를 화장품책임판매업자 등에게 전파하고 필요한 경우 이를 소비자에게 제공할 수 있음. ② 식품의약품안전처장은 수집된 안전성 정보, 평가결과 또는 후속조치 등에 대하여 필요한 경우 국제기구나 관련국 정부 등에 통보하는 등 국제적 정보교환체계를 활성화하고 상호협력 관계를 긴밀하게 유지함으로써 화장품으로 인한 범국가적 위해의 방지에 적극 노력하여야 함.

- **보고자 등의 보호**: 화장품 안전성 정보의 수집·분석 및 평가 등의 업무에 종사하는 자와 관련 공무원은 보고자, 환자 등 특정인의 인적사항 등에 관한 정보로서 당사자의 생명·신체를 해할 우려가 있는 경우 또는 당사자의 사생활의 비밀 또는 자유를 침해할 우려가 있다고 인정되는 경우 등 당사자 또는 제3자 등의 권리와 이익을 부당하게 침해할 우려가 있다고 인정되는 사항에 대하여는 이를 공개하여서는 안 됨.
- **포상**: 식품의약품안전처장은 이 규정에 따라 적극적이고 성실한 보고나 기타 화장품 안전성 정보 관리체계의 활성화에 기여한 자에 대해 「식품의약품안전처 공적심사규정」(식약처 훈령)에 따라 포상 또는 표창을 실시할 수 있음.

□ [화장품법 시행규칙 제12조의2] 맞춤형화장품판매업자의 준수사항

맞춤형화장품판매업자의 준수사항	
점검의 의무	맞춤형화장품 판매장 시설·기구를 정기적으로 점검하여 보건위생상 위해가 없도록 관리할 것
안전관리기준 준수의 의무	**혼합·소분 안전관리기준** • 혼합·소분 전에 혼합·소분에 사용되는 내용물 또는 원료에 대한 품질성적서를 확인할 것 • 혼합·소분 전에 손을 소독하거나 세정할 것. 다만, 혼합·소분 시 일회용 장갑을 착용하는 경우에는 그렇지 않다. • 혼합·소분 전에 혼합·소분된 제품을 담을 포장용기의 오염 여부를 확인할 것 • 혼합·소분에 사용되는 장비 또는 기구 등은 사용 전에 그 위생 상태를 점검하고, 사용 후에는 오염이 없도록 세척할 것 • 맞춤형화장품판매업자는 맞춤형화장품 조제에 사용하는 내용물 또는 원료의 혼합·소분의 범위에 대해 사전에 검토하여 최종 제품의 품질 및 안전성을 확보할 것. 다만, 화장품책임판매업자가 혼합 또는 소분의 범위를 미리 정하고 있는 경우에는 그 범위 내에서 혼합 또는 소분 할 것 • 혼합·소분에 사용되는 내용물 또는 원료가 **「화장품법」 제8조의 화장품 안전기준** 등에 적합한 것인지 여부를 확인하고 사용할 것 • 혼합·소분 전에 내용물 또는 원료의 사용기한 또는 개봉 후 사용기간을 확인하고, 사용기한 또는 개봉 후 사용기간이 지난 것은 사용하지 말 것 • 혼합·소분에 사용되는 내용물 또는 원료의 사용기한 또는 개봉 후 사용기간을 초과하여 맞춤형화장품의 사용기한 또는 개봉 후 사용기간을 정하지 말 것. 다만 과학적 근거를 통하여 맞춤형화장품의 안정성이 확보되는 사용기한 또는 개봉 후 사용기간을 설정한 경우에는 예외로 한다. • 맞춤형화장품 조제에 사용하고 남은 내용물 또는 원료는 밀폐가 되는 용기에 담는 등 비의도적인 오염을 방지 할 것 • 소비자의 피부 유형이나 선호도 등을 확인하지 않고 맞춤형화장품을 **미리 혼합·소분하여 보관하지 말 것**
판매내역서 작성 및 보관의 의무	다음의 사항이 포함된 맞춤형화장품 판매내역서(전자문서로 된 판매내역서 포함)를 작성·보관할 것 1. 제조번호 2. 사용기한 또는 개봉 후 사용기간 3. 판매일자 및 판매량

설명의 의무	맞춤형화장품 판매 시 다음의 사항을 소비자에게 설명할 것 1. 혼합·소분에 사용된 내용물·원료의 내용 및 특성 2. 맞춤형화장품 사용 시의 주의사항
보고의 의무	• 맞춤형화장품 사용과 관련된 부작용 발생사례에 대해서는 지체 없이 **식품의약품안전처장에게 보고**할 것(안전성 정보의 신속보고) • 맞춤형화장품 사용과 관련된 중대한 유해사례 등 부작용 발생 시 그 정보를 알게 된 날로부터 15일 이내에 식약처 홈페이지를 통해 보고하거나 우편·팩스·정보통신망 등의 방법으로 보고해야 함.

□ [화장품법 시행규칙 제13조] 화장품의 생산실적 등 보고(화장품책임판매업자의 의무)

<table>
<tr><th colspan="4">화장품책임판매업자의 생산실적, 수입실적, 원료목록, 안전성 정보보고</th></tr>
<tr><td rowspan="2">생산실적</td><td>보고 기간</td><td colspan="2">지난해의 생산실적을 매년 2월 말까지 보고해야 함(1년 1회).</td></tr>
<tr><td>보고 기관</td><td colspan="2">대한화장품협회</td></tr>
<tr><td rowspan="2">수입실적</td><td>보고 기간</td><td colspan="2">지난해의 수입실적을 매년 2월 말까지 보고해야 함(1년 1회).</td></tr>
<tr><td>보고 기관</td><td colspan="2">한국의약품수출입협회</td></tr>
<tr><td rowspan="3">원료목록보고</td><td>보고 기간</td><td colspan="2">화장품의 유통·판매 전까지</td></tr>
<tr><td rowspan="2">보고 기관</td><td>국내 제조 화장품</td><td>대한화장품협회</td></tr>
<tr><td>수입 화장품</td><td>한국의약품수출입협회</td></tr>
<tr><td rowspan="4">안전성 정보의 보고</td><td rowspan="2">정기보고</td><td>보고 기간</td><td>1년에 2번(매 반기 종료 후 1월 이내(7월, 1월))</td></tr>
<tr><td>보고 기관</td><td>의약품안전나라 사이트</td></tr>
<tr><td rowspan="2">신속보고</td><td>보고 기간</td><td>중대한 유해사례, 이와 관련하여 식약처장이 보고 지시, 판매 중지나 회수에 준하는 외국 정부의 조치 또는 이와 관련하여 식약처장이 보고를 지시한 경우에만 그 정보를 알게 된 날로부터 15일 이내</td></tr>
<tr><td>보고 기관</td><td>의약품안전나라 사이트</td></tr>
</table>

[화장품법 시행규칙 제13조의 2] 맞춤형화장품판매업자의 원료목록보고

원료목록을 1년에 1회(2월 말 까지) 화장품업 단체에 보고해야 함.

III. 화장품법 시행규칙(총리령)

꼼꼼하고 알기 쉬운 법조문 해설[이해하기]	
법령	화장품법 시행규칙
조항	제14조~제14조의4
관련 법령	화장품법 제5조, 제5조의2, 제8조, 제9조, 제15조, 제16조, 제19조, 제24조 화장품 법령·제도 등 교육실시기관 지정 및 교육에 관한 규정

화장품법 시행규칙 제14조(책임판매관리자 등의 교육)

① **책임판매관리자 및 맞춤형화장품조제관리사**는 교육을 다음의 구분에 따라 받아야 한다.

　1. **최초 교육** : 종사한 날부터 6개월 이내. 다만, 자격시험에 합격한 날이 종사한 날 이전 1년 이내이면 최초 교육을 받은 것으로 본다.

　2. **보수 교육** : 제1호에 따라 교육을 받은 날을 기준으로 매년 1회. 다만, 제1호 단서에 해당하는 경우에는 자격시험에 합격한 날부터 1년이 되는 날을 기준으로 **매년 1회**

② 교육명령의 대상은 다음의 어느 하나에 해당하는 화장품제조업자, 화장품책임판매업자 및 맞춤형화장품판매업자로 한다.

　1. 법 제15조를 위반한 영업자

　2. 법 제19조에 따른 시정명령을 받은 영업자

　3. 제11조 제1항의 준수사항을 위반한 화장품제조업자

　4. 제12조의 준수사항을 위반한 화장품책임판매업자

　5. 제12조의2의 준수사항을 위반한 맞춤형화장품판매업자

③ 식품의약품안전처장은 교육명령 대상자가 천재지변, 질병, 임신, 출산, 사고 및 출장 등의 사유로 교육을 받을 수 없는 경우에는 해당 교육을 유예할 수 있다.

④ 교육의 유예를 받으려는 사람은 식품의약품안전처장이 정하는 교육유예신청서에 이를 입증하는 서류를 첨부하여 지방식품의약품안전청장에게 제출하여야 한다.

⑤ 지방식품의약품안전청장은 제출된 교육유예신청서를 검토하여 식품의약품안전처장이 정하는 교육유예확인서를 발급하여야 한다.

⑥ 교육을 받아야 하는 자가 둘 이상의 장소에서 화장품제조업, 화장품책임판매업, 맞춤형화장품판매업을 하는 경우에는 종업원 중에서 총리령으로 정하는 자를 책임자로 정하여 교육을 받게 할 수 있다. 여기서 말하는 "총리령으로 정하는 자"는 다음의 어느 하나에 해당하는 자를 말한다.

<u>1.</u> 책임판매관리자

<u>1의2.</u> 맞춤형화장품조제관리사

<u>2.</u> 별표 1의 품질관리기준에 따라 품질관리 업무에 종사하는 종업원

⑦ 교육의 실시기관은 화장품과 관련된 기관·단체 및 법 제17조에 따라 설립된 단체 중에서 식품의약품안전처장이 지정하여 고시한다(현재 교육 실시기관 : 대한화장품협회, 한국의약품수출입협회, 대한화장품산업연구원).

⑧ 교육실시기관은 매년 교육의 대상, 내용 및 시간을 포함한 교육계획을 수립하여 교육을 시행할 해의 전년도 **11월 30일**까지 식품의약품안전처장에게 제출하여야 한다.

⑨ 교육시간은 4시간 이상, 8시간 이하로 한다.

⑩ 교육 내용은 화장품 관련 법령 및 제도에 관한 사항, 화장품의 안전성 확보 및 품질관리에 관한 사항 등으로 하며, 교육 내용에 관한 세부 사항은 식품의약품안전처장의 승인을 받아야 한다.

⑪ 교육실시기관은 교육을 수료한 사람에게 수료증을 발급하고 매년 <u>**1월 31일**까지 전년도 교육 실적을 식품의약품안전처장에게 보고</u>하며, 교육 실시기간, 교육대상자 명부, 교육 내용 등 교육에 관한 기록을 작성하여 이를 증명할 수 있는 자료와 함께 **2년간 보관**하여야 한다.

⑫ 교육실시기관은 교재비·실습비 및 강사 수당 등 교육에 필요한 실비를 교육대상자로부터 징수할 수 있다.

⑬ 교육실시기관 지정의 기준·절차·변경 및 교육 운영 등에 필요한 세부 사항은 식품의약품안전처장이 정하여 고시한다.

맞춤형화장품조제관리사, 책임판매관리자는 매년 교육을 받아야 합니다. 그런데 이와는 별개로 일시적으로 교육을 받는 자들이 있습니다. 보통 잘못을 저지른 영업자들이 그 대상입니다. 식약처장은 국민 건강상 위해를 방지하기 위해 필요하다고 인정하면 화장품제조업자, 화장품책임판매업자 및 맞춤형화장품판매업자에게 화장품 관련 법령 및 제도(화장품의 안전성 확보 및 품질관리에 관한 내용 포함)에 관한 교육을 받을 것을 명할 수 있습니다. 이 사람들은 교육명령이 내려져야 교육을 받는다는 점에서 정기교육의 대상과 그 차이가 있습니다. 화장품법 제15조(영업의 금지 조항)를 위반하거나 시정명령을 받거나 앞의 화장품법 시행규칙에서 살펴본 각종 준수사항을 이행하지 않은 영업자가 교육명령의 대상입니다.

이러한 교육을 실시하는 기관은 식약처장이 지정하여 고시하며, 현재 식약처 지정 고시 교육 실시기관은 <u>**대한화장품협회, 한국의약품수출입협회, 대한화장품산업연구원**</u>이 있습니다. 교육은 4시간 이상, 8시간 이하로 진행되며 교육 내용은 화장품 관련 법령 및 제도에 관한 사항, 화장품의 안전성 확보 및 품질관리에 관한 사항 등으로 합니다. 교육 실시 전에 교육 내용에 관한 세부 사항은 식품의약품안전처장의 승인을 받아야 합니다. 더 자세히 말하자면, 교육실시기관의 장은 교육 계획을 수립하여 교육을 시행할 해의 전년도 11월 30일까지 식품의약품안전처장에게 제출하여야 합니다. 교육실시기관은 교육을 수료한 사람에게 수료증을 발급하고 매년 1월 31일까지 전년도 교육 실적을 식품의약품안전처장에게 보고하여야 하며, 교육 실시기간, 교육대상자 명부, 교육 내용 등 교육에 관한 기록을 작성하여 이를 증명할 수 있는 자료와 함께 2년간 보관하여야 한답니다. 즉, 홍길동씨가 교육명령에 의해 교육을 받았다면 이 사람이 교육을 받았다는 증거를 남겨 2년간 보관해야 합니다. 교육실시기관은 교재비·실습비 및 강사 수당 등 교육에 필요한 실비를 교육대상자로부터 징수할 수 있습니다.

교육명령 대상자는 특별한 사정으로 교육을 받지 못하는 경우 교육 유예 신청도 할 수 있습니다. 식품의약품안전처장은 교육명령 대상자가 천재지변, 질병, 임신, 출산, 사고 및 출장 등의 사유로 교육을 받을 수 없는 경우 해당 교육을 유예할 수 있습니다. 교육의 유예를 받고자 하는 사람은 식품의약품안전처장이 정하는 교육유예신청서에 이를 입증하는 서류를 첨부하여 지방식품의약품안전청장에게 제출하여야 합니다. 그 후 지방식품의약품안전청장은 제출된 교육유예신청서를 검토하여 식품의약품안전처장이 정하는 교육유예확인서를 발급하여야 합니다.

교육을 받아야 하는 자가 둘 이상의 장소에서 화장품제조업, 화장품책임판매업 또는 맞춤형화장품판매업을 하는 경우 종업원 중에서 총리령으로 정하는 자를 책임자로 지정하여 교육을 받게 할 수 있습니다. 둘 이상의 장소에서 다양한 영업을 영위하는데 대표 영업자 1명만 교육을 받으면 다른 영업장에는 교육을 받는 사람이 없겠지요. 따라서 다른 영업장에서도 대표로 한 사람(총리령으로 정하는 자)을 정하여 교육을 받게 할 수 있습니다. 여기서 말하는 총리령으로 정하는 자는 **책임판매관리자, 맞춤형화장품조제관리사, 품질관리기준에 따라 품질관리 업무에 종사하는 종업원**을 말합니다.

책임판매관리자 및 맞춤형화장품조제관리사는 업소에 취직하였다면 종사한 날로부터 6개월 이내에 최초교육을 받아야 합니다. 이는 품질관리자로서의 역량을 조기에 갖추도록 하기 위함입니다. 단, 업소에 선임되지 않은 책판관리자 및 조제관리사는 교육을 받지 않아도 됩니다. 그리고 맞춤형화장품조제관리사는 선임일 전 1년 이내에 조제관리사 자격시험에 합격했으면 최초교육이 면제됩니다.

최초교육을 받은 뒤에는 매년 1회씩 4시간 이상 8시간 이하의 보수교육을 받아야 합니다. 보수교육은 최초교육을 받은 날을 기준으로 매년 1회 받으면 됩니다. 단, 선임일 전 1년 이내에 시험에 합격하여 최초교육을 면제받은 조제관리사는 자격시험에 합격한 날부터 1년이 되는 날을 기준으로 매년 1회 보수교육을 받으면 됩니다.

화장품법 시행규칙 제14조의2(회수 대상 화장품의 기준 및 위해성 등급 등)

객관식 및 주관식 주의! 중요도 : ★★★★

① 회수 대상 화장품은 유통 중인 화장품으로서 다음의 어느 하나에 해당하는 화장품으로 한다.

1. 법 제9조(안전용기·포장)에 위반되는 화장품

2. 법 제15조(영업의 금지 조항)에 위반되는 화장품으로서 다음의 어느 하나에 해당하는 화장품

가. 법 제15조 제2호 또는 제3호에 해당하는 화장품

나. 법 제15조 제4호에 해당하는 화장품 중 보건위생상 위해를 발생할 우려가 있는 화장품

다. 법 제15조 제5호에 해당하는 화장품 중 다음의 어느 하나에 해당하는 화장품

    1) 법 제8조 제1항 또는 제2항에 따른 화장품에 사용할 수 없는 원료를 사용한 화장품

    2) 법 제8조 제8항에 따른 유통화장품 안전관리 기준(내용량의 기준에 관한 부분은 제외한다)에 적합하지 않은 화장품

라. 법 제15조 제9호에 해당하는 화장품

마. 식품의 형태·냄새·색깔·크기·용기 및 포장 등을 모방하여 섭취 등 식품으로 오용될 우려가 있는 화장품

바. 그 밖에 영업자 스스로 국민보건에 위해를 끼칠 우려가 있어 회수가 필요하다고 판단한 화장품

3. 법 제16조 제1항(판매의 금지 조항)에 위반되는 화장품

② 법 제5조의2 제4항에 따른 회수대상화장품의 위해성 등급은 그 위해성이 높은 순서에 따라 가등급, 나등급 및 다등급으로 구분하며, 해당 위해성 등급의 분류기준은 다음의 구분에 따른다.

1. 위해성 등급이 가등급인 화장품 : 제1항 제2호 다목1) 에 해당하는 화장품

2. 위해성 등급이 나등급인 화장품 : 제1항 제1호 또는 같은 항 제2호 다목2) (기능성화장품의 기능성을 나타나게 하는 주원료 함량이 기준치에 부적합한 경우 제외), 마목에 해당하는 화장품

3. 위해성 등급이 다등급인 화장품 : 제1항 제2호 가목·나목·다목2) (기능성화장품의 기능성을 나타나게 하는 주원료 함량이 기준치에 부적합한 경우만 해당)·라목·바목 또는 같은 항 제3호에 해당하는 화장품

화장품법에서 '위해 화장품'에 대해 간단히 알아보았던 것, 기억하시나요? 영업자는 안전용기·포장 등(「화장품법」 제9조), 영업의 금지(「화장품법」 제15조) 또는 판매 등의 금지(「화장품법」 제16조 제1항)에 위반되어 국민보건에 위해(危害)를 끼치거나 끼칠 우려가 있는 화장품이 유통 중인 사실을 알게 된 경우에는 바로 해당 화장품을 회수하거나 회수하는 데에 필요한 조치를 해야 합니다(「화장품법」 제5조의2 제1항). 이 시행규칙 조항은 화장품법에 명시된 내용보다 더 자세히 회수에 대해 밝히고 있습니다. 위해 화장품이 시중에 유통 중이라면 영업자는 이를 회수하여야 합니다. 이때 회수를 하는 영업자를 '회수의무자'라고 하며, 회수해야 하는 위해 화장품을 '회수 대상 화장품'이라고 합니다. 즉, 회수 대상 화장품은 '유통 중'인 위해 화장품을 말합니다. 예를 들어 식약처장

고시 사용불가 원료를 넣은 화장품이 유통 직전에 품질검사성적을 통해 밝혀졌다면, 이는 회수 대상 화장품이 아닙니다. 유통 전에 밝혀졌으므로 회수할 것도 없기 때문이지요. 단어만 보면 당연한 이야기입니다. 이 화장품은 유통 전에 유통하면 안 된다는 사실을 알아내었으므로 그저 '기준일탈' 제품일 뿐입니다. 그렇다면 회수 대상 화장품에는 무엇이 있을까요? 회수대상 화장품은 유통 중인 화장품으로서 다음의 어느 하나에 해당하는 화장품으로 합니다.

회수 대상 화장품	해당 근거 규정
1. 안전용기·포장 기준에 위반되는 화장품	「화장품법」 제9조
2. 전부 또는 일부가 변패(變敗)된 화장품이거나 병원미생물에 오염된 화장품	「화장품법」 제15조 제2호 또는 제3호
3. 이물이 혼입되었거나 부착된 화장품 중 보건위생상 위해를 발생할 우려가 있는 화장품	「화장품법」 제15조 제4호
4. 다음의 어느 하나에 해당하는 화장품 1) 화장품에 **사용할 수 없는 원료**(「화장품법」 제8조 제1항 또는 제2항)를 사용한 화장품 2) **유통화장품 안전관리 기준**(「화장품법」 제8조 제5항, 내용량의 기준에 관한 부분은 제외)에 적합하지 않은 화장품	「화장품법」 제15조 제5호
5. **사용기한 또는 개봉 후 사용기간(병행 표기된 제조연월일 포함)을 위조·변조**한 화장품	「화장품법」 제15조 제9호
6. 그 밖에 화장품제조업자, 화장품책임판매업자 및 맞춤형화장품판매업자 스스로 국민보건에 위해를 끼칠 우려가 있어 회수가 필요하다고 판단한 화장품	-
7. 영업의 등록을 하지 않은 자가 제조한 화장품 또는 제조·수입하여 유통·판매한 화장품	「화장품법」 제16조 제1항

이처럼 회수 대상 화장품들은 다양합니다. 그리고 이 화장품들은 그 위해성의 정도에 따라 다음과 같이 가, 나, 다등급으로 나뉩니다.

회수대상화장품의 위해성 등급	
가등급	1. 화장품에 **사용할 수 없는 원료**를 사용한 화장품 2. 사용기준이 지정·고시된 원료 외의 보존제, 자외선차단제, 색소 등을 사용한 화장품
나등급	1. **안전용기·포장** 기준에 위반되는 화장품 2. **유통화장품 안전관리 기준**에 적합하지 않은 화장품(단, 기능성화장품의 기능성을 나타나게 하는 주원료 함량이 기준치에 부적합한 경우 제외) 3. 식품의 형태·냄새·색깔·크기·용기 및 포장 등을 모방하여 섭취 등 식품으로 오용될 우려가 있는 화장품
다등급	1. 전부 또는 일부가 변패(變敗)된 화장품이거나 병원미생물에 오염된 화장품 2. 이물이 혼입되었거나 부착된 화장품 중 보건위생상 위해를 발생할 우려가 있는 화장품 3. 유통화장품 안전관리 기준에 적합하지 않은 화장품 중 기능성화장품의 기능성을 나타나게 하는 주원료 함량이 기준치에 부적합한 경우 4. 사용기한 또는 개봉 후 사용기간(병행 표기된 제조연월일을 포함)을 위조·변조한 화장품 5. 그 밖에 화장품제조업자, 화장품책임판매업자 및 맞춤형화장품판매업자(이하 "영업자"라 함) 스스로 국민보건에 위해를 끼칠 우려가 있어 회수가 필요하다고 판단한 화장품 6. 영업의 등록을 하지 않은 자가 제조한 화장품 또는 제조·수입하여 유통·판매한 화장품

가등급은 중대한 위해를 가할 수 있는 화장품을 말합니다. 식약처장이 '이 원료는 화장품을 제조할 때에 사용하지 마세요!'라고 고시한 원료들을 넣었거나, '무분별한 보존제, 색소, 자외선차단제 성분들의 사용은 안전성에 문제를 가할 수 있으니 꼭 제가 정한 보존제, 색소, 자외선차단제 성분만 사용하세요!'라고 정하였으나 식약처장이 정하지 않은 보존제, 색소, 자외선차단제를 넣은 화장품의 경우 '가등급'에 해당합니다. 꼭 하지 말란 것을 해서 문제를 만드는 경우가 바로 '가등급'에 해당된다고 할 수 있습니다. 사용금지 원료를 배합한 경우에는 인체에 치명적일 확률이 100%에 가깝습니다. 또한 식약처장이 지정하지 않은 보존제, 색소, 자외선차단제를 넣은 화장품 역시 인체에 해가 될 확률이 매우 높습니다. 지정되지 않은 다른 보존제, 색소, 자외선차단제 성분들은 보통 상당히 독하거든요. 해가 될 확률이 매우 높은 화장품 - 이러한 화장품들이 바로 위해성 등급 '가'에 해당합니다.

나등급은 가등급보다는 아니지만 그래도 위해를 가할 수 있는 화장품이므로 회수해야 하는 화장품을 말합니다. 안전용기·포장 기준에 위반되는 화장품, 유통화장품 안전관리 기준에 적합하지 않은 화장품이 이에 해당됩니다. 단, 유통화장품 안전관리 기준 중 기능성화장품의 기능성을 나타나게 하는 주원료 함량이 기준치에 부적합한 경우는 제외합니다. 기능성화장품의 기능성을 나타나게 하는 주원료 함량이 기준치에 부적합한 경우는 위해성 '다'등급에 해당됩니다. 안전용기·포장 기준을 위반한 화장품은 만 5세 미만의 어린이의 안전을 해칠 수 있겠지요. 아이들이 바로 마셔버릴 수 있기에 어린이의 안전을 위해 나등급으로 지정되었습니다. '나'등급에 해당하는 유통화장품 안전관리 기준에 위반되는 화장품이란 「화장품 안전기준 등에 관한 규정」의 제6조(유통화장품의 안전관리 기준) 중 비의도적으로 유래한 성분의 검출허용한도, 미생물한도, pH 기준, 퍼머넌트웨이브용 및 헤어스트레이트너 제품의 기준 등을 어긴 화장품을 말합니다. 그렇다면 「화장품 안전기준 등에 관한 규정」의 제6조(유통화장품의 안전관리 기준)를 자세히 알아볼까요?

★★★★★「화장품 안전기준 등에 관한 규정」의 제6조(유통화장품의 안전관리 기준)★★★★★

매우 중요! 시험 단골출제!

유통화장품 안전관리기준이란 화장품의 제조 또는 수입 및 안전관리에 적정을 기함을 목적으로 만들어진 기준입니다. 유통되는 화장품의 안전관리 기준을 설정함으로써 소비자들이 '안전'하게 화장품을 사용할 수 있게 함에 그 목적이 있습니다. 맞춤형화장품 역시 판매되는 화장품이므로 유통화장품입니다. 따라서 이 조항을 지켜야 합니다. 유통화장품 안전관리기준은 크게 여섯 부분으로 나뉘어져 있습니다.

★★★★★ 1. 비의도적 유래 성분의 검출허용한도 →어길 시 위해성 나등급!

비의도적 유래 성분이란 인위적으로 첨가하지는 않았으나, 제조 또는 보관 과정 중 포장재로부터 이행되는 등 비의도적으로 유래한 성분들을 말합니다. 일부러 넣지는 않았지만 어쩌다 보니 원료 간의 화학반응 혹은 가마에 붙어있던 것이 혼입되거나 포장재로부터 유입이 된 경우 등이 있습니다.

식약처에서는 검출된 해당 물질이 비의도적으로 유래된 사실이 객관적인 자료로 확인되고 기술적으로 완전히 제거가 불가능한 경우에 한해 검출 허용 한도를 정하였습니다(원래는 이러한 성분들은 식약처장이 고시한 '사용할 수 없는 원료'랍니다!). 그 기준은 다음과 같습니다.

① 납 : 점토를 원료로 사용한 분말제품은 50㎍/g이하, 그 밖의 제품은 20㎍/g이하

② 니켈 : 눈 화장용 제품은 35㎍/g 이하, 색조 화장용 제품은 30㎍/g이하, 그 밖의 제품은 10㎍/g 이하

③ 비소 : 10㎍/g이하

④ 수은 : 1㎍/g이하

⑤ 안티몬 : 10㎍/g이하

⑥ 카드뮴 : 5㎍/g이하

⑦ 디옥산 : 100㎍/g이하

⑧ 메탄올 : 0.2(v/v)%이하, 물휴지는 0.002%(v/v)이하

⑨ 포름알데하이드 : 2000㎍/g이하, 물휴지는 20㎍/g이하

⑩ 프탈레이트류(디부틸프탈레이트, 부틸벤질프탈레이트 및 디에칠헥실프탈레이트에 한함) : 총 합으로서 100㎍/g이하

지한쌤의 스물세 번째 암기비법!

문제에 나오면 어려운 단위 총정리!(계산)

실제 시험에서 단위를 바꿔서 헷갈리게 만드는 문제들이 여럿 나옵니다. 따라서 단위에 대해 명확히 계산하실 줄 아셔야 합니다.

🔲 어떤 화장품에 비소가 5㎍/g 들었다고 한다. 이 화장품은 유통화장품 안전관리 기준에 부합하는가? → 비소의 기준은 10㎍/g이하이므로 이 화장품은 기준 적합입니다. 그러나 문제는 이렇게 쉽게 나오지 않습니다.

🔲 어떤 화장품에 비소가 5ppm 혹은 0.0005% 혹은 0.005mg/g 들었다고 한다. 이 화장품은 유통화장품 안전관리 기준에 부합하는가? → 이렇게 단위가 변환되어 출제되면 대단히 어려워집니다. 이를 쉽게 터득하는 법을 정리해보았습니다.

< 유통화장품 안전관리 기준 정복을 위한 단위 변환 >

- ㎍/g은 ppm과 같다. 즉, 한 화장품에 납이 18ppm이 들어있다는 뜻은 납이 18㎍/g들어있다는 말과 같다(㎍/g = ppm).

- 18㎍/g을 퍼센트로 나타내면 0.0018%이다. 1㎍/g의 의미는 해당 화장품의 1g(그램) 당 해당 성분이 1㎍ 들어있다는 뜻이다. g은 1,000,000㎍이므로 1㎍/g는 1,000,000㎍분의 1㎍이라는 뜻이다. 이를 %로 나타내기 위해서는 100을 곱하면 되므로 0.0001%가 된다. 따라서 1㎍/g = 0.0001%이다. 이와 같은 원리로 18㎍/g은 0.0018%을 의미한다. 헷갈리면 그냥 X㎍/g = 0.000X%로 외우자. XX㎍/g = 0.00XX%이다.

- 1g = 1,000mg = 1,000,000㎍이다. 1,000mg = 1,000,000㎍이므로 1mg는 1,000㎍과 같다. 따라서 예를 들어 0.005mg은 5㎍과 같다.

☑ 이러한 단위 변환문제는 매년 꾸준히 높은 배점의 문제로 출제되므로 '지한쌤의 EASY한 FINAL 맞춤형 화장품조제관리사 자격시험 봉투형 모의고사'를 통해 꼭 연습해보세요!

---

2. 미생물한도 ★★★★★ →어길 시 위해성 나등급!

미생물한도란 세균, 진균 등 균들과 관련된 기준입니다. 모든 유통화장품들은 다음과 같은 미생물한도 기준을 지켜야 합니다.

미생물한도 기준의 모든 것		
총호기성생균수 관련	500개/g(mL)이하	영·유아용 제품류, 눈화장용 제품류
	1,000개/g(mL)이하	영·유아용 제품류, 눈화장용 제품류, 물휴지를 제외한 모든 화장품
	세균수 및 진균수 각각 100개/g(mL)이하	물휴지

대장균(Escherichia Coli), 녹농균(Pseudomonas aeruginosa), 황색포도상구균(Staphylococcus aureus)은 모든 화장품에서 불검출되어야 함!

□세균수와 진균수를 모두 더한 값을 **총호기성생균수**라고 합니다. 어떤 화장품의 세균수가 500개/g이고, 진균수가 200개/g이라면 이 화장품의 총호기성생균수는 700개/g입니다.

3. 내용량 기준 ★★★★ →어길 시 위해성 등급 없음!(회수대상화장품 아님!)

내용량의 기준이란 화장품의 용량의 기준을 말합니다. 만약 100g이라고 쓰인 화장품을 구매하였는데 실제로는 70g밖에 없다면 이는 소비자를 우롱하는 것이죠? 이를 대비하기 위해 식약처에서는 내용량 기준을 만들었습니다. 내용량 기준은 다음과 같습니다.

내용량 기준

1. 제품 3개를 가지고 시험할 때 그 평균 내용량이 표기량에 대하여 97% 이상(다만, 화장비누의 경우 건조중량을 내용량으로 함)
2. 위의 기준치를 벗어날 경우 : 6개를 더 취하여 9개의 평균 내용량이 표기량에 대하여 97% 이상
3. 그 밖의 특수한 제품 : 「대한민국약전」(식품의약품안전처 고시)을 따를 것

즉, 화장품 제품 3개를 랜덤으로 뽑아서 그 평균 내용량이 표시된 용량과 비교하여 97% 이상이라면 내용량 기준 합격입니다. 예를 들어 50mL짜리 화장품을 판매하는 화장품책임판매업자는 50mL짜리 화장품 3개를 아무거나 골라서 그 내용량을 측정하였는데 3개의 평균값이 48.5mL이상이었다면 내용량 기준 합격! 미만이었다면 탈락!입니다. 그러나 이 역시 바로 탈락은 아니고, 이 기준치에서 벗어난 경우 6개를 더 취하여 처음 시험한 3개의 화장품들과 후에 취한 6개의 내용량을 다 합쳐서 평균을 낸 것이 표시된 용량 대비 97% 이상이면 합격입니다. 처음에 50mL들이 화장품 3개의 평균값이 45mL였다면 기준미달이므로 6개를 더 랜덤으로 취하여 총 9개의 화장품의 용량을 평균 냅니다. 이때 총평균이 48.5mL이상이 나왔다면 내용량 기준 합격입니다.

★★★★★
4. pH기준→어길 시 위해성 나등급!

화장품을 사용하는데 너무 산도가 높거나 알칼리성이 강하다면 피부에 자극이 되겠지요? 건강한 피부는 미산성이니까요. 따라서 식약처장은 화장품의 pH기준도 정해놓았습니다. 물을 포함하지 않는 제품과 사용한 후 곧바로 물로 씻어내는 제품을 제외한 특정 액상(액, 로션, 크림 및 이와 유사한 제형) 제품들은 pH기준이 3.0 ~ 9.0이어야 합니다. 사용 후 곧바로 물로 씻어내는 제품은 어차피 바로 씻어내므로 산도가 높든 알칼리성이 높든 피부에 자극이 될 확률이 적습니다. 그러나 물을 포함하지 않는 제품은 왜 pH기준을 따르지 않아도 될까요? pH는 <u>물의 산성이나 알칼리성의 정도를 나타내는 수치</u>로서 수소 이온 농도의 지수입니다. 즉, 물이 없다면 pH도 없기 때문입니다. 따라서 물을 포함하지 않는 제품과 사용 후 곧바로 물로 씻어내는 제품은 pH기준을 충족시키지 않아도 됩니다! 구체적인 pH기준을 따라야 하는 **제품류**는 아래와 같습니다.

영·유아용 제품류(영·유아용 샴푸, 영·유아용 린스, 영·유아 인체 세정용 제품, 영·유아 목욕용 제품 제외), **눈 화장용 제품류, 색조 화장용 제품류, 두발용 제품류**(샴푸, 린스 제외), **면도용 제품류**(셰이빙 크림, 셰이빙 폼 제외), **기초 화장용 제품류**(클렌징 워터, 클렌징 오일, 클렌징 로션, 클렌징 크림 등 메이크업 리무버 제품 제외) 중 액, 로션, 크림 및 이와 유사한 제형의 액상 제품

★
5. <u>기능성화장품의 기능성을 나타나게 하는 주원료의 함량 기준</u>→어길 시 위해성 다등급!

기능성화장품은 기능성을 나타나게 하는 주원료의 함량이 「화장품법」제 4조 및 같은 법 시행규칙 제9조 또는 제10조에 따라 심사 또는 보고한 기준에 적합하여야 합니다. 기능성을 나타나게 하는 주원료들의 경우 피부에 자극이 되는 것들이 많습니다. 따라서 복잡한 심사 자료 혹은 보고서를 제출해야 하지요. 기능성화장품에는 기능성을 나타나게 하는 주원료가 심사 또는 보고한 기준에 맞아야 합니다. 보고서에는 해당 원료가 4g 들어갔다고 했는데 실제로는 3g밖에 들어가지 않았다면 이는 사기일 것입니다.

★★★
6. <u>퍼머넌트웨이브용 및 헤어스트레이트너 제품의 기준</u>→어길 시 위해성 나등급!

퍼머넌트웨이브용 및 헤어스트레이트너 제품에는 다양한 기준이 있습니다. 이 기준들은 너무 많고 양이 방대하여 여기서는 다루지 못하나 궁금하신 분들께서는 '지한쌤의 맞춤형화장품조제관리사 심화문제집'을 통해 다양한 문제와 함께 확인해보세요.

'나'등급에 해당하는 <u>유통화장품 안전관리 기준에 위반되는 화장품</u>이란 **유통화장품의 안전관리 기준 중 비의**<u>**의**도적으로 유래한 성분의 검출허용한도, 미생물한도, pH기준, 퍼머넌트웨이브용 및 헤어스트레이트너 제품의 기준 등을 어긴 화장품</u>을 말합니다. <u>내용량 기준</u>을 어긴 것은 어떤 회수 대상 화장품에도 포함되지 않습니다. 화장품의 양이 부족하다고 해서 소비자의 피부에 영향을 미치지는 않기 때문입니다. 그러나 이러한 영업자는 행정처분을 받습니다. <u>기능성화장품의 기능성을 나타나게 하는 주원료의 함량 기준</u> 역시 회수대상 화장품 위해성 '나'등급이 아닌 '다'등급입니다.

나등급의 회수 대상 화장품을 알아보았는데요, 다등급의 회수 대상 화장품들은 그냥 '가'와 '나'등급이 아닌 다른 사항들이라고 외워주세요. 단, 유통화장품 안전관리 기준 중 내용량의 기준에 충족되지 않은 화장품만 가, 나, 다 어느 등급에도 속하지 않는다고 외워주세요!

지한쌤의 스물네 번째 암기비법!

"회수 대상 화장품의 위해성 등급 쉽게 외우기!"

보라색 자외선 금지! 내 곁에서 썩 가라!

나는 안전식품을 좋아해!

· **고시되지 않은 보**(보존제)**라 색**(색소) **자외선**(차단제 성분 사용) **(사용)금지**(원료 사용)! **내 곁에서 썩 가**(가등급)**라!**

· **나**(나등급)**는 안전**(안전용기·포장 기준 위반, 유통화장품 안전관리 기준 위반)**식품**(식품오해 화장품)**을 좋아해!**(안전을 좋아해서 안전이 2번!)

👉 그 외의 것들은 다등급이라고 외우세요.

이렇게 위해성 등급으로 나뉜 회수 대상 화장품들은 그 등급에 따라 회수 기간이 다릅니다. 위해성 등급이 가등급인 화장품은 회수를 시작한 날부터 15일 이내, 위해성 등급이 나등급, 다등급인 화장품은 회수를 시작한 날부터 30일 이내가 그 회수 기간입니다. 화장품법 시행규칙 제14조의3을 통해 더 자세히 알아봅시다.

화장품법 시행규칙 제14조의3(위해화장품의 회수계획 및 회수절차 등)

객관식 및 주관식 대비! 중요도 : ★★★★★

① 화장품을 회수하거나 회수하는 데에 필요한 조치를 하려는 영업자(회수의무자)는 해당 화장품에 대하여 즉시 판매중지 등의 필요한 조치를 하여야 하고, 회수대상화장품이라는 사실을 안 날부터 5일 이내에 회수계획서에 다음의 서류를 첨부하여 **지방식품의약품안전청장**에게 제출하여야 한다. 다만, 제출기한까지 회수계획서의 제출이 곤란하다고 판단되는 경우에는 지방식품의약품안전청장에게 그 사유를 밝히고 제출기한 연장을 요청하여야 한다.

1. 해당 품목의 제조·수입기록서 사본
2. 판매처별 판매량·판매일 등의 기록
3. 회수 사유를 적은 서류

② 회수의무자가 회수계획서를 제출하는 경우에는 다음의 구분에 따른 범위에서 **회수 기간**을 기재해야 한다. 다만, 회수 기간 이내에 회수하기가 곤란하다고 판단되는 경우 지방식품의약품안전청장에게 그 사유를 밝히고 회수 기간 연장을 요청할 수 있다.

1. 위해성 등급이 가등급인 화장품 : 회수를 시작한 날부터 15일 이내
2. 위해성 등급이 나등급 또는 다등급인 화장품 : 회수를 시작한 날부터 30일 이내

③ 지방식품의약품안전청장은 제출된 회수계획이 미흡하다고 판단되는 경우에는 해당 회수의무자에게 그 회수계획의 보완을 명할 수 있다.

④ 회수의무자는 회수대상화장품의 판매자, 그 밖에 해당 화장품을 업무상 취급하는 자에게 방문, 우편, 전화, 전보, 전자우편, 팩스 또는 언론매체를 통한 공고 등을 통하여 회수계획을 통보하여야 하며, 통보 사실을 입증할 수 있는 자료를 회수종료일부터 2년간 보관하여야 한다.

⑤ 회수계획을 통보받은 자는 회수대상화장품을 회수의무자에게 반품하고, 회수확인서를 작성하여 회수의무자에게 송부하여야 한다.

⑥ 회수의무자는 회수한 화장품을 폐기하려는 경우 폐기신청서에 다음의 서류를 첨부하여 지방식품의약품안전청장에게 제출하고, **관계 공무원의 참관 하**에 환경 관련 법령에서 정하는 바에 따라 폐기하여야 한다.

  1. 회수계획서 사본
  2. 회수확인서 사본

⑦ 폐기를 한 회수의무자는 폐기확인서를 작성하여 2년간 보관하여야 한다.

⑧ 회수의무자는 회수대상화장품의 회수를 완료한 경우 회수종료신고서에 다음의 서류를 첨부하여 지방식품의약품안전청장에게 제출하여야 한다.

  1. 회수확인서 사본
  2. 폐기확인서 사본(폐기한 경우에만 해당)
  3. 평가보고서 사본

⑨ 지방식품의약품안전청장은 회수종료신고서를 받으면 다음에서 정하는 바에 따라 조치하여야 한다.

  1. 회수계획서에 따라 회수대상화장품의 회수를 적절하게 이행하였다고 판단되는 경우에는 회수가 종료되었음을 확인하고 회수의무자에게 이를 서면으로 통보할 것
  2. 회수가 효과적으로 이루어지지 않았다고 판단되는 경우에는 회수의무자에게 회수에 필요한 추가 조치를 명할 것

영업자는 자신이 유통하고 있는 화장품이 앞에서 설명했던 위해성 등급에 해당하는 '회수 대상 화장품'에 해당하는 경우 국민보건에 위해(危害)를 끼치거나 끼칠 우려가 있으므로 지체 없이 해당 화장품을 회수하거나 회수하는 데에 필요한 조치를 하여야 합니다. 이때 화장품을 회수하거나 회수하는 데에 필요한 조치를 하려는 영업자를 '회수의무자'라고 합니다. 회수의무자는 해당 화장품에 대하여 즉시 판매중지 등의 필요한 조치를 하여야 하고, 회수대상화장품이라는 사실을 안 날부터 5일 이내에 회수계획서에 해당 품목의 제조·수입기록서 사본, 판매처별 판매량·판매일 등의 기록, 회수 사유를 적은 서류를 첨부하여 **지방식품의약품안전청장**에게 제출하여야 합니다. 회수계획서와 함께 제출하여야 하는 서류들은 모두 암기해 주세요. 만약 제출기한까지 회수계획서의 제출이 곤란하다고 판단되는 경우 **지방식품의약품안전청장**에게 그 사유를 밝히고 제출기한 연장을 요청해야 합

니다. **회수**와 관련된 사항은 식약처장이 아니라 모두 지방식약청장과 관련이 되어 있습니다. 헷갈리지 마세요!

회수의무자가 회수계획서를 제출하는 경우에 회수계획서에 '회수 기간'을 기재해야 하는데요, 이는 앞서 설명하였던 것처럼 회수대상화장품의 위해성 등급에 따라 그 기간에 차이가 있습니다. 위해성 등급이 가등급인 화장품은 회수를 시작한 날부터 15일 이내에 회수가 되어야 하며 위해성 등급이 나등급 또는 다등급인 화장품은 회수를 시작한 날부터 30일 이내에 회수가 되어야 합니다. 다만, 회수 기간 이내에 회수하기가 곤란하다고 판단되는 경우 지방식품의약품안전청장에게 그 사유를 밝히고 <u>회수 기간 연장을 요청</u>할 수 있습니다. 만약 회수의무자가 회수계획서와 필요한 여러 서류들을 첨부하였는데 이 내용이 부실하다면 지방식약청장은 해당 회수의무자에게 그 회수계획의 보완을 명령할 수 있습니다.

회수계획까지 지방식약청에 문서로 알린 뒤에는 회수의무자가 직접 회수를 해야 되겠지요? 여러분이 만약 실수로 위해 화장품을 여러 화장품소매업소에 유통하던 중 이 사실을 알게 되어 회수하려고 한다고 칩시다. 이미 그 계획까지 세워 지방식약청에 제출하였어요. 그 다음에는 어떻게 하여야 할까요? 직접 위해 화장품을 걷으러 다녀야 되겠지요? 그런데 하나하나 일일이 화장품을 회수하기란 정말 쉽지 않을 것입니다. '내 화장품이 위해 화장품이고 이것을 회수하여야 한다.'라는 사실을 홍보하고 내 위해 화장품을 가지고 있는 사람들에게 협조를 부탁하는 편이 훨씬 수월할 거예요. 따라서 지방식약청장에게 회수계획을 알린 후 회수대상화장품의 직접 판매자(화장품소매업소 등의 판매자), 그 밖에 해당 화장품을 업무상 취급하는 자에게 <u>방문, 우편, 전화, 전보, 전자우편, 팩스 또는 언론매체(갖은 방법 총동원)</u>를 통한 공고 등을 통해 회수계획을 통보해야 합니다. 그리고 꼭 통보 사실을 입증할 수 있는 자료를 보관해야 해요. 나중에 '회수의무자가 회수를 위해 어떤 노력을 얼마나 했는가'에 따라 행정처분의 경중이 달라지므로, '내가 회수를 하기 위해 이렇게 여러 방법으로 많은 이들에게 회수계획을 통보하였다.'라는 증거를 남겨놓아야 하죠. 회수 통보 사실 입증 자료는 <u>회수종료일부터 2년간</u> 보관해야 합니다(보통 회수·폐기와 관련된 서류들은 2년간 보관합니다!). 회수계획을 통보받은 자는 회수대상화장품을 회수의무자에게 반품하고, 회수확인서를 작성하여 회수의무자에게 송부해야 합니다. 회수확인서란 '내가 3개 가지고 있는 △△△(회수의무자)씨가 유통하는 화장품이 회수대상화장품이므로 △△△씨에게 반납합니다. 그리고 이를 증명합니다.'라는 의미의 문서입니다. 이 문서는 회수대상화장품을 반품하여 재고가 없음을 확인하는 문서이며 업소명과 제품명, 제조번호, 제조일자, 규격, 반품량 등을 적습니다. 만약 내가 회수의무자이고 올리브▲이란 화장품 가게에 내 화장품을 32개 납품하였다가 회수 대상 화장품임이 밝혀졌다면 나는 올리브▲에 회수계획을 통보해야 합니다. 통보받은 올리브▲ 주인은 내 화장품 32개와 함께 회수확인서를 나에게 보내야 합니다. 32개 중 이미 몇 개가 소비자에게 팔렸다면 32개를 다 회수할 수는 없겠지만 그래도 노력을 최대한 하여야 합니다.

자, 이렇게 하여 화장품을 거의 회수했다고 칩시다. 회수된 화장품은 어떻게 처리해야 할까요? 회수된 화장품의 위해성이 크지 않아 조금의 작업만 하면 다시 유통 가능한 화장품이 된다면 폐기하지는 않습니다. 재작업을 통해 다시 시중에 유통될 수도 있습니다. 이런 경우에는 회수 후 바로 지방식약청장에게 회수종료신고를 하면 됩니다. 그러나 '아무리 작업을 하여도 이 위해 화장품은 답이 없다.'라고 판단되면 전량 폐기하여야 합니다. 회수의무자는 회수한 화장품을 폐기하려는 경우 폐기신청서에 회수계획서 사본과 회수확인서 사본을 첨부하여 지방식품의약품안전청장에게 제출하고, 관계 공무원의 참관 하에 환경 관련 법령에서 정하는 바에 따라 폐기하여야 합니다. 폐기 시에 영업자가 자의적으로 폐기하면 안 되고 **관계 공무원의 참관 하에 환경 법령을 따라 폐기하여야 한다**는 점, 꼭 기억해주세요! 폐기를 한 회수의무자는 폐기확인서를 작성하여 2년간 보관하여야 합니다.

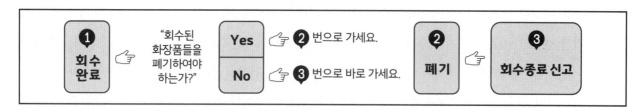

회수의무자는 회수대상화장품의 회수를 완료한 경우 회수종료신고서에 **회수확인서 사본, 폐기확인서 사본(폐기한 경우에만 해당), 평가보고서 사본**을 첨부하여 지방식품의약품안전청장에게 제출하여야 합니다. 지방식품의약품안전청장은 회수종료신고서를 받으면 회수계획서에 따라 회수대상화장품의 회수를 적절하게 이행하였다고 판단되는 경우 회수가 종료되었음을 확인하고 회수의무자에게 이를 서면으로 통보하여야 합니다. 그러나 회수가 효과적으로 이루어지지 않았다고 판단했다면 회수의무자에게 회수에 필요한 추가 조치를 명해야 합니다. 전체적인 회수의 체계도는 다음과 같습니다.

회수대상화장품의 회수 체계도				
회수 대상 화장품 인지	즉시 판매 중지	회수 계획서 제출 (+3개의 서류)	회수 계획 공표 및 통보	회수 진행
회수의무자가 직접 회수 필요성 인지 혹은 지방식약청의 회수 명령	회수 개시 (회수에 필요한 조치 시행)	사실을 안 날로부터 5일 이내에 지방식약청에 회수 계획 제출	• **공표** : 공표명령을 받은 영업자에 한해 위해사실을 일반일간신문 및 해당 영업자의 홈페이지에 게재 후 식약처 홈페이지에 게재 요청함.	회수계획을 통보받은 자는 회수대상화장품을 회수의무자에게 반품 후 회수확인서를 작성하여 회수의무자에게 송부
		1. **해당 품목의 제조·수입기록서 사본** 2. **판매처별 판매량·판매일 등의 기록** 3. **회수 사유를 적은 서류를 함께 제출**	• **통보** : 판매자, 해당 화장품을 취급하는 자에게 방문, 우편, 전화, 전보, 전자우편, 팩스 또는 언론매체를 통한 공고 등을 통해 회수계획 통보(통보 입증 사실 증명 자료는 회수종료일부터 2년간 보관)	

회수 기간
1. 위해성 등급이 가등급인 화장품 : 회수를 시작한 날부터 15일 이내
2. 위해성 등급이 나등급 또는 다등급인 화장품 : 회수를 시작한 날부터 30일 이내

회수종료	회수종료신고서 제출	폐기	폐기신청서 제출 (폐기 시에 한함)
지방식약청은 회수가 종료되었음을 확 ← 인하고 회수의무자에게 회수 종료를 서면으로 통보	회수종료신고서와 함께 **회수확인서 사본, 폐기확인서 ← 사본(폐기한 경우에만 해당), 평가보고서 사본**을 지방식약청에 제출	관계 공무원의 참관 하에 환경 관련 법령에서 ← 정하는 바에 따라 폐기 후 폐기확인서 작성(2년 간 보관)	지방식약청에 폐기 신청서 제출 **회수확인서 사본, 회수계획서 사본**을 함께 제출

☑ 위의 회수계획 '공표'는 화장품법 시행규칙 제28조에서 자세히 다룹니다.

이렇게 위해화장품을 회수하여야 하는 회수의무자는 체계적인 절차를 통해 회수조치를 하여야 하고 이를 보고할 의무가 있습니다. 위해화장품 회수 조치 의무 및 회수계획 보고의무를 위반한 자는 200만원 이하의 벌금에 처해집니다(「화장품법」 제38조 제1호의2 및 제1호의3). 영업자는 회수와는 별개로 위해 화장품을 유통하였으므로 위해 화장품의 위해 사유에 따라 행정처분을 받을 수 있습니다. 그러나 영업자가 회수와 회수에 필요한 조치를 성실하게 이행하였다면 이러한 행정처분을 경감 또는 면제받을 수 있습니다. 해당 내용을 같이 알아봅시다.

> ### 화장품법 시행규칙 제14조의4(행정처분의 감경 또는 면제)
>
> 식품의약품안전처장은 회수 또는 회수에 필요한 조치를 성실하게 이행한 영업자가 해당 화장품으로 인하여 받게 되는 행정처분을 감경 또는 면제할 수 있다. 행정처분을 감경 또는 면제하는 경우 그 기준은 다음의 구분에 따른다.
>
> 1. 회수계획에 따른 회수계획량의 5분의 4 이상을 회수한 경우 : 그 위반행위에 대한 행정처분 면제
>
> 2. 회수계획량 중 일부를 회수한 경우 : 다음의 어느 하나에 해당하는 기준에 따라 행정처분을 경감
>
> 가. **회수계획량의** 3분의 1 이상을 **회수**한 경우
> 　1) 행정처분의 기준이 **등록취소인 경우 업무정지 2개월 이상 6개월 이하의 범위에서 처분**
> 　2) 행정처분기준이 **업무정지 또는 품목의 제조·수입·판매 업무정지**인 경우 정지처분기간의 **3분의 2 이하의 범위에서 경감**
> 나. **회수계획량의** 4분의 1 이상 3분의 1 미만을 회수한 경우
> 　1) 행정처분기준이 **등록취소인 경우 업무정지 3개월 이상 6개월 이하의 범위에서 처분**
> 　2) 행정처분기준이 **업무정지 또는 품목의 제조·수입·판매 업무정지**인 경우 정지처분기간의 **2분의 1 이하의 범위에서 경감**

위해화장품을 회수하여야 하는 회수의무자가 회수계획량의 <u>5분의 4(80%)이상</u> 회수를 하였다면 그 위해화장품으로 인해 받아야 하는 행정처분이 면제됩니다. 예를 들어, 안전용기·포장에 관한 기준을 위반한 화장품 100개를 실수로 유통한 화장품책임판매업자가 있다고 해봅시다. 이 화장품은 위해성 등급 '나'이므로 30일 이내에 회수하여야 합니다. 이 책판업자는 갖은 노력 끝에 100개 중 85개를 회수하였고 그 후 회수종료를 신고하였습니다. 이 책판업자는 행정처분을 받을까요? 화장품법 제9조에 따른 화장품의 안전용기·포장에 관한 기준을 위반한 경우, 1차 위반 시 해당 품목 판매 업무 정지 3개월의 처분을 받습니다. 그러나 이 영업자는 회수계획량의 5분의 4 이상을 회수하였으므로 행정처분이 전부 면제됩니다.

회수계획량 중 일부를 회수한 경우도 알아봅시다. 회수계획량의 3분의 1 이상, 5분의 4 미만을 회수한 경우(약 33.3% 이상 80% 미만) 행정처분의 기준이 **등록취소인 경우 업무정지 2개월 이상 6개월 이하의 범위에서 처분하며** 행정처분기준이 **업무정지 또는 품목의 제조·수입·판매 업무정지**인 경우 정지처분기간의 **3분의 2 이하의 범위에서 경감**할 수 있습니다. 예를 들면 화장품의 안전용기·포장에 관한 기준을 위반한 경우 1차 위반 시 해당 품목 판매 업무 정지 3개월의 처분을 받는다고 했었지요? 처분을 잘 보시면 '~판매 업무 정지'로 처분이 내려진다는 것을 알 수 있습니다. 이러한 경우가 '행정처분기준이 **업무정지 또는 품목의 제조·수입·판매 업무정지**인 경우'입니다. 즉, 어떤 책판업자가 안전용기·포장에 관한 기준을 위반한 화장품을 3분의 1 이상, 5분의 4 미만 회수하였다면, 원래라면 해당 품목 판매 업무 정지 3개월의 처분을 받아야 하지만 회수를 어느 정도 하였으므로 처분 기간의 **3분의 2 이하 범위에서 경감**될 수 있습니다. 처분 기간이 3개월이므로 3개월의 3분의 2인 2개월의 범위에서 처분이 경감되는 것이지요(즉, 이 사람의 처분이 최대로 경감됐다고 가정한다면 해당 품목 판매 업무 정지 1개월의 처분을 받겠지요.). 만약 회수계획량의 3분의 1 이상, 5분의 4 미만을 회수한(약33.3% 이상 80% 미만) 책판업자의 행정처분 기준이 **등록취소인 경우 등록취소를 하지 않고 업무정지 2개월 이상 6개월 이하의 범위에서 처분**합니다.

회수계획량의 4분의 1 이상 3분의 1 미만을 회수한 경우(25% 이상 약 33.3% 미만)는 행정처분을 경감받을 수는 있지만 그 정도가 크지는 않겠지요. 100개 중 30개 정도만 회수된 것이니까요. 이 경우 행정처분기준이 **등록취소인 경우 등록취소를 하지 않고 업무정지 3개월 이상 6개월 이하의 범위에서 처분**합니다. 행정처분기준이 **업무정지 또는 품목의 제조·수입·판매 업무정지**인 경우 정지처분기간의 **2분의 1 이하의 범위에서** 경감하지요. 예를 들어 안전용기·포장에 관한 기준을 위반한 화장품을 유통 판매하여 이를 회수한 영업자는 원래라면 1차 위반 시 해당 품목 판매 업무 정지 3개월의 처분을 받아야 하겠지만 이 사람이 회수계획량의 4분의 1 이상 3분의 1 미만을 회수한 경우 해당 품목 판매 업무 정지 3개월 중 2분의 1 이하의 범위에서 경감될 수 있습니다. 행정처분에서 1개월은 30일로 보므로 전체 90일 중의 절반인 45일의 범위에서 경감이 가능하다는 뜻이지요. 이처럼 정부는 회수 및 회수에 필요한 노력을 한 영업자에 대해 그 정도에 따라 행정처분을 어느 정도 경감시켜주거나 아예 면제시켜주는 방안을 법제화하였습니다.

화장품법 시행규칙 제14조~제14조의4

III. 화장품법 시행규칙(총리령)

간단하고 명료한 화장품법 시행령 체계표[다지기]	
법령	화장품법 시행규칙
조항	제14조~제14조의4

□ [화장품법 시행규칙 제14조] 화장품책임판매업자 등의 교육(교육명령)

화장품법 시행규칙 제14조(책임판매관리자 등의 교육)	
교육명령 대상	1. 법 제15조(영업의 금지 조항)를 위반한 영업자 2. 시정명령을 받은 영업자 3. 화장품제조업자의 준수사항을 위반한 화장품제조업자 4. 화장품책임판매업자의 준수사항을 위반한 화장품책임판매업자 5. 맞춤형화장품판매업자의 준수사항을 위반한 맞춤형화장품판매업자
교육 유예 조항	교육명령 대상자가 천재지변, 질병, 임신, 출산, 사고 및 출장 등의 사유로 교육을 받을 수 없는 경우 식약처장은 해당 교육을 유예할 수 있음. 단, 교육의 유예를 받으려는 사람은 식품의약품안전처장이 정하는 교육유예신청서에 이를 입증하는 서류를 첨부하여 **지방식품의약품안전청장**에게 제출하여야 함. 그 후 **지방식품의약품안전청장**은 제출된 교육유예신청서를 검토하여 식품의약품안전처장이 정하는 교육유예확인서를 발급하여야 함.
교육을 받아야 하는 자가 둘 이상의 장소 에서 영업을 영위하는 경우	교육을 받아야 하는 자가 둘 이상의 장소에서 화장품제조업, 화장품책임판매업 또는 맞춤형화장품 판매업을 하는 경우 종업원 중에서 '총리령으로 정하는 자'를 책임자로 지정하여 교육을 받게 할 수 있음. **'총리령으로 정하는 자'** 1. 책임판매관리자 2. 맞춤형화장품조제관리사 3. 품질관리기준에 따라 품질관리 업무에 종사하는 종업원
교육 실시기관	**대한화장품협회, 한국의약품수출입협회, 대한화장품산업연구원**, 한국보건산업진흥원(한국보건산업진흥원은 현재 사실상 교육 실시기관에서 제외)
교육 시간	4시간 이상, 8시간 이하
교육비	교육실시기관은 교재비·실습비 및 강사 수당 등 교육에 필요한 실비를 교육대상자로부터 징수할 수 있음.

교육실시기관의 의무사항(교육실시기관의 업무)	
교육계획 수립	교육실시기관은 매년 교육의 대상, 내용 및 시간을 포함한 **교육계획**을 수립하여 **교육을 시행할 해의** 전년도 11월 30일**까지 식품의약품안전처장에게 제출**하여야 함.
교육내용	화장품 관련 법령 및 제도에 관한 사항, 화장품의 안전성 확보 및 품질관리에 관한 사항 등. 교육 내용에 관한 세부 사항은 식품의약품안전처장의 승인을 받아야 함.
수료증 발급	교육을 수료한 사람에게 수료증을 발급하고 매년 1월 31일까지 **전년도 교육 실적**을 식품의약품안전처장에게 보고하며, 교육 실시기간, 교육대상자 명부, 교육 내용 등 교육에 관한 기록을 작성하여 이를 증명할 수 있는 자료와 함께 2년간 보관하여야 함.

□ [화장품법 시행규칙 제14조의2~제14조의4] 회수의 모든 것

1. 회수 대상 화장품의 기준	
회수 대상 화장품	해당 근거 규정
1. 안전용기·포장 기준에 위반되는 화장품	「화장품법」 제9조
2. 전부 또는 일부가 변패(變敗)된 화장품이거나 병원미생물에 오염된 화장품	「화장품법」 제15조 제2호 또는 제3호
3. 이물이 혼입되었거나 부착된 화장품 중 보건위생상 위해를 발생할 우려가 있는 화장품	「화장품법」 제15조 제4호
4. 다음의 어느 하나에 해당하는 화장품 1) 화장품에 **사용할 수 없는 원료**(「화장품법」 제8조 제1항 또는 제2항)를 사용한 화장품 2) **유통화장품 안전관리 기준**(「화장품법」 제8조 제5항, 내용량의 기준에 관한 부분은 제외)에 적합하지 않은 화장품	「화장품법」 제15조 제5호
5. **사용기한 또는 개봉 후 사용기간(병행 표기된 제조연월일 포함)을 위조·변조**한 화장품	「화장품법」 제15조 제9호
6. 그 밖에 화장품제조업자, 화장품책임판매업자 및 맞춤형화장품판매업자(이하 "영업자"라 함) 스스로 국민보건에 위해를 끼칠 우려가 있어 회수가 필요하다고 판단한 화장품	-
7. 영업의 등록을 하지 않은 자가 제조한 화장품 또는 제조·수입하여 유통·판매한 화장품	「화장품법」 제16조 제1항
8. 식품의 형태·냄새·색깔·크기·용기 및 포장 등을 모방하여 섭취 등 식품으로 오용될 우려가 있는 화장품	「화장품법」 제15조 제10호

2. 회수대상화장품의 위해성 등급	
가등급	1. 화장품에 **사용할 수 없는 원료**를 사용한 화장품 2. 사용기준이 지정·고시된 원료 외의 색소, 자외선차단제, 보존제 등을 사용한 화장품
나등급	1. **안전용기·포장** 기준에 위반되는 화장품 2. **유통화장품 안전관리 기준**에 적합하지 않은 화장품(단, 기능성화장품의 기능성을 나타나게 하는 주원료 함량이 기준치에 부적합한 경우 제외) 3. 식품의 형태·냄새·색깔·크기·용기 및 포장 등을 모방하여 섭취 등 식품으로 오용될 우려가 있는 화장품

다등급	1. 전부 또는 일부가 변패(變敗)된 화장품이거나 병원미생물에 오염된 화장품
	2. 이물이 혼입되었거나 부착된 화장품 중 보건위생상 위해를 발생할 우려가 있는 화장품
	3. 유통화장품 안전관리 기준에 적합하지 않은 화장품 중 기능성화장품의 기능성을 나타나게 하는 주원료 함량이 기준치에 부적합한 경우
	4. 사용기한 또는 개봉 후 사용기간(병행 표기된 제조연월일을 포함)을 위조·변조한 화장품
	5. 그 밖에 화장품제조업자, 화장품책임판매업자 및 맞춤형화장품판매업자(이하 "영업자"라 함) 스스로 국민 보건에 위해를 끼칠 우려가 있어 회수가 필요하다고 판단한 화장품
	6. 영업의 등록을 하지 않은 자가 제조한 화장품 또는 제조·수입하여 유통·판매한 화장품

3. 회수대상화장품의 회수 체계도

회수 대상 화장품 인지	즉시 판매 중지	회수 계획서 제출 (+3개의 서류)	회수 계획 공표 및 통보	회수 진행
회수의무자가 직접 회수 필요성 인지 혹은 지방식약청의 회수 명령	회수 개시 (회수에 필요한 조치 시행)	사실을 안 날로부터 5일 이내에 지방식약청에 회수 계획 제출 **해당 품목의 제조·수입기록서 사본, 판매처별 판매량·판매일 등의 기록, 회수 사유를 적은 서류를 함께 제출**	• **공표** : 공표명령을 받은 영업자는 위해사실을 일반일간신문 및 해당 영업자의 홈페이지에 게재 후 식약처 홈페이지에 게재 요청함. • **통보** : 판매자, 해당 화장품을 취급하는 자에게 방문, 우편, 전화, 전보, 전자우편, 팩스 또는 언론매체를 통한 공고 등을 통해 회수계획 통보(통보 입증 사실 증명 자료는 회수종료일부터 2년간 보관)	회수계획을 통보받은 자는 회수대상화장품을 회수의무자에게 반품 후 회수확인서를 작성하여 회수의무자에게 송부

회수 기간
1. 위해성 등급이 가등급인 화장품 : 회수를 시작한 날부터 15일 이내
2. 위해성 등급이 나등급 또는 다등급인 화장품 : 회수를 시작한 날부터 30일 이내

회수종료	회수종료신고서 제출	폐기	폐기신청서 제출 (폐기 시에 한함)
지방식약청은 회수가 종료되었음을 확인하고 회수의무자에게 회수종료를 서면으로 통보	회수종료신고서와 함께 **회수확인서 사본, 폐기확인서 사본(폐기한 경우에만 해당), 평가보고서 사본**을 지방식약청에 제출	관계 공무원의 참관하에 환경 관련 법령에서 정하는 바에 따라 폐기 후 폐기확인서 작성(2년간 보관)	지방식약청에 폐기 신청서 제출 **회수확인서 사본, 회수계획서 사본을 함께 제출**

- 위의 회수계획의 '공표'는 화장품법 시행규칙 제28조에서 자세히 다룸.
- 회수계획 제출 시 연장요청 가능 : 제출기한까지 회수계획서의 제출이 곤란하다고 판단되는 경우 지방식품의약품안전청장에게 그 사유를 밝히고 제출기한 연장을 요청하여야 한다.
- 회수기간 내 회수가 어려울 시 연장요청 가능 : 회수 기간 이내에 회수하기가 곤란하다고 판단되는 경우에는 지방식품의약품안전청장에게 그 사유를 밝히고 회수 기간 연장을 요청할 수 있다.
- 보완 명령 가능 : 지방식품의약품안전청장은 제출된 회수계획이 미흡하다고 판단되는 경우 해당 회수의무자에게 그 회수계획의 보완을 명할 수 있다.
- 지방식약청장의 추가 조치 명령권 : 지방식약청장은 회수가 효과적으로 이루어지지 않았다고 판단되는 경우 회수의무자에게 회수에 필요한 추가 조치를 명할 수 있다.
- 위해화장품 회수 조치 의무 및 회수계획 보고의무를 위반한 자는 200만원 이하의 벌금에 처해진다.

4. 회수조치 성실 이행자에 대한 행정처분의 감면	
구분	경감 내용
회수계획에 따른 회수계획량의 5분의 4 이상을 회수한 경우	행정처분 전부 면제
회수계획량의 3분의 1 이상을 회수한 경우 (3분의 1 이상 5분의 4 미만)	• 행정처분기준이 **등록취소**인 경우 **업무정지 2개월 이상 6개월 이하**의 범위에서 처분 • 행정처분기준이 **업무정지 또는 품목의 제조·수입·판매 업무정지**인 경우 정지처분기간의 **3분의 2 이하**의 범위에서 경감
회수계획량의 4분의 1 이상 3분의 1 미만을 회수한 경우	• 행정처분기준이 **등록취소**인 경우 **업무정지 3개월 이상 6개월 이하**의 범위에서 처분 • 행정처분기준이 **업무정지 또는 품목의 제조·수입·판매 업무정지**인 경우 정지처분기간의 **2분의 1 이하**의 범위에서 경감

III. 화장품법 시행규칙(총리령)

꼼꼼하고 알기 쉬운 법조문 해설[이해하기]	
법령	화장품법 시행규칙
조항	제15조~제17조의3
관련 법령	화장품법 제6조, 제8조 「부가가치세법」 제8조, 제13조 인체적용제품의 위해성평가 등에 관한 규정 화장품 원료 사용기준 지정 및 변경 심사에 관한 규정

우리는 살면서 정말 많은 일이 일어납니다. 갑작스러운, 혹은 예상했던 사정으로 인하여 영업을 중단하거나 휴업하는 경우도 발생합니다. 이처럼 영업자가 폐업 또는 휴업을 할 경우, 그리고 휴업을 하였는데 다시 영업을 시작하는 경우 지방식약청장에게 신고하여야 합니다. 영업 개시를 신청할 때에 화장품제조업과 화장품책임판매업은 '등록', 맞춤형화장품판매업은 '신고'였었지요? 폐업, 휴업 및 휴업 후 업 재개를 할 때에는 이 3가지 영업 모두 '신고'를 합니다. 이 신고에 관한 사항이 바로 화장품법 시행규칙 제15조에 명시되어 있습니다.

화장품법 시행규칙 제15조(폐업 등의 신고)

① 영업자가 **폐업 또는 휴업하거나 휴업 후 그 업을 재개하려는 경우**에는 폐업, 휴업 또는 재개 신고서(전자문서로 된 신고서 포함)에 화장품제조업 등록필증, 화장품책임판매업 등록필증 또는 맞춤형화장품판매업 신고필증(폐업 또는 휴업만 해당)을 첨부하여 지방식품의약품안전청장에게 제출해야 한다.

② 폐업 또는 휴업신고를 하려는 자가 「부가가치세법」 제8조 제7항에 따른 폐업 또는 휴업신고를 같이 하려는 경우 제1항에 따른 폐업·휴업신고서와 「부가가치세법 시행규칙」 신고서를 함께 제출해야 한다. 이 경우 지방식품의약품안전청장은 함께 제출받은 신고서를 지체 없이 관할 세무서장에게 송부(정보통신망을 이용한 송부 포함)해야 한다.

③ 관할 세무서장은 「부가가치세법 시행령」 제13조 제5항에 따라 폐업·휴업신고서를 함께 제출받은 경우 이를 지체 없이 지방식품의약품안전청장에게 송부해야 한다.

□ 폐업·휴업의 신고 사유

영업자는 폐업, 휴업, 휴업 후 그 업을 재개하려는 경우 지방식품의약품안전청장에게 신고해야 합니다. 다만, 휴업 기간이 1개월 미만이거나 그 기간 동안 휴업하였다가 업을 재개하는 경우에는 그렇지 않습니다. 휴업 기간이 1개월 미만이면 그냥 단순히 '휴가'로 보기에 굳이 신고할 필요가 없습니다. 조금 아파서 3일간 휴식을 취하고 싶다면 그냥 판매업소 문을 3일간 닫으면 됩니다. 그러나 뜻하지 않은 사건 등으로 30일 이상을 휴업해야 하는 경우가 생길 수 있는데요, 이 경우 관할 지방식약청에 신고하여야 합니다. 30일 이상 휴업 후 다시 영업을 재개하려고 할 때도 재개신고를 하여야 하지요.

□ 제출서류 및 「부가가치세법」상 폐업 신고 또는 사업자등록 말소 시 등록취소

폐업 또는 휴업하려는 경우의 제출서류
① 폐업 또는 휴업 신고서
② 화장품제조업 등록필증, 화장품책임판매업 등록필증 또는 맞춤형화장품판매업 신고필증
휴업 후 그 업을 재개하려는 경우의 제출서류
영업재개신고서

화장품제조업자, 화장품책임판매업자 및 맞춤형화장품판매업자가 폐업 또는 휴업하거나 휴업 후 그 업을 재개하려는 경우 폐업, 휴업 또는 재개 신고서에 화장품제조업 등록필증, 화장품책임판매업 등록필증 또는 맞춤형화장품판매업 신고필증(폐업 또는 휴업만 해당)을 첨부하여 지방식품의약품안전청장에게 제출해야 합니다. 즉, 폐업이나 휴업을 하려는 경우 신고서와 함께 등록필증 혹은 신고필증을 꼭 내야 합니다. 필증은 국가에서 인정한 일종의 영업 허가증이라고 보시면 됩니다. 자격증과 비슷하죠. 필증을 가지고 있는 기간에는 무조건 영업이 가능합니다. 따라서 이를 복사해서 돌려 사용해도 안 되고 훼손되어서 재발급을 받고자 하더라도 기존의 훼손된 것을 지방식약청에 제출해야만 재발급해주죠. 폐업이나 휴업 시에 필증을 지방식약청에 제출하지 않으면 어떻게 될까요? 폐업을 하였는데도 '영업을 계속해도 된다.'라는 의미의 필증을 계속 가지고 있다면 그 필증으로 계속 불법으로 영업할 수 있겠지요. 휴업 중에 필증을 가지고 있게 하면 이를 타인에게 일정 기간 돈을 주고 양도하여 영업 등록을 하지 않은 사람이 마치 영업 등록을 한 것처럼 사기를 칠 수도 있습니다. 따라서 1개월 이상 일을 하지 않는 동안에는 무조건 필증을 지방식약청장에게 제출하여야 합니다. 제출된 필증은 후에 영업을 재개한다고 신고하면 돌려줍니다.

휴업 후 업을 재개할 때에도 신고를 하여야 하는데요, 이때도 신고서와 함께 필증을 같이 제출하여야 할까요? 아니죠. 필증은 이미 내가 휴업할 때 이미 지방식약청에 제출했죠. 따라서 이 경우 반대로 내가 제출한 필증을 받아와야 합니다.

폐업 또는 휴업하려는 자가 처리해야 할 일이 한 가지 더 남았습니다. 화장품 영업을 하는 사람은 2가지 법에 묶여 있는데요, 화장품법과 부가가치세법입니다. 화장품과 관련되어 있다는 측면에서는 식약처와 긴밀한 관련이 있을 것이고 돈을 번다는 의미의 '영업'적 측면에서는 세무서와 긴밀한 관련이 있을 것입니다. 돈을 벌면 세금을 내야 하거든요. 따라서 화장품업 등록 혹은 신고를 할 때는 '사업자등록증'을 지방식약청에 제출해야 했었죠. 사업자는 사업장마다 사업 개시일부터 20일 이내에 사업장 관할 세무서장에게 사업자등록을 신청하여야 합니다(물론 사업 개시 전에도 미리 신청 가능합니다.). 사업자등록을 하면 세무서장은 '사업자등록증'을 배부합니다. 이 등록증을 받아야 영업을 할 수 있습니다. 즉, '국가가 넌 등록을 했으니 영업해도 돼!'라고 인정한 증서인 거죠. 사업자등록을 해야 그 사업자의 매출을 산정하고 그에 맞는 세금을 국가(세무서)가 관리할 수 있습니다. 그러므로 사업을 등록한 사업자는 **휴업 또는 폐업**을 하거나 등록사항이 변경되면 바로 사업장 관할 세무서장에게 신고하여야 합니다. 휴업을 하면 그 기간에는 매출이 없으니 매출액 산정을 하면 안 되겠죠? 폐업 시에는 폐업한 날까지만을 기점으로 매출액에 대한 세금을 매겨야 할 것이고요. 따라서 원래라면 휴업 또는 폐업을 하려는 자는 지방식약청에도 이 사실을 알리고, 관할 세무서에다가도 그 사실을 알려야 했습니다. 그러나 이것이 번거롭기에 현행법에서는 폐업 혹은 휴업을 신고할 때는 어느 한 기관에만 몰아서 신고해야 합니다. 즉, 폐업 또는 휴업신고를 하려는 자가 「부가가치세법」 제8조 제7항에 따른 폐업 또는 휴업신고를 같이 하려는 경우 화장품업 폐업·휴업신고서와 「부가가치세법 시행규칙」의 신고서를 함께 제출해야 합니다. 제출은 지방식약청에 한꺼번에 해도 되고, 관할 세무서에 한꺼번에 해도 됩니다. 이 두 서류를 한꺼번에만 제출하면 됩니다. 한꺼번에 제출된 서류는 지방식약청장과 관할세무서장이 알아서 서로 필요한 서류를 주고 받으며 나눠 갖습니다.

지방식약청장은 영업자가 「부가가치세법」 제8조에 따라 관할 세무서장에게 폐업 신고를 하거나 관할 세무서장이 사업자등록을 말소한 경우에는 등록을 취소할 수 있습니다. 지방식약청장은 이에 따라 등록을 취소하기 위해 필요하면 관할 세무서장에게 영업자의 폐업여부에 대한 정보 제공을 요청할 수 있습니다. 이 경우 요청을 받은 관할 세무서장은 「전자정부법」 제39조에 따라 영업자의 폐업여부에 대한 정보를 제공해야 합니다. 휴업·폐업·휴업 후 그 업 재개 신고는 휴업·재개일 및 폐업일로부터 20일 이내에 신고하면 됩니다.

□ 신고수리 여부 통지

지방식품의약품안전청장은 폐업신고 또는 휴업신고를 받은 날부터 7일 이내에 신고수리 여부를 신고인에게 통지해야 합니다. 식품의약품안전처장이 위의 기간 내에 신고수리 여부 또는 민원 처리 관련 법령에 따른 처리기간의 연장을 신고인에게 통지하지 않으면 그 기간(민원 처리 관련 법령에 따라 처리기간이 연장 또는 재연장된 경우에는 해당 처리기간을 말함)이 끝난 날의 다음 날에 신고를 수리한 것으로 봅니다. 이 부분은 화장품법 제6조 5항을 해설할 때 자세히 설명하였으니 그 부분의 해설을 참고하시기 바랍니다.

□ <u>미신고자에 대한 벌칙</u>

폐업·휴업·재개 신고를 하지 않은 자에게는 100만원 이하의 과태료(과태료 50만원)가 부과됩니다.

이제 휴업과 휴업 재개, 폐업에 대해 척척박사가 되셨겠군요! 화장품법 시행규칙 제16조는 개정으로 삭제된 내용이니, 화장품법 시행규칙 제17조를 같이 봅시다.

화장품법 시행규칙 제17조(화장품 원료 등의 위해평가)

객관식 및 주관식 대비! 중요도:★★★★★

① 위해평가는 다음의 확인·결정·평가 등의 과정을 거쳐 실시한다.

> 1. 위해요소의 인체 내 독성을 확인하는 위험성 확인과정
> 2. 위해요소의 인체노출 허용량을 산출하는 위험성 결정과정
> 3. 위해요소가 인체에 노출된 양을 산출하는 노출평가과정
> 4. 제1호부터 제3호까지의 결과를 종합하여 인체에 미치는 위해 영향을 판단하는 위해도 결정과정

② 식품의약품안전처장은 제1항에 따른 결과를 근거로 식품의약품안전처장이 정하는 기준에 따라 위해 여부를 결정한다. 다만, 해당 화장품 원료 등에 대하여 <u>국내외의 연구·검사기관에서 이미 위해평가를 실시하였거나 위해요소에 대한 과학적 시험·분석 자료가 있는 경우에는 그 자료를 근거로 위해 여부를 결정할 수 있다.</u>

③ 위해평가의 기준, 방법 등에 관한 세부 사항은 식품의약품안전처장이 정하여 고시한다.

식품의약품안전처장은 국내외에서 유해물질이 포함되어 있는 것으로 알려지는 등 <u>국민보건상 위해 우려가 제기되는 화장품 원료 등의 경우에는 위해요소를 신속히 평가</u>하여 그 위해여부를 결정하여야 합니다. 그리고 이러한 위해평가가 완료된 후에는 해당 화장품 원료 등을 <u>화장품의 제조에 사용할 수 없는 원료로 지정하거나 그 사용기준을 지정</u>하여야 합니다. 식품의약품안전처장은 이렇게 지정·고시된 원료의 사용기준의 안전성을 정기적으로 검토하여야 하고, 그 결과에 따라 지정·고시된 원료의 사용기준을 변경할 수도 있답니다. 화장품법 시행규칙 제17조는 이러한 '위해평가'의 과정을 명시한 조항입니다. 위해평가(=위해성 평가)의 과정을 알기 전에 용어부터 정리해봅시다.

필수용어정리

- **인체적용제품**: 사람이 섭취·투여·접촉·흡입 등을 함으로써 인체에 영향을 줄 수 있는 것
- **독성**: 인체적용제품에 존재하는 <u>위해요소가 인체에 유해한 영향을 미치는 고유의 성질</u>
- **위해요소**: 인체의 <u>건강을 해치거나 해칠 우려가 있는 화학적·생물학적·물리적 요인</u>
- **위해성(=위험)**: 인체적용제품에 존재하는 <u>위해요소에 노출되는 경우 인체의 건강을 해칠 수 있는 정도</u>
- **위해성평가(위해평가)**: 인체적용제품에 존재하는 위해요소가 인체의 건강을 해치거나 해칠 우려가 있는지 여부와 그 정도를 과학적으로 평가하는 것
- **통합위해성평가(통합위해평가)**: 인체적용제품에 존재하는 위해요소가 다양한 매체와 경로를 통하여 인체에 미치는 영향을 종합적으로 평가하는 것

이 단어들은 필수적으로 아셔야 하는 것들입니다. 주관식으로 출제될 수 있으니 꼭 암기해 주세요. 식품의약품 안전처장은 인체적용제품이 다음의 어느 하나에 해당하는 경우에는 위해성평가의 대상으로 선정할 수 있습니다.

식약처장이 위해성평가의 대상으로 선정할 수 있는 것

1. 국제기구 또는 외국정부가 인체의 건강을 해칠 우려가 있다고 인정하여 판매하거나 판매할 목적으로 생산·판매 등을 금지한 인체적용제품
2. 새로운 원료 또는 성분을 사용하거나 새로운 기술을 적용한 것으로서 안전성에 대한 기준 및 규격이 정해지지 않은 인체적용제품
3. 그 밖에 인체의 건강을 해칠 우려가 있다고 인정되는 인체적용제품

위해성평가에서 평가하여야 할 화장품과 관련된 위해요소는 화장품의 제조에 사용된 성분, 화학적 요인, 물리적 요인, 미생물적 요인 등입니다. 대상에 대한 위해평가 필요성은 다음과 같이 검토할 수 있습니다.

★위해평가가 필요한 경우★

- 위해성에 근거하여 사용금지를 설정할 경우
- 안전역을 근거로 사용한도를 설정할 경우(보존제의 사용한도를 결정하는 경우 등)
- 현 사용한도 성분의 기준의 적절성을 판단하고 싶은 경우
- 비의도적 오염물질의 기준을 설정할 경우
- 화장품 안전 이슈 성분의 위해성을 판단하고 싶은 경우
- 위해관리 우선순위를 설정하려는 경우
- 인체 위해의 유의한 증거가 없음을 검증할 경우

★위해평가가 필요하지 않은 경우★

- 불법으로 유해물질을 화장품에 혼입한 경우(→이미 유해물질이라는 것을 알기 때문에 굳이 위해평가를 할 필요가 없음)
- 안전성, 유효성이 입증되어 기허가 된 기능성화장품(→이미 입증되었으므로 불필요)
- 위험에 대한 충분한 정보가 부족한 경우(→위험하다는 증거가 없거나 거의 없는 원료들을 위해평가하는 것은 낭비)

□ 위해평가의 과정

자, 이제 위해평가의 과정에 대해 알아볼까요? 위해평가의 최종 책임자는 식약처장입니다. 위해평가를 식약처장 혼자 하면 너무 힘들겠지요? 식약처장은 위해성평가의 방법, 위해성평가 결과의 교차검증, 독성시험의 절차·방법 등에 대해 자문을 구하기 위해 **식품의약품안전평가원장을 위원장으로 삼아** '위해성평가위원회'를 둡니다. 20명 이내의 위원으로 구성된 이 위원회는 '자문기관'일 뿐입니다. 모든 책임과 수행은 식약처장이 합니다. 위원회는 자문자일 뿐 어떠한 권한도 없습니다.

식품의약품안전처장은 위해평가를 수행하여야 한다고 판단되는 화장품에 대해 다음의 순서에 따른 위해성평가 방법을 거쳐 위해성평가를 수행하여야 합니다. 다만, 위원회의 자문을 거쳐 위해성평가 관련 기술 수준이나 위해요소의 특성 등을 고려하여 위해성평가의 방법을 다르게 정하여 수행할 수 있습니다.

위해평가(=위해성 평가)의 과정
1. 위해요소의 인체 내 독성 등을 확인하는 과정(위험성 확인과정)
▼
2. 인체가 위해요소에 노출되었을 경우 유해한 영향이 나타나지 않는 것으로 판단되는 인체노출 안전기준(인체노출 허용량)을 설정하는 과정(위험성 결정과정)
▼
3. 인체가 위해요소에 노출되어 있는 정도를 산출하는 과정(노출 평가과정)
▼
4. 위해요소가 인체에 미치는 위해성을 종합적으로 판단하는 과정(위해도 결정과정)

조금 더 구체적인 위해요소별 위해평가 유형은 다음과 같습니다.

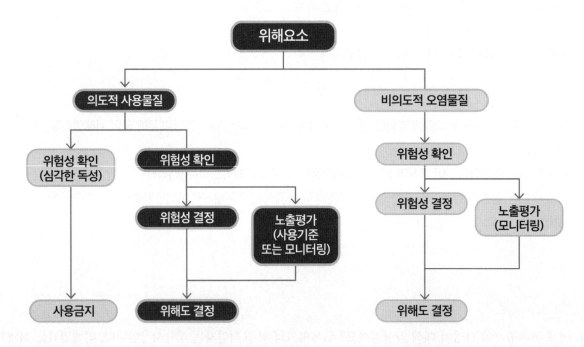

위해요소별 위해평가 유형

지한쌤의 스물다섯 번째 암기비법!

위해평가의 과정

| 위험성 확인 | → | 위험성 결정 | → | 노출 평가 | → | 위해도 결정 |

"위험성 확.정.평.결!"
위험성 확(인), (위험성 결)정, (노출)평(가), (위해도)결(정)!

1. 위험성 확인 과정

위험성 확인은 평가대상 물질에 대하여 최근까지 보고된 국내외 자료들을 조사, 분석하여 위험성을 확인하는 과정입니다. **위해요소의 인체 내 독성 등을 확인**하는 과정이지요. 위해요소에 노출됨에 따라 발생할 수 있는 독성의 정도와 영향의 종류를 파악합니다. 평가대상 물질의 독성자료는 현재 가능한 모든 자료를 고려해야 합니다. 여러 임상자료, 가능하면 역학자료도 고려하며, 이들 자료는 반드시 출처가 명시되어야 합니다. 임상 및 역학자료는 동양인, 더 바람직하게는 한국인의 연구 결과를 우선 사용합니다. 위험성 확인의 방법에는 다음과 같은 것들이 있습니다.

주요내용	검토방법	비고
물리화학적 성질, 사용용도, 사용량, 사용현황, 제조과정 조사	· 국제기구(WHO, FAO, IPCS, IARC) 및 관련기관(EPA, FDA, EU집행위, 일본후생성 등)에서 발간된 보고서 등 · 관련분야 사이트 참조 · 외국의 SCI급 논문 등	임산부, 어린이 등 민감집단에 대한 노출 우려 시 더욱 신중하게 자료를 검토해야 함
노출원, 노출기간, 인체영향여부 및 생물학적 자료(흡수, 분포, 대사, 배설, 체내 축적성) 조사(ADME 자료), 피부흡수율 자료 조사		
독성자료 조사 -단기독성, 장기독성, 발암성, 유전독성, 생식 독성, 면역독성 등을 검토하여 발암성 판단 근거자료 확보 인체역학연구 결과, 독성동태자료 등		

2. 위험성 결정 과정

위험성 결정은 위험성 확인 단계에서 조사한 평가대상 물질의 인체 또는 동물독성자료 등을 토대로 위해도 결정 시 활용되는 독성값(NOAEL, NESIL, BMDL)을 설정하는 단계입니다. 즉, **인체가 위해요소에 노출되었을 경우 유해한 영향이 나타나지 않는 것으로 판단되는 인체 노출 안전기준을 설정하는 과정**입니다. 동물 실험결과 등으로부터 독성기준값을 결정합니다. 위험성 확인 단계에서 자료를 조사한 결과 '음, 여러 논문을 보니 위험하겠군!' 으로 판단이 내려졌다면 이에 대해 실험을 통해 '해당 물질에 얼마나 노출되었을 때 위험한지'에 대해 결정을 내리는 단계라고 할 수 있습니다. 화장품 사용에 따른 노출 경로와 같은 자료를 우선으로 사용하나 피부노출을 통한 독성자료가 없을 경우 경구노출 자료를 활용할 수 있습니다. 다음은 피부 노출 상황에 상응하는 독성자료 표입니다.

노출기간	독성자료(용량-반응평가 자료)	비고
급성	Acute Dermal Toxicity(24시간)	1일 또는 1회 노출 시 적용
단기	Short-term Dermal Toxicity 또는 Oral Toxicity(21일~28일)=>NOAEL 확인	1일~2주 노출 시 적용
아만성	Subchronic Dermal Toxicity 또는 Oral Toxicity(90일)=>NOAEL 확인	2주~13주 노출 시 적용
만성	Chronic Dermal NOAEL 또는 Oral Toxicity=>NOAEL 확인	2년 이상 노출 시 적용

3. 노출평가 과정

인체가 위해요소에 노출되어 있는 정도를 산출하는 과정입니다. 화장품의 사용으로 인해 위해요소에 노출되는 양 또는 노출 수준을 정량적 또는 정성적으로 산출하는 과정입니다. 즉, 앞의 과정에서 '어떤 물질에 어느 정도 노출되었을 때 위험하다(인체 노출 안전기준)'를 산출했다면 이번 단계에서는 '그렇다면 실제 이 화장품을 사용한 사람들의 인체에는 위해요소가 어느정도 노출되었는가?'를 평가합니다. 노출평가는 화장품 사용량 등의 관련 자료를 토대로 가상의 시나리오를 설정하여 이에 따른 인체 노출량을 정량적으로 산출합니다.

화장품의 유형은 다양하며 그 유형에 따라 사용방법도 다양하므로 화장품 위해 평가는 화장품 유형별 사용방법을 고려한 노출 시나리오를 설정하여 노출평가를 하는 것을 권고하고 있습니다. 노출시나리오는 아래의 수행방법 등을 참고합니다.

· 예를 들어 립스틱과 같은 입술 또는 입 주위에 사용되는 제품은 어느 정도의 경구 노출을 고려할 수 있으며, 아이섀도와 같이 눈 주위에 사용하는 제품은 결막과의 접촉을 고려할 수 있습니다.

· 샴푸, 린스 등은 사용 시 물에 희석된 형태로 사용되고, 적용 범위는 넓지만 이 제품들은 사용 후 신속하게 씻어내는 점을 고려할 수 있습니다.

· 바디로션 등은 신체의 넓은 범위에 적용되어 피부와 접촉한 상태로 잔류할 가능성이 있음을 고려할 수 있습니다.

노출 평가시 수행하는 노출시나리오의 주요내용과 수행방법은 다음과 같습니다.

주요내용	수행방법
노출시나리오 작성	위험에 노출된 대상이 누구이며, 어떻게 노출되었는지에 대해 보다 명확한 판단을 하기 위해 노출시나리오를 설정하고 노출량을 평가 · 단일 또는 함께 사용할 경우의 인체노출량을 제품별 특성에 따라 경구, 피부노출 경로를 고려하여 시나리오 설정 · 인체피부노출량 계산시에는 제품 사용 시 접촉할 수 있는 피부면적(예:입술, 손톱, 목 등)을 고려 · 유해성분의 오염도 자료는 제품의 종류, 제품 사용량을 고려하여 노출량 산출
노출시나리오 작성 시 고려 사항	· 1일 사용횟수　　　　　　　· 소비자 유형(예, 어린이) · 1일 사용량 또는 1회 사용량　· 제품접촉 피부면적 · 피부흡수율　　　　　　　　· 적용방법(예, 씻어내는 제품, 바르는 제품 등)

노출평가 시 노출량을 산출하는 방법은 다양합니다. '화장품 위해평가 가이드라인'을 네이버에 검색하시어 다운로드 받아 참고하시기 바랍니다(혹은 맞춤형화장품조제관리사 교수학습가이드 697쪽을 참고바랍니다.).

4. 위해도 결정 과정

위해요소가 인체에 미치는 위해성을 종합적으로 판단하는 과정입니다. 노출 평가 결과 얻어진 노출량을 비교하여 노출에 따른 사람에서 위해영향의 발생 가능성을 추정합니다. 위해요소 및 이를 함유한 화장품의 사용에 따른 건강상 영향, 인체 노출 허용량 또는 수준 및 화장품 이외의 환경 등에 의하여 노출되는 위해요소의 양을 고려하여 사람에게 미칠 수 있는 위해의 정도와 발생빈도 등을 예측하는 정량적 또는 정성적 과정이라고 할 수 있습니다. 화장품 사용으로 인한 평가대상 물질의 노출로 위해 영향을 야기할 확률은 안전역(MOS, Margin of Safety)으로 나타냅니다(SCCS/1564/15).

$$안전역(MOS) = NOAEL/SED$$

$$SED = Systemic\ Exposure\ Dosage,\ 전신노출량$$

일반적으로 안전역(MOS)을 계산한 값이 100 이상이면 위해영향이 발생할 확률이 낮다고 판정할 수 있습니다. 발암물질의 위해도는 T25 방법을 통한 평생발암위험도(Lifetime Cancer Risk) 또는 BMDL10 방법을 이용한 MOE(Margin of exposure)를 이용하여 평가합니다(SCCS/1564/15). 위해도 평가를 위한 안전역의 산출을 위한 일반적 방식은 화장품 위해평가 가이드라인 붙임 2) "화장품 성분의 위해평가를 위한 안전역(Margin of Safety)과 평생발암위험도(Lifetime Cancer Risk)의 산출을 위한 일반원칙"의 예시에 따릅니다. 강한 감작성 물질로 알려진 경우 정량적 피부감작평가(QRA)를 통해 위해도를 결정할 수 있습니다(RIVM, 2008).

$$피부감작 안전역(MOSQR) = AEL/CEL > 1\ 이상\ 안전$$

- AEL ; Acceptable Exposure Level, 수용 가능한 노출수준
- CEL ; Consumer Exposure Level, 소비자 노출수준

□ 위해평가 수행에 필요한 일반사항

위해평가 수행에 필요한 일반사항은 다음과 같으며, 위해요소 특성에 따라 예외가 있을 수 있습니다.

① 위해평가는 위험성 확인, 위험성 결정, 노출평가, 위해도 결정의 4단계에 따라 수행합니다.

② 위해평가는 우선적으로 국내 상황을 반영할 수 있는 자료를 이용하되, 국내 자료가 없거나 불충분할 경우 국제기구, 외국 자료를 활용할 수 있습니다.

③ 위해평가는 화장품 등의 제조공정을 포함하여 공급 및 사용단계 전반에 걸쳐 사용되는 분석방법, 시료채취 및 시험, 노출빈도 등을 고려합니다.

④ 노출평가 시에는 여러 상황을 고려하여 현실적인 노출시나리오를 작성합니다. 단, 평가대상물질에 민감한 집단 및 고위험 집단의 경우, 급성, 만성, 누적, 복합적 영향을 고려하며 임산부, 어린이 등 취약집단의 경우 보다 신중한 자료 조사 및 분석이 필요하고, 시나리오 작성 시 충분히 상황을 고려합니다.

⑤ 위해평가 결과보고서는 관련 자료의 불확실성 등을 고려하여 정량적 또는 정성적으로 표현할 수 있으나 과학적으로 가능한 범위 내에서 정량화합니다.

⑥ 위해평가 결과보고서는 가능한 쉽게 이해할 수 있는 서식으로 작성합니다.

⑦ 위해평가 결과는 고정 불변한 것이 아니며, 새로운 과학적 사실이 밝혀지거나 외국에서 새롭게 평가될 경우 또한 새로운 독성값이 보고되는 경우 재평가할 수 있습니다.

자, 우리는 굉장히 복잡한 위해평가의 과정에 대해 공부하였습니다. 식품의약품안전처장은 다양한 경로를 통해 인체에 영향을 미칠 수 있는 위해요소에 관하여 관계 중앙행정기관의 협조를 받아 통합위해성평가를 수행할 수 있습니다. 통합위해성평가란 인체적용제품에 존재하는 위해요소가 다양한 매체와 경로를 통하여 인체에 미치는 영향을 종합적으로 평가하는 것을 말합니다. 다양한 매체와 경로를 통하여 종합적으로 평가하여야 하므로 식약처는 다양한 기관에 협조를 구해야 합니다.

□ 위해평가에 제약이 있는 경우

현재의 과학기술 수준 또는 자료 등의 제한이 있거나 신속한 위해성평가가 요구될 경우 인체적용제품의 위해성평가는 다음과 같이 실시할 수 있습니다.

1. 위해요소의 인체 내 독성 등 확인(1단계 : 위험성 확인)과 인체노출 안전기준 설정(2단계 : 위험성 결정)을 위하여 국제기구 및 신뢰성 있는 국내·외 위해성평가기관 등에서 평가한 결과를 준용하거나 인용할 수 있음.

☑ 1단계와 2단계를 위해 국제기구 및 신뢰성 있는 국내·외 위해성평가기관 등에서 평가한 결과를 준용하거나 인용할 수 있음.

2. 인체노출 안전기준의 설정(2단계 : 위험성 결정)이 어려울 경우 위해요소의 인체 내 독성 등 확인(1단계 : 위험성 확인)과 인체의 위해요소 노출 정도(3단계 : 노출평가)만으로 위해성을 예측할 수 있다.

☑ 2단계가 어려우면 1단계와 3단계만으로 위해성을 예측한다!

3. 인체적용제품의 섭취, 사용 등에 따라 사망 등의 위해가 발생하였을 경우 위해요소의 인체 내 독성 등의 확인(1단계 : 위험성 확인)만으로 위해성을 예측할 수 있다.

☑ 심각한 위해가 발생한 경우 1단계만으로도 위해성을 예측함!

4. 인체의 위해요소 노출 정도를 산출(3단계 : 노출평가)하기 위한 자료가 불충분하거나 없는 경우 활용 가능한 과학적 모델을 토대로 노출 정도를 산출할 수 있다.

☑ 3단계가 어려우면 활용 가능한 과학적 모델을 토대로 노출 정도를 산출할 수 있음!

5. 특정집단에 노출 가능성이 클 경우 어린이 및 임산부 등 민감집단 및 고위험집단을 대상으로 위해성평가를 실시할 수 있다.

□ **위해요소별 위해성 판단**

화학적 위해요소에 대한 위해성은 물질의 특성에 따라 위해지수, 안전역 등으로 표현하고 국내·외 위해성평가 결과 등을 종합적으로 비교·분석하여 최종 판단합니다.

미생물적 위해요소에 대한 위해성은 미생물 생육 예측 모델 결과값, 용량-반응 모델 결과값 등을 이용하여 인체 건강에 미치는 유해영향 발생 가능성 등을 최종 판단합니다.

□ **독성시험의 실시**

식품의약품안전처장은 <u>위해성평가에 필요한 자료를 확보하기 위하여</u> 독성의 정도를 동물실험 등을 통하여 과학적으로 평가하는 독성시험을 실시할 수 있습니다. 독성시험은 「의약품등 독성시험기준」 또는 경제협력개발기구(OECD)에서 정하고 있는 독성시험방법에 따라 다음과 같이 실시합니다. 다만, 필요한 경우 위원회의 자문을 거쳐 독성시험의 절차·방법을 다르게 정할 수 있답니다.

> 1. 독성시험 대상물질의 특성, 노출경로 등을 고려하여 독성시험항목 및 방법 등 선정
> 2. 독성시험 절차는 「비임상시험관리기준」에 따라 수행
> 3. 독성시험결과에 대한 독성병리 전문가 등의 검증 수행

□ **위해평가의 결과**

식품의약품안전처장은 위해평가의 결과를 근거로 식품의약품안전처장이 정하는 기준에 따라 위해 여부를 결정합니다. 다만, 해당 화장품 원료 등에 대해 국내외의 연구·검사기관에서 이미 위해평가를 실시하였거나 위해요소에 대한 과학적 시험·분석 자료가 있는 경우에는 그 자료를 근거로 위해 여부를 결정할 수 있습니다. 위해평가가 완료된 경우 식약처장은 해당 화장품 원료 등을 화장품의 제조에 사용할 수 없는 원료로 지정하거나 그 사용기준을 지정하여야 하며 지정·고시된 원료의 사용기준의 안전성을 정기적으로 검토하여야 하고, 그 결과에 따라 지정·고시된 원료의 사용기준을 변경할 수 있습니다. 그렇다면 이렇게 지정·고시한 원료의 사용기준의 안전성 검토 주기는 몇 년일까요? 다음 조항을 통해 알아봅시다.

화장품법 시행규칙 제17조의2(지정·고시된 원료의 사용기준의 안전성 검토)

① 지정·고시된 원료의 사용기준의 안전성 검토 주기는 5년으로 한다.

② 식품의약품안전처장은 지정·고시된 원료의 사용기준의 안전성을 검토할 때에는 사전에 안전성 검토 대상을 선정하여 실시해야 한다.

위해평가 완료 후 식약처장은 해당 원료를 제조에 사용할 수 없는 원료로 지정하거나 그 사용기준을 지정하여야 했지요. 이때의 사용기준이 지정·고시된 원료의 사용기준 안전성 검토 주기는 5년입니다. 그리고 식품의약품안전처장은 지정·고시된 원료의 사용기준의 안전성을 검토할 때에는 사전에 안전성 검토 대상을 선정하여 실시해야 합니다. 보통 식약처장이 검토하는 주기는 5년입니다. 영유아·어린이 사용 화장품의 실태조사 역시 그 주기가 5년이었던 것, 기억하시나요?

지한쌤의 스물여섯 번째 암기비법!

보통 식약처장이 하는 일의 주기는 5년이다.

👉 지정·고시된 원료의 사용기준의 안전성 검토 주기 : **5년**
👉 영유아 및 어린이 사용 화장품의 실태조사 주기 : **5년**

위해평가를 통해 이렇게 사용기준을 지정할 수 있다면 지정·고시되지 않은 원료의 사용기준을 지정·고시하거나 지정·고시된 원료의 사용기준을 변경해 줄 것을 다른 이들이 신청할 수는 없을까요? 이와 관련된 조항이 바로 제17조의3입니다.

화장품법 시행규칙 제17조의3(원료의 사용기준 지정 및 변경 신청 등)

① **화장품제조업자, 화장품책임판매업자 또는 연구기관 등**은 지정·고시되지 않은 원료의 사용기준을 지정·고시하거나 지정·고시된 원료의 사용기준을 변경해 줄 것을 신청하려는 경우 원료 사용기준 지정(변경지정) 신청서(전자문서로 된 신청서 포함)에 다음의 서류를 첨부하여 식품의약품안전처장에게 제출해야 한다.

1. 제출자료 전체의 요약본
2. 원료의 기원, 개발 경위, 국내·외 사용기준 및 사용현황 등에 관한 자료
3. 원료의 특성에 관한 자료
4. 안전성 및 유효성에 관한 자료(유효성에 관한 자료는 해당하는 경우에만 제출)
5. 원료의 기준 및 시험방법에 관한 시험성적서

② 식품의약품안전처장은 제출된 자료가 적합하지 않은 경우 그 내용을 구체적으로 명시하여 신청인에게 보완을 요청할 수 있다. 이 경우 신청인은 보완일부터 60일 이내에 추가 자료를 제출하거나 보완 제출기한의 연장을 요청할 수 있다.

③ 식품의약품안전처장은 신청인이 자료를 제출한 날(자료가 보완 요청된 경우 신청인이 보완된 자료를 제출한 날)부터 180일 이내에 신청인에게 **원료 사용기준 지정(변경지정) 심사 결과통지서**를 보내야 한다.

④ 원료의 사용기준 지정신청 및 변경지정신청에 필요한 세부절차와 방법 등은 식품의약품안전처장이 정한다.

화장품제조업자, 화장품책임판매업자 또는 대학·연구소(연구기관) 등은 지정·고시되지 않은 원료의 사용기준을 지정·고시하거나 지정·고시된 원료의 사용기준을 변경하여 줄 것을 식품의약품안전처장에게 신청할 수 있습니다(화장품법 해설서의 제8조 부분을 참고하여 주세요!). 여기서 말하는 사용기준이란 「화장품 안전기준 등에 관한 규정」 제4조에 따른 **사용상의 제한이 필요한 원료에 대한 사용한도, 사용 시의 농도 상한, 적용부위 및 유형 등에 대한 기준**을 말합니다. 우선 맞춤형화장품판매업자가 없는 것을 보니 맞판업자는 이것에 대한 신청 자격이 없네요!

그렇다면 이 규정을 통해 심사를 신청할 수 있는 대상에는 어떠한 것들이 있을까요?

화장품 원료 사용기준 지정 및 변경 심사를 신청할 수 있는 대상

1. 「화장품 안전기준 등에 관한 규정」(식품의약품안전처 고시) 별표2에 따라 고시되지 않은 보존제, 자외선 차단성분 등
2. 「화장품의 색소 종류와 기준 및 시험방법」(식품의약품안전처 고시) 별표1에 따라 고시되지 않은 색소
3. 「화장품 안전기준 등에 관한 규정」(식품의약품안전처 고시) 별표2 또는 「화장품의 색소 종류와 기준 및 시험방법」(식품의약품안전처 고시) 별표1에 고시된 원료 중 사용기준을 변경하려는 것

화장품제조업자, 화장품책임판매업자 또는 대학·연구소(연구기관)가 이를 신청하려는 경우 원료 사용기준 지정(변경지정) 신청서에 제출자료 전체의 요약본, 원료의 기원, 개발 경위, 국내·외 사용기준 및 사용현황 등에 관한 자료, 원료의 특성에 관한 자료, 안전성 및 유효성에 관한 자료(유효성에 관한 자료는 해당하는 경우에만 제출), 원료의 기준 및 시험방법에 관한 시험성적서를 첨부하여 식품의약품안전처장에게 제출해야 합니다. 제출하여야 하는 자료의 종류 및 세부사항을 자세히 알아볼까요?

사용기준 지정·고시 및 변경 신청 시 제출 자료의 종류 및 세부사항

1. 제출자료 전체의 요약본
   해당 원료에 대한 사용기준 지정(변경) 심사 신청사유, 제출된 자료목록 등을 포함한 요약자료
2. 원료의 기원 및 개발 경위, 국내·외 사용기준 및 사용현황 등에 관한 자료

   가. 원료의 기원 및 개발 경위에 관한 자료
   해당 원료에 대한 판단에 도움을 줄 수 있도록 육하원칙에 따라 명료하게 기재된 자료로서 원료의 기원물질, 천연 또는 합성여부, 자체 개발된 새로운 원료인지 여부 등에 관한 정보가 포함된 자료

   나. 국내·외 사용기준 및 사용현황 등에 관한 자료
   국내 또는 외국의 사용기준, 해당 원료가 사용된 제품의 사례 등에 관한 자료로서 해당 원료의 안전성·유효성과 관련된 각국의 평가내용, 평가결과 등 최신의 정보가 포함된 자료

3. 원료의 특성에 관한 자료
   해당 원료의 구조, 구성 성분, 물리·화학적·생물학적 성질, 제조방법 등에 관한 내용으로 물질의 특성 확인이 가능한 자료

4. 안전성 및 유효성에 관한 자료

가. 안전성에 관한 평가자료(타당한 사유가 인정되는 경우 제출 생략 가능)

(1) 단회투여독성시험자료

(2) 피부자극시험자료

(3) 피부감작성시험자료

(4) 점막자극시험자료

(5) 광독성시험자료

(6) 광감작성시험자료

(7) 반복투여독성시험자료

(8) 생식·발생독성시험자료, 유전독성시험자료 및 발암성시험자료

(9) 흡입독성시험자료

(10) 인체피부자극시험자료

(11) 피부흡수시험자료

참고

1) 시험의 요건

위의 자료 중 비임상 시험을 실시하는 경우 「비임상시험관리기준」(식품의약품안전처 고시)에 적합한 시험 자료이어야 하며, 인체에 적용하여 시험하는 경우에는 「화장품 표시·광고 실증에 관한 규정」(식품의약품안전처 고시) 제4조 제2호에 적합한 시험 자료이어야 한다.

2) 시험방법

• 위의 자료에 대한 시험은 시험의 방법 및 평가기준이 과학적·합리적으로 타당하다고 인정되는 경우 동물대체시험법을 적용하여 시험하는 것을 원칙으로 한다.

• 위의 규정에도 불구하고 동물대체시험법을 적용할 수 없는 경우 「기능성화장품 심사에 관한 규정」(식품의약품안전처 고시) 별표1 및 「의약품등의 독성시험기준」(식품의약품안전처 고시)에 따른다.

나. 유효성에 관한 평가자료

(1) 사용목적·작용에 관한 자료

(2) 사용량 등에 관한 자료

참고

(1) 사용목적·작용에 관한 자료

1) 보존제 성분

대한민국약전 또는 「의약품의 품목허가·신고 심사 규정」(식품의약품안전처 고시) 별표1의 2에 따라 식품의약품안전처장이 정하는 공정서 등에서 정한 보존력 시험자료 및 기타 해당 원료가 보존제로서 사용이 적합함을 입증할 수 있는 자료

2) **자외선 차단성분**

자외선의 파장에 따른 흡수 또는 산란 효과를 평가한 자료 및 자외선 A 또는 자외선 B에 대한 인체적용시험자료로서 「화장품 표시·광고 실증에 관한 규정」(식품의약품안전처 고시) 제4조 제2호에 적합한 자료

3) **염모제 성분**

해당 원료에 대하여 인체 모발을 대상으로 표시하고자 하는 색상 등 염모력을 평가한 자료

4) **화장품의 색소**

해당 원료에 대하여 표시하고자 하는 색상을 평가한 자료

5) **기타**

해당 원료의 사용목적과 작용 등에 대하여 평가한 자료

(2) **사용량 등에 관한 자료**

해당 원료에 대한 효력을 나타내는 사용량 등을 평가한 자료

다. 사용기준 설정에 관한 자료

안전성 및 유효성 평가 결과를 바탕으로 해당 원료의 사용기준을 설정한 자료

5. 원료의 기준 및 시험방법에 관한 시험성적서

해당 원료에 대하여 과학적이고 합리적인 방법으로 설정된 기준 및 시험방법에 따라 시험한 성적서

☑ 위의 모든 자료 중 외국의 자료는 원칙적으로 한글요약문(주요사항 발췌) 및 원자료를 제출하여야 한다. 다만, 한글 요약문만으로 제출된 자료의 내용을 설명할 수 없는 경우에는 전체 번역문을 제출할 수 있다.

위의 자료들을 모두 제출하면 식약처는 심사에 들어갑니다. 식품의약품안전처장은 제출된 자료가 적합하지 않은 경우 그 내용을 구체적으로 명시하여 신청인에게 보완을 요청할 수 있으며 이 경우 신청인은 보완일부터 60일 이내에 추가 자료를 제출하거나 보완 제출기한의 연장을 요청할 수 있답니다. 식품의약품안전처장은 민원인이 제출자료의 보완을 요구받은 기한 내에 보완할 수 없음을 이유로 기간을 명시하여 보완 제출기한의 연장을 요청하는 경우에는 그 타당성을 검토하여 보완 제출기한을 연장할 수 있습니다. 민원인의 **보완 제출기한 연장 요청은 2회**에 한합니다. 식품의약품안전처장은 민원인이 보완 제출기한 내에 추가 자료를 제출한 경우로서 보완을 요구한 자료 중 일부가 제출되지 않은 경우에는 10일 이내에 다시 보완하도록 민원인에게 요청할 수 있습니다.

☐ **부적합 통보 및 이의신청**

식약처장은 보완 제출기한 또는 추가 보완요청 기한 내에 자료가 제출되지 않거나 제출자료가 규정에 따른 심사요건 등에 적합하지 않은 경우 민원인에게 심사 결과의 부적합을 통보하여야 합니다. 부적합을 통보받은 자는 그 결과를 통보 받은 날로부터 30일 이내에 식품의약품안전처장에게 이의를 신청할 수 있습니다. 식약처장은 이 이의신청을 받은 날부터 60일 이내에 이의신청의 인용 여부를 결정하고 그 결과를 민원인에게 통보하여야 합니다.

III. 화장품법 시행규칙(총리령)

간단하고 명료한 화장품법 시행령 체계표[다지기]	
법령	화장품법 시행규칙
조항	제17조~제17조의3

□ [화장품법 시행규칙 제17조~제17조의2] 화장품 원료 등의 위해평가, 지정·고시된 원료의 사용기준의 안전성 검토

위해평가 관련 필수용어정리

- **인체적용제품**: 사람이 섭취·투여·접촉·흡입 등을 함으로써 인체에 영향을 줄 수 있는 것
- 독성: 인체적용제품에 존재하는 위해요소가 인체에 유해한 영향을 미치는 고유의 성질
- 위해요소: 인체의 건강을 해치거나 해칠 우려가 있는 화학적·생물학적·물리적 요인
- 위해성(=위험): 인체적용제품에 존재하는 위해요소에 노출되는 경우 인체의 건강을 해칠 수 있는 정도
- 위해성평가(위해평가): 인체적용제품에 존재하는 위해요소가 인체의 건강을 해치거나 해칠 우려가 있는지 여부와 그 정도를 과학적으로 평가하는 것
- **통합위해성평가(통합위해평가)**: 인체적용제품에 존재하는 위해요소가 다양한 매체와 경로를 통하여 인체에 미치는 영향을 종합적으로 평가하는 것

★위해평가가 필요한 경우★

- 위해성에 근거하여 사용금지를 설정할 경우
- 안전역을 근거로 사용한도를 설정할 경우(보존제의 사용한도를 결정하는 경우 등)
- 현 사용한도 성분의 기준의 적절성을 판단하고 싶은 경우
- 비의도적 오염물질의 기준을 설정할 경우
- 화장품 안전 이슈 성분의 위해성을 판단하고 싶은 경우
- 위해관리 우선순위를 설정하려는 경우
- 인체 위해의 유의한 증거가 없음을 검증할 경우

★위해평가가 필요하지 않은 경우★

- 불법으로 유해물질을 화장품에 혼입한 경우(→이미 유해물질이라는 것을 알기 때문에 군이 위해평가를 할 필요가 없음)
- 안전성, 유효성이 입증되어 기허가 된 기능성화장품(→이미 입증되었으므로 불필요)
- 위험에 대한 충분한 정보가 부족한 경우(→위험하다는 증거가 없거나 거의 없는 원료들을 위해평가하는 것은 낭비)

위해평가(=위해성 평가)의 과정

1. 위해요소의 인체 내 독성 등을 확인하는 과정(위험성 확인과정)

2. 인체가 위해요소에 노출되었을 경우 유해한 영향이 나타나지 않는 것으로 판단되는 인체노출 안전기준(인체노출 허용량)을 설정하는 과정(위험성 결정과정)

3. 인체가 위해요소에 노출되어 있는 정도를 산출하는 과정(노출 평가과정)

4. 위해요소가 인체에 미치는 위해성을 종합적으로 판단하는 과정(위해도 결정과정)

- 식품의약품안전처장은 위해평가의 결과를 근거로 식품의약품안전처장이 정하는 기준에 따라 위해 여부를 결정한다. 단, 해당 화장품 원료 등에 대해 국내외의 연구·검사기관에서 이미 위해평가를 실시하였거나 위해요소에 대한 과학적 시험·분석 자료가 있는 경우에는 그 자료를 근거로 위해 여부를 결정할 수 있다.
- 위해평가 후 식약처장은 해당 화장품 원료 등을 화장품의 제조에 사용할 수 없는 원료로 지정하거나 그 사용기준을 지정하여야 한다. 지정·고시된 원료의 사용기준의 안전성 검토 주기는 5년으로 한다.
식품의약품안전처장은 지정·고시된 원료의 사용기준의 안전성을 검토할 때에는 사전에 안전성 검토 대상을 선정하여 실시해야 한다.

□ **[화장품법 시행규칙 제17조의3] 원료의 사용기준 지정 및 변경 신청**

원료의 사용기준 지정 및 변경 신청	
신청 목적	지정·고시되지 않은 원료의 사용기준을 지정·고시하거나 지정·고시된 원료의 사용기준을 변경하고자 함
신청 가능인	화장품제조업자, 화장품책임판매업자 또는 연구기관
심사 대상	1. 「화장품 안전기준 등에 관한 규정」(식품의약품안전처 고시) 별표2에 따라 고시되지 않은 보존제, 자외선 차단성분 등 2. 「화장품의 색소 종류와 기준 및 시험방법」(식품의약품안전처 고시) 별표1에 따라 고시되지 않은 색소 3. 「화장품 안전기준 등에 관한 규정」(식품의약품안전처 고시) 별표2 또는 「화장품의 색소 종류와 기준 및 시험방법」(식품의약품안전처 고시) 별표1에 고시된 원료 중 사용기준을 변경하려는 것
제출 서류	원료 사용기준 지정(변경지정) 신청서에 다음의 서류 첨부 1. 제출자료 전체의 요약본 2. 원료의 기원, 개발 경위, 국내·외 사용기준 및 사용현황 등에 관한 자료 3. 원료의 특성에 관한 자료 4. 안전성 및 유효성에 관한 자료(유효성에 관한 자료는 해당하는 경우에만 제출) 　가. 안전성에 관한 평가자료(타당한 사유가 인정되는 경우 제출 생략 가능) 　　(1) 단회투여독성시험자료 　　(2) 피부자극시험자료 　　(3) 피부감작성시험자료 　　(4) 점막자극시험자료 　　(5) 광독성시험자료 　　(6) 광감작성시험자료 　　(7) 반복투여독성시험자료 　　(8) 생식·발생독성시험자료, 유전독성시험자료 및 발암성시험자료 　　(9) 흡입독성시험자료 　　(10) 인체피부자극시험자료 　　(11) 피부흡수시험자료

제출 서류	나. 유효성에 관한 평가자료 (1) 사용목적·작용에 관한 자료 (2) 사용량 등에 관한 자료 다. 사용기준 설정에 관한 자료
	5. 원료의 기준 및 시험방법에 관한 시험성적서
보완요청	제출된 자료가 적합하지 않은 경우 그 내용을 구체적으로 명시하여 신청인에게 보완 요청. 이 경우 신청인은 보완일부터 60일 이내에 추가 자료를 제출하거나 보완 제출기한의 연장을 요청할 수 있음. 보완 제출기한의 연장은 2번에 한함. 보완 제출기한 내에 추가 자료를 제출하였는데 보완 요구한 자료 중 일부가 제출되지 않은 경우 10일 이내에 다시 보완하도록 민원인에게 요청
심사 결과 통지서 발부	식품의약품안전처장은 신청인이 자료를 제출한 날(보완 요청된 경우 신청인이 보완된 자료를 제출한 날)부터 180일 이내에 신청인에게 원료 사용기준 지정(변경지정) 심사 결과통지서를 송부해야 함.
심사 부적합 통보	보완 제출기한 또는 추가 보완요청 기한 내에 자료가 제출되지 않은 경우 혹은 제출자료가 이 규정에 따른 심사요건 등에 적합하지 않은 경우
이의 신청	• 부적합을 통보받은 자는 그 결과를 통보 받은 날로부터 30일 이내에 식품의약품안전처장에게 이의를 신청할 수 있음. • 식약처장은 이의신청을 받은 날부터 60일 이내에 이의신청의 인용 여부를 결정하고 그 결과를 민원인에게 통보하여야 함.

III. 화장품법 시행규칙(총리령)

꼼꼼하고 알기 쉬운 법조문 해설[이해하기]	
법령	화장품법 시행규칙
조항	제18조~제19조
관련 법령	화장품법 제9조, 제10조 화장품 바코드 표시 및 관리요령 어린이보호포장대상공산품의 안전기준

화장품법 제9조에서 만 5세 미만의 어린이의 안전을 위해 화장품책임판매업자는 특정 제품에 '안전용기·포장' 조치를 취해야 했었지요? 이를 구체화하여 고시한 것이 바로 화장품법 시행규칙 제18조입니다!

화장품법 시행규칙 제18조(안전용기·포장 대상 품목 및 기준)

주관식 및 객관식 주의! 중요도:★★★★★

① 안전용기·포장을 사용해야 하는 품목은 다음과 같다. 다만, 일회용 제품, 용기 입구 부분이 펌프 또는 방아쇠로 작동되는 분무용기 제품, 압축 분무용기 제품**(에어로졸 제품 등)은 제외**한다.

1. 아세톤을 함유하는 **네일 에나멜 리무버 및 네일 폴리시 리무버**
2. **어린이용 오일** 등 개별포장 당 탄화수소류를 10퍼센트 이상 함유하고 운동점도가 21센티스톡스(섭씨 40도 기준) 이하인 에멀션 형태가 아닌(비에멀전 타입의) 액체상태의 제품
3. 개별포장당 메틸 살리실레이트를 5퍼센트 이상 함유하는 액체상태의 제품

② 안전용기·포장은 성인이 개봉하기는 어렵지 않으나 만 5세 미만의 어린이가 개봉하기는 어렵게 된 것이어야 한다. 이 경우 개봉하기 어려운 정도의 구체적인 기준 및 시험방법은 **산업통상자원부장관이 정하여 고시**하는 바에 따른다.

안전용기·포장이란 만 5세 미만의 어린이가 개봉하기 어렵게 설계·고안된 용기나 포장을 말합니다. **화장품책임판매업자 및 맞춤형화장품판매업자**는 화장품을 판매할 때 어린이가 화장품을 잘못 사용하여 인체에 위해를 끼치는 사고가 발생하지 않도록 안전용기·포장을 사용해야 합니다. 아이들은 무조건 입으로 가져가는 특성이 있고 액체류의 화장품은 아이들이 아주 쉽게 마실 수 있습니다. 이러한 경우 아이들의 인체에 위해를 가할 수 있기에 보통 액체 제품들에 안전용기·포장을 합니다. 액체 제품들 중 특히 '아세톤'을 함유하는 네일 에나멜 리무버, 네일 폴리시 리무버(손톱 지우는 것들), 탄화수소류를 10% 이상 함유하는 비에멀전 상태의 액체 제품, 메틸

살리실레이트를 5% 이상 함유하는 액체 상태의 제품들에 안전용기 · 포장을 해야 합니다. 그런데 화장품 법령에서 정하는 '어린이'의 기준과 안전용기 · 포장에서 정하는 '어린이'의 기준은 왜 다를까요? 화장품법에서는 만 4세 이상 만 13세 이하를 어린이라고 하고 안전용기 · 포장에서는 만 5세 미만을 어린이라고 합니다. 그 이유는 화장품 법령과는 다르게도 안전용기 · 포장은 식약처장이 정하여 고시한 사항이 아니라 산업통상자원부 장관이 정하여 고시한 것이기 때문입니다.

안전용기 · 포장의 예시

아세톤을 함유하는 **네일 에나멜 리무버 및 네일 폴리시 리무버**의 뚜껑은 보통 이처럼 눌러서 돌리는 형태의 안전용기 · 포장을 사용합니다.

이 제품, 많이 보신 적 있으시죠? 개별포장 당 탄화수소류를 10퍼센트 이상 함유하고 운동점도가 21센티스톡스(섭씨 40도 기준) 이하인 에멀션 형태가 아닌(비에멀전 타입의) 액체상태의 어린이용 오일입니다. 이 오일은 탄화수소류인 미네랄 오일을 함유하고 있어요. 이런 오일의 용기 뚜껑은 눌러서 돌려야 열립니다.

안전용기 · 포장을 해야 하는 물품들을 좀 더 상세히 알아볼까요?

첫 번째로 아세톤을 함유하는 **네일 에나멜 리무버 및 네일 폴리시 리무버**가 있어요. 아세톤을 자꾸 에탄올이나 알코올로 헷갈려하시는 분들이 계신데, **아세톤**입니다. 주관식으로 나오면 꼭 아세톤으로 쓰세요! 네일 에나멜 리무버란 손톱 또는 발톱에 칠한 네일 에나멜을 깨끗이 지워주는 액체를 말합니다. 네일 폴리시 리무버는 네일에서 네일의 광택제를 지울때 사용하는 제품을 말해요. 결국 다 아세톤으로 지워주는 역할을 합니다. 혹시 눌러서 돌려야 열리는 용기를 보신 적이 있으신가요? 그것이 안전용기 · 포장입니다.

어린이용 오일 등 개별포장 당 탄화수소류를 10퍼센트 이상 함유하고 운동점도가 21센티스톡스(섭씨 40도 기준) 이하인 비에멀전 타입(즉, 에멀션 형태가 아닌 타입)의 액체상태의 제품도 안전용기 · 포장을 해야 합니다. 그렇다면 탄화수소류가 무엇이 있는지를 알아봐야겠지요?

대표적인 탄화수소류

미네랄오일, 바세린(페트롤라툼), 파라핀, 세레신, 마이크로크리스탈린왁스, 스쿠알렌, 스쿠알란, 프리스탄, 폴리부텐, 하이드로제네이티드폴리부텐 등

이와 같은 것들을 10% 이상 함유하는 액체상태의 제품에도 안전용기 · 포장을 해야 합니다. 그런데 '액체상태'의 기준이 무엇일까요? 이 조항에서 액체상태란 '운동점도가 21센티스톡스(섭씨 40도 기준) 이하'인 제품이라고 말하고 있습니다. 그렇다면 운동점도와 센티스톡스에 대해 알아보아야겠지요? 우선 점도란 유체(액체와 기체를

합쳐 부르는 말)의 내부마찰력을 말합니다. 즉, 유체가 다른 부분에 대하여 운동할 때 받는 저항력을 말합니다. 점도는 절대점도, 운동점도, 비점도로 표시합니다. 점성이란 액체 및 기체(유체)가 일정 방향으로 운동할 때 그 흐름에 평행한 평면의 양측에 내부마찰력이 일어나는데 이러한 성질을 말합니다. 점성은 면의 넓이 및 그 면에 대하여 수직방향의 속도구배에 비례합니다(복잡하니 이 부분은 그냥 읽고 넘어가세요.). 그 비례정수를 절대점도라 하고 일정온도에 대하여 그 액체의 고유한 정수입니다. 절대점도의 단위로서는 포아스 또는 센티포아스를 씁니다. 이 절대점도를 같은 온도의 그 액체의 밀도로 나눈 값을 운동점도라고 말하고 그 단위로는 스톡스 또는 센티스톡스를 씁니다. 즉, 같은 온도에서 측정한 '동점도'와 밀도의 지수를 운동점도라고 합니다.

무슨 말인지 모르시겠지요? 어렵습니다. 그렇다면 단순히 시험 문제를 맞출 정도로만 알려드리겠습니다. 액체(혹은 기체)가 어떤 물체에 닿았을 때 흐르지요? 나뭇잎에 물방울이 묻으면 물방울은 중력에 의해 밑으로 떨어질 것입니다. 물방울이 흐를 때 액체의 밑 부분과 물체의 표면 사이에는 마찰력이 작용합니다. 그 액체의 내부에도 마찰력이 작용하죠. 이 마찰력을 점도라고 하고 이 마찰력의 성질을 점성이라고 합니다(사실 내부마찰력과 양쪽으로 작용되는 힘에 대한 과학적 설명을 해야 하지만 시험 문제 맞출 정도의 수준으로 간단히 말한 것입니다.). 내부마찰력이 강하다면 그 액체는 잘 흐르지 않겠죠? 그러나 내부마찰력이 약하다면 흐를 때 방해받지 않으므로 또르륵-하고 흐를 것입니다. 즉, 점도가 높다는 것은 내부마찰력이 강하다는 것이고 이는 잘 흐르지 않는다는 뜻입니다. 쉽게 말해 끈적거린다거나 꾸덕하다는 뜻이죠. 이러한 점도는 절대점도, 운동점도로 나타내는데, '안전용기 · 포장에서는 '운동점도'를 택했고 그 단위가 **센티스톡스**이다.' 정도로만 알아주세요. 그 외에는 외우지 마세요! 너무 어렵습니다.

즉, 운동점도가 21센티스톡스(섭씨 40도 기준) 이하인 제품이란 섭씨 40도를 기준으로 운동점도를 측정하였을 때 21센티스톡스 이하로 측정된 화장품들을 말하는 것이고 안전용기 · 포장 규정에서는 이 화장품들을 '비에멀젼(에멀션(로션 형태)이 아닌 액체상태)'타입의 액체 상태의 제품이라고 정하는 것입니다. 센티스톡스 앞의 숫자가 작으면 작을수록 점도가 낮은 것이니 물에 가깝습니다. 그러나 센티스톡스 앞의 숫자가 크면 클수록 꾸덕하고 진득한 크림 제형에 가깝습니다. 150,000 센티스톡스와 10 센티스톡스 – 둘 중 무엇이 점도가 높아 꾸덕한 크림일까요? 앞의 것이겠죠? 센티스톡스로 제품의 점도를 유추하는 것 역시 시험 보기 전 필수 능력입니다.

개별포장당 메틸 살리실레이트를 5퍼센트 이상 함유하는 액체상태의 제품 역시도 안전용기 · 포장을 해야 합니다. 메틸 살리실레이트는 살리실릭애씨드의 에스텔류입니다. 메틸 살리실레이트 역시 주관식으로 나올 수 있으니 꼭 암기!

그렇다면 산업통상자원부장관이 고시한 어린이보호포장대상공산품의 안전기준에 대해 알아봅시다. 이 기준은 어린이가 쉽게 열지 못하는 재봉함 가능 포장에 대한 안전요건 및 시험 방법에 대하여 규정합니다. 시험 방법은 어린이의 접근을 제한하는 포장의 효율성 측면을 측정할 뿐만 아니라 **성인에 의한 내용물의 접근 가능성**도 측정합니다. 즉, 만 5세 미만의 어린이가 쉽게 열지 못하게 하는 것뿐만 아니라 성인이 내용물을 어렵지 않게 열 수 있는 것 역시 중요하다는 것입니다!

보통 만 5세 아이라 하면 49~60개월을 말합니다. 그리고 이 규정에서는 **만 5세를 52개월로 규정**합니다. 즉, 안전용기·포장이란 정확히 말하면 <u>52개월 미만의 어린이들이 열기는 어렵지만 성인들이 열기에는 어렵지 않은 용기와 마개로 구성된 포장</u>을 말합니다. 안전용기·포장의 시험 시 어린이 패널 참가자의 연령분포는 남녀 10% 이상의 편차가 나지 않는 범위에서 42~44개월 30%, 45~48개월 40%, 49~51개월 30%로 하여 50명씩 4그룹으로 나누어 실시하여야 합니다. 시험은 ① 생후 42개월에서 51개월 사이의 어린이들에 의한 시험, ② 50세에서 70세 사이의 성인들에 의한 시험으로 나뉘어 집니다. 성인들 역시 잘 열 수 있는지 시험을 해야겠지요?

어린이 시험은 어린이 200명 중에서 최소 85%가 시범 없이 5분 이내에 포장을 개봉할 수 없어야 하며 시범 없이 5분 내에 포장을 열지 못한 어린이 중에서 최소 80%가 시범 후 또 다른 5분 내에 포장을 열 수 없어야 합니다. 성인 시험은 50세에서 70세 사이의 성인 시험자 100명을 무작위로 선발합니다. 어느 한 연령대에서 30명 이상을 선발해서는 안 됩니다. 성인을 데리고 정해진 절차에 따라 포장을 시험할 때, 유효 성인 90%가 포장을 개봉하고 재봉함 할 수 있어야 합니다.

자, 안전용기·포장의 기준, 시험법, 시험기준 등에 대해서 알아보았는데 어떠신가요? 우리가 무심코 쓰는 것들에 수많은 노력이 있다는 사실을 새롭게 아셨나요? 그런데 안전용기·포장을 해야 하는 여건에 성립되어도 안전용기·포장을 하지 않아도 되는 것들이 있습니다. 일회용 제품, 용기 입구 부분이 펌프 또는 방아쇠로 작동되는 분무용기 제품, 압축 분무용기 제품(에어로졸 제품 등)은 제외입니다!

지한쌤의 스물일곱 번째 암기비법!

"한방에"는 안전용기·포장 제외!
한(하나-'일'):(한번 쓰고 버리는)일회용 제품
방:방아쇠(펌프) 분무용기
에:에어로졸 압축 분무용기
안전용기·포장을 한방에 제외시켜버렸다!

안전용기·포장을 알아보았으니 이제 시행규칙 제19조를 알아봅시다. 제19조는 화장품 포장의 기재·표시에 관한 내용입니다.

화장품법 시행규칙 제19조(화장품 포장의 기재·표시 등)

객관식 및 주관식 대비! 중요도:★★★★★

① 다음에 해당하는 **1차 포장 또는 2차 포장**에는 화장품의 명칭, 화장품책임판매업자 또는 맞춤형화장품판매업자의 상호, 가격, 제조번호와 사용기한 또는 개봉 후 사용기간(개봉 후 사용기간을 기재할 경우에는 제조연월일을 병행 표기)만을 기재·표시할 수 있다. 다만, 제2호의 포장의 경우 <u>가격이란 견본품이나 비매품 등의 표시</u>를 말한다.

1. 내용량이 10밀리리터 이하 또는 10그램 이하인 화장품의 포장
2. 판매의 목적이 아닌 제품의 선택 등을 위하여 미리 소비자가 시험·사용하도록 제조 또는 수입된 화장품의 포장(견본품 혹은 비매품)

② **기재·표시를 생략할 수 있는 성분**이란 다음의 성분을 말한다.

> 1. 제조과정 중에 제거되어 최종 제품에는 남아 있지 않은 성분
> 2. 안정화제, 보존제 등 원료 자체에 들어 있는 부수 성분으로서 그 효과가 나타나게 하는 양보다 적은 양이
>   들어 있는 성분
> 3. 내용량이 **10밀리리터 초과 50밀리리터 이하 또는 중량이 10그램 초과 50그램 이하** 화장품의 포장인 경우
>   다음의 성분을 제외한 성분
>
> > 가. 타르색소
> > 나. 금박
> > 다. 샴푸와 린스에 들어 있는 인산염의 종류
> > 라. 과일산(AHA)
> > 마. 기능성화장품의 경우 그 효능·효과가 나타나게 하는 원료
> > 바. 식품의약품안전처장이 사용 한도를 고시한 화장품의 원료

③ 화장품의 포장에 기재·표시하여야 하는 사용할 때의 주의사항은 별표 3과 같다.

④ 화장품의 포장에 기재·표시하여야 하는 사항은 다음과 같다. **다만, 맞춤형화장품의 경우에는 제1호 및 제6호를
제외한다.**

> 1. 식품의약품안전처장이 정하는 바코드
> 2. 기능성화장품의 경우 심사받거나 보고한 효능·효과, 용법·용량
> 3. 성분명을 제품 명칭의 일부로 사용한 경우 그 성분명과 함량(방향용 제품 제외)
> 4. 인체 세포·조직 배양액이 들어있는 경우 그 함량
> 5. 화장품에 천연 또는 유기농으로 표시·광고하려는 경우에는 원료의 함량
> 6. 수입화장품인 경우에는 제조국의 명칭(「대외무역법」에 따른 원산지를 표시한 경우 제조국의 명칭 생략가
>   능), 제조회사명 및 그 소재지
> 7. 제2조 제8호부터 제11호까지에 해당하는 기능성화장품의 경우에는 "질병의 예방 및 치료를 위한 의약품이
>   아님"이라는 문구
> 8. 다음의 어느 하나에 해당하는 경우 사용기준이 지정·고시된 원료 중 보존제의 함량
>   가. 만 3세 이하의 **영유아용 제품류**인 경우
>   나. 만 4세 이상부터 만 13세 이하까지의 **어린이가 사용할 수 있는 제품**임을 특정하여 표시·광고하려는 경우

⑤ 해당 화장품의 제조에 사용된 성분의 기재·표시를 생략하려는 경우에는 다음의 어느 하나에 해당하는 방법으로
생략된 성분을 확인할 수 있도록 하여야 한다.

> 1. 소비자가 모든 성분을 즉시 확인할 수 있도록 포장에 전화번호나 홈페이지 주소를 적을 것
> 2. 모든 성분이 적힌 책자 등의 인쇄물을 판매업소에 늘 갖추어 둘 것

⑥ 화장품 포장의 표시기준 및 표시방법은 별표 4와 같다.

시행규칙 제19조는 화장품의 1차 포장 또는 2차 포장에 기재하여야 하는 사항에 대한 조항인데요, 이는 시험에 너무 잘 나오는 내용이므로 꼭 숙지하셔야 합니다. 이 법 조항을 간단히 정리해보겠습니다.

화장품의 1차 포장 또는 2차 포장에 기재하여야 하는 사항
(즉, 1차 포장에 기재해도 되고 2차 포장에 기재해도 되는 사항)

1. 화장품의 명칭
2. 영업자의 상호 및 주소
3. 해당 화장품 제조에 사용된 모든 성분(**단, 다음의 성분들은 기재를 생략할 수 있음!**)

★기재·표시를 생략할 수 있는 성분들★

① 제조과정 중에 **제거**되어 최종 제품에는 남아 있지 않은 성분은 기재·표시를 생략할 수 있다.
② 안정화제, 보존제 등 원료 자체에 들어 있는 부수 성분으로서 그 효과가 나타나게 하는 양보다 적은 양이 들어 있는 성분은 기재·표시를 생략할 수 있다.
③ **내용량이 10밀리리터 초과 50밀리리터 이하 또는 중량이 10그램 초과 50그램 이하 화장품**의 포장인 경우에는 다음의 성분을 제외한 성분에 대한 기재·표시를 생략할 수 있다.

   가. 타르색소
   나. 금박
   다. 샴푸와 린스에 들어 있는 인산염의 종류
   라. 과일산(AHA)
   마. 기능성화장품의 경우 그 효능·효과가 나타나게 하는 원료
   바. 식품의약품안전처장이 사용 한도를 고시한 화장품의 원료

☑ 즉, 내용량이 10ml(g)초과 50ml(g)이하인 화장품은 **위의 가~바까지의 6가지 원료들을 제외**한 전 성분 기재·표시가 생략된다.

4. 내용물의 용량 또는 중량
5. 제조번호
6. 사용기한 또는 개봉 후 사용기간
7. 가격
8. 기능성화장품의 경우 "기능성화장품"이라는 글자 또는 기능성화장품을 나타내는 도안으로서 식품의약품안전처장이 정하는 도안
9. 사용할 때의 주의사항
10. 식품의약품안전처장이 정하는 바코드(단, 바코드는 맞춤형화장품에 생략가능!)
11. 기능성화장품의 경우 심사받거나 보고한 효능·효과, 용법·용량
12. 성분명을 제품 명칭의 일부로 사용한 경우 그 성분명과 함량(방향용 제품 제외)
13. 인체 세포·조직 배양액이 들어있는 경우 그 함량
14. 화장품에 천연 또는 유기농으로 표시·광고하려는 경우에는 원료의 함량
15. 수입화장품인 경우에는 제조국의 명칭(「대외무역법」에 따른 원산지를 표시한 경우 제조국의 명칭 생략가능), 제조회사명 및 그 소재지

16. 기능성화장품 중 탈모 증상의 완화, 여드름성 피부의 완화, 피부장벽의 기능을 회복하여 가려움 등의 개선, 튼살로 인한 붉은 선을 엷게 하는 데 도움을 주는 화장품의 경우에는 "질병의 예방 및 치료를 위한 의약품이 아님"이라는 문구

지한쌤의 스물여덟 번째 암기비법!

"질병의 예방 및 치료를 위한 의약품이 아님"이라는 문구를 기재·표시해야 하는 **기능성화장품 4개**

"여드름 탈출 피부 튼튼!"

여드름성 **피부의 완화, 탈모** 증상의 **완화, 피부**장벽의 기능을 회복하여 가려움 등의 개선,

튼살로 인한 붉은 선을 엷게 하는 데 도움을 주는 화장품

17. 다음의 어느 하나에 해당하는 경우 사용기준이 지정·고시된 원료 중 보존제의 함량

　　가. 만 3세 이하의 **영유아용 제품류**인 경우
　　나. 만 4세 이상부터 만 13세 이하까지의 <u>어린이가 사용할 수 있는 제품</u>임을 특정하여 표시·광고하려는 경우

지한쌤의 스물아홉 번째 암기비법!

전성분에 함량까지 기재해야 하는 경우

"영유아 성인"

영유아 및 어린이 사용 화장품의 보존제

유기농 및 천연화장품의 원료 함량

성분명을 제품 명칭 일부로 사용한 경우(방향용 제품류 제외)

인체 세포·조직 배양액이 들어있는 경우

다만, <u>내용량이 소량인 화장품</u>(내용량이 10밀리리터 이하 또는 10그램 이하인 화장품)**과 판매의 목적이 아닌 제품의 선택 등을 위하여 미리 소비자가 시험·사용하도록 제조 또는 수입된 화장품의 포장**에는 화장품의 명칭, 화장품책임판매업자 및 맞춤형화장품판매업자의 상호, 가격, 제조번호와 사용기한 또는 개봉 후 사용기간(개봉 후 사용기간을 기재할 경우 제조연월일 병행 표기)만을 기재·표시할 수 있습니다.

지한쌤의 서른 번째 암기비법!

소용량 화장품, 비매품, 견본품에는 "명상제사가"만 기재·표시한다.

명칭, 책판업 및 맞판업자 상호, 제조번호, 사용기한 또는 개봉 후 사용기간, 가격

1차 포장에 기재해도 되고 2차 포장에 기재해도 되는 사항에 대해 알아보았는데요, 다음의 사항은 1차 포장에 필수로 표시하여야 합니다. 즉, 2차 포장까지 된 화장품의 경우에 다음 4가지의 사항은 꼭 1차 포장에 기재해야 합니다.

1. 화장품의 명칭
2. 영업자의 상호
3. 제조번호
4. 사용기한 또는 개봉 후 사용기간

지한쌤의 서른한 번째 암기비법!

"명상제사"는 꼭 1차 포장에 기재해야 한다!
명칭, 영업자의 상호, 제조번호, 사용기한 또는 개봉 후 사용기간
"1차 포장을 위해 명상하며 제사를 지낸다."

위의 모든 기재사항을 화장품의 용기 또는 포장에 표시할 때 제품의 명칭, 영업자의 상호는 시각장애인을 위한 점자 표시를 병행할 수 있습니다. 이는 필수는 아닙니다.

앞의 적은 내용을 정리해보면, 내용량이 10ml(g)이하의 화장품, 견본품, 비매품은 그 전성분 표시가 완전 생략됩니다. 그리고 내용량이 10ml(g) 초과 50ml(g) 이하 화장품의 포장인 경우 여섯 가지 성분들(타르색소, 금박, 샴푸와 린스에 들어 있는 인산염의 종류, 과일산(AHA), 기능성화장품의 경우 그 효능·효과가 나타나게 하는 원료, 식품의약품안전처장이 사용 한도를 고시한 화장품의 원료)을 제외한 전 성분 표시가 생략됩니다.

지한쌤의 서른두 번째 암기비법!

내용량이 10ml(g) 초과 50ml(g) 이하인 화장품의 포장에 전 성분은 생략되지만
'이것만은 기재·표시!'하여야 하는 여섯 가지 성분들

"타인과 식사 금기!"

타르색소, 샴푸와 린스에 들어 있는 인산염의 종류, 과일산(AHA), 식품의약품안전처장이 사용 한도를 고시한 화장품의 원료, 금박, 기능성화장품의 경우 그 효능·효과가 나타나게 하는 원료

👉 이 비법은 지한쌤이 아닌 선한 영향력을 행사하시는 '화박사의 회원'께서 만드신 암기비법입니다.

지한쌤의 서른세 번째 암기비법!

과일산(AHA)의 대표적인 성분들
"과일(과일산 AHA) 먹으며 시끌시끌 말 많다(만타). 말이 많아 즐거울 락(樂)"
(한 가족이 옹기종기 모여 과일을 먹으며 시끄럽고 즐겁게 이야기 나누는 모습)
· 과일산(AHA) : 글라이콜릭애씨드(사탕수수), 락틱애씨드(우유, 젖산), 말릭애씨드(사과),
타르타릭(타타릭)애씨드(주석산, 포도), 시트릭애씨드(감귤류, 구연산), 만데릭애씨드(아몬드 추출물 가수분해)
시(시트릭)·꿀(글라이콜릭)·말(말릭)·만(만데릭)·타(타타릭)·락(락틱)

그러면 이렇게 기재를 생략한 성분들을 알 수 있는 방법이 없을까요? 이처럼 화장품의 제조에 사용된 성분의 **기재·표시를 생략하려는 경우**에는 다음의 어느 하나에 해당하는 방법으로 생략된 성분을 확인할 수 있도록 하여야 합니다.

1. 소비자가 모든 성분을 즉시 확인할 수 있도록 포장에 전화번호나 홈페이지 주소를 적을 것
2. 모든 성분이 적힌 책자 등의 인쇄물을 판매업소에 늘 갖추어 둘 것

즉, 이 두 가지 방법 중 한 가지만 하면 됩니다.

□ 전성분에 함량까지 기재하여야 하는 경우

보통 화장품의 전성분에는 함량이 적혀있지 않습니다. 뭐가 들어갔는지에 대해 적고 또 그게 얼마나 들어갔는지를 적으면 화장품제조업자는 영업비밀을 다 공개하는 꼴이 됩니다. 따라서 군이 전성분에 그 함량은 적지 않되 들어간 모든 성분을 함량의 순서대로만 표시하죠(1% 이하의 성분들 제외). 그러나 예외적으로 어떤 원료가 그 화장품에 얼마나 들어갔는지에 대해 그 함량을 적어야 하는 경우가 있습니다. 그 경우는 다음과 같습니다.

함량을 적어야 하는 경우	
영유아 및 어린이 사용 화장품인 경우 그 보존제의 함량	영유아 및 어린이는 피부가 예민하므로 보존제에 대해 민감할 수 있습니다. 따라서 이러한 화장품의 경우 전성분에 **보존제의 함량**을 추가로 기재합니다.
천연화장품 및 유기농화장품의 원료 함량	천연 및 유기농으로 표시·광고하는 화장품은 천연 및 유기농 함량을 기재하여야 합니다.
성분명을 제품 명칭 일부로 사용한 경우 (방향용 제품류 제외) 그 성분의 함량	예를 들어 어떤 제품이 '티트리오일로션'이었다면 이 제품에는 티트리오일이 얼마나 들었는지에 대해 기재해야 합니다.
인체 세포·조직 배양액이 들어있는 경우 그 함량	예를 들어 '인체 줄기세포 배양액'이 화장품에 포함된 경우 그 함량을 기재하여야 합니다.

그럼 여기서 문제입니다. '순한 베이비 세라마이드 로션'에는 어떤 함량을 적어야 할까요? 일단 '베이비'이니 영유아 및 어린이 사용 화장품으로 표시한 것이므로 보존제의 함량을 기재해야겠지요. 게다가 성분명을 제품 명칭의 일부로 사용했으므로 세라마이드의 함량을 기재하여야겠네요. 함량은 그냥 전성분에 기재된 해당 성분 뒤에 괄호로 넣으면 됩니다.

이제 구체적인 화장품 포장의 표시기준 및 표시방법을 알아봅시다.

화장품 포장의 표시기준 및 표시방법

1. 화장품의 명칭

다른 제품과 구별할 수 있도록 표시된 것으로서 같은 화장품책임판매업자 또는 맞춤형화장품판매업자의 여러 제품에서 공통으로 사용하는 명칭을 포함합니다.

2. 영업자의 상호 및 주소

가. 영업자의 주소는 **등록필증 또는 신고필증에 적힌 소재지 또는** 반품·교환 **업무를 대표하는 소재지를 기재·표시**해야 합니다(반품 및 교환이란 단어가 시험에 주관식으로 출제되었습니다!).

나. "화장품제조업자", "화장품책임판매업자" 또는 "맞춤형화장품판매업자"는 각각 구분하여 기재·표시해야 합니다. 다만, 화장품제조업자, 화장품책임판매업자 또는 맞춤형화장품판매업자가 다른 영업을 함께 영위하고 있는 경우에는 한꺼번에 기재·표시할 수 있습니다.

> 🔲 화장품제조업자와 화장품책임판매업자가 같을 경우 표시 방법
>
> **화장품제조업자·화장품책임판매업자 : (주)지한코스메틱**

다. 공정별로 **2개 이상의 제조소**에서 생산된 화장품의 경우에는 일부 공정을 수탁한 화장품제조업자의 상호 및 주소의 기재·표시를 생략할 수 있습니다.

> 🔲 화장품책임판매업자 A가 제조업자인 B에게 전반적인 제조 위탁을 맡겼는데, 이 B가 제조공정 중 일부를 제조업자 C에게 위탁한 경우 화장품책임판매업자인 A가 직접 위탁 계약을 한 B의 상호 및 주소는 기재를 생략할 수 없으나 제조업자 B의 일부 공정을 수탁한 제조업자인 C의 상호 및 주소의 기재를 생략할 수 있다.

라. 수입화장품의 경우에는 추가로 기재·표시하는 제조국의 명칭, 제조회사명 및 그 소재지를 국내 "화장품제조업자"와 구분하여 기재·표시해야 합니다.

3. ★★★★★ **화장품 제조에 사용된 성분(전성분 표시방법)**

가. 글자의 크기는 5포인트 이상으로 합니다.

나. 화장품 제조에 사용된 함량이 많은 것부터 기재·표시합니다. **다만, 1퍼센트 이하로 사용된 성분, 착향제 또는 착색제는 순서에 상관없이 기재·표시**할 수 있습니다.

> 🔲 어떤 화장품의 포장에 기재된 전성분이 다음과 같다고 합시다.
>
> 정제수, 부틸렌글라이콜, 글리세린, 나이아신아마이드, 스쿠알란, 세테아릴알코올, 리모넨, 홍차추출물, 시트로넬올, 하이알루로닉애씨드, 세라마이드엔피

전성분은 제조에 사용된 함량이 많은 것부터 기재·표시하니 이 화장품에 들어있는 제일 많은 원료는 정제수이겠군요. 만약, 이 화장품에 세테아릴알코올이 1%가 들어갔다면 세테아릴알코올 뒤에 있는 원료들은 다 1% 정도 함유되었거나 혹은 그 이하가 함유되었을 것입니다. 그러나 이 경우 세테아릴알코올과 리모넨, 홍차추출물, 시트로넬올, 하이알루로닉애씨드, 세라마이드엔피 중 어느 성분의 함량이 더 많은지는 알 수 없겠죠. 1퍼센트 **이하로 사용된 성분, 착향제 또는 착색제는 순서에 상관없이 기재·표시**하니까요.

다. 혼합원료는 혼합된 개별 성분의 명칭을 기재·표시합니다.

라. 색조 화장용 제품류, 눈 화장용 제품류, 두발염색용 제품류 또는 손발톱용 제품류에서 **호수별로 착색제가 다르게 사용된 경우** '±또는+/-'의 표시 다음에 사용된 모든 착색제 성분을 함께 기재·표시할 수 있습니다.

마. 착향제는 "향료"로 표시할 수 있습니다. 다만, **착향제의 구성 성분 중 식품의약품안전처장이 정하여 고시한 알레르기 유발성분**은 사용 후 씻어내는 제품에 0.01% 초과, 사용 후 씻어내지 않는 제품에 0.001% 초과 함유하는 경우 **향료로 표시할 수 없고, 해당 성분의 명칭을 기재·표시해야 합니다.**

식품의약품안전처장이 정하여 고시한 알레르기 유발성분(25종 - 모두 암기!)

다음 성분들이 사용 후 씻어내는 제품에 0.01% 초과, 사용 후 씻어내지 않는 제품에 0.001% 초과 함유하는 경우 "향료"로 표시할 수 없고 따로 해당 성분의 명칭을 기재·표시해야 합니다.

☑ 아밀신남알, 벤질알코올, 신나밀알코올, 시트랄, 유제놀, 하이드록시시트로넬알, 아이소유제놀, 아밀신나밀알코올, 벤질살리실레이트, 신남알, 쿠마린, 제라니올, 아니스알코올, 벤질신나메이트, 파네솔, 부틸페닐메틸프로피오날, 리날룰, 벤질벤조에이트, 시트로넬올, 헥실신남알, 리모넨, 메틸 2-옥티노에이트, 알파-아이소메틸아이오논, 참나무이끼추출물, 나무이끼추출물

바. **산성도(pH) 조절 목적으로 사용되는 성분**은 그 성분을 표시하는 대신 **중화반응에 따른** 생성물로 기재·표시할 수 있고, **비누화반응을 거치는 성분**은 **비누화반응에 따른** 생성물로 기재·표시할 수 있습니다.

사. 영업자의 정당한 이익을 현저히 침해할 우려가 있을 때에는 영업자는 식품의약품안전처장에게 그 근거자료를 제출해야 하고, 식품의약품안전처장이 정당한 이익을 침해할 우려가 있다고 인정하는 경우에는 그 성분을 "기타 성분"으로 기재·표시할 수 있습니다.

4. 내용물의 용량 또는 중량

화장품의 1차 포장 또는 2차 포장의 무게가 포함되지 않은 용량 또는 중량을 기재·표시해야 합니다. 이 경우 **화장비누(고체 형태의 세안용 비누)의 경우에는 수분을 포함한 중량과 건조중량을 함께 기재·표시**해야 합니다.

5. 제조번호

사용기한(또는 개봉 후 사용기간)과 쉽게 구별되도록 기재·표시해야 하며, 개봉 후 사용기간을 표시하는 경우에는 병행 표기해야 하는 제조연월일(**맞춤형화장품의 경우에는** 혼합·소분일)도 각각 구별이 가능하도록 기재·표시해야 합니다.

6. 사용기한 또는 개봉 후 사용기간

가. 사용기한은 "사용기한" 또는 "까지" 등의 문자와 "연월일"을 소비자가 알기 쉽도록 기재·표시해야 합니다. 다만, "연월"로 표시하는 경우 사용기한을 넘지 않는 범위에서 기재·표시해야 합니다.

> 예 화장품의 사용기한이 2021년 4월 4일인 경우
> • "2021년 4월 4일까지"-(옳음)
> • "2021년 4월까지"-(틀림 - 4월까지라는 말은 4월 30일까지 써도 된다는 뜻이므로)
> • "2021년 3월까지"-(옳음 - "연월"로 표시하는 경우 사용기한을 넘지 않는 범위에서 기재·표시)

나. 개봉 후 사용기간은 "개봉 후 사용기간"이라는 문자와 "○○월" 또는 "○○개월"을 조합하여 기재·표시하거나, 개봉 후 사용기간을 나타내는 심벌과 기간을 기재·표시할 수 있습니다.

예 심벌과 기간 표시(개봉 후 사용기간이 12개월 이내인 제품)

12M   12월(또는 개월)

지한쌤의 서른네 번째 암기비법!

개봉 후 사용기간은 "심기"로 표시!

심벌 및 기간

7. 기능성화장품의 기재·표시

가. 문구는 기재·표시된 "기능성화장품" 글자 바로 아래에 "기능성화장품" 글자와 동일한 글자 크기 이상으로 기재·표시해야 합니다.

나. 기능성화장품을 나타내는 도안은 다음과 같습니다.

• 표시기준(로고모형)

• 표시방법

  ㄱ. 도안의 크기는 용도 및 포장재의 크기에 따라 동일 배율로 조정합니다.

  ㄴ. 도안은 알아보기 쉽도록 인쇄 또는 각인 등의 방법으로 표시해야 합니다.

화장품의 1차 포장 혹은 2차 포장에는 사용 시의 주의사항 역시 기재·표시하여야 하는데요, 이는 부록에 실어 놓았으니 참고 부탁드립니다.

화장품의 포장에는 바코드 역시 기재·표시하여야 합니다. 국내에서 제조되거나 수입되는 화장품에 대하여 표준바코드를 표시하여야 하는데요, **맞춤형화장품** 및 **내용량이 15밀리리터 이하 또는 15그램 이하인 제품의 용기 또는 포장이나 견본품, 시공품 등 비매품**에 대하여는 화장품바코드 표시를 생략할 수 있습니다. 바코드의 정확한 정의는 다음과 같습니다.

• 바코드 : 화장품 코드를 포함한 숫자나 문자 등의 데이터를 일정한 약속에 의해 컴퓨터에 자동 입력시키기 위한 여백 및 광학적문자판독(Optical Character Recognition) 폰트의 글자로 구성되어 정보를 표현하는 수단으로서, 스캐너가 읽을 수 있도록 인쇄된 심벌(마크)
• 화장품코드 : 개개의 화장품을 식별하기 위하여 고유하게 설정된 번호로서 국가식별코드, 화장품제조업자 등의 식별코드, 품목코드 및 검증번호(Check Digit)를 포함한 12 또는 13자리의 숫자

지한쌤의 서른다섯 번째 암기비법!

내용량이 15(십오)ml(g)이하인 제품은 바코드 싫오!

내용량 십오 이하는 바코드 싫오!

화장품바코드 표시는 국내에서 화장품을 유통·판매하고자 하는 화장품책임판매업자가 합니다. 화장품바코드는 국제표준바코드인 GS1 체계 중 EAN-13, ITF-14, GS1-128, UPC-A 또는 GS1 DataMatrix 중 하나를 사용해야 하며 화장품 판매업소를 통하지 않고 소비자의 가정을 직접 방문하여 판매하는 등 폐쇄된 유통경로를 이용하는 경우에는 자체적으로 마련한 바코드를 사용할 수 있답니다. 또한 화장품책임판매업자는 용기포장의 디자인에 따라 판독이 가능하도록 바코드의 인쇄크기와 색상을 자율적으로 정할 수 있습니다. 그리고 화장품바코드 표시는 유통단계에서 쉽게 훼손되거나 지워지지 않도록 하여야 합니다. 바코드 관련 내용은 제 '맞춤형화장품조제관리사 심화문제집'에서 상세히 다루고 있으니 참고 부탁드립니다.

화장품책임판매업자가 용기포장의 디자인에 따라 판독이 가능하도록 바코드의 인쇄크기와 색상을 자율적으로 정한 예시 - 헤라의 셀-바이오 크림 제품 용기

화장품법 시행규칙 제19조의 2(화장품 1차 포장 기재 의무 제외 대상)

법 제10조 제2항 단서에서 "고형비누 등 총리령으로 정하는 화장품"이란 화장 비누(고체 형태의 세안용 비누)를 말한다.

앞 조항에 화장품의 1차 포장에 꼭 적어야 하는 경우가 나와있었죠. 보통 소비자들은 화장품의 박스는 버리고 화장품 통만 남긴 채로 사용합니다. 그래서 통에 최소한의 정보를 적어두는 것이었죠. 그런데 비누의 경우 1차 포장은 비닐 혹은 부직포입니다. 비누는 고체이기에 로션이나 크림처럼 액상을 담을 통이 필요하지 않습니다. 따라서 비누는 사용할 때 1차 포장조차 벗기고 사용합니다. 따라서 고형비누에 한해서 1차 포장에 위와 같은 기재 의무 사항들을 적을 필요가 없습니다.

18 화장품법 시행규칙 제18조~제19조의2

III. 화장품법 시행규칙(총리령)

간단하고 명료한 화장품법 시행령 체계표[다지기]	
법령	화장품법 시행규칙
조항	제18조~제19조의2

□ [화장품법 시행규칙 제18조] 안전용기·포장

안전용기·포장의 모든 것(산업통상자원부장관이 고시한 것임! 식약처장 아님!)	
정의	만 5세 미만의 어린이가 개봉하기 어렵게 설계·고안된 용기나 포장
안전용기·포장 등의 사용의무	**화장품책임판매업자 및 맞춤형화장품판매업자**는 화장품을 판매할 때 어린이가 화장품을 잘못 사용하여 인체에 위해를 끼치는 사고가 발생하지 않도록 안전용기·포장을 사용해야 함
안전용기·포장을 사용해야 하는 품목	1. 아세톤을 함유하는 **네일 에나멜 리무버 및 네일 폴리시 리무버** 2. 어린이용 오일 등 개별포장 당 탄화수소류를 10퍼센트 이상 함유하고 운동점도가 21센티스톡스(섭씨 40도 기준) 이하인 에멀션 형태가 아닌(비에멀전 타입의) 액체상태의 제품 3. 개별포장당 메틸 살리실레이트를 5퍼센트 이상 함유하는 액체상태의 제품
안전용기·포장 예외 품목	1. **일회용 제품** 2. 용기 입구 부분이 펌프 또는 방아쇠로 작동되는 **분무용기** 제품 3. **압축 분무용기** 제품(에어로졸 제품 등)
안전용기·포장의 기준	성인이 개봉하기는 어렵지 않으나 만 5세 미만의 어린이가 개봉하기는 어렵게 된 것
수출용 제품의 예외	국내에서 판매되지 않고 수출만을 목적으로 하는 제품은 안전용기·포장 등에 관한 규정을 적용하지 않고 수입국의 규정에 따를 수 있음.
안전용기·포장 사용의무 및 기준 위반 화장품의 회수와 회수·폐기 명령	
화장품의 회수	영업자는 안전용기·포장 등의 기준에 위반되어 국민보건에 위해(危害)를 끼치거나 끼칠 우려가 있는 화장품이 유통 중인 사실을 알게 된 경우 지체 없이 해당 화장품을 회수하거나 회수하는 데에 필요한 조치를 해야 함. ☑ 안전용기·포장 등의 기준에 위반된 화장품 = 위해성 등급 '나' : 30일 이내에 회수되어야 함.
회수·폐기명령	식품의약품안전처장은 판매·보관·진열·제조 또는 수입한 화장품이나 그 원료·재료 등이 안전용기·포장을 위반하여 국민보건에 위해를 끼칠 우려가 있는 경우 해당 영업자·판매자 또는 그 밖에 화장품을 업무상 취급하는 자에게 해당 물품의 회수·폐기 등의 조치를 명해야 함.

안전용기·포장 사용의무 및 기준 위반자에 대한 벌칙 및 행정처분			
안전용기·포장 사용의무 및 기준 위반자에 대한 벌칙	안전용기·포장에 사용 의무 및 기준 등에 관한 사항을 위반한 자는 1년 이하의 징역 또는 1천만원 이하의 벌금에 처해짐.		
안전용기·포장 사용의무 및 기준 위반자에 대한 행정처분	1차 위반 시	2차 위반 시	3차 위반 시	4차 위반 시
	해당 품목 판매업무 정지 3개월	해당 품목 판매업무 정지 6개월	해당 품목 판매업무 정지 12개월	없음

□ [화장품법 시행규칙 제19조] 화장품 포장의 기재·표시

'화장품 포장의 기재·표시'의 모든 것

① 화장품의 포장에 기재하여야 하는 사항
(1차 포장에 하든 2차 포장에 하든 어느 포장이든 꼭 기재하여야 하는 사항)

1. 화장품의 명칭

2. 영업자의 상호 및 주소

3. 해당 화장품 제조에 사용된 모든 성분

4. 내용물의 용량 또는 중량

5. 제조번호

6. 사용기한 또는 개봉 후 사용기간

7. 가격

8. 기능성화장품의 경우 "기능성화장품"이라는 글자 또는 기능성화장품을 나타내는 도안으로서 식품의약품안전처장이 정하는 도안

9. 사용할 때의 주의사항

10. 식품의약품안전처장이 정하는 바코드(단, 바코드는 맞춤형화장품에 생략가능!)

11. 기능성화장품의 경우 심사받거나 보고한 효능·효과, 용법·용량

12. 성분명을 제품 명칭의 일부로 사용한 경우 그 성분명과 함량(방향용 제품 제외)

13. 인체 세포·조직 배양액이 들어있는 경우 그 함량

14. 화장품에 천연 또는 유기농으로 표시·광고하려는 경우에는 원료의 함량

15. 수입화장품인 경우에는 제조국의 명칭(「대외무역법」에 따른 원산지를 표시한 경우 제조국의 명칭 생략가능), 제조회사명 및 그 소재지

16. 기능성화장품 중 탈모 증상의 완화, 여드름성 피부의 완화, 피부장벽의 기능을 회복하여 가려움 등의 개선, 튼살로 인한 붉은 선을 옅게 하는 데 도움을 주는 화장품의 경우에는 "질병의 예방 및 치료를 위한 의약품이 아님"이라는 문구

17. 영유아용 제품류 혹은 어린이가 사용할 수 있는 제품임을 표시·광고하는 화장품의 경우 사용기준이 지정·고시된 원료 중 보존제의 함량

② 위의 사항 중 1차 포장에 꼭 기재하여야 하는 사항

1. 화장품의 명칭
2. 영업자의 상호
3. 제조번호
4. 사용기한 또는 개봉 후 사용기간

단, 고체 비누의 경우 1차 포장을 제거하고 사용하므로 이와 같은 사항을 기재하지 않아도 된다.

위의 사항에도 불구하고 기재·표시를 생략할 수 있는 성분들

1. 제조과정 중에 **제거**되어 최종 제품에는 남아 있지 않은 성분
2. 안정화제, 보존제 등 원료 자체에 들어 있는 부수 성분으로서 그 효과가 나타나게 하는 양보다 적은 양이 들어 있는 성분
3. **내용량이 10밀리리터 초과 50밀리리터 이하 또는 중량이 10그램 초과 50그램 이하 화장품**의 포장인 경우에는 다음의 성분을 제외한 성분

　가. 타르색소

　나. 금박

　다. 샴푸와 린스에 들어 있는 인산염의 종류

　라. 과일산(AHA)

　마. 기능성화장품의 경우 그 효능·효과가 나타나게 하는 원료

　바. 식품의약품안전처장이 사용 한도를 고시한 화장품의 원료

☑ 즉, 내용량이 10ml(g)초과 50ml(g)이하인 화장품은 **위의 가~바까지의 6가지 원료들을 제외**한 전 성분 기재·표시가 생략된다.

소용량 화장품 및 견본품, 비매품의 포장의 기재·표시사항

위의 사항과는 별개로 이 화장품들은 화장품의 명칭, 화장품책임판매업자 또는 맞춤형화장품판매업자의 상호, 가격, 제조번호와 사용기한 또는 개봉 후 사용기간(제조연월일 병행 표기)만 기재·표시

- 소용량 화장품 : 내용량이 10밀리리터 이하 또는 10그램 이하인 화장품
- 견본품 및 비매품 : 판매의 목적이 아닌 제품의 선택 등을 위하여 미리 소비자가 시험·사용하도록 제조 또는 수입된 화장품

상세한 기재·표시 방법

- **영업자의 주소** : 등록필증 또는 신고필증에 적힌 소재지 또는 반품·교환 업무를 대표하는 소재지를 기재·표시
- **영업자의 상호**
  - "화장품제조업자", "화장품책임판매업자" 또는 "맞춤형화장품판매업자"는 각각 구분하여 기재·표시. 단, 화장품제조업자, 화장품책임판매업자 또는 맞춤형화장품판매업자가 다른 영업을 함께 영위하고 있는 경우 한꺼번에 기재·표시 가능.
  - 공정별로 2개 이상의 제조소에서 생산된 화장품의 경우 일부 공정을 수탁한 화장품제조업자의 상호 및 주소의 기재·표시 생략 가능
  - 수입화장품의 경우 추가로 기재·표시하는 제조국의 명칭, 제조회사명 및 그 소재지를 국내 "화장품제조업자"와 구분하여 기재·표시

- **전성분 표시방법** : 글자 크기 5포인트 이상, 제조에 사용된 함량이 많은 것부터 기재. 단, 1퍼센트 이하로 사용된 성분, 착향제 또는 착색제는 순서에 상관없이 기재·표시, 혼합원료는 혼합된 개별 성분의 명칭을 기재·표시, 색조 화장용 제품류, 눈 화장용 제품류, 두발염색용 제품류 또는 손발톱용 제품류에서 호수별로 착색제가 다르게 사용된 경우 '±또는+/-'의 표시 다음에 사용된 모든 착색제 성분을 함께 기재·표시 가능, 착향제는 "향료"로 표시 가능. 단, 착향제의 구성 성분 중 식품의약품안전처장이 정하여 고시한 알레르기 유발성분이 있는 25종은 사용 후 씻어내는 제품에 0.01% 초과, 사용 후 씻어내지 않는 제품에 0.001% 초과 함유하는 경우 향료로 표시할 수 없고, 해당 성분의 명칭을 기재·표시.

식품의약품안전처장이 정하여 고시한 알레르기 유발성분(25종 - <u>모두 암기!</u>)

- 다음 성분들이 사용 후 <u>씻어내는 제품에 0.01%</u> 초과, 사용 후 <u>씻어내지 않는 제품에 0.001%</u> 초과 함유하는 경우 "향료"로 표시할 수 없고 따로 해당 성분의 명칭을 기재·표시해야 한다.
- 아밀신남알, 벤질알코올, 신나밀알코올, 시트랄, 유제놀, 하이드록시시트로넬알, 아이소유제놀, 아밀신나밀알코올, 벤질살리실레이트, 신남알, 쿠마린, 제라니올, 아니스알코올, 벤질신나메이트, 파네솔, 부틸페닐메틸프로피오날, 리날룰, 벤질벤조에이트, 시트로넬올, 헥실신남알, 리모넨, 메틸 2-옥티노에이트, 알파-아이소메틸아이오논, 참나무이끼추출물, 나무이끼추출물

산성도(pH) 조절 목적으로 사용되는 성분은 그 성분을 표시하는 대신 중화반응에 따른 생성물로 기재·표시할 수 있고, **비누화반응을 거치는 성분은 비누화반응에 따른** 생성물로 기재·표시
영업자의 정당한 이익을 현저히 침해할 우려가 있을 때에는 영업자는 식품의약품안전처장에게 그 근거자료를 제출해야 하고, 식품의약품안전처장이 정당한 이익을 침해할 우려가 있다고 인정하는 경우에는 그 성분을 "기타 성분"으로 기재·표시

- **용량 또는 중량** : 화장품의 1차 포장 또는 2차 포장의 **무게가 포함되지 않은 용량** 또는 중량을 기재·표시. 이 경우 **화장 비누(고체 형태의 세안용 비누)의 경우에는 수분을 포함한 중량과 건조중량을 함께** 기재·표시
- **제조번호** : 사용기한(또는 개봉 후 사용기간)과 쉽게 구별되도록 기재·표시해야 하며, 개봉 후 사용기간을 표시하는 경우에는 **병행 표기해야 하는** 제조연월일(**맞춤형화장품의 경우에는** 혼합·소분일)도 각각 구별이 가능하도록 기재·표시
- **사용기한** : "사용기한" 또는 "까지" 등의 문자와 "연월일"을 소비자가 알기 쉽도록 기재·표시. 다만, "연월"로 표시하는 경우 사용기한을 넘지 않는 범위에서 기재·표시
- **개봉 후 사용기간** : "개봉 후 사용기간"이라는 문자와 "○○월" 또는 "○○개월"을 조합하여 기재·표시하거나, 개봉 후 사용기간을 나타내는 심벌과 기간을 기재·표시.
- **기능성화장품의 기재·표시** : 문구는 기재·표시된 "기능성화장품" 글자 바로 아래에 "기능성화장품" 글자와 동일한 글자 크기 이상으로 기재·표시, 도안의 크기는 용도 및 포장재의 크기에 따라 동일 배율로 조정, 도안은 알아보기 쉽도록 인쇄 또는 각인 등의 방법으로 표시

바코드 관련 사항

- 화장품의 1차 포장 혹은 2차 포장에 바코드를 원칙적으로 기재·표시해야 함. 단, **맞춤형화장품, 내용량이 15밀리리터 이하** 또는 15그램 이하인 제품의 용기 또는 포장이나 견본품, 시공품 등 비매품에는 바코드 생략 가능
- 바코드를 표시하는 자 : 국내에서 화장품을 유통·판매하고자 하는 **화장품책임판매업자**
- 한국에서 화장품바코드로 인정하는 바코드 : GS1 체계 중 EAN-13, ITF-14, GS1-128, UPC-A 또는 GS1 DataMatrix
- 기타 사항 : 화장품 판매업소를 통하지 않고 소비자의 가정을 직접 방문하여 판매하는 등 폐쇄된 유통경로를 이용하는 경우 자체적으로 마련한 바코드 사용 가능. 또한 화장품책임판매업자는 용기포장의 디자인에 따라 판독이 가능하도록 바코드의 인쇄크기와 색상을 자율적으로 정할 수 있음. 화장품바코드 표시는 유통단계에서 쉽게 훼손되거나 지워지지 않도록 하여야 함.

제조에 사용된 성분의 기재·표시를 생략한 경우 영업자의 추가 조치사항

소비자가 모든 성분을 즉시 확인할 수 있도록 포장에 전화번호나 홈페이지 주소를 적거나 모든 성분이 적힌 책자 등의 인쇄물을 판매업소에 늘 갖추어 두어야 함(둘 중 하나만 하면 됨.).

□ 화장품 포장에 표시해야 하는 기재사항

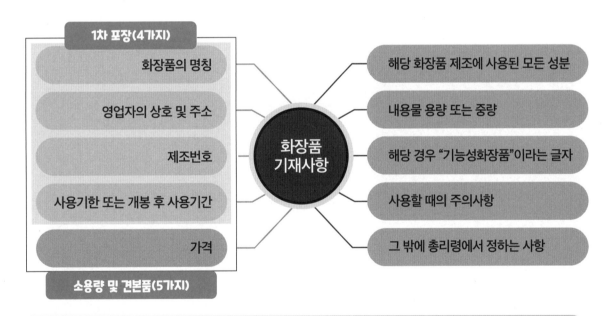

- 1차 포장 : 화장품 제조 시 내용물과 직접 접촉하는 포장용기
- 2차 포장 : 1차 포장을 수용하는 1개 또는 그 이상의 포장과 보호재 및 표시의 목적으로 한 포장(첨부문서 포함)

- 다른 문자 또는 문장보다 쉽게 볼 수 있는 곳에 한글로 기재·표시하며, 외국어 병기 가능

그 밖에 총리령에서 정하는 기재·표시 사항	기재·표시를 생략할 수 있는 성분
• 기능성화장품의 경우 심사 받거나 보고한 효능·효과, 용법·용량 • 이 성분명을 제품 명칭의 일부로 사용한 경우 그 성분명과 함량(방향용 제품 제외) • 인체 세포·조직 배양액이 들어있는 경우 함량 • 화장품에 천연 또는 유기농으로 표시·광고 하려는 경우 그 원료의 함량 • 규칙 제2조8호부터 제11호 기능성화장품의 경우 "질병의 예방 및 치료를 위한 의약품이 아님" • 영·유아용 화장품의 경우 보존제의 함량	• 제조과정 중에 제거되어 최종 제품에는 남아 있지 않은 성분 • 안정화제, 보존제 등 원료 자체에 들어 있는 부수 성분으로서 그 효과가 나타나게 하는 양보다 적은 양이 들어있는 성분 • 내용량이 10밀리리터 초과 50밀리리터 이하 또는 중량이 10그램 초과 50그램 이하인 화장품의 포장(단, 타르색소, 금박, 샴푸와 린스에 들어 있는 인산염의 종류, 과일산(AHA), 기능성화장품의 효능 효과가 나타나게 하는 원료, 배합한도가 정해진 원료는 기재·표시 대상)

III. 화장품법 시행규칙(총리령)

꼼꼼하고 알기 쉬운 법조문 해설[이해하기]	
법령	화장품법 시행규칙
조항	제20조~제23조
관련 법령	화장품법 제11조~제13조 화장품 가격표시제 실시요령 화장품 표시·광고 실증에 관한 규정

여태 화장품의 포장에 기재·표시해야 하는 사항에 대해 알아보았는데요, 이 중 '가격'에 대한 내용이 바로 화장품법 시행규칙 제20조에 별도로 명시되어 있습니다.

화장품법 시행규칙 제20조(화장품 가격의 표시)

해당 화장품을 소비자에게 직접 판매하는 자(이하 "판매자")는 그 제품의 포장에 판매하려는 가격을 일반 소비자가 알기 쉽도록 표시하되, 그 세부적인 표시방법은 식품의약품안전처장이 정하여 고시한다.

가격을 제외한 나머지 것들은 모두 영업자가 기재·표시를 해야 합니다(바코드의 경우 화장품책임판매업자가 기재·표시). 그러나 '가격'은 화장품을 소비자에게 **직접 판매하는 자**(=판매자)가 기재·표시해야 합니다. 여러분의 집에 있는 화장품 용기 혹은 화장품 박스를 확인해보세요! 화장품 용기나 박스에 가격이 인쇄되어있나요? 아닐 겁니다. 보통 가격은 라벨로 따로 붙여져 있을 거예요. 직접 판매자가 가격을 붙였기 때문입니다. 그렇다면 구체적으로 가격을 어떻게 표기하여야 하는지 알아봅시다. 우선 화장품 가격표시제의 실시 목적은 화장품을 판매하는 자에게 해당 품목의 실제거래 가격을 표시하도록 함으로써 소비자의 보호와 공정한 거래를 도모함을 목적으로 합니다. "표시의무자"는 화장품을 일반 소비자에게 판매하는 자(직접 판매자)를 말하며 "판매가격"은 화장품을 일반 소비자에게 판매하는 실제 가격을 말합니다. 만약 할인 이벤트를 하는 화장품판매업소가 있다면 이 업소는 화장품에 할인 전 가격을 표시하면 안 됩니다.

판매가격표시 대상은 국내에서 제조되거나 수입되어 국내에서 판매되는 모든 화장품으로 합니다. 국내에서 제조되었지만 외국으로 수출되는 화장품은 이 판매가격 표시 규정을 따르지 않아도 됩니다.

소매 점포에서 화장품을 일반소비자에게 판매하는 경우 소매업자(직매장 포함)가 표시의무자가 됩니다. 표시의무자(직접 판매자) 이외의 화장품책임판매업자, 화장품제조업자는 그 판매가격을 표시하여서는 안 됩니다. 단, 「방문 판매 등에 관한 법률」에서 규정한 방문판매업·후원방문판매업, 「전자상거래 등에서의 소비자보호에 관한 법률」에서 규정한 통신판매업의 경우에는 <u>그 판매업자</u>가, 「방문 판매 등에 관한 법률」에서 규정한 다단계판매업의 경우에는 <u>그 판매자</u>가 판매가격을 표시하여야 합니다. 방문판매업·후원방문판매업·통신판매업은 사업자등록을 한 '판매업자'(사장님)가 직원('판매자'(직접 집을 방문 혹은 전화를 통해 실제로 판매하는 사람))에게 물건을 주고 판매를 시키는 구조이기에 사업자등록을 한 '판매업자'가 가격표시를 해야 하고, 다단계판매업의 경우 물건을 파는 직접 판매자 그 자체가 사업자등록을 한 사장님이기에 '판매자'가 판매가격을 표시하여야 하는 것입니다. 판매가격표시 의무자는 <u>매장 크기와는 관계없이</u> 가격표시를 하지 않고 화장품을 판매하거나 판매할 목적으로 진열·전시하여서는 안 됩니다.

그렇다면 가격은 어떻게 표시하여야 할까요? 우선, 판매가격의 표시는 『판매가 ○○원』 등으로 소비자가 알아보기 쉽도록 선명하게 표시하여야 합니다. 그리고 유통단계에서 쉽게 훼손되거나 지워지지 않으며 분리되지 않도록 개별 제품에 스티커 또는 꼬리표를 표시하여야 합니다. 단, 개별 제품으로 구성된 종합제품으로서 분리하여 판매하지 않는 경우에는 그 종합제품에 일괄하여 표시할 수 있습니다(스킨과 로션병이 종합제품으로서 구성된 '기초화장품 세트'를 판매하는 사람은 스킨과 로션을 박스에서 꺼내서 일일이 가격을 붙일 필요 없이 박스에만 스티커를 붙이면 된다는 뜻입니다.).

판매가격이 변경되었다면 기존의 가격표시가 보이지 않도록 변경 표시하여야 합니다. 할인 기간이라면 할인 전 가격이 안 보이게 해야 하고 할인된 가격을 부착하여야 합니다. 다만, 판매자가 기간을 특정하여 판매가격을 변경하기 위해 그 기간을 소비자에게 알리고 소비자가 판매가격을 기존가격과 오인·혼동할 우려가 없도록 명확히 구분하여 표시하는 경우는 제외합니다.

그렇다면 꼭 화장품의 용기나 박스에 가격 스티커를 붙이거나 꼬리표를 달아야 할까요? 사실 제품에 직접 붙이는 것이 원칙이지만 그럴 수 없는 경우가 있을 겁니다. 화장품 용기가 거칠거칠한 표면으로 되어 있다거나 뾰족한 별 모양이라면 가격표 붙이기가 난감할 것입니다. 판매자는 업태, 취급제품의 종류 및 내부 진열상태 등에 따라 개별 제품에 가격을 표시하는 것이 곤란한 경우 소비자가 가장 쉽게 알아볼 수 있도록 제품명, 가격이 포함된 정보를 제시하는 방법으로 판매가격을 별도로 표시할 수 있답니다. 이 경우 화장품 개별 제품에는 판매가격을 표시하지 않을 수 있습니다. 보통 화장품 가게에 가면 화장품 밑 진열장에 가격을 표시해두죠? 이 조항 덕분입니다.

이러한 가격표시가 잘 이루어지고 있는지에 대해서는 누가 감독할까요? 특별시장, 광역시장, 특별자치시장, 도지사 또는 제주특별자치도지사(시·도지사)는 매년 식품의약품안전처장이 시달하는 가격관리 기본지침에 따라 화장품 가격표시제도 실시현황을 지도·감독합니다. 식약처장이 시달하는 가격관리 기본지침은 <u>가격표시 사후관리 및 감독에 관한 사항, 가격표시 정착을 위한 교육 및 홍보에 관한 사항, 기타 가격표시제 실시에 관하여 필요한 사항으로</u> 구성되어 있습니다. 시·도지사는 이 기본지침에 따라 그 관할 구역안의 실정에 맞는 세부시행지침을 수립하여 시행합니다. 뿐만 아니라 시·도지사는 가격표시제 운영에 관한 연간 추진실적을 다음 년도 1월 말까지 식품의약품안전처장에게 보고하여야 합니다. 그리고 식품의약품안전처장은 관련단체장을 통하여 화장품 가격표시가 적정하게 이루어지고 건전한 화장품 가격질서가 확립될 수 있도록 홍보·계몽할 수 있습니다.

지방자치단체는 지도 및 감독뿐 아니라 화장품 판매가격을 성실히 이행하는 화장품 판매업소를 모범업소로 지정할 수 있습니다. 그리고 이러한 모범업소에 대하여 국가 또는 지방자치단체는 다른 법률이 정하는 바에 따라 세제지원, 금융지원, 표창 등의 우대조치를 부여할 수 있습니다.

화장품법 시행규칙 제21조(기재·표시상의 주의사항)

화장품 포장의 기재·표시 및 화장품의 가격표시상의 준수사항은 다음과 같다.

1. 한글로 읽기 쉽도록 기재·표시할 것. 다만, 한자 또는 외국어를 함께 적을 수 있고, 수출용 제품 등의 경우에는 그 수출 대상국의 언어로 적을 수 있다.

2. 화장품의 성분을 표시하는 경우에는 표준화된 일반명을 사용할 것

화장품에 기재·표시하는 모든 사항들은 다른 문자 또는 문장보다 쉽게 볼 수 있는 곳에 하여야 하며, 읽기 쉽고 이해하기 쉬운 한글로 정확히 기재·표시하여야 하되, 한자 또는 외국어를 함께 기재할 수 있습니다. 그러나 한자 또는 외국어를 단독으로 쓸 수는 없습니다. 꼭 한글과 병행해야 합니다. 단, 수출용 제품 등의 경우에는 그 수출 대상국의 언어로 적을 수 있습니다. 화장품의 성분을 표시하는 경우에는 표준화된 일반명을 사용해야 합니다. 여기서 말하는 표준화된 일반명은 식약처의 의약품안전나라 홈페이지 및 화장품 성분사전을 참고하실 수 있습니다. 만약 해당 원료의 성분명이 성분사전에 등재되지 않은 경우 성분명 표준화를 담당하는 대한화장품협회에 문의하여 해당 원료를 화장품 성분사전에 등재한 뒤에 표준화된 명칭을 사용할 수 있습니다.

다음 조항은 화장품 표시·광고의 범위에 관한 조항입니다.

화장품법 시행규칙 제22조(표시·광고의 범위 등)

법 제13조 제2항에 따른 표시·광고의 범위와 그 밖에 준수하여야 하는 사항은 별표 5와 같다.

화장품법 제13조, 기억나시나요? 영업자 또는 판매자가 화장품에 대해 표시 또는 광고를 해서는 안 되는 사항을 정해놓았었죠. 복습해볼까요?

화장품법 제13조

① 영업자 또는 판매자는 다음의 어느 하나에 해당하는 표시 또는 광고를 하여서는 안 된다.

1. 의약품으로 잘못 인식할 우려가 있는 표시 또는 광고

2. 기능성화장품이 아닌 화장품을 기능성화장품으로 잘못 인식할 우려가 있거나 기능성화장품의 안전성·유효성에 관한 심사결과와 다른 내용의 표시 또는 광고

3. 천연화장품 또는 유기농화장품이 아닌 화장품을 천연화장품 또는 유기농화장품으로 잘못 인식할 우려가 있는 표시 또는 광고

4. 그 밖에 사실과 다르게 소비자를 속이거나 소비자가 잘못 인식하도록 할 우려가 있는 표시 또는 광고

② 표시·광고의 범위와 그 밖에 필요한 사항은 총리령으로 정한다.

화장품 영업자 또는 판매자는 의약품으로 혼동할 수 있게 표시 또는 광고해서는 안 되며 기능성화장품이 아닌 화장품을 마치 기능성화장품인 것처럼 표시 또는 광고하거나 기능성화장품이 맞기는 하지만 심사받은 결과와 다른 내용의 표시 또는 광고해서는 안 됩니다. 또, 천연화장품 또는 유기농화장품이 아닌 화장품을 천연화장품 또는 유기농화장품인 것처럼 표시 또는 광고해서도 안 되고요, 그 밖에 사실과 다르게 소비자를 속이거나 소비자가 잘못 인식하도록 할 우려가 있는 표시 또는 광고를 해서도 안 됩니다. 이러한 표시 또는 광고를 한다면 행정처분의 대상입니다.

그렇다면 '화장품 광고'란 무엇일까요? 무엇을 화장품 광고라고 하는지 알아봅시다.

★★★★★
화장품 광고의 매체 또는 수단(별표5)

가. 신문·방송 또는 잡지
나. 전단·팸플릿·견본 또는 입장권
다. 인터넷 또는 컴퓨터통신
라. 포스터·간판·네온사인·애드벌룬 또는 전광판
마. 비디오물·음반·서적·간행물·영화 또는 연극
바. 방문광고 또는 실연(實演)에 의한 광고
사. 자기 상품 외의 다른 상품의 포장
아. 그 밖에 가목부터 사목까지의 매체 또는 수단과 유사한 매체 또는 수단

이러한 '가~아'까지의 매체에 화장품을 알리는 행위를 화장품 광고라고 합니다. 그리고 이런 광고를 할 때는 지켜야 할 준수사항이 있습니다.

★★★★★
화장품 표시·광고 시 준수사항

가. 의약품으로 잘못 인식할 우려가 있는 내용, 제품의 명칭 및 효능·효과 등에 대한 표시·광고를 하지 말 것
나. 기능성화장품, 천연화장품 또는 유기농화장품이 아님에도 불구하고 제품의 명칭, 제조방법, 효능·효과 등에 관하여 기능성화장품, 천연화장품 또는 유기농화장품으로 잘못 인식할 우려가 있는 표시·광고를 하지 말 것
다. 의사·치과의사·한의사·약사·의료기관 또는 그 밖의 자(할랄화장품, 천연화장품 또는 유기농화장품 등을 인증·보증하는 기관으로서 식품의약품안전처장이 정하는 기관 제외)가 이를 지정·공인·추천·지도·연구·개발 또는 사용하고 있다는 내용이나 이를 암시하는 등의 표시·광고를 하지 말 것. 다만, 법 제2조 제1호부터 제3호까지의 정의에 부합되는 인체 적용시험 결과가 관련 학회 발표 등을 통하여 공인된 경우에는 그 범위에서 관련 문헌을 인용할 수 있으며, 이 경우 인용한 문헌의 본래 뜻을 정확히 전달하여야 하고, 연구자 성명·문헌명과 발표연월일을 분명히 밝혀야 한다.
라. 외국제품을 국내제품으로 또는 국내제품을 외국제품으로 잘못 인식할 우려가 있는 표시·광고를 하지 말 것
마. 외국과의 기술제휴를 하지 않고 외국과의 기술제휴 등을 표현하는 표시·광고를 하지 말 것
바. 경쟁상품과 비교하는 표시·광고는 비교 대상 및 기준을 분명히 밝히고 객관적으로 확인될 수 있는 사항만을 표시·광고하여야 하며, 배타성을 띤 "최고" 또는 "최상" 등의 절대적 표현의 표시·광고를 하지 말 것
사. 사실과 다르거나 부분적으로 사실이라고 하더라도 전체적으로 보아 소비자가 잘못 인식할 우려가 있는 표시·광고 또는 소비자를 속이거나 소비자가 속을 우려가 있는 표시·광고를 하지 말 것

아. 품질·효능 등에 관하여 객관적으로 확인될 수 없거나 확인되지 않았는데도 불구하고 이를 광고하거나 법 제2
　　조 제1호에서 밝히는 화장품의 정의에 명시된 화장품의 범위를 벗어나는 표시·광고를 하지 말 것
자. 저속하거나 혐오감을 주는 표현·도안·사진 등을 이용하는 표시·광고를 하지 말 것
차. 국제적 멸종위기종의 가공품이 함유된 화장품임을 표현하거나 암시하는 표시·광고를 하지 말 것
카. 사실 유무와 관계없이 다른 제품을 비방하거나 비방한다고 의심이 되는 표시·광고를 하지 말 것

　　의약품과 기능성화장품, 천연화장품 및 유기농화장품이 아님에도 마치 의약품과 기능성화장품, 천연화장품 및
유기농화장품인 것처럼 속여서 표시·광고하는 것은 불법이라는 것을 화장품법 제13조에서 확인했었죠? 시행
규칙 제22조에서는 더 나아가 다양한 불법 표시·광고를 규정하고 있습니다. 의사·치과의사·한의사·약사·의
료기관 또는 그 밖의 자가 이를 지정·공인·추천·지도·연구·개발 또는 사용하고 있다는 내용이나 이를 암시
하는 등의 표시·광고는 할 수 없습니다. '피부과 홍길동 선생님도 사용하시고 반한 미백 크림!', '유명 유튜버이
신 약사 사임당 선생님이 매일 아침마다 사용한다는 전설의 주름 개선 에센스!'와 같은 광고는 모두 불법입니다.
불법임에도 한 번씩 보신 적 있으시죠? 모두 행정처분 대상이랍니다. 의료기관이 지정·공인·추천·지도·연구
·개발 또는 사용하고 있다는 내용이나 이를 암시하는 등의 표시·광고 역시 불법이지만 **할랄화장품, 천연화장품
또는 유기농화장품 등을 인증·보증하는 기관**으로서 식품의약품안전처장이 정하는 기관은 제외됩니다. 그렇다면
구체적으로 어떤 기관의 인증·표시는 해도 되는지 알아봅시다.

표시·광고할 수 있는 인증·보증의 종류
다음의 기관에서 받은 인증·보증은 예외적으로 표시·광고할 수 있어요!

1. 할랄(Halal)·코셔(Kosher)·비건(Vegan) 및 천연·유기농 등 국제적으로 통용되거나 그 밖에 신뢰성을 확인할 수
　 있는 기관에서 받은 화장품 인증·보증
2. 우수화장품 제조 및 품질관리기준(GMP), ISO 22716 등 제조 및 품질관리 기준과 관련하여 국제적으로 통용되
　 거나 그 밖에 신뢰성을 확인할 수 있는 기관에서 받은 화장품 인증·보증
3. 「정부조직법」 제2조부터 제4조까지의 규정에 따른 중앙행정기관·특별지방행정기관 및 그 부속기관, 「지방자치
　 법」 제2조에 따른 지방자치단체 또는 「공공기관의 운영에 관한 법률」 제4조에 따른 공공기관 및 기타 법령에 따
　 라 권한을 받은 기관에서 받은 인증·보증
4. 국제기구, 외국 정부 또는 외국의 법령에 따라 인증·보증을 할 수 있는 권한을 받은 기관에서 받은 인증·보증
5. 그 밖에 식약처장의 고시를 통해 신뢰성을 인정받은 인증·보증기관에서 받은 인증·보증은 화장품에 관한 표시·
　 광고에 사용할 수 있음.

　　가끔 화장품 광고에 관련 논문을 인용하는 경우가 있는데요, 광고에 논문을 인용하는 것이 가능할까요? 화장
품의 정의에 부합되는 **인체 적용시험 결과**가 관련 학회 발표 등을 통하여 공인된 경우에는 그 범위에서 관련 문
헌을 인용할 수 있습니다. 그러나 이 경우 인용한 문헌의 본래 뜻을 정확히 전달하여야 하고, 연구자 성명·문헌
명과 발표연월일을 분명히 밝혀야 합니다.

또한 외국제품을 국내제품으로 또는 국내제품을 외국제품으로 잘못 인식할 우려가 있는 표시·광고를 하지 말아야 합니다. 한국제품임에도 일부러 화장품 용기에 외국 국기를 그려 넣고 온갖 외국어로 치장을 하는 화장품들이 있는데요, 이런 화장품은 국내제품임에도 외국제품으로 오인할 우려가 있겠지요. 그 반대의 경우 역시 불법입니다. 또, 외국과의 기술제휴를 하지 않고 외국과의 기술제휴 등을 표현하는 표시·광고 역시 불법입니다.

경쟁상품과 **비교하는** 표시·광고는 비교 대상 및 기준을 분명히 밝히고 객관적으로 확인될 수 있는 사항만을 표시·광고하여야 합니다. 경쟁상품과 비교하는 표시·광고를 아예 못 하는 것은 아닙니다. 그러나 비교 대상과 기준을 명확히 밝혀야 해요. 그리고 가끔 '우리 제품이 주름 개선에 있어서는 한국 최고의 제품입니다!'라는 광고를 볼 수 있는데요, 배타성을 띤 "최고" 또는 "최상" 등의 절대적 표현의 표시·광고 역시 불법입니다. 또 사실 유무와 관계없이 다른 제품을 비방하거나 비방한다고 의심이 되는 표시·광고 역시 화장품법 시행규칙 제22조 위반입니다. 우리 주변에 불법 광고가 참 많죠?

당연한 말이지만, 사실과 다르거나 부분적으로 사실이라고 하더라도 전체적으로 보아 소비자가 잘못 인식할 우려가 있는 표시·광고 역시 불법입니다. 사실과 아예 달라도 안 되고, 사실이더라도 일부만 사실인 경우도 안 됩니다. 이러한 광고들은 모두 소비자를 속이거나 소비자가 속을 우려가 있는 표시·광고이기 때문입니다.

가끔 신문을 보면 품질·효능 등에 관하여 객관적으로 확인될 수 없거나 확인되지 않았는데도 불구하고 화장품을 광고하는 경우를 본 적이 있습니다. 이 역시 행정처분을 면치 못합니다. 화장품을 광고하고 싶다면 그 품질·효능 등에 관하여 객관적으로 확인되어야 하며 증빙자료 역시 구비하여야 합니다.

화장품의 **범위**를 벗어나는 표시·광고도 해서는 안 됩니다. 이는 제일 기본적인 이야기이지만 가장 안 지켜지는 부분일 수 있는데요, 화장품법 제2호에서 "화장품"이란 인체를 청결·미화하여 매력을 더하고 용모를 밝게 변화시키거나 피부·모발의 건강을 유지 또는 증진하기 위하여 인체에 바르고 문지르거나 뿌리는 등 이와 유사한 방법으로 사용되는 물품으로서 인체에 대한 작용이 경미한 것을 말한다고 밝혔습니다. 가령 '구강'에 사용하라든지, '인체에 대한 작용이 좋아 한번에 피부결이 살아난다.' 등과 같은 광고는 다 불법입니다.

저속하거나 혐오감을 주는 표현·도안·사진 등을 이용하는 표시·광고를 보신 적이 있으신가요? 저는 보통 신문에서 이러한 광고를 봤어요. 마치 특정 로션을 바르면 성(性)적으로 매력을 어필할 수 있다는 식의 광고였는데 특정 신체 부위의 그림을 과도하게 부각한 것이었습니다. 이런 것들은 모두 저속하거나 혐오감을 주는 표현·도안·사진 등에 해당되므로 해서는 안 됩니다.

마지막으로, 국제적 멸종위기종의 가공품이 함유된 화장품임을 표현하거나 암시하는 표시·광고를 해서는 안 됩니다. 국제적 멸종위기종은 우리가 지켜야 하는 자산이기에 관련 내용을 광고할 수 없습니다. 그렇다면 표시·광고가 금지되는 사례와 그 이유에 대해 알아볼까요? 아래의 사례는 제가 지어낸 사례가 아니라 식약처에서 반포한 '표시·광고 관리 가이드라인의 개정 자료'에서 직접 일부를 발췌한 것입니다.

불법 표시·광고	근거 법 조항
○○의 흔적을 없애준다. (단,(색조화장용 제품류 등에서)'연출한다'는 의미의 표현을 함께 나타내는 경우 제외) 피부의 상처나 질병으로 인한 손상 치료·회복·복구	화장품법 제13조 제1호
발모·육모·양모·탈모치료 (단, 기능성화장품 심사(보고)된 효능효과의 표현은 가능)	
얼굴 윤곽개선, V 라인 (단, (색조화장용 제품류 등에서)'연출한다'는 의미의 표현을 함께 나타내는 경우 제외)	
원료 관련 설명 시 의약품 오인 우려 표현 사용 (논문 등을 통한 간접적 의약품 오인 정보 제공 포함)	
원료 관련 설명 시 완제품에 대한 효능·효과로 오인될 수 있는 표현	화장품법 제13조 제2호
식약처장이 정한 천연화장품, 유기농화장품 기준에 적합하지 않은 제품에 천연·유기농화장품 관련 표현(Natural, Organic 등)	화장품법 제13조 제3호
필러(filler) (단,(색조화장용 제품류 등으로서)'채워준다, 연출한다'는 의미의 표현을 함께 나타내는 경우 제외)	화장품법 제13조 제4호

☑ 더 구체적인 사용 금지표현에 대한 예시는 뒤의 '부록'자료 중 **화장품 표시·광고 관리 가이드라인**'을 꼭 참고하여 주세요.

여태까지 불법 화장품 표시·광고 및 금지표현에 대해 알아보았는데요, 다음 조항은 표시·광고의 실증에 대한 내용입니다. 실증이란 표시·광고에서 주장한 내용 중에서 사실과 관련한 사항이 진실임을 증명하는 것을 말합니다. 영업자 및 판매자는 자기가 행한 표시·광고 중 사실과 관련한 사항에 대하여 실증할 수 있어야 합니다. 식품의약품안전처장은 영업자 또는 판매자가 행한 표시·광고가 불법인지를 판단하기 위하여 실증이 필요하다고 인정하는 경우 그 내용을 구체적으로 명시하여 해당 영업자 또는 판매자에게 관련 자료의 제출을 요청합니다. 실증자료의 제출을 요청받은 영업자 또는 판매자는 요청받은 날부터 15일 이내에 그 실증자료를 식품의약품안전처장에게 제출하여야 합니다만, 정당한 사유가 있다고 인정하는 경우에는 그 제출기간을 연장할 수 있답니다. 실증자료의 제출을 요청받고도 제출기간 내에 자료를 제출하지 않은 채 계속하여 표시·광고를 한다면 실증자료를 제출할 때까지 식약처장은 그 표시·광고 행위의 중지를 명합니다. 그렇다면 시행규칙 제23조를 통해 실증의 대상, 실증자료의 범위 및 요건, 제출방법 등을 자세히 알아볼까요?

화장품법 시행규칙 제23조(표시·광고 실증의 대상 등)

① 화장품 표시·광고 실증의 대상은 화장품의 포장 또는 화장품 광고의 매체 또는 수단에 의한 표시·광고 중 사실과 다르게 소비자를 속이거나 소비자가 잘못 인식하게 할 우려가 있어 식품의약품안전처장이 실증이 필요하다고 인정하는 표시·광고로 한다.

② 영업자 또는 판매자가 제출하여야 하는 실증자료의 범위 및 요건은 다음과 같다.

　1. 시험결과 : 인체 적용시험 자료, 인체 외 시험 자료 또는 같은 수준 이상의 조사자료일 것
　2. 조사결과 : 표본설정, 질문사항, 질문방법이 그 조사의 목적이나 통계상의 방법과 일치할 것
　3. 실증방법 : 실증에 사용되는 시험 또는 조사의 방법은 학술적으로 널리 알려져 있거나 관련 산업 분야에서 일반적으로 인정된 방법 등으로서 과학적이고 객관적인 방법일 것

③ 영업자 또는 판매자가 실증자료를 제출할 때에는 다음의 사항을 적고, 이를 증명할 수 있는 자료를 첨부해 식품의약품안전처장에게 제출해야 한다.

　1. 실증방법
　2. 시험·조사기관의 명칭 및 대표자의 성명·주소·전화번호
　3. 실증내용 및 실증결과
　4. 실증자료 중 영업상 비밀에 해당되어 공개를 원하지 않는 경우에는 그 내용 및 사유

④ 천연화장품 또는 유기농화장품으로 표시·광고하려는 자는 실증자료를 <u>제조일(수입일 경우 통관일)로부터 3년 또는 사용기한 경과 후 1년 중 긴 기간 동안</u> 보존하여야 한다.

⑤ 표시·광고 실증에 필요한 사항은 식품의약품안전처장이 정하여 고시한다.

　화장품 표시·광고 실증대상은 화장품의 포장 또는 화장품 광고의 매체 또는 수단에 의한 표시·광고 중 사실과 다르게 소비자를 속이거나 소비자가 잘못 인식하게 할 우려가 있는 표시·광고를 그 적용범위로 합니다. 실증대상은 사실과 관련한 사항들 모두 해당될 수 있습니다. 실증자료를 요청받은 영업자 또는 판매자는 **시험결과**나 **조사결과**를 제출하면 됩니다. 예를 들어, 내가 '이 화장품을 4주 이상 사용하였는데 주름개선이 그 전에 비해 20% 줄었습니다.'라는 표시·광고를 하였고 이에 대해 실증하라는 명령을 받았을 때에는 시험결과에 해당하는 자료를 제출해야 합니다. 만약 '소비자 조사 결과 제 화장품의 미백 기능에 대해 사용한 사람 중 95% 이상이 매우 만족하였습니다.'라는 표시·광고에 대한 실증명령을 받았다면 조사결과에 해당하는 자료를 제출하면 됩니다.
　그렇다면 시험결과 및 조사결과에 해당하는 자료를 차례대로 알아봅시다. 시험결과에는 ①인체적용시험자료, ②인체 외 시험자료, ③같은 수준 이상의 조사자료가 있습니다. ①인체 적용시험이란 화장품의 표시·광고 내용을 증명할 목적으로 해당 화장품의 효과 및 안전성을 확인하기 위하여 사람을 대상으로 실시하는 시험 또는 연구

(즉, 임상시험)를 말하며 **②인체 외 시험**은 실험실의 배양접시, 인체로부터 분리한 모발 및 피부, 인공피부 등 인위적 환경에서 시험물질과 대조물질 처리 후 결과를 측정하는 것을 말합니다. **③같은 수준 이상의 조사자료**란 해당 표시·광고와 관련된 시험결과 등이 포함된 논문, 학술문헌 등을 말합니다.

조사결과의 예시에는 표본설정, 질문사항, 질문방법이 그 조사의 목적이나 통계상의 방법과 일치하는 소비자 **조사결과, 전문가집단 설문조사** 등이 있습니다.

위의 모든 화장품 표시·광고 실증을 위한 시험 결과는 다음과 같은 요건을 충족해야 합니다.

화장품 표시·광고 실증을 위한 시험 결과의 충족 요건

1. 광고 내용과 관련이 있고 과학적이고 객관적인 방법에 의한 자료로서 신뢰성과 재현성이 확보되어야 합니다.
2. 국내외 대학 또는 화장품 관련 전문 연구기관(**제조 및 영업부서 등 다른 부서와 독립적인 업무를 수행하는 기업 부설 연구소 포함**)에서 시험한 것으로서 기관의 장이 발급한 자료이어야 합니다.

   예 대학병원 피부과, ○○대학교 부설 화장품 연구소, 인체시험 전문기관 등

3. 기기와 설비에 대한 문서화된 유지관리 절차를 포함하여 표준화된 시험절차에 따라 시험한 자료이어야 합니다.
4. 시험기관에서 마련한 절차에 따라 시험을 실시했다는 것을 증명하기 위해 문서화된 신뢰성보증업무를 수행한 자료이어야 합니다.
5. 외국의 자료는 한글요약문(주요사항 발췌) 및 원문을 제출할 수 있어야 합니다(한글 전체 번역본이 아니라 주요사항 요약문입니다!).

그렇다면 인체 적용시험과 인체 외 시험자료에 대해 좀 더 깊게 알아봅시다.

실증자료 중 시험 결과(인체 적용시험, 인체 외 시험)

인체 적용시험의 요건

1. 관련분야 전문의 또는 병원, 국내외 대학, 화장품 관련 전문 연구기관에서 5년 이상 화장품 인체 적용시험 분야의 시험경력을 가진 자의 지도 및 감독 하에 수행·평가되어야 합니다.
2. 헬싱키 선언에 근거한 윤리적 원칙에 따라 수행되어야 하고 과학적으로 타당하여야 하며, 시험 자료는 명확하고 상세히 기술되어야 합니다.
3. 피험자에 대한 의학적 처치나 결정 역시 의사 또는 한의사의 책임 하에 이루어져야 하며 반드시 모든 피험자로부터 자발적인 시험 참가 동의(문서로 된 동의서 서식)를 받은 후 실시되어야 합니다.
4. 피험자에게 동의를 얻기 위한 동의서 서식은 시험에 관한 모든 정보(시험의 목적, 피험자에게 예상되는 위험이나 불편, 피험자가 피해를 입었을 경우 주어질 보상이나 치료방법, 피험자가 시험에 참여함으로써 받게 될 금전적 보상이 있는 경우 예상금액 등)를 포함하여야 합니다.
5. 인체 적용시험용 화장품은 사람에게 시험하므로 안전성이 충분히 확보되어야 합니다.
6. 피험자의 인체 적용시험 참여 이유가 타당한지 검토·평가하는 등 피험자의 권리·안전·복지를 보호할 수 있도록 실시되어야 합니다.
7. 피험자 신청이 들어왔다고 해서 신청인들을 무조건 피험자로 선정하는 것이 아니라 피험자의 선정·탈락기준을 정하고 그 기준에 따라 피험자를 선정하고 시험을 진행해야 합니다.

인체 외 시험의 요건

1. 실험실의 배양접시, 인체로부터 분리한 모발 및 피부, 인공피부 등 인위적 환경에서 시험물질과 대조물질 처리 후 결과를 측정하는 것이므로 피험자를 선정할 필요가 없습니다.
2. 과학적으로 검증된 방법이거나 밸리데이션을 거쳐 수립된 표준작업지침에 따라 수행되어야 합니다(예시 : 표준화된 방법에 따라 일관되게 실시할 목적으로 절차·수행방법 등을 상세하게 기술한 문서에 따라 시험을 수행한 경우 합리적인 실증자료로 볼 수 있음).

이제 조사결과의 요건에 대해서도 알아봅시다.

실증자료 중 조사결과의 요건

1. 표시·광고 실증을 위해 조사결과 자료를 준비할 때 조사기관은 사업자와 독립적이어야 하며, 조사할 수 있는 능력을 갖추어야 합니다.
2. 조사 시 조사목적이 적정하여야 하며, 조사 목적에 부합하는 표본의 대표성이 있어야 합니다.
3. 기초자료의 결과는 정확하게 보고되어야 하고 질문사항은 표본설정, 질문사항, 질문방법이 그 조사의 목적이나 통계상 방법과 일치하여야 합니다.
4. 조사는 공정하게 이루어져야 하고, **피조사자는 조사목적을 모르는 가운데 진행**되어야 합니다. 예를 들면, 화장품을 사용한 후의 피부 주름 개선에 대한 조사였다고 가정할 때 피험자에게 조사의 목적인 '주름개선'을 알려주고 조사한다면 주름이 개선되는 것 같은 느낌을 받았다는 식으로 답할 확률이 높습니다. 따라서 조사는 **피조사자가 조사목적을 모르는 가운데 진행**되어야 합니다.

위의 모든 것들을 다 '실증자료'라고 합니다. 모든 실증자료의 내용은 광고에서 주장하는 내용과 직접적인 관계가 있어야 합니다. 실증자료에서 입증한 내용이 표시·광고에서 주장하는 내용과 관련이 없는 경우는 다음과 같습니다.

실증자료에서 입증한 내용이 표시·광고에서 주장하는 내용과 관련이 없는 경우

- 효능이나 성능에 대한 표시·광고에 대하여 일반 소비자를 대상으로 한 설문조사나, 그 제품을 소비한 경험이 있는 일부 소비자를 대상으로 한 조사결과를 제출한 경우
- 해당 제품의 '여드름 개선' 효과를 표방하는 표시·광고에 대하여 해당 제품에 여드름 개선 효과가 있음을 입증하는 자료를 제출하지 않고 '여드름 피부개선용 화장료 조성물' **특허자료 등을 제출**하는 경우

실증자료에서 입증한 내용이 표시·광고에서 주장하는 내용과 **부분적으로만 상관**이 있는 경우

제품에 특정 성분이 들어 있지 않다는 "無(무) ○○" 광고 내용과 관련하여 제품에 **특정 성분이 함유되어 있지 않다**는 시험자료를 제출하지 않고 제조과정에 특정 성분을 첨가하지 않았다는 제조관리기록서나 원료에 관한 시험자료를 제출한 경우.

→5무(5-Free) 제품들('5가지 유해성분을 넣지 않았어요!'와 같은 광고를 하는 제품들)에 대한 실증 시에는 이러한 제품들을 만들 때 5가지 유해성분을 넣지 않았다는 제조관리기록서나 원료 자체에 대한 시험자료만 제출하는 경우 '실증자료에서 입증한 내용이 표시·광고에서 주장하는 내용과 부분적으로만 상관이 있는 경우'로 치부합니다. 왜냐하면 5가지 유해성분이 아닌 다른 성분들이 서로 섞여 화학반응을 일으며 우연히 5가지 유해성분 중 하나 이상의 성분이 생성될 가능성도 있기 때문입니다. 따라서 제조관리기록서나 원료에 관한 시험자료와 더불어 <u>해당 최종제품에 '특정 성분이 함유되어 있지 않다'라는 시험자료 역시 제출해야 완전히 인정받을 수 있습니다.</u>

식약처장은 화장품 표시·광고 주요 실증대상을 정하고 있는데요, 예를 들면 '피부 혈행 개선'이라는 표현을 사용한 화장품의 실증은 '인체적용시험 자료'로 입증이 가능하다는 식으로 실증 표현 별 입증 가능한 실증자료를 정하고 있습니다. 합리적인 근거로 인정될 수 있는 실증자료는 앞서 설명하였듯 원칙적으로 시험결과(인체 적용시험 자료, 인체 외 시험 자료 또는 같은 수준 이상의 조사자료)나 조사결과이어야 했지요? 그러나 식약처장이 따로 정하는 다음과 같은 표시·광고의 경우에는 고시한 실증자료를 합리적인 근거로 인정합니다. 이는 모두 암기하여야 합니다.

구분	실증 대상	입증 자료
1. 「화장품 표시·광고 실증에 관한 규정」 별표 등에 따른 표현	• 여드름성 피부에 사용에 적합 • 항균(인체세정용 제품에 한함) • 일시적 셀룰라이트 감소 • 부기 완화 • 다크서클 완화 • 피부 혈행 개선 • 피부장벽 손상의 개선에 도움 • 피부 피지분비 조절	인체적용시험 자료로 입증
	미세먼지 차단, 미세먼지 흡착 방지	
	모발의 손상을 개선한다.	인체적용시험자료, 인체 외 시험자료로 입증
	• 콜라겐 증가, 감소 또는 활성화 • 효소 증가, 감소 또는 활성	주름 완화 또는 개선 기능성화장품으로서 이미 심사 받은자료에 포함되어 있거나 해당 기능을 별도로 실증한 자료로 입증
	피부노화 완화, 안티에이징, 피부노화 징후 감소	인체적용시험자료, 인체 외 시험자료로 입증. 다만, 자외선차단 주름개선 등 기능성효능효과를 통한 피부노화 완화 표현의 경우 기능성화장품 심사(보고) 자료를 근거자료로 활용 가능
	기미, 주근깨 완화에 도움	미백 기능성화장품 심사(보고) 자료로 입증
	빠지는 모발을 감소시킨다.	탈모 증상 완화에 도움을 주는 기능성화장품으로서 이미 심사받은 자료에 근거가 포함 되어 있거나 해당 기능을 별도로 실증한 자료로 입증

구분	실증 대상	입증 자료
2. 효능·효과·품질에 관한 내용	화장품의 효능·효과에 관한 내용 📋 수분감 30% 개선효과 피부결 20% 개선, 2주 경과 후 피부톤 개선 등	인체적용시험 자료 또는 인체 외 시험자료로 입증
	시험·검사와 관련된 표현 📋 피부과 테스트 완료, ○○시험검사 기관의 ○○ 효과 입증 등	
	타 제품과 비교하는 내용의 표시·광고 📋 "○○보다 지속력이 5배 높음"	
	제품에 특정성분이 들어 있지 않다는 '무(無) ○○' 표현	시험분석자료로 입증 ☑ 단, 특정성분이 타 물질로의 변환 가능성이 없으면서 시험으로 해당 성분 함유 여부에 대한 입증이 불가능한 특별한 사정이 있는 경우에는 예외적으로 제조관리기록서나 원료시험성적서 등 활용

20 화장품법 시행규칙 제20조~제23조

Ⅲ. 화장품법 시행규칙(총리령)

간단하고 명료한 화장품법 시행령 체계표[다지기]	
법령	화장품법 시행규칙
조항	제20조~제23조

☐ **[화장품법 시행규칙 제20조] 화장품 가격의 표시**

화장품 가격 표시의 모든 것	
"판매가격표시 의무자는 매장크기에 관계없이 가격표시를 하지 않고 판매하거나 판매할 목적으로 진열·전시하여서는 안 됨"	
가격 표시 의무자	해당 화장품을 소비자에게 **직접 판매하는 자**(판매자) 표시의무자 이외의 화장품책임판매업자, 화장품제조업자는 그 판매가격을 표시하여서는 안 됨. 단, **방문판매업, 후원방문판매업, 통신판매업**의 경우 그 판매업자가, **다단계판매업**의 경우에는 그 판매자가 판매가격 표시의 의무자임.
표시해야 하는 가격	화장품을 일반 소비자에게 판매하는 **실제** 거래가격
가격 표시 대상	국내에서 제조되거나 수입되어 국내에서 판매되는 모든 화장품
가격표시방법	① 유통단계에서 쉽게 훼손되거나 지워지지 않으며 분리되지 않도록 스티커 또는 꼬리표로 표시 ② 판매가격 변경 시 기존 가격표시가 보이지 않도록 변경 표시 ☑ 단, 판매자가 기간을 특정하여 판매가격을 변경하기 위해 그 기간을 소비자에게 알리고, 소비자가 판매가격을 기존가격과 오인·혼동할 우려가 없도록 명확히 구분하여 표시하는 경우 제외 ③ 판매가격은 개별 제품에 스티커 등을 부착하는 것이 원칙. ☑ 단, 개별 제품으로 구성된 종합제품으로서 분리하여 판매하지 않는 경우에는 그 종합제품에 일괄하여 표시 가능. ④ 판매자는 업태, 취급제품의 종류 및 내부 진열상태 등에 따라 개별 제품에 가격을 표시하는 것이 곤란한 경우 소비자가 가장 쉽게 알아볼 수 있도록 제품명, 가격이 포함된 정보를 제시하는 방법으로 판매가격을 별도로 표시할 수 있음! 이 경우 화장품 개별 제품에는 판매가격을 표시하지 않을 수 있음. ⑤ 판매가격의 표시는 『판매가 ○○원』 등으로 소비자가 알아보기 쉽도록 선명하게 표시하여야 함.

가격관리 기본지침 및 모범업소 우대조치	
식약처의 역할	• **가격관리 기본지침 시달의 의무** : 식약처장은 지자체장에게 매년 가격관리 기본지침을 제작, 시달함. • **홍보·계몽 권한** : 식품의약품안전처장은 관련단체장을 통하여 화장품 가격표시가 적정하게 이루어지고 건전한 화장품 가격질서가 확립될 수 있도록 홍보·계몽할 수 있음.
지자체의 역할	• **지도·감독의 의무** : 특별시장, 광역시장, 특별자치시장, 도지사 또는 제주특별자치도지사(시·도지사)는 매년 식품의약품안전처장이 시달하는 가격관리 기본지침에 따라 화장품 가격표시제도 실시현황을 지도·감독하여야 함. • **세부시행지침 수립 및 시행의 의무** : 시·도지사는 시달된 기본지침에 따라 그 관할 구역안의 실정에 맞는 세부시행지침을 수립하여 시행하여야 함. • **모범업소 지정 권한** : 지방자치단체는 화장품 판매가격을 성실히 이행하는 화장품 판매업소를 모범업소로 지정할 수 있음. • **모범업소의 우대조치** : 모범업소에 대하여 국가 또는 지방자치단체는 다른 법률이 정하는 바에 따라 세제지원, 금융지원, 표창 등의 우대조치를 부여할 수 있음. • **가격표시제 추진실적 보고의 의무** : 시·도지사는 가격표시제 운영에 관한 연간 추진실적을 다음 년도 1월 말까지 식품의약품안전처장에게 보고하여야 함. • **세부규정 지정 가능** : 시·도지사는 가격표시제의 원활한 운영과 집행을 위하여 필요한 경우 세부규정을 따로 정할 수 있음.
가격관리 기본지침의 내용	1. 가격표시 사후 관리 및 감독에 관한 사항 2. 가격표시 정착을 위한 교육 및 홍보에 관한 사항 3. 기타 가격표시제 실시에 관하여 필요한 사항
가격표시 미이행시 행정처분	과태료 50만원

□ [화장품법 시행규칙 제21조] 기재·표시상의 주의사항

기재·표시상의 주의사항

• 다른 문자 또는 문장보다 쉽게 볼 수 있는 곳에 기재·표시 해야 함.
• 읽기 쉽고 이해하기 쉬운 한글로 정확히 기재·표시하여야 하되, 한자 또는 외국어를 함께 기재할 수 있음(한자 또는 외국어 단독 사용 불가). 단, 수출용 제품 등의 경우에는 그 수출 대상국의 언어로 적을 수 있음.
• 화장품의 성분을 표시하는 경우 표준화된 일반명을 사용할 것(식약처의 의약품안전나라 홈페이지 및 화장품 성분사전).

☐ **[화장품법 시행규칙 제22조~제23조] 화장품 표시·광고의 모든 것**

화장품 부당한 표시 및 광고 범위	• 의약품으로 잘못 인식 우려 • 기능성화장품의 안전성·유효성에 관한 심사결과와 다른 내용 • 기능성, 천연 또는 유기농화장품 아닌 화장품을 기능성, 천연 또는 유기농화장품으로 잘못 인식 우려 • 사실과 다르게 소비자를 속이거나 소비자가 잘못 인식 우려
화장품 표시, 광고 실증	• 영업자 자기가 행한 표시·광고 중 사실과 관련한 사항에 대하여는 이를 실증할 수 있어야 한다. • 식품의약품안전처장 표시·광고가 실증이 필요한 경우, 내용을 구체적으로 명시하여 관련 자료 제출을 요청할 수 있다.

화장품 표시·광고의 모든 것	
화장품을 표시·광고하는 자	영업자 또는 판매자
표시·광고의 범위 (화장품 광고의 매체 또는 수단)	• 신문·방송 또는 잡지 • 전단·팸플릿·견본 또는 입장권 • 인터넷 또는 컴퓨터통신 • 포스터·간판·네온사인·애드벌룬 또는 전광판 • 비디오물·음반·서적·간행물·영화 또는 연극 • 방문광고 또는 실연(實演)에 의한 광고 • 자기 상품 외의 다른 상품의 포장 • 그 밖의 매체 또는 수단과 유사한 매체 또는 수단
부당한 표시·광고 행위 (화장품법 제13조)	1. 의약품으로 잘못 인식할 우려가 있는 표시 또는 광고 2. 기능성화장품이 아닌 화장품을 기능성화장품으로 잘못 인식할 우려가 있거나 기능성화장품의 안전성·유효성에 관한 심사결과와 다른 내용의 표시 또는 광고 3. 천연화장품 또는 유기농화장품이 아닌 화장품을 천연화장품 또는 유기농화장품으로 잘못 인식할 우려가 있는 표시 또는 광고 4. 그 밖에 사실과 다르게 소비자를 속이거나 소비자가 잘못 인식하도록 할 우려가 있는 표시 또는 광고
화장품 표시·광고 시 준수사항	1. **의약품**으로 잘못 인식할 우려가 있는 내용, 제품의 명칭 및 효능·효과 등에 대한 표시·광고를 하지 말 것 2. **기능성화장품, 천연화장품 또는 유기농화장품**이 아님에도 불구하고 제품의 명칭, 제조방법, 효능·효과 등에 관하여 기능성화장품, 천연화장품 또는 유기농화장품으로 잘못 인식할 우려가 있는 표시·광고를 하지 말 것

화장품 표시·광고 시 준수사항	3. **의사·치과의사·한의사·약사·의료기관 또는 그 밖의 자**(할랄화장품, 천연화장품 또는 유기농화장품 등을 인증·보증하는 기관으로서 식품의약품안전처장이 정하는 기관 제외)가 이를 지정·공인·추천·지도·연구·개발 또는 사용하고 있다는 내용이나 이를 암시하는 등의 표시·광고를 하지 말 것. 단, 법 제2조 제1호부터 제3호까지의 정의에 부합되는 인체 적용시험 결과가 관련 학회 발표 등을 통하여 공인된 경우에는 그 범위에서 관련 문헌을 인용할 수 있으며, 이 경우 인용한 문헌의 본래 뜻을 정확히 전달하여야 하고, 연구자 성명·문헌명과 발표연월일을 분명히 밝혀야 함. **표시·광고할 수 있는 인증·보증의 종류** 다음의 기관에서 받은 인증·보증은 표시·광고할 수 있음. 1. 할랄(Halal)·코셔(Kosher)·비건(Vegan) 및 천연·유기농 등 국제적으로 통용되거나 그 밖에 신뢰성을 확인할 수 있는 기관에서 받은 화장품 인증·보증 2. 우수화장품 제조 및 품질관리기준(GMP), ISO 22716 등 제조 및 품질관리 기준과 관련하여 국제적으로 통용되거나 그 밖에 신뢰성을 확인할 수 있는 기관에서 받은 화장품 인증·보증 3. 「정부조직법」 제2조부터 제4조까지의 규정에 따른 중앙행정기관·특별지방행정기관 및 그 부속기관, 「지방자치법」 제2조에 따른 지방자치단체 또는 「공공기관의 운영에 관한 법률」 제4조에 따른 공공기관 및 기타 법령에 따라 권한을 받은 기관에서 받은 인증·보증 4. 국제기구, 외국 정부 또는 외국의 법령에 따라 인증·보증을 할 수 있는 권한을 받은 기관에서 받은 인증·보증 5. 그 밖에 식약처장의 고시를 통해 신뢰성을 인정받은 인증·보증기관에서 받은 인증·보증은 화장품에 관한 표시·광고에 사용할 수 있음. 4. 외국제품을 국내제품으로 또는 국내제품을 외국제품으로 잘못 인식할 우려가 있는 표시·광고를 하지 말 것 5. 외국과의 기술제휴를 하지 않고 외국과의 기술제휴 등을 표현하는 표시·광고를 하지 말 것 6. 경쟁상품과 비교하는 표시·광고는 **비교 대상 및 기준을 분명히 밝히고** 객관적으로 확인될 수 있는 사항만을 표시·광고하여야 하며, 배타성을 띤 "최고" 또는 "최상" 등의 **절대적 표현**의 표시·광고를 하지 말 것 7. 사실과 다르거나 부분적으로 사실이라고 하더라도 전체적으로 보아 소비자가 잘못 인식할 우려가 있는 표시·광고 또는 소비자를 속이거나 소비자가 속을 우려가 있는 표시·광고를 하지 말 것 8. 품질·효능 등에 관하여 객관적으로 확인될 수 없거나 확인되지 않았는데도 불구하고 이를 광고하거나 법 제2조 제1호에 따른 화장품의 범위를 벗어나는 표시·광고를 하지 말 것

화장품 표시·광고 시 준수사항	9. 저속하거나 혐오감을 주는 표현·도안·사진 등을 이용하는 표시·광고를 하지 말 것 10. 국제적 멸종위기종의 가공품이 함유된 화장품임을 표현하거나 암시하는 표시·광고를 하지 말 것 11. 사실 유무와 관계없이 다른 제품을 비방하거나 비방한다고 의심이 되는 표시·광고를 하지 말 것
표시·광고의 실증	
표시·광고 실증의 대상	화장품의 포장 또는 광고의 매체 또는 수단에 의한 표시·광고 중 사실과 다르게 소비자를 속이거나 소비자가 잘못 인식하게 할 우려가 있어 식품의약품안전처장이 실증이 필요하다고 인정하는 표시·광고
실증자료의 범위 및 요건	1. 시험결과 : 인체 적용시험 자료, 인체 외 시험 자료 또는 같은 수준 이상의 조사자료일 것 　-같은 수준 이상의 조사자료의 예시 : 해당 표시·광고와 관련된 시험결과 등이 포함된 논문, 학술문헌 등 　• 인체 적용시험 : 화장품의 표시·광고 내용을 증명할 목적으로 해당 화장품의 효과 및 안전성을 확인하기 위하여 사람을 대상으로 실시하는 시험 또는 연구 　• 인체 외 시험 : 실험실의 배양접시, 인체로부터 분리한 모발 및 피부, 인공피부 등 인위적 환경에서 시험물질과 대조물질 처리 후 결과를 측정하는 것 2. 조사결과 : 표본설정, 질문사항, 질문방법이 그 조사의 목적이나 통계상의 방법과 일치할 것 　예 표본설정, 질문사항, 질문방법이 그 조사의 목적이나 통계상의 방법과 일치하는 소비자 조사결과, 전문가집단 설문조사 등 3. **실증방법** : 실증에 사용되는 시험 또는 조사의 방법은 학술적으로 널리 알려져 있거나 관련 산업 분야에서 일반적으로 인정된 방법 등으로서 과학적이고 객관적인 방법일 것
실증자료 제출 시 식약처장에게 제출해야 할 서류 및 서류에 기재해야 할 사항	1. 실증방법 2. 시험·조사기관의 명칭 및 대표자의 성명·주소·전화번호 3. 실증내용 및 실증결과 4. 실증자료 중 영업상 비밀에 해당되어 공개를 원하지 않는 경우에는 그 내용 및 사유
실증자료의 요건	1. 객관적이고 과학적인 절차와 방법에 따라 작성된 것이어야 함. 2. 실증자료의 내용은 광고에서 주장하는 내용과 직접적인 관계가 있어야 함. 　예 실증자료에서 입증한 내용이 표시·광고에서 주장하는 내용과 관련이 없는 경우 • 효능이나 성능에 대한 표시·광고에 대하여 일반 소비자를 대상으로 한 설문조사나, 그 제품을 소비한 경험이 있는 일부 소비자를 대상으로 한 조사결과를 제출한 경우 • 해당 제품의 '여드름 개선' 효과를 표방하는 표시·광고에 대하여 해당 제품에 여드름 개선 효과가 있음을 입증하는 자료를 제출하지 않고 '여드름 피부개선용 화장료 조성물' 특허자료 등을 제출하는 경우

실증자료의 요건	🔲 실증자료에서 입증한 내용이 표시·광고에서 주장하는 내용과 부분적으로만 상관이 있는 경우: 제품에 특정 성분이 들어 있지 않다는 "無(무) ○○" 광고 내용과 관련하여 제품에 특정 성분이 함유되어 있지 않다는 시험자료를 제출하지 않고 제조과정에 특정 성분을 첨가하지 않았다는 제조관리기록서나 원료에 관한 시험자료를 제출한 경우
표시·광고 실증을 위한 시험 결과의 요건	**공통사항**
	1. 광고 내용과 관련이 있고 과학적이고 객관적인 방법에 의한 자료로서 신뢰성과 재현성이 확보되어야 함.
	2. 국내외 대학 또는 화장품 관련 전문 연구기관(제조 및 영업부서 등 다른 부서와 독립적인 업무를 수행하는 기업 부설 연구소 포함)에서 시험한 것으로서 기관의 장이 발급한 자료이어야 함.
	🔲 대학병원 피부과, ○○대학교 부설 화장품 연구소, 인체시험 전문기관 등
	3. 기기와 설비에 대한 문서화된 유지관리 절차를 포함하여 표준화된 시험절차에 따라 시험한 자료이어야 함.
	4. 시험기관에서 마련한 절차에 따라 시험을 실시했다는 것을 증명하기 위해 문서화된 신뢰성보증업무를 수행한 자료여야 함.
	5. 외국의 자료는 한글요약문(주요사항 발췌) 및 원문을 제출할 수 있어야 함
	인체 적용시험 자료
	1. 관련분야 전문의 또는 병원, 국내외 대학, 화장품 관련 전문 연구기관에서 5년 이상 화장품 인체 적용시험 분야의 시험경력을 가진 자의 지도 및 감독 하에 수행·평가되어야 함.
	2. 인체 적용시험은 헬싱키 선언에 근거한 윤리적 원칙에 따라 수행되어야 함.
	3. 인체 적용시험은 과학적으로 타당하여야 하며, 시험 자료는 명확하고 상세히 기술되어야 함.
	4. 인체 적용시험은 피험자에 대한 의학적 처치나 결정은 의사 또는 한의사의 책임 하에 이루어져야 함.
	5. 인체 적용시험은 모든 피험자로부터 자발적인 시험 참가 동의(문서로 된 동의서 서식)를 받은 후 실시되어야 함.
	6. 피험자에게 동의를 얻기 위한 동의서 서식은 시험에 관한 모든 정보(시험의 목적, 피험자에게 예상되는 위험이나 불편, 피험자가 피해를 입었을 경우 주어질 보상이나 치료방법, 피험자가 시험에 참여함으로써 받게 될 금전적 보상이 있는 경우 예상금액 등)를 포함하여야 함.
	7. 인체 적용시험용 화장품은 안전성이 충분히 확보되어야 함.
	8. 인체 적용시험은 피험자의 인체 적용시험 참여 이유가 타당한지 검토·평가하는 등 피험자의 권리·안전·복지를 보호할 수 있도록 실시되어야 함.
	9. 인체 적용시험은 피험자의 선정·탈락기준을 정하고 그 기준에 따라 피험자를 선정하고 시험을 진행해야 함.

표시·광고 실증을 위한 시험 결과의 요건	**인체 적용시험의 최종시험결과보고서에 포함해야 하는 사항** 1. 시험의 종류(시험 제목) 2. 코드 또는 명칭에 의한 시험물질의 식별 3. 화학물질명 등에 의한 대조물질의 식별(대조물질이 있는 경우에 한함) 4. 시험의뢰자 및 시험기관 관련 정보 　가) 시험의뢰자의 명칭과 주소 　나) 관련된 모든 시험시설 및 시험지점의 명칭과 소재지, 연락처 　다) 시험책임자 및 시험자의 성명 5. 날짜 : 시험개시 및 종료일 6. 신뢰성보증확인서 : 시험점검의 종류, 점검날짜, 점검시험단계, 점검결과 등이 　기록된 것 7. 피험자 　가) 선정 및 제외 기준 　나) 피험자 수 및 이에 대한 근거 8. 시험방법 　가) 시험 및 대조물질 적용방법(대조물질이 있는 경우에 한함) 　나) 적용량 또는 농도, 적용 횟수, 시간 및 범위, 사용제한 　다) 사용장비 및 시약 　라) 시험의 순서, 모든 방법, 검사 및 관찰, 사용된 통계학적 방법 　마) 평가방법과 시험목적 사이 연관성, 새로운 방법일 경우 이 연관성을 확인할 　　수 있는 근거자료 9. 시험결과 　가) 시험결과의 요약 　나) 시험계획서에 제시된 관련 정보 및 자료 　다) 통계학적 유의성 결정 및 계산과정을 포함한 결과 　라) 결과의 평가와 고찰, 결론 10. 부작용 발생 및 조치내역 　가) 부작용 등 발생사례 　나) 부작용 발생에 따른 치료 및 보상 등 조치내역

인체 외 시험 자료

인체 외 시험은 과학적으로 검증된 방법이거나 밸리데이션을 거쳐 수립된 표준작업지침에 따라 수행되어야 함.

예 표준화된 방법에 따라 일관되게 실시할 목적으로 절차·수행방법등을 상세하게 기술한 문서에 따라 시험을 수행한 경우 합리적인 실증자료로 볼 수 있음

표시·광고 실증을 위한 시험 결과의 요건	인체 외 시험 자료의 최종시험결과보고서에 포함해야 하는 사항
	1. 시험의 종류(시험 제목) 2. 코드 또는 명칭에 의한 시험물질의 식별 3. 화학물질명 등에 의한 대조물질의 식별 4. 시험의뢰자 및 시험기관 관련 정보 　가) 시험의뢰자의 명칭과 주소 　나) 관련된 모든 시험, 시설 및 시험지점의 명칭과 소재지, 연락처 　다) 시험책임자의 성명 　라) 시험자의 성명, 위임받은 시험의 단계 　마) 최종보고서의 작성에 기여한 외부전문가의 성명 5. 날짜 : 시험개시 및 종료일 6. 신뢰성보증확인서 : 시험점검의 종류, 점검날짜, 점검시험단계, 점검결과가 기록된 것 7. 시험재료와 시험방법 　가) 시험계 선정사유 　나) 시험계의 특성(예 ; 종류, 계통, 공급원, 수량, 그 밖의 필요한 정보) 　다) 처리방법과 그 선택이유 　라) 처리용량 또는 농도, 처리횟수, 처리 또는 적용기간 　마) 시험의 순서, 모든 방법, 검사 및 관찰, 사용된 통계학적방법을 포함하여 시험계획과 관련된 상세한 정보 　바) 사용 장비 및 시약 8. 시험결과 　가) 시험결과의 요약 　나) 시험계획서에 제시된 관련 정보 및 자료 　다) 통계학적 유의성 결정 및 계산과정을 포함한 결과 　라) 결과의 평가와 고찰, 결론 ☑ 시험계 : 시험에 이용되는 미생물과 생물학적 매체 또는 이들의 구성성분으로 이루어지는 것
표시·광고 실증을 위한 시험 결과의 요건	**조사결과** 1. 조사기관은 사업자와 독립적이어야 하며, 조사할 수 있는 능력을 갖추어야 함. 2. 조사절차와 방법 등은 다음 조건을 충족하여야 함. 　가. 조사목적이 적정하여야 하며, 조사 목적에 부합하는 표본의 대표성이 있어야 함. 　나. 기초자료의 결과는 정확하게 보고되어야 함. 　다. 질문사항은 표본설정, 질문사항, 질문방법이 그 조사의 목적이나 통계상 방법과 일치하여야 함. 　라. 조사는 공정하게 이루어져야 하고, 피조사자는 조사목적을 모르는 가운데 진행되어야 함.

	구분	실증 대상	입증 자료
표시·광고에 따른 실증자료	1.「화장품 표시·광고 실증에 관한 규정」별표 등에 따른 표현	• 여드름성 피부에 사용에 적합 • 항균(인체세정용 제품에 한함) • 일시적 셀룰라이트 감소 • 부기 완화 • 다크서클 완화 • 피부 혈행 개선 • 피부장벽 손상의 개선에 도움 • 피부 피지분비 조절	인체적용시험 자료로 입증
		미세먼지 차단, 미세먼지 흡착 방지	
		모발의 손상을 개선한다.	인체적용시험자료, 인체 외 시험자료로 입증
		• 콜라겐 증가, 감소 또는 활성화 • 효소 증가, 감소 또는 활성	주름 완화 또는 개선 기능성화장품으로서 이미 심사 받은자료에 포함되어 있거나 해당 기능을 별도로 실증한 자료로 입증
		피부노화 완화, 안티에이징, 피부노화 징후 감소	인체적용시험자료, 인체 외 시험자료로 입증. 다만, 자외선차단 주름개선 등 기능성효능효과를 통한 피부노화 완화 표현의 경우 기능성화장품 심사(보고) 자료를 근거자료로 활용 가능
		기미, 주근깨 완화에 도움	미백 기능성화장품 심사(보고) 자료로 입증
		빠지는 모발을 감소시킨다.	탈모 증상 완화에 도움을 주는 기능성화장품으로서 이미 심사받은 자료에 근거가 포함되어 있거나 해당 기능을 별도로 실증한 자료로 입증

	구분	실증 대상	입증 자료
표시·광고에 따른 실증자료	2. 효능·효과·품질에 관한 내용	화장품의 효능·효과에 관한 내용 예 수분감 30% 개선효과, 피부결 20% 개선, 2주 경과 후 피부톤 개선 등	인체적용시험 자료 또는 인체 외 시험자료로 입증
		시험·검사와 관련된 표현 예 피부과 테스트 완료, ○○시험검사기관의 ○○효과 입증 등	
		타 제품과 비교하는 내용의 표시·광고 예 "○○보다 지속력이 5배 높음"	
		제품에 특정성분이 들어 있지 않다는 '무(無) ○○' 표현	시험분석자료로 입증 ☑ 단, 특정성분이 타 물질로의 변환 가능성이 없으면서 시험으로 해당 성분 함유 여부에 대한 입증이 불가능한 특별한 사정이 있는 경우에는 예외적으로 제조관리기록서나 원료시험성적서 등 활용
천연화장품 또는 유기농화장품 표시·광고의 실증자료	천연화장품 또는 유기농화장품으로 표시·광고하려는 자는 실증자료를 **제조일(수입일 경우 통관일)로부터** 3년 **또는 사용기한 경과 후** 1년 중 긴 기간 동안 보존하여야 한다.		

21 화장품법 시행규칙 제23조의2~제23조의3

III. 화장품법 시행규칙(총리령)

꼼꼼하고 알기 쉬운 법조문 해설[이해하기]

법령	화장품법 시행규칙
조항	제23조의2~제23조의3
관련 법령	화장품법 제14조 천연화장품 및 유기농화장품 인증기관 지정 및 인증 등에 관한 규정

　화장품법 시행규칙 제23조의2와 제23조의3은 천연화장품 및 유기농화장품의 인증과 그 인증기관에 대한 조항입니다. 화장품법 제14조에서 간단히 살펴보았었지요? 식품의약품안전처장은 천연화장품 및 유기농화장품의 품질제고를 유도하고 소비자에게 보다 정확한 제품정보가 제공될 수 있도록 식품의약품안전처장이 정하는 기준에 적합한 천연화장품 및 유기농화장품에 대하여 인증할 수 있었습니다. 인증을 받으려는 화장품제조업자, 화장품책임판매업자 또는 대학·연구소 등은 식품의약품안전처장에게 인증을 신청하여야 했었죠. 그러나 실제로는 식약처에서 인증업무를 효과적으로 수행하기 위해 필요한 전문 인력과 시설을 갖춘 기관 또는 단체를 인증기관으로 지정하여 인증업무를 위탁하여 운영하므로 위탁기관에 인증신청을 하면 되었습니다. 그렇다면 시행규칙을 통해 좀 더 자세히 알아봅시다.

화장품법 시행규칙 제23조의2(천연화장품 및 유기농화장품의 인증 등)

① 천연화장품 또는 유기농화장품으로 인증을 받으려는 화장품제조업자, 화장품책임판매업자 또는 연구기관 등은 지정받은 인증기관에 식품의약품안전처장이 정하여 고시하는 서류를 갖추어 인증을 신청해야 한다.

② 인증기관은 신청을 받은 경우 천연화장품 또는 유기농화장품의 인증기준에 적합한지 여부를 심사를 한 후 그 결과를 신청인에게 통지해야 한다.

③ 천연화장품 또는 유기농화장품의 인증을 받은 자(인증사업자)는 다음의 사항이 변경된 경우 식품의약품안전처장이 정하여 고시하는 바에 따라 그 인증을 한 인증기관에 보고를 해야 한다.

1. 인증제품 명칭의 변경
2. 인증제품을 판매하는 책임판매업자의 변경

④ 인증사업자가 인증의 유효기간을 연장받으려는 경우 유효기간 만료 90일 전까지 그 인증을 한 인증기관에 식품의약품안전처장이 정하여 고시하는 서류를 갖추어 제출해야 한다. 다만, 그 인증을 한 인증기관이 폐업, 업무정지 또는 그 밖의 부득이한 사유로 연장신청이 불가능한 경우에는 다른 인증기관에 신청할 수 있다.

⑤ 천연화장품 및 유기농화장품의 인증표시란 다음의 표시를 말한다.

천연화장품

유기농화장품

⑥ 인증기관의 장은 식품의약품안전처장의 승인을 받아 결정한 수수료를 신청인으로부터 받을 수 있다.

⑦ 인증신청 및 변경보고, 유효기간 연장신청 등 인증의 세부 절차와 방법 등은 식품의약품안전처장이 정하여 고시한다.

천연화장품 또는 유기농화장품으로 인증을 받으려는 화장품제조업자, 화장품책임판매업자 또는 연구기관등은 천연·유기농화장품 인증 신청서에 다음의 서류를 첨부하여 지정받은 인증기관에 인증을 신청해야 합니다.

- 인증신청 대상 제품에 사용된 원료에 대한 정보
- 인증신청 대상 제품의 제조공정, 용기·포장 및 보관 등에 대한 정보

인증기관은 이와 같은 신청을 받으면 천연화장품 또는 유기농화장품의 인증기준에 적합한지 여부를 심사한 후 그 결과를 신청인에게 통지해야 합니다. 인증을 받은 자의 인증제품 명칭이 변경되거나 인증제품을 판매하는 책임판매업자가 변경된 경우 인증사항 변경 신청서에 다음의 서류를 첨부하여 그 인증을 한 인증기관에 제출해야 합니다.

- 인증서 원본
- 인증제품 명칭의 변경 : 인증제품의 명칭 변경사유를 적은 서류
- 인증제품을 판매하는 책임판매업자의 변경 : 책임판매업자의 변경을 증명하는 서류
- 인증사업자의 명칭 또는 주소의 변경 : 변경된 명칭이나 주소를 증명하는 서류

☑ 여기서 말하는 '인증사업자'란 천연·유기농화장품 인증을 하는 사업자가 아니라 천연·유기농화장품의 인증을 받은 자를 말합니다! 혼동 주의!

□ **인증의 유효기간**

인증의 유효기간은 인증을 받은 날부터 3년으로 합니다. 인증사업자가 인증의 유효기간을 연장하려는 경우 유효기간 만료 90일 전까지 천연·유기농화장품 유효기간 연장 신청서에 다음의 서류를 첨부하여 그 인증을 한 인증기관에 제출해야 합니다.

> • 인증서 원본
> • 인증받은 제품이 최신의 인증기준에 적합함을 입증하는 서류
> ☑ 다만, 그 인증을 한 인증기관이 폐업, 업무정지 또는 그 밖의 부득이한 사유로 연장신청이 불가능한 경우에는 다른 인증기관에 신청할 수 있습니다.

□ **인증의 취소**

식품의약품안전처장은 인증을 받은 화장품이 거짓이나 그 밖의 부정한 방법으로 인증을 받은 경우이거나 처음에 심사받을 때는 인증기준에 부합하였으나 그 이후에 인증기준에 적합하지 않게 된 경우에는 그 인증을 취소해야 합니다. 그리고 식품의약품안전처장은 인증의 취소를 할 경우 청문을 해야 합니다.

□ **인증 표시**

천연화장품

유기농화장품

인증을 받은 화장품에 대해서는 이 인증표시를 할 수 있습니다. 도안의 크기는 용도 및 포장재의 크기에 따라 동일 배율로 조정하고, 도안을 알아보기 쉽도록 인쇄 또는 각인 등의 방법으로 표시해야 합니다. 누구든지 인증을 받지 않은 화장품에 대하여 이 인증표시나 이와 유사한 표시를 해서는 안 됩니다.

□ **인증서의 재발급**

인증서를 교부받은 인증사업자(인증을 받은 사람)가 그 인증서를 잃어버렸거나 못쓰게 된 경우 또는 기재사항에 변경이 있어 인증서를 재발급 받으려는 경우 인증서 재발급 신청서에 못쓰게 된 인증서 등을 첨부하여 해당 인증을 한 인증기관의 장에게 제출하여야 합니다. 인증기관의 장은 인증서의 재발급 신청을 받은 때에는 7일 이내에 **인증서를 재발급**하고, 인증 등록대장에 재발급의 사유를 적어야 합니다.

1.	인증신청	• (주체) 제조업자, 책임판매업자 및 대학·연구소 등 • (제출자료)인증 신청서, 인증기준 부합성 증명 서류
2.	신청서 접수	• 인증신청인에게 심사일정 통보
3.	인증심사	• 서류평가 및 현장평가(필요시 시험검사)
4.	결과의 통보	• 신청인에게 통보하고 인증서를 발급
	변경보고	• 인증사업자는 인증제품 명칭 및 책임 판매업자의 변경 등 보고 • 변경사항은 대장관리 및 인증서 이면기재
	유효기간의 연장	• 유효기간 3년 도래 90일 전에 연장신청
	인증서의 재발급	• 인증서의 분실 또는 훼손하는 경우
	인증제품 사후관리	• 인증기관은 사후관리를 실시하고 기준에 적합하지 않은 경우 등 발생 시 인증 취소

<천연·유기농 화장품 인증 절차>

□ 천연·유기농화장품 표시 위반자에 대한 벌칙

• 거짓이나 부정한 방법 등으로 표시한 자에 대한 처벌

거짓이나 부정한 방법으로 인증받은 자, 인증을 받지 않은 화장품에 대해 인증표시나 이와 유사한 표시를 한 자는 3년 이하의 징역 또는 3천만원 이하의 벌금에 처해집니다. 이 경우 징역형과 벌금형은 이를 함께 부과할 수 있습니다.

• 유효기간이 경과 후 표시한 자에 대한 처벌

인증의 유효기간이 경과한 화장품에 대해 인증표시를 한 자는 200만원 이하의 벌금에 처해집니다.

화장품법 시행규칙 제23조의3(천연화장품 및 유기농화장품의 인증기관의 지정 등)

① 인증기관의 지정기준은 다음과 같다.

인증기관의 지정기준(제23조의3 제1항 관련)

1. 조직 및 인력

국제표준화기구(ISO)와 국제전기표준회의(IEC)가 정한 제품인증시스템을 운영하는 기관을 위한 요구사항(ISO/IEC Guide 17065)에 적합한 경우로서 다음 각 목의 조직 및 인력을 모두 갖춰야 한다.

가. 조직

  1) 인증업무를 수행하는 상설 전담조직을 갖추고 인증기관의 운영에 필요한 재원을 확보할 것

  2) 인증업무와 인증업무 외의 업무를 함께 수행하고 있는 경우 인증기관[대표, 인증업무를 담당하는 자(인증담당자) 등 소속 임직원 포함]은 천연화장품 또는 유기농화장품의 제조·유통·판매나 인증, 인증을 위한 컨설팅 또는 관련 제품이나 서비스를 제공함으로써 인증업무가 불공정하게 수행될 우려가 없을 것

나. 인력

인증담당자를 2명 이상 갖출 것. 다만, 인증기관 지정 이후에는 인증업무량 등에 따라 인증담당자를 추가적으로 확보할 수 있다.

2. 시설

인증기관으로 지정받으려는 자는 다음 각 목의 시설을 갖추어야 한다.

가. 인증기관이 인증품의 계측 및 분석을 직접 수행하는 경우 다음의 어느 하나에 해당하는 시험·검사기관이어야 하고, 인증품의 계측 및 분석 등에 필요한 시설을 갖추어야 한다.

  1)「국가표준기본법」제23조에 따라 인정받은 시험·검사기관

  2)「식품·의약품분야 시험·검사 등에 관한 법률」제6조에 따른 화장품 시험·검사기관

  3) 그 밖에 1) 및 2)와 동등한 것으로 식품의약품안전처장이 인정한 시험·검사기관

나. 인증기관이 다른 시험·검사기관 등에 위탁하여 인증품의 계측 및 분석 등의 업무를 수행할 경우에는 인증품의 계측 및 분석 등에 필요한 시설을 갖추지 않을 수 있으며, 이 경우 인증기관은 인증품의 계측 및 분석을 위탁받은 기관(수탁기관)이 그 결과의 신뢰성과 정확성을 확보하기 위해 다음의 조치를 취해야 한다.

  1) 인증기관은 수탁기관이 해당 분야의 시험·검사기관으로 인정 또는 지정 받았는지 여부와 그 인정 또는 지정을 유지하고 있는지를 확인하고 관련 증명자료를 비치할 것

  2) 인증기관의 장은 수탁기관이 준수해야 하는 다음의 사항을 수탁기관에 통보하고 수탁기관이 성실하게 이를 준수하지 않는 경우 해당 수탁기관에 대한 위탁을 중지할 것

   ㄱ. 관련 규정에서 정한 절차와 방법에 따라 계측 및 분석을 실시할 것

   ㄴ. 계측 및 분석 관련 해당 시료는 15일 이상 보관하고 검사결과의 원본자료(raw data)는 2년간 보관해야 하며, 인증기관의 장 또는 식품의약품안전처장의 요구가 있는 경우 제공할 것

   ㄷ. 인증기관 또는 식품의약품안전처장이 수탁기관이 수행하는 검사의 절차 및 방법 등에 대한 현장 확인을 요구하는 경우 이에 협조할 것

   ㄹ. 시험·검사기관의 업무정지, 지정취소 시 인증기관에 통지할 것

3) 인증기관의 장은 수탁기관이 검사 관련 기록을 위조·변조하여 검사성적서를 발급하거나 검사를 하지 않고 검사성적서를 발급하는 등 검사성적서를 거짓으로 발급하는 것으로 확인되는 경우에는 지체 없이 식품의약품안전처장에게 보고하고 해당 기관에 인증품의 계측 및 분석 위탁을 중지할 것

3. 인증업무규정

인증기관으로 지정받으려는 자는 제23조의3 제5항 및 다음의 사항을 적은 인증업무규정을 갖추어야 하며, 이를 준수해야 한다.

가. 인증업무 실시방법

나. 인증의 사후관리 방법

다. 인증 수수료

라. 인증담당자의 준수사항 및 인증담당자의 자체 관리·감독 요령

마. 인증담당자에 대한 교육계획

바. 인증의 품질을 보장할 수 있는 관리지침

사. 인증업무와 관련하여 제기된 불만 및 분쟁에 대한 처리 절차와 조치방법에 관한 사항

아. 인증 심사, 인증 결정, 인증 활동 등 인증업무를 독립적으로 수행할 수 있는 관리체계에 관한 사항

자. 모든 신청자가 인증서비스를 이용할 수 있고, 인증의 심사·유지·확대·취소 등의 결정에 대해 어떠한 상업적·재정적 압력으로부터 영향을 받지 않는다는 사항

차. 그 밖에 인증업무 수행에 필요하다고 인정하여 식품의약품안전처장이 정하는 사항

② 천연화장품 또는 유기농화장품의 인증기관으로 지정받으려는 자는 식품의약품안전처장이 정하여 고시하는 서류를 갖추어 인증기관의 지정을 신청해야 한다.

③ 식품의약품안전처장은 지정기준에 적합하여 인증기관을 지정하는 경우 신청인에게 인증기관 지정서를 발급해야 한다.

④ 지정된 인증기관은 다음의 사항이 변경된 경우에는 변경 사유가 발생한 날부터 30일 이내에 식품의약품안전처장이 정하여 고시하는 서류를 갖추어 변경신청을 해야 한다.

1. 인증기관의 대표자
2. 인증기관의 명칭 및 소재지
3. 인증업무의 범위

⑤ 인증기관은 업무를 적절하게 수행하기 위하여 다음의 사항을 준수해야 한다.

1. 인증신청, 인증심사 및 인증사업자에 관한 자료를 인증의 유효기간이 끝난 후 2년 동안 보관할 것
2. 식품의약품안전처장의 요청이 있는 경우에는 인증기관의 사무소 및 시설에 대한 접근을 허용하거나 필요한 정보 및 자료를 제공할 것

⑥ 인증기관에 대한 <u>행정처분의 기준</u>은 다음과 같다.

인증기관에 대한 행정처분의 기준(제23조의3 제6항 관련)

1. 일반기준

가. 위반행위가 2가지 이상인 경우로서 그에 해당하는 각각의 처분기준이 다른 경우에는 그 중 무거운 처분기준에 따른다. 다만, 2가지 이상의 처분기준이 모두 영업정지인 경우에는 각 처분기준을 합산한 기간을 넘지 않는 범위에서 무거운 처분기준의 2분의 1 범위에서 가중할 수 있다.

나. 위반행위의 차수에 따른 행정처분기준은 최근 3년간 같은 위반행위로 행정처분을 받은 경우에 적용한다. 이 경우 기간의 계산은 같은 위반행위에 대하여 행정처분을 받은 날과 그 처분 후 다시 같은 위반행위를 하여 적발된 날을 기준으로 한다.

다. 나목에 따라 가중된 행정처분을 하는 경우 가중처분의 적용 차수는 그 위반행위 전 행정처분 차수(나목에 따른 기간 내에 행정처분이 둘 이상 있었던 경우에는 높은 차수를 말한다)의 다음 차수로 한다.

라. 처분권자는 위반행위의 동기·내용 및 위반의 정도 등 정상을 참작할 만한 사유가 있는 때에는 제2호의 개별기준에 정한 업무정지 기간의 2분의 1의 범위에서 경감하여 처분할 수 있다.

2. 개별기준

위반 내용	근거법령	위반차수별 행정처분기준		
		1차 위반	2차 위반	3차 이상 위반
가. 거짓이나 그 밖의 부정한 방법으로 인증기관의 지정을 받은 경우	법 제14조의5 제2항 제1호	지정 취소		
나. 법 제14조의2 제5항에 따른 지정기준에 적합하지 않게 된 경우	법 제14조의5 제2항 제2호	업무 정지 3개월	업무 정지 6개월	지정 취소

⑦ 인증기관의 지정 절차 및 준수사항 등 인증기관 운영에 필요한 세부 절차와 방법 등은 식품의약품안전처장이 정하여 고시한다.

인증기관은 앞에 명시된 바와 같은 지정기준을 충족하여야 인증기관으로 인정받을 수 있습니다. 인증기관은 국제표준화기구(ISO)와 국제전기표준회의(IEC)가 정한 제품인증시스템을 운영하는 기관을 위한 요구사항(ISO/IEC Guide 17065)에 적합해야 합니다. 당연하게도 인증기관의 운영에 필요한 재원이 확보되어야 하는데요, 특히 인증담당자를 2명 이상 갖추어야 합니다. 단, 인증기관 지정 이후에는 인증업무량 등에 따라 <u>인증담당자를 추가적으로 확보할 수 있습니다.</u>

인증기관은 인증품의 계측 및 분석을 직접 수행할 수도 있고 위탁하여 수행할 수도 있습니다. 인증받고자 하는 이는 천연·유기농화장품을 인증해달라며 인증기관에 화장품의 표준품을 가지고 올 것입니다. 이때 해당 화장품이 천연·유기농화장품의 기준에 적합한지 시험을 통해 계측·분석해야겠지요? 인증기관이 인증품의 계측 및 분석을 직접 수행하는 경우 그 인증기관은 「국가표준기본법」 제23조에 따라 인정받은 시험·검사기관이거나 「식품·의약품분야 시험·검사 등에 관한 법률」 제6조에 따른 화장품 시험·검사기관 혹은 이것들과 동등한 것으로 식품의약품안전처장이 인정한 시험·검사기관이어야 합니다. 그리고 그러한 인증기관은 인증품의 계측 및 분석 등에 필요한 시설을 갖추어야 합니다.

인증기관이 다른 시험·검사기관 등에 위탁하여 인증품의 계측 및 분석 등의 업무를 수행할 경우에는 인증품의 계측 및 분석 등에 필요한 시설을 갖추지 않을 수 있지만 수탁기관에 대해 지도·감독해야 합니다. 인증기관은 수탁기관이 해당 분야의 시험·검사기관으로 인정 또는 지정 받았는지 여부와 그 인정 또는 지정을 유지하고 있는지를 확인하고 관련 증명자료를 비치해야 합니다. 인증기관의 장은 수탁기관이 준수해야 하는 사항을 수탁기관에 통보하고 수탁기관이 성실하게 이를 준수하지 않는 경우 해당 수탁기관에 대한 위탁을 중지해야 합니다. 수탁기관은 관련 규정에서 정한 절차와 방법에 따라 계측 및 분석을 실시하고 계측 및 분석 관련 해당 시료는 15일 이상 보관해야 하고 검사결과의 원본자료(raw data)는 2년간 보관해야 하며, 인증기관의 장 또는 식품의약품안전처장의 요구가 있는 경우 제공해야 합니다. 수탁기관은 또, 인증기관 또는 식품의약품안전처장이 수탁기관이 수행하는 검사의 절차 및 방법 등에 대한 현장 확인을 요구하는 경우 협조하여야 하며 시험·검사기관의 업무정지, 지정취소 시 인증기관에 통지하여야 합니다.

만약 수탁기관이 검사 관련 기록을 위조·변조하여 검사성적서를 발급하거나 검사를 하지 않고 검사성적서를 발급하는 등 검사성적서를 거짓으로 발급하는 것을 위탁기관이 발견하였다면 어떻게 하여야 할까요? 위탁기관은 지체 없이 식품의약품안전처장에게 보고하고 해당 기관에 인증품의 계측 및 분석 위탁을 중지하여야 합니다.

□ 인증업무규정

인증기관으로 지정받으려는 자는 제23조의3 제5항 및 다음의 사항을 적은 **인증업무규정**을 갖추어야 하며, 이를 준수해야 합니다.

1. 인증업무 실시방법
2. 인증의 사후관리 방법
3. 인증 수수료
4. 인증담당자의 준수사항 및 인증담당자의 자체 관리·감독 요령
5. 인증담당자에 대한 교육계획
6. 인증의 품질을 보장할 수 있는 관리지침
7. 인증업무와 관련하여 제기된 불만 및 분쟁에 대한 처리 절차와 조치방법에 관한 사항
8. 인증 심사, 인증 결정, 인증 활동 등 인증업무를 독립적으로 수행할 수 있는 관리체계에 관한 사항
9. 모든 신청자가 인증서비스를 이용할 수 있고, 인증의 심사·유지·확대·취소 등의 결정에 대해 어떠한 상업적·재정적 압력으로부터 영향을 받지 않는다는 사항
10. 그 밖에 인증업무 수행에 필요하다고 인정하여 식품의약품안전처장이 정하는 사항

□ 인증기관 지정의 신청

여태까지는 인증기관의 지정기준에 대해 알아보았는데요, 이와 같은 지정기준에 충족되는 인증기관은 인증기관의 지정을 신청할 수 있습니다. 인증기관으로 지정을 받고자 하는 자는 인증기관 지정 신청서에 다음의 서류를 첨부하여 식품의약품안전처장에게 제출하여야 합니다.

1. 인증업무 범위, 조직·인력·재정운영, 시험·검사운영 등을 적은 사업계획서
2. 규칙 제23조의3에 따른 인증기관의 지정기준에 부합함을 입증하는 서류

식품의약품안전처장은 신청내용이 시행규칙 제23조의3 및 지정기준에 적합한지 여부를 평가하기 위하여 실태조사를 실시할 수 있습니다. 실태조사의 절차와 방법 등은 「행정절차법」에 따릅니다. 식품의약품안전처장은 제출서류에 대한 검토결과와 실태조사결과를 종합적으로 심사하여 인증기관 지정 신청의 적합여부를 판정하여야 합니다. 심사 결과 적합한 경우, 지정대장에 지정사항을 적고 **인증기관 지정서**를 발급하며, 그 결과를 홈페이지에 게시하여야 합니다.

□ 인증기관 지정사항의 변경

인증기관의 장이 지정받은 사항을 변경하려는 경우 변경 사유가 발생한 날부터 30일 이내에 인증기관 지정사항 변경 신청서에 다음의 서류를 첨부하여 식품의약품안전처장에게 제출하여야 합니다.

1. 인증기관 지정서
2. 인증기관의 대표자, 명칭 및 소재지 변경 : 변경내용을 증명하는 서류
3. 인증업무의 범위 변경 : 변경내용이 인증기관의 지정기준에 적합함을 증명하는 서류

식품의약품안전처장은 변경 신청서를 접수한 때에는 신청 사항을 검토한 후 지정대장에 변경사항을 적고 지정서의 이면에 변경사항을 기재하여 인증기관의 장에게 돌려주어야 합니다. 이 경우 식품의약품안전처장은 변경사항에 대한 확인을 위하여 실태조사를 실시할 수 있습니다.

1.	지정신청	• 인증기관 지정 신청서 • 사업계획서 • 인증기관 지정기준 부합함을 입증하는 자료
2.	지정심사	• 식약처→신청인 심사일정 등 통지 • 서류내용의 적정성 및 지정기준 부합성 검토
3.	심사결과 통보	• 인증기관 지정서 발급 • 심사결과의 통보
4.	홈페이지 게시	• 인증기관의 명칭, 사무소, 인증범위 등
	변경신고	• 대표자 명칭, 소재지, 인증업무의 범위 등 변경사유가 발생한 경우
	식약처 관리감독	• 식약처의 인증기관 지정기준 준수여부 등

천연·유기농 인증기관 지정 절차

□ 인증기관의 준수사항

인증기관의 장은 인증번호, 인증범위, 유효기간, 인증제품명 등이 포함된 인증서를 인증사업자에게 발급해야 하며 인증 결과 등을 **인증을 실시한 해의 다음 연도 1월 31일까지 식품의약품안전처장에게 보고해야 합니다.** 그리고 인증신청, 인증심사 및 인증사업자에 관한 자료를 인증의 유효기간이 끝난 후 2년 동안 보관해야 하며 식품의약품안전처장의 요청이 있는 경우 인증기관의 사무소 및 시설에 대한 접근을 허용하거나 필요한 정보 및 자료를 제공해야 합니다. 인증기관이 동 인증업무 이외의 다른 업무를 행하고 있는 경우 그 업무로 인해 인증업무에 지장을 주거나 공정성을 손상시키면 안 됩니다.

□ 인증기관 지정의 철회

인증기관의 장이 인증기관 지정을 철회하려는 경우 다음의 내용을 이행한 후 인증기관 지정 철회 신고서에 **인증기관 지정서를 첨부**하여 식품의약품안전처장에게 제출하여야 합니다.

1. 인증사업자에 인증기관 지정 철회 예정 사실 안내
2. 접수되어 심사 중에 있는 사안 처리
3. 당해 인증기관에서 인증한 제품 및 인증사업자에 대한 사후관리를 다른 인증기관이 수행하도록 양도 계약 체결

식품의약품안전처장은 인증기관 지정 철회 신청이 적합한 경우에는 신고를 수리하고, 그 결과를 식품의약품안전처 홈페이지에 게시하여야 합니다. 인증기관 지정 철회를 신고한 인증기관의 장은 신고가 수리된 이후 7일 이내에 인증신청자 및 인증사업자에게 그 사실을 알려 주어야 합니다.

□ 인증제품 사후관리

인증기관의 장은 유통 중인 인증제품이 인증기준에 적합한지 여부 등에 대하여 모니터링을 실시할 수 있습니다.

□ 인증기관의 행정처분

인증기관의 행정처분 기준은 다음과 같습니다.

위반 내용	근거법령	위반 차수별 행정처분기준		
		1차 위반	2차 위반	3차 이상 위반
1. 거짓이나 그 밖의 부정한 방법으로 인증기관의 지정을 받은 경우	법 제14조의5 제2항 제1호	지정 취소		
2. 법 제14조의2 제5항에 따른 지정기준에 적합하지 않게 된 경우	법 제14조의5 제2항 제2호	업무 정지 3개월	업무 정지 6개월	지정 취소

□ 현재까지 지정된 천연·유기농 인증기관(지정현황)

화장품법 제14조의2 제4항 및 고시명 '천연화장품 및 유기농화장품 인증기관 지정 및 인증 등에 관한 규정' 등에 따라 지정된 인증기관 현황('21.5월 기준)은 다음과 같습니다.

• (재)한국화학융합시험연구원(KTR)

• (재)한국건설생활환경시스템연구원(KCL)

• ㈜컨트롤유니온

III. 화장품법 시행규칙(총리령)

간단하고 명료한 화장품법 시행령 체계표[다지기]	
법령	화장품법 시행규칙
조항	제23조의2~제23조의3

□ [화장품법 제23조의2~제23조의3] 천연·유기농화장품의 인증 및 인증기관

천연·유기농화장품의 인증 및 인증기관의 모든 것	
① 천연화장품 및 유기농화장품의 인증	
인증 제도 시행의 목적	천연·유기농화장품의 품질제고 유도 및 소비자에게 보다 정확한 제품정보 제공
인증자	식약처장 - 식약처에서 인증업무를 효과적으로 수행하기 위해 필요한 전문 인력과 시설을 갖춘 기관 또는 단체를 인증기관으로 지정하여 인증업무를 위탁하여 운영
인증 신청이 가능한 자	화장품제조업자, 화장품책임판매업자 또는 대학·연구소
인증 신청 시 서류	1. 천연·유기농화장품 인증 신청서 2. 인증신청 대상 제품에 사용된 원료에 대한 정보가 기재된 서류 3. 인증신청 대상 제품의 제조공정, 용기·포장 및 보관 등에 대한 정보가 기재된 서류 ☑ 인증기관은 이와 같은 신청을 받으면 인증기준 적합 여부 심사 후 그 결과를 신청인에게 통지함.
인증 사항 변경의 경우 제출 서류	**공통**: 인증사항 변경 신청서, 인증서 원본 • **인증제품 명칭의 변경의 경우**: 인증제품의 명칭 변경사유를 적은 서류 • **인증제품을 판매하는 책임판매업자가 변경된 경우**: 책임판매업자의 변경을 증명하는 서류 • **인증사업자의 명칭 또는 주소가 변경된 경우**: 변경된 명칭이나 주소를 증명하는 서류 ☑ '인증사업자'란 천연·유기농화장품 인증을 하는 사업자가 아니라 천연·유기농화장품의 인증을 받은 자를 말함.
인증의 유효기간	• 인증의 유효기간: 인증을 받은 날로부터 3년 • 갱신: 유효기간 만료 90일 전

인증의 유효기간	갱신 시 제출 서류 1. 천연·유기농화장품 유효기간 연장 신청서 2. 인증서 원본 3. 인증받은 제품이 최신의 인증기준에 적합함을 입증하는 서류 ☑ 단, 그 인증을 한 인증기관이 폐업, 업무정지 또는 그 밖의 부득이한 사유로 연장신청이 불가능한 경우 다른 인증기관에 신청 가능.
인증의 취소가 가능한 경우	① 인증을 받은 화장품이 거짓이나 그 밖의 부정한 방법으로 인증을 받은 경우 ② 인증기준에 적합하지 않게 된 경우 ☑ 인증 취소 시에는 '청문'을 하여야 함.
인증표시	• 인증을 받은 화장품에 대해 다음과 같은 인증표시를 할 수 있음. • 도안의 크기는 용도 및 포장재의 크기에 따라 동일 배율로 조정하고, 도안을 알아보기 쉽도록 인쇄 또는 각인 등의 방법으로 표시해야 함. • 누구든지 인증을 받지 않은 화장품에 대하여 다음의 인증표시나 이와 유사한 표시를 해서는 안 됨. 천연화장품 유기농화장품
인증서의 재발급	인증서를 교부받은 인증사업자가 그 인증서를 잃어버렸거나 못쓰게 된 경우 또는 기재사항에 변경이 있어 인증서를 재발급 받으려는 경우 인증서 재발급 신청서에 못쓰게 된 인증서 등을 첨부하여 해당 인증을 한 인증기관의 장에게 제출. ☑ 인증기관의 장은 인증서의 재발급 신청을 받은 때에는 7일 이내에 인증서를 재발급하고, 인증 등록대장에 재발급의 사유를 적어야 함.
천연·유기농화장품 표시 위반자에 대한 벌칙	• **거짓이나 부정한 방법 등으로 표시한 자에 대한 처벌** 거짓이나 부정한 방법으로 인증받은 자, 인증을 받지 않은 화장품에 대해 인증표시나 이와 유사한 표시를 한 자 : 3년 이하의 징역 또는 3천만원 이하의 벌금 • **유효기간이 경과 후 표시한 자에 대한 처벌** 인증의 유효기간이 경과한 화장품에 대해 인증표시를 한 자 : 200만원 이하의 벌금
인증 시 수수료	인증기관의 장은 식품의약품안전처장의 승인을 받아 결정한 수수료를 신청인으로부터 받을 수 있음.
	② 천연화장품 및 유기농화장품의 인증기관
인증기관 지정 신청 시 요구되는 서류	1. 인증기관 지정 신청서 2. 인증업무 범위, 조직·인력·재정운영, 시험·검사운영 등을 적은 사업계획서 3. 시행규칙 제23조의3에 따른 인증기관의 지정기준에 부합함을 입증하는 서류

인증기관의 지정기준

1. 조직 및 인력

국제표준화기구(ISO)와 국제전기표준회의(IEC)가 정한 제품인증시스템을 운영하는 기관을 위한 요구사항(ISO/IEC Guide 17065)에 적합한 경우로서 다음의 조직 및 인력을 모두 갖춰야 한다.

　가. 조직

　　1) 인증업무를 수행하는 상설 전담조직을 갖추고 인증기관의 운영에 필요한 재원을 확보할 것

　　2) 인증업무와 인증업무 외의 업무를 함께 수행하고 있는 경우 인증기관[대표, 인증업무를 담당하는 자(인증담당자) 등 소속 임직원 포함]은 천연화장품 또는 유기농화장품의 제조·유통·판매나 인증, 인증을 위한 컨설팅 또는 관련 제품이나 서비스를 제공함으로써 인증업무가 불공정하게 수행될 우려가 없을 것

　나. 인력

　인증담당자를 2명 이상 갖출 것. 다만, 인증기관 지정 이후에는 인증업무량 등에 따라 인증담당자를 추가적으로 확보할 수 있다.

2. 시설

인증기관으로 지정받으려는 자는 다음의 시설을 갖추어야 한다.

　가. 인증기관이 인증품의 계측 및 분석을 직접 수행하는 경우 다음의 어느 하나에 해당하는 시험·검사기관이어야 하고, 인증품의 계측 및 분석 등에 필요한 시설을 갖추어야 한다.

　　1) 「국가표준기본법」 제23조에 따라 인정받은 시험·검사기관

　　2) 「식품·의약품분야 시험·검사 등에 관한 법률」 제6조에 따른 화장품 시험·검사기관

　　3) 그 밖에 1) 및 2)와 동등한 것으로 식품의약품안전처장이 인정한 시험·검사기관

　나. 인증기관이 다른 시험·검사기관 등에 위탁하여 인증품의 계측 및 분석 등의 업무를 수행할 경우에는 인증품의 계측 및 분석 등에 필요한 시설을 갖추지 않을 수 있으며, 이 경우 인증기관은 인증품의 계측 및 분석을 위탁받은 기관(수탁기관)이 그 결과의 신뢰성과 정확성을 확보하기 위해 다음의 조치를 취해야 한다.

　　1) 인증기관은 수탁기관이 해당 분야의 시험·검사기관으로 인정 또는 지정 받았는지 여부와 그 인정 또는 지정을 유지하고 있는지를 확인하고 관련 증명자료를 비치할 것

　　2) 인증기관의 장은 수탁기관이 준수해야 하는 다음의 사항을 수탁기관에 통보하고 수탁기관이 성실하게 이를 준수하지 않는 경우 해당 수탁기관에 대한 위탁을 중지할 것

　　　① 관련 규정에서 정한 절차와 방법에 따라 계측 및 분석을 실시할 것

　　　② 계측 및 분석 관련 해당 시료는 15일 이상 보관하고 검사결과의 원본자료(raw data)는 2년간 보관해야 하며, 인증기관의 장 또는 식품의약품안전처장의 요구가 있는 경우 제공할 것

　　　③ 인증기관 또는 식품의약품안전처장이 수탁기관이 수행하는 검사의 절차 및 방법 등에 대한 현장 확인을 요구하는 경우 이에 협조할 것

　　　④ 시험·검사기관의 업무정지, 지정취소 시 인증기관에 통지할 것

　　3) 인증기관의 장은 수탁기관이 검사 관련 기록을 위조·변조하여 검사성적서를 발급하거나 검사를 하지 않고 검사성적서를 발급하는 등 검사성적서를 거짓으로 발급하는 것으로 확인되는 경우에는 지체 없이 식품의약품안전처장에게 보고하고 해당 기관에 인증품의 계측 및 분석 위탁을 중지할 것

3. 인증업무규정

인증기관으로 지정받으려는 자는 제23조의3 제5항 및 다음의 사항을 적은 **인증업무규정**을 갖추어야 하며, 이를 준수해야 한다.

가. 인증업무 실시방법

나. 인증의 사후관리 방법

다. 인증 수수료

라. 인증담당자의 준수사항 및 인증담당자의 자체 관리·감독 요령

마. 인증담당자에 대한 교육계획

바. 인증의 품질을 보장할 수 있는 관리지침

사. 인증업무와 관련하여 제기된 불만 및 분쟁에 대한 처리 절차와 조치방법에 관한 사항

아. 인증 심사, 인증 결정, 인증 활동 등 인증업무를 독립적으로 수행할 수 있는 관리체계에 관한 사항

자. 모든 신청자가 인증서비스를 이용할 수 있고, 인증의 심사·유지·확대·취소 등의 결정에 대해 어떠한 상업적·재정적 압력으로부터 영향을 받지 않는다는 사항

차. 그 밖에 인증업무 수행에 필요하다고 인정하여 식품의약품안전처장이 정하는 사항

신청 내용 확인을 위한 실태조사의 실시		식품의약품안전처장은 신청내용이 시행규칙 제23조의3 및 지정기준에 적합한지 여부를 평가하기 위하여 실태조사를 실시할 수 있음. • 실태조사의 절차와 방법 등은 「행정절차법」에 따름. • 식품의약품안전처장은 제출서류에 대한 검토 결과와 실태조사결과를 종합적으로 심사하여 인증기관 지정 신청의 적합여부를 판정함. 심사 결과 적합한 경우, 지정대장에 지정사항을 적고 **인증기관 지정서**를 발급하며, 그 결과를 홈페이지에 게시함.
인증기관 지정사항의 변경	기간	변경 사유가 발생한 날부터 30일 이내
	제출 서류	**공통 : 인증기관 지정사항 변경 신청서, 인증기관 지정서** 1. 인증기관의 대표자, 명칭 및 소재지 변경의 경우 : 변경내용을 증명하는 서류 2. 인증업무의 범위 변경의 경우 : 변경내용이 인증기관의 지정기준에 적합함을 증명하는 서류
	비고	• 식품의약품안전처장은 신청 사항 검토 후 지정대장에 변경사항을 적고 지정서의 이면에 변경사항을 기재하여 인증기관의 장에게 돌려줌. • 식품의약품안전처장은 변경사항에 대한 확인을 위해 실태조사를 실시할 수 있음.
인증기관의 준수사항		1. 인증번호, 인증범위, 유효기간, 인증제품명 등이 포함된 인증서를 인증사업자에게 발급해야 함. 2. 인증 결과 등을 인증을 실시한 해의 다음 연도 1월 31일까지 식품의약품안전처장에게 보고해야 함. 3. 인증신청, 인증심사 및 인증사업자에 관한 자료를 인증의 유효기간이 끝난 후 2년 동안 보관해야 함. 4. 식품의약품안전처장의 요청이 있는 경우에는 인증기관의 사무소 및 시설에 대한 접근을 허용하거나 필요한 정보 및 자료를 제공해야 함. 5. 인증기관이 동 인증업무 이외의 다른 업무를 행하고 있는 경우 그 업무로 인해 인증업무에 지장을 주거나 공정성을 손상시키면 안 됨.

인증기관 지정의 철회	철회 전 인증기관의 장이 이행할 내용	1. 인증사업자에 인증기관 지정 철회 예정 사실 안내 2. 접수되어 심사 중에 있는 사안 처리 3. 당해 인증기관에서 인증한 제품 및 인증사업자에 대한 사후관리를 다른 인증기관이 수행하도록 양도 계약 체결
	철회 신청 시 제출서류	인증기관 지정 철회 신고서, 인증기관 지정서
	비고	• 식품의약품안전처장은 인증기관 지정 철회 신청이 적합한 경우 신고를 수리하고, 그 결과를 식품의약품안전처 홈페이지에 게시하여야 함. • 인증기관 지정 철회를 신고한 인증기관의 장은 신고가 수리된 이후 7일 이내에 인증신청자 및 인증사업자에게 그 사실을 알려 주어야 함.
인증제품 사후관리		인증기관의 장은 유통 중인 인증제품이 인증기준에 적합한지 여부 등에 대하여 모니터링을 실시할 수 있음.

	위반 내용	근거법령	위반 차수별 행정처분기준		
인증기관의 행정처분			1차 위반	2차 위반	3차 이상 위반
	1. 거짓이나 그 밖의 부정한 방법으로 인증기관의 지정을 받은 경우	법 제14조의5 제2항 제1호	지정 취소		
	2. 법 제14조의2 제5항에 따른 지정기준에 적합하지 않게 된 경우	법 제14조의5 제2항 제2호	업무 정지 3개월	업무 정지 6개월	지정 취소

III. 화장품법 시행규칙(총리령)

꼼꼼하고 알기 쉬운 법조문 해설[이해하기]	
법령	화장품법 시행규칙
조항	제24조~제26조의2
관련 법령	화장품법 제8조, 제17조~제18조, 제23조, 제29조 소비자화장품안전관리감시원 운영 규정

식품의약품안전처장은 필요하다고 인정하면 영업자·판매자 또는 그 밖에 화장품을 업무상 취급하는 자에 대하여 필요한 보고를 명하거나, '관계 공무원'으로 하여금 화장품 제조장소·영업소·창고·판매장소, 그 밖에 화장품을 취급하는 장소에 출입하여 그 시설 또는 관계 장부나 서류, 그 밖의 물건의 검사 또는 관계인에 대한 질문을 할 수 있었습니다. '관계 공무원'은 이러한 검사, 질문, 조사 등을 할 때 그 권한을 표시하는 증표를 관계인에게 내보여야 했었지요(→기억이 안 나시면 화장품법 제18조 해설을 다시 읽어보세요!). 그렇다면 '관계 공무원'이란 무엇이며 누가 '관계 공무원'이 될 수 있을까요? 화장품법 시행규칙 제24조를 통해 알아봅시다.

화장품법 시행규칙 제24조(관계 공무원의 자격 등)

① 화장품 검사 등에 관한 업무를 수행하는 공무원(화장품감시공무원)은 다음의 어느 하나에 해당하는 사람 중에서 지방식품의약품안전청장이 임명하는 사람으로 한다.

1. 「고등교육법」 제2조에 따른 학교에서 약학 또는 화장품 관련 분야의 학사학위 이상을 취득한 사람(법령에서 이와 같은 수준 이상의 학력이 있다고 인정한 사람 포함)

2. 화장품에 관한 지식 및 경력이 풍부하다고 지방식품의약품안전청장이 인정하거나 특별시장·광역시장·특별자치시장·도지사·특별자치도지사 또는 시장·군수·구청장(자치구의 구청장을 의미함)이 추천한 사람

② 화장품감시공무원의 신분을 증명하는 증표는 화장품법 시행규칙의 별지 제14호 서식에 따른다.

관계 공무원이란 식약처장·지방식약청장의 명령을 받들어 화장품 제조장소·영업소·창고·판매장소, 그 밖에 화장품을 취급하는 장소에 출입하여 그 시설 또는 관계 장부나 서류, 그 밖의 물건의 검사 또는 관계인에 대한 질문을 할 수 있는 공무원을 말합니다. 다른 말로 화장품감시공무원이라고도 합니다. 관계 공무원은 '지방식품의약품안전청장'이 임명합니다. 4년제 대학교에서 약학 또는 화장품 관련 분야의 학사학위 이상을 취득한 사람(즉, 4년제 대학 졸업생), 화장품에 관한 지식 및 경력이 풍부하다고 지방식품의약품안전청장이 인정한 사람, 특별시장·광역시장·특별자치시장·도지사·특별자치도지사 또는 시장·군수·구청장(자치구의 구청장을 의미함)

이 추천한 사람이 관계 공무원의 임명 가능 대상입니다. 여기서 특이한 점은 특별시장·광역시장·특별자치시장·도지사·특별자치도지사 또는 시장·군수·구청장이 추천할 수도 있다는 점입니다. 특히, 구청장일 경우 '자치구'의 구청장만 추천할 수 있다는 사실을 기억하세요. 자치구(自治區)란 대한민국의 특별시, 광역시, 특별자치시의 하위 행정구역을 말합니다. 즉, 특별시, 광역시, 특별자치시의 '구'만 자치구에 해당됩니다. 기초자치단체인 일반시의 구는 자치 기능이 부여되지 않은 행정구이므로 자치구에 해당되지 않습니다. 예를 들면 '인천광역시'의 '부평구'는 광역시 밑의 하위 행정구역이므로 자치구입니다. 그러나 경기도 '고양시'의 '일산동구'는 일반시의 '구'이므로 자치구가 아닙니다. 즉, 부평구청장은 관계 공무원을 추천할 수 있지만 일산동구청장은 관계 공무원을 추천할 수 없습니다.

'관계 공무원'이 화장품제조공장 등에 검사, 질문, 조사 등을 할 때는 그 권한을 표시하는 증표를 관계인에게 내보여야 합니다.

식품의약품안전처장은 및 지방식품의약품안전청장은 화장품의 품질 또는 안전기준, 포장 등의 기재·표시 사항 등이 적합한지 여부를 검사하기 위하여 필요한 최소 분량을 수거하여 검사할 수 있는데요, 이 역시 관계 공무원으로 하여금 수거하게 하여 검사를 시킵니다. 관련 시행규칙을 살펴봅시다.

화장품법 시행규칙 제25조(수거 등)

화장품감시공무원이 물품 또는 화장품을 수거하는 경우에는 화장품법 시행규칙 별지 제15호 서식의 수거증을 피수거인에게 발급하여야 한다.

관계 공무원(=화장품감시공무원)이 물품 또는 화장품을 수거하는 경우 수거의 증거인 수거증을 피수거인에게 발급하여야 합니다. 한 번에 정리하면 관계 공무원은 검사, 질문, 조사 등을 할 때 권한을 표시하는 증표를 관계인에게 내보여야 하고 화장품 수거 시에는 수거증을 발급하여야 합니다.

자, 이제 관계 공무원에 대한 설명은 끝났습니다. 다음 조항은 식약처장의 의무인 '화장품 판매 모니터링'에 대한 조항입니다.

화장품법 시행규칙 제26조(화장품 판매 모니터링)

식품의약품안전처장은 화장품업 단체 또는 관련 업무를 수행하는 기관 등을 지정하여 화장품의 판매, 표시·광고, 품질 등에 대하여 모니터링하게 할 수 있다.

식품의약품안전처장은 제품의 판매가 잘 되고 있는지에 대해 감시할 의무가 있답니다. 식품의약품안전처장은 화장품업 단체 또는 관련 업무를 수행하는 기관 등을 지정하여 화장품의 판매, 표시·광고, 품질 등에 대하여 모니터링하게 할 수 있습니다.

여러분, '화장품업 단체'라고 하니까 생각나는 것 없으신가요? 같이 화장품법을 살펴볼 때 '소비자화장품안전관리감시원'에 대해 배웠었죠? 다음 조항은 '소비자화장품안전관리감시원'에 대한 설명이에요. 식품의약품안전처장 또는 지방식품의약품안전청장은 화장품 안전관리를 위해 **화장품업 단체(화장품법 제17조에 따라 설립된 단**

체) 또는 「소비자기본법」 제29조에 따라 등록한 **소비자단체**의 임직원 중 해당 단체의 장이 추천한 사람이나 화장품 안전관리에 관한 지식이 있는 사람을 소비자화장품안전관리감시원으로 위촉할 수 있습니다.

화장품법 시행규칙 제26조의2(소비자화장품안전관리감시원의 자격 등)

① 소비자화장품안전관리감시원(소비자화장품감시원)으로 위촉될 수 있는 사람은 다음의 어느 하나에 해당하는 사람으로 한다.

1. 법 제17조에 따라 설립된 단체**(화장품업 단체)의 임직원** 중 해당 단체의 장이 추천한 사람
2. 「소비자기본법」 제29조 제1항에 따라 등록한 **소비자단체의 임직원** 중 해당 단체의 장이 추천한 사람
3. **책임판매관리자의 자격기준** 중 어느 하나에 해당하는 사람
4. 식품의약품안전처장이 정하여 고시하는 교육과정을 마친 사람

② 소비자화장품감시원의 임기는 2년으로 하되, 연임할 수 있다.

③ 화장품법에 명시된 직무 이외에 추가적으로 수행하여야 하는 소비자화장품안전관리감시원(소비자화장품감시원)의 직무는 다음과 같다.

1. 관계 공무원의 물품 회수·폐기 등의 업무 지원
2. 행정처분의 이행 여부 확인 등의 업무 지원
3. 화장품의 안전사용과 관련된 홍보 등의 업무

④ 식품의약품안전처장 또는 지방식품의약품안전청장은 소비자화장품감시원에 대하여 반기(半期)마다 화장품 관계법령 및 위해화장품 식별 등에 관한 교육을 실시하고, 소비자화장품감시원이 **직무를 수행하기 전에 그 직무에 관한 교육을 실시**하여야 한다.

⑤ 식품의약품안전처장 또는 지방식품의약품안전청장은 소비자화장품감시원의 활동을 지원하기 위하여 예산의 범위에서 수당 등을 지급할 수 있다.

⑥ 소비자화장품감시원의 운영에 필요한 사항은 식품의약품안전처장이 정하여 고시한다.

　법 제17조에 따라 설립된 단체(화장품업 단체)의 임직원 중 해당 단체의 장이 추천한 사람, 「소비자기본법」 제29조 제1항에 따라 등록한 소비자단체의 임직원 중 해당 단체의 장이 추천한 사람, 책임판매관리자의 자격기준에 충족되는 사람, 식품의약품안전처장이 정하여 고시하는 교육과정을 마친 사람은 식품의약품안전처장 또는 지방식품의약품안전청장이 '소비자화장품안전관리감시원(소비자화장품감시원)'으로 위촉할 수 있습니다(보통 지방식약청장이 합니다.). **여기서 잠깐!** 소비자화장품감시원과 앞서 알아본 관계 공무원은 서로 다른 사람입니다. 소비자화장품감시원은 말 그대로 사실상 '소비자'이며 관계 공무원은 '공무원'이에요. 실제로 화장품 회수·폐기 등의 업무를 맡는 것은 '관계 공무원'이고, 소비자화장품감시원은 그저 이 업무를 '지원'하는 역할을 맡습니다. '소비자화장품감시원은 화장품 회수·폐기 등의 업무를 맡는다.'라고 하면 틀린 설명입니다! 소비자화장품감시원은 공무원을 돕는 역할을 할 뿐입니다.

지방식약청장은 「화장품법」에 따라 소비자화장품감시원을 위촉하고자 하는 경우 기관 홈페이지 등을 통하여 그 사실을 공고하여야 합니다. 소비자화장품감시원으로 위촉받고자 하는 자 또는 소비자화장품감시원을 추천하고자 하는 단체의 장은 신청서(추천서)를 작성하여 지방식약청장에게 제출하여야 합니다. 지방식약청장은 신청서를 제출한 자와 추천받은 자가 자격기준에 적합한지 여부를 확인한 후 직무범위의 특성을 고려하여 위촉합니다. 다만, 화장품 관련 업체에 종사하는 자 등 **이해관계자**는 위촉하지 않을 수 있습니다. 소비자화장품감시원으로 위촉한 경우 발급대장에 등재 후 위촉장과 소비자화장품감시원증을 발급받습니다.

□ 임기 및 연임 가능 조항

소비자화장품감시원의 임기는 2년입니다. 연임도 가능해요! 지방식약청장은 소비자화장품감시원의 활동실적 등을 고려하여 본인 및 소속단체장의 동의를 얻어 **2년 단위로 그 임기를 연장**할 수 있습니다. 즉, 연임 시 2년 더 직무에 임합니다.

□ 소비자화장품감시원이 하는 일·직무 수행 범위

소비자화장품감시원은 유통 중인 화장품이 법에 따른 표시기준에 맞지 않거나 불법 표시·광고를 한 화장품인 경우 관할 행정관청에 신고하거나 그에 관한 자료를 제공합니다. 관계 공무원이 하는 출입·검사·질문·수거도 지원하고요, 관계 공무원의 물품 회수·폐기 등의 업무 지원, 행정처분의 이행 여부 확인 등의 업무 지원, 화장품의 안전사용과 관련된 홍보 등의 업무를 맡습니다. 보시면 아시겠지만 대부분 다 '지원'을 하는 업무예요. 직접 행사할 수 있는 업무란 사실상 '화장품의 안전사용과 관련된 홍보 등의 업무'밖에 없습니다.

소비자화장품감시원은 해당 소비자화장품감시원을 위촉한 지방식약청의 관할 구역 내에서 직무수행을 하는 것을 원칙으로 합니다. 그러나 「행정절차법」 제8조 제1항에 따라 식품의약품안전처 또는 지방식약청으로부터 행정응원을 요청받은 경우, 그 밖에 식품의약품안전처장이 전국적인 조사나 계통조사 등이 필요하다고 판단되는 경우 해당 소비자화장품감시원은 관할 구역 밖에서 직무를 수행할 수도 있습니다.

□ 교육

식품의약품안전처장 또는 지방식품의약품안전청장은 소비자화장품감시원에게 직무 수행에 필요한 교육을 실시할 수 있습니다. 교육은 크게 정기교육과 직무교육이 있습니다. 정기교육이란 매 반기마다 시행되는 교육을 의미합니다. 식품의약품안전처장 또는 지방식품의약품안전청장은 소비자화장품감시원에 대하여 반기(半期, 6개월에 1번)마다 화장품 관계법령 및 위해화장품 식별 등에 관한 교육을 실시합니다. 직무교육은 말 그대로 소비자화장품감시원의 직무 수행 전 그 직무에 관한 교육을 실시하는 것을 의미합니다.

소비자화장품감시원으로 위촉받고자 하는 자 및 소비자화장품감시원을 대상으로 한 구체적인 교육내용은 다음과 같습니다.

소비자화장품감시원 교육과정

1. 소비자화장품감시원의 임무 및 활동요령
2. 화장품 안전관리 정책방향 및 주요업무 계획
3. 직무범위별 기본 요령
4. 관할 지역 내 화장품 안전관리 관련 현안사항 및 대책
5. 기타 화장품 관련 법령 및 제도 등

소비자화장품감시원으로 위촉받고자 하는 자는 이러한 교육과정을 최소 4시간 이상 이수하여야 합니다. 지방식약청장은 이 교육내용을 포함하여 자체 실정에 맞게 강의 및 현지 실습 등 다양한 방법으로 교육과정을 구성하여 교육과정 및 일정을 교육대상자에게 통지하고 기관 홈페이지 등을 통하여 공표하여야 합니다. 지방식약청장은 교육 대장에 교육 이수한 자를 등재한 후 교육을 이수한 자가 수료증 발급을 요청한 경우 교육 수료증을 발급하여야 합니다.

□ 해촉

식품의약품안전처장 또는 지방식품의약품안전청장은 소비자화장품감시원이 해당 소비자화장품감시원을 추천한 단체에서 퇴직하거나 해임된 경우, 직무와 관련하여 부정한 행위를 하거나 권한을 남용한 경우, 질병이나 부상 등의 사유로 직무 수행이 어렵게 된 경우에는 해당 소비자화장품감시원을 해촉(解囑)하여야 합니다. 이 경우 지방식약청장은 해촉된 자의 소비자화장품감시원증을 회수하여 폐기해야 합니다. 다만, 분실 등의 사유로 회수하지 못한 경우에는 사유서를 첨부하여 보관하여야 합니다.

□ 수당

식품의약품안전처장 또는 지방식품의약품안전청장은 소비자화장품감시원의 활동을 지원하기 위하여 예산의 범위에서 수당 등을 지급할 수 있습니다. 지방식약청장은 소비자화장품감시원이 관계 공무원이 하는 출입·검사·질문·수거의 지원, 관계 공무원의 물품 회수·폐기 등의 업무 지원, 행정처분의 이행 여부 확인 등의 업무 지원, 화장품의 안전사용과 관련된 홍보 등의 업무를 이행한 경우 및 교육에 참석한 경우 1일 최대 50,000원의 범위 내에서 수당을 지급할 수 있습니다. 이 비용을 지급할 경우 1일 4시간 이상의 활동에 한하여 1인당 연간 20일 범위 내에서 지급하되, 각 지방식약청장이 필요하다고 인정하는 경우에는 20일을 초과하여 지급할 수 있습니다. 지방식약청장이 수당을 지급한 경우에는 직무수행 관리대장을 작성해야 합니다.

지방식약청장은 소비자화장품감시원 위촉 현황, 교육 실적, 직무수행 실적, 수당 지급 내용 등을 **매분기 종료 익월 15일**까지 식품의약품안전처장에게 보고하여야 합니다.

Ⅲ. 화장품법 시행규칙(총리령)

간단하고 명료한 화장품법 시행령 체계표[다지기]	
법령	화장품법 시행규칙
조항	제24조~제26조의2

□ [화장품법 시행규칙 제24조~제25조] 관계 공무원(=화장품감시공무원)

화장품 감시 공무원(=관계 공무원)의 모든 것	
관계 공무원의 정의	식약처장·지방식약청장의 명령을 받들어 화장품 제조장소·영업소·창고·판매장소, 그 밖에 화장품을 취급하는 장소에 출입하여 그 시설 또는 관계 장부나 서류, 그 밖의 물건의 검사 또는 관계인에 대한 질문 등을 할 수 있는 공무원. 다른 말로 화장품 감시 공무원이라고도 함.
임명권자	지방식품의약품안전청장
임명 가능 대상	1. 4년제 대학교에서 약학 또는 화장품 관련 분야의 학사학위 이상을 취득한 사람 2. 화장품에 관한 지식 및 경력이 풍부하다고 지방식품의약품안전청장이 인정한 사람 3. 특별시장·광역시장·특별자치시장·도지사·특별자치도지사 또는 시장·군수·구청장(자치구의 구청장을 의미함)이 추천한 사람
관계 공무원의 증표	화장품제조공장 등에 검사, 질문, 조사 등을 할 때에는 그 권한을 표시하는 증표를 관계인에게 내보여야 함.
관계 공무원의 직무	1. 식약처장 및 지방식약청장의 요구로 화장품 제조장소·영업소·창고·판매장소, 그 밖에 화장품을 취급하는 장소에 출입하여 그 시설 또는 관계 장부나 서류, 그 밖의 물건의 검사 또는 관계인에 대한 질문 등 수행 2. 식약처장 및 지방식약청장의 요구로 화장품의 품질 또는 안전기준, 포장 등의 기재·표시 사항 등이 적합한지 여부를 검사하기 위하여 필요한 최소 분량 수거 및 검사
수거증	관계 공무원(=화장품감시공무원)이 물품 또는 화장품을 수거하는 경우 수거의 증거인 수거증을 피수거인에게 발급하여야 함.

☐ **[화장품법 시행규칙 제26조] 화장품 판매 모니터링**

화장품 판매 모니터링	
시행 근거	식품의약품안전처장은 제품의 판매가 잘 되고 있는지에 대해 감시할 의무가 있음.
시행 의무자	식약처장
모니터링 수행자	식품의약품안전처장은 화장품업 단체 또는 관련 업무를 수행하는 기관 등을 지정하여 화장품의 판매, 표시·광고, 품질 등에 대하여 모니터링하게 할 수 있음.

☐ **[화장품법 시행규칙 제26조의2] 소비자화장품안전관리감시원(소비자화장품감시원)**

소비자화장품안전관리감시원 = 소비자화장품감시원	
위촉 가능 대상	1. 법 제17조에 따라 설립된 단체(화장품업 단체)의 임직원 중 해당 단체의 장이 추천한 사람 2. 「소비자기본법」 제29조 제1항에 따라 등록한 소비자단체의 임직원 중 해당 단체의 장이 추천한 사람 3. 책임판매관리자의 자격기준에 충족되는 사람 4. 식품의약품안전처장이 정하여 고시하는 교육과정을 마친 사람
위촉하는 자	식품의약품안전처장 또는 지방식품의약품안전청장(사실상 지방식약청장이 함)
위촉 시 지방식약청장의 조치	• 홈페이지 공고의 의무 : 지방식약청장은 「화장품법」에 따라 소비자화장품감시원을 위촉하고자 하는 경우 기관 홈페이지 등을 통하여 그 사실을 공고해야 함. • 소비자화장품감시원으로 위촉받고자 하는 자 또는 소비자화장품감시원을 추천하고자 하는 단체의 장이 신청서(추천서)를 작성하여 지방식약청장에게 제출하면 지방식약청장은 신청서를 제출한 자와 추천받은 자가 자격기준에 적합한지 여부를 확인한 후 직무범위의 특성을 고려하여 위촉 • 위촉한 경우 발급대장에 등재 후 위촉장과 소비자화장품감시원증을 발급해야 함. ☑ 화장품 관련 업체에 종사하는 자 등 **이해관계자**는 위촉하지 않을 수 있음.
임기	2년 연임제 ☑ 단, 연임 시 본인 및 소속단체장의 동의를 얻어야 함.
직무	1. 유통 중인 화장품이 법에 따른 표시기준에 맞지 않거나 불법 표시·광고를 한 화장품인 경우 관할 행정관청에 신고하거나 그에 관한 자료 제공 2. 관계 공무원이 하는 출입·검사·질문·수거 지원 3. 관계 공무원의 물품 회수·폐기 등의 업무 지원 4. 행정처분의 이행 여부 확인 등의 업무 지원 5. 화장품의 안전사용과 관련된 홍보 ☑ 2~5번까지의 직무는 수당을 받을 수 있음.

직무 수행 지역	해당 소비자화장품감시원을 위촉한 지방식약청의 관할 구역 내에서 직무수행을 하는 것이 원칙
	☑ 단, ①「행정절차법」제8조 제1항에 따라 식품의약품안전처 또는 지방식약청으로부터 행정응원을 요청받은 경우, ②그 밖에 식품의약품안전처장이 전국적인 조사나 계통조사 등이 필요하다고 판단되는 경우 관할 구역 밖에서 직무를 수행할 수도 있음.

교육	① 정기교육
	  반기(半期)마다 화장품 관계법령 및 위해화장품 식별 등에 관한 교육 실시
	② 직무교육
	  직무 수행 전 그 직무에 관한 교육 실시
	
	소비자화장품감시원 교육내용
	1. 소비자화장품감시원의 임무 및 활동요령
	2. 화장품 안전관리 정책방향 및 주요업무 계획
	3. 직무범위별 기본 요령
	4. 관할 지역 내 화장품 안전관리 관련 현안사항 및 대책
	5. 기타 화장품 관련 법령 및 제도 등
	
	• 소비자화장품감시원으로 위촉받고자 하는 자는 위의 교육과정을 최소 4시간 이상 이수하여야 함.
	• 지방식약청장은 이 교육내용을 포함하여 자체실정에 맞게 강의 및 현지실습 등 다양한 방법으로 교육과정을 구성하여 교육과정 및 일정을 교육대상자에게 통지하고 기관 홈페이지 등을 통하여 공표하여야 함. 지방식약청장은 교육 대장에 교육 이수한 자를 등재한 후 교육을 이수한 자가 수료증 발급을 요청한 경우 교육 수료증을 발급하여야 함.

해촉	• 해촉하여야 하는 경우 1. 소비자화장품감시원이 해당 소비자화장품감시원을 추천한 단체에서 퇴직하거나 해임된 경우 2. 직무와 관련하여 부정한 행위를 하거나 권한을 남용한 경우 3. 질병이나 부상 등의 사유로 직무 수행이 어렵게 된 경우 • 지방식약청장은 소비자화장품감시원이 해촉된 경우 해촉된 자의 소비자화장품감시원증을 회수하여 폐기해야 함. 다만, 분실 등의 사유로 회수하지 못한 경우 사유서를 첨부하여 보관하여야 함.
수당	1일 최대 5만원, 연간 20일 범위 내에서 지급(단, 1일 4시간 이상의 활동에 한함) • 각 지방식약청장이 필요하다고 인정하는 경우에는 20일을 초과하여 지급할 수 있음. • 수당을 받을 수 있는 경우 1. 관계 공무원이 하는 출입·검사·질문·수거의 지원 2. 관계 공무원의 물품 회수·폐기 등의 업무 지원 3. 행정처분의 이행 여부 확인 등의 업무 지원 4. 화장품의 안전사용과 관련된 홍보 등의 업무를 이행한 경우 5. 교육에 참석한 경우 • 지방식약청장이 수당을 지급한 경우에는 직무수행 관리대장을 작성해야 함.
지방식약청장의 보고의무	소비자화장품감시원 위촉 현황, 교육 실적, 직무수행 실적, 수당 지급 내용 등을 **매분기 종료 익월 15일**까지 식품의약품안전처장에게 보고하여야 함.

III. 화장품법 시행규칙(총리령)

꼼꼼하고 알기 쉬운 법조문 해설[이해하기]	
법령	화장품법 시행규칙
조항	제27조~제29조
관련 법령	화장품법 시행규칙 제14조의2 및 제14조의3

화장품법 시행규칙 제27조는 회수 및 폐기에 관한 규정입니다. 엇, 화장품법 시행규칙 제14조의2 및 제14조의3에서 회수와 폐기의 절차 및 회수 대상 화장품의 위해성 등급까지 알아봤었는데 또 중복적으로 이러한 조항이 있네요? 어떻게 된 것일까요?

회수·폐기 업무 절차는 크게 회수의무자가 스스로 회수 필요성을 인지하여 회수·폐기하는 '영업자 회수'와 정부(식약청 및 지방식약청(보통 지방식약청임))가 회수 필요성을 인지하여 해당 회수의무자에게 회수·폐기 명령을 내려 회수·폐기를 하게 만드는 '정부 회수'로 나뉩니다. 앞에서 살펴본 내용이 전자에 대한 내용이었다면, 화장품법 시행규칙 제27조에 대한 내용은 후자에 대한 설명입니다. 즉, 이 조항은 정부의 회수·폐기 명령으로 인한 회수 및 폐기의 절차를 규정하는 조항인데요, 이 역시 앞에서 살펴본 화장품법 시행규칙 제14조의2 및 제14조의3을 완전히 똑같이 따른다는 조항입니다. 이 부분이 기억이 안 나시면 앞의 시행규칙 제14조의2 및 제14조의3 해설을 참고하여 주세요!

화장품법 시행규칙 제27조(회수·폐기 명령 등)

법 제23조 제1항부터 제3항까지의 규정(정부의 회수·폐기 명령)에 따른 물품 회수에 필요한 위해성 등급 및 그 분류기준과 물품 회수·폐기의 절차·계획 및 사후조치 등에 관하여는 제14조의2 제2항 및 제14조의3을 준용한다.

회수대상화장품의 회수 체계도

회수 대상 화장품 인지	즉시 판매 중지	회수 계획서 제출 (+3개의 서류)	회수 계획 공표 및 통보	회수 진행
회수의무자가 직접 회수 필요성 인지 혹은 지방식약정의 회수 명령	회수 개시 (회수에 필요한 조치 시행)	사실을 안 날로부터 5일 이내에 지방식약청에 회수 계획 제출 **해당 품목의 제조·수입기록서 사본, 판매처별 판매량·판매일 등의 기록, 회수 사유를 적은 서류를 함께 제출**	• **공표** : 공표명령을 받은 영업자는 위해사실을 일반일간신문 및 해당 영업자의 홈페이지에 게재 후 식약처 홈페이지에 게재 요청함. • 통보 : 판매자, 해당 화장품을 취급하는 자에게 방문, 우편, 전화, 전보, 전자우편, 팩스 또는 언론매체를 통한 공고 등을 통해 회수계획 통보(통보 입증 사실 증명 자료는 회수종료일부터 2년간 보관)	회수계획을 통보받은 자는 회수대상화장품을 회수의무자에게 반품 후 회수확인서를 작성하여 회수의무자에게 송부

회수 기간

1. 위해성 등급이 가등급인 화장품 : 회수를 시작한 날부터 15일 이내
2. 위해성 등급이 나등급 또는 다등급인 화장품 : 회수를 시작한 날부터 30일 이내

회수종료	회수종료신고서 제출	폐기	폐기신청서 제출 (폐기 시에 한함)
지방식약청은 회수가 종료되었음을 확인하고 회수의무자에게 회수종료를 서면으로 통보	회수종료신고서와 함께 **회수확인서 사본, 폐기확인서 사본(폐기한 경우에만 해당), 평가보고서 사본**을 지방식약청에 제출	관계 공무원의 참관 하에 환경 관련 법령에서 정하는 바에 따라 폐기 후 폐기확인서 작성(2년간 보관)	지방식약청에 폐기 신청서 제출 **회수확인서 사본, 회수계획서 사본을 함께 제출**

☑ 위의 **위해화장품의 '공표'** 는 화장품법 시행규칙 제28조에서 자세히 다룹니다.

혹시 앞서 살펴본 이 표, 기억하시나요? 회수대상화장품의 회수 체계도였습니다. 정부 회수 역시 본 표를 따릅니다.

 정부의 명령 혹은 회수의무자의 필요성 인지로 인해 회수를 하는 경우 회수대상화장품에 대해 즉각 판매중지 조치를 취한 뒤 사실을 안 날로부터 **5일 이내**에 회수계획을 지방식약청에 제출해야 했습니다. 그 후 판매자, 해당 화장품을 취급하는 자에게 방문, 우편, 전화, 전보, 전자우편, 팩스 또는 언론매체를 통한 공고 등을 통해 회수계획을 통보해야 했는데요, 이때 만약 식품의약품안전처장 혹은 지방식약청장이 해당 영업자에 대해 회수 사실의 공표를 명령한 경우 해당 영업자는 위해 발생사실 등을 전국을 보급지역으로 하는 1개 이상의 일반일간신문 및 해당 영업자의 인터넷 홈페이지에 게재하고, 식품의약품안전처의 인터넷 홈페이지에 게재를 요청하여야 합니다. 이를 '위해화장품의 공표'라고 합니다. 이 공표에 대한 세부적인 내용이 바로 시행규칙 제28조의 내용입니다.

화장품법 시행규칙 제28조(위해화장품의 공표)

① 공표명령을 받은 영업자는 지체 없이 위해 발생사실 또는 다음의 사항을 「신문 등의 진흥에 관한 법률」 제9조 제1항에 따라 등록한 전국을 보급지역으로 하는 1개 이상의 일반일간신문[당일 인쇄·보급되는 해당 신문의 전체 판(版)을 의미함] 및 해당 영업자의 인터넷 홈페이지에 게재하고, 식품의약품안전처의 인터넷 홈페이지에 게재를 요청하여야 한다. **다만, 위해성 등급이 다등급인 화장품의 경우에는 해당 일반일간신문에의 게재를 생략할 수 있다.**

1. 화장품을 회수한다는 내용의 표제
2. 제품명
3. 회수대상화장품의 제조번호
4. 사용기한 또는 개봉 후 사용기간(병행 표기된 제조연월일 포함)
5. 회수 사유
6. 회수 방법
7. 회수하는 영업자의 명칭
8. 회수하는 영업자의 전화번호, 주소, 그 밖에 회수에 필요한 사항

② 위의 사항에 대한 구체적인 작성방법은 별표 6과 같다.

③ 공표를 한 영업자는 다음의 사항이 포함된 공표 결과를 지체 없이 지방식품의약품안전청장에게 통보하여야 한다.

1. 공표일
2. 공표매체
3. 공표횟수
4. 공표문 사본 또는 내용

영업자 회수이든 정부 회수이든 식약청장 혹은 지방식약청장은 회수의무자로부터 회수계획을 받았을 때 '이것은 국민보건상 심각한 문제이므로 회수의무자로 하여금 전국민을 대상으로 이 사실을 알리라고 명해야겠군'-이라고 판단하면 '공표 명령'을 내릴 수 있습니다. 공표 명령이 내려진 회수의무자는 지체 없이 위해 발생사실 등의 사항을 1개 이상의 전국 보급 일반일간신문((예)조선일보, 한겨레신문 등) 및 해당 영업자의 인터넷 홈페이지에 게재하고, 식품의약품안전처의 인터넷 홈페이지에 게재를 요청하여야 합니다. 즉, 공표란 이 3가지 조치 사항이라는 점을 암기해주세요. ① 전국 보급 일반일간신문, ② 해당 영업자 홈페이지, ③ 식약처의 홈페이지에 게재. 이때 신문에 게재 시 그 크기는 3단 10센티미터 이상이 되어야 합니다. 홈페이지 게재의 경우 크기에 대한 정확한 규정은 없으며 '회수문의 내용이 잘 보이도록' 크기 조정이 가능합니다. 그러나 위의 모든 경우에도 불구하고 **위해성 등급이 '다'라면 신문에의 게재를 생략**할 수 있답니다.

공표할 때에 공표 내용에 포함되어야 하는 사항은 다음과 같습니다.

공표 내용에 포함되어야 할 사항

1. 화장품을 회수한다는 내용의 표제
2. 제품명
3. 회수대상화장품의 제조번호
4. 사용기한 또는 개봉 후 사용기간(병행 표기된 제조연월일 포함)
5. 회수 사유
6. 회수 방법
7. 회수하는 영업자의 명칭
8. 회수하는 영업자의 전화번호, 주소, 그 밖에 회수에 필요한 사항

지한쌤의 서른여섯 번째 암기비법!

공표 내용에 포함되어야 할 사항

전명주씨가 사방으로 제기차는 것을 표명했다.

영업자의 전화번호, 명칭, 주소, 회수 사유, 회수 방법, 제조번호, 사용기한 등, 표제, 제품명

이러한 모든 내용을 반영한 공표문의 예시는 다음과 같습니다.

위해화장품 회수

「화장품법」 제5조의2에 따라 아래의 화장품을 회수합니다.
↑ 화장품을 회수한다는 내용의 표제

가. 회수제품명 : ← 제품명

나. 제조번호 : ← 회수대상화장품의 제조번호

다. 사용기한 또는 개봉 후 사용기간(병행 표기된 제조연월일 포함) :
↑ 회수대상화장품의 사용기한 또는 개봉 후 사용기간

라. 회수 사유 : ← 회수사유

마. 회수 방법 : ← 회수방법

바. 회수 영업자 : ← 회수하는 영업자의 명칭

사. 영업자 주소 : ← 회수하는 영업자의 주소

아. 연락처 : ← 회수하는 영업자의 전화번호

자. 그 밖의 사항 : 위해화장품 회수 관련 협조 요청 ← 그 밖에 회수에 필요한 사항

　1) 해당 회수화장품을 보관하고 있는 판매자는 판매를 중지하고 회수 영업자에게 반품하여 주시기 바랍니다.

　2) 해당 제품을 구입한 소비자께서는 그 구입한 업소에 되돌려 주시는 등 위해화장품 회수에 적극 협조하여 주시기 바랍니다.

이와 같은 공표를 한 후 영업자는 <u>공표일, 공표매체, 공표횟수, 공표문 사본 또는 내용</u>이 포함된 공표 결과를 지체 없이 지방식품의약품안전청장에게 통보하여야 합니다.

이제 시행규칙의 끝이 거의 보입니다! 조금만 힘내세요! 화장품법 시행규칙 제29조는 행정처분의 기준에 대한 내용입니다. 영업자가 불법을 저지른 경우 식품의약품안전처장 및 지방식약청장은 등록을 취소하거나 영업소 폐쇄를 명하거나, 품목의 제조·수입 및 판매(수입대행형 거래를 목적으로 하는 알선·수여 포함)의 금지를 명하거나 1년의 범위에서 기간을 정하여 그 업무의 전부 또는 일부에 대한 정지를 명할 수 있습니다. 즉, 잘못한 사람을 벌주는 것이지요.

화장품법 시행규칙 제29조(행정처분기준)

① 법 제24조 제1항에 따른 행정처분의 기준은 별표 7과 같다.

② 삭제(법 개정으로 삭제됨.)

그렇다면 행정처분의 기준인 별표7을 같이 알아볼까요? 시행규칙에서는 상황별로 상세하게 행정처분을 규정하고 있습니다. 그리고 행정처분의 위반 정도에 따른 처벌을 구분하여 두었습니다. 즉, 불법행위를 1번 했을 시 1차 위반의 처벌을 받고, 1년 안에 그 행위를 또 했을 시에 2차 위반의 처벌을 받는 형식입니다. 구체적인 행정처분의 기준 해설은 다음에 제시한 별표7을 보며 같이 알아봅시다.

지한쌤의 서른일곱 번째 암기비법!

행정처분 살피기 전 기본사항 알고 가기

행정처분의 종류

1. **시정명령** : 잘못된 것을 바로잡으라는 명령. 일명 잔소리.
2. **개수명령** : 건축물, 시설 등을 고치고 수정하도록 하는 명령.
3. **경고** : 조심하거나 삼가도록 미리 주의를 주는 행위.
4. **등록취소** : 아예 영업자의 등록을 취소하는 행위로 더 이상 영업을 영위할 수 없음(제일 강력한 행정처분).
5. **업무정지** : 제조업무정지·수입대행업무정지·판매업무정지로 실현되며 업무정지 기간에는 업무 자체를 할 수 없으므로 등록취소 다음으로 강력한 행정처분
6. **품목 업무 정지** : 해당 품목 제조업무정지·해당 품목 판매업무정지로 실현되며 문제가 된 품목에 대해서만 제조나 판매가 불가능할 뿐 다른 영업은 가능하므로 상대적으로 강력한 처분은 아님.

📑 화장품법 시행규칙 [별표 7]

행정처분의 기준(제29조 제1항 관련)

1. 일반기준

가. 위반행위가 둘 이상인 경우로서 그에 해당하는 각각의 처분기준이 다른 경우에는 그 중 무거운 처분기준에 따른다. 다만, 둘 이상의 처분기준이 업무정지인 경우에는 가장 무거운 처분의 업무정지 기간에 나머지 각각의 업무정지 기간의 2분의 1을 더하여 처분하며, 이 경우 그 최대기간은 12개월로 한다.

> 위반행위가 두 가지 이상인 경우에 그에 해당하는 각각의 처분기준이 다른 경우 둘 중 무거운 처분기준을 따릅니다. 예를 들어 위반행위를 둘 이상 하였는데 하나의 처분이 해당 품목판매업무 정지 1개월이고, 나머지의 처분이 해당 품목판매업무 정지 2개월이라면 해당 품목판매업무 정지 2개월 처분을 받습니다. 그러나 둘 이상의 처분기준이 업무정지인 경우 가장 무거운 처분의 업무정지 기간에 나머지 각각의 업무정지 기간의 2분의 1을 더하여 처분합니다. 즉, 하나의 처분이 제조업무정지 1개월이고 나머지의 처분이 제조업무정지 2개월이라면 무거운 처분인 2개월에 가벼운 처분의 절반인 15일까지 더하여 총 2개월 15일을 처분받을 수 있습니다. 그러나 이 경우에도 그 최대기간은 12개월입니다.

나. 위반행위가 둘 이상인 경우로서 처분기준이 업무정지와 품목업무정지에 해당하는 경우에는 그 업무정지 기간이 품목업무정지 기간보다 길거나 같을 때에는 업무정지처분을 하고, 업무정지 기간이 품목업무정지 기간보다 짧을 때에는 업무정지처분과 품목업무정지처분을 병과(倂科)한다.

> 위반행위가 둘 이상이고 처분기준이 업무정지와 품목업무정지에 해당하는 경우 업무정지 처분이 더 강력한 처분이므로 업무정지 기간이 품목정지 기간보다 길거나 같다면 업무정지처분만 합니다. 예를 들어 하나의 처분이 제조업무정지 3개월이고 나머지가 해당 품목 제조업무정지 3개월이라면 제조업무정지 3개월의 처분을 내립니다. 그러나 업무정지 기간이 품목업무정지기간보다 짧다면 둘 다 처분받습니다. 둘 이상의 위반행위가 제조업무정지 3개월과 해당 품목 제조업무정지 6개월의 처분에 해당된다면 둘 다 처분을 받는 것입니다.

다. 위반행위의 횟수에 따른 행정처분의 기준은 최근 1년간(화장품법 제15조를 위반한 화장품을 판매하거나 판매의 목적으로 제조·수입·보관 또는 진열한 경우에는 2년간) 같은 위반행위로 행정처분을 받은 경우에 적용한다. 이 경우 기준의 적용일은 최근에 실제 행정처분의 효력이 발생한 날(업무정지처분을 갈음하여 과징금을 부과하는 경우에는 최근에 과징금처분을 통보한 날)과 다시 같은 위반행위를 적발한 날을 기준으로 한다. 다만, 품목업무정지의 경우 품목이 다를 때에는 이 기준을 적용하지 않는다.

위의 사항에 따라 가중된 부과처분을 하는 경우 가중처분의 적용 차수는 그 위반행위 전 부과처분 차수(기간 내에 과태료 부과처분이 둘 이상 있었던 경우에는 높은 차수를 의미함)의 다음 차수로 한다.

> 373페이지의 개별기준표를 보면 1차위반~4차위반으로 나뉘어진 것을 볼 수 있는데요, 불법행위를 1번 했을 시 1차 위반의 처벌을 받고, 1년 안에 그 행위를 또 했을 시에 2차 위반의 처벌을 받는 형식입니다. 그러나 화장품법 제15조를 위반한 화장품을 판매하거나 판매의 목적으로 제조·수입·보관 또는 진열한 경우에는 2년 안에 그 행위를 또 했을 시에 2차 위반을 받습니다.
> '1년 내'라는 기준의 적용일은 최근에 실제 행정처분의 효력이 발생한 날(업무정지처분을 갈음하여 과징금을 부과하는 경우에는 최근에 과징금처분을 통보한 날)과 다시 같은 위반행위를 적발한 날을 기준으로 합니다. 단, 품목업무정지의 경우 품목이 다를 때에는 이 기준을 적용하지 않습니다.

[참고]

화장품법 제15조 : 누구든지 다음의 어느 하나에 해당하는 화장품을 판매하거나 판매할 목적으로 제조·수입·보관 또는 진열하여서는 안 된다.

1. 심사를 받지 아니하거나 보고서를 제출하지 아니한 기능성화장품

2. 전부 또는 일부가 변패(變敗)된 화장품

3. 병원미생물에 오염된 화장품

4. 이물이 혼입되었거나 부착된 것

5. 화장품에 사용할 수 없는 원료를 사용하였거나 같은 조 제8항에 따른 유통화장품 안전관리 기준에 적합하지 아니한 화장품

6. 코뿔소 뿔 또는 호랑이 뼈와 그 추출물을 사용한 화장품

7. 보건위생상 위해가 발생할 우려가 있는 비위생적인 조건에서 제조되었거나 제3조제2항에 따른 시설기준에 적합하지 아니한 시설에서 제조된 것

8. 용기나 포장이 불량하여 해당 화장품이 보건위생상 위해를 발생할 우려가 있는 것

9. 사용기한 또는 개봉 후 사용기간(병행 표기된 제조연월일 포함)을 위조·변조한 화장품

10. 식품의 형태·냄새·색깔·크기·용기 및 포장 등을 모방하여 섭취 등 식품으로 오용될 우려가 있는 화장품

라. 행정처분을 하기 위한 절차가 진행되는 기간 중에 반복하여 같은 위반행위를 한 경우에는 행정처분을 하기 위하여 진행 중인 사항의 행정처분기준의 2분의 1씩을 더하여 처분한다. 이 경우 그 최대기간은 **12개월**로 한다.

아직 행정처분이 내려지지는 않았으나 행정처분을 하기 위한 절차가 진행되는 기간 중 또 그 위반행위를 했다면 행정처분을 하기 위해 진행 중인 사항의 행정처분 기준의 2분의 1씩을 더합니다. 예를 들어 어떤 행위를 하여 업무 정지 1개월의 처분을 하기 위한 절차가 진행되는 중에 그 행위를 또 하였다면 1개월 15일의 처분을 합니다. 이 경우에도 행정처분의 최대 기간인 12개월을 초과할 수 없습니다.

마. 같은 위반행위의 횟수가 3차 이상인 경우에는 과징금 부과대상에서 제외한다.

시행령에서 '과징금'에 대해 배웠던 것, 기억나시나요? 다음 페이지의 표와 같은 행정처분을 받은 경우 그에 해당하는 돈을 내면 행정처분을 한 것으로 퉁 치는 것이 바로 '과징금'제도 였습니다. 그러나 이는 1, 2차 위반의 경우까지만 가능합니다. 일명 보석금과도 같은 과징금 부과제도는 3차 위반부터는 적용이 불가능합니다.

바. 화장품제조업자가 등록한 소재지에 그 시설이 전혀 없는 경우에는 등록을 취소한다.

식약처에서는 영업자의 '소재지'를 중요하게 생각합니다. 특히 제조업자의 소재지는 정말 중요하죠. 화장품을 직접 만드는 시설이기에 시설이 적합한지, 시설 내 기기는 화장품 제조 시 적합한지, 위생관리는 어떤지 등이 매우 중요합니다. 그런데 화장품제조업자가 등록한 소재지에 그 시설이 전혀 없다면? 이것은 식약처와 국민을 우롱하는 행위입니다. 따라서 화장품제조업자가 등록한 소재지에 그 시설이 전혀 없는 경우 등록을 취소합니다.

사. 수입대행형 알선·수여 거래(전자상거래)의 책임판매업을 등록한 자에 대하여 개별기준을 적용하는 경우 "판매금지"는 "수입대행금지"로, "판매업무정지"는 "수입대행업무정지"로 본다.

아. 다음의 어느 하나에 해당하는 경우 그 처분을 <u>2분의 1까지 감경하거나 면제</u>할 수 있다.

① 처분을 2분의 1까지 감경하거나 면제할 수 있는 경우

ㄱ. 국민보건, 수요·공급, 그 밖에 공익상 필요하다고 인정된 경우
ㄴ. 해당 위반사항에 관하여 검사로부터 기소유예의 처분을 받거나 법원으로부터 선고유예의 판결을 받은 경우
ㄷ. 광고주의 의사와 관계없이 광고회사 또는 광고매체에서 무단 광고한 경우

② 처분을 2분의 1까지 감경할 수 있는 경우

ㄱ. 기능성화장품으로서 그 효능·효과를 나타내는 원료의 함량 미달의 원인이 유통 중 보관상태 불량 등으로 인한 성분의 변화 때문이라고 인정된 경우
ㄴ. 비병원성 일반세균에 오염된 경우로서 인체에 직접적인 위해가 없으며, 유통 중 보관상태 불량에 의한 오염으로 인정된 경우

특정 위반 행위가 국민보건, 수요·공급 등 공익을 위한 필수불가결의 행위였거나 해당 위반 사항에 대해 기소유예나 선고유예의 판결을 받은 경우, 영업자의 의사와는 상관없이 광고회사가 무단으로 불법광고를 한 경우 이 사안이 밝혀진다면 식약처·지방식약청은 행정처분을 아예 면제하거나 그 처분의 절반까지 줄여줄 수 있습니다.
기능성화장품의 원료의 함량 미달의 원인이 유통 중 보관상태 불량 등으로 인한 성분의 변화 때문으로 인정된 경우나 비병원성 일반세균에 오염된 경우로서 인체에 직접적인 위해가 없으며, 유통 중 보관상태 불량에 의한 오염으로 인정된 경우에는 의도하지 않았으므로 100% 영업자의 책임이라고 보기는 어려우나 어찌 되었든 유통의 책임은 피할 수 없으므로 완전한 행정처분의 면제는 불가능하나 2분의 1의 범위에서 그 행정처분이 줄어들 수는 있습니다.

★다음 내용은 구체적인 위반내용에 대한 행정처분의 개별기준입니다.★
2회 시험 때 100문제 중 3~4문제가 출제된 부분입니다.

2. 개별기준

위반 내용	처분기준			
	1차 위반	2차 위반	3차 위반	4차 이상 위반
가. 화장품제조업 또는 화장품책임판매업의 다음의 변경 사항 등록을 하지 않은 경우				
1) 화장품제조업자·화장품책임판매업자(법인인 경우 대표자)의 변경 또는 그 상호(법인인 경우 법인의 명칭)의 변경	시정명령	제조 또는 판매업무 정지 5일	제조 또는 판매업무 정지 15일	제조 또는 판매 업무정지 1개월
2) 제조소의 소재지 변경	제조업무 정지 1개월	제조업무 정지 3개월	제조업무 정지 6개월	등록취소
3) 화장품책임판매업소의 소재지 변경	판매업무 정지 1개월	판매업무 정지 3개월	판매업무 정지 6개월	등록취소
4) 책임판매관리자의 변경	시정명령	판매업무 정지 7일	판매업무 정지 15일	판매업무정지 1개월
5) 제조 유형 변경	제조업무 정지 1개월	제조업무 정지 2개월	제조업무 정지 3개월	제조업무정지 6개월
6) 수입대행형 알선·수여 거래(전자상거래)의 화장품책임판매업을 등록한 자를 제외한 다른 화장품책임판매업자의 책임판매 유형 변경	경고	판매업무 정지 15일	판매업무 정지 1개월	판매업무정지 3개월
7) 수입대행형 알선·수여 거래(전자상거래)의 화장품책임판매업을 등록한 자의 책임판매 유형 변경	수입대행 업무정지 1개월	수입대행 업무정지 2개월	수입대행 업무정지 3개월	수입대행 업무정지 6개월
나. 제조업자가 시설을 갖추지 않은 경우				
1) 제조 또는 품질검사에 필요한 시설 및 기구의 전부가 없는 경우	제조업무 정지 3개월	제조업무 정지 6개월	등록취소	없음
2) 작업소, 보관소 또는 시험실 중 어느 하나가 없는 경우	개수명령	제조업무 정지 1개월	제조업무 정지 2개월	제조업무정지 4개월
3) 해당 품목의 제조 또는 품질검사에 필요한 시설 및 기구 중 일부가 없는 경우	개수명령	해당 품목 제조업무 정지 1개월	해당 품목 제조업무 정지 2개월	해당 품목 제조 업무정지 4개월
4) 화장품을 제조하기 위한 작업소의 기준을 위반한 경우				
가) 쥐·해충 및 먼지 등을 막을 수 있는 시설 기준을 위반한 경우	시정명령	제조업무 정지 1개월	제조업무 정지 2개월	제조업무 정지 4개월
나) 작업대 등 제조에 필요한 시설 및 기구 및 가루가 날리는 작업실은 가루를 제거하는 시설 기준을 위반한 경우	개수명령	해당 품목 제조업무정지 1개월	해당 품목 제조업무정지 2개월	해당 품목 제조 업무정지 4개월

다. 맞춤형화장품판매업의 변경신고를 하지 않은 경우

1) 맞춤형화장품판매업자의 변경신고를 하지 않은 경우	시정명령	판매업무 정지 5일	판매업무 정지 15일	판매업무정지 1개월
2) 맞춤형화장품판매업소 상호의 변경신고를 하지 않은 경우	시정명령	판매업무 정지 5일	판매업무 정지 15일	판매업무정지 1개월
3) 맞춤형화장품판매업소 소재지의 변경신고를 하지 않은 경우	판매업무 정지 1개월	판매업무 정지 2개월	판매업무 정지 3개월	판매업무정지 4개월
4) 맞춤형화장품조제관리사의 변경신고를 하지 않은 경우	시정명령	판매업무 정지 5일	판매업무 정지 15일	판매업무정지 1개월

라. 영업자의 결격사유 중 어느 하나에 해당하는 경우 ➡ 바로 등록취소

마. 국민보건에 위해를 끼쳤거나 끼칠 우려가 있는 화장품을 제조·수입한 경우	제조 또는 판매업무 정지 1개월	제조 또는 판매업무 정지 3개월	제조 또는 판매업무 정지 6개월	등록취소

바. 심사를 받지 않거나 보고서를 제출하지 않은 기능성화장품을 판매한 경우

1) 심사를 받지 않거나 거짓으로 보고하고 기능성화장품을 판매한 경우	판매업무 정지 6개월	판매업무 정지 12개월	등록취소	없음
2) 보고하지 않은 기능성화장품을 판매한 경우	판매업무 정지 3개월	판매업무 정지 6개월	판매업무 정지 9개월	판매업무 정지 12개월
사. 제품별 안전성 자료를 작성 또는 보관하지 않은 경우	판매 또는 해당 품목 판매업무 정지 1개월	판매 또는 해당 품목 판매업무 정지 3개월	판매 또는 해당 품목 판매업무 정지 6개월	판매 또는 해당 품목판매업무 정지 12개월

아. 영업자의 준수사항을 이행하지 않은 경우

1) 품질관리기준에 따른 화장품책임판매업자의 지도·감독 및 요청에 따르지 않은 제조업자	시정명령	제조 또는 해당품목 제조업무 정지 15일	제조 또는 해당품목 제조업무 정지 1개월	제조 또는 해당 품목 제조업무 정지 3개월

2) 제조관리기준서·제품표준서·제조관리기록서 및 품질관리기록서를 작성·보관하지 않은 화장품제조업자

가) 제조관리기준서, 제품표준서, 제조관리기록서 및 품질관리기록서를 갖추어 두지 않거나 이를 거짓으로 작성한 경우	제조 또는 해당 품목 제조업무 정지 1개월	제조 또는 해당 품목 제조업무 정지 3개월	제조 또는 해당 품목 제조업무 정지 6개월	제조 또는 해당 품목 제조업무정지 9개월
나) 작성된 제조관리기준서의 내용을 준수하지 않은 경우	제조 또는 해당 품목 제조업무 정지 15일	제조 또는 해당 품목 제조업무 정지 1개월	제조 또는 해당 품목 제조업무 정지 3개월	제조 또는 해당 품목 제조업무정지 6개월

3) 다음의 사항을 어긴 제조업자 - 보건위생상 위해(危害)가 없도록 제조소, 시설 및 기구를 위생적으로 관리하고 오염되지 아니하도록 할 것 - 화장품의 제조에 필요한 시설 및 기구에 대하여 정기적으로 점검하여 작업에 지장이 없도록 관리·유지할 것 - 작업소에는 위해가 발생할 염려가 있는 물건을 두어서는 아니 되며, 작업소에서 국민보건 및 환경에 유해한 물질이 유출되거나 방출되지 아니하도록 할 것	제조 또는 해당 품목 제조업무 정지 15일	제조 또는 해당 품목 제조업무 정지 1개월	제조 또는 해당 품목 제조업무 정지 3개월	제조 또는 해당 품목 제조업무정지 6개월
4) 다음의 사항을 어긴 제조업자. - 품질관리를 위하여 필요한 사항을 화장품책임판매업자에게 제출할 것. - 원료 및 자재의 입고부터 완제품의 출고에 이르기까지 필요한 시험·검사 또는 검정을 할 것 - 제조 또는 품질검사를 위탁하는 경우 제조 또는 품질검사가 적절하게 이루어지고 있는지 수탁자에 대한 관리·감독을 철저히 하고, 제조 및 품질관리에 관한 기록을 받아 유지·관리할 것	제조 또는 해당 품목 제조업무 정지 15일	제조 또는 해당 품목 제조업무 정지 1개월	제조 또는 해당 품목 제조업무 정지 3개월	제조 또는 해당 품목 제조업무정지 6개월
5) 품질관리기준 준수사항을 이행하지 않은 화장품책임판매업자				
가) 책임판매관리자를 두지 않은 경우	판매 또는 해당 품목 판매업무 정지 1개월	판매 또는 해당 품목 판매업무 정지 3개월	판매 또는 해당 품목 판매업무 정지 6개월	판매 또는 해당 품목 판매업무 정지 12개월
나) 품질관리 업무 절차서를 작성하지 않거나 거짓으로 작성한 경우	판매업무 정지 3개월	판매업무 정지 6개월	판매업무 정지 12개월	등록취소
다) 작성된 품질관리 업무 절차서의 내용을 준수하지 않은 경우	판매 또는 해당 품목 판매업무 정지 1개월	판매 또는 해당 품목 판매업무 정지 3개월	판매 또는 해당 품목 판매업무 정지 6개월	판매 또는 해당 품목 판매업무 정지 12개월
라) 그 밖에 품질관리기준을 준수하지 않은 경우	시정명령	판매 또는 해당 품목 판매업무 정지 7일	판매 또는 해당 품목 판매업무 정지 15일	판매 또는 해당 품목 판매업무 정지 1개월
6) 책임판매 후 안전관리기준 준수사항을 이행하지 않은 화장품책임판매업자				
가) 책임판매관리자를 두지 않은 경우	판매 또는 해당 품목 판매업무 정지 1개월	판매 또는 해당 품목 판매업무 정지 3개월	판매 또는 해당 품목 판매업무 정지 6개월	판매 또는 해당 품목 판매업무 정지 12개월

나) 안전관리 정보를 검토하지 않거나 안전확보 조치를 하지 않은 경우	판매 또는 해당 품목 판매업무 정지 1개월	판매 또는 해당 품목 판매업무 정지 3개월	판매 또는 해당 품목 판매업무 정지 6개월	판매 또는 해당 품목 판매업무 정지 12개월
다) 그 밖에 책임판매 후 안전관리기준을 준수하지 않은 경우	경고	판매 또는 해당 품목 판매업무 정지 1개월	판매 또는 해당 품목 판매업무 정지 3개월	판매 또는 해당 품목 판매업무 정지 6개월
7) 그 밖의 화장품책임판매업자의 준수사항을 이행하지 않은 화장품책임판매업자	시정명령	판매 또는 해당 품목 판매업무 정지 1개월	판매 또는 해당 품목 판매업무 정지 3개월	판매 또는 해당 품목 판매업무 정지 6개월
8) 맞춤형화장품 판매장 시설·기구를 정기적으로 점검하지 않아 보건위생상 위해가 없도록 관리하지 못하였거나 혼합·소분 안전관리기준을 준수하지 않은 맞춤형화장품판매업자	판매 또는 해당 품목 판매업무 정지 15일	판매 또는 해당 품목 판매업무 정지 1개월	판매 또는 해당 품목 판매업무 정지 3개월	판매 또는 해당 품목 판매업무 정지 6개월
9) 맞춤형화장품 판매내역서를 작성·보관하지 않은 맞춤형화장품판매업자	시정명령	판매 또는 해당 품목 판매업무 정지 1개월	판매 또는 해당 품목 판매업무 정지 3개월	판매 또는 해당 품목 판매업무 정지 6개월
10) 맞춤형화장품 판매 시 소비자에게 설명해야 할 의무를 이행하지 않은 맞춤형화장품판매업자	시정명령	판매 또는 해당 품목 판매업무 정지 7일	판매 또는 해당 품목 판매업무 정지 15일	판매 또는 해당 품목 판매업무 정지 1개월
11) 맞춤형화장품 사용과 관련된 부작용 발생사례에 대해서 지체 없이 식품의약품안전처장에게 보고하지 않은 맞춤형화장품판매업자	시정명령	판매 또는 해당 품목 판매업무 정지 1개월	판매 또는 해당 품목 판매업무 정지 3개월	판매 또는 해당 품목 판매업무 정지 6개월
자. 회수 대상 화장품을 회수하지 않거나 회수하는 데에 필요한 조치를 하지 않은 경우	판매 또는 제조업무 정지 1개월	판매 또는 제조업무 정지 3개월	판매 또는 제조업무 정지 6개월	등록취소
차. 회수계획을 보고하지 않거나 거짓으로 보고한 경우	판매 또는 제조업무 정지 1개월	판매 또는 제조업무 정지 3개월	판매 또는 제조업무 정지 6개월	등록취소
카. 화장품의 안전용기·포장에 관한 기준을 위반한 경우	해당 품목 판매업무 정지 3개월	해당 품목 판매업무 정지 6개월	해당 품목 판매업무 정지 12개월	없음
타. 화장품의 1차 포장 또는 2차 포장의 기재·표시사항을 위반한 경우				
1) 기재사항(가격 제외)의 전부를 기재하지 않은 경우	해당 품목 판매업무 정지 3개월	해당 품목 판매업무 정지 6개월	해당 품목 판매업무 정지 12개월	없음

2) 기재사항(가격 제외)을 거짓으로 기재한 경우	해당 품목 판매업무 정지 1개월	해당 품목 판매업무 정지 3개월	해당 품목 판매업무 정지 6개월	해당 품목 판매업무정지 12개월
3) 기재사항(가격 제외)의 일부를 기재하지 않은 경우	해당 품목 판매업무 정지 15일	해당 품목 판매업무 정지 1개월	해당 품목 판매업무 정지 3개월	해당 품목 판매업무정지 6개월
파. 화장품 포장의 표시기준 및 표시방법을 위반한 경우	해당 품목 판매업무 정지 15일	해당 품목 판매업무 정지 1개월	해당 품목 판매업무 정지 3개월	해당 품목 판매업무정지 6개월
하. 화장품 포장의 기재·표시상의 주의사항을 위반한 경우	해당 품목 판매업무 정지 15일	해당 품목 판매업무 정지 1개월	해당 품목 판매업무 정지 3개월	해당 품목 판매업무정지 6개월
거. 불법 표시·광고				
1) 다음의 사항을 어긴 표시·광고 - 의약품으로 잘못 인식할 우려가 있는 내용, 제품의 명칭 및 효능·효과 등에 대한 표시·광고를 하지 말 것 - 기능성화장품, 천연화장품 또는 유기농화장품이 아님에도 불구하고 제품의 명칭, 제조방법, 효능·효과 등에 관하여 기능성화장품, 천연화장품 또는 유기농화장품으로 잘못 인식할 우려가 있는 표시·광고를 하지 말 것 - 사실 유무와 관계없이 다른 제품을 비방하거나 비방한다고 의심이 되는 표시·광고를 하지 말 것	해당 품목 판매업무 정지 3개월 (표시위반) 또는 해당 품목 광고 업무정지 3개월 (광고위반)	해당 품목 판매업무 정지 6개월 (표시위반) 또는 해당 품목 광고 업무정지 6개월 (광고위반)	해당 품목 판매업무 정지 9개월 (표시위반) 또는 해당 품목 광고 업무정지 9개월 (광고위반)	없음
2) 위의 사항 외의 화장품의 표시·광고 시 준수사항을 위반한 경우(시행규칙 별표5 문서 2번 사항 참고.)	해당 품목 판매업무 정지 2개월 (표시위반) 또는 해당 품목 광고 업무정지 2개월 (광고위반)	해당 품목 판매업무 정지 4개월 (표시위반) 또는 해당 품목 광고업무 정지 4개월 (광고위반)	해당 품목 판매업무 정지 6개월 (표시위반) 또는 해당 품목 광고업무 정지 6개월 (광고위반)	해당 품목 판매업무정지 12개월 (표시위반) 또는 해당 품목 광고업무정지 12개월 (광고위반)
너. 중지명령을 위반하여 화장품을 표시·광고를 한 경우	해당 품목 판매업무 정지 3개월	해당 품목 판매업무 정지 6개월	해당 품목 판매업무 정지 12개월	없음

더. 다음의 화장품을 판매하거나 판매의 목적으로 제조·수입·보관 또는 진열한 경우				
1) 전부 또는 일부가 변패(變敗)되거나 이물질이 혼입 또는 부착된 화장품을 판매하거나 판매의 목적으로 제조·수입·보관 또는 진열한 경우	해당 품목 제조 또는 판매업무 정지 1개월	해당 품목 제조 또는 판매 업무 정지 3개월	해당 품목 제조 또는 판매업무 정지 6개월	해당 품목 제조 또는 판매업무 정지 12개월
2) 병원미생물에 오염된 화장품을 판매하거나 판매의 목적으로 제조·수입·보관 또는 진열한 경우	해당 품목 제조 또는 판매업무 정지 3개월	해당 품목 제조 또는 판매업무 정지 6개월	해당 품목 제조 또는 판매업무 정지 9개월	해당 품목제조 또는 판매업무 정지 12개월
3) 식품의약품안전처장이 고시한 화장품의 제조 등에 사용할 수 없는 원료를 사용한 화장품을 판매하거나 판매의 목적으로 제조·수입·보관 또는 진열한 경우	제조 또는 판매업무 정지 3개월	제조 또는 판매업무 정지 6개월	제조 또는 판매업무 정지 12개월	등록취소
4) 사용상의 제한이 필요한 원료에 대하여 식품의약품안전처장이 고시한 사용기준을 위반한 화장품을 판매하거나 판매의 목적으로 제조·수입·보관 또는 진열한 경우	해당 품목 제조 또는 판매업무 정지 3개월	해당 품목 제조 또는 판매업무 정지 6개월	해당 품목 제조 또는 판매업무 정지 9개월	해당 품목 제조 또는 판매업무 정지 12개월
5) 식품의약품안전처장이 고시한 유통화장품 안전관리기준에 적합하지 않은 화장품을 판매하거나 판매의 목적으로 제조·수입·보관 또는 진열한 경우				

가) 실제 내용량이 표시된 내용량의 97퍼센트 미만인 화장품				
(1) 실제 내용량이 표시된 내용량의 90퍼센트 이상 97퍼센트 미만인 화장품	시정명령	해당 품목 제조 또는 판매업무 정지 15일	해당 품목 제조 또는 판매업무 정지 1개월	해당 품목 제조 또는 판매업무 정지 2개월
(2) 실제 내용량이 표시된 내용량의 80퍼센트 이상 90퍼센트 미만인 화장품	해당 품목 제조 또는 판매업무 정지 1개월	해당 품목 제조 또는 판매업무 정지 2개월	해당 품목 제조 또는 판매업무 정지 3개월	해당 품목 제조 또는 판매업무 정지 4개월
(3) 실제 내용량이 표시된 내용량의 80퍼센트 미만인 화장품	해당 품목 제조 또는 판매업무 정지 2개월	해당 품목 제조 또는 판매업무 정지 3개월	해당 품목 제조 또는 판매업무 정지 4개월	해당 품목 제조 또는 판매업무 정지 6개월

나) 기능성화장품에서 기능성을 나타나게 하는 주원료의 함량이 기준치보다 부족한 경우				
(1) 주원료의 함량이 기준치보다 10퍼센트 미만 부족한 경우	해당 품목 제조 또는 판매업무 정지 15일	해당 품목 제조 또는 판매업무 정지 1개월	해당 품목 제조 또는 판매업무 정지 3개월	해당 품목 제조 또는 판매업무 정지 6개월

(2) 주원료의 함량이 기준치보다 10퍼센트 이상 부족한 경우	해당 품목 제조 또는 판매업무 정지 1개월	해당 품목 제조 또는 판매업무 정지 3개월	해당 품목 제조 또는 판매업무 정지 6개월	해당 품목 제조 또는 판매업무 정지 12개월
다) 그 밖의 기준에 적합하지 않은 화장품	해당 품목 제조 또는 판매업무 정지 1개월	해당 품목 제조 또는 판매업무 정지 3개월	해당 품목 제조 또는 판매업무 정지 6개월	해당 품목 제조 또는 판매업무 정지 12개월
6) 사용기한 또는 개봉 후 사용기간(병행 표기된 제조연월일을 포함한다)을 위조·변조한 화장품을 판매하거나 판매의 목적으로 제조·수입·보관 또는 진열한 경우	해당 품목 제조 또는 판매업무 정지 3개월	해당 품목 제조 또는 판매업무 정지 6개월	해당 품목 제조 또는 판매업무 정지 12개월	없음
7) 그 밖에 화장품법 제15조(영업의 금지)에서 규정한 화장품을 판매하거나 판매의 목적으로 제조·수입·보관 또는 진열한 경우	해당 품목 제조 또는 판매업무 정지 1개월	해당 품목 제조 또는 판매업무 정지 3개월	해당 품목 제조 또는 판매업무 정지 6개월	해당 품목 제조 또는 판매업무 정지 12개월
러. 검사·질문·수거 등을 거부하거나 방해한 경우	판매 또는 제조업무 정지 1개월	판매 또는 제조업무 정지 3개월	판매 또는 제조업무 정지 6개월	등록취소
머. 시정명령·검사명령·개수명령·회수명령·폐기명령 또는 공표명령 등을 이행하지 않은 경우	판매 또는 제조업무 정지 1개월	판매 또는 제조업무 정지 3개월	판매 또는 제조업무 정지 6개월	등록취소
버. 회수계획을 보고하지 않거나 거짓으로 보고한 경우	판매 또는 제조업무 정지 1개월	판매 또는 제조업무 정지 3개월	판매 또는 제조업무 정지 6개월	등록취소
서. 업무정지기간 중에 업무를 한 경우				
1) 업무정지기간 중에 해당 업무를 한 경우(광고 업무에 한정하여 정지를 명한 경우 제외)	등록취소	없음	없음	없음
2) 광고의 업무정지기간 중에 광고 업무를 한 경우	시정명령	판매업무 정지 3개월	없음	없음
법 개정으로 신설된 행정처분				
소비자에게 유통판매되는 화장품을 임의로 혼합 소분한 경우	판매업무 정지 15일	판매업무 정지 1개월	판매업무 정지 3개월	판매업무 정지 6개월
거짓이나 부정한 방법으로 영업 등록, 변경등록, 신고, 변경신고를 한 경우	등록취소 또는 영업소 폐쇄			
맞춤형화장품판매업의 시설을 갖추지 않게 된 경우	시정명령	판매업무 정지 1개월	판매업무 정지 3개월	영업소 폐쇄

III. 화장품법 시행규칙(총리령)

간단하고 명료한 화장품법 시행령 체계표[다지기]	
법령	화장품법 시행규칙
조항	제27조~제29조

☐ [화장품법 시행규칙 제27조] 정부의 회수·폐기 명령에 대한 회수 대상 화장품의 회수에 필요한 위해성 등급 및 그 분류기준과 물품 회수·폐기의 절차·계획 및 사후조치 등은 화장품법 시행규칙 제14조의 2 및 제14조의 3을 준용함(화장품법 시행규칙 제14조의 2 및 제14조의 3의 체계표 참고!).

☐ [화장품법 시행규칙 제28조] 위해화장품의 공표

위해화장품의 공표	
공표를 해야 하는 경우	식약처장 또는 지방식약청장이 회수의무자로부터 회수계획을 받은 후 해당 영업자에 대하여 그 사실의 공표를 명한 경우(공표명령을 받은 경우)
공표 방법	1. 「신문 등의 진흥에 관한 법률」 제9조 제1항에 따라 등록한 전국을 보급지역으로 하는 1개 이상의 일반일간신문에 게재 2. 해당 영업자의 인터넷 홈페이지에 게재 3. 식품의약품안전처의 인터넷 홈페이지에 게재 요청 ☑ 단, 위해성 등급이 다등급인 화장품의 경우에는 해당 일반일간신문에의 게재 생략 가능
공표 내용	1. 화장품을 회수한다는 내용의 표제 2. 제품명 3. 회수대상화장품의 제조번호 4. 사용기한 또는 개봉 후 사용기간(병행 표기된 제조연월일을 포함한다) 5. 회수 사유 6. 회수 방법 7. 회수하는 영업자의 명칭 8. 회수하는 영업자의 전화번호, 주소, 그 밖에 회수에 필요한 사항
공표 후 조치 내용	공표 결과를 지체 없이 지방식품의약품안전청장에게 통보하여야 함.
통보하여야 하는 공표 결과의 내용	1. 공표일 2. 공표매체 3. 공표횟수 4. 공표문 사본 또는 내용

□ **[화장품법 시행규칙 제29조] 행정처분의 기준**

행정처분의 규칙(일반사항)			
위반 행위가 둘 이상인 경우	각각의 처분기준이 다른 경우	**둘 중 무거운 처분기준에 따름** 다만, 둘 이상의 처분기준이 업무정지인 경우 무거운 처분의 업무정지 기간에 가벼운 처분의 업무정지 기간의 2분의 1까지 더하여 처분할 수 있으며, 이 경우 그 최대기간은 12개월임.	
	처분기준이 업무정지와 품목업무 정지에 해당하는 경우	업무정지 기간이 품목정지 기간보다 길거나 같을 때	**업무정지처분**만 함
		업무정지 기간이 품목정지 기간보다 짧을 때	업무정지처분과 품목업무정지처분 병과
위반행위의 횟수에 따른 행정처분의 기준	<u>최근 1년간 같은 위반행위로 행정처분을 받은 경우에 적용</u> • 단, **화장품법 제15조를 위반한 화장품을 판매하거나 판매의 목적으로 제조·수입·보관 또는 진열한 경우에는** 2년간 • '1년' 기준의 적용일은 최근에 **실제 행정처분의 효력이 발생한 날**(업무정지처분을 갈음하여 과징금을 부과하는 경우에는 최근에 과징금처분을 통보한 날)과 **다시 같은 위반행위를 적발한 날**을 기준으로 함. 단, 품목업무정지의 경우 품목이 다를 때에는 이 기준을 적용하지 않음. 위의 사항에 따라 가중된 부과처분을 하는 경우 가중처분의 적용 차수는 그 위반행위 전 부과처분 차수(기간 내에 과태료 부과처분이 둘 이상 있었던 경우에는 높은 차수를 의미함)의 다음 차수로 한다.		
행정처분을 하기 위한 절차가 진행되는 기간 중 반복하여 같은 위반 행위를 한 경우	행정처분을 하기 위하여 진행 중인 사항의 행정처분기준의 2분의 1씩을 더하여 처분. 이 경우 그 최대기간은 12개월.		
과징금 갈음 제외 대상	같은 위반행위의 횟수가 3차 이상인 경우부터는 과징금으로 갈음되지 않음.		
등록 취소 사항	화장품제조업자가 등록한 소재지에 그 시설이 전혀 없는 경우 등록 취소		
수입대행형 알선·수여 거래의 책임판매업 등록자의 행정처분	수입대행형 알선·수여 거래의 책임판매업 등록자에 대하여 아래의 개별기준을 적용하는 경우 "판매금지"는 "수입대행금지"로, "판매업무정지"는 "수입대행업무정지"로 봄.		
행정처분 감경 또는 면제 가능 사항			
① 행정처분을 2분의 1까지 감경하거나 면제까지 가능한 사항			

• 위반행위가 국민보건, 수요·공급, 그 밖에 공익상 필요하다고 인정된 경우
• 위반행위에 대해 해당 위반사항에 관하여 검사로부터 기소유예의 처분을 받거나 법원으로부터 선고유예의 판결을 받은 경우
• 광고에 대한 위반행위에 대해 광고주의 의사와 관계없이 광고회사 또는 광고매체에서 무단 광고한 경우

---

② 행정처분을 2분의 1까지 감경할 수 있는 사항(면제는 안 됨!)

- 기능성화장품으로서 그 효능·효과를 나타내는 원료의 함량 미달의 원인이 유통 중 보관상태 불량 등으로 인한 성분의 변화 때문이라고 인정된 경우
- 비병원성 일반세균에 오염된 경우로서 인체에 직접적인 위해가 없으며, 유통 중 보관상태 불량에 의한 오염으로 인정된 경우

행정처분 개별사항
화장품 제조업/책판업 변경사항 등록 X

1. 제조업자, 책판업자의 변경 또는 상호의 변경(법인의 경우 대표자 또는 명칭 변경) 신고를 안 한 경우

1차 위반	시정명령
2차 위반	제조 또는 판매업무정지 5일
3차 위반	제조 또는 판매업무정지 15일
4차 위반	제조 또는 판매업무정지 1개월

★
2. **소재지 변경** : 소재지 변경등록 안 하면 최대 영업 등록 취소 처벌 가능!(제조소 혹은 책임판매업소의 소재지 변경 등록 안 한 경우)

1차 위반	제조 혹은 판매 업무 정지 1개월
2차 위반	제조 혹은 판매 업무 정지 3개월
3차 위반	제조 혹은 판매 업무 정지 6개월
4차 위반	등록 취소

3. 책임판매관리자가 변경되었으면서 변경등록하지 않은 경우[최대 판매 업무 정지 1개월]

1차 위반	시정명령
2차 위반	판매 업무 정지 7일
3차 위반	판매 업무 정지 15일
4차 위반	판매 업무 정지 1개월

4. 제조 유형이 변경되었는데도 변경등록을 하지 않은 경우[최대 제조 업무정지 6개월]

1차 위반	제조 업무 정지 1개월
2차 위반	제조 업무 정지 2개월
3차 위반	제조 업무 정지 3개월
4차 위반	제조 업무 정지 6개월

5. 화장품을 직접제조(또는 위탁)하거나 수입한 화장품을 유통·판매하는 영업, 책임판매업을 등록한 자의 책임판매 유형 변경등록을 하지 않은 경우

1차 위반	경고
2차 위반	판매 업무 정지 15일
3차 위반	판매 업무 정지 1개월
4차 위반	판매 업무 정지 3개월

6. 수입대행형 거래를 목적으로 화장품을 알선·수여하는 책판업을 등록한 자의 책임판매유형 변경등록을 하지 않은 경우

1차 위반	수입대행업무정지 1개월
2차 위반	수입대행업무정지 2개월
3차 위반	수입대행업무정지 3개월
4차 위반	수입대행업무정지 6개월

맞춤형화장품판매업의 변경신고를 하지 않은 경우

★ 맞춤형화장품판매업자·판매업소의 상호·조제관리사의 변경신고를 안 한 경우![최대 판매 업무 정지 1개월]

1차 위반	시정명령
2차 위반	판매 업무 정지 5일
3차 위반	판매 업무 정지 15일
4차 위반	판매 업무 정지 1개월

★ 판매업소 소재지 변경신고를 안 한 경우[최대 판매 업무 정지 4개월]

1차 위반	판매 업무 정지 1개월
2차 위반	판매 업무 정지 2개월
3차 위반	판매 업무 정지 3개월
4차 위반	판매 업무 정지 4개월

제조소의 시설을 제대로 갖추지 않은 경우![전부 없는 경우 빼고 ○○명령→1개월→2개월→4개월]

1. 제조 또는 품질검사에 필요한 시설 및 기구 전부가 없는 경우[3차만에 등록취소 가능!]

1차 위반	제조 업무 정지 3개월
2차 위반	제조 업무 정지 6개월
3차 위반	영업 등록 취소

2. 해당 품목의 제조 또는 품질검사에 필요한 시설 및 기구 중 일부가 없는 경우

1차 위반	개수 명령
2차 위반	해당 품목 제조 업무 정지 1개월
3차 위반	해당 품목 제조 업무 정지 2개월
4차 위반	해당 품목 제조 업무 정지 4개월

3. 작업소 및 보관소, 실험실 중 어느 하나가 없는 경우

1차 위반	개수 명령
2차 위반	해당 품목 제조 업무 정지 1개월
3차 위반	해당 품목 제조 업무 정지 2개월
4차 위반	해당 품목 제조 업무 정지 4개월

4. 화장품을 제조하기 위한 작업소의 기준 위반(쥐·해충, 먼지 막는 시설, 가루 제거 시설 등 제조에 필요한 시설 및 기구를 갖추지 않은 경우)

1차 위반	시정 명령/개수 명령
2차 위반	해당 품목 제조 업무 정지 1개월
3차 위반	해당 품목 제조 업무 정지 2개월
4차 위반	해당 품목 제조 업무 정지 4개월

☑ 쥐·해충·먼지를 막을 수 있는 시설을 갖추지 않은 경우는 1차 위반이 '시정명령'이며 작업대·가루를 제거하는 시설 등 제조에 필요한 시설 및 기구를 갖추지 않은 경우는 1차 위반이 '개수 명령'임

제조업자든 책판업자든 맞판업자든 뭐든 간에 결격사유에 해당[무조건 바로 발견즉시 영업 등록 취소!]

업무 정지 기간에 업무를 한 경우에도[무조건 바로! 발견 즉시! 영업 등록 취소!]

국민보건 위해 끼쳤거나 위해 끼칠 수 있는 화장품 제조 및 수입[최대 영업 등록 취소!]

1차 위반	제조 또는 판매 업무 정지 1개월
2차 위반	제조 또는 판매 업무 정지 3개월
3차 위반	제조 또는 판매 업무 정지 6개월
4차 위반	등록 취소

회수 대상 화장품을 회수하지 않거나 회수하는 데 필요한 조치 X & 회수계획 보고 안 하거나 거짓으로 보고 (즉, 회수라는 단어가 들어가는 모든 조항! 회수라는 단어 나오면 무조건 1,3,6,등록취소!)

1차 위반	제조 또는 판매 업무 정지 1개월
2차 위반	제조 또는 판매 업무 정지 3개월
3차 위반	제조 또는 판매 업무 정지 6개월
4차 위반	등록취소

[공무원 지시나 명령 무시한 경우!] 검사/질문·수거 거부나 방해, 시정명령, 검사명령, 개수명령, 회수명령, 폐기명령, 공표명령 이행 안 한 경우[공무원이 화났으니까 최대 영업 등록 취소!] 1,3,6,등록취소!

1차 위반	제조 또는 판매 업무 정지 1개월
2차 위반	제조 또는 판매 업무 정지 3개월
3차 위반	제조 또는 판매 업무 정지 6개월
4차 위반	등록취소

[기능성화장품] 안전성 및 유효성에 관해 심사를 받지 않거나 보고서를 제출하지 않은 기능성화장품 판매

1. 심사를 받지 않거나 거짓으로 보고하고 기능성화장품 판매[3차만에 등록취소!]

1차 위반	판매 업무 정지 6개월
2차 위반	판매 업무 정지 12개월
3차 위반	등록취소

2. 거짓말은 치지 않았지만 보고하지 않은 기능성화장품 판매[최대 판매 업무 정지 12개월!]

1차 위반	판매 업무 정지 3개월
2차 위반	판매 업무 정지 6개월
3차 위반	판매 업무 정지 9개월
4차 위반	판매 업무 정지 12개월

영유아·어린이 사용 화장품의 제품별 안전성 자료를 작성·보관하지 않은 경우

1차 위반	판매 또는 해당 품목 판매 업무 정지 1개월
2차 위반	판매 또는 해당 품목 판매 업무 정지 3개월
3차 위반	판매 또는 해당 품목 판매 업무 정지 6개월
4차 위반	판매 또는 해당 품목 판매 업무 정지 12개월

제조업자의 준수사항을 어긴 경우

1. 제조업자가 품질관리 기준에 따른 책판업자의 지도·감독·요청에 따르지 않은 경우

1차 위반	시정명령
2차 위반	제조 또는 해당 품목 제조 업무 정지 15일
3차 위반	제조 또는 해당 품목 제조 업무 정지 1개월
4차 위반	제조 또는 해당 품목 제조 업무 정지 3개월

2. 제조관리기준서, 제품표준서, 제조관리기록서, 품질관리기록서를 갖추지 않거나 거짓으로 작성

1차 위반	제조 또는 해당 품목 제조 업무 정지 1개월
2차 위반	제조 또는 해당 품목 제조 업무 정지 3개월
3차 위반	제조 또는 해당 품목 제조 업무 정지 6개월
4차 위반	제조 또는 해당 품목 제조 업무 정지 9개월

3. 작성된 제조관리기준서의 내용을 준수하지 않은 경우

1차 위반	제조 또는 해당 품목 제조 업무 정지 15일
2차 위반	제조 또는 해당 품목 제조 업무 정지 1개월
3차 위반	제조 또는 해당 품목 제조 업무 정지 3개월
4차 위반	제조 또는 해당 품목 제조 업무 정지 6개월

4. 시설 및 기구의 위생관리, 정기검진, 유해물질의 유출 등을 위반한 경우, 품질관리를 위해 필요한 사항을 책판업자에게 제출 X, 원료 및 자재의 입고, 완제품 출고에 대한 시험, 검사 및 검정, 수탁자에 대한 관리 감독 및 기록의 유지 관리를 하지 않은 경우(앞의 1~3번을 제외한 나머지 준수사항 위반)

1차 위반	제조 또는 해당 품목 제조 업무 정지 15일
2차 위반	제조 또는 해당 품목 제조 업무 정지 1개월
3차 위반	제조 또는 해당 품목 제조 업무 정지 3개월
4차 위반	제조 또는 해당 품목 제조 업무 정지 6개월

책판업자의 준수사항을 이행하지 않은 경우

1. 책임판매관리자를 두지 않고 영업한 경우

1차 위반	판매 또는 해당 품목 판매 업무 정지 1개월
2차 위반	판매 또는 해당 품목 판매 업무 정지 3개월
3차 위반	판매 또는 해당 품목 판매 업무 정지 6개월
4차 위반	판매 또는 해당 품목 판매 업무 정지 12개월

2. 작성된 품질관리 업무 절차서의 내용을 준수하지 않은 경우

1차 위반	판매 또는 해당 품목 판매 업무 정지 1개월
2차 위반	판매 또는 해당 품목 판매 업무 정지 3개월
3차 위반	판매 또는 해당 품목 판매 업무 정지 6개월
4차 위반	판매 또는 해당 품목 판매 업무 정지 12개월

3. 품질관리 업무 절차서 자체를 작성하지 않거나 거짓으로 작성[최대 영업등록 취소!]

1차 위반	판매 업무 정지 3개월
2차 위반	판매 업무 정지 6개월
3차 위반	판매 업무 정지 12개월
4차 위반	등록취소

4. 그 밖에 품질관리 기준을 준수하지 않은 경우

1차 위반	시정명령
2차 위반	판매 또는 해당 품목 판매 업무 정지 7일
3차 위반	판매 또는 해당 품목 판매 업무 정지 15일
4차 위반	판매 또는 해당 품목 판매 업무 정지 1개월

5. 안전관리정보를 검토하지 않거나 안전확보조치를 하지 않은 경우

1차 위반	판매 또는 해당 품목 판매 업무 정지 1개월
2차 위반	판매 또는 해당 품목 판매 업무 정지 3개월
3차 위반	판매 또는 해당 품목 판매 업무 정지 6개월
4차 위반	판매 또는 해당 품목 판매 업무 정지 12개월

6. 그 밖에 책임판매 후 안전관리 기준을 준수하지 않은 경우

1차 위반	경고
2차 위반	판매 또는 해당 품목 판매 업무 정지 1개월
3차 위반	판매 또는 해당 품목 판매 업무 정지 3개월
4차 위반	판매 또는 해당 품목 판매 업무 정지 6개월

7. 위의 내용을 제외한 나머지 책판업자 준수사항을 어긴 경우

1차 위반	시정명령
2차 위반	판매 또는 해당 품목 판매 업무 정지 1개월
3차 위반	판매 또는 해당 품목 판매 업무 정지 3개월
4차 위반	판매 또는 해당 품목 판매 업무 정지 6개월

★★★ 맞춤형판매 관련! 판매내역서를 작성·보관하지 않은 경우
맞춤형화장품 사용과 관련된 부작용 발생 사례에 대해 지체 없이 식약처장에게 보고하지 않은 경우

1차 위반	시정명령
2차 위반	판매 또는 해당 품목 판매 업무 정지 1개월
3차 위반	판매 또는 해당 품목 판매 업무 정지 3개월
4차 위반	판매 또는 해당 품목 판매 업무 정지 6개월

★★★ 맞춤형판매 관련! 판매장 시설, 기구의 정기 점검, 위생관리,
혼합 및 소분 안전관리 기준을 준수하지 않은 경우
(예:품질성적서 확인의 의무, 손 소독 및 세정, 포장용기의 오염 여부 확인 등을 어긴 경우)

1차 위반	판매 또는 해당 품목 판매 업무 정지 15일
2차 위반	판매 또는 해당 품목 판매 업무 정지 1개월
3차 위반	판매 또는 해당 품목 판매 업무 정지 3개월
4차 위반	판매 또는 해당 품목 판매 업무 정지 6개월

★★★ 맞춤형판매 관련! 소비자에게 내용물 및 원료의 내용 및 특성 및 사용 시 주의사항 설명 X

1차 위반	시정명령
2차 위반	판매 또는 해당 품목 판매 업무 정지 7일
3차 위반	판매 또는 해당 품목 판매 업무 정지 15일
4차 위반	판매 또는 해당 품목 판매 업무 정지 1개월

화장품의 안전용기·포장 기준을 위반한 경우

1차 위반	해당 품목 판매 업무 정지 3개월
2차 위반	해당 품목 판매 업무 정지 6개월
3차 위반	해당 품목 판매 업무 정지 12개월
4차 위반	없음

★★★ 1·2차 포장 기재사항을 어긴 경우

1. 전부를 기재하지 않은 경우(가격 제외)

1차 위반	해당 품목 판매 업무 정지 3개월
2차 위반	해당 품목 판매 업무 정지 6개월
3차 위반	해당 품목 판매 업무 정지 12개월
4차 위반	없음

2. 거짓으로 기재한 경우(가격 제외)

1차 위반	해당 품목 판매 업무 정지 1개월
2차 위반	해당 품목 판매 업무 정지 3개월
3차 위반	해당 품목 판매 업무 정지 6개월
4차 위반	해당 품목 판매 업무 정지 12개월

3. 일부만 기재한 경우(즉, 일부를 기재하지 않은 경우), 가격 제외

1차 위반	해당 품목 판매 업무 정지 15일
2차 위반	해당 품목 판매 업무 정지 1개월
3차 위반	해당 품목 판매 업무 정지 3개월
4차 위반	해당 품목 판매 업무 정지 6개월

★★★
1·2차 포장 기재사항을 기재할 때 **화장품 포장의 표시기준 및 표시방법을 위반한 경우**,
화장품 포장의 기재·표시상의 주의사항을 위반한 경우

1차 위반	해당 품목 판매 업무 정지 15일
2차 위반	해당 품목 판매 업무 정지 1개월
3차 위반	해당 품목 판매 업무 정지 3개월
4차 위반	해당 품목 판매 업무 정지 6개월

영업자가 다음의 화장품을 판매하거나 판매를 목적으로 진열, 제조, 수입, 보관한 경우

1. 전부 또는 일부 변패, 이물질 혼입, 부착된 화장품

1차 위반	해당 품목 제조 또는 판매 업무 정지 1개월
2차 위반	해당 품목 제조 또는 판매 업무 정지 3개월
3차 위반	해당 품목 제조 또는 판매 업무 정지 6개월
4차 위반	해당 품목 제조 또는 판매 업무 정지 12개월

2. 병원미생물에 오염된 화장품·사용상 제한이 필요한 원료 고시 사용기준 위반

1차 위반	해당 품목 제조 또는 판매 업무 정지 3개월
2차 위반	해당 품목 제조 또는 판매 업무 정지 6개월
3차 위반	해당 품목 제조 또는 판매 업무 정지 9개월
4차 위반	해당 품목 제조 또는 판매 업무 정지 12개월

3. 사용금지원료를 사용한 화장품[최대 영업 등록 취소!]

1차 위반	제조 또는 판매 업무 정지 3개월
2차 위반	제조 또는 판매 업무 정지 6개월
3차 위반	제조 또는 판매 업무 정지 12개월
4차 위반	등록취소

4. 사용상의 제한이 필요한 원료에 대하여 식품의약품안전처장이 고시한 사용기준을 위반한 화장품

1차 위반	해당 품목 제조 또는 판매 업무 정지 3개월
2차 위반	해당 품목 제조 또는 판매 업무 정지 6개월
3차 위반	해당 품목 제조 또는 판매 업무 정지 9개월
4차 위반	해당 품목 제조 또는 판매 업무 정지 12개월

유통화장품 안전관리기준에 적합하지 않은 화장품 중 내용량 관련

1. 실제 내용량 표시 중 90% 이상~97% 미만

1차 위반	시정명령
2차 위반	해당 품목 제조 또는 판매 업무 정지 15일
3차 위반	해당 품목 제조 또는 판매 업무 정지 1개월
4차 위반	해당 품목 제조 또는 판매 업무 정지 2개월

2. 표시된 내용량의 80% 이상~90% 미만

1차 위반	해당 품목 제조 또는 판매 업무 정지 1개월
2차 위반	해당 품목 제조 또는 판매 업무 정지 2개월
3차 위반	해당 품목 제조 또는 판매 업무 정지 3개월
4차 위반	해당 품목 제조 또는 판매 업무 정지 4개월

3. 80% 미만

1차 위반	해당 품목 제조 또는 판매 업무 정지 2개월
2차 위반	해당 품목 제조 또는 판매 업무 정지 3개월
3차 위반	해당 품목 제조 또는 판매 업무 정지 4개월
4차 위반	해당 품목 제조 또는 판매 업무 정지 6개월

4. 기능성화장품에서 주원료의 함량이 기준치보다 10% 미만 부족한 경우

1차 위반	해당 품목 제조 또는 판매 업무 정지 15일
2차 위반	해당 품목 제조 또는 판매 업무 정지 1개월
3차 위반	해당 품목 제조 또는 판매 업무 정지 3개월
4차 위반	해당 품목 제조 또는 판매 업무 정지 6개월

5. 기능성화장품에서 주원료의 함량이 기준치보다 10% 이상 부족한 경우 및 유통화장품 안전관리 기준에서 앞에서 언급한 내용 외의 다른 기준에 적합하지 않은 화장품

1차 위반	해당 품목 제조 또는 판매 업무 정지 1개월
2차 위반	해당 품목 제조 또는 판매 업무 정지 3개월
3차 위반	해당 품목 제조 또는 판매 업무 정지 6개월
4차 위반	해당 품목 제조 또는 판매 업무 정지 12개월

사용기한 또는 개봉 후 사용기간 위조·변조

1차 위반	해당 품목 제조 또는 판매 업무 정지 3개월
2차 위반	해당 품목 제조 또는 판매 업무 정지 6개월
3차 위반	해당 품목 제조 또는 판매 업무 정지 12개월
4차 위반	없음

표시 및 광고 위반

영업자가 화장품 표시 및 광고 법을 위반한 경우

1. 의약품 오인 우려 표시 광고, 기능성화장품, 천연화장품, 유기농화장품이 아니면서 오인하게 표시 및 광고한 경우, 사실 유무와 관계없이 다른 제품 비방 혹은 비방 의심 광고

1차 위반	해당 품목 판매 업무 정지 3개월 또는 해당 품목 광고 업무 정지 3개월
2차 위반	해당 품목 판매 업무 정지 6개월 또는 해당 품목 광고 업무 정지 6개월
3차 위반	해당 품목 판매 업무 정지 9개월 또는 해당 품목 광고 업무 정지 9개월
4차 위반	없음

2. 앞의 1번 사항 외의 다음과 같은 불법 표시·광고를 한 경우

- 의사, 치과의사, 한의사, 약사, 의료기관 또는 그 밖의 자가 이를 지정, 공인, 추천, 지도, 연구, 개발, 사용하고 있다는 내용이나 이를 암시하는 광고를 한 경우(천연 및 유기농화장품 인증기관 제외)
- 외국 제품을 국내 제품으로 또는 국내 제품을 외국 제품으로 잘못 인식할 우려가 있는 표시나 광고
- 외국과 기술제휴 안 맺었으면서 기술제휴를 표현하는 광고
- 경쟁상품과 비교하는 표시 및 광고(비교 대상 및 기준을 분명히 밝히지 않은 경우)
- 배타성을 띤 최고, 최상 등의 절대적 표현의 표시 광고
- 사실과 다르거나 일부만 사실이라고 하더라도 전체적으로 보아 소비자가 잘못 인식할 우려가 있는 표시 및 광고, 소비자가 잘못 인식할 우려가 있는 표시 및 광고, 소비자를 속이거나 속일 우려가 있는 표시 및 광고
- 품질 및 효능 등에 관해 객관적으로 확인될 수 없거나 확인되지도 않았으면서 이를 광고, 화장품의 범위를 벗어나는 표시 및 광고를 한 경우
- 저속, 혐오감을 주는 표현, 도안, 사진 등을 이용하는 표시 및 광고
- 국제적 멸종 위기종의 가공품이 함유된 화장품임을 표현, 암시하는 광고

1차 위반	해당 품목 판매 업무 정지 2개월 또는 해당 품목 광고 업무 정지 2개월
2차 위반	해당 품목 판매 업무 정지 4개월 또는 해당 품목 광고 업무 정지 4개월
3차 위반	해당 품목 판매 업무 정지 6개월 또는 해당 품목 광고 업무 정지 6개월
4차 위반	해당 품목 판매 업무 정지 12개월 또는 해당 품목 광고 업무 정지 12개월

실증자료 제출을 명령받았는데 이를 어겨 광고 중지명령을 받았으나 이를 위반하여 계속 광고

1차 위반	해당 품목 판매 업무 정지 3개월
2차 위반	해당 품목 판매 업무 정지 6개월
3차 위반	해당 품목 판매 업무 정지 12개월
4차 위반	없음

광고의 업무 정지 기간 중에 광고 업무를 한 경우

1차 위반	시정명령
2차 위반	판매 업무 정지 3개월
3차 위반	없음
4차 위반	없음

지한쌤의 서른여덟 번째 암기비법!

행정처분 중 영업 등록 취소 처분이 가능한 사항[13개!]

기품있는 소시(소녀시대) 결국 공금횡(회)령 해

👉 저는 소녀시대 팬입니다. 이는 쉽게 외우게 하기 위한 암기비법일 뿐임을 밝힙니다. 소녀시대 사랑해요♥

애초에 영업 등록 결격 사유	1. 결격사유 중 어느 하나에 해당
소재지 변경	2. 제조소의 소재지 변경을 등록하지 않음
	3. 책판업소의 소재지 변경을 등록하지 않음
제조 및 품질검사 시설 전부	4. 제조 또는 품질검사에 필요한 시설 및 기구 전부가 없음
가짜 기능성화장품	5. 심사를 안 받거나 거짓으로 보고한 기능성화장품을 판매
책판업자가 품질관리업무절차서 작성 미이행 혹은 거짓 작성	6. 품질관리 업무 절차서를 작성하지 않거나 거짓 작성
회수	7. 회수 대상 화장품을 회수하지 않거나 회수하는 데 필요한 조치를 안 함
	8. 회수 계획을 보고하지 않거나 거짓 보고
사용금지원료를 넣음	9. 화장품 제조에 사용할 수 없는 원료 사용
공무원 말/명령/처분을 무시	10. 검사, 질문, 수거 등을 거부, 방해
	11. 시정명령, 검사명령, 개수명령, 회수명령, 폐기명령, 공표명령 등을 이행하지 않음
	12. 영업 금지 처분을 무시하고 계속 영업
국민보건	13. 국민보건에 위해를 끼침 혹은 끼칠 우려 있는 화장품을 제조·수입

지한쌤의 서른아홉 번째 암기비법!

화장품제조업자가 제조소의 시설을 제대로 갖추지 않은 경우

-제조 또는 품질검사에 필요한 시설 및 기구 전부가 없는 경우를 제외하고 모두 ○○명령 → 1개월 → 2개월 → 4개월

1차 위반	시정 명령/개수 명령
2차 위반	해당 품목 제조 업무 정지 1개월
3차 위반	해당 품목 제조 업무 정지 2개월
4차 위반	해당 품목 제조 업무 정지 4개월

[참고] 제조 또는 품질검사에 필요한 시설 및 기구 전부가 없는 경우

1차 위반	제조 업무 정지 3개월
2차 위반	제조 업무 정지 6개월
3차 위반	영업 등록 취소

지한쌤의 마흔 번째 암기비법!

무조건 바로 발견 즉시! 영업 등록 취소되는 사항

[등록 취소를 "결정!"]

영업자의 결격사유에 해당

업무 정지 기간에 업무를 한 경우

지한쌤의 마흔한 번째 암기비법!

'회수' 관련 내용은 모조리 싹 다! 1, 3, 6, 등록취소!

1. 국민보건에 위해 끼쳤거나 위해 끼칠 수 있는 화장품을 제조 및 수입한 사람

2. 회수 대상 화장품을 회수하지 않거나 회수하는 데 필요한 조치를 안 한 사람

3. 회수계획 보고하지 않거나 거짓으로 보고한 사람

지한쌤의 마흔두 번째 암기비법!

공무원이 화난 것은 다 1, 3, 6, 등록취소!

1. 공무원이 하는 검사/질문/수거를 거부하거나 방해한 경우

2. 시정명령, 검사명령, 개수명령, 회수명령, 폐기명령, 공표명령을 이행하지 않은 경우

지한쌤의 마흔세 번째 암기비법!

광고 관련 행정처분 간단 정리

"천기 의사"는 3, 6, 9

나머지는 다 2, 4, 6, 12

1. 천연화장품·유기농화장품, 기능성화장품이 아니면서 오인하게 표시 및 광고한 경우, 의약품 오인 우려 표시 광고, 사실 유무와 관계없이 다른 제품 비방 혹은 비방 의심 광고를 한 경우

1차 위반	해당 품목 판매 업무 정지 3개월 또는 해당 품목 광고 업무 정지 3개월
2차 위반	해당 품목 판매 업무 정지 6개월 또는 해당 품목 광고 업무 정지 6개월
3차 위반	해당 품목 판매 업무 정지 9개월 또는 해당 품목 광고 업무 정지 9개월
4차 위반	없음

2. 앞의 사항 외의 다음과 같은 불법 표시·광고를 한 경우

- 의사, 치과의사, 한의사, 약사, 의료기관 또는 그 밖의 자가 이를 지정, 공인, 추천, 지도, 연구, 개발, 사용하고 있다는 내용이나 이를 암시하는 광고를 한 경우(천연 및 유기농화장품 인증기관 제외)
- 외국제품을 국내제품으로 또는 국내제품을 외국제품으로 잘못 인식할 우려가 있는 표시나 광고
- 외국과 기술제휴 안 맺었으면서 기술제휴를 표현하는 광고
- 경쟁상품과 비교하는 표시 및 광고(비교대상 및 기준을 분명히 밝히지 않은 경우)
- 배타성을 띤 최고, 최상 등의 절대적 표현의 표시 광고
- 사실과 다르거나 일부만 사실이라고 하더라도 전체적으로 보아 소비자가 잘못 인식할 우려가 있는 표시 및 광고, 소비자가 잘못 인식할 우려가 있는 표시 및 광고, 소비자를 속이거나 속일 우려가 있는 표시 및 광고
- 품질 및 효능 등에 관해 객관적으로 확인될 수 없거나 확인되지도 않았으면서 이를 광고, 화장품의 범위를 벗어나는 표시 및 광고를 한 경우
- 저속, 혐오감을 주는 표현, 도안, 사진 등을 이용하는 표시 및 광고
- 국제적 멸종위기종의 가공품이 함유된 화장품임을 표현, 암시하는 광고

1차 위반	해당 품목 판매 업무 정지 2개월 또는 해당 품목 광고 업무 정지 2개월
2차 위반	해당 품목 판매 업무 정지 4개월 또는 해당 품목 광고 업무 정지 4개월
3차 위반	해당 품목 판매 업무 정지 6개월 또는 해당 품목 광고 업무 정지 6개월
4차 위반	해당 품목 판매 업무 정지 12개월 또는 해당 품목 광고 업무 정지 12개월

화장품법 시행규칙 제30조~제32조

III. 화장품법 시행규칙(총리령)

꼼꼼하고 알기 쉬운 법조문 해설[이해하기]	
법령	화장품법 시행규칙
조항	제30조~제32조
관련 법령	화장품법 제31조, 제32조 화장품법 시행령 제12조 제1항

화장품법 시행령에서 식품의약품안전처장이 과징금을 부과하려면 그 위반행위의 종류와 과징금의 금액 등을 적은 서면으로 통지하여야 했습니다. 그리고 구체적인 과징금의 징수절차는 총리령으로 정한다고 명시해 놓았었는데요, 화장품법 시행규칙 제30조에서 그 절차를 정하고 있습니다.

화장품법 시행규칙 제30조(과징금의 징수절차)

과징금의 징수절차는 「국고금관리법 시행규칙」을 준용한다. 이 경우 납입고지서에는 이의제기 방법 및 기간을 함께 적어 넣어야 한다.

「국고금관리법 시행규칙」은 징수결정, 납입고지, 납부장소, 납부서의 전자송달대행기관, 수납통지, 외국에서의 수입금 수납 및 납입, 국고금수납기관의 수납절차, 독촉 등을 모두 정하는 규칙입니다. 「국고금관리법 시행규칙」은 화장품과 관련된 과징금뿐만 아니라 법령 또는 계약 등에 따라 국가의 세입으로 납입되거나 기금에 납입된 모든 현금 및 현금과 같은 가치를 가지는 것을 관리하는 법령입니다. 돈과 관련된 법령이므로 굉장히 복잡하고 그 체계가 명확합니다. 궁금하신 분들께서는 법제처 홈페이지의 검색창에 '국고금관리법'을 검색하시어 참고하시기 바랍니다! 여러분들께서는 '화장품 법령에 나온 과징금에 대한 징수절차는 국고금관리법 시행규칙을 따르는구나!'하시고 넘어가시면 됩니다.

화장품법 시행규칙 제31조(등록필증 등의 재발급 등)

① 화장품제조업 등록필증, 화장품책임판매업 등록필증, 맞춤형화장품판매업 신고필증 또는 기능성화장품심사결과통지서(이하 "등록필증 등"이라 함)를 재발급받으려는 자는 재발급신청서(전자문서로 된 신청서 포함)에 다음의 서류(전자문서 포함)를 첨부하여 각각 지방식품의약품안전청장 또는 식품의약품안전평가원장에게 제출하여야 한다.

1. 등록필증 등이 오염, 훼손 등으로 못쓰게 된 경우 그 등록필증 등

2. 등록필증 등을 잃어버린 경우에는 그 사유서

② 등록필증 등을 재발급 받은 후 잃어버린 등록필증 등을 찾았을 때에는 지체 없이 이를 해당 발급기관의 장에게 반납하여야 한다.

③ 영업자의 등록 또는 신고 등의 확인 또는 증명을 받으려는 자는 확인신청서 또는 증명신청서(각각 전자문서로 된 신청서를 포함하며, 외국어의 경우에는 번역문 포함)를 식품의약품안전처장 또는 지방식품의약품안전청장 에게 제출하여야 한다.

화장품법 시행규칙 제31조의 내용은 등록필증 등의 재발급에 관한 내용입니다. '필증'은 국가에서 화장품영업을 해도 된다고 인증하는 인증서라고 했었습니다. 필증을 가진 자는 그 순간부터 영업이 가능합니다. 따라서 만약 내가 두 달간 휴업하고 싶다면 이 필증을 지방식약청에 제출해야 했고 휴업을 끝내고 다시 영업을 재개하고 싶을 때 다시 지방식약청에 가서 이 필증을 받아와야 했습니다. 또, 필증이 오염되거나 찢어져 알아볼 수 없게 되었다면 그 엉망이 된 필증을 지방식약청에 제출해야 새로운 필증을 받을 수 있었습니다. 화장품법 시행규칙 제31조는 이러한 필증의 재발급에 관한 내용입니다.

화장품제조업 등록필증, 화장품책임판매업 등록필증, 맞춤형화장품판매업 신고필증 등 영업자의 필증을 재발급받는 경우를 먼저 알아봅시다. 살다 보면 필증을 잃어버릴수도, 필증이 훼손될 수도 있겠지요. 두 경우 모두 우선 재발급신청서가 필요하고요, 잃어버린 경우 그 사유서(분실사유가 적혀있는 것)를, 훼손된 경우 그 훼손된 필증을 제출하여야 합니다. 필증이 멀쩡한데 훼손되었다면서 재발급 받아 가면 필증이 2개가 되겠지요? 이 중 하나를 다른 사람에게 불법으로 판매하여 등록을 받지도 않았는데도 마치 등록을 받은 것처럼 영업을 하는 경우가 있었습니다. 따라서 필증을 재발급 받을 때는 오염·훼손된 필증은 반드시 지방식약청에 제출하여야 합니다. 만약 필증을 분실하여 분실사유서를 제출하고 새로 재발급받았는데 잃어버린 필증을 찾았다면 바로 이를 해당 발급기관의 장(지방식약청장)에게 반납하여야 합니다.

기능성화장품심사결과통지서 역시 분실 혹은 훼손될 수 있겠지요? 기능성화장품심사결과통지서 재발급 절차도 위의 필증의 절차와 같습니다. 단, 신청 기관이 다릅니다. 필증 재발급 신청은 지방식약청장에게, 기능성화장품심사결과통지서의 재발급 신청은 식품의약품안전평가원장에게 제출하여야 합니다.

영업자의 등록, 신고 등의 확인 또는 증명을 받으려는 자는 확인신청서 또는 증명신청서(외국어의 경우에는 번역문 포함)를 식품의약품안전처장 또는 지방식품의약품안전청장에게 제출하여야 합니다.

화장품법 시행규칙 제32조(수수료)

① 법 제32조에 따른 수수료의 금액은 별표 9와 같다.

② 제1항에 따른 수수료는 현금, 현금의 납입을 증명하는 증표 또는 정보통신망을 이용한 전자화폐나 전자결제 등의 방법으로 내야 한다.

화장품법 제32조에는 "등록·신고·심사 또는 인증을 받거나, 자격시험 응시와 자격증 발급을 신청하고자 하는 자는 총리령으로 정하는 바에 따라 수수료를 납부하여야 한다. 등록·신고·심사 또는 인증받은 사항을 변경하고자 하는 경우에도 또한 같다."라고 밝히고 있습니다. 즉, 이는 우리가 맞춤형화장품조제관리사 자격시험을 보거나, 맞춤형화장품판매업소 신고를 할 때 등에 돈(수수료)을 얼마를 내야 하는지를 정한 조항입니다. 구체적인 수수료는 다음과 같습니다.

수수료(제32조 관련)		
종류	수수료	
	전자민원의 경우	방문·우편 민원 등의 경우
1. 화장품제조업·화장품책임판매업의 등록 또는 맞춤형화장품판매업의 신고	27,000원	30,000원
2. 화장품제조업·화장품책임판매업의 변경등록 또는 맞춤형화장품판매업의 변경신고		
가. 책임판매관리자 또는 맞춤형화장품조제관리사 변경의 경우	없음	없음
나. 가목 외의 변경사항의 경우	9,000원	10,000원
3. 기능성화장품의 심사 의뢰	189,000원	210,000원
4. 기능성화장품의 변경심사		
가. 원료의 규격 중 시험방법 변경, 효능·효과 변경(유효성 또는 기능을 입증하는 자료 제출이 생략되는 경우는 제외한다), 기준 및 시험방법(pH 및 메탄올은 제외) 변경의 경우	51,000원	57,000원
나. 가목 외의 변경사항의 경우	25,000원	28,000원
5. 기능성화장품심사결과통지서 재발급 신청	1,800원	2,000원
6. 원료 사용기준 심사 의뢰		
가. 신규 심사의 경우	500,000원	510,000원
나. 변경 심사의 경우	200,000원	210,000원
7. 등록 또는 신고 사항 등의 외국어 증명 또는 확인 신청(2부 이상의 경우 추가 1부당)	14,000원 (4,000원)	16,000원 (5,000원)
8. 맞춤형화장품조제관리사 자격시험 응시	100,000원	100,000원
9. 맞춤형화장품조제관리사 자격증 발급 또는 재발급	2,000원	2,000원
☑ 비고 : 행정구역개편에 따라 소재지가 변경되는 경우 등 신청인에게 책임이 없는 경우에는 수수료를 면제한다.		

이러한 수수료는 현금, 현금의 납입을 증명하는 증표 또는 정보통신망을 이용한 전자화폐나 전자결제 등의 방법으로 내야 합니다.

28 화장품법 시행규칙 제30조~제32조

Ⅲ. 화장품법 시행규칙(총리령)

간단하고 명료한 화장품법 시행령 체계표[다지기]	
법령	화장품법 시행규칙
조항	제30조~제32조

☐ [화장품법 시행규칙 제30조] 과징금의 징수절차

- 과징금의 징수절차는 「국고금관리법 시행규칙」을 준용함.

- 납입고지서에는 이의제기 방법 및 기간을 함께 적어 넣어야 함.

☐ [화장품법 시행규칙 제31조] 등록필증 등의 재발급

등록필증, 신고필증, 기능성화장품심사결과통지서의 재발급		
재발급 신청 시 제출 서류	**공통** : 재발급 신청서 1. 등록필증, 신고필증, 기능성화장품심사결과통지서가 오염, 훼손 등으로 못쓰게 된 경우 그 등록필증등 2. 등록필증, 신고필증, 기능성화장품심사결과통지서를 잃어버린 경우 그 사유서 ☑ 등록필증, 신고필증, 기능성화장품심사결과통지서를 재발급 받은 후 잃어버린 등록필증, 신고필증, 기능성화장품심사결과통지서를 찾았을 때에는 지체 없이 이를 해당 발급기관의 장에게 반납하여야 함.		
서류 제출처	등록필증, 신고필증 재발급	지방식품의약품안전청장
	기능성화장품심사결과통지서 재발급	식품의약품안전평가원장
	영업자의 등록 또는 신고 등의 확인 또는 증명	
절차	확인신청서 또는 증명신청서(외국어의 경우에는 번역문 포함)를 식품의약품안전처장 또는 지방식품의약품안전청장에게 제출	

□ [화장품법 시행규칙 제32조] 수수료

종류	수수료	
	전자민원의 경우	방문·우편 민원 등의 경우
1. 화장품제조업·화장품책임판매업의 등록 또는 맞춤형화장품판매업의 신고	27,000원	30,000원
2. 화장품제조업·화장품책임판매업의 변경등록 또는 맞춤형화장품판매업의 변경신고		
가. 책임판매관리자 또는 맞춤형화장품조제관리사 변경의 경우	없음	없음
나. 가목 외의 변경사항의 경우	9,000원	10,000원
3. 기능성화장품의 심사 의뢰	189,000원	210,000원
4. 기능성화장품의 변경심사		
가. 원료의 규격 중 시험방법 변경, 효능·효과 변경(유효성 또는 기능을 입증하는 자료 제출이 생략되는 경우는 제외한다), 기준 및 시험방법(pH 및 메탄올은 제외) 변경의 경우	51,000원	57,000원
나. 가목 외의 변경사항의 경우	25,000원	28,000원
5. 기능성화장품심사결과통지서 재발급 신청	1,800원	2,000원
6. 원료 사용기준 심사 의뢰		
가. 신규 심사의 경우	500,000원	510,000원
나. 변경 심사의 경우	200,000원	210,000원
7. 등록 또는 신고 사항 등의 외국어 증명 또는 확인 신청 (2부 이상의 경우 추가 1부당)	14,000원 (4,000원)	16,000원 (5,000원)
8. 맞춤형화장품조제관리사 자격시험 응시	100,000원	100,000원
9. 맞춤형화장품조제관리사 자격증 발급 또는 재발급	2,000원	2,000원

☑ 비고 : 행정구역개편에 따라 소재지가 변경되는 경우 등 신청인에게 책임이 없는 경우에는 수수료를 면제한다. 위의 수수료는 현금, 현금의 납입을 증명하는 증표 또는 정보통신망을 이용한 전자화폐나 전자결제 등의 방법으로 내야 한다.

자, 드디어 기나긴 터널의 끝이로군요! 어떠셨나요? 많이 어려웠죠?

암기할 것도 많고 힘드셨을 것입니다. 법조문이 참 어려워요.

그러나 조제관리사 시험에는 화장품 법령이 80% 이상 출제된답니다. 어렵지만 꼭 넘어야 할 산입니다.

저는 이 백과사전 책을 최소 3번 읽으시기를 추천드립니다.

이 책은 여기가 끝이 아닙니다! [부록]을 꼭, 꼭! 함께 참고해 주세요. 부록에서도 시험문제가 왕창 나옵니다.

지한쌤의 암기비법 역시 부록에서 이어집니다.

모두 여기까지 오시느라 고생 많으셨습니다.

[참고문헌]

- 「화장품법」(시행 2022. 2. 18. 법률 제18448호)
- 「화장품법 시행령」(시행 2023. 12. 12. 대통령령 제33913호)
- 「화장품법 시행규칙」(시행 2023. 6. 22. 총리령 제1887호)
- 「천연화장품 및 유기농화장품의 기준에 관한 규정」(시행 2019. 7. 29. 식품의약품안전처고시 제2019-66호)
- 식품의약품안전처 홈페이지(URL : https : //www.mfds.go.kr/)→정책정보→화장품 정책자료(화장품 정책 개요)
- 「기능성화장품 기준 및 시험방법」(시행 2020. 12. 30. 식품의약품안전처고시 제2020-132호)
- 「기능성화장품 심사에 관한 규정」(시행 2023. 6. 28. 식품의약품안전처고시 제2020-131호)
- 「맞춤형화장품조제관리사 자격시험 운영에 관한 규정」(시행 2022. 2. 28. 식품의약품안전처고시 제2020-78호)
- 「맞춤형화장품판매업자의 준수사항에 관한 규정」(시행 2022. 1. 14. 식품의약품안전처고시 제2020-106호)
- 「소비자화장품안전관리감시원 운영 규정」(시행 2019. 3. 14. 식품의약품안전처고시 제2019-17호)
- 「수입화장품 품질검사 면제에 관한 규정」(시행 2020. 2. 25. 식품의약품안전처고시 제2020-12호)
- 「영유아 또는 어린이 사용 화장품 안전성 자료의 작성·보관에 관한 규정」(시행 2020. 7. 24. 식품의약품안전처고시 제2020-66호)
- 「우수화장품 제조 및 품질관리기준」(시행 2020. 2. 25. 식품의약품안전처고시 제2020-12호)
- 「천연화장품 및 유기농화장품 인증기관 지정 및 인증 등에 관한 규정」(시행 2019. 3. 14. 식품의약품안전처고시 제2019-20호)
- 「화장품 가격표시제 실시요령」(시행 2020. 2. 25. 식품의약품안전처고시 제2020-12호)
- 「화장품 바코드 표시 및 관리요령」(시행 2020. 2. 25. 식품의약품안전처고시 제2020-12호)
- 「화장품 법령·제도 등 교육실시기관 지정 및 교육에 관한 규정」(시행 2022. 1. 14. 식품의약품안전처고시 제2020-12호)
- 「화장품 사용 시의 주의사항 및 알레르기 유발성분 표시에 관한 규정」(시행 2022. 4. 27. 식품의약품안전처고시 제2019-129호)
- 「화장품 안전기준 등에 관한 규정」(시행 2023. 11. 30. 식품의약품안전처고시 제2020-12호)
- 「화장품 안전성 정보관리 규정」(시행 2022. 2. 28. 식품의약품안전처고시 제2020-53호)
- 「화장품 원료 사용기준 지정 및 변경 심사에 관한 규정」(시행 2023. 9. 21. 식품의약품안전처고시 제2020-51호)
- 「화장품의 색소 종류 및 기준」(시행 2023. 9. 21. 식품의약품안전처고시 제2020-133호)
- 「화장품의 생산·수입실적 및 원료목록 보고에 관한 규정」(시행 2022. 4. 27. 식품의약품안전처고시 제2020-12호)
- 「화장품 표시·광고를 위한 인증·보증기관의 신뢰성 인정에 관한 규정」(시행 2020. 2. 25. 식품의약품안전처고시 제2020-12호)
- 「화장품 표시·광고 실증에 관한 규정」(시행 2020. 2. 25. 식품의약품안전처고시 제2020-80호)
- 「어린이보호포장대상공산품의 안전기준」(시행 2017. 8. 29. 국가기술표준원고시 제2017-337호)
- 「제품의 포장재질·포장방법에 관한 기준 등에 관한 규칙(환경부령)」(시행 2020. 7. 1. 환경부령 제846호)
- 「자원의 절약과 재활용촉진에 관한 법률」(시행 2021. 2. 6. 법률 제17847호)
- 「분리배출에 관한 지침(환경부 고시)」(시행 2017. 12. 26. 환경부 고시 제2017-235호)
- 포장재 재질·구조 평가제도의 이해 가이드라인(환경부, 2020.)
- 「화장품 안정성시험 가이드라인」(식품의약품안전처, 2011. 6.)
- 「화장품 위해평가 가이드라인」(식품의약품안전처, 2017. 3.)
- 「맞춤형화장품판매업 가이드라인」(식품의약품안전처, 2020. 5.)
- 식품의약품안전평가원(2011). 화장품 바로 알고 사용하기(엄마용)
- 「우수화장품 제조 및 품질관리기준(CGMP) 해설서(민원인 안내서)」(식품의약품안전처, 2018)
- 「화장품 표시·광고 실증을 위한 시험방법 가이드라인(민원인안내서)」(식품의약품안전처, 2018)
- 「화장품 인체적용시험 및 효력시험 가이드라인」(식품의약품안전평가원, 2015)
- 「화장품 표시·광고 관리 가이드라인」(민원인 안내서)(식품의약품안전처, 20. 12. 24)
- 찾기쉬운 생활법령정보 홈페이지(URL : https : //www.easylaw.go.kr/CSP/Main.laf)→'화장품' 검색
- 「개인정보 보호법」(시행 2020. 8. 5. 법률 제16930호)
- 「개인정보 보호법 시행령」(시행 2021. 2. 5. 법률 제31429호)

부록1

화장품 유형과
사용 시의 주의사항

★★★★★
화장품 유형과 기재하여야 하는 사용 시의 주의사항

부록 I

1. 화장품의 유형(의약외품 제외)

가. 만 3세 이하의 영유아용 제품류

1) 영유아용 샴푸, 린스
2) 영유아용 로션, 크림
3) 영유아용 오일
4) 영유아 인체 세정용 제품
5) 영유아 목욕용 제품

나. 목욕용 제품류

1) 목욕용 오일·정제·캡슐
2) 목욕용 소금류
3) 버블 배스(bubble baths)
4) 그 밖의 목욕용 제품류

다. 인체 세정용 제품류

1) **폼 클렌저**(foam cleanser)
2) **바디 클렌저**(body cleanser)
3) **액체 비누**(liquid soaps) **및 화장 비누(고체 형태의 세안용 비누)**
4) 외음부 세정제
5) 물휴지
✓ 다만, 「식품위생법」 제36조제1항제3호에 따른 식품접객업의 영업소에서 손을 닦는 용도 등으로 사용할 수 있도록 포장된 물티슈와 「장사 등에 관한 법률」 제29조에 따른 장례식장 또는 「의료법」 제3조에 따른 의료기관 등에서 시체(屍體)를 닦는 용도로 사용되는 물휴지는 제외한다.
6) 그 밖의 인체 세정용 제품류

라. 눈 화장용 제품류

1) 아이브로 펜슬(eyebrow pencil)
2) 아이 라이너(eye liner)
3) 아이 섀도(eye shadow)
4) 마스카라(mascara)
5) 아이 메이크업 리무버(eye make-up remover)
6) 그 밖의 눈 화장용 제품류

마. 방향용 제품류

1) 향수
2) 분말향
3) 향낭(香囊)
4) 콜롱(cologne)
5) 그 밖의 방향용 제품류

바. 두발 염색용 제품류

1) 헤어 틴트(hair tints)
2) 헤어 컬러스프레이(hair color sprays)
3) 염모제
4) 탈염·탈색용 제품
5) 그 밖의 두발 염색용 제품류

지한쌤의 EASY한 화장품 법령 백과사전

사. 색조 화장용 제품류

1) 볼연지
2) 페이스 파우더(face powder), 페이스 케이크(face cakes)
3) 리퀴드(liquid)·크림·케이크 파운데이션(foundation)
4) 메이크업 베이스(make-up bases)
5) 메이크업 픽서티브(make-up fixatives)
6) 립스틱, 립라이너(lip liner)
7) **립글로스(lip gloss), 립밤(lip balm)**
8) 바디페인팅(body painting), 페이스페인팅(face painting), 분장용 제품
9) 그 밖의 색조 화장용 제품류

아. 두발용 제품류

1) 헤어 컨디셔너(hair conditioners)
2) 헤어 토닉(hair tonics)
3) 헤어 그루밍 에이드(hair grooming aids)
4) 헤어 크림·로션
5) 헤어 오일
6) 포마드(pomade)
7) 헤어 스프레이·무스·왁스·젤
8) **샴푸, 린스**
9) 퍼머넌트 웨이브(permanent wave)
10) 헤어 스트레이트너(hair straightner)
11) **흑채**
12) 그 밖의 두발용 제품류

자. 손발톱용 제품류

1) 베이스코트(basecoats), 언더코트(under coats)
2) 네일폴리시(nail polish), 네일에나멜(nail enamel)
3) 탑코트(topcoats)
4) 네일 크림·로션·에센스
5) 네일폴리시·네일에나멜 리무버
6) 그 밖의 손발톱용 제품류

차. 면도용 제품류

1) 애프터셰이브 로션(aftershave lotions)
2) 남성용 탤컴(talcum)
3) 프리셰이브 로션(preshave lotions)
4) 셰이빙 크림(shaving cream)
5) 셰이빙 폼(shaving foam)
6) 그 밖의 면도용 제품류

카. 기초화장용 제품류

1) 수렴·유연·영양 화장수(face lotions)
2) 마사지 크림
3) 에센스, 오일
4) 파우더
5) 바디 제품
6) **팩, 마스크**
7) 눈 주위 제품
8) 로션, 크림
9) **손·발의 피부연화 제품**
10) 클렌징 워터, 클렌징 오일, 클렌징 로션, 클렌징 크림 등 메이크업 리무버
11) 그 밖의 기초화장용 제품류

타. 체취 방지용 제품류

1) 데오도런트
2) 그 밖의 체취 방지용 제품류

파. 체모 제거용 제품류

1) 제모제
2) 제모왁스
3) 그 밖의 체모 제거용 제품류

2. 사용 시의 주의사항

1) 공통사항(모든 화장품에 기본적으로 기재하여야 하는 사항)

(1) 화장품 사용 시 또는 사용 후 직사광선에 의하여 사용부위가 붉은 반점, 부어오름 또는 가려움증 등의 이상 증상이나 부작용이 있는 경우 전문의 등과 상담할 것

(2) 상처가 있는 부위 등에는 사용을 자제할 것

(3) 보관 및 취급 시의 주의사항

① 어린이의 손이 닿지 않는 곳에 보관할 것

② 직사광선을 피해서 보관할 것

2) 개별사항(특정 화장품의 경우 기재하여야 따로 추가로 기재 하여야 하는 사항)

(1) 미세한 알갱이가 함유되어 있는 스크러브세안제

알갱이가 눈에 들어갔을 때에는 물로 씻어내고, 이상이 있는 경우에는 전문의와 상담할 것

(2) 팩

눈 주위를 피하여 사용할 것

(3) 두발용, 두발염색용 및 눈 화장용 제품류

눈에 들어갔을 때에는 즉시 씻어낼 것

(4) 모발용 샴푸

① 눈에 들어갔을 때에는 즉시 씻어낼 것

② 사용 후 물로 씻어내지 않으면 탈모 또는 탈색의 원인이 될 수 있으므로 주의할 것

(5) 퍼머넌트 웨이브 제품 및 헤어스트레이트너 제품

① 두피·얼굴·눈·목·손 등에 약액이 묻지 않도록 유의하고, 얼굴 등에 약액이 묻었을 때에는 즉시 물로 씻어낼 것

② 특이체질, 생리 또는 출산 전후이거나 질환이 있는 사람 등은 사용을 피할 것

③ 머리카락의 손상 등을 피하기 위하여 용법·용량을 지켜야 하며, 가능하면 일부에 시험적으로 사용하여 볼 것

④ 섭씨 15도 이하의 어두운 장소에 보존하고, 색이 변하거나 침전된 경우에는 사용하지 말 것

⑤ 개봉한 제품은 7일 이내에 사용할 것(에어로졸 제품이나 사용 중 공기유입이 차단되는 용기에는 표시하지 않음.)

⑥ 제2단계 퍼머액 중 그 주성분이 과산화수소인 제품은 검은 머리카락이 갈색으로 변할 수 있으므로 유의하여 사용할 것

(6) 외음부 세정제

① **정해진 용법과 용량을 잘 지켜** 사용할 것

② **만 3세 이하의 영유아**에게는 사용하지 말 것

③ 임신 중에는 사용하지 않는 것이 바람직하며, 분만 직전의 외음부 주위에는 사용하지 말 것

④ **프로필렌 글리콜**(Propylene glycol)을 함유하고 있으므로 이 성분에 과민하거나 알레르기 병력이 있는 사람은 신중히 사용할 것(프로필렌 글리콜 함유제품에만 표시)

(7) 손·발의 피부연화 제품(요소제제의 핸드크림 및 풋크림)

① **눈, 코 또는 입** 등에 닿지 않도록 주의하여 사용할 것

② **프로필렌 글리콜**(Propylene glycol)을 함유하고 있으므로 이 성분에 과민하거나 알레르기 병력이 있는 사람은 신중히 사용할 것(프로필렌 글리콜 함유제품에만 표시)

(8) 체취 방지용 제품

털을 제거한 직후에는 사용하지 말 것

(9) 고압가스를 사용하는 에어로졸 제품 [무스의 경우 가)부터 라)까지의 사항 제외]

① 같은 부위에 연속해서 3초 이상 분사하지 말 것

② 가능하면 인체에서 **20센티미터 이상** 떨어져서 사용할 것

③ 눈 주위 또는 점막 등에 분사하지 말 것. 다만, **자외선 차단제**의 경우 얼굴에 직접 분사하지 말고 손에 덜어 얼굴에 바를 것

④ **분사가스**는 직접 흡입하지 않도록 주의할 것

⑤ **보관 및 취급상의 주의사항**

ㄱ. 불꽃길이시험에 의한 화염이 인지되지 않는 것으로서 가연성 가스를 사용하지 않는 제품

• 섭씨 40도 이상의 장소 또는 **밀폐된 장소**에 보관하지 말 것

• 사용 후 남은 가스가 없도록 하고 불 속에 버리지 말 것

ㄴ. **가연성 가스를 사용하는 제품**

• **불꽃**을 향하여 사용하지 말 것

• 난로, 풍로 등 화기 부근 또는 화기를 사용하고 있는 실내에서 사용하지 말 것

• 섭씨 **40도 이상**의 장소 또는 **밀폐된 장소**에서 보관하지 말 것

• 밀폐된 실내에서 사용한 후에는 반드시 **환기**를 할 것

• 불 속에 버리지 말 것

(10) 고압가스를 사용하지 않는 분무형 자외선 차단제

얼굴에 직접 분사하지 말고 손에 덜어 얼굴에 바를 것

(11) 알파-하이드록시애시드(α-hydroxyacid, AHA) **함유제품**(0.5퍼센트 이하의 AHA가 함유된 제품은 제외)

  ① 햇빛에 대한 피부의 **감수성**을 증가시킬 수 있으므로 **자외선 차단제**를 함께 사용할 것(씻어내는 제품 및 두발용 제품 제외)

  ② 일부에 시험 사용하여 피부 이상을 확인할 것

  ③ **고농도의 AHA 성분**이 들어 있어 **부작용**이 발생할 우려가 있으므로 전문의 등에게 상담할 것(AHA 성분이 10퍼센트를 초과하여 함유되어 있거나 산도가 3.5 미만인 제품만 표시)

(12) 염모제(산화염모제와 비산화염모제)

  ① 다음 분들은 사용하지 마십시오. 사용 후 피부나 신체가 과민상태로 되거나 피부이상반응(부종, 염증 등)이 일어나거나, 현재의 증상이 악화될 가능성이 있습니다.

  ㄱ. 지금까지 이 제품에 배합되어 있는 '**과황산염**'이 함유된 탈색제로 몸이 부은 경험이 있는 경우, 사용 중 또는 사용 직후에 구역, 구토 등 속이 좋지 않았던 분(이 내용은 '과황산염'이 배합된 염모제에만 표시)

  ㄴ. 지금까지 염모제를 사용할 때 **피부이상반응**(부종, 염증 등)이 있었거나, 염색 중 또는 염색 직후에 발진, 발적, 가려움 등이 있거나 구역, 구토 등 속이 좋지 않았던 경험이 있었던 분

  ㄷ. **피부시험**(패취테스트, patch test)의 결과, 이상이 발생한 경험이 있는 분

  ㄹ. 두피, 얼굴, 목덜미에 부스럼, 상처, 피부병이 있는 분

  ㅁ. 생리 중, 임신 중 또는 임신할 가능성이 있는 분

  ㅂ. 출산 후, 병중, 병후의 회복 중인 분, 그 밖의 신체에 이상이 있는 분

  ㅅ. 특이체질, 신장질환, 혈액질환이 있는 분

  ㅇ. 미열, 권태감, 두근거림, 호흡곤란의 증상이 지속되거나 코피 등의 출혈이 잦고 생리, 그 밖에 출혈이 멈추기 어려운 증상이 있는 분

  ㅈ. 이 제품에 첨가제로 함유된 **프로필렌글리콜**에 의하여 **알레르기**를 일으킬 수 있으므로 이 성분에 과민하거나 알레르기 반응을 보였던 적이 있는 분은 사용 전에 의사 또는 약사와 상의하여 주십시오(프로필렌글리콜 함유 제제에만 표시)

  ② **염모제 사용 전의 주의**

  ㄱ. 염색 전 2일전(48시간 전)에는 다음의 순서에 따라 **매회 반드시 패취테스트**(patch test)를 **실시**하여 주십시오. 패취테스트는 염모제에 부작용이 있는 체질인지 아닌지를 조사하는 테스트입니다. 과거에 아무 이상이 없이 염색한 경우에도 체질의 변화에 따라 알레르기 등 부작용이 발생할 수 있으므로 매회 반드시 실시하여 주십시오(패취테스트의 순서 ① ~ ④를 그림 등을 사용하여 알기 쉽게 표시하며, 필요 시 사용 상의 주의사항에 "별첨"으로 첨부할 수 있음).

    • 먼저 팔의 안쪽 또는 귀 뒤쪽 머리카락이 난 주변의 피부를 **비눗물**로 잘 씻고 탈지면으로 가볍게 닦습니다.

    • 다음에 이 제품 소량을 취해 정해진 용법대로 혼합하여 실험액을 준비합니다.

    • 실험액을 앞서 세척한 부위에 **동전 크기**로 바르고 **자연건조시킨** 후 그대로 **48시간 방치**합니다(시간을 잘 지킵니다).

- 테스트 부위의 관찰은 테스트액을 바른 후 **30분** 그리고 **48시간 후** 총 **2회**를 반드시 행하여 주십시오. 그때 도포 부위에 발진, 발적, 가려움, 수포, 자극 등의 피부 등의 이상이 있는 경우에는 손 등으로 만지지 말고 바로 씻어내고 염모는 하지 말아 주십시오. 테스트 도중, 48시간 이전이라도 위와 같은 피부이상을 느낀 경우에는 바로 테스트를 중지하고 테스트액을 씻어내고 염모는 하지 말아 주십시오.
- 48시간 이내에 이상이 발생하지 않는다면 **바로 염모**하여 주십시오.

ㄴ. 눈썹, 속눈썹 등은 위험하므로 사용하지 마십시오. 염모액이 **눈**에 들어갈 염려가 있습니다. 그 밖에 두발 이외에는 염색하지 말아 주십시오.

ㄷ. 면도 직후에는 염색하지 말아 주십시오.

ㄹ. 염모 **전후 1주간은** 파마·웨이브(퍼머넨트웨이브)를 하지 말아 주십시오.

③ **염모 시의 주의**

ㄱ. 염모액 또는 머리를 감는 동안 그 액이 눈에 들어가지 않도록 하여 주십시오. **눈**에 들어가면 심한 통증을 발생시키거나 경우에 따라서 눈에 손상(각막의 염증)을 입을 수 있습니다. 만일, 눈에 들어갔을 때는 절대로 손으로 비비지 말고 바로 물 또는 미지근한 물로 15분 이상 잘 씻어 주시고 곧바로 안과 전문의의 진찰을 받으십시오. 임의로 안약 등을 사용하지 마십시오.

ㄴ. 염색 중에는 목욕을 하거나 염색 전에 머리를 적시거나 감지 말아 주십시오. 땀이나 물방울 등을 통해 염모액이 눈에 들어갈 염려가 있습니다.

ㄷ. 염모 중에 발진, 발적, 부어오름, 가려움, 강한 자극감 등의 피부이상이나 구역, 구토 등의 이상을 느꼈을 때는 즉시 염색을 중지하고 염모액을 잘 씻어내 주십시오. 그대로 방치하면 증상이 악화될 수 있습니다.

ㄹ. 염모액이 피부에 묻었을 때는 곧바로 물 등으로 씻어내 주십시오. 손가락이나 손톱을 보호하기 위하여 장갑을 끼고 염색하여 주십시오.

ㅁ. **환기**가 잘 되는 곳에서 염모하여 주십시오.

④ **염모 후의 주의**

ㄱ. 머리, 얼굴, 목덜미 등에 발진, 발적, 가려움, 수포, 자극 등 피부의 이상반응이 발생한 경우, 그 부위를 손으로 긁거나 문지르지 말고 바로 피부과 전문의의 진찰을 받으십시오. 임의로 의약품 등을 사용하는 것은 삼가 주십시오.

ㄴ. 염모 중 또는 염모 후에 속이 안 좋아지는 등 신체 이상을 느끼는 분은 의사에게 상담하십시오.

⑤ **보관 및 취급상의 주의**

ㄱ. 혼합한 염모액을 **밀폐**된 용기에 보존하지 말아 주십시오. 혼합한 액으로부터 발생하는 가스의 압력으로 용기가 파손될 염려가 있어 위험합니다. 또한 혼합한 염모액이 위로 튀어 오르거나 주변을 오염시키고 지워지지 않게 됩니다. 혼합한 액의 잔액은 효과가 없으므로 잔액은 반드시 바로 버려 주십시오.

ㄴ. 용기를 버릴 때는 반드시 뚜껑을 열어서 버려 주십시오.

ㄷ. 사용 후 혼합하지 않은 액은 **직사광선**을 피하고 공기와 접촉을 피하여 서늘한 곳에 보관하여 주십시오.

[13] <u>탈염·탈색제</u>

① 다음 분들은 사용하지 마십시오. 사용 후 피부나 신체가 과민상태로 되거나 피부이상반응을 보이거나, 현재의 증상이 악화될 가능성이 있습니다.

ㄱ. 두피, 얼굴, 목덜미에 부스럼, 상처, 피부병이 있는 분

ㄴ. 생리 중, 임신 중 또는 임신할 가능성이 있는 분

ㄷ. 출산 후, 병중이거나 또는 회복 중에 있는 분, 그 밖에 신체에 이상이 있는 분

② 다음 분들은 신중히 사용하십시오.

ㄱ. 특이체질, 신장질환, 혈액질환 등의 병력이 있는 분은 피부과 전문의와 상의하여 사용하십시오.

ㄴ. 이 제품에 첨가제로 함유된 **프로필렌글리콜**에 의하여 알레르기를 일으킬 수 있으므로 이 성분에 과민하나 알레르기 반응을 보였던 적이 있는 분은 사용 전에 의사 또는 약사와 상의하여 주십시오.

③ **사용 전의 주의**

ㄱ. 눈썹, 속눈썹에는 위험하므로 사용하지 마십시오. 제품이 눈에 들어갈 염려가 있습니다. 또한, 두발 이외의 부분(손발의 털 등)에는 사용하지 말아 주십시오. 피부에 **부작용**(피부이상반응, 염증 등)이 나타날 수 있습니다.

ㄴ. **면도** 직후에는 사용하지 말아 주십시오.

ㄷ. 사용을 전후하여 **1주일 사이**에는 **퍼머넌트웨이브 제품 및 헤어스트레이트너 제품**을 사용하지 말아 주십시오.

④ **사용 시의 주의**

ㄱ. 제품 또는 머리 감는 동안 제품이 **눈**에 들어가지 않도록 하여 주십시오. 만일 눈에 들어갔을 때는 절대로 손으로 비비지 말고 바로 물이나 **미지근한 물로 15분 이상** 씻어 흘려 내시고 곧바로 안과 전문의의 진찰을 받으십시오. 임의로 안약을 사용하는 것은 삼가 주십시오.

ㄴ. 사용 중에 <u>목욕을 하거나 사용 전에 머리를 적시거나 감지 말아 주십시오.</u> 땀이나 물방울 등을 통해 제품이 눈에 들어갈 염려가 있습니다.

ㄷ. 사용 중에 발진, 발적, 부어오름, 가려움, 강한 자극감 등 피부의 이상을 느끼면 즉시 사용을 중지하고 잘 씻어내 주십시오.

ㄹ. 제품이 피부에 묻었을 때는 곧바로 물 등으로 씻어내 주십시오. 손가락이나 손톱을 보호하기 위하여 <u>장갑을 끼고 사용하십시오.</u>

ㅁ. **환기가 잘 되는 곳에서 사용하여 주십시오.**

⑤ **사용 후 주의**

ㄱ. 두피, 얼굴, 목덜미 등에 발진, 발적, 가려움, 수포, 자극 등 피부이상반응이 발생한 때에는 그 부위를 손 등으로 긁거나 문지르지 말고 바로 피부과 전문의의 진찰을 받아 주십시오. 임의로 의약품 등을 사용하는 것은 삼가 주십시오.

ㄴ. 사용 중 또는 사용 후에 구역, 구토 등 신체에 이상을 느끼시는 분은 의사에게 상담하십시오.

⑥ 보관 및 취급상의 주의

ㄱ. 혼합한 제품을 **밀폐된 용기**에 보존하지 말아 주십시오. 혼합한 제품으로부터 발생하는 가스의 압력으로 용기가 파열될 염려가 있어 위험합니다. 또한, 혼합한 제품이 위로 튀어 오르거나 주변을 오염시키고 지워지지 않게 됩니다. 혼합한 제품의 잔액은 효과가 없으므로 반드시 바로 버려 주십시오.

ㄴ. 용기를 버릴 때는 뚜껑을 열어서 버려 주십시오.

[14] 제모제(치오글라이콜릭애씨드 함유 제품에만 표시함)

① 다음과 같은 사람(부위)에는 사용하지 마십시오.

ㄱ. 생리 전후, 산전, 산후, 병후의 환자

ㄴ. 얼굴, 상처, 부스럼, 습진, 짓무름, 기타의 염증, 반점 또는 자극이 있는 피부

ㄷ. 유사 제품에 부작용이 나타난 적이 있는 피부

ㄹ. 약한 피부 또는 남성의 수염부위

② 이 제품을 사용하는 동안 다음의 약이나 화장품을 사용하지 마십시오.

땀발생억제제(Antiperspirant), **향수**, **수렴로션**(Astringent Lotion)은 이 제품 사용 후 **24시간** 후에 사용하십시오.

③ 부종, 홍반, 가려움, 피부염(발진, 알레르기), 광과민반응, 중증의 화상 및 수포 등의 증상이 나타날 수 있으므로 이러한 경우 이 제품의 사용을 즉각 중지하고 의사 또는 약사와 상의하십시오.

④ 그 밖의 사용 시 주의사항

ㄱ. 사용 중 따가운 느낌, 불쾌감, 자극이 발생할 경우 즉시 닦아내어 제거하고 **찬물**로 씻으며, 불쾌감이나 자극이 지속될 경우 의사 또는 약사와 상의하십시오.

ㄴ. 자극감이 나타날 수 있으므로 매일 사용하지 마십시오.

ㄷ. 이 제품의 사용 전후에 비누류를 사용하면 자극감이 나타날 수 있으므로 주의하십시오.

ㄹ. 이 제품은 **외용**으로만 사용하십시오.

ㅁ. 눈에 들어가지 않도록 하며 눈 또는 점막에 닿았을 경우 **미지근한 물로 씻어내고 붕산수(농도 약 2%)로** 헹구어 내십시오.

ㅂ. 이 제품을 10분 이상 피부에 방치하거나 피부에서 건조시키지 마십시오.

ㅅ. 제모에 필요한 시간은 모질(毛質)에 따라 차이가 있을 수 있으므로 정해진 시간 내에 모가 깨끗이 제거되지 않은 경우 2 ~ 3일의 간격을 두고 사용하십시오.

★★★★★
[15] 그 밖에 화장품의 안전정보와 관련하여 기재·표시하도록 식품의약품안전처장이 정하여 고시하는 다음과 같은 사용 시의 주의사항

대상 제품	표시 문구
과산화수소 및 과산화수소 생성물질 함유 제품	눈에 접촉을 피하고 눈에 들어갔을 때는 즉시 씻어낼 것
벤잘코늄클로라이드, 벤잘코늄브로마이드 및 벤잘코늄사카리네이트 함유 제품	눈에 접촉을 피하고 눈에 들어갔을 때는 즉시 씻어낼 것
스테아린산아연 함유 제품 (기초화장용 제품류 중 파우더 제품에 한함)	사용 시 흡입되지 않도록 주의할 것
살리실릭애씨드 및 그 염류 함유 제품 (샴푸 등 사용 후 바로 씻어내는 제품 제외)	만 3세 이하 영유아 및 만 13세 이하 어린이에게는 사용하지 말 것
실버나이트레이트 함유 제품	눈에 접촉을 피하고 눈에 들어갔을 때는 즉시 씻어낼 것
아이오도프로피닐부틸카바메이트(IPBC) 함유 제품 (목욕용제품, 샴푸류 및 바디클렌저 제외)	만 3세 이하 영유아 및 만 13세 이하 어린이에게는 사용하지 말 것
알루미늄 및 그 염류 함유 제품 (체취방지용 제품류에 한함)	신장 질환이 있는 사람은 사용 전에 의사, 약사, 한의사와 상의할 것
알부틴 2% 이상 함유 제품	알부틴은 「인체적용시험자료」에서 구진과 경미한 가려움이 보고된 예가 있음
카민 함유 제품	카민 성분에 과민하거나 알레르기가 있는 사람은 신중히 사용할 것
코치닐추출물 함유 제품	코치닐추출물 성분에 과민하거나 알레르기가 있는 사람은 신중히 사용할 것
포름알데하이드 0.05% 이상 검출된 제품	포름알데하이드 성분에 과민한 사람은 신중히 사용할 것
폴리에톡실레이티드레틴아마이드 0.2% 이상 함유 제품	폴리에톡실레이티드레틴아마이드는 「인체적용시험자료」에서 경미한 발적, 피부건조, 화끈감, 가려움, 구진이 보고된 예가 있음
부틸파라벤, 프로필파라벤, 이소부틸파라벤 또는 이소프로필파라벤 함유 제품 (영·유아용 제품류 및 기초화장용 제품류 (만 3세 이하 어린이가 사용하는 제품) 중 사용 후 씻어내지 않는 제품에 한함)	만 3세 이하 영유아의 기저귀가 닿는 부위에는 사용하지 말 것

memo

화장품 표시광고 관리
가이드라인

부록2 화장품 표시광고 관리 가이드라인

이 가이드라인은 4회 시험에 다 출제된 내용입니다.

1. 목적

이 가이드라인은 화장품법 제13조, 제14조 및 같은 법 시행규칙 제22조, 제23조, 별표 5와 관련하여, 화장품의 용기·포장 또는 첨부문서의 표시 또는 광고에 사용되는 금지표현의 예시와 화장품 표시·광고 실증자료 요청에 관한 주요 대상을 정함으로써 소비자를 허위·과장광고로부터 보호하고 화장품제조업자·화장품책임판매업자·맞춤형화장품판매업자 및 판매자가 화장품의 표시·광고를 적정하게 할 수 있도록 유도함을 목적으로 한다.

2. 적용 범위 및 기준

1) 적용범위

① 이 가이드라인은 화장품제조업자·화장품책임판매업자·맞춤형화장품판매업자 및 판매자(이하 '책임판매업자 등'이라 한다)가 화장품의 용기·포장 또는 첨부문서에 표시(이하 '표시'라 한다) 또는 광고에 사용하는 모든 표현에 적용한다.

② 이 가이드라인은 화장품 관련 법규의 범위 내에서 적용한다.

2) 표시·광고 표현범위

책임판매업자 등이 화장품 표시 또는 광고를 할 때 금지표현 등 세부사항의 예시는 별표 1과 같다.

3) 표시·광고 실증의 주요대상

사실과 다르게 소비자를 속이거나 소비자가 잘못 인식하게 할 우려가 있어서 식품의약품안전처장이 실증이 필요하다고 인정하는 표시·광고로서 별표 2에 해당하는 경우에는 실증자료 요청의 주요 대상으로 한다. 아울러 실증대상은 사실과 관련한 사항들 모두 해당할 수 있으며, 별표 2에 국한되지 않는다.

3. 주의사항

① 화장품책임판매업자의 위탁을 받은 제조업자는 수입화장품의 외국어로 표현된 표시 또는 광고에 대하여 이 가이드라인에 적합하도록 하기 위 하여 수정, 삭제, 오버레이블링(over-labelling) 등의 적절한 방법을 사용 할 수 있다. 이 경우 유통과정에서 스티커 등이 훼손되거나 떨어지지 않도록 하여야한다.

② 이 가이드라인은 화장품 표시·광고의 금지표현과 실증자료 요청 대상에 대한 이해를 돕기 위해 제공되는 예시규정이며, 이 가이드라인에서 규정하지 아니한 사항에 대해서는 화장품법령에 따라 적합여부를 판단한다.

③ 책임판매업자 등은 표시 및 광고를 실증하기 위하여 인체적용시험(invivo) 또는 생체 외 시험(in vitro 등)을 실시하는 경우에는 「화장품표시·광고 실증에 관한규정」(식품의약품안전처고시)에서 정하는 바에 따라야 한다.

④ 사용금지 표현에 해당하는 단어와 동일/유사한 의미의 영어 등 외국어로 표현하는 경우에도 일반적인 소비자가 받아들이는 전체적인 광고의 인상을 고려하여 금지표현의 범주로 판단할 수 있다.

⑤ 이 가이드라인에서 정하지 않은 사항에 대하여는 이 가이드라인 외에 식품의약품안전처장이 화장품과 관련하여 별도로 공지한 표시·광고에 관한 가이드라인을 적용한다.

⑥ 이 가이드라인 외의 광고 표현의 경우에도 화장품법령, 고시 및 가이드라인 등을 바탕으로 판단하되, 단어만으로 판단이 곤란한 경우에는 일반적인 소비자가 받아들이는 전체적인 광고의 인상을 고려하여 금지 표현의 범주로 판단할 수 있다.

[별표 1]

화장품 표시·광고의 표현 범위 및기준

□ 화장품법 제13조 제1항 제1호 관련

구분	금지표현	비고
질병을 진단·치료·경감·처치 또는 예방, 의학적 효능·효과 관련	• 아토피 • 모낭충 • 심신피로회복 • 건선 • 노인소양증 • 살균소독 • 항염진통 • 해독 • 이뇨 • 항암	

구분	금지표현	비고
질병을 진단·치료·경감·처치 또는 예방, 의학적 효능·효과 관련	• 항진균, 항바이러스 • 근육이완 • 통증경감 • 면역강화, 항알레르기 • 찰과상, 화상치료·회복 • 관절, 림프선 등 피부 이외 신체 특정부위에 사용하여 의학적 효능, 효과 표방 • 기저귀발진	
	• 여드름	단, 기능성화장품의 심사(보고)된 '효능효과' 표현 또는 [별표2] 1.에 해당하는 표현은 제외
질병을 진단·치료·경감·처치 또는 예방, 의학적 효능·효과 관련	• 기미, 주근깨(과색소침착증)	단, [별표2] 1.에 해당하는 표현은 제외
	• 항균	단, [별표2] 1.에 해당하는표현은 제외하되, 이 경우에도 액체 비누에 대해 트리클로산 또는 트리클로카반 함유로 인해 항균효과가 '더 뛰어나다', '더 좋다' 등의 비교 표시·광고는 금지
피부 관련 표현	• 임신선, 튼살	단, 기능성화장품의 심사(보고)된 '효능효과' 표현은 제외
	• 피부독소를 제거한다(디톡스, detox). • 상처로 인한 반흔을 제거 또는 완화한다.	
	• 가려움을 완화한다.	단, 보습을 통해 피부 건조에 기인한 가려움의 일시적 완화에 도움을 준다는 표현은 제외
	• ○○○의 흔적을 없애준다(예 : 여드름, 흉터의 흔적을 제거).	단, (색조 화장용 제품류 등으로서) '가려준다'는 표현은 제외
	• 홍조, 홍반을 개선·제거한다.	
	• 뽀루지를 개선한다.	
피부 관련 표현	• 피부의 상처나 질병으로 인한 손상을 치료하거나 회복 또는 복구한다.	일부 단어만 사용하는 경우도 포함. 단, [별표2] 1.에 해당하는 표현은 제외
	• 피부노화 • 셀룰라이트 • 부기 및 다크서클 • 피부구성물질(예 : 효소, 콜라겐 등)을 증가, 감소 또는 활성화시킨다.	단, [별표2] 1.에 해당하는 표현은 제외

구분	금지표현	비고
모발 관련 표현	• 발모·육모·양모 • 탈모방지, 탈모치료 • 모발 등의 성장을 촉진 또는 억제한다. • 모발의 두께를 증가시킨다. • 속눈썹, 눈썹이 자란다.	단, 기능성화장품의 심사(보고)된 '효능효과' 표현은 제외
생리활성 관련	• 혈액순환 • 피부재생, 세포재생 • 호르몬 분비 촉진 등 내분비 작용 • 유익균의 균형보호 • 질내산도 유지, 질염예방 • 땀발생을 억제한다. • 세포성장을 촉진한다. • 세포활력(증가), 세포 또는 유전자(DNA) 활성화	
신체개선 표현	• 다이어트, 체중감량 • 피하지방 분해 • 체형변화 • 몸매개선, 신체 일부를 날씬하게 한다. • 가슴에 탄력을 주거나 확대시킨다. • 얼굴 크기가 작아진다.	
	• 얼굴 윤곽개선, V라인	단, (색조 화장용 제품류 등으로서) '연출한다'는 의미의 표현을 함께 나타내는 경우 제외
원료 관련 표현	• 원료 관련 설명시 의약품 오인 우려 표현 사용(논문 등을 통한 간접적으로 의약품오인 정보제공을 포함)	
기타	• 메디슨(medicine), 드럭(drug), 코스메슈티컬 등을 사용한 의약품 오인 우려 표현	4회 시험에 '코스메슈티컬' 출제(금지 표현을 고르는 문제 중 일부)

□ 화장품법 제13조 제1항 제2호, 제3호 관련

구분	금지표현	비고
기능성 관련 표현	• 기능성화장품심사(보고)하지 아니한 제품에 미백, 화이트닝 (whitening), 주름(링클, wrinkle) 개선, 자외선(UV)차단 등 기능성 관련 표현 • 기능성화장품 심사(보고) 결과와 다른 내용의 표시·광고 또는 기능성화장품 안전성·유효성에 관한 심사를 받은 범위를 벗어나는 표시·광고	
원료 관련 표현	• 기능성화장품으로 심사(보고)하지 아니한 제품에 '식약처 미백 고시성분 ○○ 함유' 등의 표현 • 기능성 효능·효과 성분이 아닌 다른 성분으로 기능성을 표방하는 표현 • 원료 관련 설명시 기능성 오인 우려 표현 사용(주름개선 효과가 있는 ○○ 원료) • 원료 관련 설명시 완제품에 대한 효능·효과로 오인될 수 있는 표현	
천연·유기농 화장품관련	• 식품의약품안전처장이 정한 천연화장품, 유기농화장품 기준에 적합하지 않은 제품에 '천연(Natural) 화장품', '유기농(organic) 화장품' 관련 표현	단, 제품에 천연, 유기농 표현을 사용하려면 「천연화장품 및 유기농화장품의 기준에 관한 규정」(식약처 고시)에 적합 필요(이 경우 적합함을 입증하는 자료 구비 의무)

□ 화장품법 제13조 제1항 제4호 관련

구분	금지표현	비고
특정인 또는 기관의 지정, 공인 관련	• ○○아토피협회 인증화장품 • ○○의료기관의 첨단기술의 정수가 탄생시킨 화장품 • ○○대학교 출신 의사가 공동개발한 화장품 • ○○의사가 개발한 화장품 • ○○병원에서 추천하는 안전한 화장품	
화장품의 범위를 벗어나는 광고	• 배합금지 원료를 사용하지 않았다는 표현(무첨가, free 포함)(예 : 無(무) 스테로이드, 無(무) 벤조피렌 등) • 부작용이 전혀 없다. • 먹을 수 있다. • 일시적 악화(명현현상)가 있을 수 있다. • 지방볼륨생성	

구분	금지표현	비고
화장품의 범위를 벗어나는 광고	• 보톡스 • 레이저, 카복시 등 시술 관련 표현	
	• 체내 노폐물 제거	단, 피부·모공 노폐물 제거 관련 표현 제외
	• 필러(filler)	단, (색조 화장용 제품류 등으로서) '채워준다', '연출한다'는 의미의 표현을 함께 나타내는 경우 제외
줄기세포 관련 표현	• 특정인의 '인체 세포·조직 배양액' 기원 표현 • 줄기세포가 들어있는 것으로 오인할 수 있는 표현(다만, 식물줄기세포 함유 화장품의 경우에는 제외) 예 : 줄기세포 화장품, stem cell, ○억 세포 등	• 「화장품 안전기준 등에 관한 규정」[별표 3]에 적합한 원료를 사용한 경우에만 불특정인의 '인체 세포·조직 배양액' 표현 가능
저속하거나 혐오감을 줄 수 있는 표현	• 성생활에 도움을 줄 수 있음을 암시하는 표현 -여성크림, 성윤활 작용 -쾌감을 증대시킨다. -질 보습, 질 수축 작용 • 저속하거나 혐오감을 주는 표시 및 광고 -성기 사진 등의 여과 없는 게시 -남녀의 성행위를 묘사하는 표시 또는 광고	
그 밖의 기타 표현	• 동 제품은 식품의약품안전처 허가, 인증을 받은 제품임	단, 기능성화장품으로 심사(보고) 관련 표현, 천연·유기농화장품 인증 표현 제외
	• 원료 관련 설명시 완제품에 대한 효능·효과로 오인될 수 있는 표현	

[별표 2]

화장품 표시·광고 주요 실증대상

구분	실증 대상	비고
1. 「화장품표시·광고 실증에 관한 규정」(식약 처 고시) 별표 등에 따른 표현	• 여드름성 피부에 사용에 적합 • 항균(인체세정용 제품에 한함) • 일시적 셀룰라이트 감소 • 부기 완화 • 다크서클 완화 • 피부 혈행 개선 • 피부장벽 손상의 개선에 도움 • 피부 피지분비 조절 • 미세먼지 차단, 미세먼지 흡착 방지	• 인체적용 시험자료로 입증
	• 모발의 손상을 개선한다.	• 인체적용시험자료, 인체외 시험자료로 입증
	• 피부노화완화, 안티에이징, 피부노화 징후 감소	• 인체적용시험 자료, 인체외 시험 자료로 입증. 다만, 자외선차단 주름개선 등 기능성 효능효과를 통한 피부노화 완화 표현의 경우 기능성화장품 심사(보고) 자료를 근거자료로 활용 가능
	• 콜라겐 증가, 감소 또는 활성화 • 효소 증가, 감소 또는 활성화	• 주름 완화 또는 개선 기능성화장품으로서 이미 심사 받은 자료에 포함되어 있거나 해당 기능을 별도로 실증한 자료로 입증
	• 기미, 주근깨 완화에 도움	• 미백 기능성화장품 심사(보고) 자료로 입증
	• 빠지는 모발을 감소시킨다.	• 탈모 증상 완화에 도움을 주는 기능성화장품으로서 이미 심사받은 자료에 근거가 포함되어 있거나 해당 기능을 별도로 실증한 자료로 입증

구분	실증 대상	비고
2. 효능·효과·품질에 관한 내용	• 화장품의 효능·효과에 관한 내용(예:수분감 30% 개선효과 피부결 20% 개선 • 2주 경과 후 피부톤 개선	• 인체적용시험 자료 또는 인체외 시험자료로 입증
	• 시험·검사와 관련된 표현(예시:피부과 테스트 완료, ○○ 시험검사기관의 ○○ 효과 입증)	• 인체적용시험 자료 또는 인체외 시험자료로 입증
	• 제품에 특정 성분이 들어있지 않다는 '무(無) ○○'표현[1]	• 시험분석자료로 입증 • 단, 특정 성분이 타물질로의 변환 가능성이 없으면서 시험으로 해당 성분 함유 여부에 대한 입증이 불가능한 특별한 사정이 있는 경우에는 예외적으로 제조관리기록서나 원료시험성적서 등 활용
	• 타제품과 비교하는 내용의 표시·광고(예시:"○○보다 지속력이 5배 높음")	• 인체적용시험 자료 또는 인체외 시험자료로 입증

1) 금지표현(배합금지 원료를 사용하지 않았다는 표현)을 제외한 경우에 한함

✓ 본 가이드라인은 2020년 12월 기준으로 작성되었으며, 관련 규정은 지속적으로 제정·개정될 수 있으므로 반드시 최신의 규정을 확인하시기 바랍니다.

부록3

사용할 수 없는 원료
(화장품 안전기준 등에 관한 규정)

사용할 수 없는 원료 목록
(화장품 안전기준 등에 관한 규정)

부록3

★★★★

원료명	CAS No.	화학 물질명
갈라민트리에치오다이드	65-29-2	
갈란타민	357-70-0	
중추신경계에 작용하는 교감신경흥분성아민	300-62-9	
구아네티딘 및 그 염류	55-65-2	구아네티딘
	76487-49-5	구아네티딘 하이드로클로라이드
	645-43-2	구아네티딘 설페이트
구아이페네신	93-14-1	
글루코코르티코이드	-	
글루테티미드 및 그 염류	77-21-4	글루테티미드
글리사이클아미드	664-95-9	
금염	-	
무기 나이트라이트(소듐나이트라이트 제외)	14797-65-0	나이트라이트
나파졸린 및 그 염류	835-31-4	나파졸린
	550-99-2	나파졸린 하이드로클로라이드
나프탈렌	91-20-3	
1,7-나프탈렌디올	575-38-2	
2,3-나프탈렌디올	92-44-4	

원료명	CAS No.	화학 물질명
2,7-나프탈렌디올 및 그 염류(다만, 2,7-나프탈렌디올은 염모제에서 용법·용량에 따른 혼합물의 염모성분으로서 1.0 % 이하 제외)	582-17-2	2,7-나프탈렌디올
2-나프톨	135-19-3	
1-나프톨 및 그 염류(다만, 1-나프톨은 산화염모제에서 용법·용량에 따른 혼합물의 염모성분으로서 2.0 % 이하는 제외)	90-15-3	1-나프톨
3-(1-나프틸)-4-히드록시코우마린	39923-41-6	
1-(1-나프틸메칠)퀴놀리늄클로라이드	65322-65-8	
N-2-나프틸아닐린	135-88-6	
1,2-나프틸아민 및 그 염류	134-32-7	1-나프틸아민
	91-59-8	2-나프틸아민
날로르핀, 그 염류 및 에텔	62-67-9	날로르핀
	57-29-4	날로르핀 하이드로클로라이드
	1041-90-3	날로르핀 하이드로브로마이드
납 및 그 화합물	7439-92-1	납
	301-04-2/ 15347-57-6	아세트산납

원료명	CAS No.	화학 물질명
네오디뮴 및 그 염류	7440-00-8	네오디뮴
	10024-93-8	네오디뮴 클로라이드
	13709-42-7	네오디뮴 플루오라이드
	13536-80-6	네오디뮴 브로마이드
네오스티그민 및 그 염류(예 : 네오스티그민 브로마이드)	59-99-4	네오스티그민
	114-80-7	네오스티그민 브로마이드
	1212-37-9	네오스티그민 아이오다이드
노나데카플루오로데카노익애씨드	335-76-2	
노닐페놀[1] ; 4-노닐페놀, 가지형[2]	25154-52-3	노닐페놀
	84852-15-3	4-노닐페놀, 가지형
노르아드레날린 및 그 염류	51-41-2	노르아드레날린
	329-56-6	노르아드레날린 하이드로클로라이드
노스카핀 및 그 염류	128-62-1	노스카핀
	912-60-7	노스카핀 하이드로클로라이드
니그로신 스피릿 솔루블(솔벤트 블랙 5) 및 그 염류	11099-03-9	니그로신 스피릿 솔루블(솔벤트 블랙 5)
니켈	7440-02-0	
니켈 디하이드록사이드	12054-48-7	
니켈 디옥사이드	12035-36-8	
니켈 모노옥사이드	1313-99-1	
니켈 설파이드	16812-54-7 / 11113-75-0 / 1314-04-1	

원료명	CAS No.	화학 물질명
니켈 설페이트	7786-81-4	
니켈 카보네이트	3333-67-3	
니켈(II)트리플루오로아세테이트	16083-14-0	
니코틴 및 그 염류	54-11-5	니코틴
2-니트로나프탈렌	581-89-5	
니트로메탄	75-52-5	
니트로벤젠	98-95-3	
4-니트로비페닐	92-93-3	
4-니트로소페놀	104-91-6	
3-니트로-4-아미노페녹시에탄올 및 그 염류	50982-74-6	3-니트로-4-아미노페녹시에탄올
니트로스아민류(예 : 2,2'-(니트로소이미노)비스에탄올, 니트로소디프로필아민, 디메칠니트로소아민)	1116-54-7	2,2'-(니트로소이미노)비스에탄올
	621-64-7	니트로소디프로필아민
	62-75-9	디메칠니트로소아민
니트로스틸벤, 그 동족체 및 유도체	4003-94-5	4-니트로스틸벤
2-니트로아니솔	91-23-6	
5-니트로아세나프텐	602-87-9	
니트로크레졸 및 그 알칼리 금속염	12167-20-3	니트로크레졸
2-니트로톨루엔	88-72-2	
5-니트로-o-톨루이딘 및 5-니트로-o-톨루이딘 하이드로클로라이드	99-55-8	5-니트로-o-톨루이딘
	51085-52-0	5-니트로-o-톨루이딘 하이드로클로라이드
6-니트로-o-톨루이딘	570-24-1	

원료명	CAS No.	화학 물질명
3-[(2-니트로-4-(트리플루오로메칠)페닐)아미노]프로판-1,2-디올(에이치시 황색 No. 6) 및 그 염류	104333-00-8	3-[(2-니트로-4-(트리플루오로메칠)페닐)아미노]프로판-1,2-디올(에이치시 황색 No. 6)
4-[(4-니트로페닐)아조]아닐린(디스퍼스오렌지 3) 및 그 염류	730-40-5	4-[(4-니트로페닐)아조]아닐린(디스퍼스오렌지 3)
2-니트로-p-페닐렌디아민 및 그 염류(예 : 니트로-p-페닐렌디아민 설페이트)	5307-14-2	2-니트로-p-페닐렌디아민
	18266-52-9	2-니트로-p-페닐렌디아민 디하이드로클로라이드
	68239-83-8	2-니트로-p-페닐렌디아민 설페이트
4-니트로-m-페닐렌디아민 및 그 염류(예 : p-니트로-m-페닐렌디아민 설페이트)	5131-58-8	p-니트로-m-페닐렌디아민
	200295-57-4	p-니트로-m-페닐렌디아민 설페이트
니트로펜	1836-75-5	
니트로퓨란계 화합물 (예 : 니트로푸란토인, 푸라졸리돈)	67-20-9	니트로푸란토인
	67-45-8	푸라졸리돈
2-니트로프로판	79-46-9	
6-니트로-2,5-피리딘디아민 및 그 염류	69825-83-8	6-니트로-2,5-피리딘디아민

원료명	CAS No.	화학 물질명
2-니트로-N-하이드록시에칠-p-아니시딘 및 그 염류	57524-53-5	2-니트로-N-하이드록시에칠-p-아니시딘
니트록솔린 및 그 염류	4008-48-4	니트록솔린
다미노지드	1596-84-5	
다이노캡(ISO)	39300-45-3	
다이우론	330-54-1	
다투라(Datura)속 및 그 생약제제	84696-08-2	Datura stramonium, ext.
	8063-18-1	Datura stramonium powder
데카메칠렌비스(트리메칠암모늄)염(예 : 데카메토늄브로마이드)	541-22-0	데카메토늄 브로마이드
	1420-40-2	데카메토늄 아이오다이드
	3198-38-7	데카메토늄 클로라이드
데쿠알리니움 클로라이드	522-51-0	
덱스트로메토르판 및 그 염류	125-71-3	덱스트로메토르판
	6700-34-1	덱스트로메토르판 하이드로브로마이드
덱스트로프로폭시펜	469-62-5	
도데카클로로펜타사이클로[5.2.1.02,6.03,9.05,8]데칸	2385-85-5	
도딘	2439-10-3	
돼지폐추출물	129069-19-8	
두타스테리드, 그 염류 및 유도체	164656-23-9	두타스테리드

원료명	CAS No.	화학 물질명
1,5-디-(베타-하이드록시에칠)아미노-2-니트로-4-클로로벤젠 및 그 염류(예: 에이치시 황색 No. 10)(다만, 비산화염모제에서 용법·용량에 따른 혼합물의 염모성분으로서 0.1 % 이하는 제외)	109023-83-8	1,5-디-(베타-하이드록시에칠)아미노-2-니트로-4-클로로벤젠 (에이치시 황색 No. 10)
5,5'-디-이소프로필-2,2'-디메칠비페닐-4,4'디일 디히포아이오다이트	552-22-7	
디기탈리스(Digitalis)속 및 그 생약제제	752-61-4	디기탈린
디노섭, 그 염류 및 에스텔류	88-85-7	디노섭
	35040-03-0	디노섭 소듐
디노터브, 그 염류 및 에스텔류	1420-07-1	디노터브
디니켈트리옥사이드	1314-06-3	
디니트로톨루엔, 테크니컬등급	25321-14-6	
2,3-디니트로톨루엔	602-01-7	
2,5-디니트로톨루엔	619-15-8	
2,6-디니트로톨루엔	606-20-2	
3,4-디니트로톨루엔	610-39-9	
3,5-디니트로톨루엔	618-85-9	
디니트로페놀이성체	51-28-5	2,4-디니트로페놀
	329-71-5	2,5-디니트로페놀
	573-56-8	2,6-디니트로페놀

원료명	CAS No.	화학 물질명
	25550-58-7 / 66-56-8	2,3-디니트로페놀
5-[(2,4-디니트로페닐)아미노]-2-(페닐아미노)-벤젠설포닉애씨드 및 그 염류	15347-52-1	5-[(2,4-디니트로페닐)아미노]-2-(페닐아미노)-벤젠설포닉애씨드
	6373-74-6	5-[(2,4-디니트로페닐)아미노]-2-(페닐아미노)-벤젠설포닉애씨드 소듐
디메바미드 및 그 염류	60-46-8	디메바미드
	20701-77-3	디메바미드 설페이트
7,11-디메칠-4,6,10-도데카트리엔-3-온	26651-96-7	
2,6-디메칠-1,3-디옥산-4-일아세테이트(디메톡산, o-아세톡시-2,4-디메칠-m-디옥산)	828-00-2	
4,6-디메칠-8-tert-부틸쿠마린	17874-34-9	
[3,3'-디메칠[1,1'-비페닐]-4,4'-디일]디암모늄비스(하이드로젠설페이트)	64969-36-4	
디메칠설파모일클로라이드	13360-57-1	
디메칠설페이트	77-78-1	
디메칠설폭사이드	67-68-5	
디메칠시트라코네이트	617-54-9	
N,N-디메칠아닐리늄테트라키스(펜타플루오로페닐)보레이트	118612-00-3	

427

원료명	CAS No.	화학 물질명
N,N-디메칠아닐린	121-69-7	
1-디메칠아미노메칠-1-메칠프로필벤조에이트(아밀로카인) 및 그 염류	644-26-8	1-디메칠아미노메칠-1-메칠프로필벤조에이트(아밀로카인)
	532-59-2	1-디메칠아미노메칠-1-메칠프로필벤조에이트(아밀로카인) 하이드로클로라이드
9-(디메칠아미노)-벤조[a]페녹사진-7-이움 및 그 염류	966-62-1 / 7057-57-0	9-(디메칠아미노)-벤조[a]페녹사진-7-이움 클로라이드
5-((4-(디메칠아미노)페닐)아조)-1,4-디메칠-1H-1,2,4-트리아졸리움 및 그 염류	12221-52-2	5-((4-(디메칠아미노)페닐)아조)-1,4-디메칠-1H-1,2,4-트리아졸리움
디메칠아민	124-40-3	
N,N-디메칠아세타마이드	127-19-5	
3,7-디메칠-2-옥텐-1-올(6,7-디하이드로제라니올)	40607-48-5	
6,10-디메칠-3,5,9-운데카트리엔-2-온(슈도이오논)	141-10-6	
디메칠카바모일클로라이드	79-44-7	
N,N-디메칠-p-페닐렌디아민 및 그 염류	99-98-9	N,N-디메칠-p-페닐렌디아민
	6219-73-4	N,N-디메칠-p-페닐렌디아민 설페이트

원료명	CAS No.	화학 물질명
1,3-디메칠펜틸아민 및 그 염류	105-41-9	1,3-디메칠펜틸아민
	13803-74-2	1,3-디메칠펜틸아민 하이드로클로라이드
디메칠포름아미드	68-12-2	
N,N-디메칠-2,6-피리딘디아민 및 그 염산염	63763-86-0	N,N-디메칠-2,6-피리딘디아민
	2518265-78-4	N,N-디메칠-2,6-피리딘디아민 하이드로클로라이드
N,N'-디메칠-N-하이드록시에칠-3-니트로-p-페닐렌디아민 및 그 염류	10228-03-2	N,N'-디메칠-N-하이드록시에칠-3-니트로-p-페닐렌디아민
2-(2-((2,4-디메톡시페닐)아미노)에테닐]-1,3,3-트리메칠-3H-인돌리움 및 그 염류	4208-80-4	2-(2-((2,4-디메톡시페닐)아미노)에테닐]-1,3,3-트리메칠-3H-인돌리움
디바나듐펜타옥사이드	1314-62-1	
디벤즈[a,h]안트라센	53-70-3	
2,2-디브로모-2-니트로에탄올	69094-18-4	
1,2-디브로모-2,4-디시아노부탄(메칠디브로모글루타로나이트릴)	35691-65-7	
디브로모살리실아닐리드	-	
2,6-디브로모-4-시아노페닐 옥타노에이트	1689-99-2	

원료명	CAS No.	화학 물질명
1,2-디브로모에탄	106-93-4	
1,2-디브로모-3-클로로프로판	96-12-8	
5-(α,β-디브로모펜에칠)-5-메칠히단토인	511-75-1	
2,3-디브로모프로판-1-올	96-13-9	
3,5-디브로모-4-하이드록시벤조니트닐 및 그 염류(브로목시닐 및 그 염류)	1689-84-5	3,5-디브로모-4-하이드록시벤조니트(브로목시닐)
	2961-68-4	3,5-디브로모-4-하이드록시벤조니트 포타슘
디브롬화프로파미딘 및 그 염류(이소치아네이트포함)	496-00-4	디브롬화프로파미딘
	50357-61-4	디브롬화프로파미딘 하이드로클로라이드
	614-87-9	디브롬화프로파미딘 이소치아네이트
디설피람	97-77-8	
디소듐[5-[[4'-[[2,6-디하이드록시-3-[(2-하이드록시-5-설포페닐)아조]페닐]아조][1,1'비페닐]-4-일]아조]살리실레이토(4-)]쿠프레이트(2-)(다이렉트브라운 95)	16071-86-6	
디소듐 3,3'-[[1,1'-비페닐]-4,4'-디일비스(아조)]-비스(4-아미노나프탈렌-1-설포네이트)(콩고레드)	573-58-0	

원료명	CAS No.	화학 물질명
디소듐 4-아미노-3-[[4'-[(2,4-디아미노페닐)아조][1,1'-비페닐]-4-일]아조]-5-하이드록시-6-(페닐아조)나프탈렌-2,7-디설포네이트(다이렉트블랙 38)	1937-37-7	
디소듐 4-(3-에톡시카르보닐-4-(5-(3-에톡시카르보닐-5-하이드록시-1-(4-설포네이토페닐)피라졸-4-일)펜타-2,4-디에닐리덴)-4,5-디하이드로-5-옥소피라졸-1-일)벤젠설포네이트 및 트리소듐 4-(3-에톡시카르보닐-4-(5-(3-에톡시카르보닐-5-옥시도-1(4-설포네이토페닐)피라졸-4-일) 펜타-2,4-디에닐리덴)-4,5-디하이드로-5-옥소피라졸-1-일)벤젠설포네이트	-	
디스퍼스레드 15	116-85-8	
디스퍼스엘로우 3	2832-40-8	
디아놀아세글루메이트	3342-61-8	
o-디아니시딘계 아조 염료류	-	
o-디아니시딘의 염 (3,3'-디메톡시벤지딘의 염)	119-90-4	3,3'-디메톡시벤지딘

원료명	CAS No.	화학 물질명
	20325-40-0	3,3'-디메톡시벤지딘 디하이드로클로라이드
3,7-디아미노-2,8-디메칠-5-페닐-페나지니움 및 그 염류	477-73-6	3,7-디아미노-2,8-디메칠-5-페닐-페나지니움
3,5-디아미노-2,6-디메톡시피리딘 및 그 염류(예 : 2,6-디메톡시-3,5-피리딘디아민 하이드로클로라이드) (다만, 2,6-디메톡시-3,5-피리딘디아민 하이드로클로라이드는 산화염모제에서 용법·용량에 따른 혼합물의 염모성분으로서 0.25% 이하는 제외)	85679-78-3	2,6-디메톡시-3,5-피리딘디아민
	56216-28-5	2,6-디메톡시-3,5-피리딘디아민 하이드로클로라이드
2,4-디아미노디페닐아민	136-17-4	
4,4'-디아미노디페닐아민 및 그 염류(예 : 4,4'-디아미노디페닐아민 설페이트)	537-65-5	4,4'-디아미노디페닐아민
	53760-27-3	4,4'-디아미노디페닐아민 설페이트
2,4-디아미노-5-메칠페네톨 및 그 염산염	113715-25-6	2,4-디아미노-5-메칠페네톨 하이드로클로라이드
2,4-디아미노-5-메칠페녹시에탄올 및 그 염류	141614-05-3	2,4-디아미노-5-메칠페녹시에탄올
	113715-27-8	2,4-디아미노-5-메칠페녹시에탄올 하이드로클로라이드

원료명	CAS No.	화학 물질명
4,5-디아미노-1-메칠피라졸 및 그 염산염	45514-38-3	4,5-디아미노-1-메칠피라졸
	21616-59-1	4,5-디아미노-1-메칠피라졸 디하이드로클로라이드
1,4-디아미노-2-메톡시-9,10-안트라센디온(디스퍼스레드 11) 및 그 염류	2872-48-2	1,4-디아미노-2-메톡시-9,10-안트라센디온(디스퍼스레드 11)
3,4-디아미노벤조익애씨드	619-05-6	
디아미노톨루엔, [4-메칠-m-페닐렌 디아민] 및 [2-메칠-m-페닐렌 디아민]의 혼합물	-	
2,4-디아미노페녹시에탄올 및 그 염류(다만, 2,4-디아미노페녹시에탄올 하이드로클로라이드는 산화염모제에서 용법·용량에 따른 혼합물의 염모성분으로서 0.5% 이하는 제외)	70643-19-5	2,4-디아미노페녹시에탄올
	66422-95-5	2,4-디아미노페녹시에탄올 하이드로클로라이드
	70643-20-8	2,4-디아미노페녹시에탄올 설페이트
3-[[(4-[[디아미노(페닐아조)페닐]아조-1-나프탈레닐]아조]-N,N,N-트리메칠-벤젠아미니움 및 그 염류	83803-98-9	3-[[(4-[[디아미노(페닐아조)페닐]아조]-1-나프탈레닐]아조]-N,N,N-트리메칠-벤젠아미니움

원료명	CAS No.	화학 물질명
3-[[(4-[[디아미노(페닐아조)페닐]아조]-2-메칠페닐]아조]-N,N,N-트리메칠-벤젠아미니움 및 그 염류	83803-99-0	3-[[(4-[[디아미노(페닐아조)페닐]아조]-2-메칠페닐]아조]-N,N,N-트리메칠-벤젠아미니움
2,4-디아미노페닐에탄올 및 그 염류	14572-93-1	2,4-디아미노페닐에탄올
O,O'-디아세틸-N-알릴-N-노르몰핀	2748-74-5	
디아조메탄	334-88-3	
디알레이트	2303-16-4	
디에칠-4-니트로페닐포스페이트	311-45-5	
O,O'-디에칠-O-4-니트로페닐포스포로치오에이트(파라치온-ISO)	56-38-2	
디에칠렌글라이콜 (다만, 비의도적 잔류물로서 0.1% 이하인 경우는 제외)	111-46-6	
디에칠말리에이트	141-05-9	
디에칠설페이트	64-67-5	
2-디에칠아미노에칠-3-히드록시-4-페닐벤조에이트 및 그 염류	3572-52-9	2-디에칠아미노에칠-3-히드록시-4-페닐벤조에이트
4-디에칠아미노-o-톨루이딘 및 그 염류	148-71-0	4-디에칠아미노-o-톨루이딘
	2051-79-8 / 24828-38-4	4-디에칠아미노-o-톨루이딘 하이드로클로라이드

원료명	CAS No.	화학 물질명
N-[4-[[4-(디에칠아미노)페닐][4-(에칠아미노)-1-나프탈렌일]메칠렌]-2,5-사이클로헥사디엔-1-일리딘]-N-에칠-에탄아미늄 및 그 염류	2390-60-5	N-[4-[[4-(디에칠아미노)페닐][4-(에칠아미노)-1-나프탈렌일]메칠렌]-2,5-사이클로헥사디엔-1-일리딘]-N-에칠-에탄아미늄
N-(4-[[4-(디에칠아미노)페닐)페닐메칠렌]-2,5-사이클로헥사디엔-1-일리덴)-N-에칠 에탄아미니움 및 그 염류	633-03-4	N-(4-[[4-(디에칠아미노)페닐)페닐메칠렌]-2,5-사이클로헥사디엔-1-일리덴)-N-에칠 에탄아미니움
N,N-디에칠-m-아미노페놀	91-68-9	
3-디에칠아미노프로필신나메이트	538-66-9	
디에칠카르바모일 클로라이드	88-10-8	
N,N-디에칠-p-페닐렌디아민 및 그 염류	93-05-0	N,N-디에칠-p-페닐렌디아민
	6283-63-2 / 6065-27-6	N,N-디에칠-p-페닐렌디아민 설페이트
디엔오시(DNOC, 4,6-디니트로-o-크레졸)	534-52-1	
디엘드린	60-57-1	
디옥산	123-91-1	

원료명	CAS No.	화학 물질명
디옥세테드린 및 그 염류	497-75-6	디옥세테드린
	22930-85-4	디옥세테드린 하이드로클로라이드
5-(2,4-디옥소-1,2,3,4-테트라하이드로피리미딘)-3-플루오로-2-하이드록시메칠테트라하이드로퓨란	41107-56-6	
디치오-2,2'-비스피리딘-디옥사이드 1,1'(트리하이드레이티드마그네슘설페이트 부가)(피리치온디설파이드+마그네슘설페이트)	43143-11-9	
디코우마롤	66-76-2	
2,3-디클로로-2-메칠부탄	507-45-9	
1,4-디클로로벤젠(p-디클로로벤젠)	106-46-7	
3,3'-디클로로벤지딘	91-94-1	
3,3'-디클로로벤지딘 디하이드로젠비스(설페이트)	64969-34-2	
3,3'-디클로로벤지딘 디하이드로클로라이드	612-83-9	
3,3'-디클로로벤지딘 설페이트	74332-73-3	
1,4-디클로로부트-2-엔	764-41-0	

원료명	CAS No.	화학 물질명
2,2'-[(3,3'-디클로로[1,1'-비페닐]-4,4'-디일)비스(아조)]비스[3-옥소-N-페닐부탄아마이드](피그먼트옐로우 12) 및 그 염류	6358-85-6	2,2'-[(3,3'-디클로로[1,1'-비페닐]-4,4'-디일)비스(아조)]비스[3-옥소-N-페닐부탄아마이드](피그먼트옐로우 12)
디클로로살리실아닐리드	1147-98-4	
디클로로에칠렌(아세틸렌클로라이드)(예 : 비닐리덴클로라이드)	75-35-4	디클로로에칠렌(아세틸렌클로라이드)
디클로로에탄(에칠렌클로라이드)	107-06-2	
디클로로-m-크시레놀	133-53-9	
	30581-95-4	
α,α-디클로로톨루엔	98-87-3	
디클로로펜	97-23-4	
1,3-디클로로프로판-2-올	96-23-1	
2,3-디클로로프로펜	78-88-6	
디페녹시레이트 히드로클로라이드	3810-80-8	
1,3-디페닐구아니딘	102-06-7	
디페닐아민	122-39-4	
디페닐에텔 ; 옥타브로모 유도체	32536-52-0	
5,5-디페닐-4-이미다졸리돈	3254-93-1	
디펜클록사진	5617-26-5	

원료명	CAS No.	화학 물질명
2,3-디하이드로-2,2-디메칠-6-[(4-(페닐아조)-1-나프텔레닐]아조]-1H-피리미딘(솔벤트블랙 3) 및 그 염류	4197-25-5	2,3-디하이드로-2,2-디메칠-6-[(4-(페닐아조)-1-나프텔레닐)아조]-1H-피리미딘(솔벤트블랙 3)
3,4-디히드로-2-메톡시-2-메칠-4-페닐-2H,5H,피라노(3,2-c)-(1)벤조피란-5-온(시클로코우마롤)	518-20-7	
2,3-디하이드로-2H-1,4-벤족사진-6-올 및 그 염류 (예 : 히드록시벤조모르포린)(다만, 히드록시벤조모르포린은 산화염모제에서 용법·용량에 따른 혼합물의 염모성분으로서 1.0 % 이하는 제외)	26021-57-8	히드록시벤조모르포린
2,3-디하이드로-1H-인돌-5,6-디올 (디하이드록시인돌린) 및 그 하이드로브로마이드염 (디하이드록시인돌린 하이드로브롬마이드)(다만, 비산화염모제에서 용법·용량에 따른 혼합물의 염모성분으로서 2.0 % 이하는 제외)	29539-03-5	디하이드록시인돌린
	138937-28-7	디하이드록시인돌린 하이드로브로마이드
(S)-2,3-디하이드로-1H-인돌-카르복실릭 애씨드	79815-20-6	

원료명	CAS No.	화학 물질명
디히드로타키스테롤	67-96-9	
2,6-디하이드록시-3,4-디메칠피리딘 및 그 염류	84540-47-6	2,6-디하이드록시-3,4-디메칠피리딘
2,4-디하이드록시-3-메칠벤즈알데하이드	6248-20-0	
4,4'-디히드록시-3,3'-(3-메칠치오프로필아이덴)디코우마린	-	
2,6-디하이드록시-4-메칠피리딘 및 그 염류	4664-16-8	2,6-디하이드록시-4-메칠피리딘
1,4-디하이드록시-5,8-비스[(2-하이드록시에칠)아미노]안트라퀴논(디스퍼스블루 7) 및 그 염류	3179-90-6	1,4-디하이드록시-5,8-비스[(2-하이드록시에칠)아미노]안트라퀴논(디스퍼스블루 7)
4-[4-(1,3-디하이드록시프로프-2-일)페닐아미노-1,8-디하이드록시-5-니트로안트라퀴논	114565-66-1	
2,2'-디히드록시-3,3'5,5',6,6'-헥사클로로디페닐메탄(헥사클로로펜)	70-30-4	
디하이드로쿠마린	119-84-6	
N,N'-디헥사데실-N,N'-비스(2-하이드록시에칠)프로판디아마이드 ; 비스하이드록시에칠비스세틸말론아마이드	149591-38-8	

433

원료명	CAS No.	화학 물질명
Laurus nobilis L.의 씨로부터 나온 오일	84603-73-6	Laurus nobilis, extract
Rauwolfia serpentina 알칼로이드 및 그 염류	90106-13-1	Rauwolfia extract
라카익애씨드(CI 내츄럴레드 25) 및 그 염류	60687-93-6	라카익애씨드(CI 내츄럴레드 25)
레졸시놀 디글리시딜 에텔	101-90-6	
로다민 B 및 그 염류	81-88-9	로다민 B
로벨리아(Lobelia)속 및 그 생약제제	84696-23-1	Lobelia inflata extract
로벨린 및 그 염류	90-69-7	로벨린
	134-63-4	로벨린 하이드로클로라이드
	134-64-5	로벨린 설페이트
리누론	330-55-2	
리도카인	137-58-6	
과산화물가가 20mmol/L을 초과하는 d-리모넨	5989-27-5	d-리모넨
과산화물가가 20mmol/L을 초과하는 dℓ-리모넨	138-86-3	dℓ-리모넨
과산화물가가 20mmol/L을 초과하는 ℓ-리모넨	5989-54-8	ℓ-리모넨
라이서자이드(Lysergide) 및 그 염류	50-37-3	라이서자이드

원료명	CAS No.	화학 물질명
「마약류 관리에 관한 법률」 제2조에 따른 마약류(다만, 같은 법 제2조제4호 단서에 따른 대마씨유 및 대마씨추출물의 테트라하이드로칸나비놀및 칸나비디올에 대하여는 「식품의 기준 및 규격」에서 정한 기준에 적합한 경우는 제외)	-	
마이클로부타닐 (2-(4-클로로페닐)-2-(1H-1,2,4-트리아졸-1-일메칠)헥사네니트릴)	88671-89-0	
마취제(천연 및 합성)	-	
만노무스틴 및 그 염류	576-68-1	만노무스틴
	551-74-6	만노무스틴 디하이드로클로라이드
말라카이트그린 및 그 염류	569-64-2	말라카이트그린 클로라이드
말로노니트릴	109-77-3	
1-메칠-3-니트로-1-니트로소구아니딘	70-25-7	

원료명	CAS No.	화학 물질명
1-메칠-3-니트로-4-(베타-하이드록시에칠)아미노벤젠 및 그 염류(예 : 하이드록시에칠-2-니트로-p-톨루이딘)(다만, 하이드록시에칠-2-니트로-p-톨루이딘은 염모제에서 용법·용량에 따른 혼합물의 염모 성분으로서 1.0 % 이하는 제외)	100418-33-5	하이드록시에칠-2-니트로-p-톨루이딘
N-메칠-3-니트로-p-페닐렌디아민 및 그 염류	2973-21-9	N-메칠-3-니트로-p-페닐렌디아민
N-메칠-1,4-디아미노안트라퀴논, 에피클로히드린 및 모노에탄올아민의 반응생성물(에이치시 청색 No. 4) 및 그 염류	158571-57-4	에이치시 청색 No. 4
3,4-메칠렌디옥시페놀 및 그 염류	533-31-3	3,4-메칠렌디옥시페놀
메칠레소르신	608-25-3	
메칠렌글라이콜	463-57-0	
4,4'-메칠렌디아닐린	101-77-9	
3,4-메칠렌디옥시아닐린 및 그 염류	14268-66-7	3,4-메칠렌디옥시아닐린
4,4'-메칠렌디-o-톨루이딘	838-88-0	
4,4'-메칠렌비스(2-에칠아닐린)	19900-65-3	

원료명	CAS No.	화학 물질명
(메칠렌비스(4,1-페닐렌아조(1-(3-(디메칠아미노)프로필)-1,2-디하이드로-6-하이드록시-4-메칠-2-옥소피리딘-5,3-디일)))-1,1'-디피리디늄디클로라이드 디하이드로클로라이드	118658-99-4	
4,4'-메칠렌비스[2-(4-하이드록시벤질)-3,6-디메칠페놀]과 6-디아조-5,6-디하이드로-5-옥소-나프탈렌설포네이트 (1:2)의 반응생성물과 4,4'-메칠렌비스[2-(4-하이드록시벤질)-3,6-디메칠페놀]과 6-디아조-5,6-디하이드로-5-옥소-나프탈렌설포네이트 (1:3) 반응생성물과의 혼합물	-	
메칠렌클로라이드	75-09-2	
3-(N-메칠-N-(4-메칠아미노-3-니트로페닐)아미노)프로판-1,2-디올 및 그 염류	93633-79-5	3-(N-메칠-N-(4-메칠아미노-3-니트로페닐)아미노)프로판-1,2-디올
메칠메타크릴레이트모노머	80-62-6	
메칠 트랜스-2-부테노에이트	623-43-8	

원료명	CAS No.	화학 물질명
2-[3-(메칠아미노)-4-니트로페녹시]에탄올 및 그 염류 (예 : 3-메칠아미노-4-니트로페녹시에탄올)(다만, 비산화염모제에서 용법·용량에 따른 혼합물의 염모성분으로서 0.15 % 이하는 제외)	59820-63-2	3-메칠아미노-4-니트로페녹시에탄올
N-메칠아세타마이드	79-16-3	
(메칠-ONN-아조시)메칠아세테이트	592-62-1	
2-메칠아지리딘(프로필렌이민)	75-55-8	
메칠옥시란	75-56-9	
메칠유게놀(다만, 식물 추출물에 의하여 자연적으로 함유되어 다음 농도 이하인 경우에는 제외. 향료원액을 8% 초과하여 함유하는 제품 0.01%, 향료원액을 8% 이하로 함유하는 제품 0.004%, 방향용 크림 0.002%, 사용 후 씻어내는 제품 0.001%, 기타 0.0002%)	93-15-2	
N,N'-((메칠이미노)디에칠렌))비스(에칠디메칠암모늄) 염류(예 : 아자메토늄브로마이드)	306-53-6	아자메토늄브로마이드
메칠이소시아네이트	624-83-9	
6-메칠쿠마린(6-MC)	92-48-8	
7-메칠쿠마린	2445-83-2	

원료명	CAS No.	화학 물질명
메칠크레속심	143390-89-0	
1-메칠-2,4,5-트리하이드록시벤젠 및 그 염류	1124-09-0	1-메칠-2,4,5-트리하이드록시벤젠
메칠페니데이트 및 그 염류	113-45-1	메칠페니데이트
	298-59-9	메칠페니데이트 하이드로클로라이드
3-메칠-1-페닐-5-피라졸론 및 그 염류(예 : 페닐메칠피라졸론)(다만, 페닐메칠피라졸론은 산화염모제에서 용법·용량에 따른 혼합물의 염모성분으로서 0.25 % 이하는 제외)	89-25-8	페닐메칠피라졸론
메칠페닐렌디아민류, 그 N-치환 유도체류 및 그 염류(예 : 2,6-디하이드록시에칠아미노톨루엔)(다만, 염모제에서 염모성분으로 사용하는 것은 제외)	149330-25-6	2,6-디하이드록시에칠아미노톨루엔
2-메칠-m-페닐렌 디이소시아네이트	91-08-7	
4-메칠-m-페닐렌 디이소시아네이트	584-84-9	
4,4'-[(4-메칠-1,3-페닐렌)비스(아조)]비스[6-메칠-1,3-벤젠디아민](베이직브라운 4) 및 그 염류	4482-25-1	4,4'-[(4-메칠-1,3-페닐렌)비스(아조)]비스[6-메칠-1,3-벤젠디아민](베이직브라운 4)

원료명	CAS No.	화학 물질명
4-메칠-6-(페닐아조)-1,3-벤젠디아민 및 그 염류	4438-16-8	4-메칠-6-(페닐아조)-1,3-벤젠디아민
N-메칠포름아마이드	123-39-7	
5-메칠-2,3-헥산디온	13706-86-0	
2-메칠헵틸아민 및 그 염류	540-43-2	2-메칠헵틸아민
메카밀아민	60-40-2	
메타닐옐로우	587-98-4	
메탄올(에탄올 및 이소프로필알콜의 변성제로서만 알콜 중 5%까지 사용)	67-56-1	
메테토헵타진 및 그 염류	509-84-2	메테토헵타진
	1089-55-0	메테토헵타진 하이드로클로라이드
메토카바몰	532-03-6	
메토트렉세이트	59-05-2	
2-메톡시-4-니트로페놀(4-니트로구아이아콜) 및 그 염류	3251-56-7	2-메톡시-4-니트로페놀(4-니트로구아이아콜)
	304675-72-7	2-메톡시-4-니트로페놀(4-니트로구아이아콜) 포타슘 솔트
2-[(2-메톡시-4-니트로페닐)아미노]에탄올 및 그 염류(예 : 2-하이드록시에칠아미노-5-니트로아니솔)(다만, 비산화염모제에서 용법·용량에 따른 혼합물의 염모성분으로서 0.2 % 이하는 제외)	66095-81-6	2-[(2-메톡시-4-니트로페닐)아미노]에탄올(2-하이드록시에칠아미노-5-니트로아니솔)

원료명	CAS No.	화학 물질명
1-메톡시-2,4-디아미노벤젠(2,4-디아미노아니솔 또는 4-메톡시-m-페닐렌디아민 또는 CI76050) 및 그 염류	615-05-4	1-메톡시-2,4-디아미노벤젠
1-메톡시-2,5-디아미노벤젠(2,5-디아미노아니솔) 및 그 염류	5307-02-8	1-메톡시-2,5-디아미노벤젠
	66671-82-7	1-메톡시-2,5-디아미노벤젠 설페이트
2-메톡시메칠-p-아미노페놀 및 그 염산염	29785-47-5	2-메톡시메칠-p-아미노페놀
	135043-65-1	2-메톡시메칠-p-아미노페놀 하이드로클로라이드
6-메톡시-N2-메칠-2,3-피리딘디아민 하이드로클로라이드 및 디하이드로클로라이드염(다만, 염모제에서 용법·용량에 따른 혼합물의 염모성분으로 산으로서 0.68% 이하, 디하이드로클로라이드염으로서 1.0 % 이하는 제외)	90817-34-8	6-메톡시-N2-메칠-2,3-피리딘디아민 하이드로클로라이드
	83732-72-3	6-메톡시-N2-메칠-2,3-피리딘디아민 디하이드로클로라이드
2-(4-메톡시벤질-N-(2-피리딜)아미노)에칠디메칠아민말리에이트	59-33-6	
메톡시아세틱애씨드	625-45-6	
2-메톡시에칠아세테이트(메톡시에탄올아세테이트)	110-49-6	

원료명	CAS No.	화학 물질명
N-(2-메톡시에칠)-p-페닐렌디아민 및 그 염산염	66566-48-1	N-(2-메톡시에칠)-p-페닐렌디아민
	72584-59-9	N-(2-메톡시에칠)-p-페닐렌디아민 하이드로클로라이드
2-메톡시에탄올(에칠렌글리콜 모노메칠에텔, EGMME)	109-86-4	
2-(2-메톡시에톡시)에탄올(메톡시디글리콜)	111-77-3	
7-메톡시쿠마린	531-59-9	
4-메톡시톨루엔-2,5-디아민 및 그 염산염	56496-88-9	4-메톡시톨루엔-2,5-디아민 하이드로클로라이드
	56496-88-9	4-메톡시톨루엔-2,5-디아민
6-메톡시-m-톨루이딘(p-크레시딘)	120-71-8	
2-[[(4-메톡시페닐)메칠하이드라조노]메칠]-1,3,3-트리메칠-3H-인돌리움 및 그 염류	54060-92-3	2-[[(4-메톡시페닐)메칠하이드라조노]메칠]-1,3,3-트리메칠-3H-인돌리움
4-메톡시페놀(히드로퀴논모노메칠에텔 또는 p-히드록시아니솔)	150-76-5	
4-(4-메톡시페닐)-3-부텐-2-온(4-아니실리덴아세톤)	943-88-4	
1-(4-메톡시페닐)-1-펜텐-3-온(α-메칠아니살아세톤)	104-27-8	

원료명	CAS No.	화학 물질명
2-메톡시프로판올	1589-47-5	
2-메톡시프로필아세테이트	70657-70-4	
6-메톡시-2,3-피리딘디아민 및 그 염산염	94166-62-8	6-메톡시-2,3-피리딘디아민 하이드로클로라이드
	28020-38-4	6-메톡시-2,3-피리딘디아민
메트알데히드	9002-91-9	
메트암페프라몬 및 그 염류	15351-09-4	메트암페프라몬
	10105-90-5	메트암페프라몬 하이드로클로라이드
메트포르민 및 그 염류	657-24-9	메트포르민
	1115-70-4	메트포르민 하이드로클로라이드
메트헵타진 및 그 염류	469-78-3	메트헵타진
메티라폰	54-36-4	
메티프릴온 및 그 염류	125-64-4	메티프릴온
메페네신 및 그 에스텔	59-47-2	메페네신
메페클로라진 및 그 염류	1243-33-0	메페클로라진
메프로바메이트	57-53-4	
2급 아민함량이 0.5%를 초과하는 모노알킬아민, 모노알칸올아민 및 그 염류	-	
모노크로토포스	6923-22-4	
모누론	150-68-5	
모르포린 및 그 염류	110-91-8	모르포린
모스켄(1,1,3,3,5-펜타메칠-4,6-디니트로인단)	116-66-5	

원료명	CAS No.	화학 물질명
모페부타존	2210-63-1	
목향(Saussurea lappa Clarke = Saussurea costus (Falc.) Lipsch. = Aucklandia lappa Decne) 뿌리오일	8023-88-9	목향뿌리오일
몰리네이트	2212-67-1	
몰포린-4-카르보닐클로라이드	15159-40-7	
무화과나무(Ficus carica)잎엡솔루트(피그잎엡솔루트)	68916-52-9	
미네랄 울	-	

미세플라스틱(세정, 각질제거 등의 제품에 남아있는 5mm 크기 이하의 고체플라스틱)
 	
* 「화장품 사용할 때의 주의사항 및 알레르기 유발성분 표시에 관한 규정」별표 1에 따른 다음 각 목에 해당하는 유형
가. 영・유아용 제품류 중
  - 영・유아용 샴푸, 린스
  - 영・유아용 인체 세정용 제품
  - 영・유아용 목욕용 제품
나. 목욕용 제품류
다. 인체 세정용 제품류
	-	

원료명	CAS No.	화학 물질명
바. 기초화장용 제품류 중 - 팩, 마스크(사용 후 씻어내는 제품에 한함) - 손・발의 피부연화 제품(사용 후 씻어내는 제품에 한함) - 클렌징 워터, 클렌징 오일, 클렌징 로션, 클렌징 크림 등 메이크업 리무버 - 그 밖의 기초화장용 제품류(사용 후 씻어내는 제품에 한함)		
바륨염(바륨설페이트 및 색소레이크희석제로 사용한 바륨염은 제외)	10361-37-2	바륨클로라이드
	22561-74-6	바륨글루코네이트
	12047-11-9	바륨헥사페라이트
바비츄레이트	76-74-4	Pentobarbital
	4390-16-3	Sodium barbiturate
	57-44-3	Barbital
	57-33-0	Pentobarbital sodium
	57-30-7	phenobarbital sodium
	50-06-6	Phenobarbital
2,2'-바이옥시란	1464-53-5	
발녹트아미드	4171-13-5	
발린아미드	20108-78-5	

439

원료명	CAS No.	화학 물질명
방사성물질(다만, 제품에 포함된 방사능의 농도 등이 「생활주변방사선 안전관리법」 제15조의 규정에 적합한 경우 제외)	-	
백신, 독소 또는 혈청	-	
베낙티진	302-40-9	
베노밀	17804-35-2	
베라트룸(Veratrum)속 및 그 제제	90131-91-2	Veratrum album, ext.
베라트린, 그 염류 및 생약제제	8051-02-3	베라트린
	17666-25-0	베라트린 하이드로클로라이드
베르베나오일(Lippia citriodora Kunth.)	8024-12-2	
베릴륨 및 그 화합물	7440-41-7	베릴륨
베메그리드 및 그 염류	64-65-3	베메그리드
베록시카인 및 그 염류	3818-62-0	베록시카인
	5003-47-4	베록시카인 하이드로클로라이드
베이직바이올렛 1(메칠바이올렛)	8004-87-3	
베이직바이올렛 3(크리스탈바이올렛)	548-62-9	

원료명	CAS No.	화학 물질명
1-(베타-우레이도에칠)아미노-4-니트로벤젠 및 그 염류(예 : 4-니트로페닐 아미노에칠우레아)(다만, 4-니트로페닐 아미노에칠우레아는 산화염모제에서 용법·용량에 따른 혼합물의 염모성분으로서 0.25 % 이하, 비산화염모제에서 용법·용량에 따른 혼합물의 염모성분으로서 0.5 % 이하는 제외)	27080-42-8	4-니트로페닐 아미노에칠우레아
1-(베타-하이드록시)아미노-2-니트로-4-N-에칠-N-(베타-하이드록시에칠)아미노벤젠 및 그 염류(예 : 에이치시 청색 No. 13)	104516-93-0	1-(베타-하이드록시)아미노-2-니트로-4-N-에칠-N-(베타-하이드록시에칠)아미노벤젠
	132885-85-9	1-(베타-하이드록시)아미노-2-니트로-4-N-에칠-N-(베타-하이드록시에칠)아미노벤젠 하이드로클로라이드
벤드로플루메치아자이드 및 그 유도체	73-48-3	벤드로플루메치아자이드
벤젠	71-43-2	

원료명	CAS No.	화학 물질명
1,2-벤젠디카르복실릭애씨드 디펜틸에스터(가지형과 직선형) ; n-펜틸-이소펜틸 프탈레이트 ; 디-n-펜틸프탈레이트 ; 디이소펜틸프탈레이트	84777-06-0	1,2-벤젠디카르복실릭애씨드 디펜틸에스터(가지형과 직선형)
	776297-69-9	n-펜틸-이소펜틸 프탈레이트
	131-18-0	디-n-펜틸프탈레이트
	605-50-5	디이소펜틸프탈레이트
1,2,4-벤젠트리아세테이트 및 그 염류	613-03-6	1,2,4-벤젠트리아세테이트
7-(벤조일아미노)-4-하이드록시-3-[[4-[(4-설포페닐)아조]페닐]아조]-2-나프탈렌설포닉애씨드 및 그 염류	25188-42-5	7-(벤조일아미노)-4-하이드록시-3-[[4-[(4-설포페닐)아조]페닐]아조]-2-나프탈렌설포닉애씨드
	2610-11-9	7-(벤조일아미노)-4-하이드록시-3-[[4-[(4-설포페닐)아조]페닐]아조]-2-나프탈렌설포닉애씨드 디소듐
벤조일퍼옥사이드	94-36-0	
벤조[a]피렌	50-32-8	
벤조[e]피렌	192-97-2	
벤조[j]플루오란텐	205-82-3	
벤조[k]플루오란텐	207-08-9	
벤즈[e]아세페난트릴렌	205-99-2	
벤즈아제핀류와 벤조디아제핀류	12794-10-4	
벤즈아트로핀 및 그 염류	86-13-5	

원료명	CAS No.	화학 물질명
벤즈[a]안트라센	56-55-3	
벤즈이미다졸-2(3H)-온	615-16-7	
벤지딘	92-87-5	
벤지딘계 아조 색소류	-	
벤지딘디하이드로클로라이드	531-85-1	
벤지딘설페이트	21136-70-9	
벤지딘아세테이트	36341-27-2	
벤지로늄브로마이드	1050-48-2	
벤질 2,4-디브로모부타노에이트	23085-60-1	
3(또는 5)-((4-(벤질메칠아미노)페닐)아조)-1,2-(또는 1,4)-디메칠-1H-1,2,4-트리아졸리움 및 그 염류	89959-98-8	3(또는 5)-((4-(벤질메칠아미노)페닐)아조)-1,2-(또는 1,4)-디메칠-1H-1,2,4-트리아졸리움 브로마이드
벤질바이올렛([4-[[4-(디메칠아미노)페닐][4-[에칠(3-설포네이토벤질)아미노]페닐]메칠렌]사이클로헥사-2,5-디엔-1-일리덴](에칠)(3-설포네이토벤질)암모늄염 및 소듐염)	1694-09-3	
벤질시아나이드	140-29-4	
4-벤질옥시페놀(히드로퀴논모노벤질에텔)	103-16-2	
2-부타논 옥심	96-29-7	
부타닐리카인 및 그 염류	3785-21-5	부타닐리카인

원료명	CAS No.	화학 물질명
	2081-65-4	부타닐리카인 포스페이트
	6028-28-7	부타닐리카인 하이드로클로라이드
1,3-부타디엔	106-99-0	
부토피프린 및 그 염류	55837-15-5	부토피프린
	60595-56-4	부토피프린 하이드로클로라이드
	280-855-6	부토피프린 하이드로브로마이드
부톡시디글리세롤	112-34-5	
부톡시에탄올	111-76-2	
5-(3-부티릴-2,4,6-트리메칠페닐)-2-[1-(에톡시이미노)프로필]-3-하이드록시사이클로헥스-2-엔-1-온	138164-12-2	
부틸글리시딜에텔	2426-08-6	
4-tert-부틸-3-메톡시-2,6-디니트로톨루엔(머스크암브레트)	83-66-9	
1-부틸-3-(N-크로토노일설파닐일)우레아	52964-42-8	
5-tert-부틸-1,2,3-트리메칠-4,6-디니트로벤젠(머스크티베텐)	145-39-1	
4-tert-부틸페놀	98-54-4	
2-(4-tert-부틸페닐)에탄올	5406-86-0	
4-tert-부틸피로카테콜	98-29-3	
부펙사막	2438-72-4	

원료명	CAS No.	화학 물질명
붕산	10043-35-3 / 11113-50-1	
브레티륨토실레이트	61-75-6	
(R)-5-브로모-3-(1-메칠-2-피롤리디닐메칠)-1H-인돌	143322-57-0	
브로모메탄	74-83-9	
브로모에칠렌	593-60-2	
브로모에탄	74-96-4	
1-브로모-3,4,5-트리플루오로벤젠	138526-69-9	
1-브로모프로판 ; n-프로필 브로마이드	106-94-5	
2-브로모프로판	75-26-3	
브로목시닐헵타노에이트	56634-95-8	
브롬	7726-95-6	
브롬이소발	496-67-3	
브루신(에탄올의 변성제는 제외)	357-57-3	
비나프아크릴 (2-sec-부틸-4,6-디니트로페닐-3-메칠크로토네이트)	485-31-4	
9-비닐카르바졸	1484-13-5	
비닐클로라이드모노머	75-01-4	
1-비닐-2-피롤리돈	88-12-0	
비마토프로스트, 그 염류 및 유도체	155206-00-1	비마토프로스트
비소 및 그 화합물	7440-38-2	비소

원료명	CAS No.	화학 물질명
1,1-비스(디메칠아미노메칠)프로필벤조에이트(아미드리카인, 알리핀) 및 그 염류	963-07-5	1,1-비스(디메칠아미노메칠)프로필벤조에이트(아미드리카인, 알리핀)
4,4'-비스(디메칠아미노)벤조페논	90-94-8	
3,7-비스(디메칠아미노)-페노치아진-5-이움 및 그 염류	61-73-4	3,7-비스(디메칠아미노)-페노치아진-5-이움 클로라이드
	7060-82-4	3,7-비스(디메칠아미노)-페노치아진-5-이움
3,7-비스(디에칠아미노)-페녹사진-5-이움 및 그 염류	47367-75-9	3,7-비스(디에칠아미노)-페녹사진-5-이움
	33203-82-6	3,7-비스(디에칠아미노)-페녹사진-5-이움 클로라이드
N-(4-[비스[4-(디에칠아미노)페닐]메칠렌]-2,5-사이클로헥사디엔-1-일리덴)-N-에칠-에탄아미니움 및 그 염류	2390-59-2	N-(4-[비스[4-(디에칠아미노)페닐]메칠렌]-2,5-사이클로헥사디엔-1-일리덴)-N-에칠-에탄아미니움
비스(2-메톡시에칠)에텔(디메톡시디글리콜)	111-96-6	
비스(2-메톡시에칠)프탈레이트	117-82-8	

원료명	CAS No.	화학 물질명
1,2-비스(2-메톡시에톡시)에탄 ; 트리에칠렌글리콜 디메칠 에텔(TEGDME) ; 트리글라임	112-49-2	
1,3-비스(비닐설포닐아세타아미도)-프로판	93629-90-4	
비스(사이클로펜타디에닐)-비스(2,6-디플루오로-3-(피롤-1-일)-페닐)티타늄	125051-32-3	
4-[[비스-(4-플루오로페닐)메칠실릴]메칠]-4H-1,2,4-트리아졸과 1-[[비스-(4-플루오로페닐)메칠실릴]메칠]-1 H-1,2,4-트리아졸의 혼합물	-	
비스(클로로메칠)에텔(옥시비스[클로로메탄])	542-88-1	
N,N-비스(2-클로로에칠)메칠아민-N-옥사이드 및 그 염류	126-85-2	N,N-비스(2-클로로에칠)메칠아민-N-옥사이드
비스(2-클로로에칠)에텔	111-44-4	비스(2-클로로에칠)에텔
비스페놀 A(4,4'-이소프로필리덴디페놀)	80-05-7	
N'N'-비스(2-히드록시에칠)-N-메칠-2-니트로-p-페닐렌디아민(HC 블루 No.1) 및 그 염류	2784-94-3	N'N'-비스(2-히드록시에칠)-N-메칠-2-니트로-p-페닐렌디아민(HC 블루 No.1)

원료명	CAS No.	화학 물질명
4,6-비스(2-하이드록시에톡시)-m-페닐렌디아민 및 그 염류	94082-77-6	4,6-비스(2-하이드록시에톡시)-m-페닐렌디아민
	94082-85-6	4,6-비스(2-하이드록시에톡시)-m-페닐렌디아민 하이드로클로라이드
2,6-비스(2-히드록시에톡시)-3,5-피리딘디아민 및 그 염산염	117907-42-3	2,6-비스(2-히드록시에톡시)-3,5-피리딘디아민
	85679-72-7	2,6-비스(2-히드록시에톡시)-3,5-피리딘디아민 하이드로클로라이드
비에타미베린	479-81-2	
비치오놀	97-18-7	
비타민 L1, L2	118-92-3	비타민 L1
	2457-80-9	비타민 L2
[1,1'-비페닐-4,4'-디일]디암모니움설페이트	531-86-2	
비페닐-2-일아민	90-41-5	
비페닐-4-일아민 및 그 염류	92-67-1	비페닐-4-일아민
4,4'-비-o-톨루이딘	119-93-7	
4,4'-비-o-톨루이딘 디하이드로클로라이드	612-82-8	
4,4'-비-o-톨루이딘 설페이트	74753-18-7	
빈클로졸린	50471-44-8	
사이클라멘알코올	4756-19-8	

원료명	CAS No.	화학 물질명
N-사이클로펜틸-m-아미노페놀	104903-49-3	
사이클로헥시미드	66-81-9	
N-사이클로헥실-N-메톡시-2,5-디메칠-3-퓨라마이드	60568-05-0	
트랜스-4-사이클로헥실-L-프롤린 모노하이드로클로라이드	90657-55-9	
사프롤(천연에센스에 자연적으로 함유되어 그 양이 최종제품에서 100ppm을 넘지 않는 경우는 제외)	94-59-7	사프롤
α-산토닌((3S, 5aR, 9bS)-3, 3a,4,5,5a,9b-헥사히드로-3,5a,9-트리메칠나프토(1,2-b))푸란-2,8-디온	481-06-1	
석면	1332-21-4	
석유	8002-05-9	
석유 정제과정에서 얻어지는 부산물(증류물, 가스오일류, 나프타, 윤활그리스, 슬랙왁스, 탄화수소류, 알칸류, 백색 페트롤라툼을 제외한 페트롤라툼, 연료오일, 잔류물). 다만, 정제과정이 완전히 알려져 있고 발암물질을 함유하지 않음을 보여줄 수 있으면 예외로 한다.	-	

원료명	CAS No.	화학 물질명
부타디엔 0.1%를 초과하여 함유하는 석유정제물(가스류, 탄화수소류, 알칸류, 증류물, 라피네이트)	-	
디메칠설폭사이드(DMSO)로 추출한 성분을 3% 초과하여 함유하고 있는 석유 유래물질	64741-76-0	Distillates (petroleum), heavy hydroc-racked, if they contain > 3 % w/w DMSO extract
벤조[a]피렌 0.005%를 초과하여 함유하고 있는 석유화학 유래물질, 석탄 및 목타르 유래물질	-	
석탄추출 젯트기용 연료 및 디젤연료	94114-58-6	Fuels, jet aircraft, coal solvent extn., hydrocracked hydrogenated
설티암	61-56-3	
설팔레이트	95-06-7	
3,3'-(설포닐비스(2-니트로-4,1-페닐렌)이미노)비스(6-(페닐아미노))벤젠설포닉애씨드 및 그 염류	6373-79-1	3,3'-(설포닐비스(2-니트로-4,1-페닐렌)이미노)비스(6-(페닐아미노))벤젠설포닉애씨드
설폰아미드 및 그 유도체(톨루엔설폰아미드/포름알데하이드수지, 톨루엔설폰아미드/에폭시수지는 제외)	63-74-1	설폰아미드

원료명	CAS No.	화학 물질명
설핀피라존	57-96-5	
과산화물가가 10mmol/L을 초과하는 Cedrus atlantica의 오일 및 추출물	92201-55-3	Cedrus atlantica, ext.
세파엘린 및 그 염류	483-17-0	세파엘린
	5853-29-2	세파엘린 하이드로클로라이드
	6014-81-9	세파엘린 디하이드로브로마이드
센노사이드	81-27-6	센노사이드 A
	128-57-4	센노사이드 B
셀렌 및 그 화합물(셀레늄아스파테이트는 제외)	7782-49-2	셀렌
소듐노나데카플루오로데카노에이트	3830-45-3	
소듐헥사시클로네이트	7009-49-6	
소듐헵타데카플루오로노나노에이트	21049-39-8	
Solanum nigrum L.및 그 생약제제	84929-77-1	Solanum nigrum, ext.
Schoenocaulon officinale Lind.(씨 및 그 생약제제)	84604-18-2	Schoenocaulon officinale, ext.
솔벤트레드1(CI 12150)	1229-55-6	
솔벤트블루 35	12769-17-4 / 17354-14-2	
솔벤트오렌지 7	3118-97-6	
수은 및 그 화합물	7439-97-6	수은
스트로판투스(Strophantus)속 및 그 생약제제	-	

원료명	CAS No.	화학 물질명
스트로판틴, 그 비당질 및 그 각각의 유도체	11005-63-3	스트로판틴 K
	560-53-2	k-스트로판틴-베타
스트론튬화합물	-	
스트리크노스 (Strychnos)속 그 생약제제	-	
스트리키닌 및 그 염류	57-24-9	스트리키닌
	1421-86-9	스트리키닌 하이드로클로라이드
	60-41-3	스트리키닌 설페이트
스파르테인 및 그 염류	90-39-1	스파르테인
	299-39-8	스파르테인 설페이트
스피로노락톤	52-01-7	
시마진	122-34-9	
4-시아노-2,6-디요도페닐 옥타노에이트	3861-47-0	
스칼렛레드(솔벤트레드 24)	85-83-6	
시클라바메이트	5779-54-4	
시클로메놀 및 그 염류	5591-47-9	시클로메놀
시클로포스파미드 및 그 염류	50-18-0	시클로포스파미드
2-α-시클로헥실벤질 (N,N,N',N'테트라에칠)트리메칠렌디아민 (페네타민)	3590-16-7	
신코카인 및 그 염류	85-79-0	신코카인
	61-12-1	신코카인 하이드로클로라이드
	5949-16-6	신코카인 설페이트

원료명	CAS No.	화학 물질명
신코펜 및 그 염류(유도체 포함)	132-60-5	신코펜
	5949-18-8	신코펜 소듐
	132-58-1	신코펜 하이드로클로라이드
	59672-07-0	신코펜 리티움
썩시노니트릴	110-61-2	
Anamirta cocculus L.(과실)	-	
o-아니시딘	90-04-0	
아닐린, 그 염류 및 그 할로겐화 유도체 및 설폰화 유도체	62-53-3	아닐린
아다팔렌	106685-40-9	
Adonis vernalis L. 및 그 제제	84649-73-0	Adonis vernalis L., leaf extract
Areca catechu 및 그 생약제제	-	
아레콜린	63-75-2	
아리스톨로키아 (Aristolochia)속 및 그 생약제제	84775-44-0	Aristolochia clematitis, ext.
아리스토로킥 애씨드 및 그 염류	313-67-7	아리스토로킥 애씨드

원료명	CAS No.	화학 물질명
1-아미노-2-니트로-4-(2',3'-디하이드록시프로필)아미노-5-클로로벤젠과 1,4-비스-(2',3'-디하이드록시프로필)아미노-2-니트로-5-클로로벤젠 및 그 염류(예 : 에이치시 적색 No. 10과 에이치시 적색 No. 11)(다만, 산화염모제에서 용법·용량에 따른 혼합물의 염모성분으로서 1.0 % 이하, 비산화염모제에서 용법·용량에 따른 혼합물의 염모성분으로서 2.0 % 이하는 제외)	95576-89-9	에이치시 적색 No. 10
	95576-92-4	에이치시 적색 No. 11
2-아미노-3-니트로페놀 및 그 염류	603-85-0	2-아미노-3-니트로페놀
2-아미노-4-니트로페놀	99-57-0	
2-아미노-5-니트로페놀	121-88-0	
황산 2-아미노-5-니트로페놀	112700-08-0	
p-아미노-*o*-니트로페놀(4-아미노-2-니트로페놀)	119-34-6	

원료명	CAS No.	화학 물질명
4-아미노-3-니트로페놀 및 그 염류(다만, 4-아미노-3-니트로페놀은 산화염모제에서 용법·용량에 따른 혼합물의 염모성분으로서 1.5 % 이하, 비산화염모제에서 용법·용량에 따른 혼합물의 염모성분으로서 1.0 % 이하는 제외)	610-81-1	4-아미노-3-니트로페놀
2,2'-[(4-아미노-3-니트로페닐)이미노]바이세타놀 하이드로클로라이드 및 그 염류(예 : 에이치시 적색 No. 13)(다만, 하이드로클로라이드염으로서 산화염모제에서 용법·용량에 따른 혼합물의 염모성분으로서 1.5 % 이하, 비산화염모제에서 용법·용량에 따른 혼합물의 염모성분으로서 1.0 % 이하는 제외)	94158-13-1	2,2'-[(4-아미노-3-니트로페닐)이미노]바이세타놀 하이드로클로라이드 (에이치시 적색 No. 13)
(8-[(4-아미노-2-니트로페닐)아조]-7-하이드록시-2-나프틸)트리메칠암모늄 및 그 염류(베이직브라운 17의 불순물로 있는 베이직레드 118 제외)	71134-97-9	(8-[(4-아미노-2-니트로페닐)아조]-7-하이드록시-2-나프틸)트리메칠암모늄 및 그 염류(베이직브라운 17의 불순물로 있는 베이직레드 118 제외)

원료명	CAS No.	화학 물질명	원료명	CAS No.	화학 물질명
1-아미노-4-[[4-[(디메칠아미노)메칠]페닐]아미노]안트라퀴논 및 그 염류	12217-43-5	1-아미노-4-[[4-[(디메칠아미노)메칠]페닐]아미노]안트라퀴논	2-[(4-아미노-2-메칠-5-니트로페닐)아미노]에탄올 및 그 염류(예 : 에이치시 자색 No. 1)(다만, 산화염모제에서 용법·용량에 따른 혼합물의 염모성분으로서 0.25 % 이하, 비산화염모제에서 용법·용량에 따른 혼합물의 염모성분으로서 0.28 % 이하는 제외)	82576-75-8	2-[(4-아미노-2-메칠-5-니트로페닐)아미노]에탄올
	67905-56-0	1-아미노-4-[[4-[(디메칠아미노)메칠]페닐]아미노]안트라퀴논 모노하이드로클로라이드			
6-아미노-2-((2,4-디메칠페닐)-1H-벤즈[de]이소퀴놀린-1,3-(2 H)-디온(솔벤트옐로우 44) 및 그 염류	2478-20-8	6-아미노-2-((2,4-디메칠페닐)-1H-벤즈[de]이소퀴놀린-1,3-(2 H)-디온(솔벤트옐로우 44)	2-[(3-아미노-4-메톡시페닐)아미노]에탄올 및 그 염류(예 : 2-아미노-4-하이드록시에칠아미노아니솔)(다만, 산화염모제에서 용법·용량에 따른 혼합물의 염모성분으로서 1.5 % 이하는 제외)	83763-47-7	2-아미노-4-하이드록시에칠아미노아니솔
5-아미노-2,6-디메톡시-3-하이드록시피리딘 및 그 염류	104333-03-1	5-아미노-2,6-디메톡시-3-하이드록시피리딘		83763-48-8	2-아미노-4-하이드록시에칠아미노아니솔 설페이트
3-아미노-2,4-디클로로페놀 및 그 염류(다만, 3-아미노-2,4-디클로로페놀 및 그 염산염은 염모제에서 용법·용량에 따른 혼합물의 염모성분으로 염산염으로서 1.5 % 이하는 제외)	61693-42-3	3-아미노-2,4-디클로로페놀	4-아미노벤젠설포닉애씨드 및 그 염류	121-57-3	4-아미노벤젠설포닉애씨드
	61693-43-4	3-아미노-2,4-디클로로페놀 하이드로클로라이드		515-74-2	4-아미노벤젠설포닉애씨드 쇼듐염
			4-아미노벤조익애씨드 및 아미노기(-NH₂)를 가진 그 에스텔	150-13-0	4-아미노벤조익애씨드
2-아미노메칠-p-아미노페놀 및 그 염산염	79352-72-0	2-아미노메칠-p-아미노페놀	2-아미노-1,2-비스(4-메톡시페닐)에탄올 및 그 염류	530-34-7	2-아미노-1,2-비스(4-메톡시페닐)에탄올
				5934-19-0	2-아미노-1,2-비스(4-메톡시페닐)에탄올 하이드로클로라이드

원료명	CAS No.	화학 물질명
4-아미노살리실릭애씨드 및 그 염류	65-49-6	4-아미노살리실릭애씨드
	133-15-63	4-아미노살리실릭애씨드 칼슘염 6수화물
	6018-19-5	4-아미노살리실릭애씨드 쇼듐염 2수화물
4-아미노아조벤젠	60-09-3	
1-(2-아미노에칠)아미노-4-(2-하이드록시에칠)옥시-2-니트로벤젠 및 그 염류 (예 : 에이치시 등색 No. 2) (다만, 비산화염모제에서 용법·용량에 따른 혼합물의 염모성분으로서 1.0 % 이하는 제외)	85765-48-6	1-(2-아미노에칠)아미노-4-(2-하이드록시에칠)옥시-2-니트로벤젠 (에이치시 등색 No. 2)
아미노카프로익애씨드 및 그 염류	60-32-2	아미노카프로익애씨드
	60-32-2	아미노카프로익애씨드 하이드로클로라이드
4-아미노-m-크레솔 및 그 염류(다만, 4-아미노-m-크레솔은 산화염모제에서 용법·용량에 따른 혼합물의 염모성분으로서 1.5 % 이하는 제외)	2835-99-6	4-아미노-m-크레솔
6-아미노-o-크레솔 및 그 염류	17672-22-9	6-아미노-o-크레솔

원료명	CAS No.	화학 물질명
2-아미노-6-클로로-4-니트로페놀 및 그 염류(다만, 2-아미노-6-클로로-4-니트로페놀은 염모제에서 용법·용량에 따른 혼합물의 염모성분으로서 2.0 % 이하는 제외)	6358-09-4	2-아미노-6-클로로-4-니트로페놀
	62625-14-3	2-아미노-6-클로로-4-니트로페놀 하이드로클로라이드
o-아미노페놀	95-55-6	
황산 o-아미노페놀	67845-79-8	
1-[(3-아미노프로필)아미노]-4-(메칠아미노)안트라퀴논 및 그 염류	22366-99-0	1-[(3-아미노프로필)아미노]-4-(메칠아미노)안트라퀴논
4-아미노-3-플루오로페놀	399-95-1	
5-[(4-[(7-아미노-1-하이드록시-3-설포-2-나프틸)아조]-2,5-디에톡시페닐)아조]-2-[(3-포스포노페닐)아조]벤조익애씨드 및 5-[(4-[(7-아미노-1-하이드록시-3-설포-2-나프틸)아조]-2,5-디에톡시페닐)아조]-3-[(3-포스포노페닐)아조벤조익애씨드	163879-69-4	
3(또는 5)-[[4-[(7-아미노-1-하이드록시-3-설포네이토-2-나프틸)아조]-1-나프틸]아조]살리실릭애씨드 및 그 염류	3442-21-5	5-[[4-[(7-아미노-1-하이드록시-3-설포네이토-2-나프틸)아조]-1-나프틸]아조]살리실릭애씨드 소듐염

원료명	CAS No.	화학 물질명
	34977-63-4	3-[[4-[(7-아미노-1-하이드록시-3-설포네이토-2-나프틸)아조]-1-나프틸]아조]살리실릭애씨드 소듐염
*Ammi majus*및 그 생약제제	90320-46-0	Ammi majus, ext.
아미트롤	61-82-5	
아미트리프틸린 및 그 염류	50-48-6	아미트리프틸린
	549-18-8	아미트리프틸린 하이드로클로라이드
아밀나이트라이트	110-46-3	아밀나이트라이트
아밀 4-디메칠아미노벤조익애씨드(펜틸디메칠파바, 파디메이트 A)	14779-78-3	
과산화물가가 10mmol/L을 초과하는 *Abies balsamea*잎의 오일 및 추출물	85085-34-3	Fir, Abies balsamea, ext.
과산화물가가 10mmol/L을 초과하는 *Abies sibirica* 잎의 오일 및 추출물	91697-89-1	Fir, Abies sibirica, extract
과산화물가가 10mmol/L을 초과하는 *Abies alba*열매의 오일 및 추출물	90028-76-5	Abies alba extract
과산화물가가 10mmol/L을 초과하는 *Abies alba* 잎의 오일 및 추출물	90028-76-5	Abies alba extract

원료명	CAS No.	화학 물질명
과산화물가가 10mmol/L을 초과하는 *Abies pectinata*잎의 오일 및 추출물	92128-34-2	Fir, Abies pectinata, ext.
아세노코우마롤	152-72-7	
아세타마이드	60-35-5	
아세토나이트릴	75-05-8	
아세토페논, 포름알데하이드, 사이클로헥실아민, 메탄올 및 초산의 반응물	-	
(2-아세톡시에칠)트리메칠암모늄히드록사이드(아세틸콜린 및 그 염류)	51-84-3	아세틸콜린
	60-31-1	아세틸콜린 클로라이드
	66-23-9	아세틸콜린 브로마이드
	2260-50-6	아세틸콜린 요오드
	927-86-6	아세틸콜린 퍼클로레이트
N-[2-(3-아세틸-5-니트로치오펜-2-일아조)-5-디에칠아미노페닐]아세타마이드	777891-21-1	
3-[(4-(아세틸아미노)페닐)아조]4-4하이드록시-7-[[[[5-하이드록시-6-(페닐아조)-7-설포-2-나프탈레닐]아미노]카보닐]아미노]-2-나프탈렌설포닉애씨드 및 그 염류	3441-14-3	3-[(4-(아세틸아미노)페닐)아조]4-4하이드록시-7-[[[[5-하이드록시-6-(페닐아조)-7-설포-2-나프탈레닐]아미노]카보닐]아미노]-2-나프탈렌설포닉애씨드

원료명	CAS No.	화학 물질명
5-(아세틸아미노)-4-하이드록시-3-((2-메칠페닐)아조)-2,7-나프탈렌디설포닉애씨드 및 그 염류	6441-93-6	5-(아세틸아미노)-4-하이드록시-3-((2-메칠페닐)아조)-2,7-나프탈렌디설포닉애씨드
아자시클로놀 및 그 염류	115-46-8	아자시클로놀
	1798-50-1	아자시클로놀 하이드로클로라이드
아자페니딘	68049-83-2	
아조벤젠	103-33-3	
아지리딘	151-56-4	
아코니툼(Aconitum)속 및 그 생약제제	84603-50-9	Aconitum napellus, ext.
아코니틴 및 그 염류	302-27-2	아코니틴
아크릴로니트릴	107-13-1	
아크릴아마이드(다만, 폴리아크릴아마이드류에서 유래되었으며, 사용 후 씻어내지 않는 바디화장품에 0.1ppm, 기타 제품에 0.5ppm 이하인 경우에는 제외)	79-06-1	
아트라놀	526-37-4	
Atropa belladonna L.및 그 제제	8007-93-0	belladonna extract
아트로핀, 그 염류 및 유도체	51-55-8	아트로핀
	55-48-1	아트로핀 설페이트
아포몰핀 및 그 염류	58-00-4	아포몰핀
	41372-20-7	아포몰핀 하이드로클로라이드

원료명	CAS No.	화학 물질명
Apocynum cannabinum L. 및 그 제제	84603-51-0	Apocynum cannabinum root extract
안드로겐효과를 가진 물질	-	
안트라센오일	120-12-7	
스테로이드 구조를 갖는 안티안드로겐	-	
안티몬 및 그 화합물	7440-36-0	안티몬
알드린	309-00-2	
알라클로르	15972-60-8	
알로클아미드 및 그 염류	5486-77-1	알로클아미드
알로클아미드 및 그 염류	5107-01-7	알로클아미드 하이드로클로라이드
알릴글리시딜에텔	106-92-3	
2-(4-알릴-2-메톡시페녹시)-N,N-디에칠아세트아미드 및 그 염류	305-13-5	2-(4-알릴-2-메톡시페녹시)-N,N-디에칠아세트아미드
4-알릴-2,6-비스(2,3-에폭시프로필)페놀, 4-알릴-6-[3-[6-[3-(4-알릴-2,6-비스(2,3-에폭시프로필)페녹시)-2-하이드록시프로필]-4-알릴-2-(2,3-에폭시프로필)페녹시]-2-하이드록시프로필]-4-알릴-2-(2,3-에폭시프로필)페녹시]-2-하이드록시프로필-2-		

451

원료명	CAS No.	화학 물질명
(2,3-에폭시프로필)페놀, 4-알릴-6-[3-(4-알릴-2,6-비스(2,3-에폭시프로필)페녹시)-2-하이드록시프로필]-2-(2,3-에폭시프로필)페놀, 4-알릴-6-[3-[6-[3-(4-알릴-2,6-비스(2,3-에폭시프로필)페녹시)-2-하이드록시프로필]-4-알릴-2-(2,3-에폭시프로필)페녹시]-2-하이드록시프로필]-2-(2,3-에폭시프로필)페놀의 혼합물	-	
알릴이소치오시아네이트	57-06-7	
에스텔의 유리알릴알코올농도가 0.1%를 초과하는 알릴에스텔류	-	
알릴클로라이드(3-클로로프로펜)	107-05-1	
2급 알칸올아민 및 그 염류	-	
알칼리 설파이드류 및 알칼리토 설파이드류	-	
2-알칼리펜타시아노니트로실페레이트	14402-89-2 / 13755-38-9	
알킨알코올 그 에스텔, 에텔 및 염류	-	
o-알킬디치오카르보닉애씨드의 염	1000-90-4	Zinc O,O'-di-isopropyl bis(dithiocarbonate)

원료명	CAS No.	화학 물질명
	140-93-2	Sodium O-isopropyl dithiocarbonate
	140-92-1	Potassium O-isopropyl dithiocarbonate
2급 알킬아민 및 그 염류	-	
암모늄노나데카플루오로데카노에이트	3108-42-7	
암모늄퍼플루오로노나노에이트	4149-60-4	
2-{4-(2-암모니오프로필아미노)-6-[4-하이드록시-3-(5-메칠-2-메톡시-4-설파모일페닐아조)-2-설포네이토나프트-7-일아미노]-1,3,5-트리아진-2-일아미노}-2-아미노프로필포메이트	784157-49-9	
애씨드오렌지24(CI 20170)	1320-07-6	
애씨드레드73(CI 27290)	5413-75-2	
애씨드블랙 131 및 그 염류	12219-01-1	애씨드블랙 131
에르고칼시페롤 및 콜레칼시페롤(비타민D$_2$와 D$_3$)	50-14-6	에르고칼시페롤 (비타민D$_2$)
	67-97-0	콜레칼시페롤(비타민 D$_3$)
에리오나이트	12510-42-8	
에메틴, 그 염류 및 유도체	483-18-1	에메틴
	316-42-7	에메틴 디하이드로클로라이드

원료명	CAS No.	화학 물질명
에스트로겐	56-53-1	Diethylstilbes-trol
	569-57-3	Chlorotrian-isene
	63528-82-5	Diethylstilbes-trol disodium salt
	7001-56-1	Pentagestrone
	50-27-1	Estriol
	84-19-5	Dienestrol diacetate
	85-95-0	Benzestrol
	479-68-5	Broparestrol
	1247-71-8	Colpormon
	474-86-2	Equilin
	517-09-9	Equilenin
	84-17-3	Dienestrol
	5635-50-7	Hexestrol
	84-16-2	meso-Hex-estrol
	72-33-3	Mestranol
	517-18-0	Methallenestril
	34816-55-2	Moxestrol
	130-73-4	Methestrol
	5108-94-1	Mytatrienediol
	1150-90-9	Estratetraenol
	152-43-2	Quinestrol
	520-34-3	Diosmetin
	50-28-2	Estradiol
	1169-79-5	Quinestradol
	512-04-9	Diosgenin
	57-63-6	Ethinyl estradiol
에제린 또는 피조스티그민 및 그 염류	57-47-6	에제린(피조스티그민)
	64-47-1	에제린 설페이트

원료명	CAS No.	화학 물질명
에이치시 녹색 No. 1	52136-25-1	
에이치시 적색 No. 8 및 그 염류	13556-29-1	에이치시 적색 No. 8
	97404-14-3	에이치시 적색 No. 8 모노하이드로클로하이드
에이치시 청색 No. 11	23920-15-2	
에이치시 황색 No. 11	73388-54-2	
에이치시 등색 No. 3	81612-54-6	
에치온아미드	536-33-4	
에칠렌글리콜 디메칠에텔(EGDME)	110-71-4	
2,2'-[(1,2'-에칠렌디일)비스[5-((4-에톡시페닐)아조]벤젠설포닉애씨드) 및 그 염류	2870-32-8	2,2'-[(1,2'-에칠렌디일)비스[5-((4-에톡시페닐)아조]벤젠설포닉애씨드)
에칠렌옥사이드	75-21-8	
3-에칠-2-메칠-2-(3-메칠부틸)-1,3-옥사졸리딘	143860-04-2	
1-에칠-1-메칠몰포리늄 브로마이드	65756-41-4	
1-에칠-1-메칠피롤리디늄 브로마이드	69227-51-6	
에칠비스(4-히드록시-2-옥소-1-벤조피란-3-일)아세테이트 및 그 산의 염류	548-00-5	에칠비스(4-히드록시-2-옥소-1-벤조피란-3-일)아세테이트
4-에칠아미노-3-니트로벤조익애씨드 (N-에칠-3-니트로 파바) 및 그 염류	2788-74-1	4-에칠아미노-3-니트로벤조익애씨드
에칠아크릴레이트	140-88-5	

453

원료명	CAS No.	화학 물질명
3'-에칠-5',6',7',8'-테트라히드로-5',6',8',8',-테트라메칠-2'-아세토나프탈렌(아세틸에칠테트라메칠테트라린, AETT)	88-29-9	
에칠페나세미드(페네투라이드)	90-49-3	
2-[[4-[에칠(2-하이드록시에칠)아미노]페닐]아조]-6-메톡시-3-메칠-벤조치아졸리움 및 그 염류	12270-13-2	2-[[4-[에칠(2-하이드록시에칠)아미노]페닐]아조]-6-메톡시-3-메칠-벤조치아졸리움
2-에칠헥사노익애씨드	149-57-5	
2-에칠헥실[[[3,5-비스(1,1-디메칠에칠)-4-하이드록시페닐]-메칠]치오]아세테이트	80387-97-9	
O,O'-(에테닐메칠실릴렌디[(4-메칠펜탄-2-온)옥심]	156145-66-3	
에토헵타진 및 그 염류	77-15-6	에토헵타진
	5982-61-6	에토헵타진 하이드로클로라이드
7-에톡시-4-메칠쿠마린	87-05-8	
4'-에톡시-2-벤즈이미다졸아닐라이드	120187-29-3	
2-에톡시에탄올(에칠렌글리콜 모노에칠에텔, EGMEE)	110-80-5	
에톡시에탄올아세테이트	111-15-9	

원료명	CAS No.	화학 물질명
5-에톡시-3-트리클로로메칠-1,2,4-치아디아졸	2593-15-9	
4-에톡시페놀(히드로퀴논모노에칠에텔)	622-62-8	
4-에톡시-m-페닐렌디아민 및 그 염류(예 : 4-에톡시-m-페닐렌디아민 설페이트)	5862-77-1	4-에톡시-m-페닐렌디아민
	67801-06-3	4-에톡시-m-페닐렌디아민 디클로라이드
	68015-98-5 / 6219-69-8	4-에톡시-m-페닐렌디아민 설페이트
에페드린 및 그 염류	299-42-3	에페드린
	50-98-6	에페드린 하이드로클로라이드
	134-72-5	에페드린 설페이트
1,2-에폭시부탄	106-88-7	
(에폭시에칠)벤젠	96-09-3	
1,2-에폭시-3-페녹시프로판	122-60-1	
R-2,3-에폭시-1-프로판올	57044-25-4	
2,3-에폭시프로판-1-올	556-52-5	
2,3-에폭시프로필-o-톨일에텔	2210-79-9	
에피네프린	51-43-4	
옥사디아질	39807-15-3	
(옥사릴비스이미노에칠렌)비스((o-클로로벤질)디에칠암모늄)염류, (예 : 암베노뮴클로라이드)	115-79-7	암베노뮴클로라이드

원료명	CAS No.	화학 물질명
옥산아미드 및 그 유도체	126-93-2	옥산아미드
옥스페네리딘 및 그 염류	546-32-7	옥스페네리딘
4,4'-옥시디아닐린(p-아미노페닐 에텔) 및 그 염류	101-80-4	4,4'-옥시디아닐린(p-아미노페닐 에텔)
(s)-옥시란메탄올 4-메칠벤젠설포네이트	70987-78-9	
옥시염화비스머스 이외의 비스머스화합물	-	
옥시퀴놀린(히드록시-8-퀴놀린 또는 퀴놀린-8-올) 및 그 황산염	148-24-3	옥시퀴놀린(히드록시-8-퀴놀린 또는 퀴놀린-8-올)
	134-31-6	옥시퀴놀린 설페이트
옥타목신 및 그 염류	4684-87-1	옥타목신
	3848-07-6 / 3506-13-6	옥타목신 설페이트
옥타밀아민 및 그 염류	502-59-0	옥타밀아민
	5964-56-7	옥타밀아민 하이드로클로라이드
옥토드린 및 그 염류	543-82-8	옥토드린
	5984-59-8	옥토드린 하이드로클로라이드
올레안드린	465-16-7	
와파린 및 그 염류	81-81-2	와파린
	2610-86-8	와파린 포타슘
	129-06-6	와파린 소듐
요도메탄	74-88-4	
요오드	7553-56-2	

원료명	CAS No.	화학 물질명
요힘빈 및 그 염류	146-48-5	요힘빈
	65-19-0	요힘빈 하이드로클로라이드
우레탄(에칠카바메이트)	51-79-6	
우로카닌산, 우로카닌산에칠	104-98-3	우로카닌산
	27538-35-8	우로카닌산에칠
Urginea scilla Stern. 및 그 생약제제	84650-62-4	Urginea maritima, ext.
우스닉산 및 그 염류 (구리염 포함)	125-46-2	우스닉산
	34769-44-3	우스닉산 소듐
2,2'-이미노비스-에탄올, 에피클로로히드린 및 2-니트로-1,4-벤젠디아민의 반응생성물(에이치시 청색 No. 5) 및 그 염류	68478-64-8 / 158571-58-5	에이치시 청색 No. 5
(마이크로-((7,7'-이미노비스(4-하이드록시-3-((2-하이드록시-5-(N-메칠설파모일)페닐)아조)나프탈렌-2-설포네이토))(6-)))디쿠프레이트 및 그 염류	37279-54-2	(마이크로-((7,7'-이미노비스(4-하이드록시-3-((2-하이드록시-5-(N-메칠설파모일)페닐)아조)나프탈렌-2-설포네이토))(6-)))디쿠프레이트
4,4'-(4-이미노사이클로헥사-2,5-디에닐리덴메칠렌)디아닐린 하이드로클로라이드	569-61-9	
이미다졸리딘-2-치온	96-45-7	
과산화물가가 10mmol/L을 초과하는 이소디프렌	13466-78-9	이소디프렌

원료명	CAS No.	화학 물질명
이소메트헵텐 및 그 염류	503-01-5	이소메트헵텐
	6168-86-1	이소메트헵텐 하이드로클로라이드
이소부틸나이트라이트	542-56-3	
4,4'-이소부틸에칠리덴디페놀	6807-17-6	
이소소르비드디나이트레이트	87-33-2	
이소카르복사지드	59-63-2	
이소프레나린	7683-59-2	
이소프렌(2-메칠-1,3-부타디엔)	78-79-5	
6-이소프로필-2-데카하이드로나프탈렌올 (6-이소프로필-2-데카롤)	34131-99-2	
3-(4-이소프로필페닐)-1,1-디메칠우레아 (이소프로투론)	34123-59-6	
(2-이소프로필펜트-4-에노일)우레아 (아프로날리드)	528-92-7	
이속사풀루톨	141112-29-0	
이속시닐 및 그 염류	1689-83-4	이속시닐
	2961-62-8	이속시닐 소듐
	2961-61-7	이속시닐 리튬
이부프로펜피코놀, 그 염류 및 유도체	64622-45-3	이부프로펜피코놀
Ipecacuanha(Cephaelis ipecacuaha Brot. 및 관련된 종) (뿌리, 가루 및 생약제제)	8012-96-2	IPECAC(Cephaelis ipecacuaha)
이프로디온	36734-19-7	

원료명	CAS No.	화학 물질명
인체 세포·조직 및 그 배양액(다만, 배양액 중 별표 3의 인체 세포·조직 배양액 안전기준에 적합한 경우는 제외)	-	
인태반(Human Placenta) 유래 물질	-	
인프로쿠온	436-40-8	
임페라토린(9-(3-메칠부트-2-에니록시) 푸로(3,2-g)크로멘-7온)	482-44-0	
자이람	137-30-4	
자일렌(다만, 화장품 원료의 제조공정에서 용매로 사용되었으나 완전히 제거할 수 없는 잔류용매로서 화장품법 시행규칙 [별표 3] 자. 손발톱용 제품류 중 1), 2), 3), 5)에 해당하는 제품 중 0.01%이하, 기타 제품 중 0.002% 이하인 경우 제외)	95-47-6	O-자일렌
	108-38-3	M-자일렌
자일로메타졸린 및 그 염류	526-36-3	자일로메타졸린
	1218-35-5	자일로메타졸린 하이드로클로라이드
자일리딘, 그 이성체, 염류, 할로겐화 유도체 및 설폰화 유도체	1300-73-8	자일리딘
	95-68-1	2,4-자일리딘
	87-62-7	2,6-자일리딘
	95-78-3	2,5-자일리딘
	95-64-7	3,4-자일리딘

원료명	CAS No.	화학 물질명
「잔류성오염물질 관리법」제2조제1호에 따라 지정하고 있는 잔류성오염물질 (잔류성오염물질의 관리에 관하여는 해당 법률에서 정하는 바에 따른다.)	-	
족사졸아민	61-80-3	
Juniperus sabina L.(잎, 정유 및 생약제제)	90046-04-1	Juniper, Juniperus sabina, ext.
지르코늄 및 그 산의 염류	7440-67-7	지르코늄
	14644-61-2	지르코늄 설페이트
	10026-11-6	지르코늄 클로라이드
천수국꽃 추출물 또는 오일	90131-43-4	
Chenopodium ambrosioides(정유)	8006-99-3	Chenopodium oil
치람	137-26-8	
4,4'-치오디아닐린 및 그 염류	139-65-1	4,4'-치오디아닐린
치오아세타마이드	62-55-5	
치오우레아 및 그 유도체	62-56-6	
치오테파	52-24-4	
치오판네이트-메칠	23564-05-8	
카드뮴 및 그 화합물	7440-43-9	카드뮴
카라미펜 및 그 염류	77-22-5	카라미펜
	125-85-9	카라미펜 하이드로클로라이드
카르벤다짐	10605-21-7	

원료명	CAS No.	화학 물질명
4,4'-카르본이미돌일비스[N,N-디메칠아닐린] 및 그 염류	492-80-8	4,4'-카르본이미돌일비스[N,N-디메칠아닐린]
카리소프로돌	78-44-4	
카바독스	6804-07-5	
카바릴	63-25-2	
N-(3-카바모일-3,3-디페닐프로필)-N,N-디이소프로필메칠암모늄염(예 : 이소프로파미드아이오다이드)	71-81-8	이소프로파미드 아이오다이드
카바졸의 니트로유도체	-	
7,7'-(카보닐디이미노)비스(4-하이드록시-3-[[2-설포-4-[(4-설포페닐)아조]페닐]아조-2-나프탈렌설포닉애씨드 및 그 염류	25188-41-4	7,7'-(카보닐디이미노)비스(4-하이드록시-3-[[2-설포-4-[(4-설포페닐)아조]페닐]아조-2-나프탈렌설포닉애씨드
	2610-10-8	7,7'-(카보닐디이미노)비스(4-하이드록시-3-[[2-설포-4-[(4-설포페닐)아조]페닐]아조-2-나프탈렌설포닉애씨드 헥사소듐
카본디설파이드	75-15-0	
카본모노옥사이드(일산화탄소)	630-08-0	

457

원료명	CAS No.	화학 물질명
카본블랙(다만, 불순물 중 벤조피렌과 디벤즈(a,h)안트라센이 각각 5ppb 이하이고 총 다환방향족탄화수소류(PAHs)가 0.5ppm 이하인 경우에는 제외)	1333-86-4	
카본테트라클로라이드	56-23-5	
카부트아미드	339-43-5	
카브로말	77-65-6	
카탈라아제	9001-05-2	
카테콜(피로카테콜)	120-80-9	
칸타리스, *Cantharis vesicatoria*	92457-17-5	
캡타폴	2425-06-1	
캡토디암	486-17-9	
케토코나졸	65277-42-1	
Coniummaculatum L.(과실, 가루, 생약제제)	85116-75-2	Conium maculatum extract
코니인	458-88-8	
코발트디클로라이드(코발트클로라이드)	7646-79-9	
코발트벤젠설포네이트	23384-69-2	
코발트설페이트	10124-43-3	
코우메타롤	4366-18-1	
콘발라톡신	508-75-8	
콜린염 및 에스텔(예 : 콜린클로라이드)	67-48-1	콜린클로라이드
콜키신, 그 염류 및 유도체	64-86-8	콜키신
콜키코시드 및 그 유도체	477-29-2	콜키코시드
*Colchicum autumnale L.*및 그 생약제제	84696-03-7	Colchicum autumnale, ext.
콜타르 및 정제콜타르	8007-45-2	콜타르

원료명	CAS No.	화학 물질명
쿠라레와 쿠라린	8063-06-7	쿠라레
	22260-42-0	쿠라린
합성 쿠라리잔트(Curarizants)	57-95-4	Tubocurarine
	57-94-3	tubocurarine chloride
과산화물가가 10mmol/L을 초과하는 *Cupressus sempervirens* 잎의 오일 및 추출물	84696-07-1	Cupressus sempervirens extract
	8013-86-3	Cupressus sempervirens oil
크로톤알데히드(부테날)	123-73-9	
	4170-30-3	
Croton tiglium(오일)	8001-28-3	
3-(4-클로로페닐)-1,1-디메칠우로늄 트리클로로아세테이트 ; 모누론-TCA	140-41-0	
크롬 ; 크로믹애씨드 및 그 염류	7440-47-3	크롬
	7738-94-5	크로믹애씨드
크리센	218-01-9	
크산티놀(7-{2-히드록시-3-[N-(2-히드록시에칠)-N-메칠아미노]프로필}테오필린)	2530-97-4	
Claviceps purpurea Tul., 그 알칼로이드 및 생약제제	84775-56-4	Ergot, Claviceps purpurea, ext.
1-클로로-4-니트로벤젠	100-00-5	
2-[(4-클로로-2-니트로페닐)아미노]에탄올(에이치시 황색 No. 12) 및 그 염류	59320-13-7	2-[(4-클로로-2-니트로페닐)아미노]에탄올(에이치시 황색 No. 12)

원료명	CAS No.	화학 물질명
2-[(4-클로로-2-니트로페닐)아조)-N-(2-메톡시페닐)-3-옥소부탄올아마이드(피그먼트옐로우 73) 및 그 염류	13515-40-7	2-[(4-클로로-2-니트로페닐)아조)-N-(2-메톡시페닐)-3-옥소부탄올아마이드
2-클로로-5-니트로-N-하이드록시에칠-p-페닐렌디아민 및 그 염류	50610-28-1	2-클로로-5-니트로-N-하이드록시에칠-p-페닐렌디아민
클로로데콘	143-50-0	
2,2'-((3-클로로-4-((2,6-디클로로-4-니트로페닐)아조)페닐)이미노)비스에탄올(디스퍼스브라운 1) 및 그 염류	23355-64-8	2,2'-((3-클로로-4-((2,6-디클로로-4-니트로페닐)아조)페닐)이미노)비스에탄올(디스퍼스브라운 1)
5-클로로-1,3-디하이드로-2H-인돌-2-온	17630-75-0	
[6-[[3-클로로-4-(메칠아미노)페닐]이미노]-4-메칠-3-옥소사이클로헥사-1,4-디엔-1-일]우레아(에이치시 적색 No. 9) 및 그 염류	56330-88-2	[6-[[3-클로로-4-(메칠아미노)페닐]이미노]-4-메칠-3-옥소사이클로헥사-1,4-디엔-1-일]우레아(에이치시 적색 No. 9)
클로로메칠 메칠에텔	107-30-2	
2-클로로-6-메칠피리미딘-4-일디메칠아민(크리미딘-ISO)	535-89-7	
클로로메탄	74-87-3	
p-클로로벤조트리클로라이드	5216-25-1	

원료명	CAS No.	화학 물질명
N-5-클로로벤족사졸-2-일아세트아미드	35783-57-4	
4-클로로-2-아미노페놀	95-85-2	
클로로아세타마이드	79-07-2	
클로로아세트알데히드	107-20-0	
클로로아트라놀	57074-21-2	
6-(2-클로로에칠)-6-(2-메톡시에톡시)-2,5,7,10-테트라옥사-6-실라운데칸	37894-46-5	
2-클로로-6-에칠아미노-4-니트로페놀 및 그 염류(다만, 산화염모제에서 용법·용량에 따른 혼합물의 염모성분으로서 1.5 % 이하, 비산화염모제에서 용법·용량에 따른 혼합물의 염모성분으로서 3 % 이하는 제외)	131657-78-8	2-클로로-6-에칠아미노-4-니트로페놀
클로로에탄	75-00-3	
1-클로로-2,3-에폭시프로판	106-89-8	
R-1-클로로-2,3-에폭시프로판	51594-55-9	
클로로탈로닐	1897-45-6	
클로로톨루론 ; 3-(3-클로로-p-톨일)-1,1-디메칠우레아	15545-48-9	
α-클로로톨루엔	100-44-7	
N'-(4-클로로-o-톨일)-N,N-디메칠포름아미딘 모노하이드로클로라이드	19750-95-9	

459

원료명	CAS No.	화학 물질명
1-(4-클로로페닐)-4,4-디메칠-3-(1,2,4-트리아졸-1-일메칠)펜타-3-올	107534-96-3	
(3-클로로페닐)-(4-메톡시-3-니트로페닐)메타논	66938-41-8	
(2RS,3RS)-3-(2-클로로페닐)-2-(4-플루오로페닐)-[1H-1,2,4-트리아졸-1-일)메칠]옥시란(에폭시코나졸)	133855-98-8	
2-(2-(4-클로로페닐)-2-페닐아세틸)인단 1,3-디온(클로로파시논-ISO)	3691-35-8	
클로로포름	67-66-3	
클로로프렌(2-클로로부타-1,3-디엔)	126-99-8	
클로로플루오로카본 추진제(완전하게 할로겐화 된 클로로플루오로알칸)	-	
황산 o-클로로-p-페닐렌디아민	61702-44-1	
2-클로로-N-(히드록시메칠)아세트아미드	2832-19-1	

원료명	CAS No.	화학 물질명
N-[(6-[(2-클로로-4-하이드록시페닐)이미노]-4-메톡시-3-옥소-1,4-사이클로헥사디엔-1-일]아세타마이드(에이치시 황색 No. 8) 및 그 염류	66612-11-1	N-[(6-[(2-클로로-4-하이드록시페닐)이미노]-4-메톡시-3-옥소-1,4-사이클로헥사디엔-1-일]아세타마이드(에이치시 황색 No. 8)
클로르단	57-74-9	
클로르디메폼	6164-98-3	
클로르메자논	80-77-3	
클로르메틴 및 그 염류	51-75-2	클로르메틴
	55-86-7	클로르메틴 하이드로클로라이드
클로르족사존	95-25-0	
클로르탈리돈	77-36-1	
클로르프로티센 및 그 염류	113-59-7	클로르프로티센
	6469-93-8	클로르프로티센 하이드로클로라이드
클로르프로파미드	94-20-2	
클로린	7782-50-5	
클로졸리네이트	84332-86-5	
클로페노탄 ; DDT(ISO)	50-29-3	
클로펜아미드	671-95-4	
키노메치오네이트	2439-01-2	
타크로리무스 (tacrolimus), 그 염류 및 유도체	104987-11-3	타크로리무스
탈륨 및 그 화합물	7440-28-0	탈륨
탈리도마이드 및 그 염류	50-35-1	탈리도마이드

원료명	CAS No.	화학 물질명
대한민국약전(식품의 약품안전처 고시) '탤크'항 중 석면기준에 적합하지 않은 탤크	14807-96-6	탤크
과산화물가가 10mmol/L을 초과하는 테르펜 및 테르페노이드(다만, 리모넨류는 제외)	-	
과산화물가가 10mmol/L을 초과하는 신핀 테르펜 및 테르페노이드(sinpine terpenes and terpenoids)	68917-63-5	Terpenes and Terpenoids, sinpine
과산화물가가 10mmol/L을 초과하는 테르펜 알코올류의 아세테이트	69103-01-1	테르펜 알코올 아세테이트
과산화물가가 10mmol/L을 초과하는 테르펜하이드로카본	68956-56-9	테르펜하이드로카본
과산화물가가 10mmol/L을 초과하는 α-테르피넨	99-86-5	α-테르피넨
과산화물가가 10mmol/L을 초과하는 γ-테르피넨	99-85-4	γ-테르피넨
과산화물가가 10mmol/L을 초과하는 테르피놀렌	586-62-9	테르피놀렌
Thevetia neriifolia juss, 배당체 추출물	90147-54-9	Yellow oleander, ext.

원료명	CAS No.	화학 물질명
N,N,N',N'-테트라글리시딜-4,4'-디아미노-3,3'-디에칠디페닐메탄	130728-76-6	
N,N,N',N-테트라메칠-4,4'-메칠렌디아닐린	101-61-1	
테트라베나진 및 그 염류	58-46-8	테트라베나진
테트라브로모살리실아닐리드	-	
테트라소듐 3,3'-[[1,1'-비페닐]-4,4'-디일비스(아조)]비스[5-아미노-4-하이드록시나프탈렌-2,7-디설포네이트](다이렉트 블루 6)	2602-46-2	
1,4,5,8-테트라아미노안트라퀴논(디스퍼스 블루1)	2475-45-8	
테트라에칠피로포스페이트 ; TEPP(ISO)	107-49-3	
테트라카보닐니켈	13463-39-3	
테트라카인 및 그 염류	94-24-6	테트라카인
	136-47-0	테트라카인 하이드로클로라이드
테트라코나졸 ((+/-)-2-(2,4-디클로로페닐)-3-(1H-1,2,4-트리아졸-1-일)프로필-1,1,2,2-테트라플루오로에칠에텔)	112281-77-3	
2,3,7,8-테트라클로로디벤조-*p*-디옥신	1746-01-6	

원료명	CAS No.	화학 물질명
테트라클로로살리실아닐리드	7426-07-5	
5,6,12,13-테트라클로로안트라(2,1,9-def:6,5,10-d'e'f')디이소퀴놀린-1,3,8,10(2H,9H)-테트론	115662-06-1	
테트라클로로에칠렌	127-18-4	
테트라키스-하이드록시메칠포스포늄 클로라이드, 우레아 및 증류된 수소화 C16-18 탈로우 알킬아민의 반응생성물 (UVCB 축합물)	166242-53-1	
테트라하이드로-6-니트로퀴노살린 및 그 염류	41959-35-7	테트라하이드로-6-니트로퀴노살린
	158006-54-3	테트라하이드로-6-니트로퀴노살린 모노하이드로클로라이드
테트라히드로졸린(테트리졸린) 및 그 염류	84-22-0	테트라히드로졸린
	522-48-5	테트라히드로졸린 하이드로클로라이드
테트라하이드로치오피란-3-카르복스알데하이드	61571-06-0	
(+/-)-테트라하이드로퓰릴-(R)-2-[4-(6-클로로퀴노살린-2-일옥시)페닐옥시]프로피오네이트	119738-06-6	

원료명	CAS No.	화학 물질명
테트릴암모늄브로마이드	71-91-0	
테파졸린 및 그 염류	1082-56-0	테파졸린
텔루륨 및 그 화합물	13494-80-9	텔루륨
토목향(Inula helenium) 오일	97676-35-2	Oils, elecampane
톡사펜	8001-35-2	
톨루엔-3,4-디아민	496-72-0	
톨루이디늄클로라이드	540-23-8	
톨루이딘, 그 이성체, 염류, 할로겐화 유도체 및 설폰화 유도체	26915-12-8	톨루이딘
	95-53-4	o-톨루이딘
	106-49-0	p-톨루이딘
o-톨루이딘계 색소류	-	
톨루이딘설페이트(1:1)	540-25-0	
m-톨리덴 디이소시아네이트	26471-62-5	
4-o-톨릴아조-o-톨루이딘	97-56-3	
톨복산	2430-46-8	
톨부트아미드	64-77-7	
[(톨일옥시)메칠]옥시란(크레실 글리시딜 에텔)	26447-14-3	
[(m-톨일옥시)메칠]옥시란	2186-25-6	
[(p-톨일옥시)메칠]옥시란	2186-24-5	
과산화물가가 10mmol/L을 초과하는 피누스(Pinus)속을 스팀증류하여 얻은 투르펜틴	8006-64-2	Turpentine, steam distilled (Pinus spp.)

원료명	CAS No.	화학 물질명
과산화물가가 10mmol/L을 초과하는 투르펜틴검(피누스(*Pinus*)속)	9005-90-7	Turpentine gum (Pinus spp.)
과산화물가가 10mmol/L을 초과하는 투르펜틴 오일 및 정제오일	8006-64-2	Turpentine oil and rectified oil
투아미노헵탄, 이성체 및 그 염류	123-82-0	투아미노헵탄
	6411-75-2	투아미노헵탄 설페이트
	1202543-58-5 / 101689-06-9	투아미노헵탄 하이드로클로라이드
과산화물가가 10mmol/L을 초과하는 *Thuja Occidentalis*나 무줄기의 오일	90131-58-1	Thuya occidentalis, ext.
과산화물가가 10mmol/L을 초과하는 *Thuja Occidentalis*잎의 오일 및 추출물	90131-58-1	Thuya occidentalis, ext.
트라닐시프로민 및 그 염류	155-09-9	트라닐시프로민
	13492-01-8	트라닐시프로민 설페이트
	1986-47-6	트라닐시프로민 하이드로클로라이드
트레타민	51-18-3	
트레티노인(레티노익 애씨드 및 그 염류)	302-79-4	트레티노인(레티노익애씨드)
트리니켈디설파이드	12035-72-2	
트리데모르프	24602-86-6	

원료명	CAS No.	화학 물질명
3,5,5-트리메칠사이클로헥스-2-에논	78-59-1	
2,4,5-트리메칠아닐린[1] ; 2,4,5-트리메칠아닐린 하이드로클로라이드[2]	137-17-7	2,4,5-트리메칠아닐린
	21436-97-5	2,4,5-트리메칠아닐린 하이드로클로라이드
3,6,10-트리메칠-3,5,9-운데카트리엔-2-온(메칠이소슈도이오논)	1117-41-5	
2,2,6-트리메칠-4-피페리딜벤조에이트(유카인) 및 그 염류	500-34-5	유카인
	555-28-2	유카인 하이드로클로라이드
3,4,5-트리메톡시펜에칠아민 및 그 염류	54-04-6	3,4,5-트리메톡시펜에칠아민
	832-92-8	3,4,5-트리메톡시펜에칠아민 하이드로클로라이드
트리부틸포스페이트	126-73-8	
3,4',5-트리브로모살리실아닐리드(트리브롬살란)	87-10-5	
2,2,2-트리브로모에탄올(트리브로모에칠알코올)	75-80-9	
트리소듐 비스(7-아세트아미도-2-(4-니트로-2-옥시도페닐아조)-3-설포네이토-1-나프톨라토)크로메이트(1-)	106084-79-1	

원료명	CAS No.	화학 물질명
트리소듐[4'-(8-아세틸아미노-3,6-디설포네이토-2-나프틸아조)-4"-(6-벤조일아미노-3-설포네이토-2-나프틸아조)-비페닐-1,3',3",1"'-테트라올라토-O,O',O",O"']코퍼(II)	164058-22-4	
1,3,5-트리스(3-아미노메칠페닐)-1,3,5-(1H,3H,5H)-트리아진-2,4,6-트리온 및 3,5-비스(3-아미노메칠페닐)-1-폴리[3,5-비스(3-아미노메칠페닐)-2,4,6-트리옥소-1,3,5-(1H,3H,5H)-트리아진-1-일]-1,3,5-(1H,3H,5H)-트리아진-2,4,6-트리온 올리고머의 혼합물	-	
1,3,5-트리스-[(2S 및 2R)-2,3-에폭시프로필]-1,3,5-트리아진-2,4,6-(1H,3H,5H)-트리온	59653-74-6	
1,3,5-트리스(옥시라닐메칠)-1,3,5-트리아진-2,4,6(1H,3H,5H)-트리온	2451-62-9	
트리스(2-클로로에칠)포스페이트	115-96-8	

원료명	CAS No.	화학 물질명
N1-(트리스(하이드록시메칠))-메칠-4-니트로-1,2-페닐렌디아민(에이치시 황색 No. 3) 및 그 염류	56932-45-7	N1-(트리스(하이드록시메칠))-메칠-4-니트로-1,2-페닐렌디아민(에이치시 황색 No. 3)
1,3,5-트리스(2-히드록시에칠)헥사히드로-1,3,5-트리아신	4719-04-4	
1,2,4-트리아졸	288-88-0	
트리암테렌 및 그 염류	396-01-0	트리암테렌
트리옥시메칠렌(1,3,5-트리옥산)	110-88-3	
트리클로로니트로메탄(클로로피크린)	76-06-2	
N-(트리클로로메칠치오)프탈이미드	133-07-3	
N-[(트리클로로메칠)치오]-4-사이클로헥센-1,2-디카르복시미드(캡탄)	133-06-2	
2,3,4-트리클로로부트-1-엔	2431-50-7	
트리클로로아세틱애씨드	76-03-9	
트리클로로에칠렌	79-01-6	
1,1,2-트리클로로에탄	79-00-5	
2,2,2-트리클로로에탄-1,1-디올	302-17-0	
α,α,α-트리클로로톨루엔	98-07-7	
2,4,6-트리클로로페놀	88-06-2	
1,2,3-트리클로로프로판	96-18-4	

원료명	CAS No.	화학 물질명
트리클로르메틴 및 그 염류	555-77-1	트리클로르메틴
	817-09-4	트리클로르메틴 하이드로클로라이드
트리톨일포스페이트	1330-78-5	
트리파라놀	78-41-1	
트리플루오로요오드메탄	2314-97-8	
트리플루페리돌	749-13-3	
1,2,4-트리하이드록시벤젠	533-73-3	
1,3,5-트리하이드록시벤젠(플로로글루시놀) 및 그 염류	108-73-6	1,3,5-트리하이드록시벤젠(플로로글루시놀)
티로트리신	1404-88-2	
티로프로픽애씨드 및 그 염류	51-26-3	티로프로픽애씨드
티아마졸	60-56-0	
티우람디설파이드	137-26-8	
티우람모노설파이드	97-74-5	
파라메타손	53-33-8	
파르에톡시카인 및 그 염류	94-23-5	파르에톡시카인
	136-46-9	파르에톡시카인 하이드로클로라이드
퍼플루오로노나노익애씨드	375-95-1	
2급 아민함량이 5%를 초과하는 패티애씨드 디알킬아마이드류 및 디알칸올아마이드류	-	
페나글리코돌	79-93-6	
페나디아졸	1008-65-7	
페나리몰	60168-88-9	
페나세미드	63-98-9	

원료명	CAS No.	화학 물질명
p-페네티딘(4-에톡시아닐린)	156-43-4	
페노졸론	15302-16-6	
페노티아진 및 그 화합물	92-84-2	페노티아진
페놀	108-95-2	
페놀프탈레인((3,3-비스(4-하이드록시페닐)프탈리드)	77-09-8	
페니라미돌	553-69-5	
o-페닐렌디아민 및 그 염류	95-54-5	o-페닐렌디아민
	615-28-1	o-페닐렌디아민 디클로라이드
m-페닐렌디아민	108-45-2	
염산 m-페닐렌디아민	541-69-5	
황산 m-페닐렌디아민	541-70-8	
페닐부타존	50-33-9	
4-페닐부트-3-엔-2-온	122-57-6	
페닐살리실레이트	118-55-8	
1-페닐아조-2-나프톨(솔벤트옐로우 14)	842-07-9	
4-(페닐아조)-m-페닐렌디아민 및 그 염류	495-54-5	4-(페닐아조)-m-페닐렌디아민
4-페닐아조페닐렌-1-3-디아민시트레이트히드로클로라이드(크리소이딘시트레이트히드로클로라이드)	5909-04-6	
(R)-α-페닐에칠암모늄(-)-(1R,2S)-(1,2-에폭시프로필)포스포네이트 모노하이드레이트	25383-07-7	

원료명	CAS No.	화학 물질명
2-페닐인단-1,3-디온 (페닌디온)	83-12-5	
페닐파라벤	17696-62-7	
트랜스-4-페닐-L-프롤린	96314-26-0	
페루발삼(Myroxylon pereirae의 수지)[다만, 추출물(extracts) 또는 증류물(distillates)로서 0.4% 이하인 경우는 제외]	8007-00-9	Balsam Peru
페몰린 및 그 염류	2152-34-3	페몰린
	18968-99-5	페몰린 마그네슘
페트리클로랄	78-12-6	
펜메트라진 및 그 유도체 및 그 염류	134-49-6	펜메트라진
	1707-14-8	펜메트라진 하이드로클로라이드
펜치온	55-38-9	
N,N'-펜타메칠렌비스(트리메칠암모늄)염류(예 : 펜타메토늄브로마이드)	541-20-8	펜타메토늄브로마이드
펜타에리트리틸테트라나이트레이트	78-11-5	
펜타클로로에탄	76-01-7	
펜타클로로페놀 및 그 알칼리 염류	87-86-5	펜타클로로페놀
	131-52-2	펜타클로로페놀 소듐염
	7778-73-6	펜타클로로페놀 포타슘염
펜틴 아세테이트	900-95-8	
펜틴 하이드록사이드	76-87-9	
2-펜틸리덴사이클로헥사논	25677-40-1	
펜프로바메이트	673-31-4	
펜프로코우몬	435-97-2	

원료명	CAS No.	화학 물질명
펜프로피모르프	67564-91-4	
펠레티에린 및 그 염류	4396-01-4	펠레티에린
	5984-61-2	펠레티에린 하이드로클로라이드
포름아마이드	75-12-7	
포름알데하이드 및 p-포름알데하이드	50-00-0	포름알데하이드
	30525-89-4	p-포름알데하이드
포스파미돈	13171-21-6	
포스포러스 및 메탈포스피드류	7723-14-0	포스포러스
포타슘브로메이트	7758-01-2	
폴딘메틸설페이드	545-80-2	
푸로쿠마린류(예 : 트리옥시살렌, 8-메톡시소랄렌, 5-메톡시소랄렌)(천연에센스에 자연적으로 함유된 경우는 제외. 다만, 자외선차단제품 및 인공선탠제품에서는 1ppm 이하이어야 한다.)	3902-71-4	트리옥시살렌
	298-81-7	8-메톡시소랄렌
	484-20-8	5-메톡시소랄렌
푸르푸릴트리메칠암모늄염(예 : 푸르트레토늄아이오다이드)	541-64-0	푸르트레토늄아이오다이드
폴루아지포프-부틸	69806-50-4	
폴미옥사진	103361-09-7	
퓨란	110-00-9	
프라모카인 및 그 염류	140-65-8	프라모카인
	637-58-1	프라모카인 하이드로클로라이드
프레그난디올	80-92-2	
프로게스토젠	-	

원료명	CAS No.	화학 물질명
프로그레놀론아세테이트	1778-02-5	
프로베네시드	57-66-9	
프로카인아미드, 그 염류 및 유도체	51-06-9	프로카인아미드
	614-39-1	프로카인아미드 하이드로클로라이드
	63887-34-3	프로카인아미드 설페이트
프로파지트	2312-35-8	
프로파진	139-40-2	
프로파틸나이트레이트	2921-92-8	
4,4'-[1,3-프로판디일비스(옥시)]비스벤젠-1,3-디아민 및 그 테트라하이드로클로라이드염(예 : 1,3-비스-(2,4-디아미노페녹시)프로판, 염산 1,3-비스-(2,4-디아미노페녹시)프로판 하이드로클로라이드)(다만, 산화염모제에서 용법·용량에 따른 혼합물의 염모성분으로서 산으로서 1.2 % 이하는 제외)	81892-72-0	1,3-비스-(2,4-디아미노페녹시)프로판
	74918-21-1	1,3-비스-(2,4-디아미노페녹시)프로판 하이드로클로라이드
1,3-프로판설톤	1120-71-4	
프로판-1,2,3-트리일트리나이트레이트	55-63-0	
프로피오락톤	57-57-8	
프로피자미드	23950-58-5	
프로피페나존	479-92-5	
Prunus laurocerasus L.	89997-54-6	Cherry laurel, ext.
프시로시빈	520-52-5	

원료명	CAS No.	화학 물질명
프탈레이트류(디부틸프탈레이트, 디에틸헥실프탈레이트, 부틸벤질프탈레이트에 한함)	84-74-2	디부틸프탈레이트
	117-81-7	디에틸헥실프탈레이트
	85-68-7	부틸벤질프탈레이트
플루실라졸	85509-19-9	
플루아니손	1480-19-9	
플루오레손	2924-67-6	
플루오로우라실	51-21-8	
플루지포프-*p*-부틸	79241-46-6	
피그먼트레드 53(레이크레드 C)	2092-56-0	
피그먼트레드 53:1(레이크레드 CBa)	5160-02-1	
피그먼트오렌지 5(파마넨트오렌지)	3468-63-1	
피나스테리드, 그 염류 및 유도체	98319-26-7	피나스테리드
과산화물가가 10mmol/L을 초과하는 *Pinus nigra* 잎과 잔가지의 오일 및 추출물	90082-74-9	Pine, Pinus nigra, ext.
과산화물가가 10mmol/L을 초과하는 *Pinus mugo* 잎과 잔가지의 오일 및 추출물	90082-72-7	Pine, Pinus mugo, extract
과산화물가가 10mmol/L을 초과하는 *Pinus mugo pumilio* 잎과 잔가지의 오일 및 추출물	90082-73-8	Pine, Pinus mugo pumilio, ext.

467

원료명	CAS No.	화학 물질명
과산화물가가 10mmol/L을 초과하는 *Pinus cembra* 아세틸레이티드 잎 및 잔가지의 추출물	94334-26-6	Pine, ext., acetylated
과산화물가가 10mmol/L을 초과하는 *Pinus cembra* 잎과 잔가지의 오일 및 추출물	92202-04-5	Pine, Pinus cembra, ext.
과산화물가가 10mmol/L을 초과하는 *Pinus species* 잎과 잔가지의 오일 및 추출물	94266-48-5	Pine, ext.
과산화물가가 10mmol/L을 초과하는 *Pinus sylvestris* 잎과 잔가지의 오일 및 추출물	84012-35-1	Pinus sylvestris ext.
과산화물가가 10mmol/L을 초과하는 *Pinus palustris* 잎과 잔가지의 오일 및 추출물	97435-14-8	Pine, Pinus palustris, ext
과산화물가가 10mmol/L을 초과하는 *Pinus pumila* 잎과 잔가지의 오일 및 추출물	97676-05-6	Pine, Pinus pumila, ext.
과산화물가가 10mmol/L을 초과하는 *Pinus pinaste* 잎과 잔가지의 오일 및 추출물	90082-75-0	Pine, Pinus pinaster, ext.
*Pyrethrum album L.*및 그 생약제제	-	
피로갈롤	87-66-1	

원료명	CAS No.	화학 물질명
*Pilocarpus jaborandi Holmes*및 그 생약제제	84696-42-4	Extract of jaborandi
피로카르핀 및 그 염류	92-13-7	피로카르핀
6-(1-피롤리디닐)-2,4-피리미딘디아민-3-옥사이드(피롤리디닐 디아미노 피리미딘 옥사이드)	55921-65-8	
피리치온소듐(INNM)	3811-73-2	
피리치온알루미늄캄실레이트	-	
피메크로리무스 (pimecrolimus), 그 염류 및 그 유도체	137071-32-0	피메크로리무스
피메트로진	123312-89-0	
과산화물가가 10mmol/L을 초과하는 *Picea mariana* 잎의 오일 및 추출물	91722-19-9	Spruce, Picea mariana, ext.
Physostigma venenosum Balf.	89958-15-6	Calabar bean, ext.
피이지-3,2',2'-디-*p*-페닐렌디아민	144644-13-3	
피크로톡신	124-87-8	
피크릭애씨드	88-89-1	
피토나디온(비타민 K1)	84-80-0 / 81818-54-4	

원료명	CAS No.	화학 물질명
피톨라카(*Phytolacca*) 속 및 그 제제	84961-56-8	PHYTOLACCA DECANDRA EXTRACT
		PHYTOLACCA DECANDRA ROOT EXTRACT
	60820-94-2	Phytolaccoside B
	65497-07-6	Phytolaccoside E
피파제테이트 및 그 염류	2167-85-3	피파제테이트
6-(피페리디닐)-2,4-피리미딘디아민-3-옥사이드(미녹시딜), 그 염류 및 유도체	38304-91-5	6-(피페리디닐)-2,4-피리미딘디아민-3-옥사이드(미녹시딜)
α-피페리딘-2-일벤질 아세테이트 좌회전성의 트레오포름(레보파세토페란) 및 그 염류	24558-01-8	레보파세토페란
	23257-56-9	레보파세토페란 하이드로클로라이드
피프라드롤 및 그 염류	467-60-7	피프라드롤
피프라드롤 및 그 염류	71-78-3	피프라드롤 하이드로클로라이드
피프로쿠라륨 및 그 염류	744949-11-9	피프로쿠라륨
	3562-55-8	피프로쿠라륨 요오드
	52212-02-9	피프로쿠라륨 브로마이드

원료명	CAS No.	화학 물질명
형광증백제(다만, Fluorescent Brightener 367은 손발톱용 제품류 중 베이스코트, 언더코트, 네일폴리시, 네일에나멜, 탑코트에 0.12% 이하일 경우는 제외)	-	
히드라스틴, 히드라스티닌 및 그 염류	118-08-1	히드라스틴
	6592-85-4	히드라스티닌
	5936-28-7	히드라스틴 하이드로클로라이드
(4-하이드라지노페닐)-N-메칠메탄설폰아마이드 하이드로클로라이드	81880-96-8	
히드라지드 및 그 염류	54-85-3	히드라지드
히드라진, 그 유도체 및 그 염류	302-01-2	히드라진
하이드로아비에틸 알코올	26266-77-3	
히드로겐시아니드 및 그 염류	74-90-8	히드로겐시아니드
히드로퀴논	123-31-9	
히드로플루오릭애씨드, 그 노르말 염, 그 착화합물 및 히드로플루오라이드	7664-39-3	히드로플루오릭애씨드

원료명	CAS No.	화학 물질명
N-[3-하이드록시-2-(2-메칠아크릴로일아미노메톡시)프로폭시메칠]-2-메칠아크릴아마이드, N-[2,3-비스-(2-메칠아크릴로일아미노메톡시)프로폭시메칠-2-메칠아크릴아마이드, 메타크릴아마이드 및 2-메칠-N-(2-메칠아크릴로일아미노메톡시메칠)-아크릴아마이드	-	N-[3-하이드록시-2-(2-메칠아크릴로일아미노메톡시)프로폭시메칠]-2-메칠아크릴아마이드
	-	N-[2,3-비스-(2-메칠아크릴로일아미노메톡시)프로폭시메칠-2-메칠아크릴아미드
	79-39-0	메타크릴아마이드
	-	2-메칠-N-(2-메칠아크릴로일아미노메톡시메칠)-아크릴아마이드
4-히드록시-3-메톡시신나밀알코올의벤조에이트(천연에센스에 자연적으로 함유된 경우는 제외)	-	
(6-(4-하이드록시)-3-(2-메톡시페닐아조)-2-설포네이토-7-나프틸아미노)-1,3,5-트리아진-2,4-디일)비스[(아미노이-1-메칠에칠)암모늄]포메이트	108225-03-2	

원료명	CAS No.	화학 물질명
1-하이드록시-3-니트로-4-(3-하이드록시프로필아미노)벤젠 및 그 염류 (예 : 4-하이드록시프로필아미노-3-니트로페놀)(다만, 염모제에서 용법·용량에 따른 혼합물의 염모성분으로서 2.6 % 이하는 제외)	92952-81-3	4-하이드록시프로필아미노-3-니트로페놀
1-하이드록시-2-베타-하이드록시에칠아미노-4,6-디니트로벤젠 및 그 염류(예 : 2-하이드록시에칠피크라믹애씨드)(다만, 2-하이드록시에칠피크라믹애씨드는 산화염모제에서 용법·용량에 따른 혼합물의 염모성분으로서 1.5 % 이하, 비산화염모제에서 용법·용량에 따른 혼합물의 염모성분으로서 2.0 % 이하는 제외)	99610-72-7	2-하이드록시에칠피크라믹애씨드
5-하이드록시-1,4-벤조디옥산 및 그 염류	10288-36-5	5-하이드록시-1,4-벤조디옥산
하이드록시아이소헥실 3-사이클로헥센 카보스알데히드(HICC)	31906-04-4	
N1-(2-하이드록시에칠)-4-니트로-o-페닐렌디아민(에이치시 황색 No. 5) 및 그 염류	56932-44-6	에이치시 황색 No. 5

원료명	CAS No.	화학 물질명
하이드록시에칠-2,6-디니트로-p-아니시딘 및 그 염류	122252-11-3	하이드록시에칠-2,6-디니트로-p-아니시딘
3-[[4-[(2-하이드록시에칠)메칠아미노]-2-니트로페닐]아미노]-1,2-프로판디올 및 그 염류	102767-27-1	3-[[4-[(2-하이드록시에칠)메칠아미노]-2-니트로페닐]아미노]-1,2-프로판디올
	173994-75-7	3-[[4-[(2-하이드록시에칠)메칠아미노]-2-니트로페닐]아미노]-1,2-프로판디올 하이드로클로라이드
하이드록시에칠-3,4-메칠렌디옥시아닐린; 2-(1,3-벤진디옥솔-5-일아미노)에탄올 하이드로클로라이드 및 그 염류 (예 : 하이드록시에칠-3,4-메칠렌디옥시아닐린 하이드로클로라이드)(다만, 산화염모제에서 용법·용량에 따른 혼합물의 염모성분으로서 1.5 % 이하는 제외)	94158-14-2	하이드록시에칠-3,4-메칠렌디옥시아닐린 하이드로클로라이드
3-[[4-[(2-하이드록시에칠)아미노]-2-니트로페닐]아미노]-1,2-프로판디올 및 그 염류	114087-41-1	3-[[4-[(2-하이드록시에칠)아미노]-2-니트로페닐]아미노]-1,2-프로판디올

원료명	CAS No.	화학 물질명
4-(2-하이드록시에칠)아미노-3-니트로페놀 및 그 염류 (예 : 3-니트로-p-하이드록시에칠아미노페놀)(다만, 3-니트로-p-하이드록시에칠아미노페놀은 산화염모제에서 용법·용량에 따른 혼합물의 염모성분으로서 3.0 % 이하, 비산화염모제에서 용법·용량에 따른 혼합물의 염모성분으로서 1.85 % 이하는 제외)	65235-31-6	3-니트로-p-하이드록시에칠아미노페놀
2,2'-[[4-[(2-하이드록시에칠)아미노]-3-니트로페닐]이미노]바이세타놀 및 그 염류(예 : 에이치시 청색 No. 2)(다만, 비산화염모제에서 용법·용량에 따른 혼합물의 염모성분으로서 2.8 % 이하는 제외)	33229-34-4	에이치시 청색 No. 2
1-[(2-하이드록시에칠)아미노]-4-(메칠아미노-9,10-안트라센디온 및 그 염류	1220-94-6	1-[(2-하이드록시에칠)아미노]-4-(메칠아미노-9,10-안트라센디온
하이드록시에칠아미노메칠-p-아미노페놀 및 그 염류	110952-46-0	하이드록시에칠아미노메칠-p-아미노페놀

원료명	CAS No.	화학 물질명
	135043-63-9	하이드록시에칠아미노메칠-p-아미노페놀 하이드로클로라이드
5-[(2-하이드록시에칠)아미노]-o-크레졸 및 그 염류(예 : 2-메칠-5-하이드록시에칠아미노페놀)(다만, 2-메칠-5-하이드록시에칠아미노페놀은 염모제에서 용법·용량에 따른 혼합물의 염모성분으로서 0.5 % 이하는 제외)	55302-96-0	5-[(2-하이드록시에칠)아미노]-o-크레졸
(4-(4-히드록시-3-요오도페녹시)-3,5-디요오도페닐)아세틱애씨드 및 그 염류	51-24-1	(4-(4-히드록시-3-요오도페녹시)-3,5-디요오도페닐)아세틱애씨드
	95786-11-1	(4-(4-히드록시-3-요오도페녹시)-3,5-디요오도페닐)아세틱애씨드 설페이트
6-하이드록시-1-(3-이소프로폭시프로필)-4-메칠-2-옥소-5-[4-(페닐아조)페닐아조]-1,2-디하이드로-3-피리딘카보니트릴	85136-74-9	
4-히드록시인돌	2380-94-1	

원료명	CAS No.	화학 물질명
2-[2-하이드록시-3-(2-클로로페닐)카르바모일-1-나프틸아조]-7-[2-하이드록시-3-(3-메칠페닐)카르바모일-1-나프틸아조]플루오렌-9-온	151798-26-4	
4-(7-하이드록시-2,4,4-트리메칠-2-크로마닐)레솔시놀-4-일-트리스(6-디아조-5,6-디하이드로-5-옥소나프탈렌-1-설포네이트) 및 4-(7-하이드록시-2,4,4-트리메칠-2-크로마닐)레솔시놀비스(6-디아조-5,6-디하이드로-5-옥소나프탈렌-1-설포네이트)의 2:1 혼합물	140698-96-0	
11-α-히드록시프레근-4-엔-3,20-디온 및 그 에스텔	80-75-1	
1-(3-하이드록시프로필아미노)-2-니트로-4-비스(2-하이드록시에칠)아미노)벤젠 및 그 염류(예 : 에이치시 자색 No. 2)(다만, 비산화염모제에서 용법·용량에 따른 혼합물의 염모성분으로서 2.0 % 이하는 제외)	104226-19-9	에이치시 자색 No. 2

원료명	CAS No.	화학 물질명
히드록시프로필 비스 (N-히드록시에칠-p-페닐렌디아민) 및 그 염류(다만, 산화염모제에서 용법·용량에 따른 혼합물의 염모성분으로 테트라하이드로클로라이드염으로서 0.4 % 이하는 제외)	128729-30-6	히드록시프로필비스(N-히드록시에칠-p-페닐렌디아민)
	128729-28-2	히드록시프로필비스(N-히드록시에칠-p-페닐렌디아민) 하이드로클로라이드
하이드록시피리디논 및 그 염류	822-89-9	하이드록시피리디논
3-하이드록시-4-[(2-하이드록시나프틸)아조]-7-니트로나프탈렌-1-설포닉애씨드 및 그 염류	16279-54-2	3-하이드록시-4-[(2-하이드록시나프틸)아조]-7-니트로나프탈렌-1-설포닉애씨드
	75790-88-4	3-하이드록시-4-[(2-하이드록시나프틸)아조]-7-니트로나프탈렌-1-설포닉애씨드 모노포타슘
할로카르반	369-77-7	
할로페리돌	52-86-8	
항생물질	-	
항히스타민제(예 : 독실아민, 디페닐피랄린, 디펜히드라민, 메타피릴렌, 브롬페니라민, 사이클리진, 클로르페녹사민, 트리펠렌아민, 히드록시진 등)	469-21-6	독실아민
	147-20-6	디페닐피랄린
	58-73-1	디펜히드라민
	91-80-5	메타피릴렌
	86-22-6	브롬페니라민
	82-92-8	사이클리진
	77-38-3	클로르페녹사민
	91-81-6	트리펠렌아민
	68-88-2	히드록시진

원료명	CAS No.	화학 물질명
N,N'-헥사메칠렌비스(트리메칠암모늄)염류 (예 : 헥사메토늄브로마이드)	55-97-0	헥사메토늄브로마이드
헥사메칠포스포릭-트리아마이드	680-31-9	
헥사에칠테트라포스페이트	757-58-4	
헥사클로로벤젠	118-74-1	
(1R,4S,5R,8S)-1,2,3,4,10,10-헥사클로로-6,7-에폭시-1,4,4a,5,6,7,8,8a-옥타히드로-,1,4;5,8-디메타노나프탈렌 (엔드린-ISO)	72-20-8	
1,2,3,4,5,6-헥사클로로사이클로헥산류 (예 : 린단)	58-89-9	린단
헥사클로로에탄	67-72-1	
(1R,4S,5R,8S)-1,2,3,4,10,10-헥사클로로-1,4,4a,5,8,,8a-헥사히드로-1,4;5,8-디메타노나프탈렌 (이소드린-ISO)	465-73-6	
헥사프로피메이트	358-52-1	
(1R,2S)-헥사히드로-1,2-디메칠-3,6-에폭시프탈릭안하이드라이드(칸타리딘)	56-25-7	

원료명	CAS No.	화학 물질명
헥사하이드로사이클로펜타(C) 피롤-1-(1H)-암모늄 N-에톡시카르보닐-N-(p-톨릴설포닐)아자나이드	-	
헥사하이드로쿠마린	700-82-3	
헥산	110-54-3	
헥산-2-온	591-78-6	
1,7-헵탄디카르복실산(아젤라산), 그 염류 및 유도체	123-99-9	1,7-헵탄디카르복실산(아젤라산)
트랜스-2-헥세날디메칠아세탈	18318-83-7	
트랜스-2-헥세날디에칠아세탈	67746-30-9	
헨나(Lawsonia Inermis) 엽가루(다만, 염모제에서 염모성분으로 사용하는 것은 제외)	-	Lawsonia inermis, ext.
트랜스-2-헵테날	18829-55-5	
헵타클로로에폭사이드	1024-57-3	
헵타클로르	76-44-8	
3-헵틸-2-(3-헵틸-4-메칠-치오졸린-2-일렌)-4-메칠-치아졸리늄다이드	-	
황산 4,5-디아미노-1-((4-클로로페닐)메칠)-1H-피라졸	163183-00-4	
황산 5-아미노-4-플루오르-2-메칠페놀	163183-01-5	
Hyoscyamus niger L.(잎, 씨, 가루 및 생약제제)	84603-65-6	Hyoscyamus niger, ext.

원료명	CAS No.	화학 물질명
히요시아민, 그 염류 및 유도체	101-31-5	히요시아민
	2472-17-5	히요시아민 설페이트
	55-47-0	히요시아민 하이드로클로라이드
히요신, 그 염류 및 유도체	51-34-3	히요신
	55-16-3	히요신 하이드로클로라이드
	114-49-8	히요신 하이드로브로마이드
영국 및 북아일랜드산 소 유래 성분	-	
BSE(Bovine Spongiform Encephalopathy) 감염조직 및 이를 함유하는 성분	-	
광우병 발병이 보고된 지역의 다음의 특정위험물질(specified risk material) 유래성분 (소·양·염소 등 반추동물의 18개 부위) - 뇌(brain) - 두개골(skull) - 척수(spinal cord) - 뇌척수액(cerebro-spinal fluid) - 송과체(pineal gland) - 하수체(pituitary gland) - 경막(dura mater) - 눈(eye)	-	

원료명	CAS No.	화학 물질명
- 삼차신경절 (trigeminal ganglia) - 배측근신경절 (dorsal root ganglia) - 척주(vertebral column) - 림프절(lymph nodes) - 편도(tonsil) - 흉선(thymus) - 십이지장에서 직장까지의 장관 (intestines from the duodenum to the rectum) - 비장(spleen) - 태반(placenta) - 부신(adrenal gland)		
「화학물질의 등록 및 평가 등에 관한 법률」 제2조제9호 및 제27조에 따라 지정하고 있는 금지물질	-	

※ 유의사항

이 표에 지정된 원료를 알기 쉽게 찾아볼 수 있도록 각각의 원료명에 해당하는 대표 CAS No.(이에 해당하는 화학물질명칭을 포함)를 예시로 기재하였으며, 기재된 CAS No. 이외에 다른 번호의 화학물질도 해당될 수 있다.

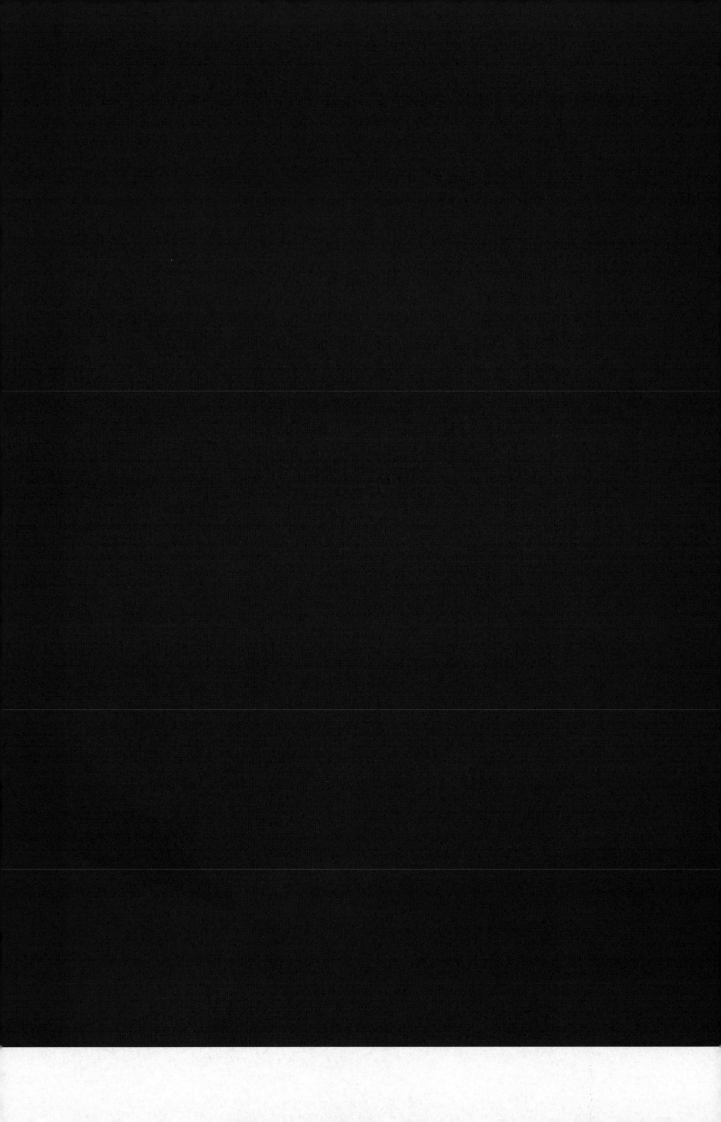

사용상의 제한이 필요한 원료
(화장품 안전기준 등에 관한 규정)

부록4

★★★★★
사용상의 제한이 필요한 원료
(화장품 안전기준 등에 관한 규정)

조제관리사 시험 다출제 영역(매회 많이 출제된 부분입니다.)
이 부분의 암기 팁은 지한쌤 카페 가입, 인증 후 1일 1암기 게시판 참고

1. 보존제 성분

원 료 명	사용한도	비 고	CAS No.	화학물질명
글루타랄(펜탄-1,5-디알)	0.1%	에어로졸(스프레이에 한함) 제품에는 사용금지	111-30-8	
데하이드로아세틱애씨드(3-아세틸-6-메칠피란-2,4(3H)-디온) 및 그 염류	데하이드로아세틱애씨드로서 0.6%	에어로졸(스프레이에 한함) 제품에는 사용금지	16807-48-0 / 520-45-6	데하이드로아세틱애씨드
			4418-26-2	소듐데하이드로아세테이트
4,4-디메칠-1,3-옥사졸리딘(디메칠옥사졸리딘)	0.05% (다만, 제품의 pH는 6을 넘어야 함)		51200-87-4	
디브로모헥사미딘 및 그 염류 (이세치오네이트 포함)	디브로모헥사미딘으로서 0.1%		93856-83-8	디브로모헥사미딘이세티오네이트
디아졸리디닐우레아 (N-(히드록시메칠)-N-(디히드록시메칠-1,3-디옥소-2,5-이미다졸리디닐-4)-N'-(히드록시메칠)우레아)	0.5%		78491-02-8	
디엠디엠하이단토인 (1,3-비스(히드록시메칠)-5,5-디메칠이미다졸리딘-2,4-디온)	0.6%		6440-58-0	
2, 4-디클로로벤질알코올	0.15%		1777-82-8	
3, 4-디클로로벤질알코올	0.15%		1805-32-9	

원 료 명	사 용 한 도	비 고	CAS No.	화학물질명
메칠이소치아졸리논	사용 후 씻어내는 제품에 0.0015% (단, 메칠클로로이소치아졸리논과 메칠이소치아졸리논 혼합물과 병행 사용 금지)	기타 제품에는 사용금지	2682-20-4	
메칠클로로이소치아졸리논과 메칠이소치아졸리논 혼합물(염화마그네슘과 질산마그네슘 포함)	사용 후 씻어내는 제품에 0.0015% (메칠클로로이소치아졸리논 : 메칠이소치아졸리논 = (3 : 1) 혼합물로서)	기타 제품에는 사용금지	-	
메텐아민(헥사메칠렌테트라아민)	0.15%		100-97-0	
무기설파이트 및 하이드로젠설파이트류	유리 SO2로 0.2%		10192-30-0	암모늄바이설파이트
			10196-04-0	암모늄설파이트
			16731-55-8	포타슘메타바이설파이트
			4429-42-9	포타슘바이설파이트
			10117-38-1 23873-77-0	포타슘설파이트
			7631-90-5	소듐바이설파이트
			7681-57-4	소듐메타바이설파이트
			7757-74-6	소듐디설파이트
			7757-83-7	소듐설파이트
벤잘코늄클로라이드, 브로마이드 및 사카리네이트	• 사용 후 씻어내는 제품에 벤잘코늄클로라이드로서 0.1% • 기타 제품에 벤잘코늄클로라이드로서 0.05%	분사형 제품에 벤잘코늄클로라이드는 사용금지	85409-22-9	벤잘코늄클로라이드

479

원 료 명	사용한도	비 고	CAS No.	화학물질명
		분사형 제품에 벤잘코늄클로라이드는 사용금지	63449-41-2	벤잘코늄클로라이드 (C_{10})
			8001-54-5	벤잘코늄클로라이드 (C_{12})
			68391-01-5 / 68424-85-1	벤잘코늄클로라이드 (C_{14})
			61789-71-7	Coco alkyl dimethyl benzyl ammonium chloride
			91080-29-4	벤잘코늄브로마이드
			68989-01-5	벤잘코늄사카리네이트
벤제토늄클로라이드	0.1%	점막에 사용되는 제품에는 사용금지	121-54-0	
벤조익애씨드, 그 염류 및 에스텔류	산으로서 0.5% (다만, 벤조익애씨드 및 그 소듐염은 사용 후 씻어내는 제품에는 산으로서 2.5%)		65-85-0	벤조익애씨드
			532-32-1	소듐벤조에이트
			1863-63-4	암모늄벤조에이트
			136-60-7	부틸벤조에이트
			2090-05-3	칼슘벤조에이트
			93-89-0	에틸벤조에이트
			120-50-3	이소부틸벤조에이트
			939-48-0	이소프로필벤조에이트
			4337-66-0	엠이에이-벤조에이트
			553-70-8	마그네슘벤조에이트
			93-58-3	메틸벤조에이트
			93-99-2	페닐벤조에이트
			582-25-2	포타슘벤조에이트
			2315-68-6	프로필벤조에이트

원 료 명	사 용 한 도	비 고	CAS No.	화학물질명
벤질알코올	1.0% (다만, 두발 염색용 제품류에 용제로 사용할 경우에는 10%)		100-51-6	
벤질헤미포름알	사용 후 씻어내는 제품에 0.15%	기타 제품에는 사용금지	14548-60-8	
보레이트류(소듐보레이트, 테트라보레이트)	밀납, 백납의 유화의 목적으로 사용 시 0.76% (이 경우, 밀납·백납 배합량의 1/2을 초과할 수 없다)	기타 목적에는 사용금지	1303-96-4	소듐보레이트
			1330-43-4	소듐테트라보레이트
5-브로모-5-나이트로-1,3-디옥산	사용 후 씻어내는 제품에 0.1% (다만, 아민류나 아마이드류를 함유하고 있는 제품에는 사용금지)	기타 제품에는 사용금지	30007-47-7	
2-브로모-2-나이트로프로판-1,3-디올(브로노폴)	0.1%	아민류나 아마이드류를 함유하고 있는 제품에는 사용금지	52-51-7	
브로모클로로펜(6,6-디브로모-4,4-디클로로-2,2'-메칠렌-디페놀)	0.1%		15435-29-7	
비페닐-2-올(o-페닐페놀) 및 그 염류	페놀로서 0.15%		132-27-4	소듐 o-페닐페네이트
			90-43-7	o-페닐페놀
			13707-65-8	포타슘 o-페닐페네이트
			84145-04-0	MEA o-페닐페네이트

원 료 명	사용한도	비 고	CAS No.	화학물질명
살리실릭애씨드 및 그 염류	살리실릭애씨드로서 0.5%	영유아용 제품류 또는 만 13세 이하 어린이가 사용할 수 있음을 특정하여 표시하는 제품에는 사용금지(다만, 샴푸는 제외)	69-72-7	살리실릭애씨드
			824-35-1	칼슘살리실레이트
			18917-89-0	마그네슘살리실레이트
			59866-70-5	엠이에이-살리실레이트
			54-21-7	소듐살리실레이트
			578-36-9	포타슘살리실레이트
			2174-16-5	TEA-살리실레이트
			17671-53-3	베타인살리실레이트
세틸피리디늄클로라이드	0.08%		123-03-5	세틸피리디늄클로라이드
			6004-24-6	세틸피리디늄클로라이드 모노하이드레이트
소듐라우로일사코시네이트	사용 후 씻어내는 제품에 허용	기타 제품에는 사용금지	137-16-6	
소듐아이오데이트	사용 후 씻어내는 제품에 0.1%	기타 제품에는 사용금지	7681-55-2	
소듐하이드록시메칠아미노아세테이트 (소듐하이드록시메칠글리시네이트)	0.5%		70161-44-3	
소르빅애씨드(헥사-2,4-디에노익 애씨드) 및 그 염류	소르빅애씨드로서 0.6%		110-44-1	소르빅애씨드
			24634-61-5 / 590-00-1	포타슘솔베이트
			7757-81-5	소듐솔베이트
			7492-55-9	칼슘솔베이트
			-	TEA-솔베이트

원 료 명	사 용 한 도	비 고	CAS No.	화학물질명
아이오도프로피닐부틸카바메이트(아이피비씨)	• 사용 후 씻어내는 제품에 0.02% • 사용 후 씻어내지 않는 제품에 0.01% • 다만, 데오드란트에 배합할 경우에는 0.0075%	• 입술에 사용되는 제품, 에어로졸(스프레이에 한함) 제품, 바디로션 및 바디크림에는 사용금지 • 영유아용 제품류 또는 만 13세 이하 어린이가 사용할 수 있음을 특정하여 표시하는 제품에는 사용금지(목욕용제품, 샤워젤류 및 샴푸류는 제외)	55406-53-6	
알킬이소퀴놀리늄브로마이드	사용 후 씻어내지 않는 제품에 0.05%		93-23-2	
알킬(C_{12}-C_{22})트리메칠암모늄 브로마이드 및 클로라이드(브롬화세트리모늄 포함)	두발용 제품류를 제외한 화장품에 0.1%		17301-53-0	베헨트라이모늄클로라이드 (C_{22})
			1119-97-7	미르트라이모늄브로마이드 (C_{14})
			57-09-0	세트리모늄브로마이드 (C_{16})
			112-02-7	세트리모늄클로라이드 (C_{16})
			68002-62-0	세테아트라이모늄 클로라이드 (C_{16}-C_{18})
			61790-41-8	소이트라이모늄클로라이드 (C_{16}-C_{18})
			1120-02-1	스테아트라이모늄브로마이드 (C_{18})

원 료 명	사용한도	비 고	CAS No.	화학물질명
			112-03-8	스테아트라이모늄 클로라이드 (C_{18})
			8030-78-2	탈로우트라이모늄 클로라이드
			-	하이드로제네이티 드팜트라이모늄클 로라이드
			112-00-5	라우트라이모늄클 로라이드 (C_{12})
			1119-94-4	라우트라이모늄브 로마이드 (C_{12})
			61788-78-1	하이드로제네이티 드탈로우트라이모 늄클로라이드
			61789-18-2	코코트라이모늄클 로라이드
에칠라우로일알지네이 트 하이드로클로라이드	0.4%	입술에 사용되는 제품 및 에어로졸 (스프레이에 한함) 제품에는 사용금 지	60372-77-2	
엠디엠하이단토인	0.2%		116-25-6	
알킬디아미노에칠글라 이신하이드로클로라이 드용액(30%)	0.3%		-	
운데실레닉애씨드 및 그 염류 및 모노에탄올아마 이드	사용 후 씻어내는 제품에 산으로서 0.2%	기타 제품에는 사 용금지	112-38-9 / 1333-28-4	운데실레닉애씨드
			3398-33-2	소듐운데실레네이 트
			6159-41-7	포타슘운데실레네 이트
			1322-14-1	칼슘운데실레네이 트

원 료 명	사 용 한 도	비 고	CAS No.	화학물질명
			84471-25-0	TEA-운데실레네이트
			56532-40-2	MEA-운데실레네이트
이미다졸리디닐우레아 (3,3'-비스(1-하이드록시메칠-2,5-디옥소이미다졸리딘-4-일)-1,1' 메칠렌디우레아)	0.6%		39236-46-9	
이소프로필메칠페놀(이소프로필크레졸, o-시멘-5-올)	0.1%		3228-02-2	o-사이멘-5-올
징크피리치온	사용 후 씻어내는 제품에 0.5%	기타 제품에는 사용금지	13463-41-7	
쿼터늄-15 (메텐아민 3-클로로알릴클로라이드)	0.2%		4080-31-3	쿼터늄-15
			51229-78-8	쿼터늄-15 (cis-form)
클로로부탄올	0.5%	에어로졸(스프레이에 한함) 제품에는 사용금지	57-15-8	
클로로자이레놀	0.5%		88-04-0	Chloroxylenol
p-클로로-m-크레졸	0.04%	점막에 사용되는 제품에는 사용금지	59-50-7	
클로로펜(2-벤질-4-클로로페놀)	0.05%		120-32-1	
클로페네신(3-(p-클로로페녹시)-프로판-1,2-디올)	0.3%		104-29-0	
클로헥시딘, 그 디글루코네이트, 디아세테이트 및 디하이드로클로라이드	• 점막에 사용하지 않고 씻어내는 제품에 클로헥시딘으로서 0.1%, • 기타 제품에 클로헥시딘으로서 0.05%		55-56-1	클로헥시딘
			18472-51-0	클로헥시딘 디글루코네이트
			56-95-1	클로헥시딘 디아세테이트
			3697-42-5	클로헥시딘 디하이드로클로라이드

원 료 명	사용한도	비 고	CAS No.	화학물질명
클림바졸[1-(4-클로로페녹시)-1-(1H-이미다졸릴)-3, 3-디메칠-2-부타논]	두 발 용 제품에 0.5%	기타 제품에는 사용금지	38083-17-9	
테트라브로모-*o*-크레졸	0.3%		576-55-6	
트리클로산	사용 후 씻어내는 인체세정용 제품류, 데오도런트(스프레이 제품 제외), 페이스파우더, 피부결점을 감추기 위해 국소적으로 사용하는 파운데이션(예 : 블레미쉬컨실러)에 0.3%	기타 제품에는 사용금지	3380-34-5	
트리클로카반(트리클로카바닐리드)	0.2% (다만, 원료 중 3,3',4,4'-테트라클로로아조벤젠 1ppm 미만, 3,3',4,4'-테트라클로로아족시벤젠 1ppm 미만 함유하여야 함)		101-20-2	
페녹시에탄올	1.0%		122-99-6	
페녹시이소프로판올 (1-페녹시프로판-2-올)	사용 후 씻어내는 제품에 1.0%	기타 제품에는 사용금지	770-35-4	
포믹애씨드 및 소듐포메이트	포믹애씨드로서 0.5%		64-18-6	포믹애씨드
			141-53-7	소듐포메이트
폴리(1-헥사메칠렌바이구아니드)에이치씨엘	0.05%	에어로졸(스프레이에 한함) 제품에는 사용금지	32289-58-0	폴리아미노프로필바이구아나이드
프로피오닉애씨드 및 그 염류	프로피오닉애씨드로서 0.9%		79-09-4	프로피오닉애씨드
			4075-81-4	칼슘프로피오네이트

원 료 명	사 용 한 도	비 고	CAS No.	화학물질명
			137-40-6	소듐프로피오네이트
			327-62-8	포타슘프로피오네이트
			17496-08-1	암모늄프로피오네이트
			557-27-7	마그네슘프로피오네이트
피록톤올아민(1-하이드록시-4-메칠-6(2,4,4-트리메칠펜틸)2-피리돈 및 그 모노에탄올아민염)	사용 후 씻어내는 제품에 1.0%, 기타 제품에 0.5%		68890-66-4	
피리딘-2-올 1-옥사이드	0.5%		13161-30-3	
p-하이드록시벤조익애씨드, 그 염류 및 에스텔류 (다만, 에스텔류 중 페닐은 제외)	• 단일성분일 경우 0.4%(산으로서) • 혼합사용의 경우 0.8%(산으로서)		99-96-7	4-하이드록시벤조익애씨드
			99-76-3	메틸파라벤
			94-26-8	부틸파라벤
			5026-62-0	소듐메틸파라벤
			36457-20-2	소듐부틸파라벤
			35285-68-8	소듐에틸파라벤
			84930-15-4	소듐이소부틸파라벤
			35285-69-9	소듐프로필파라벤
			120-47-8	에틸파라벤
			4247-02-3	이소부틸파라벤
			4191-73-5	이소프로필파라벤
			94-13-3	프로필파라벤
			26112-07-2	포타슘메틸파라벤
			38566-94-8	포타슘부틸파라벤
			36457-19-9	포타슘에틸파라벤
			16782-08-4	포타슘파라벤

원 료 명	사용한도	비 고	CAS No.	화학물질명
			84930-16-5	포타슘프로필파라벤
			-	소듐이소프로필파라벤
			114-63-6	소듐파라벤
			69959-44-0	칼슘파라벤
헥세티딘	사용 후 씻어내는 제품에 0.1%	기타 제품에는 사용금지	141-94-6	
헥사미딘(1,6-디(4-아미디노페녹시)-n-헥산) 및 그 염류(이세치오네이트 및 *p*-하이드록시벤조에이트)	헥 사 미 딘 으 로 서 0.1%		3811-75-4	헥사미딘
			659-40-5	헥사미딘디이세티오네이트
			93841-83-9	헥사미딘 디 p-하이드록시벤조에이트
			-	헥사미딘 p-하이드록시벤조에이트

※ 유의사항

1. 이 표에 지정된 원료를 알기 쉽게 찾아볼 수 있도록 각각의 원료명에 해당하는 대표 CAS No.(이에 해당하는 화학물질명칭을 포함)를 예시로 기재하였으며, 기재된 CAS No. 이외에 다른 번호의 화학물질도 해당될 수 있다.

2. <u>염류</u>의 예 : 소듐, 포타슘, 칼슘, 마그네슘, 암모늄, 에탄올아민, 클로라이드, 브로마이드, 설페이트, 아세테이트, 베타인 등

3. <u>에스텔류</u> : 메칠, 에칠, 프로필, 이소프로필, 부틸, 이소부틸, 페닐

지한쌤의 마흔네 번째 암기비법!

스프레이(에어로졸 스프레이)에 사용 금지인 보존제 성분 암기(6가지)

스프레이를 뿌렸더니 아폴로(문방구에서 파는 과자)가 데글데글 굴러가네 에구 클랐네

아폴(로) 데글 에(구) 클(랐네)

- 아: 아이오도프로피닐부틸카바메이트
- 폴: 폴리에이치씨엘(Poly HCL)
- 데: 데하이드로아세틱애씨드 및 그 염류
- 글: 글루타랄
- 에: 에칠라우로일알지네이트 하이드로클로라이드
- 클: 클로로부탄올

지한쌤의 마흔다섯 번째 암기비법!

포름알데하이드 방출 가능성이 있는 보존제 정리

디엠디엠하이단토인, 엠디엠하이단토인

이미다졸리디닐우레아(이미다졸리디닐요소), 디아졸리디닐우레아(디아졸리디닐요소)

쿼터늄-15

벤질헤미포름알

소듐하이드록시메틸글리시네이트

2-브로모-2-나이트로판-1,3-디올

메텐아민

2. 자외선 차단성분

원 료 명	사용한도	비고	CAS No.	화학물질명
드로메트리졸트리실록산	15%		155633-54-8	
드로메트리졸	1.0%		2440-22-4	
디갈로일트리올리에이트	5%		17048-39-4	
디소듐페닐디벤즈이미다졸테트라설포네이트	산으로서 10%		180898-37-7	
디에칠헥실부타미도트리아존	10%		154702-15-5	
디에칠아미노하이드록시벤조일헥실벤조에이트	10%		302776-68-7	
로우손과 디하이드록시아세톤의 혼합물	로우손 0.25%, 디하이드록시아세톤 3%		-	
메칠렌비스-벤조트리아졸릴테트라메칠부틸페놀	10%		103597-45-1	
4-메칠벤질리덴캠퍼	4%		38102-62-4	4-메칠벤질리덴캠퍼(E)
			36861-47-9	4-메칠벤질리덴캠퍼(Z)
메톡시프로필아미노사이클로헥세닐리덴에톡시에틸사이아노아세테이트(신설)	3%	• 흡입을 통해 사용자의 폐에 노출될 수 있는 제품에는 사용하지 말 것 • 니트로화제를 함유하고 있는 제품에는 사용금지	1419401-88-9	
멘틸안트라닐레이트	5%		134-09-8	
벤조페논-3(옥시벤존)	5%		131-57-7	
벤조페논-4	5%		4065-45-6	
벤조페논-8(디옥시벤존)	3%		131-53-3	
부틸메톡시디벤조일메탄	5%		70356-09-1	

원 료 명	사용한도	비고	CAS No.	화학물질명
비스에칠헥실옥시페놀메톡시페닐트리아진	10%		187393-00-6	
시녹세이트	5%		104-28-9	
에칠디하이드록시프로필파바	5%		58882-17-0	
옥토크릴렌	10%		6197-30-4	
에칠헥실디메칠파바	8%		21245-02-3	
에칠헥실메톡시신나메이트	7.5%		5466-77-3	
에칠헥실살리실레이트	%		118-60-5	
에칠헥실트리아존	5%		88122-99-0	
이소아밀-p-메톡시신나메이트	10%		71617-10-2	
폴리실리콘-15(디메치코디에칠벤잘말로네이트)	10%		207574-74-1	
징크옥사이드	25%		1314-13-2	
테레프탈릴리덴디캠퍼설포닉애씨드 및 그 염류	산 으 로 서 10%		92761-26-7 / 90457-82-2	테레프탈릴리덴디캠퍼설포닉애씨드
티이에이-살리실레이트	12%		2174-16-5	
티타늄디옥사이드	25%		13463-67-7	
페닐벤즈이미다졸설포닉애씨드	4%		27503-81-7	
호모살레이트	10%		118-56-9	

※ 유의사항

1. 이 표에 지정된 원료를 알기 쉽게 찾아볼 수 있도록 각각의 원료명에 해당하는 대표 CAS No.(이에 해당하는 화학물질명칭을 포함)를 예시로 기재하였으며, 기재된 CAS No. 이외에 다른 번호의 화학물질도 해당될 수 있다.

2. 다만, 제품의 변색방지를 목적으로 그 사용농도가 0.5% 미만인 것은 자외선 차단 제품으로 인정하지 아니한다.

3. 염류 : 양이온염으로 소듐, 포타슘, 칼슘, 마그네슘, 암모늄 및 에탄올아민, 음이온염으로 클로라이드, 브로마이드, 설페이트, 아세테이트

지한쌤의 마흔여섯 번째 암기비법!

자외선 차단 성분의 함량 쉽게 외우는 공식

1. 1~25%: 자외선 차단제 성분 사용한도 함량은 무조건 1~25% 사이임. 그러나 자외선 산란제 성분(티타늄디옥사이드, 징크옥사이드) 2개를 빼면 전부 1~15% 사이이다. *~옥사이드 성분 2개는 자외선 산란제(무기적 자외선 차단제, 백탁이 있는 성분)이며 둘 다 배합한도 25%이다.

2. 자외선 차단 성분의 시작과 끝은 '드로메트리졸!'
- 사용한도 1%: 드로메트리졸, 사용한도 15%: 드로메트리졸트리실록산

3. 15글자 이상은 다 한도 "10%"!
- 이소아밀-p-메톡시신나메이트(15자), 비스에틸헥실옥시페놀메톡시페닐트리아진(19자), 메틸렌비스-벤조트리아졸릴테트라메틸부틸페놀(22자), 디에틸아미노하이드록시벤조일헥실벤조에이트(21자), 테레프탈릴리덴디캠퍼설포닉애씨드 및 그 염류(20자), 디소듐페닐디벤즈이미다졸테트라설포네이트(20자), 폴리실리콘-15(디메치코디에칠벤잘말로네이트)(22자)
- 단, 문자나 기호도 글자 수에 포함한다.
- 15자 이상인데 중간에 '설포ㄴ'가 들어가면 "산으로서" 10%이다. 단, 15글자 이상인 성분들은 모두 한도가 10%이지만 한도가 10%인 성분들이 모두 15글자 이상인 것은 아니다.

4. "에틸헥실(에칠헥실)"은 보통 사용한도가 5%이다. 그러나 에틸헥실 앞에 글자가 붙으면 무조건 그 2배인 10%이다.
- [예] 에칠헥실살리실레이트(5%), 에칠헥실트리아존(5%), 비스에칠헥실옥시페놀메톡시페닐트리아진(10%), 디에칠헥실부타미도트리아존(10%), 디에칠아미노하이드록시벤조일헥실벤조에이트(10%)
- 단, 예외! 에칠헥실메톡시신나메이트(7.5%), 에칠헥실디메칠파바(8%), 티이에이-살리실레이트(12%)는 따로 외워줄 것! 에칠헥실디메칠파바의 '파'는 '팔(8)'의 파!

5. 벤조페논
- 벤조페논-8의 사용한도는 3%, 벤조페논-3의 사용한도는 5%, 벤조페논-4의 사용한도는 5%이다. 벤조페논 3과 4는 5%! 벤조페논-8은 3%! 구별하여 외우자.

6. 4-메칠벤질리덴캠퍼의 사용한도는 그냥 4%! 맨앞에 4가 붙으면 사용한도 4%!

7. 맨앞에 '페닐'이라는 말이 나오면 무조건 4%! 페닐의 ㅍ은 포(four!)
- [예] 페닐벤즈이미다졸설포닉애씨드

8. The Man Bush!(디멘부시 트트탄트!)는 모두 사용한도 5%!

디갈로일트리올리에이트

멘틸안트라닐레이트

부틸메톡시디벤조일메탄

시녹세이트

9. 따로 외우는 성분들: 옥토크릴렌(10%), 호모살레이트(10%), 로우손과 디하이드록시아세톤의 혼합물(로우손: 0.25%, 디하이드록시아세톤 3%)

지한쌤의 마흔일곱 번째 암기비법!

자외선 차단 성분 중 해양 생태계 파괴 성분 2개

"삼(3)신"

벤조페논-3(옥시벤존),

에틸헥실메톡시신나메이트

(=에칠헥실메톡시신나메이트=옥틸메톡시신나메이트=옥티녹세이트)

👉 최근 미국 하와이 등 세계 각지에서 에칠헥실메톡시신나메이트와 벤조페논-3 등의 성분이 포함된 선크림의 사용을 금지하는 법안이 통과되었다. 에칠헥실메톡시신나메이트와 벤조페논-3는 대표적인 자외선 차단 성분이지만 바닷속 산호의 '백화 현상'을 초래하고 해양생물의 성장을 방해하며, 선크림 오염은 최대 5㎞ 떨어진 산호한테까지 심각한 피해를 주는 것으로 알려졌다.

3. 염모제 성분

원 료 명	사용할 때 농도상한(%)	비고	CAS No.	화학물질명
p-니트로-o-페닐렌디아민	산화염모제에 1.5%	기타 제품에는 사용금지	99-56-9	
2-메칠-5-히드록시에칠아미노페놀	산화염모제에 0.5%	기타 제품에는 사용금지	55302-96-0	
2-아미노-3-히드록시피리딘	산화염모제에 1.0%	기타 제품에는 사용금지	16867-03-1	
4-아미노-m-크레솔	산화염모제에 1.5%	기타 제품에는 사용금지	2835-99-6	
5-아미노-o-크레솔	산화염모제에 1.0%	기타 제품에는 사용금지	2835-95-2	
5-아미노-6-클로로-o-크레솔	·산화염모제에 1.0% ·비산화염모제에 0.5%	기타 제품에는 사용금지	84540-50-1	
m-아미노페놀	산화염모제에 2.0%	기타 제품에는 사용금지	591-27-5	
p-아미노페놀	산화염모제에 0.9%	기타 제품에는 사용금지	123-30-8	
염산 2,4-디아미노페녹시에탄올	산화염모제에 0.5%	기타 제품에는 사용금지	66422-95-5	

원 료 명	사용할 때 농도상한(%)	비고	CAS No.	화학물질명
염산 톨루엔-2,5-디아민	산화염모제에 3.2 %	기타 제품에는 사 용금지	74612-12-7	
염산 p-페닐렌디아민	산화염모제에 3.3 %	기타 제품에는 사 용금지	624-18-0	
염산 히드록시프로필비스 (N-히드록시에칠-p-페닐 렌디아민)	산화염모제에 0.4%	기타 제품에는 사 용금지	128729-28-2	
톨루엔-2,5-디아민	산화염모제에 2.0 %	기타 제품에는 사 용금지	95-70-5	
p-페닐렌디아민	산화염모제에 2.0 %	기타 제품에는 사 용금지	106-50-3	
N-페닐-p-페닐렌디아민 및 그 염류	산화염모제에 N-페닐-p-페 닐렌디아민으로 서 2.0 %	기타 제품에는 사 용금지	101-54-2	N-페닐-p-페 닐렌디아민
			2198-59-6 / 56426-15-4	N-페닐-p-페 닐렌디아민 하이 드로클로라이드
			4698-29-7	N-페닐-p-페 닐렌디아민 설페 이트
피크라민산	산화염모제에 0.6 %	기타 제품에는 사 용금지	96-91-3	
황산 p-니트로-o-페닐렌 디아민	산화염모제에 2.0 %	기타 제품에는 사 용금지	68239-82-7	
황산 p-메칠아미노페놀	산화염모제에 0.68%	기타 제품에는 사 용금지	150-75-4	
황산 5-아미노-o-크레솔	산화염모제에 4.5 %	기타 제품에는 사 용금지	183293-62-1	
황산 m-아미노페놀	산화염모제에 2.0 %	기타 제품에는 사 용금지	68239-81-6	
황산 p-아미노페놀	산화염모제에 1.3 %	기타 제품에는 사 용금지	63084-98-0	
황산 톨루엔-2,5-디아민	산화염모제에 3.6 %	기타 제품에는 사 용금지	615-50-9	
황산 p-페닐렌디아민	산화염모제에 3.8 %	기타 제품에는 사 용금지	16245-77-5	

원 료 명	사용할 때 농도상한(%)	비고	CAS No.	화학물질명
황산 N,N-비스(2-히드록시에칠)-p-페닐렌디아민	산화염모제에 2.9 %	기타 제품에는 사용금지	54381-16-7	
2,6-디아미노피리딘	산화염모제에 0.15 %	기타 제품에는 사용금지	141-86-6	
염산 2,4-디아미노페놀	산화염모제에 0.02 %	기타 제품에는 사용금지	137-09-7	
1,5-디히드록시나프탈렌	산화염모제에 0.5 %	기타 제품에는 사용금지	83-56-7	
피크라민산 나트륨	산화염모제에 0.6 %	기타 제품에는 사용금지	831-52-7	
황산 1-히드록시에칠-4,5-디아미노피라졸	산화염모제에 3.0 %	기타 제품에는 사용금지	155601-30-2	
히드록시벤조모르포린	산화염모제에 1.0 %	기타 제품에는 사용금지	26021-57-8	
6-히드록시인돌	산화염모제에 0.5 %	기타 제품에는 사용금지	2380-86-1	
1-나프톨(α-나프톨)	산화염모제에 2.0 %	기타 제품에는 사용금지	90-15-3	
레조시놀	산화염모제에 2.0 %		108-46-3	
2-메칠레조시놀	산화염모제에 0.5 %	기타 제품에는 사용금지	608-25-3	
몰식자산	산화염모제에 4.0 %		149-91-7	
염기성등색31호(Basic Orange 31)	산화염모제에 0.5 %	그 외 사용기준은 「화장품의 색소종류와 기준 및 시험방법」에 따름	97404-02-9	
염기성적색51호(Basic Red 51)	산화염모제에 0.5 %	그 외 사용기준은 「화장품의 색소종류와 기준 및 시험방법」에 따름	77061-58-6	

원 료 명	사용할 때 농도상한(%)	비고	CAS No.	화학물질명
염기성황색87호(Basic Yellow 87)	산화염모제에 1.0%	그 외 사용기준은 「화장품의 색소종류와 기준 및 시험방법」에 따름	68259-00-7	
과붕산나트륨 과붕산나트륨일수화물	염모제(탈염·탈색 포함)에서 과산화수소로서 7.0%		15120-21-5	과붕산나트륨
			10332-33-9	과붕산나트륨일수화물
과산화수소수 과탄산나트륨	염모제(탈염·탈색 포함)에서 과산화수소로서 12.0%		7722-84-1	과산화수소수
			15630-89-4	과탄산나트륨
과황산나트륨 과황산암모늄 과황산칼륨		염모제(탈염·탈색 포함)에서 산화보조제로서 사용	7775-27-1	과황산나트륨
			7727-54-0	과황산암모늄
			7727-21-1	과황산칼륨
인디고페라 (Indigofera tinctoria) 엽가루	비산화염모제에 25%	기타제품에 사용금지	84775-63-3	Indigofera tinctoria leaf powder
황산철수화물(FeSO$_4$·7H$_2$O)	비산화염모제에 6%	산화 염모제에 사용금지	7720-78-7	
황산은	비산화염모제에 0.4%	산화 염모제에 사용금지	10294-26-5	
헤마테인	비산화염모제에 0.1%	산화염모제에 사용금지	475-25-2	

※ 유의사항

이 표에 지정된 원료를 알기 쉽게 찾아볼 수 있도록 각각의 원료명에 해당하는 대표 CAS No.(이에 해당하는 화학물질명칭을 포함)를 예시로 기재하였으며, 기재된 CAS No. 이외에 다른 번호의 화학물질도 해당될 수 있다.

4. 기타

원 료 명	사용한도	비 고	CAS No.	화학물질명
감광소 감광소 101호(플라토닌) 감광소 201호(쿼터늄-73) 감광소 301호(쿼터늄-51) 감광소 401호(쿼터늄-45) 기타의 감광소 ⎤의 합계량	0.002%		3571-88-8	플라토닌
			15763-48-1	쿼터늄-73
			1463-95-2	쿼터늄-51
			21034-17-3	쿼터늄-45
건강틴크 칸타리스틴크 고추틴크 ⎤의 합계량	1%		-	
과산화수소 및 과산화수소 생성물질	• 두발용 제품류에 과산화수소로서 3% • 손톱경화용 제품에 과산화수소로서 2%	기타 제품에는 사용금지	7722-84-1	과산화수소
			15120-21-5	과붕산나트륨
			15630-89-4	소듐카보네이트퍼옥사이드
			124-43-6	우레아퍼옥사이드
			1305-79-9	칼슘퍼옥사이드
			135927-36-5	피브이피-하이드로젠퍼옥사이드
			1314-18-7	스트론튬퍼옥사이드
			1314-22-3	징크퍼옥사이드
			1335-26-8 / 14452-57-4	마그네슘퍼옥사이드

원 료 명	사용한도	비 고	CAS No.	화학물질명
글라이옥살	0.01%		107-22-2	
α-다마스콘(시스-로즈 케톤-1)	0.02%		23726-94-5 / 43052-87-5	알파-다마스콘
디아미노피리미딘옥사이드 (2,4-디아미노-피리미딘-3-옥사이드)	두발용 제품류에 1.5%	기타 제품에는 사용금지	74638-76-9	디아미노피리미딘옥사이드
땅콩오일, 추출물 및 유도체		원료 중 땅콩단백질의 최대 농도는 0.5ppm을 초과하지 않아야 함	8002-03-7	Arachis hypogaea fruit extract / Arachis hypogaea oil / Arachis hypogaea flour / Arachis hypogaea seedcoat extract
			68425-36-5	Hydrogenated peanut oil
			91051-35-3	Peanut acid
			91744-77-3	Peanut glycerides
			68440-49-3	Peanut oil peg-6 esters
			93572-05-5	Peanutamide MEA
			61789-56-8	Potassium peanutate
			61789-57-9	Sodium peanutate
			73138-79-1	Sulfated peanut oil

원 료 명	사용한도	비 고	CAS No.	화학물질명
라우레스-8, 9 및 10	2%		9002-92-0 / 3055-98-9	라우레스-8
			3055-99-0 / 9002-92-0 / 68439-50-9	라우레스-9
			9002-92-0 / 6540-99-4 /68002-97-1	라우레스-10
레조시놀	• 산화염모제에 용법·용량에 따른 혼합물의 염모성분으로서 2.0% • 기타제품에 0.1%		108-46-3	
로즈 케톤-3	0.02%		57378-68-4	
로즈 케톤-4	0.02%		23696-85-7	
로즈 케톤-5	0.02%		33673-71-1	
시스-로즈 케톤-2	0.02%		23726-92-3	
트랜스-로즈 케톤-1	0.02%		24720-09-0	
트랜스-로즈 케톤-2	0.02%		23726-91-2	
트랜스-로즈 케톤-3	0.02%		71048-82-3	
트랜스-로즈 케톤-5	0.02%		39872-57-6	

원 료 명	사용한도	비 고	CAS No.	화학물질명
리튬하이드록사이드	• 헤어스트레이트너 제품에 4.5% • 제모제에서 pH조정 목적으로 사용되는 경우 최종 제품의 pH는 12.7이하	기타 제품에는 사용금지	1310-65-2	
만수국꽃 추출물 또는 오일	• 사용 후 씻어내는 제품에 0.1% • 사용 후 씻어내지 않는 제품에 0.01%	• 원료 중 알파테르티에닐(테르티오펜)함량은 0.35% 이하 • 자외선 차단 제품 또는 자외선을 이용한 태닝(천연 또는 인공)을 목적으로 하는 제품에는 사용금지 • 만수국아재비꽃 추출물 또는 오일과 혼합 사용 시 '사용 후 씻어내는 제품'에 0.1%, '사용 후 씻어내지 않는 제품'에 0.01%를 초과하지 않아야 함	91722-29-1	Tagetes patula, ext.

원 료 명	사 용 한 도	비 고	CAS No.	화학물질명
만수국아재비꽃 추출물 또는 오일	• 사용 후 씻어내는 제품에 0.1% • 사용 후 씻어내지 않 는 제품에 0.01%	• 원료 중 알파 테르티에닐 (테르티오펜) 함 량 은 0.35% 이하 • 자외선 차단 제품 또는 자 외선을 이용 한 태닝(천연 또는 인공)을 목적으로 하 는 제품에는 사용금지 • 만수국꽃 추 출물 또는 오 일과 혼합 사 용 시 '사용 후 씻어내는 제품'에 0.1%, '사 용 후 씻어 내지 않는 제 품'에 0.01% 를 초과하지 않아야 함	91770-75-1	Tagetes minuta extract
머스크자일렌	• 향수류 - 향료원액을 8% 초과하여 함유하 는 제품에 1.0%, - 향료원액을 8% 이하로 함유하는 제품에 0.4% • 기 타 제 품 에 0.03%		81-15-2	

원 료 명	사용한도	비 고	CAS No.	화학물질명
머스크케톤	• 향수류 - 향료원액을 8% 초과하여 함유하는 제품 1.4%, - 향료원액을 8% 이하로 함유하는 제품 0.56% • 기 타 제 품 에 0.042%		81-14-1	
3-메칠논-2-엔니트릴	0.2%		53153-66-5	
메칠 2-옥티노에이트(메칠헵틴카보네이트)	0.01% (메칠옥틴카보네이트와 병용 시 최종제품에서 두 성분의 합은 0.01%, 메칠옥틴카 보 네 이 트 는 0.002%)		111-12-6	
메 칠 옥 틴 카 보 네 이 트 (메 칠논-2-이노에이트)	0.002% (메칠 2-옥티노에이트와 병용 시 최종제품에서 두 성분의 합이 0.01%)		111-80-8	
p-메칠하이드로신나믹알데하이드	0.2%		5406-12-2	
메칠헵타디에논	0.002%		1604-28-0	
메톡시디시클로펜타디엔카르복스알데하이드	0.5%		86803-90-9	

원 료 명	사용한도	비 고	CAS No.	화학물질명
무기설파이트 및 하이드로젠설파이트류	산화염모제에서 유리 SO$_2$로 0.67%	기타 제품에는 사용금지	7757-83-7	소듐설파이트
			10192-30-0	암모늄바이설파이트
			10196-04-0	암모늄설파이트
			10117-38-1	포타슘설파이트
			23873-77-0	포타슘하이드로젠설파이트
			7631-90-5	소듐바이설파이트
			7681-57-4	소듐메타바이설파이트
			16731-55-8	포타슘메타바이설파이트
베헨트리모늄 클로라이드	(단일성분 또는 세트리모늄 클로라이드, 스테아트리모늄클로라이드와 혼합사용의 합으로서) • 사용 후 씻어내는 두발용 제품류 및 두발 염색용 제품류에 5.0% • 사용 후 씻어내지 않는 두발용 제품류 및 두발 염색용 제품류에 3.0%	세트리모늄 클로라이드 또는 스테아트리모늄 클로라이드와 혼합 사용하는 경우 세트리모늄 클로라이드 및 스테아트리모늄 클로라이드의 합은 '사용 후 씻어내지 않는 두발용 제품류'에 1.0% 이하, '사용 후 씻어내는 두발용 제품류 및 두발 염색용 제품류'에 2.5% 이하여야 함)	17301-53-0	
4-tert-부틸디하이드로신남알데하이드	0.6%		18127-01-0	

원 료 명	사 용 한 도	비 고	CAS No.	화학물질명
1,3-비스(하이드록시메칠)이미다졸리딘-2-치온	두발용 제품류 및 손발톱용 제품류에 2% (다만, 에어로졸(스프레이에 한함) 제품에는 사용금지)	기타 제품에는 사용금지	15534-95-9	
비타민E(토코페롤)	20%		58-28-4	gamma-Tocopherol
			16698-35-4	beta-Tocopherol
			10191-41-0	DL-alpha-Tocopherol
			119-13-1	delta Tocopherol
			1406-18-4 / 59-02-9	D-alpha-Tocopherol
			2074-53-5	DL-Tocopherol
				D-alpha-Tocopherol
			7616-22-0 / 1406-66-2	Tocopherols

원 료 명	사용한도	비 고	CAS No.	화학물질명
살리실릭애씨드 및 그 염류	• 인체세정용 제품류에 살리실릭애씨드로서 2% • 사용 후 씻어내는 두발용 제품류에 살리실릭애씨드로서 3%	• 영유아용 제품류 또는 만 13세 이하 어린이가 사용할 수 있음을 특정하여 표시하는 제품에는 사용금지(다만, 샴푸는 제외) • 기능성화장품의 유효성분으로 사용하는 경우에 한하며 기타 제품에는 사용금지	69-72-7	살리실릭애씨드
			824-35-1	칼슘살리실레이트
			18917-89-0	마그네슘살리실레이트
			59866-70-5	엠이에이-살리실레이트
			54-21-7	소듐살리실레이트
			578-36-9	포타슘살리실레이트
			2174-16-5	티이에이-살리실레이트
			17671-53-3	베타인살리실레이트
세트리모늄 클로라이드, 스테아트리모늄 클로라이드	(단일성분 또는 혼합 사용의 합으로서) • 사용 후 씻어내는 두발용 제품류 및 두발용 염색용 제품류에 2.5% • 사용 후 씻어내지 않는 두발용 제품류 및 두발 염색용 제품류에 1.0%		112-02-7	세트리모늄클로라이드
			112-03-8	스테아트라이모늄클로라이드
소듐나이트라이트	0.2%	2급, 3급 아민 또는 기타 니트로사민형성물질을 함유하고 있는 제품에는 사용금지	7632-00-0	
소합향나무(*Liquidambar orientalis*) 발삼오일 및 추출물	0.6%		94891-27-7	Liquidambar orientalisresin

원 료 명	사 용 한 도	비 고	CAS No.	화학물질명
수용성 징크 염류(징크4-하이드록시벤젠설포네이트와 징크피리치온 제외)	징크로서 1%		4468-02-4	징크글루코네이트
			14281-83-5	징크글라이시네이트
			16039-53-5	징크락테이트
			16283-36-6	징크살리실레이트
			7446-19-7	징크설페이트 (Monohydrate)
			7446-20-0	징크설페이트 (heptahydrate)
			7733-02-0	징크설페이트 (anhydrous)
			7646-85-7	징크클로라이드
			15454-75-8	징크피씨에이
			-	포피리듐/ 징크 발효물
			-	효모/ 아연발효물
			557-34-6	징크아세테이트(anhydrous)
			5970-45-6	징크아세테이트(hydrate)
			-	소듐징크히스티딘디티오옥탄아마이드
			-	징크코세스설페이트

원 료 명	사 용 한 도	비 고	CAS No.	화학물질명
			36393-20-1	징크아스파테이트
			546-46-3	징크시트레이트
			-	징크글라이시네이트살리실레이트
			1949-15-1	징크글루타메이트
			136-23-2	징크디부틸디티오카바메이트
			1332-07-6	징크보레이트
			1197186-61-0	징크시스테이네이트
			6602-83-1	징크아데노신트라이포스페이트
			16742-82-8	징크티오살리실레이트
			-	징크펜타데켄트라이카복시레이트
			24887-06-7	징크폼알데하이드설폭실레이트
			17949-65-4	징크피콜리네이트
			-	징크하이드롤라이즈드콜라겐
		부록4	사용상의 제한이 필요한 원료 (화장품 안전기준 등에 관한 규정)		-	징크아스코베이트하이드록사이드
원 료 명	사 용 한 도	비 고		

원 료 명	사용한도	비 고	CAS No.	화학물질명
			-	효모/아연/철/게르마늄/구리/마그네슘/실리콘발효물
			-	소듐징크세틸포스페이트
			134343-96-7	징크아스코베이트
			-	락토바실러스/우유/망간/아연발효용해물
			12565-63-8	징크글루코헵토네이트
			-	징크운데실레노일하이드롤라이즈드밀단백질
			7779-88-6	징크나이트레이트
			-	징크마그네슘아스파테이트
			22397-58-6	징크코코-설페이트

원 료 명	사 용 한 도	비 고	CAS No.	화학물질명
시스테인, 아세틸시스테인 및 그 염류	퍼머넌트웨이브용 제품에 시스테인으로서 3.0~7.5% (다만, 가온2욕식 퍼머넌트웨이브용 제품의 경우에는 시스테인으로서 1.5 ~ 5.5%, 안정제로서 치오글라이콜릭애씨드 1.0%를 배합할 수 있으며, 첨가하는 치오글라이콜릭애씨드의 양을 최대한 1.0%로 했을 때 주성분인 시스테인의 양은 6.5%를 초과할 수 없다)		52-90-4	L-시스테인
			3374-22-9	DL-시스테인
			52-89-1	시스테인에이치씨엘
			616-91-1	아세틸시스테인
실버나이트레이트	속눈썹 및 눈썹 착색 용도의 제품에 4%	기타 제품에는 사용금지	7761-88-8	
아밀비닐카르비닐아세테이트	0.3%		2442-10-6	
아밀시클로펜테논	0.1%		25564-22-1	
아세틸헥사메칠인단	사용 후 씻어내지 않는 제품에 2%		15323-35-0	
아세틸헥사메칠테트라린	• 사용 후 씻어내지 않는 제품 0.1% (다만, 하이드로알콜성 제품에 배합할 경우 1%, 순수향료 제품에 배합할 경우 2.5%, 방향크림에 배합할 경우 0.5%) • 사용 후 씻어내는 제품 0.2%		1506-02-1 / 21145-77-7	

원 료 명	사용한도	비 고	CAS No.	화학물질명
알에이치(또는 에스에이치) 올리고펩타이드-1(상피세포성장인자)	0.001%		62253-63-8	에스에이치 올리고펩타이드-1
알란토인클로로하이드록시알루미늄(알클록사)	1%		1317-25-5	
알릴헵틴카보네이트	0.002%	2-알키노익애씨드 에스텔(예: 메칠헵틴카보네이트)을 함유하고 있는 제품에는 사용금지	73157-43-4	
알칼리금속의 염소산염	3%		7775-09-9	소듐클로레이트
			3811-04-9	포타슘클로레이트
암모니아	6%		7664-41-7 / 1336-21-6	
에칠라우로일알지네이트 하이드로클로라이드	비듬 및 가려움을 덜어주고 씻어내는 제품(샴푸)에 0.8%	기타 제품에는 사용금지	60372-77-2	
에탄올·붕사·라우릴황산나트륨(4:1:1)혼합물	외음부세정제에 12%	기타 제품에는 사용금지	-	
에티드로닉애씨드 및 그 염류(1-하이드록시에칠리덴-디-포스포닉애씨드 및 그 염류)	• 두발용 제품류 및 두발염색용 제품류에 산으로서 1.5% • 인체 세정용 제품류에 산으로서 0.2%	기타 제품에는 사용금지	2809-21-4	에티드로닉애씨드
			3794-83-0	테트라소듐에티드로네이트
			14860-53-8	테트라포타슘에티드로네이트
			7414-83-7	디소듐에티드로네이트
오포파낙스	0.6%		-	

원 료 명	사 용 한 도	비 고	CAS No.	화학물질명
옥살릭애씨드, 그 에스텔류 및 알칼리 염류	두발용제품류에 5%	기타 제품에는 사용금지	144-62-7	옥살릭애씨드
			95-92-1	디에틸옥살레이트
			2050-60-4	디부틸옥살레이트
			62-76-0	소듐옥살레이트
			13784-89-9	디이소부틸옥살레이트
			553-91-3	디리튬옥살레이트
			553-90-2	디메틸옥살레이트
			583-52-8	디포타슘옥살레이트
			615-98-5	디프로필옥살레이트
			615-81-6	디이소프로필옥살레이트
우레아	10%		57-13-6	
이소베르가메이트	0.1%		68683-20-5	
이소사이클로제라니올	0.5%		68527-77-5	
징크페놀설포네이트	사용 후 씻어내지 않는 제품에 2%		127-82-2	
징크피리치온	비듬 및 가려움을 덜어주고 씻어내는 제품(샴푸, 린스) 및 탈모증상의 완화에 도움을 주는 화장품에 총 징크피리치온으로서 1.0%	기타 제품에는 사용금지	13463-41-7	

511

원 료 명	사 용 한 도	비 고	CAS No.	화학물질명
치오글라이콜릭애씨드, 그 염류 및 에스텔류	• 퍼머넌트웨이브용 및 헤어스트레이트너 제품에 치오글라이콜릭애씨드로서 11% (다만, 가온2욕식 헤어스트레이트너 제품의 경우에는 치오글라이콜릭애씨드로서 5%, 치오글라이콜릭애씨드 및 그 염류를 주성분으로 하고 제1제 사용 시 조제하는 발열 2욕식 퍼머넌트웨이브용 제품의 경우 치오글라이콜릭애씨드로서 19%에 해당하는 양) • 제모용 제품에 치오글라이콜릭애씨드로서 5% • 염모제에 치오글라이콜릭애씨드로서 1% • 사용 후 씻어내는 두발용 제품류에 2%	기타 제품에는 사용금지	68-11-1	치오글라이콜릭애씨드
			5421-46-5	암모늄티오글라이콜레이트
			126-97-6	에탄올아민티오글라이콜레이트
			814-71-1	칼슘티오글라이콜레이트
			367-51-1	소듐티오글라이콜레이트
			34452-51-2	포타슘티오글라이콜레이트
			38337-95-0	스트론튬티오글라이콜레이트
			65208-41-5 / 29820-13-1	칼슘티오글라이콜레이트하이드록사이드
			63592-16-5	마그네슘티오글라이콜레이트
			2368928-49-6	시스테아민티오글라이콜레이트
칼슘하이드록사이드	• 헤어스트레이트너 제품에 7% • 제모제에서 pH조정 목적으로 사용되는 경우 최종 제품의 pH는 12.7이하	기타 제품에는 사용금지	1305-62-0	
Commiphora erythrea engler var. glabrescens 검 추출물 및 오일	0.6%		93686-00-1	Opopanax chironium, ext.

원 료 명	사용한도	비 고	CAS No.	화학물질명
쿠민(*Cuminum cyminum*) 열매 오일 및 추출물	사용 후 씻어내지 않는 제품에 쿠민오일로서 0.4%		84775-51-9	Cumin extract
퀴닌 및 그 염류	• 샴푸에 퀴닌염으로서 0.5% • 헤어로션에 퀴닌염로서 0.2%	기타 제품에는 사용금지	130-95-0	퀴닌
클로라민T	0.2%		127-65-1	
톨루엔	손발톱용 제품류에 25%	기타 제품에는 사용금지	108-88-3	
트리알킬아민, 트리알칸올아민 및 그 염류	사용 후 씻어내지 않는 제품에 2.5%		-	
트리클로산	사용 후 씻어내는 제품류에 0.3%	기능성화장품의 유효성분으로 사용하는 경우에 한하며 기타 제품에는 사용금지	3380-34-5	
트리클로카반(트리클로카바닐리드)	사용 후 씻어내는 제품류에 1.5%	기능성화장품의 유효성분으로 사용하는 경우에 한하며 기타 제품에는 사용금지	101-20-2	
페릴알데하이드	0.1%		2111-75-3	
페루발삼 (*Myroxylon pereirae*의 수지) 추출물(extracts), 증류물(distillates)	0.4%		8007-00-9	Balsam peru

원 료 명	사 용 한 도	비 고	CAS No.	화학물질명
포타슘하이드록사이드 또는 소듐하이드록사이드	• 손톱표피 용해 목적일 경우 5%, pH 조정 목적으로 사용되고 최종 제품이 제5조제5항에 pH기준이 정하여 있지 아니한 경우에도 최종 제품의 pH는 11이하 • 제모제에서 pH조정 목적으로 사용되는 경우 최종 제품의 pH는 12.7이하		1310-58-3	포타슘하이드록사이드
			1310-73-2	소듐하이드록사이드
폴리아크릴아마이드류	• 사용 후 씻어내지 않는 바디화장품에 잔류 아크릴아마이드로서 0.00001% • 기타 제품에 잔류 아크릴아마이드로서 0.00005%		-	
풍나무(*Liquidambar styraciflua*) 발삼오일 및 추출물	0.6%		8046-19-3	Styrax balsam
			94891-28-8	Liquidambar styraciflua, ext.
프로필리덴프탈라이드	0.01%		17369-59-4	

원 료 명	사용한도	비 고	CAS No.	화학물질명
하이드롤라이즈드밀단백질		원료 중 펩타이드의 최대 평균 분자량은 3.5 kDa 이하이어야 함	94350-06-8	Protein hydrolyzates, wheat germ
			222400-28-4	Protein hydrolyzates, wheat
			70084-87-6	Glutens, enzyme-modified
			100209-50-5	Wheat, ext., hydrolyzed
트랜스-2-헥세날	0.002%		6728-26-3	
2-헥실리덴사이클로펜타논	0.06%		17373-89-6	

※ 유의사항

1. 이 표에 지정된 원료를 알기 쉽게 찾아볼 수 있도록 각각의 원료명에 해당하는 대표 CAS No.(이에 해당하는 화학물질명칭을 포함)를 예시로 기재하였으며, 기재된 CAS No. 이외에 다른 번호의 화학물질도 해당될 수 있다.

2. 염류의 예 : 소듐, 포타슘, 칼슘, 마그네슘, 암모늄, 에탄올아민, 클로라이드, 브로마이드, 설페이트, 아세테이트, 베타인 등

3. 에스텔류 : 메칠, 에칠, 프로필, 이소프로필, 부틸, 이소부틸, 페닐

부록5

인체 세포·조직 배양액 **안전기준**

부록5 인체 세포·조직 배양액 안전기준
(화장품 안전기준 등에 관한 규정)

2회 시험에 상당부분 출제된 영역입니다.

1. ★★★★ 용어의 정의

이 기준에서 사용하는 용어의 정의는 다음과 같다.

① **"인체 세포·조직 배양액"**은 인체에서 유래된 세포 또는 조직을 배양한 후 세포와 조직을 제거하고 남은 액을 말한다.

② **"공여자"**란 배양액에 사용되는 세포 또는 조직을 제공하는 사람을 말한다.

③ **"공여자 적격성검사"**란 공여자에 대하여 문진, 검사 등에 의한 진단을 실시하여 해당 공여자가 세포배양액에 사용되는 세포 또는 조직을 제공하는 것에 대해 적격성이 있는지를 판정하는 것을 말한다.

④ **"윈도우 피리어드(window period)"**란 감염 초기에 세균, 진균, 바이러스 및 그 항원·항체·유전자 등을 검출할 수 없는 기간을 말한다.

⑤ **"청정등급"**이란 부유입자 및 미생물이 유입되거나 잔류하는 것을 통제하여 일정 수준 이하로 유지되도록 관리하는 구역의 관리수준을 정한 등급을 말한다.

2. ★★★ 일반사항

① 누구든지 세포나 조직을 주고받으면서 금전 또는 재산상의 이익을 취할 수 없다.

② 누구든지 공여자에 관한 정보를 제공하거나 광고 등을 통해 특정인의 세포 또는 조직을 사용하였다는 내용의 광고를 할 수 없다.

③ 인체 세포·조직 배양액을 제조하는데 필요한 세포·조직은 채취 혹은 보존에 필요한 위생상의 관리가 가능한 의료기관에서 채취된 것만을 사용한다.

④ 세포·조직을 채취하는 의료기관 및 인체 세포·조직 배양액을 제조하는 자는 업무수행에 필요한 문서화된 절차를 수립하고 유지하여야 하며 그에 따른 기록을 보존하여야 한다.

⑤ 화장품 제조판매업자는 세포·조직의 채취, 검사, 배양액 제조 등을 실시한 기관에 대하여 안전하고 품질이 균일한 인체 세포·조직 배양액이 제조될 수 있도록 관리·감독을 철저히 하여야 한다.

3. 공여자의 적격성검사 ★★★

① 공여자는 건강한 성인으로서 다음과 같은 감염증이나 질병으로 진단되지 않아야 한다.

ㄱ. B형간염바이러스(HBV), C형간염바이러스(HCV), 인체면역결핍바이러스(HIV), 인체T림프영양성바이러스(HTLV), 파보바이러스B19, 사이토메가로바이러스(CMV), 엡스타인 – 바 바이러스(EBV) 감염증

ㄴ. 전염성 해면상뇌증 및 전염성 해면상뇌증으로 의심되는 경우

ㄷ. 매독트레포네마, 클라미디아, 임균, 결핵균 등의 세균에 의한 감염증

ㄹ. 패혈증 및 패혈증으로 의심되는 경우

ㅁ. 세포·조직의 영향을 미칠 수 있는 선천성 또는 만성질환

② 의료기관에서는 윈도우 피리어드를 감안한 관찰기간 설정 등 공여자 적격성검사에 필요한 기준서를 작성하고 이에 따라야 한다.

4. 세포·조직의 채취 및 검사

① 세포·조직을 채취하는 장소는 외부 오염으로부터 위생적으로 관리될 수 있어야 한다.

② 보관되었던 세포·조직의 균질성 검사방법은 현 시점에서 가장 적절한 최신의 방법을 사용해야 하며, 그와 관련한 절차를 수립하고 유지하여야 한다.

③ 세포 또는 조직에 대한 품질 및 안전성 확보에 필요한 정보를 확인할 수 있도록 <u>다음의 내용을 포함한 세포·조직 채취 및 검사기록서</u>를 작성·보존하여야 한다. ★★★ ★2회 시험에 출제됨

ㄱ. 채취한 의료기관 명칭

ㄴ. 채취 연월일

ㄷ. 공여자 식별 번호

ㄹ. 공여자의 적격성 평가 결과

ㅁ. 동의서

ㅂ. 세포 또는 조직의 종류, 채취방법, 채취량, 사용한 재료 등의 정보

5. 배양시설 및 환경의 관리 (2회 시험에 출제됨)

① 인체 세포·조직 배양액을 제조하는 배양시설은 <u>청정등급 1B(Class 10,000) 이상의 구역에 설치</u>하여야 한다.

② 제조 시설 및 기구는 정기적으로 점검하여 관리되어야 하고, 작업에 지장이 없도록 배치되어야 한다.

③ 제조공정 중 오염을 방지하는 등 위생관리를 위한 제조위생관리 기준서를 작성하고 이에 따라야 한다.

6. 인체 세포·조직 배양액의 제조 (2회 시험에 출제됨)

① 인체 세포·조직 배양액을 제조할 때에는 <u>세균, 진균, 바이러스 등을 비활성화 또는 제거하는 처리</u>를 하여야 한다.

② 배양액 제조에 사용하는 세포·조직에 대한 품질 및 안전성 확보를 위해 필요한 정보를 확인할 수 있도록 다음의 내용을 포함한 '<u>인체 세포·조직 배양액'의 기록서</u>를 작성·보존하여야 한다. ★2회 시험에 출제됨

ㄱ. 채취(보관 포함)한 기관명칭

ㄴ. 채취 연월일

ㄷ. 검사 등의 결과

ㄹ. 세포 또는 조직의 처리 취급 과정

ㅁ. 공여자 식별 번호

ㅂ. 사람에게 감염성 및 병원성을 나타낼 가능성이 있는 바이러스 존재 유무 확인 결과

③ 배지, 첨가성분, 시약 등 인체 세포·조직 배양액 제조에 사용된 모든 원료의 기준규격을 설정한 인체 세포·조직 배양액 원료규격 기준서를 작성하고, 인체에 대한 안전성이 확보된 물질 여부를 확인하여야 하며, 이에 대한 근거자료를 보존하여야 한다.

④ <u>제조기록서</u>는 다음의 사항이 포함되도록 작성하고 보존하여야 한다.

ㄱ. 제조번호, 제조연월일, 제조량

ㄴ. 사용한 원료의 목록, 양 및 규격

ㄷ. 사용된 배지의 조성, 배양조건, 배양기간, 수율

ㄹ. 각 단계별 처리 및 취급과정

⑤ 채취한 세포 및 조직을 일정기간 보존할 필요가 있는 경우에는 타당한 근거자료에 따라 균일한 품질을 유지하도록 보관 조건 및 기간을 설정해야 하며, <u>보관되었던 세포 및 조직에 대해서는 세균, 진균, 바이러스, 마이코플라즈마 등에 대하여 적절한 부정시험을 행한 후 인체 세포·조직 배양액 제조에 사용해야 한다.</u>

⑥ 인체 세포·조직 배양액 제조과정에 대한 작업조건, 기간 등에 대한 제조관리 기준서를 포함한 표준지침서를 작성하고 이에 따라야 한다.

7. ★★★★ 인체 세포·조직 배양액의 안전성 평가

① 인체 세포·조직 배양액의 안전성 확보를 위하여 다음의 **안전성시험 자료를 작성·보존**하여야 한다.

ㄱ. 단회투여독성시험자료

ㄴ. 반복투여독성시험자료

ㄷ. 1차피부자극시험자료

ㄹ. 안점막자극 또는 기타점막자극시험자료

ㅁ. 피부감작성시험자료

ㅂ. 광독성 및 광감작성 시험자료(자외선에서 흡수가 없음을 입증하는 흡광도 시험자료를 제출하는 경우에는 제외함)

ㅅ. 인체 세포·조직 배양액의 구성성분에 관한 자료

ㅇ. 유전독성시험자료

ㅈ. 인체첩포시험자료

② 안전성시험자료는 「비임상시험관리기준」(식품의약품안전처 고시)에 따라 시험한 자료이어야 한다. 다만, 인체 첩포시험은 국내·외 대학 또는 전문 연구기관에서 실시하여야 하며, 관련분야 전문의사, 연구소 또는 병원 기타 관련기관에서 **5년 이상 해당시험**에 경력을 가진 자의 지도 감독 하에 수행·평가되어야 한다.

③ 안전성시험자료는 인체 세포·조직 배양액 제조자가 자체적으로 구성한 안전성평가위원회의(독성전문가 등 외부전문가 위촉) 심의를 거쳐 적정성을 평가하고 그 평가결과를 기록·보존하여야 한다. 안전성평가위원회는 가목의 안전성시험 자료 평가 결과에 따라 기타 필요한 안전성 시험자료(발암성시험자료 등)를 작성·보존토록 권고할 수 있다.

8. ★★★★ 인체 세포·조직 배양액의 시험검사(2회 시험에 출제됨)

① 인체 세포·조직 배양액의 품질을 확보하기 위하여 <u>다음의 항목을 포함한 인체 세포·조직 배양액 품질관리 기준서를 작성하고 이에 따라 품질검사</u>를 하여야 한다. **★2회 시험에 출제됨**

ㄱ. 성상

ㄴ. 무균시험

ㄷ. 마이코플라스마 부정시험

ㄹ. 외래성 바이러스 부정시험

ㅁ. 확인시험

ㅂ. 순도시험
  - 기원 세포 및 조직 부재시험
  - '항생제', '혈청' 등 '사용할 수 없는 원료' 부재시험 등(배양액 제조에 해당 원료를 사용한 경우에 한한다.)

② 품질관리에 필요한 각 항목별 기준 및 시험방법은 과학적으로 그 타당성이 인정되어야 한다.

③ 인체 세포·조직 배양액의 품질관리를 위한 시험검사는 매 **제조번호마다** 실시하고, 그 시험성적서를 보존하여야 한다.

지한쌤의 마흔여덟 번째 암기비법!

인체 세포 · 조직 배양액 품질관리 기준서에 포함되어야 하는 사항

"확마! 순무 외상 좀 해줘!"

확인시험, 마이코플라스마 부정시험, 순도시험, 무균시험, 외래성 바이러스 부정시험, 성상

9. 기록보존

화장품 제조판매업자는 이 안전기준과 관련한 모든 기준, 기록 및 성적서에 관한 서류를 받아 완제품의 **제조연월일로부터 3년이 경과한 날까지 보존**하여야 한다.

memo

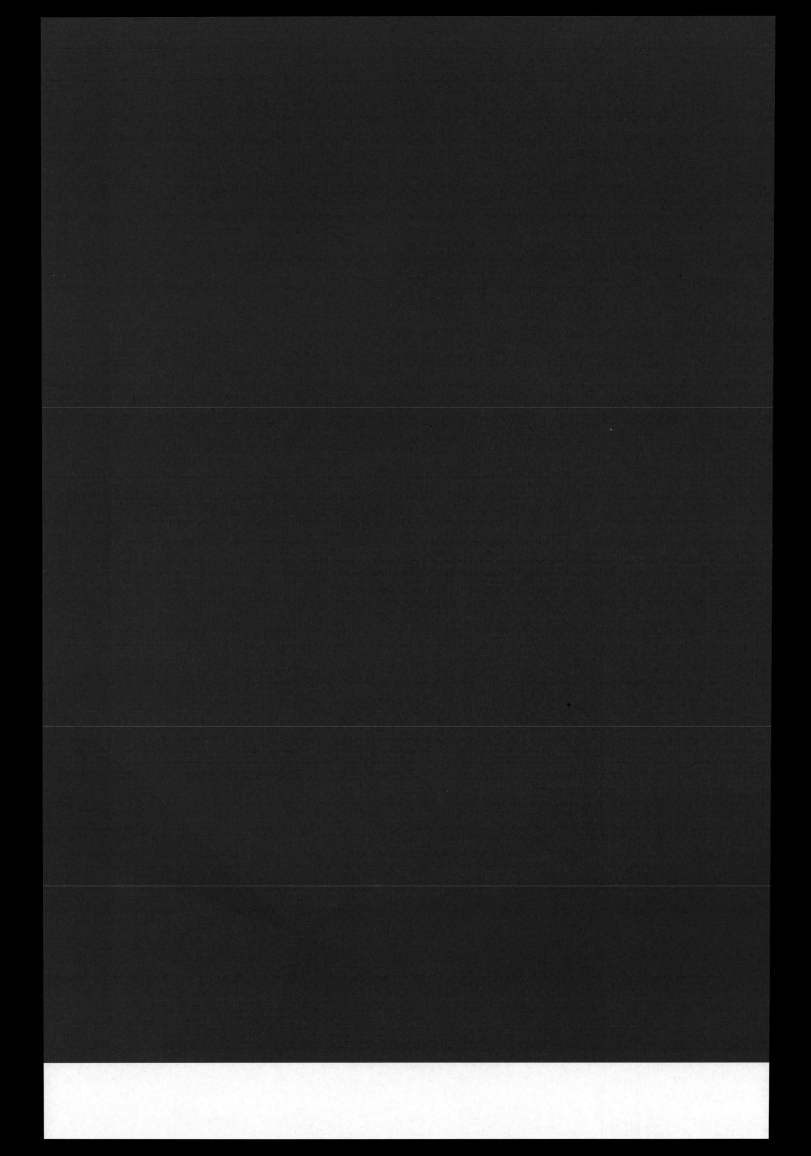

부록6

화장품의 색소

화장품의 색소

부록6

시험에 격회로 출제되는 부분입니다.
간간이 출제됩니다.

연번	색소	사용제한	비고
1	**녹색 204 호** (피라닌콘크, Pyranine Conc)* CI 59040 8-히드록시-1, 3, 6-피렌트리설폰산의 트리나트륨염 ◎ 사용한도 0.01%	눈 주위 및 입술에 사용할 수 없음	타르 색소
2	**녹색 401 호** (나프톨그린 B, Naphthol Green B)* CI 10020 5-이소니트로소-6-옥소-5, 6-디히드로-2-나프탈렌설폰산의 철염	눈 주위 및 입술에 사용할 수 없음	타르 색소
3	**등색 206 호** (디요오드플루오레세인, Diiodofluorescein)* CI 45425:1 4´, 5´-디요오드-3´, 6´-디히드록시스피로[이소벤조푸란-1(3H), 9´-[9H]크산텐]-3-온	눈 주위 및 입술에 사용할 수 없음	타르 색소
4	**등색 207 호** (에리트로신 옐로위쉬 NA, Erythrosine Yellowish NA)* CI 45425 9-(2-카르복시페닐)-6-히드록시-4, 5-디요오드-3H-크산텐-3-온의 디나트륨염	눈 주위 및 입술에 사용할 수 없음	타르 색소
5	**자색 401 호** (알리주롤퍼플, Alizurol Purple)* CI 60730 1-히드록시-4-(2-설포-p-톨루이노)-안트라퀴논의 모노나트륨염	눈 주위 및 입술에 사용할 수 없음	타르 색소
6	**적색 205 호** (리톨레드, Lithol Red)* CI 15630 2-(2-히드록시-1-나프틸아조)-1-나프탈렌설폰산의 모노나트륨염 ◎ 사용한도 3%	눈 주위 및 입술에 사용할 수 없음	타르 색소
7	**적색 206 호** (리톨레드 CA, Lithol Red CA)* CI 15630:2 2-(2-히드록시-1-나프틸아조)-1-나프탈렌설폰산의 칼슘염 ◎ 사용한도 3%	눈 주위 및 입술에 사용할 수 없음	타르 색소
8	**적색 207 호** (리톨레드 BA, Lithol Red BA) CI 15630:1 2-(2-히드록시-1-나프틸아조)-1-나프탈렌설폰산의 바륨염 ◎ 사용한도 3%	눈 주위 및 입술에 사용할 수 없음	타르 색소
9	**적색 208 호** (리톨레드 SR, Lithol Red SR) CI 15630:3 2-(2-히드록시-1-나프틸아조)-1-나프탈렌설폰산의 스트론튬염 ◎ 사용한도 3%	눈 주위 및 입술에 사용할 수 없음	타르 색소
10	**적색 219 호** (브릴리안트레이크레드 R, Brilliant Lake Red R)* CI 15800 3-히드록시-4-페닐아조-2-나프토에산의 칼슘염	눈 주위 및 입술에 사용할 수 없음	타르 색소

연번	색소	사용제한	비고
11	**적색 225 호** (수단 III, Sudan III)* CI 26100 1-[4-(페닐아조)페닐아조]-2-나프톨	눈 주위 및 입술에 사용할 수 없음	타르 색소
12	**적색 405 호** (퍼머넌트레드 F5R, Permanent Red F5R) CI 15865 : 2 4-(5-클로로-2-설포-p-톨릴아조)-3-히드록시-2-나프토에산의 칼슘염	눈 주위 및 입술에 사용할 수 없음	타르 색소
13	**적색 504 호** (폰소 SX, Ponceau SX)* CI 14700 2-(5-설포-2, 4-키실릴아조)-1-나프톨-4-설폰산의 디나트륨염	눈 주위 및 입술에 사용할 수 없음	타르 색소
14	**청색 404 호** (프탈로시아닌블루, Phthalocyanine Blue)* CI 74160 프탈로시아닌의 구리착염	눈 주위 및 입술에 사용할 수 없음	타르 색소
15	**황색 202 호의 (2)** (우라닌 K, Uranine K)* CI 45350 9-올소-카르복시페닐-6-히드록시-3-이소크산톤의 디칼륨염 ◎ 사용한도 6%	눈 주위 및 입술에 사용할 수 없음	타르 색소
16	**황색 204 호** (퀴놀린옐로우 SS, Quinoline Yellow SS)* CI 47000 2-(2-퀴놀릴)-1, 3-인단디온	눈 주위 및 입술에 사용할 수 없음	타르 색소
17	**황색 401 호** (한자옐로우, Hanza Yellow)* CI 11680 N-페닐-2-(니트로-p-톨릴아조)-3-옥소부탄아미드	눈 주위 및 입술에 사용할 수 없음	타르 색소
18	**황색 403 호의 (1)** (나프톨옐로우 S, Naphthol Yellow S) CI 10316 2, 4-디니트로-1-나프톨-7-설폰산의 디나트륨염	눈 주위 및 입술에 사용할 수 없음	타르 색소
19	**등색 205 호** (오렌지 II, Orange II) CI 15510 1-(4-설포페닐아조)-2-나프톨의 모노나트륨염	눈 주위에 사용할 수 없음	타르 색소
20	**황색 203 호** (퀴놀린옐로우 WS, Quinoline Yellow WS) CI 47005 2-(1, 3-디옥소인단-2-일)퀴놀린 모노설폰산 및 디설폰산의 나트륨염	눈 주위에 사용할 수 없음	타르 색소
21	녹색 3 호 (패스트그린 FCF, Fast Green FCF) CI 42053 2-[α-[4-(N-에틸-3-설포벤질이미니오)-2, 5-시클로헥사디에닐덴]-4-(N 에틸-3-설포벤질아미노)벤질]-5-히드록시벤젠설포네이트의 디나트륨염	-	타르 색소
22	녹색 201 호 (알리자린시아닌그린 F, Alizarine Cyanine Green F)* CI 61570 1, 4-비스-(2-설포-p-톨루이디노)-안트라퀴논의 디나트륨염	-	타르 색소
23	녹색 202 호 (퀴니자린그린 SS, Quinizarine Green SS)* CI 61565 1, 4-비스(p-톨루이디노)안트라퀴논	-	타르 색소
24	등색 201 호 (디브로모플루오레세인, Dibromofluorescein) CI 45370 4′, 5′-디브로모-3′, 6′-디히드로시스피로[이소벤조푸란-1(3H),9-[9H]크산텐-3-온	눈 주위에 사용할 수 없음	타르 색소

연번	색소	사용제한	비고
25	자색 201 호 (알리주린퍼플 SS, Alizurine Purple SS)* CI 60725 1-히드록시-4-(p-톨루이디노)안트라퀴논	-	타르 색소
26	**적색 2 호** (아마란트, Amaranth) CI 16185 3-히드록시-4-(4-설포나프틸아조)-2, 7-나프탈렌디설폰산의 트리나트륨염	영유아용 제품류 또는 만 13세 이하 어린이가 사용할 수 있음을 특정하여 표시하는 제품에 사용할 수 없음	타르 색소
27	적색 40 호 (알루라레드 AC, Allura Red AC) CI 16035 6-히드록시-5-[(2-메톡시-5-메틸-4-설포페닐)아조]-2-나프탈렌설폰산의 디나트륨염	-	타르 색소
28	**적색 102 호** (뉴콕신, New Coccine) CI 16255 1-(4-설포-1-나프틸아조)-2-나프톨-6, 8-디설폰산의 트리나트륨염의 1.5 수화물	영유아용 제품류 또는 만 13세 이하 어린이가 사용할 수 있음을 특정하여 표시하는 제품에 사용할 수 없음	타르 색소
29	**적색 103 호의 (1)** (에오신 YS, Eosine YS) CI 45380 9-(2-카르복시페닐)-6-히드록시-2, 4, 5, 7-테트라브로모-3H-크산텐-3-온의 디나트륨염	눈 주위에 사용할 수 없음	타르 색소
30	**적색 104 호의 (1)** (플록신 B, Phloxine B) CI 45410 9-(3, 4, 5, 6-테트라클로로-2-카르복시페닐)-6-히드록시-2, 4, 5, 7-테트 라브로모-3H-크산텐-3-온의 디나트륨염	눈 주위에 사용할 수 없음	타르 색소
31	**적색 104 호의 (2)** (플록신 BK, Phloxine BK) CI 45410 9-(3, 4, 5, 6-테트라클로로-2-카르복시페닐)-6-히드록시-2, 4, 5, 7-테트 라브로모-3H-크산텐-3-온의 디칼륨염	눈 주위에 사용할 수 없음	타르 색소
32	적색 201 호 (리톨루빈 B, Lithol Rubine B) CI 15850 4-(2-설포-p-톨릴아조)-3-히드록시-2-나프토에산의 디나트륨염	-	타르 색소
33	적색 202 호 (리톨루빈 BCA, Lithol Rubine BCA) CI 15850 : 1 4-(2-설포-p-톨릴아조)-3-히드록시-2-나프토에산의 칼슘염	-	타르 색소

연번	색소	사용제한	비고
34	**적색 218 호** (테트라클로로테트라브로모플루오레세인, Tetrachlorotetrabromofluorescein) CI 45410 : 1 2′, 4′, 5′, 7′-테트라브로모-4, 5, 6, 7-테트라클로로-3′, 6′-디히드록시 피로[이소벤조푸란-1(3H),9′-[9H] 크산텐]-3-온	눈 주위에 사용할 수 없음	타르색소
35	적색 220 호 (디프마룬, Deep Maroon)* CI 15880 : 1 4-(1-설포-2-나프틸아조)-3-히드록시-2-나프토에산의 칼슘염	-	타르색소
36	**적색 223 호** (테트라브로모플루오레세인, Tetrabromofluorescein) CI 45380 : 2 2′, 4′, 5′, 7′-테트라브로모-3′, 6′-디히드록시스피로[이소벤조푸란-1(3H),9′-[9H]크산텐]-3-온	눈 주위에 사용할 수 없음	타르색소
37	적색 226 호 (헬린돈핑크 CN, Helindone Pink CN)* CI 73360 6, 6′-디클로로-4, 4′-디메틸-티오인디고	-	타르색소
38	적색 227 호 (패스트애시드마겐타, Fast Acid Magenta)* CI 17200 8-아미노-2-페닐아조-1-나프톨-3, 6-디설폰산의 디나트륨염 ◎ 입술에 적용을 목적으로 하는 화장품의 경우만 사용한도 3%	-	타르색소
39	적색 228 호 (퍼마톤레드, Permaton Red) CI 12085 1-(2-클로로-4-니트로페닐아조)-2-나프톨 ◎ 사용한도 3%	-	타르색소
40	적색 230 호의 (2) (에오신 YSK, Eosine YSK) CI 45380 9-(2-카르복시페닐)-6-히드록시-2, 4, 5, 7-테트라브로모-3H-크산텐-3-온의 디칼륨염	-	타르색소
41	청색 1 호 (브릴리안트블루 FCF, Brilliant Blue FCF) CI 42090 2-[α-[4-(N-에틸-3-설포벤질이미니오)-2, 5-시클로헥사디에닐리덴]-4-(N-에틸-3-설포벤질아미노)벤질]벤젠설포네이트의 디나트륨염	-	타르색소
42	청색 2 호 (인디고카르민, Indigo Carmine) CI 73015 5, 5′-인디고틴디설폰산의 디나트륨염	-	타르색소
43	청색 201 호 (인디고, Indigo)* CI 73000 인디고틴	-	타르색소
44	청색 204 호 (카르반트렌블루, Carbanthrene Blue)* CI 69825 3, 3′-디클로로인단스렌	-	타르색소

연번	색소	사용제한	비고
45	청색 205 호 (알파주린 FG, Alphazurine FG)* CI 42090 2-[α-[4-(N-에틸-3-설포벤질이미니오)-2, 5-시클로헥산디에닐리덴] -4-(N-에틸-3-설포벤질아미노)벤질]벤젠설포네이트의 디암모늄염	-	타르 색소
46	황색 4 호 (타르트라진, Tartrazine) CI 19140 5-히드록시-1-(4-설포페닐)-4-(4-설포페닐아조)-1H-피라졸-3-카르본산의 트리나트륨염	-	타르 색소
47	황색 5 호 (선셋옐로우 FCF, Sunset Yellow FCF) CI 15985 6-히드록시-5-(4-설포페닐아조)-2-나프탈렌설폰산의 디나트륨염	-	타르 색소
48	황색 201 호 (플루오레세인, Fluorescein)* CI 45350:1 3′, 6′-디히드록시스피로[이소벤조푸란-1(3H), 9′-[9H]크산텐]-3-온 ◎ 사용한도 6%	-	타르 색소
49	황색 202 호의 (1) (우라닌, Uranine)* CI 45350 9-(2-카르복시페닐)-6-히드록시-3H-크산텐-3-온의 디나트륨염 ◎ 사용한도 6%	-	타르 색소
50	등색 204 호 (벤지딘오렌지 G, Benzidine Orange G)* CI 21110 4, 4′-[(3, 3′-디클로로-1, 1′-비페닐)-4, 4′-디일비스(아조)]비스[3-메틸-1-페닐-5-피라졸론]	적용 후 바로 씻어내는 제품 및 염모용 화장품에만 사용	타르 색소
51	적색 106 호 (애시드레드, Acid Red)* CI 45100 2-[[N, N-디에틸-6-(디에틸아미노)-3H-크산텐-3-이미니오]-9-일]-5-설포벤젠설포네이트의 모노나트륨염	적용 후 바로 씻어내는 제품 및 염모용 화장품에만 사용	타르 색소
52	적색 221 호 (톨루이딘레드, Toluidine Red)* CI 12120 1-(2-니트로-p-톨릴아조)-2-나프톨	적용 후 바로 씻어내는 제품 및 염모용 화장품에만 사용	타르 색소
53	적색 401 호 (비올라민 R, Violamine R) CI 45190 9-(2-카르복시페닐)-6-(4-설포-올소-톨루이디노)-N-(올소-톨릴)-3H-크산텐-3-이민의 디나트륨염	적용 후 바로 씻어내는 제품 및 염모용 화장품에만 사용	타르 색소
54	적색 506 호 (패스트레드 S, Fast Red S)* CI 15620 4-(2-히드록시-1-나프틸아조)-1-나프탈렌설폰산의 모노나트륨염	적용 후 바로 씻어내는 제품 및 염모용 화장품에만 사용	타르 색소
55	황색 407 호 (패스트라이트옐로우 3G, Fast Light Yellow 3G)* CI 18820 3-메틸-4-페닐아조-1-(4-설포페닐)-5-피라졸론의 모노나트륨염	적용 후 바로 씻어내는 제품 및 염모용 화장품에만 사용	타르 색소

연번	색소	사용제한	비고
56	**흑색 401 호** (나프톨블루블랙, Naphthol Blue Black)* CI 20470 8-아미노-7-(4-니트로페닐아조)-2-(페닐아조)-1-나프톨-3, 6-디설폰산의 디나트륨염	적용 후 바로 씻어내는 제품 및 염모용 화장품에만 사용	타르색소
57	**등색 401 호**(오렌지 401, Orange no. 401)* CI 11725	점막에 사용할 수 없음	타르색소
58	안나토 (Annatto) CI 75120	-	
59	라이코펜 (Lycopene) CI 75125	-	
60	베타카로틴 (Beta-Carotene) CI 40800, CI 75130	-	
61	구아닌 (2-아미노-1,7-디하이드로-6H-퓨린-6-온, Guanine, 2-Amino-1,7-dihydro-6H-purin-6-one) CI 75170		
62	커큐민 (Curcumin) CI 75300	-	
63	카민류 (Carmines) CI 75470	-	
64	클로로필류 (Chlorophylls) CI 75810	-	
65	알루미늄 (Aluminum) CI 77000	-	
66	벤토나이트 (Bentonite) CI 77004	-	
67	울트라마린 (Ultramarines) CI 77007	-	
68	바륨설페이트 (Barium Sulfate) CI 77120	-	
69	비스머스옥시클로라이드 (Bismuth Oxychloride) CI 77163	-	
70	칼슘카보네이트 (Calcium Carbonate) CI 77220	-	
71	칼슘설페이트 (Calcium Sulfate) CI 77231	-	
72	카본블랙 (Carbon black) CI 77266	-	
73	본블랙, 본차콜 (본차콜, Bone black, Bone Charcoal) CI 77267	-	
74	베지터블카본 (코크블랙, Vegetable Carbon, Coke Black) CI 77268:1	-	
75	크로뮴옥사이드그린 (크롬(III) 옥사이드, Chromium Oxide Greens) CI 77288	-	
76	크로뮴하이드로사이드그린 (크롬(III) 하이드록사이드, Chromium Hydroxide Green) CI 77289	-	
77	코발트알루미늄옥사이드 (Cobalt Aluminum Oxide) CI 77346	-	
78	구리 (카퍼, Copper) CI 77400	-	
79	금 (Gold) CI 77480	-	
80	페러스옥사이드 (Ferrous oxide, Iron Oxide) CI 77489	-	

연번	색소	사용제한	비고
81	적색산화철 (아이런옥사이드레드, Iron Oxide Red, Ferric Oxide) CI 77491	-	
82	황색산화철 (아이런옥사이드옐로우, Iron Oxide Yellow, Hydrated Ferric Oxide) CI 77492	-	
83	흑색산화철 (아이런옥사이드블랙, Iron Oxide Black, Ferrous-Ferric Oxide) CI 77499	-	
84	페릭암모늄페로시아나이드 (Ferric Ammonium Ferrocyanide) CI 77510	-	
85	페릭페로시아나이드 (Ferric Ferrocyanide) CI 77510	-	
86	마그네슘카보네이트 (Magnesium Carbonate) CI 77713	-	
87	망가니즈바이올렛 (암모늄망가니즈(3+) 디포스페이트, Manganese Violet, Ammonium Manganese(3+) Diphosphate) CI 77742	-	
88	실버 (Silver) CI 77820	-	
89	티타늄디옥사이드 (Titanium Dioxide) CI 77891	-	
90	징크옥사이드 (Zinc Oxide) CI 77947	-	
91	리보플라빈 (락토플라빈, Riboflavin, Lactoflavin)	-	
92	카라멜 (Caramel)	-	
93	파프리카추출물, 캡산틴/캡소루빈 (Paprika Extract Capsanthin/Capsorubin)	-	
94	비트루트레드 (Beetroot Red)	-	
95	안토시아닌류 (시아니딘, 페오니딘, 말비딘, 델피니딘, 페투니딘, 페라고니딘, Anthocyanins)	-	
96	알루미늄스테아레이트/징크스테아레이트/마그네슘스테아레이트/칼슘스테아레이트 (Aluminum Stearate/Zinc Stearate/Magnesium Stearate/ Calcium Stearate)	-	
97	디소듐이디티에이-카퍼 (Disodium EDTA-copper)	-	
98	디하이드록시아세톤 (Dihydroxyacetone)	-	
99	구아이아줄렌 (Guaiazulene)	-	
100	피로필라이트 (Pyrophyllite)	-	
101	마이카 (Mica) CI 77019	-	
102	청동 (Bronze)	-	

연번	색소	사용제한	비고
103	염기성갈색 16 호 (Basic Brown 16) CI 12250	염모용 화장품에만 사용	타르 색소
104	염기성청색 99 호 (Basic Blue 99) CI 56059	염모용 화장품에만 사용	타르 색소
105	염기성적색 76 호 (Basic Red 76) CI 12245 ◎ 사용한도 2%	염모용 화장품에만 사용	타르 색소
106	염기성갈색 17 호 (Basic Brown 17) CI 12251 ◎ 사용한도 2%	염모용 화장품에만 사용	타르 색소
107	염기성황색 87 호 (Basic Yellow 87) ◎ 사용한도 1%	염모용 화장품에만 사용	타르 색소
108	염기성황색 57 호 (Basic Yellow 57) CI 12719 ◎ 사용한도 2%	염모용 화장품에만 사용	타르 색소
109	염기성적색 51 호 (Basic Red 51) ◎ 사용한도 1%	염모용 화장품에만 사용	타르 색소
110	염기성등색 31 호 (Basic Orange 31) ◎ 사용한도 1%	염모용 화장품에만 사용	타르 색소
111	에치씨청색 15 호 (HC Blue No. 15) ◎ 사용한도 0.2%	염모용 화장품에만 사용	타르 색소
112	에치씨청색 16 호 (HC Blue No. 16) ◎ 사용한도 3%	염모용 화장품에만 사용	타르 색소
113	분산자색 1 호 (Disperse Violet 1) CI 61100 1,4 - 디아미노안트라퀴논 ◎ 사용한도 0.5%	염모용 화장품에만 사용	타르 색소
114	에치씨적색 1 호 (HC Red No. 1) 4 - 아미노 - 2 - 니트로디페닐아민 ◎ 사용한도 1%	염모용 화장품에만 사용	타르 색소
115	2 - 아미노 - 6 - 클로로 - 4 - 니트로페놀 ◎ 사용한도 2%	염모용 화장품에만 사용	타르 색소
116	4 - 하이드록시프로필 아미노 - 3 - 니트로페놀 ◎ 사용한도 2.6%	염모용 화장품에만 사용	타르 색소
117	염기성자색 2 호 (Basic Violet 2) CI 42520 ◎ 사용한도 0.5%	염모용 화장품에만 사용	타르 색소
118	분산흑색 9 호 (Disperse Black 9) ◎ 사용한도 0.3%	염모용 화장품에만 사용	타르 색소

화장품법 해설서

화장품법 시행령 해설서

화장품법 시행규칙 해설서

부록 및 특별부록

연번	색소	사용제한	비고
119	에치씨황색 7 호 (HC Yellow No. 7) ◎ 사용한도 0.25%	염모용 화장품에만 사용	타르 색소
120	산성적색 52 호 (Acid Red 52) CI 45100 ◎ 사용한도 0.6%	염모용 화장품에만 사용	타르 색소
121	산성적색 92 호 (Acid Red 92) ◎ 사용한도 0.4%	염모용 화장품에만 사용	타르 색소
122	에치씨청색 17 호 (HC Blue 17) ◎ 사용한도 2%	염모용 화장품에만 사용	타르 색소
123	에치씨등색 1 호 (HC Orange No. 1) ◎ 사용한도 1%	염모용 화장품에만 사용	타르 색소
124	분산청색 377 호 (Disperse Blue 377) ◎ 사용한도 2%	염모용 화장품에만 사용	타르 색소
125	에치씨청색 12 호 (HC Blue No. 12) ◎ 사용한도 1.5%	염모용 화장품에만 사용	타르 색소
126	에치씨황색 17 호 (HC Yellow No. 17) ◎ 사용한도 0.5%	염모용 화장품에만 사용	타르 색소
127	**피그먼트 적색 5호** (Pigment Red 5)* CI 12490 엔 - (5 - 클로로 - 2,4 - 디메톡시페닐) - 4 - [[5 - [(디에칠아미노)설포닐] - 2 - 메톡시페닐]아조] - 3 - 하이드록시나프탈렌 - 2 - 카복사마이드	화장 비누에만 사용 가능	타르 색소
128	**피그먼트 자색 23호** (Pigment Violet 23) CI 51319	화장 비누에만 사용 가능	타르 색소
129	**피그먼트 녹색 7호** (Pigment Green 7) CI 74260	화장 비누에만 사용 가능	타르 색소

✓ [참고] *표시는 해당 색소의 **바륨, 스트론튬, 지르코늄레이크**는 사용할 수 없다.

memo

memo

부록7

우수화장품 제조 및 품질관리 기준(CGMP)

우수화장품 제조 및 품질관리 기준(CGMP)

모든 문서의 내용이 다 중요하므로 무조건 암기할 것!
매회 시험에 출제 100%! 심지어 3회 때는 이 부분에서 대거 출제!

식품의약품안전처(화장품정책과)

제1장 총 칙

_*
제1조(목적) 이 고시는 「화장품법」 제5조 제2항 및 같은법 시행규칙 제12조 제2항에 따라 우수화장품 제조 및 품질관리 기준에 관한 세부사항을 정하고, 이를 이행하도록 권장함으로써 우수한 화장품을 제조·공급하여 소비자보호 및 국민 보건 향상에 기여함을 목적으로 한다.

_{*****}
제2조(용어의 정의) 이 고시에서 사용하는 용어의 뜻은 다음과 같다.

1. 법 개정으로 삭제

2. "제조"란 원료 물질의 칭량부터 혼합, 충전(1차포장), 2차포장 및 표시 등의 일련의 작업을 말한다.

3. 법 개정으로 삭제

4. "품질보증" 이란 제품이 적합 판정 기준에 충족될 것이라는 신뢰를 제공하는데 필수적인 모든 계획되고 체계적인 활동을 말한다.

5. "일탈"이란 제조 또는 품질관리 활동 등의 미리 정하여진 기준을 벗어나 이루어진 행위를 말한다.

6. "기준일탈(out-of-specification)" 이란 규정된 합격 판정 기준에 일치하지 않는 검사, 측정 또는 시험결과를 말한다.

7. "원료"란 벌크 제품의 제조에 투입하거나 포함되는 물질을 말한다.

8. "원자재"란 화장품 원료 및 자재를 말한다.

9. "불만"이란 제품이 규정된 적합판정기준을 충족시키지 못한다고 주장하는 외부 정보를 말한다.

10. "회수"란 판매한 제품 가운데 품질 결함이나 안전성 문제 등으로 나타난 제조번호의 제품(필요시 여타 제조번호 포함)을 제조소로 거두어들이는 활동을 말한다.

11. "오염"이란 제품에서 화학적, 물리적, 미생물학적 문제 또는 이들이 조합되어 나타내는 바람직하지 않은 문제의 발생을 말한다.

12. "청소"란 화학적인 방법, 기계적인 방법, 온도, 적용시간과 이러한 복합된 요인에 의해 청정도를 유지하고 일반적으로 표면에서 눈에 보이는 먼지를 분리, 제거하여 외관을 유지하는 모든 작업을 말한다.

13. "유지관리"란 적절한 작업 환경에서 건물과 설비가 유지되도록 정기적·비정기적인 지원 및 검증 작업을 말한다.

14. "주요 설비"란 제조 및 품질 관련 문서에 명기된 설비로 제품의 품질에 영향을 미치는 필수적인 설비를 말한다.

15. "교정"이란 규정된 조건 하에서 측정기기나 측정 시스템에 의해 표시되는 값과 표준기기의 참값을 비교하여 이들의 오차가 허용범위 내에 있음을 확인하고, 허용범위를 벗어나는 경우 허용범위 내에 들도록 조정하는 것을 말한다.

16. "제조번호" 또는 "뱃치번호"란 일정한 제조단위분에 대하여 제조관리 및 출하에 관한 모든 사항을 확인할 수 있도록 표시된 번호로서 숫자·문자·기호 또는 이들의 특정적인 조합을 말한다.

17. "반제품"이란 제조공정 단계에 있는 것으로서 필요한 제조공정을 더 거쳐야 벌크 제품이 되는 것을 말한다.

18. "벌크 제품"이란 충전(1차포장) 이전의 제조 단계까지 끝낸 제품을 말한다.

19. "제조단위" 또는 "뱃치"란 하나의 공정이나 일련의 공정으로 제조되어 균질성을 갖는 화장품의 일정한 분량을 말한다.

20. "완제품"이란 출하를 위해 제품의 포장 및 첨부문서에 표시공정 등을 포함한 모든 제조공정이 완료된 화장품을 말한다.

21. "재작업"이란 적합 판정기준을 벗어난 완제품, 벌크제품 또는 반제품을 재처리하여 품질이 적합한 범위에 들어오도록 하는 작업을 말한다.

22. "수탁자"는 직원, 회사 또는 조직을 대신하여 작업을 수행하는 사람, 회사 또는 외부 조직을 말한다.

23. "공정관리"란 제조공정 중 적합판정기준의 충족을 보증하기 위하여 공정을 모니터링하거나 조정하는 모든 작업을 말한다.

24. "감사"란 제조 및 품질과 관련한 결과가 계획된 사항과 일치하는지의 여부와 제조 및 품질관리가 효과적으로 실행되고 목적 달성에 적합한지 여부를 결정하기 위한 체계적이고 독립적인 조사를 말한다.

25. "변경관리"란 모든 제조, 관리 및 보관된 제품이 규정된 적합판정기준에 일치하도록 보장하기 위하여 우수화장품 제조 및 품질관리기준이 적용되는 모든 활동을 내부 조직의 책임하에 계획하여 변경하는 것을 말한다.

26. "내부감사"란 제조 및 품질과 관련한 결과가 계획된 사항과 일치하는지의 여부와 제조 및 품질관리가 효과적으로 실행되고 목적 달성에 적합한지 여부를 결정하기 위한 회사 내 자격이 있는 직원에 의해 행해지는 체계적이고 독립적인 조사를 말한다.

27. "포장재"란 화장품의 포장에 사용되는 모든 재료를 말하며 운송을 위해 사용되는 외부 포장재는 제외한 것이다. 제품과 직접적으로 접촉하는지 여부에 따라 1차 또는 2차 포장재라고 말한다.

28. "적합 판정 기준"이란 시험 결과의 적합 판정을 위한 수적인 제한, 범위 또는 기타 적절한 측정법을 말한다.

29. "소모품"이란 청소, 위생 처리 또는 유지 작업 동안에 사용되는 물품(세척제, 윤활제 등)을 말한다.

30. "관리"란 적합 판정 기준을 충족시키는 검증을 말한다.

31. "제조소"란 화장품을 제조하기 위한 장소를 말한다.

32. "건물"이란 제품, 원료 및 포장재의 수령, 보관, 제조, 관리 및 출하를 위해 사용되는 물리적 장소, 건축물 및 보조 건축물을 말한다.

33. "위생관리"란 대상물의 표면에 있는 바람직하지 못한 미생물 등 오염물을 감소시키기 위해 시행되는 작업을 말한다.

34. "출하"란 주문 준비와 관련된 일련의 작업과 운송 수단에 적재하는 활동으로 제조소 외로 제품을 운반하는 것을 말한다.

제2장 인적자원

제3조(조직의 구성)

① 제조소별로 독립된 제조부서와 품질보증부서를 두어야 한다.

② 조직구조는 조직과 직원의 업무가 원활히 이해될 수 있도록 규정되어야 하며, 회사의 규모와 제품의 다양성에 맞추어 적절하여야 한다.

③ 제조소에는 제조 및 품질관리 업무를 적절히 수행할 수 있는 충분한 인원을 배치하여야 한다.

제4조(직원의 책임)

① 모든 작업원은 다음을 이행해야 할 책임이 있다.

1. 조직 내에서 맡은 지위 및 역할을 인지해야 할 의무

2. 문서접근 제한 및 개인위생 규정을 준수해야 할 의무

3. 자신의 업무범위내에서 기준을 벗어난 행위나 부적합 발생 등에 대해 보고해야 할 의무

4. 정해진 책임과 활동을 위한 교육훈련을 이수할 의무

② 품질보증 책임자는 화장품의 품질보증을 담당하는 부서의 책임자로서 다음 각 호의 사항을 이행하여야 한다.

1. 품질에 관련된 모든 문서와 절차의 검토 및 승인

2. 품질 검사가 규정된 절차에 따라 진행되는지의 확인

3. 일탈이 있는 경우 이의 조사 및 기록

4. 적합 판정한 원자재 및 제품의 출고 여부 결정

5. 부적합품이 규정된 절차대로 처리되고 있는지의 확인

6. 불만처리와 제품회수에 관한 사항의 주관

제5조(교육훈련)

① 제조 및 품질관리 업무와 관련 있는 모든 직원들에게 각자의 직무와 책임에 적합한 교육훈련이 제공될 수 있도록 연간계획을 수립하고 정기적으로 교육을 실시하여야 한다.

② 교육담당자를 지정하고 교육훈련의 내용 및 평가가 포함된 교육훈련 규정을 작성하여야 하되, 필요한 경우에는 외부 전문기관에 교육을 의뢰할 수 있다.

③ 교육 종료 후에는 교육결과를 평가하고, 일정한 수준에 미달할 경우에는 재교육을 받아야 한다.

④ 새로 채용된 직원은 업무를 적절히 수행할 수 있도록 기본 교육훈련 외에 추가 교육훈련을 받아야 하며 이와 관련한 문서화된 절차를 마련하여야 한다.

제6조(직원의 위생)

① 적절한 위생관리 기준 및 절차를 마련하고 제조소 내의 모든 직원은 이를 준수해야 한다.

② 작업소 및 보관소 내의 모든 직원은 화장품의 오염을 방지하기 위해 규정된 작업복을 착용해야 하고 음식물 등을 반입해서는 아니 된다.

③ 피부에 외상이 있거나 질병에 걸린 직원은 건강이 양호해지거나 화장품의 품질에 영향을 주지 않는다는 의사의 소견이 있기 전까지는 화장품과 직접적으로 접촉되지 않도록 격리되어야 한다.

④ 제조구역별 접근권한이 없는 작업원 및 방문객은 가급적 제조, 관리 및 보관구역 내에 들어가지 않도록 하고, 불가피한 경우 사전에 직원 위생에 대한 교육 및 복장 규정에 따르도록 하고 감독하여야 한다.

제3장 제조

제1절 시설기준

제7조(건물)

① 건물은 다음과 같이 위치, 설계, 건축 및 이용되어야 한다.

　1. 제품이 보호되도록 할 것

　2. 청소가 용이하도록 하고 필요한 경우 위생관리 및 유지관리가 가능하도록 할 것

　3. 제품, 원료 및 포장재 등의 혼동이 없도록 할 것

② 건물은 제품의 제형, 현재 상황 및 청소 등을 고려하여 설계하여야 한다.

제8조(시설)

① **작업소는 다음에 적합하여야 한다.**

1. 제조하는 화장품의 종류·제형에 따라 적절히 구획·구분되어 있어 교차오염 우려가 없을 것

2. 바닥, 벽, 천장은 가능한 청소하기 쉽게 매끄러운 표면을 지니고 소독제 등의 부식성에 저항력이 있을 것

3. 환기가 잘 되고 청결할 것

4. 외부와 연결된 창문은 가능한 열리지 않도록 할 것

5. 작업소 내의 외관 표면은 가능한 매끄럽게 설계하고, 청소, 소독제의 부식성에 저항력이 있을 것

6. 수세실과 화장실은 접근이 쉬워야 하나 생산구역과 분리되어 있을 것

7. 작업소 전체에 적절한 조명을 설치하고, 조명이 파손될 경우를 대비한 제품을 보호할 수 있는 처리절차를 마련할 것

8. 제품의 오염을 방지하고 적절한 온도 및 습도를 유지할 수 있는 공기조화시설 등 적절한 환기시설을 갖출 것

9. 각 제조구역별 청소 및 위생관리 절차에 따라 효능이 입증된 세척제 및 소독제를 사용할 것

10. 제품의 품질에 영향을 주지 않는 소모품을 사용할 것

② **제조 및 품질관리에 필요한 설비 등은 다음에 적합하여야 한다.**

1. 사용목적에 적합하고, 청소가 가능하며, 필요한 경우 위생·유지관리가 가능하여야 한다. 자동화시스템을 도입한 경우도 또한 같다.

2. 사용하지 않는 연결 호스와 부속품은 청소 등 위생관리를 하며, 건조한 상태로 유지하고 먼지, 얼룩 또는 다른 오염으로부터 보호할 것

3. 설비 등은 제품의 오염을 방지하고 배수가 용이하도록 설계, 설치하며, 제품 및 청소 소독제와 화학반응을 일으키지 않을 것

4. 설비 등의 위치는 원자재나 직원의 이동으로 인하여 제품의 품질에 영향을 주지 않도록 할 것

5. 용기는 먼지나 수분으로부터 내용물을 보호할 수 있을 것

6. 제품과 설비가 오염되지 않도록 배관 및 배수관을 설치하며, 배수관은 역류되지 않아야 하고, 청결을 유지할 것

7. 천정 주위의 대들보, 파이프, 덕트 등은 가급적 노출되지 않도록 설계하고, 파이프는 받침대 등으로 고정하고 벽에 닿지 않게 하여 청소가 용이하도록 설계할 것

8. 시설 및 기구에 사용되는 소모품은 제품의 품질에 영향을 주지 않도록 할 것

제9조(작업소의 위생)

① 곤충, 해충이나 쥐를 막을 수 있는 대책을 마련하고 정기적으로 점검·확인하여야 한다.

② 제조, 관리 및 보관 구역 내의 바닥, 벽, 천장 및 창문은 항상 청결하게 유지되어야 한다.

③ 제조시설이나 설비의 세척에 사용되는 세제 또는 소독제는 효능이 입증된 것을 사용하고 잔류하거나 적용하는 표면에 이상을 초래하지 아니하여야 한다.

④ 제조시설이나 설비는 적절한 방법으로 청소하여야 하며, 필요한 경우 위생관리 프로그램을 운영하여야 한다.

제10조(유지관리)

① 건물, 시설 및 주요 설비는 정기적으로 점검하여 화장품의 제조 및 품질관리에 지장이 없도록 유지·관리·기록하여야 한다.

② 결함 발생 및 정비 중인 설비는 적절한 방법으로 표시하고, 고장 등 사용이 불가할 경우 표시하여야 한다.

③ 세척한 설비는 다음 사용 시까지 오염되지 아니하도록 관리하여야 한다.

④ 모든 제조 관련 설비는 승인된 자만이 접근·사용하여야 한다.

⑤ 제품의 품질에 영향을 줄 수 있는 검사·측정·시험장비 및 자동화장치는 계획을 수립하여 정기적으로 교정 및 성능점검을 하고 기록해야 한다.

⑥ 유지관리 작업이 제품의 품질에 영향을 주어서는 안 된다.

제2절 원자재의 관리

제11조(입고관리)

① 화장품제조업자는 원자재 공급자에 대한 관리감독을 적절히 수행하여 입고관리가 철저히 이루어지도록 하여야 한다.

② 원자재의 입고 시 구매 요구서, 원자재 공급업체 성적서 및 현품이 서로 일치하여야 한다. 필요한 경우 운송 관련 자료를 추가적으로 확인할 수 있다.

③ 원자재 용기에 제조번호가 없는 경우에는 관리번호를 부여하여 보관하여야 한다.

④ 원자재 입고절차 중 육안확인 시 물품에 결함이 있을 경우 입고를 보류하고 격리보관 및 폐기하거나 원자재 공급업자에게 반송하여야 한다.

⑤ 입고된 원자재는 "적합", "부적합", "검사 중" 등으로 상태를 표시하여야 한다. 다만, 동일 수준의 보증이 가능한 다른 시스템이 있다면 대체할 수 있다.

⑥ 원자재 용기 및 시험기록서의 필수적인 기재 사항은 다음과 같다.

1. 원자재 공급자가 정한 제품명
2. 원자재 공급자명
3. 수령일자
4. 공급자가 부여한 제조번호 또는 관리번호

제12조(출고관리) <u>원자재는 시험결과 적합판정된 것만을</u> 선입선출방식으로 출고해야 하고 이를 확인할 수 있는 체계가 확립되어 있어야 한다.

제13조(보관관리)

① 원자재, 반제품 및 벌크 제품은 품질에 나쁜 영향을 미치지 아니하는 조건에서 보관하여야 하며 보관기한을 설정하여야 한다.

② 원자재, 반제품 및 벌크 제품은 바닥과 벽에 닿지 아니하도록 보관하고, 선입선출에 의하여 출고할 수 있도록 보관하여야 한다.

③ 원자재, 시험 중인 제품 및 부적합품은 각각 구획된 장소에서 보관하여야 한다. 다만, 서로 혼동을 일으킬 우려가 없는 시스템에 의하여 보관되는 경우에는 그러하지 아니한다.

④ 설정된 보관기한이 지나면 사용의 적절성을 결정하기 위해 재평가시스템을 확립하여야 하며, 동 시스템을 통해 보관기한이 경과한 경우 사용하지 않도록 규정하여야 한다.

제14조(물의 품질)

① 물의 품질 적합기준은 사용 목적에 맞게 규정하여야 한다.

② 물의 품질은 정기적으로 검사해야 하고 필요시 미생물학적 검사를 실시하여야 한다.

③ 물 공급 설비는 다음의 기준을 충족해야 한다.

　　1. 물의 정체와 오염을 피할 수 있도록 설치될 것

　　2. 물의 품질에 영향이 없을 것

　　3. 살균처리가 가능할 것

제3절 제조관리

제15조(기준서 등)

① 제조 및 품질관리의 적합성을 보장하는 기본 요건들을 충족하고 있음을 보증하기 위하여 다음 각 항에 따른 <u>제품표준서, 제조관리기준서, 품질관리기준서 및 제조위생관리기준서</u>를 작성하고 보관하여야 한다.

② **제품표준서는 품목별로 다음의 사항이 포함되어야 한다.**

　　1. 제품명

　　2. 작성연월일

　　3. 효능·효과(기능성 화장품의 경우) 및 사용상의 주의사항

　　4. 원료명, 분량 및 제조단위당 기준량

　　5. 공정별 상세 작업내용 및 제조공정흐름도

6. 공정별 이론 생산량 및 수율관리기준

7. 작업 중 주의사항

8. 원자재 · 반제품 · 완제품의 기준 및 시험방법

9. 제조 및 품질관리에 필요한 시설 및 기기

10. 보관조건

11. 사용기한 또는 개봉 후 사용기간

12. 변경이력

13. 다음 사항이 포함된 **제조지시서**

  가. 제품표준서의 번호

  나. 제품명

  다. 제조번호, 제조연월일 또는 사용기한(또는 개봉 후 사용기간)

  라. 제조단위

  마. 사용된 원료명, 분량, 시험번호 및 제조단위당 실 사용량

  바. 제조 설비명

  사. 공정별 상세 작업내용 및 주의사항

  아. 제조지시자 및 지시연월일

14. 그 밖에 필요한 사항

③ **제조관리기준서는 다음의 사항이 포함되어야 한다.**

  1. 제조공정관리에 관한 사항

    가. 작업소의 출입제한

    나. 공정검사의 방법

    다. 사용하려는 원자재의 적합판정 여부를 확인하는 방법

    라. 재작업방법

  2. 시설 및 기구 관리에 관한 사항

    가. 시설 및 주요설비의 정기적인 점검방법

    나. 작업 중인 시설 및 기기의 표시방법

    다. 장비의 교정 및 성능점검 방법

  3. 원자재 관리에 관한 사항

    가. 입고 시 품명, 규격, 수량 및 포장의 훼손 여부에 대한 확인방법과 훼손되었을 경우 그 처리방법

    나. 보관장소 및 보관방법

    다. 시험결과 부적합품에 대한 처리방법

    라. 취급 시의 혼동 및 오염 방지대책

마. 출고 시 선입선출 및 칭량된 용기의 표시사항

바. 재고관리

4. 완제품 관리에 관한 사항

가. 입·출하 시 승인판정의 확인방법

나. 보관장소 및 보관방법

다. 출하 시의 선입선출방법

5. 위탁제조에 관한 사항

가. 원자재의 공급, 반제품, 벌크제품 또는 완제품의 운송 및 보관 방법

나. 수탁자 제조기록의 평가방법

④ **품질관리기준서는 다음의 사항이 포함되어야 한다.**

1. 다음 사항이 포함된 **시험지시서**

가. 제품명, 제조번호 또는 관리번호, 제조연월일

나. 시험지시번호, 지시자 및 지시연월일

다. 시험항목 및 시험기준

2. 시험검체 채취방법 및 채취 시의 주의사항과 채취 시의 오염방지대책

3. 시험시설 및 시험기구의 점검(장비의 교정 및 성능점검 방법)

4. 안정성시험

5. 완제품 등 보관용 검체의 관리

6. 표준품 및 시약의 관리

7. 위탁시험 또는 위탁제조하는 경우 검체의 송부방법 및 시험결과의 판정방법

8. 그 밖에 필요한 사항

⑤ **제조위생관리기준서는 다음 각 호의 사항이 포함되어야 한다.**

1. 작업원의 건강관리 및 건강상태의 파악 · 조치방법

2. 작업원의 수세, 소독방법 등 위생에 관한 사항

3. 작업복장의 규격, 세탁방법 및 착용규정

4. 작업실 등의 청소(필요한 경우 소독을 포함한다. 이하 같다) 방법 및 청소주기

5. 청소상태의 평가방법

6. 제조시설의 세척 및 평가

라. 책임자 지정

마. 세척 및 소독 계획

바. 세척방법과 세척에 사용되는 약품 및 기구

사. 제조시설의 분해 및 조립 방법

아. 이전 작업 표시 제거방법

자. 청소상태 유지방법

차. 작업 전 청소상태 확인방법

7. 곤충, 해충이나 쥐를 막는 방법 및 점검주기

8. 그 밖에 필요한 사항

제16조(칭량)

① 원료는 품질에 영향을 미치지 않는 용기나 설비에 정확하게 칭량 되어야 한다.

② 원료가 칭량되는 도중 교차오염을 피하기 위한 조치가 있어야 한다.

제17조(공정관리)

① 제조공정 단계별로 적절한 관리기준이 규정되어야 하며 그에 미치지 못한 모든 결과는 보고되고 조치가 이루어져야 한다.

② 반제품은 품질이 변하지 아니하도록 적당한 용기에 넣어 지정된 장소에서 보관해야 하며 용기에 다음 사항을 표시해야 한다.

1. 명칭 또는 확인코드

2. 제조번호

3. 완료된 공정명

4. 필요한 경우에는 보관조건

지한쌤의 마흔아홉 번째 암기비법!

반제품의 용기 기재사항

"보안(완) 번호 확인"

필요한 경우 보관조건, 완료된 공정명, 제조번호, 명칭 또는 확인코드

③ 반제품은 최대 보관기한을 설정하여야 하며, 최대 보관기한이 가까워진 반제품은 완제품 제조하기 전에 품질이상, 변질 여부 등을 확인하여야 한다.

제18조(포장작업)

① 포장작업에 관한 문서화된 절차를 수립하고 유지하여야 한다.

② 포장작업은 다음의 사항을 포함하고 있는 포장지시서에 의해 수행되어야 한다.

1. 제품명

2. 포장 설비명

3. 포장재 리스트

4. 상세한 포장공정

5. 포장생산수량

지한쌤의 쉰 번째 암기비법!

포장지시서에 포함되어야 하는 사항

"비명 공생 리스트"

포장 설비명, 제품명, 상세한 포장공정, 포장생산수량, 포장재 리스트

③ 포장작업을 시작하기 전에 포장작업 관련 문서의 완비여부, 포장설비의 청결 및 작동여부 등을 점검하여야 한다.

제19조(보관 및 출고)

① 완제품은 적절한 조건하의 정해진 장소에서 보관하여야 하며, 주기적으로 재고 점검을 수행해야 한다.

② 완제품은 시험결과 적합으로 판정되고 품질보증부서 책임자가 출고 승인한 것만을 출고하여야 한다.

③ 출고는 선입선출방식으로 하되, 타당한 사유가 있는 경우에는 그러지 아니할 수 있다.

④ 출고할 제품은 원자재, 부적합품 및 반품된 제품과 구획된 장소에서 보관하여야 한다. 다만 서로 혼동을 일으킬 우려가 없는 시스템에 의하여 보관되는 경우에는 그러하지 아니할 수 있다.

제4장 품질관리

제20조(시험관리)

① 품질관리를 위한 시험업무에 대해 문서화된 절차를 수립하고 유지하여야 한다.

② 원자재, 반제품 및 완제품에 대한 적합 기준을 마련하고 제조번호별로 시험 기록을 작성·유지하여야 한다.

③ 시험결과 적합 또는 부적합인지 분명히 기록하여야 한다.

④ 원자재, 반제품 및 완제품은 적합판정이 된 것만을 사용하거나 출고하여야 한다.

⑤ 정해진 보관 기간이 경과된 원자재 및 반제품은 재평가하여 품질기준에 적합한 경우 제조에 사용할 수 있다.

⑥ 모든 시험이 적절하게 이루어졌는지 시험기록은 검토한 후 적합, 부적합, 보류를 판정하여야 한다.

⑦ 기준일탈이 된 경우는 규정에 따라 책임자에게 보고한 후 조사하여야 한다. 조사결과는 책임자에 의해 일탈, 부적합, 보류를 명확히 판정하여야 한다.

⑧ 표준품과 주요시약의 용기에는 다음 사항을 기재하여야 한다.

1. 명칭

2. 개봉일

3. 보관조건

4. 사용기한

5. 역가, 제조자의 성명 또는 서명(직접 제조한 경우에 한함)

제21조(검체의 채취 및 보관)

① 시험용 검체는 오염되거나 변질되지 아니하도록 채취하고, 채취한 후에는 원상태에 준하는 포장을 해야 하며, 검체가 채취되었음을 표시하여야 한다.

② 시험용 검체의 용기에는 다음 사항을 기재하여야 한다.

1. 명칭 또는 확인코드

2. 제조번호

3. 검체채취 일자

③ 완제품의 보관용 검체는 적절한 보관조건 하에 지정된 구역 내에서 제조단위별로 사용기한 경과 후 1년간 보관하여야 한다. 다만, 개봉 후 사용기간을 기재하는 경우에는 제조일로부터 3년간 보관하여야 한다.

제22조(폐기처리 등)

① 품질에 문제가 있거나 회수·반품된 제품의 폐기 또는 재작업 여부는 품질보증 책임자에 의해 승인되어야 한다.

② 재작업은 그 대상이 다음을 모두 만족한 경우에 할 수 있다.

1. 변질·변패 또는 병원미생물에 오염되지 아니한 경우

2. 제조일로부터 1년이 경과하지 않았거나 사용기한이 1년 이상 남아있는 경우

③ 재입고 할 수 없는 제품의 폐기처리규정을 작성하여야 하며 폐기 대상은 따로 보관하고 규정에 따라 신속하게 폐기하여야 한다.

제23조(위탁계약)

① 화장품 제조 및 품질관리에 있어 공정 또는 시험의 일부를 위탁하고자 할 때에는 문서화된 절차를 수립·유지하여야 한다.

② 제조업무를 위탁하고자 하는 자는 제30조에 따라 식품의약품안전처장으로부터 우수화장품 제조 및 품질관리기준 적합판정을 받은 업소에 위탁제조하는 것을 권장한다.

③ 위탁업체는 수탁업체의 계약 수행능력을 평가하고 그 업체가 계약을 수행하는데 필요한 시설 등을 갖추고 있는지 확인해야 한다.

④ 위탁업체는 수탁업체와 문서로 계약을 체결해야 하며 정확한 작업이 이루어질 수 있도록 수탁업체에 관련 정보를 전달해야 한다.

⑤ 위탁업체는 수탁업체에 대해 계약에서 규정한 감사를 실시해야 하며 수탁업체는 이를 수용하여야 한다.

⑥ 수탁업체에서 생성한 위·수탁 관련 자료는 유지되어 위탁업체에서 이용 가능해야 한다.

제24조(일탈관리) 제조과정 중의 일탈에 대해 조사를 한 후 필요한 조치를 마련해야 한다.

제25조(불만처리)

① 불만처리담당자는 제품에 대한 모든 불만을 취합하고, 제기된 불만에 대해 신속하게 조사하고 그에 대한 적절한 조치를 취하여야 하며, 다음의 사항을 기록·유지하여야 한다.

1. 불만 접수연월일

2. 불만 제기자의 이름과 연락처

3. 제품명, 제조번호 등을 포함한 불만내용

4. 불만조사 및 추적조사 내용, 처리결과 및 향후 대책

5. 다른 제조번호의 제품에도 영향이 없는지 점검

② 불만은 제품 결함의 경향을 파악하기 위해 주기적으로 검토하여야 한다.

제26조(제품회수)

① 화장품제조업자는 제조한 화장품에서 「화장품법」 제9조, 제15조, 또는 제16조 제1항을 위반하여 위해 우려가 있다는 사실을 알게 되면 지체 없이 회수에 필요한 조치를 하여야 한다.

② 다음 사항을 이행하는 회수 책임자를 두어야 한다.

1. 전체 회수과정에 대한 화장품책임판매업자와의 조정역할

2. 결함 제품의 회수 및 관련 기록 보존

3. 소비자 안전에 영향을 주는 회수의 경우 회수가 원활히 진행될 수 있도록 필요한 조치 수행

4. 회수된 제품은 확인 후 제조소 내 격리보관 조치(필요시에 한함)

5. 회수과정의 주기적인 평가(필요시에 한함)

제27조(변경관리) 제품의 품질에 영향을 미치는 원자재, 제조공정 등을 변경할 경우에는 이를 문서화하고 품질보증책임자에 의해 승인된 후 수행하여야 한다.

제28조(내부감사)

① 품질보증체계가 계획된 사항에 부합하는지를 주기적으로 검증하기 위하여 내부감사를 실시하여야 하고 내부감사 계획 및 실행에 관한 문서화된 절차를 수립하고 유지하여야 한다.

② 감사자는 감사대상과는 독립적이어야 하며, 자신의 업무에 대하여 감사를 실시하여서는 아니 된다.

③ 감사 결과는 기록되어 경영책임자 및 피감사 부서의 책임자에게 공유되어야 하고 감사 중에 발견된 결함에 대하여 시정조치 하여야 한다.

④ 감사자는 시정조치에 대한 후속 감사활동을 행하고 이를 기록하여야 한다.

제29조(문서관리)

① 화장품제조업자는 우수화장품 제조 및 품질보증에 대한 목표와 의지를 포함한 관리방침을 문서화하며 전 작업원들이 실행하여야 한다.

② 모든 문서의 작성 및 개정·승인·배포·회수 또는 폐기 등 관리에 관한 사항이 포함된 문서관리규정을 작성하고 유지하여야 한다.

③ 문서는 작업자가 알아보기 쉽도록 작성하여야 하며 작성된 문서에는 권한을 가진 사람의 서명과 승인연월일이 있어야 한다.

④ 문서의 작성자·검토자 및 승인자는 서명을 등록한 후 사용하여야 한다.

⑤ 문서를 개정할 때는 개정사유 및 개정연월일 등을 기재하고 권한을 가진 사람의 승인을 받아야 하며 개정번호를 지정해야 한다.

⑥ 원본 문서는 품질보증부서에서 보관하여야 하며, 사본은 작업자가 접근하기 쉬운 장소에 비치·사용하여야 한다.

⑦ 문서의 인쇄본 또는 전자매체를 이용하여 안전하게 보관해야 한다.

⑧ 작업자는 작업과 동시에 문서에 기록하여야 하며 지울 수 없는 잉크로 작성하여야 한다.

⑨ 기록문서를 수정하는 경우에는 수정하려는 글자 또는 문장 위에 선을 그어 수정 전 내용을 알아볼 수 있도록 하고 수정된 문서에는 수정사유, 수정연월일 및 수정자의 서명이 있어야 한다.

⑩ 모든 기록문서는 적절한 보존기간이 규정되어야 한다.

⑪ 기록의 훼손 또는 소실에 대비하기 위해 백업파일 등 자료를 유지하여야 한다.

제5장 판정 및 감독

제30조(평가 및 판정)

① 우수화장품 제조 및 품질관리기준 적합판정을 받고자 하는 업소는 별지 제1호 서식에 따른 신청서(전자문서 포함)에 다음의 서류를 첨부하여 식품의약품안전처장에게 제출하여야 한다. 다만, 일부 공정만을 행하는 업소는 우수화장품 제조 및 품질관리기준의 별표 1에 따른 해당 공정을 별지 제1호 서식에 기재하여야 한다.

  1. 삭제<2012. 10. 16.>

  2. 우수화장품 제조 및 품질관리기준에 따라 3회 이상 적용·운영한 자체평가표

  3. 화장품 제조 및 품질관리기준 운영조직

4. 제조소의 시설내역

5. 제조관리현황

6. 품질관리현황

② 삭제<2012. 10. 16.>

③ 삭제<2012. 10. 16.>

④ 식품의약품안전처장은 제출된 자료를 평가하고 별표 2에 따른 실태조사를 실시하여 우수화장품 제조 및 품질관리기준 적합판정한 경우에는 별지 제3호 서식에 따른 우수화장품 제조 및 품질관리기준 적합업소 증명서를 발급하여야 한다. 다만, 일부 공정만을 행하는 업소는 해당 공정을 증명서 내에 기재하여야 한다.

제31조(우대조치)

① 삭제<2012. 10. 16.>

② 국제규격인증업체(CGMP, ISO9000) 또는 품질보증 능력이 있다고 인정되는 업체에서 제공된 원료·자재는 제공된 적합성에 대한 기록의 증거를 고려하여 검사의 방법과 시험항목을 조정할 수 있다.

③ 식품의약품안전처장은 제30조에 따라 우수화장품 제조 및 품질관리기준 적합판정을 받은 업소는 정기 수거검정 및 정기감시 대상에서 제외할 수 있다.

④ 우수화장품 제조 및 품질관리기준 적합판정을 받은 업소는 별표 3에 따른 로고를 해당 제조업소와 그 업소에서 제조한 화장품에 표시하거나 그 사실을 광고할 수 있다.

제32조(사후관리)

① 식품의약품안전처장은 제30조에 따라 우수화장품 제조 및 품질관리기준 적합판정을 받은 업소에 대해 우수화장품 제조 및 품질관리기준 실시상황평가표에 따라 3년에 1회 이상 실태조사를 실시하여야 한다.

② 식품의약품안전처장은 사후관리 결과 부적합 업소에 대하여 일정한 기간을 정하여 시정하도록 지시하거나, 우수화장품 제조 및 품질관리기준 적합업소 판정을 취소할 수 있다.

③ 식품의약품안전처장은 제1항에도 불구하고 제조 및 품질관리에 문제가 있다고 판단되는 업소에 대하여 수시로 우수화장품 제조 및 품질관리기준 운영 실태조사를 할 수 있다.

memo

부록8

착향제의 구성 성분 중
알레르기 유발성분(제3조 관련)
(화장품 사용 시의 주의사항 및 알레르기 유발성분 표시에 관한 규정)

착향제의 구성 성분 중 알레르기 유발성분(제3조 관련)

매회 자주 출제! 특히 수학 계산 문제로 많이 출제됨!(지한쌤 문제집 참고하기)

연번	성분명	CAS 등록번호
1	아밀신남알	CAS No 122-40-7
2	벤질알코올	CAS No 100-51-6
3	신나밀알코올	CAS No 104-54-1
4	시트랄	CAS No 5392-40-5
5	유제놀	CAS No 97-53-0
6	하이드록시시트로넬알	CAS No 107-75-5
7	아이소유제놀	CAS No 97-54-1
8	아밀신나밀알코올	CAS No 101-85-9
9	벤질살리실레이트	CAS No 118-58-1
10	신남알	CAS No 104-55-2
11	쿠마린	CAS No 91-64-5
12	제라니올	CAS No 106-24-1
13	아니스알코올	CAS No 105-13-5
14	벤질신나메이트	CAS No 103-41-3
15	파네솔	CAS No 4602-84-0
16	부틸페닐메틸프로피오날	CAS No 80-54-6
17	리날룰	CAS No 78-70-6
18	벤질벤조에이트	CAS No 120-51-4
19	시트로넬올	CAS No 106-22-9
20	헥실신남알	CAS No 101-86-0
21	리모넨	CAS No 5989-27-5
22	메틸 2-옥티노에이트	CAS No 111-12-6
23	알파-아이소메틸아이오논	CAS No 127-51-5
24	참나무이끼추출물	CAS No 90028-68-5
25	나무이끼추출물	CAS No 90028-67-4

✓ 다만, 사용 후 씻어내는 제품에는 0.01% 초과, 사용 후 씻어내지 않는 제품에는 0.001% 초과 함유하는 경우에 한한다.

memo

memo

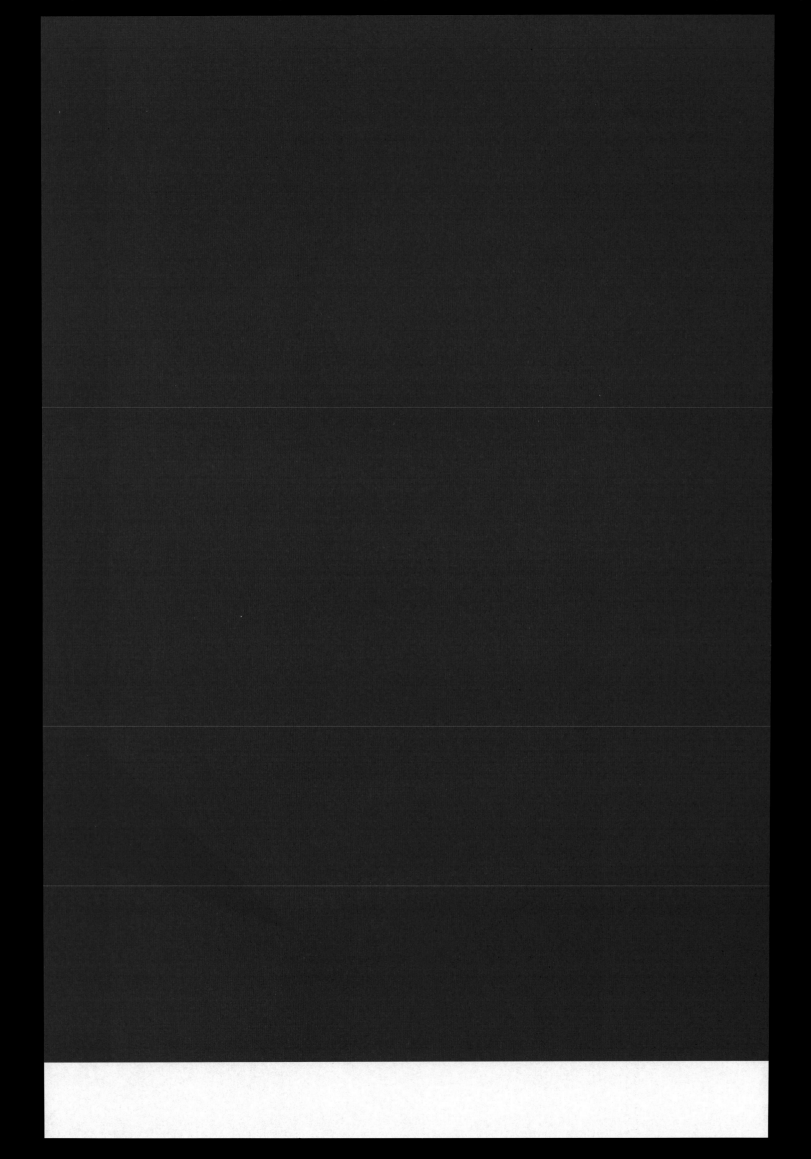

특별부록9

용어 암기 문서 - 문제

용어암기문서 - 문제

맞춤형 화장품 조제 관리사 주관식 시험 대비 용어 정리

용어	뜻 및 참고사항
	충전(1차 포장) 이전의 제조단계까지 끝낸 제품
	출하를 위해 제품의 포장 및 첨부문서에 표시 공정 등을 포함한 모든 제조 공정이 완료된 화장품
	제조공정단계에 있는 것. 필요 제조 공정을 더 거쳐야 벌크 제품이 되는 것
★ 반제품 용기 표기사항(4)	
	벌크제품 제조에 투입되거나 포함되는 물질
	화장품 원료나 자재(용기, 박스, 스티커 등)
	화장품의 포장에 사용되는 모든 재료(운송을 위해 사용되는 외부 포장재 제외)
	청소, 위생처리, 유지 작업 동안 사용되는 물품(세척제나 윤활제 같은 것들)
	원료 물질의 칭량부터 혼합, 충전(1차 포장), 2차 포장 및 표시 등의 일련의 작업
	내용물에 내용물을 넣거나 내용물에 원료를 혼합, 내용물을 소분하는 활동
	하나의 공정이나 일련의 공정으로 제조되어 균질성을 갖는 화장품의 일정한 분량(한 가마에서 전체 몇 kg을 만들었는지)
	뱃치에 대하여 제조관리 및 출하에 관한 모든 사항을 확인할 수 있도록 표시된 번호로서 숫자, 문자, 기호 또는 이들의 특정적인 조합
	시험 결과의 적합 판정을 위한 수적인 제한, 범위, 기타 적절한 측정법
	적합 판정 기준을 충족시키는 검증
	제조 공정 중 적합 판정 기준의 충족을 보증하기 위하여 공정을 모니터링하거나 조정하는 모든 작업
	적절한 작업환경에서 건물과 설비가 유지되도록 정기적·비정기적인 지원 및 검증하는 작업

용어	뜻 및 참고사항
	대상물의 표면에 있는 바람직하지 못한 미생물 등 오염물을 감소시키기 위해 시행되는 작업
	화장품책임판매 시 제품의 안전성을 확보하기 위해 실시하는 것으로서 화장품의 품질, 안전성, 유효성, 그 외 적정 사용을 위한 정보를 다룸
	화장품책임판매 시 제품의 품질을 확보하기 위해 실시하는 것으로서 화장품제조업자 및 제조에 관계된 업무(시험, 검사 등 포함)에 대한 관리·감독 및 화장품의 시장 출하에 관한 관리. 그 밖에 제품 품질에 필요한 업무
맞춤형화장품판매업자는 내용물·원료를 입고할 때 책임판매업자가 제공하는(＿＿＿＿＿＿)를 구비해야 함	
	1) 시험지시서 2) 시험 검체 채취방법 및 채취 시 주의사항, 채취시 오염 방지 대책 3) 시험 시설, 시험기구 점검 4) 안정성 시험 5) 완제품 등 보관용 검체의 관리 6) 표준품 및 시약의 관리 7) 위탁시험 혹은 위탁 제조하는 경우 검체의 송부방법 및 시험 결과의 판정 방법 8) 그 밖에 필요한 사항
	내용물 및 원료에 대한 품질검사결과를 확인할 수 있는 서류 ★ 여기에 들어가야 할 요소 4가지 :
	1) 물질안전보건자료(MSDS) 2) 제품시험성적서(COA) 원자재 공급자가 정한 제품명/원자재 공급자명/수령일자/공급자가 부여한 제조번호나 관리번호/원료 취급시 주의사항
	제품이 적합 판정 기준에 충족될 것이라는 신뢰를 제공하는 데 필수적인 모든 계획되고 체계적인 활동 ✓ 완제품은 시험 결과 적합 판정과 품질보증부서 책임자가 출고 승인한 것만을 출고한다.
	1) 품질에 관련된 모든 문서와 절차의 검토 및 승인 2) 품질검사가 규정된 절차에 따라 진행되는지 확인 3) 일탈이 있는 경우 이의조사 및 기록 4) 적합 판정한 원자재 및 제품의 출고 여부 결정 5) 부적합품이 규정된 절차대로 처리되고 있는지 확인 6) 불만 처리와 제품 회수에 대한 사항 주관
	제품이 규정된 적합 판정 기준을 충족시키지 못한다고 주장하는 외부 정보

용어	뜻 및 참고사항
	판매한 제품 중 품질결함이나 안전성 문제 등으로 나타난 제조번호의 제품(필요 시 여타 제조번호를 포함)을 제조소로 거두어들이는 활동
	제품에서 화학적·물리적·미생물학적 문제 또는 이를 조합하여 나타나는 바람직하지 않은 문제의 발생
	사람이 섭취, 투여, 접촉, 흡입 등을 하여 인체에 영향을 줄 수 있는 것 (예：화장품, 의료기기, 의약품, 식품 등)
	인체 적용 제품에 존재하는 위해요소가 인체에 유해한 영향을 미치는 고유의 성질
	안전도를 나타내는 지표. 엘디오십(LD50)과 이디오십(ED50)의 비(比)로 나타낸다.
	인체 적용 제품에 존재하는 위해요소에 노출되는 경우 인체의 건강을 해칠 수 있는 정도
	인체의 건강을 해치거나 해칠 우려가 있는 화학적·생물학적·물리적 요인
	인체 적용 제품에 존재하는 위해요소가 인체의 건강을 해치거나 해칠 우려가 있는지와 있을 경우 위해의 정도를 과학적으로 평가하는 것
	인체 적용 제품에 존재하는 위해요소가 다양한 매체, 경로를 통해 인체에 미치는 영향을 종합적으로 평가하는 것
	위험성 확인 - 위험성 결정 - 노출 평가 - 위해도 결정
	위해요소의 인체 내 독성을 확인
	위해요소의 인체 노출 허용량을 산출(인체노출 안전기준 설정)
	위해요소가 인체에 노출된 양을 산출(노출되어 있는 정도 산출)
	이전 단계의 결과를 종합하여 미치는 위해 영향을 판단
★ 위해화장품의 회수 순서	즉시 판매 중지 → 회수 대상 화장품이라는 사실을 안 날로부터( )일 이내(연장요청가능)에 회수 계획서 제출 → 회수 시작(15일 혹은 30일): 공표·회수통보 → 위해 화장품 회수: 반품 및 회수확인서 걷기 → 폐기 신청서 제출(회수 계획서 사본과 회수 확인서 사본을 식약처에 제출) → 회수종료 신고서 제출
	화장품에 사용된 모든 성분을 표기하는 제도

용어	뜻 및 참고사항	
위해성 등급		
가등급	• 사용할 수 없는 원료를 사용 • 사용 기준이 지정·고시된 원료 외의 보존제, 색소, 자외선 차단제 등을 사용	회수를 시작한 날로부터 15일 이내에 회수되어야 함
나등급	• 안전용기 포장 등에 위반 • 유통화장품 안전관리 기준에 적합하지 않은 경우(기능성 화장품의 기능성을 나타나게 하는 주원료 함량이 기준치에 부적합한 경우는 제외)	회수를 시작한 날로부터 30일 이내에 회수되어야 함
다등급	• 전부 또는 일부의 변패/미생물에 오염/이물 혼합/보건위생상 위해를 발생할 우려가 있는 경우 • 사용기한 혹은 개봉 후 사용기간을 위조, 변조 • 제조업자나 책임판매업자가 스스로 국민보건에 위해를 끼칠 우려가 있어 회수가 필요하다고 판단하는 경우 • 등록되지 않은 화장품제조업 및 책임판매업에서 제조/수입하여 유통/판매한 경우	

	장소는 미리 정해놓고 판정 결과를 기록서에 기재
	흰 천이나 검은 천으로 설비 내부의 표면을 닦아내고, 천 표면의 잔류물 유무로 세척 결과 판정
	호스나 틈새기의 세척 판정에 적합/수시로 결과 확인 가능(HPLC, TLC, TOC, UV)
	적합 판정 기준을 벗어난 완제품, 벌크제품, 반제품을 재처리하여 품질이 적합한 범위에 들어오도록 하는 작업
재작업의 조건	1. 2.
	• 제조 또는 품질관리 활동 등의 미리 정해진 기준을 벗어나 이루어진 행위 • 규정된 **제조** 또는 품질관리 활동 등의 기준(예시 : **기준서**, 표준작업지침 등)을 벗어나 이루어진 행위(기준서에서 벗어나는 모든 행위)
	규정된 합격 판정 기준에 일치하지 않는 검사, 측정 또는 시험 결과
적정 재고를 유지하기 위한 발주 순서	발주 - 입고 - 라벨첨부 - 보관 - 불출
CGMP의 3대 요소	1. 인위적인 (　　)의 최소화 2. (　　　) 오염 및 (　　　　)오염으로 인한 (　　　　) 방지 3. 고도의 (　　　　)체계 확립

용어	뜻 및 참고사항
	화학적·기계적인 방법·온도·적용 시간과 이러한 복합된 요인에 의해 청정도를 유지하고 일반적으로 표면에서 눈에 보이는 먼지를 분리·제거하여 외관을 유지하는 모든 작업
	제조 및 품질 관련 문서에 명기된 설비.(제품의 품질에 영향을 미치는 필수적 설비)
	규정된 조건 하에서 측정기나 측정 시스템에 의해 표시되는 값과 표준 기기의 참값을 비교하여 이들의 오차가 허용범위 내에 들도록 조정하는 것
	직원, 회사, 조직을 대신하여 작업을 수행하는 사람, 회사, 외부조직
	제조 및 품질과 관련한 결과가 계획된 사항과 일치하는지의 여부와 제조 및 품질관리가 효과적으로 실행되고 목적 달성에 적합한지의 여부를 결정하기 위한 체계적이고 독립적인 조사
	제조 및 품질과 관련한 결과가 계획된 사항과 일치하는지의 여부와 제조 및 품질 관리가 효과적으로 실행되고 목적 달성에 적합한지의 여부를 결정하기 위한 회사 내 자격이 있는 직원에 의해 행해지는 체계적이고 독립적인 조사
	모든 제조, 관리, 보관된 제품이 규정된 적합 판정 기준에 일치하도록 보장하기 위해 우수화장품 제조 및 품질관리 기준이 적용되는 모든 활동을 내부조직의 책임하에 계획하여 변경하는 것
	주문 준비와 관련된 일련의 작업과 운송 수단에 적재하는 활동(제조소 외로 제품을 운반하는 것)
	소비자에게 출하하는 것
	인체 유래 세포·조직 배양 후 세포·조직을 제거하고 남은 액
	부유 입자 및 미생물이 유입·잔류하는 것을 통제하여 일정 수준 이하로 유지되도록 관리하는 구역의 관리 수준 등급
	감염 초기에 세균, 진균, 바이러스, 그 항원, 항체, 유전자 등을 검출할 수 없는 기간(잠복기)
	박테리아 특성을 가진 미생물이 아님을 증명하는 시험
	식품의약품안전처장은 인증의 취소, 인증 기관 지정 취소, 업무 전부에 관한 정지, 등록 취소, 영업소 폐쇄, 품목의 제조, 수입 및 판매의 금지
	사상, 신념, 노동조합, 정당의 가입, 탈퇴, 정치적 견해, 건강, 성생활 등에 관한 정보, 그 밖에 사생활을 현저히 침해할 우려가 있는 정보(유전자나 범죄경력 자료 등)

용어	뜻 및 참고사항
	개인을 구별하기 위해 부여한 식별정보(여권번호, 주민등록번호, 운전면허번호, 외국인등록번호)
	업무를 목적으로 개인정보파일을 운용하기 위해 스스로 또는 타인을 통해 개인정보를 처리하는 공공기관, 법인, 단체, 개인 등
	개인정보 처리자의 지휘·감독을 받아 개인정보를 처리하는 업무를 담당하는 사람
	계면활성제가 수용액에 있을 때 친수성기와 소수성기의 배열에 따른 구형의 집합체
	미셀이 형성을 시작할 때의 계면활성제의 농도
	계면활성제의 친수성과 친유성 비율을 수치화하여 상대적 세기를 나타낸 것(높을수록 친수성)
	화장품을 식별하기 위해 고유하게 설정된 번호로 국가식별코드, 제조업자 등의 식별코드, 품목코드 및 검증번호를 포함한 12 또는 13자리 숫자
	화학제품의 안전한 사용을 위한 설명서(각각의 원료에 대한 화학 물질의 유해 위험성, 응급조치 요령, 취급 방법 등을 설명해주는 자료)
	화장품이 제조된 날로부터 적절한 보관 상태에서 제품이 고유의 특성을 간직한 채 소비자가 안정적으로 사용할 수 있는 최소한의 기한
	화장품의 용기 및 포장에 기재하는 문자, 숫자, 도형, 그림
	만 (5)세 미만의 어린이가 개봉하기 어렵게 설계·고안된 용기나 포장
	벽, 칸막이, 에어 커튼 등에 의해 나누어 교차오염·외부 오염 물질의 혼입이 방지될 수 있는 상태
	선, 줄, 그물망, 칸막이, 충분한 간격을 두어 착오나 혼동이 일어나지 않도록 되어 있는 상태
	벽에 의해 별개의 장소로 나누어져 있고 공기조화장치가 별도로 설치되어 공기가 완전히 차단된 상태
	실험실의 배양접시, 인체로부터 분리한 모발 및 피부, 인공피부 등 인위적 환경에서 시험 물질과 대조 물질 처리 후 결과를 측정하는 것
	사람을 대상으로 실시하는 효능·효과시험 또는 연구에 관한 자료
	심사 대상 효능을 포함한 효력을 뒷받침하는 비임상시험자료
	각질층에 존재하는 수용성 물질들(( )40%)
	지질막의 주성분으로 피부 표면의 손실되는 수분을 방어하고 외부로부터 유해 물질의 침투를 막음

용어	뜻 및 참고사항
	각질과 세포간지질이 이룬 벽돌구조
	기저층에서 만들어진 세포가 각질층까지 올라와 일정 기간 머무르다 탈락되는 주기
지질의 구성성분	
	과립층세포속에서 볼 수 있는 불규칙한 형의 대소부동의 과립
	케라티노사이트
	멜라노사이트
	신경말단과 연결되어 촉각을 감지하는 세포
	면역반응조절 관여 세포
	멜라닌세포 속에 들어있는 세포 소기관
	선천 면역과 적응 면역에 관여하는 백혈구의 한 유형
	염증 반응에 중요한 역할, 히스타민, 세로토닌 생산
	결합조직세포로서 콜라겐과 엘라스틴 생성
	피부건조중량의 75%를 차지하며 아미노산 천 개가 결합된 나선 모양의 타래. 아미노산 한 분자에 천 개의 물 분자가 함유된 피부의 저수지
	회복기능과 탄력성이 있는 단백질(피부의 1.5~4.8%정도)
	교원섬유와 탄력섬유를 채우는 물질(히알루론산, 콘드로이친 황산, 헤파린 황산염 등)
피지의 구성성분	
	겨드랑이, 서혜부, 항문·유두 두변, 배꼽 등 특정부위에 분포하는 대한선
	입술, 음부, 손톱을 제외한 전신에 분포하는 소한선
	손·발톱
	손발톱 주위를 덮는 피부
	손발톱 본체
	손발톱 본체 바로 아래(혈관, 신경조직 존재)
	손발톱의 뿌리 부분, 손발톱이 성장하는 부분
	케라틴
모발의 4대 결합	
	피부 밖에 존재하는 머리카락
	모발 바로 바깥쪽 비닐모양(멜라닌 없어 무색투명한 케라틴 단백질로 구성)

용어	뜻 및 참고사항
	• 모발의 중간에 위치 • 모간의 대부분 차지(80~90%) • 멜라닌 함유(모발 색 결정) • 퍼머넌트·염색 시술 시 모피질의 결합이 약해져 모발 손상 발생
	모발의 가장 안쪽, 벌집 상태의 다각형 세포로 구성 배냇머리, 연모에는 없음
	모발 중 피부 안에 위치하는 모든 부분
	모근을 둘러싸고 있는 조직, 피지선과 연결
	모근의 아래쪽에 위치하며 둥근 모양
	모구의 중심에 모발의 영양공급 관장
	모발을 만들어내는 세포
	성장기 - 퇴행기 - 휴지기
	설문·대면 질문 통해 피부 상태 분석
	육안을 통해 피부 상태 분석
	촉각(손으로 누르거나 만짐)을 통해 피부 상태 분석
	좁쌀 모양의 비염증성 여드름/개방면포(블랙헤드), 폐쇄면포(화이트헤드)
	피지가 세균 감염으로 팽창되어 모낭벽이 파손된 상태의 여드름
	노란색 고름이 발생한 염증성 여드름
	농포가 발전해 단단한 덩어리가 피부 안에서 딱딱해진 상태의 여드름
	화농 상태가 가장 심각한 단계/모낭벽이 완전히 파괴된 상태의 여드름
	모발을 두 손가락으로 당겨 탈모 증상 판단
	포토트리코그람을 통해 모발의 성장 속도와 밀도를 종합하여 모발 상태 분석
	모발에 붙어있는 피부를 모아 염색 후 현미경으로 모근과 모구 관찰
	4mm 펀치를 이용하여 모유두가 포함된 조직을 채취하여 모발 상태 분석
	모발의 전반적 상태를 종합적으로 진단
	표피 세포의 각질화에 의해 떨어진 것으로 쌀겨 모양을 이룸, 가려움증 유발
	화장품의 품질을 인간의 오감에 의해 측정하고 분석하여 평가하는 방법
	상품명, 디자인, 표시사항 등을 가리고 제품을 사용하여 시험하는 것

용어	뜻 및 참고사항
	상품명, 표시사항 등을 알려주고 제품에 대한 인식 및 효능 등이 일치하는지 시험
	유화제 등을 넣어 유성성분과 수성성분을 균질화하여 점액상으로 만든 것
	화장품에 사용되는 성분을 용제 등에 녹여서 액상으로 만든 것
	유화제 등을 넣어 유성성분과 수성성분을 균질화하여 반고형상으로 만든 것
	액제, 로션제, 크림제, 겔제 등을 부직포 등의 지지체에 침적하여 만든 것
	액체를 침투시킨 분자량이 큰 유기분자로 이루어진 반고형상
	원액을 같은 용기 또는 다른 용기에 충전한 분사제의 압력을 이용하여 안개나 포말상 등으로 분출하도록 만든 것
	균질하게 분말상 또는 미립상으로 만든 것
	재고관리품에 대한 출고를 행함에 있어서 먼저 입고된 원자재부터 우선적으로 출고하여 사용하는 방법
	먼저 유효기간에 도달하는 제품을 먼저 출고하여 사용
( )의 예	소듐, 포타슘, 칼슘, 마그네슘, 암모늄, 에탄올아민, 클로라이드, 브로마이드, 설페이트, 아세테이트, 베타인 등
류	메칠, 에칠, 프로필, 이소프로필, 부틸, 이소부틸, 페닐

(   )이란 (   )을 수용하는 1개 또는 그 이상의 포장과 보호재 및 표시의 목적으로 한포장(첨부문서 등을 포함한다)을 말한다.

(   )제품이란 충전이전의 제조 단계까지 끝낸 제품을 말한다.

(   )이란 제조공정단계에 있는 것으로서 필요한 제조공정을 더 거쳐야 (벌크)제품이 되는 것을 말한다.

(   )이란 (   )를 위해 제품의 포장 및 첨부문서에 표시공정 등을 포함한 모든 제조공정이 완료된 화장품을 말한다.

(   )이란 (   )을 벗어난 완제품, (   )제품 또는 반제품을 재처리하여 품질이 적합한 범위에 들어오도록 하는 작업을 말한다.

(   )라 함은 색소 중 콜타르, 그 중간생성물에서 유래되었거나 유기합성하여 얻은 색소 및 그 레이크, 염, 희석제와의 혼합물을 말한다.

기능성 화장품의 심사를 받기 위해서는 여러 자료들을 제출해야 한다. 유효성 또는 기능에 관한 자료 중 인체 적용 시험자료를 제출하는 경우 (   ) 제출을 면제할 수 있다.

유통화장품 안전관리 기준에서 화장비누의 유리알칼리는 (   ) 이하여야 한다.

착향제는 (   )로 표시할 수 있다. 다만, 착향제의 구성성분 중 식약처장이 정하여 고시한 (   ) 유발물질로 알려진 성분이 있는 경우에는 해당 성분의 명칭을 반드시 기재·표시하여야 한다.

용어	뜻 및 참고사항

화장품 제조에 사용된 원료의 함량이 많은 것부터 기재·표시해야 한다. 다만 (1%)이하 성분, 착향제 또는 착색제는 순서에 상관없이 기재·표시할 수 있다.
- 화장품의 1차 포장에 반드시 기재·표시 해야 하는 사항

  •
  •

  •

  • 사용기한 또는 개봉 후 사용 기간 (_____ 병행표기)

(   )은 인체로부터 분리한 모발 및 피부, 인공피부 등 인위적환경에서 시험물질과 대조 물질 처리 후 결과를 측정하는 것을 말한다.

(   )는 피부 각질층의 지질성분 중 가장 많은 양을 차지하며 (피부장벽)을 만들어 주는 이 성분이다.

(   )용기란 광선의 투과를 방지하는 용기 또는 투과를 방지하는 포장을 한 용기를 말한다.
- 유해사례란 화장품의 사용 중 발생한 바람직하지 않고 의도되지 아니한 징후, 증상 또는 질병을 말하며, 당해 화장품과 반드시 인과관계를 가져야 하는 것은 아니다. (   )란 유해사례와 화장품 간의 인과관계 가능성이 있다고 보고된 정보로서 그 인과관계가 알려지지 아니하거나 입증자료가 불충분한 것을 말한다.

(   )란 화장품과 관련하여 국민보건에 직접 영향을 미칠 수 있는 안전성.유효성에 관한 새로운 자료, 유해사례 정보 등을 말한다.

모발은 모표피, (   ), 모수질 층으로 구성되어 있는데 형태와 강도, 색깔 그리고 자연상태의 모양을 형성하는 중요한 역할을 한다.
- 모발의 일생: 성장기 - 퇴행기 - 휴지기
- 멜라닌을 형성시키는 세포인 (   )는 표피의 기저층에서 생성되어 (   )의 형태로 합성된다.
- 화장품책임판매업자는 영유아용, 어린이용 화장품으로 표시·광고하는 경우에는 제품별로 안전과 품질을 입증할 수 있는

1) 제품 및 제조방법에 대한 설명 자료
2) 화장품의 안전성 평가자료
3) 제품의 효능·효과에 대한 증명자료

	화장품의 저장조건에서 ( )을 설정하기 위하여 장기간에 걸쳐 물리·화학적, 미생물학적 안정성 및 용기 적합성을 확인하는 시험을 말한다.
	장기보존시험의 저장조건을 벗어난 단기간의 가속조건이 물리·화학적, 미생물학적 안정성 및 용기 적합성에 미치는 영향을 평가하기 위한 시험
	가혹조건에서 화장품의 분해과정 및 분해산물 등을 확인하기 위한 시험을 말한다. 일반적으로 개별 화장품의 취약성, 예상되는 운반, 보관, 진열 및 사용 과정에서 뜻하지 않게 일어나는 가능성 있는 가혹한 조건에서 품질변화를 검토하기 위해 이와 같은 시험을 수행한다.
	화장품 사용 시에 일어날 수 있는 오염 등을 고려한 ( )을 설정하기 위하여 장기간에 걸쳐 물리·화학적, 미생물학적 안정성 및 용기 적합성을 확인하는 시험

용어	뜻 및 참고사항
	인체를 청결·미화하여 매력을 더하고 용모를 밝게 변화시키거나 피부·모발의 건강을 유지 또는 증진하기 위하여 인체에 바르고 문지르거나 뿌리는 등 이와 유사한 방법으로 사용되는 물품으로서 인체에 대한 작용이 경미한 것
	동식물 및 그 유래 원료 등을 함유한 화장품
	유기농 원료, 동식물 및 그 유래 원료 등을 함유한 화장품
	가. 제조 또는 수입된 화장품의 내용물에 다른 화장품의 내용물이나 식품의약품안전처장이 정하는 원료를 추가하여 혼합한 화장품 나. 제조 또는 수입된 화장품의 내용물을 소분(小分)한 화장품. 다만, 고형(固形) 비누 등 총리령으로 정하는 화장품의 내용물을 단순 소분한 화장품은 제외한다.
	화장품 제조 시 내용물과 직접 접촉하는 포장용기
	1차 포장을 수용하는 1개 또는 그 이상의 포장과 보호재 및 표시의 목적으로 한 포장(첨부문서 등을 포함한다)
	라디오·텔레비전·신문·잡지·음성·음향·영상·인터넷·인쇄물·간판, 그 밖의 방법에 의하여 화장품에 대한 정보를 나타내거나 알리는 행위
	화장품의 전부 또는 일부를 제조(2차 포장 또는 표시만의 공정은 제외한다)하는 영업
	취급하는 화장품의 품질 및 안전 등을 관리하면서 이를 유통·판매하거나 수입대행형 거래를 목적으로 알선·수여(授與)하는 영업
(ㄱ)	일상의 취급 또는 보통 보존상태에서 외부로부터 고형의 이물이 들어가는 것을 방지하고 고형의 내용물이 손실되지 않도록 보호할 수 있는 용기. (ㄱ)으로 규정되어 있는 경우에는 (ㄴ)도 쓸 수 있다.
(ㄴ)	일상의 취급 또는 보통 보존상태에서 액상 또는 고형의 이물 또는 수분이 침입하지 않고 내용물을 손실, 풍화, 조해 또는 증발로부터 보호할 수 있는 용기. (ㄴ)으로 규정되어 있는 경우에는 (ㄷ)도 쓸 수 있다.
(ㄷ)	일상의 취급 또는 보통의 보존상태에서 기체 또는 미생물이 침입할 염려가 없는 용기
	광선의 투과를 방지하는 용기 또는 투과를 방지하는 포장을 한 용기

pH 범위

미산성		미알칼리성	
약산성		약알칼리성	
강산성		강알칼리성	

memo

memo

특별부록10

용어 암기 문서 - 답지

용어 암기 문서 - 답지

지한쌤의 EASY한 화장품 법령 백과사전

맞춤형 화장품 조제 관리사 주관식 시험 대비 용어 정리

용어	뜻 및 참고사항
★ 벌크 제품	충전(1차 포장) 이전의 제조단계까지 끝낸 제품
★ 완제품	출하를 위해 제품의 포장 및 첨부문서에 표시 공정 등을 포함한 모든 제조 공정이 완료된 화장품
★ 반제품	제조공정단계에 있는 것. 필요 제조 공정을 더 거쳐야 벌크 제품이 되는 것
반제품의 보관 용기에 기재해야 할 사항	명칭 또는 확인코드/제조번호/완료된 공정명/필요한 경우 보관조건
원료	벌크제품 제조에 투입되거나 포함되는 물질
원자재	화장품 원료나 자재(용기, 박스, 스티커 등)
포장재	화장품의 포장에 사용되는 모든 재료(운송을 위해 사용되는 외부 포장재 제외)
소모품	청소, 위생처리, 유지 작업 동안 사용되는 물품(세척제나 윤활제 같은 것들)
제조	원료 물질의 칭량부터 혼합, 충전(1차 포장), 2차 포장 및 표시 등의 일련의 작업
조제	내용물에 내용물을 넣거나 내용물에 원료를 혼합, 내용물을 소분하는 활동
★ 제조단위(뱃치)	하나의 공정이나 일련의 공정으로 제조되어 균질성을 갖는 화장품의 일정한 분량(한 가마에서 전체 몇 kg을 만들었는지)
★ 제조번호(뱃치번호)	뱃치에 대하여 제조관리 및 출하에 관한 모든 사항을 확인할 수 있도록 표시된 번호로서 숫자, 문자, 기호 또는 이들의 특정적인 조합
적합 판정 기준	시험 결과의 적합 판정을 위한 수적인 제한, 범위, 기타 적절한 측정법
관리	적합 판정 기준을 충족시키는 검증
공정관리	제조 공정 중 적합 판정 기준의 충족을 보증하기 위하여 공정을 모니터링하거나 조정하는 모든 작업
유지관리	적절한 작업환경에서 건물과 설비가 유지되도록 정기적·비정기적인 지원 및 검증하는 작업

용어	뜻 및 참고사항
위생관리	대상물의 표면에 있는 바람직하지 못한 미생물 등 오염물을 감소시키기 위해 시행되는 작업
안전관리	화장품책임판매 시 제품의 안전성을 확보하기 위해 실시하는 것으로서 화장품의 품질, 안전성, 유효성, 그 외 적정 사용을 위한 정보를 다룸
★ 품질관리	화장품책임판매 시 제품의 품질을 확보하기 위해 실시하는 것으로서 화장품제조업자 및 제조에 관계된 업무(시험, 검사 등 포함)에 대한 관리·감독 및 화장품의 시장 출하에 관한 관리. 그 밖에 제품 품질에 필요한 업무
맞춤형화장품판매업자는 내용물·원료를 입고할 때 책임판매업자가 제공하는 **품질성적서**를 구비해야 함	
① 품질관리기준서	1) 시험지시서 2) 시험 검체 채취방법 및 채취 시 주의사항, 채취시 오염 방지 대책 3) 시험 시설, 시험기구 점검 4) 안정성 시험 5) 완제품 등 보관용 검체의 관리 6) 표준품 및 시약의 관리 7) 위탁시험 혹은 위탁 제조하는 경우 검체의 송부방법 및 시험 결과의 판정방법 8) 그 밖에 필요한 사항
② 품질성적서	내용물 및 원료에 대한 품질검사결과를 확인할 수 있는 서류 제조번호, 제조일자, 사용기한 및 개봉 후 사용기간, 시험결과
③ 원료에 대한 품질검사 성적서	1) 물질안전보건자료(MSDS) 2) 제품시험성적서(COA) 원자재 공급자가 정한 제품명/원자재 공급자명/수령일자/공급자가 부여한 제조번호나 관리번호/원료 취급시 주의사항
★ 품질보증	제품이 적합 판정 기준에 충족될 것이라는 신뢰를 제공하는 데 필수적인 모든 계획되고 체계적인 활동 ✓ 완제품은 시험 결과 적합 판정과 품질보증부서 책임자가 출고 승인한 것만을 출고한다.
품질보증 책임자의 이행 업무	1) 품질에 관련된 모든 문서와 절차의 검토 및 승인 2) 품질검사가 규정된 절차에 따라 진행되는지 확인 3) 일탈이 있는 경우 이의조사 및 기록 4) 적합 판정한 원자재 및 제품의 출고 여부 결정 5) 부적합품이 규정된 절차대로 처리되고 있는지 확인 6) 불만 처리와 제품 회수에 대한 사항 주관

용어	뜻 및 참고사항
불만	제품이 규정된 적합 판정 기준을 충족시키지 못한다고 주장하는 외부 정보
회수	판매한 제품 중 품질결함이나 안전성 문제 등으로 나타난 제조번호의 제품(필요 시 여타 제조번호를 포함)을 제조소로 거두어들이는 활동
오염	제품에서 화학적·물리적·미생물학적 문제 또는 이를 조합하여 나타나는 바람직하지 않은 문제의 발생
인체 적용 제품	사람이 섭취, 투여, 접촉, 흡입 등을 하여 인체에 영향을 줄 수 있는 것 (예 : 화장품, 의료기기, 의약품, 식품 등)
독성	인체 적용 제품에 존재하는 위해요소가 인체에 유해한 영향을 미치는 고유의 성질
안전역	안전도를 나타내는 지표. 엘디오십(LD50)과 이디오십(ED50)의 비(比)로 나타낸다.
★ 위해성	인체 적용 제품에 존재하는 위해요소에 노출되는 경우 인체의 건강을 해칠 수 있는 정도
★ 위해요소	인체의 건강을 해치거나 해칠 우려가 있는 화학적·생물학적·물리적 요인
★ 위해성 평가	인체 적용 제품에 존재하는 위해요소가 인체의 건강을 해치거나 해칠 우려가 있는지와 있을 경우 위해의 정도를 과학적으로 평가하는 것
통합 위해성 평가	인체 적용 제품에 존재하는 위해요소가 다양한 매체, 경로를 통해 인체에 미치는 영향을 종합적으로 평가하는 것
★ 위해성 평가 단계	위험성 확인 - 위험성 결정 - 노출 평가 - 위해도 결정
★ 위험성 확인	위해요소의 인체 내 독성을 확인
★ 위험성 결정	위해요소의 인체 노출 허용량을 산출(인체노출 안전기준 설정)
★ 노출 평가	위해요소가 인체에 노출된 양을 산출(노출되어 있는 정도 산출)
★ 위해도 결정	이전 단계의 결과를 종합하여 미치는 위해 영향을 판단
위해화장품의 회수 순서	즉시 판매 중지 → 회수 대상 화장품이라는 사실을 안 날로부터 5일 이내(연장요청가능)에 회수 계획서 제출 → 회수 시작(15일 혹은 30일) : 공표·회수통보 → 위해 화장품 회수 : 반품 및 회수확인서 걷기 → 폐기 신청서 제출(회수 계획서 사본과 회수 확인서 사본을 식약처에 제출) → 회수종료 신고서 제출
화장품 전성분 표시제	화장품에 사용된 모든 성분을 표기하는 제도

용어	뜻 및 참고사항
위해성 등급	

가등급	• 사용할 수 없는 원료를 사용 • 사용 기준이 지정·고시된 원료 외의 보존제, 색소, 자외선 차단제 등을 사용	회수를 시작한 날로부터 15일 이내에 회수되어야 함
나등급	• 안전용기 포장 등에 위반 • 유통화장품 안전관리 기준에 적합하지 않은 경우(기능성 화장품의 기능성을 나타나게 하는 주원료 함량이 기준치에 부적합한 경우는 제외)	회수를 시작한 날로부터 30일 이내에 회수되어야 함
다등급	• 전부 또는 일부의 변패/미생물에 오염/이물 혼합/보건위생상 위해를 발생할 우려가 있는 경우 • 사용기한 혹은 개봉 후 사용기간을 위조, 변조 • 제조업자나 책임판매업자가 스스로 국민보건에 위해를 끼칠 우려가 있어 회수가 필요하다고 판단하는 경우 • 등록되지 않은 화장품제조업 및 책임판매업에서 제조/수입하여 유통/판매한 경우	

★ 육안 판정	눈으로 보고 판정하는 것. 판정 장소는 미리 정해놓고 판정 결과를 기록서에 기재한다.
★ 닦아내기 판정	흰 천이나 검은 천으로 설비 내부의 표면을 닦아내고, 천 표면의 잔류물 유무로 세척 결과 판정
★ 린스 정량	호스나 틈새기의 세척 판정에 적합/수시로 결과 확인 가능(HPLC, TLC, TOC, UV)
★ 재작업	적합 판정 기준을 벗어난 완제품, 벌크제품, 반제품을 재처리하여 품질이 적합한 범위에 들어오도록 하는 작업
재작업 가능 경우(모두 만족해야 함)	1. 변질 변패 또는 병원미생물에 오염되지 않은 경우 2. 제조일로부터 1년이 경과하지 않았거나 사용기한이 1년 이상 남아있는 경우
★ 일탈	• 제조 또는 품질관리 활동 등의 미리 정해진 기준을 벗어나 이루어진 행위 • 규정된 **제조** 또는 품질관리 활동 등의 기준(예시 : **기준서**, 표준작업지침 등)을 벗어나 이루어진 행위(기준서에서 벗어나는 모든 행위)
★ 기준 일탈	규정된 합격 판정 기준에 일치하지 않는 검사, 측정 또는 시험 결과
적정 재고를 유지하기 위한 발주 순서	발주 - 입고 - 라벨첨부 - 보관 - 불출
CGMP의 3대 요소	1. 인위적인 과오의 최소화 2. 미생물 오염 및 교차오염으로 인한 품질 저하 방지 3. 고도의 품질관리체계 확립

용어	뜻 및 참고사항
청소	화학적·기계적인 방법·온도·적용 시간과 이러한 복합된 요인에 의해 청정도를 유지하고 일반적으로 표면에서 눈에 보이는 먼지를 분리·제거하여 외관을 유지하는 모든 작업
주요설비	제조 및 품질 관련 문서에 명기된 설비.(제품의 품질에 영향을 미치는 필수적 설비)
교정	규정된 조건 하에서 측정기나 측정 시스템에 의해 표시되는 값과 표준 기기의 참값을 비교하여 이들의 오차가 허용범위 내에 들도록 조정하는 것
수탁자	직원, 회사, 조직을 대신하여 작업을 수행하는 사람, 회사, 외부조직
★감사	제조 및 품질과 관련한 결과가 계획된 사항과 일치하는지의 여부와 제조 및 품질관리가 효과적으로 실행되고 목적 달성에 적합한지의 여부를 결정하기 위한 체계적이고 독립적인 조사
★내부감사	제조 및 품질과 관련한 결과가 계획된 사항과 일치하는지의 여부와 제조 및 품질 관리가 효과적으로 실행되고 목적 달성에 적합한지의 여부를 결정하기 위한 회사 내 자격이 있는 직원에 의해 행해지는 체계적이고 독립적인 조사
★변경관리	모든 제조, 관리, 보관된 제품이 규정된 적합 판정 기준에 일치하도록 보장하기 위해 우수화장품 제조 및 품질관리 기준이 적용되는 모든 활동을 내부조직의 책임하에 계획하여 변경하는 것
★출하	주문 준비와 관련된 일련의 작업과 운송 수단에 적재하는 활동(제조소 외로 제품을 운반하는 것)
★시장 출하	**소비자**에게 출하하는 것
인체 세포·조직 배양액	인체 유래 세포·조직 배양 후 세포·조직을 제거하고 남은 액
청정등급	부유 입자 및 미생물이 유입·잔류하는 것을 통제하여 일정 수준 이하로 유지되도록 관리하는 구역의 관리 수준 등급
윈도우 피리어드(Window Period)	감염 초기에 세균, 진균, 바이러스, 그 항원, 항체, 유전자 등을 검출할 수 없는 기간(잠복기)
마이코플라즈마 부정 시험	박테리아 특성을 가진 미생물이 아님을 증명하는 시험
청문을 해야 하는 경우	식품의약품안전처장은 인증의 취소, 인증 기관 지정 취소, 업무 전부에 관한 정지, 등록 취소, 영업소 폐쇄, 품목의 제조, 수입 및 판매의 금지
민감정보	사상, 신념, 노동조합, 정당의 가입, 탈퇴, 정치적 견해, 건강, 성생활 등에 관한 정보, 그 밖에 사생활을 현저히 침해할 우려가 있는 정보(유전자나 범죄경력 자료 등)

용어	뜻 및 참고사항
고유식별정보	개인을 구별하기 위해 부여한 식별정보(여권번호, 주민등록번호, 운전면허번호, 외국인등록번호)
개인정보 처리자	업무를 목적으로 개인정보파일을 운용하기 위해 스스로 또는 타인을 통해 개인정보를 처리하는 공공기관, 법인, 단체, 개인 등
개인정보 취급자	개인정보 처리자의 지휘·감독을 받아 개인정보를 처리하는 업무를 담당하는 사람
미셀	계면활성제가 수용액에 있을 때 친수성기와 소수성기의 배열에 따른 구형의 집합체
임계미셀농도	미셀이 형성을 시작할 때의 계면활성제의 농도
HLB	계면활성제의 친수성과 친유성 비율을 수치화하여 상대적 세기를 나타낸 것(높을수록 친수성)
화장품 코드	화장품을 식별하기 위해 고유하게 설정된 번호로 국가식별코드, 제조업자 등의 식별코드, 품목코드 및 검증번호를 포함한 12 또는 13자리 숫자
MSDS(물질안전보건자료)	화학제품의 안전한 사용을 위한 설명서(각각의 원료에 대한 화학 물질의 유해 위험성, 응급조치 요령, 취급 방법 등을 설명해주는 자료)
사용기한	화장품이 제조된 날로부터 적절한 보관 상태에서 제품이 고유의 특성을 간직한 채 소비자가 안정적으로 사용할 수 있는 최소한의 기한
표시	화장품의 용기 및 포장에 기재하는 문자, 숫자, 도형, 그림
안전용기·포장	만 (5)세 미만의 어린이가 개봉하기 어렵게 설계·고안된 용기나 포장
구획	벽, 칸막이, 에어 커튼 등에 의해 나누어 교차오염·외부 오염 물질의 혼입이 방지될 수 있는 상태
구분	선, 줄, 그물망, 칸막이, 충분한 간격을 두어 착오나 혼동이 일어나지 않도록 되어 있는 상태
분리	벽에 의해 별개의 장소로 나누어져 있고 공기조화장치가 별도로 설치되어 공기가 완전히 차단된 상태
인체 외 시험	실험실의 배양접시, 인체로부터 분리한 모발 및 피부, 인공피부 등 인위적 환경에서 시험 물질과 대조 물질 처리 후 결과를 측정하는 것
인체적용시험 자료	사람을 대상으로 실시하는 효능·효과시험 또는 연구에 관한 자료
효력시험 자료	심사 대상 효능을 포함한 효력을 뒷받침하는 비임상시험자료
천연보습인자(NMF)	각질층에 존재하는 수용성 물질들(아미노산40%)
세라마이드	지질막의 주성분으로 피부 표면의 손실되는 수분을 방어하고 외부로부터 유해 물질의 침투를 막음

용어	뜻 및 참고사항
라멜라 구조	각질과 세포간지질이 이룬 벽돌구조
각화주기(각질형성주기)	기저층에서 만들어진 세포가 각질층까지 올라와 일정 기간 머무르다 탈락되는 주기
세포간지질 구성성분	세라마이드, 콜레스테롤, 지방산 등
케라토하이알린 과립	과립층세포속에서 볼 수 있는 불규칙한 형의 대소부동의 과립
각질형성세포	케라티노사이트
멜라닌형성세포	멜라노사이트
머켈세포	신경말단과 연결되어 촉각을 감지하는 세포
랑게르한스 세포	면역반응조절 관여 세포
멜라노솜	멜라닌세포 속에 들어있는 세포 소기관
대식세포	선천 면역과 적응 면역에 관여하는 백혈구의 한 유형
비만세포	염증 반응에 중요한 역할, 히스타민, 세로토닌 생산
섬유아세포	결합조직세포로서 콜라겐과 엘라스틴 생성
교원섬유(콜라겐)	피부건조중량의 75%를 차지하며 아미노산 천 개가 결합된 나선 모양의 타래. 아미노산 한 분자에 천 개의 물 분자가 함유된 피부의 저수지
탄력섬유(엘라스틴)	회복기능과 탄력성이 있는 단백질(피부의 1.5~4.8%정도)
기질	교원섬유와 탄력섬유를 채우는 물질(히알루론산, 콘드로이친 황산, 헤파린 황산염 등)
피지의 구성성분	트리글리세라이드(41%), 왁스에스터(25%), 지방산(16%), 스쿠알렌(12%) 등
아포크린선	겨드랑이, 서혜부, 항문·유두 두변, 배꼽 등 특정부위에 분포하는 대한선
에트린선	입술, 음부, 손톱을 제외한 전신에 분포하는 소한선
조갑	손·발톱
조소피	손발톱 주위를 덮는 피부
조판	손발톱 본체
조상	손발톱 본체 바로 아래(혈관, 신경조직 존재)
조근	손발톱의 뿌리 부분, 손발톱이 성장하는 부분
조갑을 이루는 물질	케라틴
모발의 4대 결합	시스틴, 이온(염), 펩타이드, 수소결합
모간	피부 밖에 존재하는 머리카락

용어	뜻 및 참고사항
모표피(모소피)	모발 바로 바깥쪽 비닐모양(멜라닌 없어 무색투명한 케라틴 단백질로 구성)
모피질	• 모발의 중간에 위치 • 모간의 대부분 차지(80 - 90%) • 멜라닌 함유(모발 색 결정) • 퍼머넌트 · 염색 시술 시 모피질의 결합이 약해져 모발 손상 발생
모수질	모발의 가장 안쪽, 벌집 상태의 다각형 세포로 구성 배냇머리, 연모에는 없음
모근	모발 중 피부 안에 위치하는 모든 부분
모낭	모근을 둘러싸고 있는 조직, 피지선과 연결
모구	모근의 아래쪽에 위치하며 둥근 모양
모유두	모구의 중심에 모발의 영양공급 관장
모모세포	모발을 만들어내는 세포
모발의 성장 주기	성장기 - 퇴행기 - 휴지기
문진법	설문 · 대면 질문 통해 피부 상태 분석
견진법	육안을 통해 피부 상태 분석
촉진법	촉각(손으로 누르거나 만짐)을 통해 피부 상태 분석
면포	좁쌀 모양의 비염증성 여드름/개방면포(블랙헤드), 폐쇄면포(화이트헤드)
구진	피지가 세균 감염으로 팽창되어 모낭벽이 파손된 상태의 여드름
농포	노란색 고름이 발생한 염증성 여드름
결절	농포가 발전해 단단한 덩어리가 피부 안에서 딱딱해진 상태의 여드름
낭종	화농 상태가 가장 심각한 단계/모낭벽이 완전히 파괴된 상태의 여드름
모발당김검사	모발을 두 손가락으로 당겨 탈모 증상 판단
모주기 검사	포토트리코그람을 통해 모발의 성장 속도와 밀도를 종합하여 모발 상태 분석
모간 검사	모발에 붙어있는 피부를 모아 염색 후 현미경으로 모근과 모구 관찰
조직 검사	4mm 펀치를 이용하여 모유두가 포함된 조직을 채취하여 모발 상태 분석
모발 분석	모발의 전반적 상태를 종합적으로 진단
비듬	표피 세포의 각질화에 의해 떨어진 것으로 쌀겨 모양을 이룸, 가려움증 유발

용어	뜻 및 참고사항
관능평가	화장품의 품질을 인간의 오감에 의해 측정하고 분석하여 평가하는 방법
맹검(Blind) 사용 시험	상품명, 디자인, 표시사항 등을 가리고 제품을 사용하여 시험하는 것
비맹검 사용 시험	상품명, 표시사항 등을 알려주고 제품에 대한 인식 및 효능 등이 일치하는지 시험
로션제	유화제 등을 넣어 유성성분과 수성성분을 균질화하여 점액상으로 만든 것
액제	화장품에 사용되는 성분을 용제 등에 녹여서 액상으로 만든 것
크림제	유화제 등을 넣어 유성성분과 수성성분을 균질화하여 반고형상으로 만든 것
침적마스크제	액제, 로션제, 크림제, 겔제 등을 부직포 등의 지지체에 침적하여 만든 것
겔제	액체를 침투시킨 분자량이 큰 유기분자로 이루어진 반고형상
에어로졸제	원액을 같은 용기 또는 다른 용기에 충전한 분사제의 압력을 이용하여 안개나 포말상 등으로 분출하도록 만든 것
분말제	균질하게 분말상 또는 미립상으로 만든 것
선입선출	재고관리품에 대한 출고를 행함에 있어서 먼저 입고된 원자재부터 우선적으로 출고하여 사용하는 방법
선한선출	먼저 유효기간에 도달하는 제품을 먼저 출고하여 사용
(염류)의 예	소듐, 포타슘, 칼슘, 마그네슘, 암모늄,에탄올아민, 클로라이드, 브로마이드, 설페이트, 아세테이트, 베타인 등
에스텔류	메칠, 에칠, 프로필, 이소프로필, 부틸, 이소부틸, 페닐

(2차포장)이란 (1차포장)을 수용하는 1개 또는 그 이상의 포장과 보호재 및 표시의 목적으로 한포장(첨부문서 등을 포함한다)을 말한다.

(벌크)제품이란 충전이전의 제조 단계까지 끝낸 제품을 말한다.

(반제품)이란 제조공정단계에 있는 것으로서 필요한 제조공정을 더 거쳐야 (벌크)제품이 되는 것을 말한다.

(완제품)이란 (출하)를 위해 제품의 포장 및 첨부문서에 표시공정 등을 포함한 모든 제조공정이 완료된 화장품을 말한다.

(재작업)이란 (적합 판정 기준)을 벗어난 완제품, (벌크)제품 또는 반제품을 재처리하여 품질이 적합한 범위에 들어오도록 하는 작업을 말한다.

(타르색소)라 함은 색소 중 콜타르, 그 중간생성물에서 유래되었거나 유기합성하여 얻은 색소 및 그 레이크, 염, 희석제와의 혼합물을 말한다.

용어	뜻 및 참고사항

기능성 화장품의 심사를 받기 위해서는 여러 자료들을 제출해야 한다. 유효성 또는 기능에 관한 자료 중 인체 적용 시험자료를 제출하는 경우 (효력시험자료) 제출을 면제할 수 있다.

유통화장품 안전관리 기준에서 화장비누의 유리알칼리는 (0.1%) 이하여야 한다.

착향제는 ('향료')로 표시할 수 있다. 다만, 착향제의 구성성분 중 식약처장이 정하여 고시한 (알레르기) 유발물질로 알려진 성분이 있는 경우에는 해당 성분의 명칭을 반드시 기재·표시하여야 한다.

화장품 제조에 사용된 원료의 함량이 많은 것부터 기재·표시해야 한다. 다만 (1%)이하 성분, 착향제 또는 착색제는 순서에 상관없이 기재·표시할 수 있다.

- 화장품의 1차 포장에 반드시 기재·표시 해야 하는 사항
  - 화장품의 명칭
  - 영업자의 상호
  - 제조번호
  - 사용기한 또는 개봉 후 사용 기간 (제조연월일 병행표기)

(인체외시험)은 인체로부터 분리한 모발 및 피부, 인공피부 등 인위적환경에서 시험물질과 대조 물질 처리 후 결과를 측정하는 것을 말한다.

(세라마이드)는 피부 각질층의 지질성분 중 가장 많은 양을 차지하며 (피부장벽)을 만들어 주는 이 성분이다.

(차광)용기란 광선의 투과를 방지하는 용기 또는 투과를 방지하는 포장을 한 용기를 말한다.

- 유해사례란 화장품의 사용 중 발생한 바람직하지 않고 의도되지 아니한 징후, 증상 또는 질병을 말하며, 당해 화장품과 반드시 인과관계를 가져야 하는 것은 아니다. (실마리 정보)란 유해사례와 화장품 간의 인과관계 가능성이 있다고 보고된 정보로서 그 인과관계가 알려지지 아니하거나 입증자료가 불충분한 것을 말한다.

(안전성 정보)란 화장품과 관련하여 국민보건에 직접 영향을 미칠 수 있는 안전성.유효성에 관한 새로운 자료, 유해사례 정보 등을 말한다.

모발은 모표피, (모피질), 모수질 층으로 구성되어 있는데 형태와 강도, 색깔 그리고 자연상태의 모양을 형성하는 중요한 역할을 한다.

- 모발의 일생 : 성장기 - 퇴행기 - 휴지기

- 멜라닌을 형성시키는 세포인 (멜라노사이트)는 표피의 기저층에서 생성되어 (멜라노좀(솜))의 형태로 합성된다.

- 화장품책임판매업자는 영유아용, 어린이용 화장품으로 표시·광고하는 경우에는 제품별로 안전과 품질을 입증할 수 있는

1) 제품 및 제조방법에 대한 설명 자료

2) 화장품의 안전성 평가자료

3) 제품의 효능·효과에 대한 증명자료

★ 장기보존시험	화장품의 저장조건에서 (사용기한)을 설정하기 위하여 장기간에 걸쳐 물리·화학적, 미생물학적 안정성 및 용기 적합성을 확인하는 시험을 말한다.
★ 가속시험	장기보존시험의 저장조건을 벗어난 단기간의 가속조건이 물리·화학적, 미생물학적 안정성 및 용기 적합성에 미치는 영향을 평가하기 위한 시험

용어	뜻 및 참고사항
★ 가혹시험	가혹조건에서 화장품의 분해과정 및 분해산물 등을 확인하기 위한 시험을 말한다. 일반적으로 개별 화장품의 취약성, 예상되는 운반, 보관, 진열 및 사용 과정에서 뜻하지 않게 일어나는 가능성 있는 가혹한 조건에서 품질변화를 검토하기 위해 이와 같은 시험을 수행한다.
★ 개봉 후 안정성시험	화장품 사용 시에 일어날 수 있는 오염 등을 고려한 (사용기한)을 설정하기 위하여 장기간에 걸쳐 물리·화학적, 미생물학적 안정성 및 용기 적합성을 확인하는 시험
화장품	인체를 청결·미화하여 매력을 더하고 용모를 밝게 변화시키거나 피부·모발의 건강을 유지 또는 증진하기 위하여 인체에 바르고 문지르거나 뿌리는 등 이와 유사한 방법으로 사용되는 물품으로서 인체에 대한 작용이 경미한 것
천연화장품	동식물 및 그 유래 원료 등을 함유한 화장품
유기농화장품	유기농 원료, 동식물 및 그 유래 원료 등을 함유한 화장품
맞춤형화장품	가. 제조 또는 수입된 화장품의 내용물에 다른 화장품의 내용물이나 식품의약품안전처장이 정하는 원료를 추가하여 혼합한 화장품 나. 제조 또는 수입된 화장품의 내용물을 소분(小分)한 화장품. 다만, 고형(固形) 비누 등 총리령으로 정하는 화장품의 내용물을 단순 소분한 화장품은 제외한다.
안전용기·포장	만 5세 미만의 어린이가 개봉하기 어렵게 설계·고안된 용기나 포장
1차 포장	화장품 제조 시 내용물과 직접 접촉하는 포장용기
2차 포장	1차 포장을 수용하는 1개 또는 그 이상의 포장과 보호재 및 표시의 목적으로 한 포장(첨부문서 등을 포함한다)
표시	화장품의 용기·포장에 기재하는 문자·숫자·도형 또는 그림
광고	라디오·텔레비전·신문·잡지·음성·음향·영상·인터넷·인쇄물·간판, 그 밖의 방법에 의하여 화장품에 대한 정보를 나타내거나 알리는 행위
화장품제조업	화장품의 전부 또는 일부를 제조(2차 포장 또는 표시만의 공정은 제외한다)하는 영업
화장품책임판매업	취급하는 화장품의 품질 및 안전 등을 관리하면서 이를 유통·판매하거나 수입대행형 거래를 목적으로 알선·수여(授與)하는 영업
밀폐용기	일상의 취급 또는 보통 보존상태에서 외부로부터 고형의 이물이 들어가는 것을 방지하고 고형의 내용물이 손실되지 않도록 보호할 수 있는 용기. 밀폐용기로 규정되어 있는 경우에는 기밀용기도 쓸 수 있다.

용어	뜻 및 참고사항
기밀용기	일상의 취급 또는 보통 보존상태에서 액상 또는 고형의 이물 또는 수분이 침입하지 않고 내용물을 손실, 풍화, 조해 또는 증발로부터 보호할 수 있는 용기. 기밀용기로 규정되어 있는 경우에는 밀봉용기도 쓸 수 있다.
밀봉용기	일상의 취급 또는 보통의 보존상태에서 기체 또는 미생물이 침입할 염려가 없는 용기
차광용기	광선의 투과를 방지하는 용기 또는 투과를 방지하는 포장을 한 용기

pH 범위

미산성	약 5~약 6.5	미알칼리성	약 7.5~약 9
약산성	약 3~약 5	약알칼리성	약 9~약 11
강산성	약 3이하	강알칼리성	약 11이상

특별부록11

화장품법·시행령·시행규칙에
의거한 **시간 제한 모음-문제**

화장품법 · 시행령 · 시행규칙에 의거한 시간 제한 모음

- 편의상 식품의약품안전처장 = 식약처장
- 지방식품의약품안전청장 = 지방식약청장으로 표기하겠습니다.

화장품법 - 법령

- 화장품 제조업, 화장품책임판매업, 맞춤형화장품판매업자의 결격사항 中 등록이 취소되거나 영업소가 폐쇄된 날로부터 (   )이 지나지 아니한 자

- 맞춤형화장품조제관리사 자격시험을 부정행위로 합격 시 자격이 취소되며 자격 취소일로부터 (   )간 자격시험 응시 못함

- 영유아 및 어린이 사용 화장품임을 표시 · 광고하려는 제품에 대해 식약처장은 제품별 안전성 자료, 소비자 사용실태, 사용 후 이상사례 등에 대해 주기적으로 실태조사를 실시해야 함(   )

- 책임판매관리자, 맞춤형화장품조제관리사는 화장품 안전성 확보 및 품질관리에 관한 교육을 (   ) 받아야 함 → 교육 미이수시 과태료 (   )만원

- 폐업, 휴업, 휴업재개 시 식약처장에게 신고해야 하지만 휴업기간이 미만은 제외 → 그 외의 경우 신고를 하지 아니하면 과태료 (   )만원

- (표시 · 광고의 실증) 식약처장이 영업자 · 판매자에게 표시 · 광고에 대해 실증자료 제출을 요구한 경우 요청받은 영업자 및 판매자는 요청일로부터 (   )이내에 그 실증자료를 제출해야 함

- 천연 · 유기농 화장품 인증 유효기간:(   ), 갱신은 유효기간 만료 (   )전에 연장 신청해야 함

- (행정제재처분 효과의 승계) 영업자의 지위를 승계 받은 경우 종전의 영업자에 대한 행정제재처분의 효과는 그 처분 기간이 끝난 날부터 (   )간 해당 영업자의 지위를 승계한 자에게 승계됨

화장품법 시행령 - 대통령령

- (과징금 처분) 과징금의 한도는 (   )이하(최대 (   )까지 과징금 처분 가능)

- (과징금 미납자 처분) 식약처장은 과징금 납부 대상자가 납부기한까지 과징금을 내지 않으면 납부기한이 지난 후 (   )이내에 독촉장을 발부한다. 2차 납부기한은 독촉장 발부일로부터 (   ) 이내

화장품법 시행규칙 + 별표 문서 - 총리령

- 화장품제조업자, 화장품책임판매업자, 맞춤형화장품판매업자의 변경등록 - 변경사유 발생일로부터 (　　) 이내에 변경등록·신청(행정구역 개편에 따른 소재지 변경은 (　　)이내)

- 상시근로자수가 (　　)이하인 책임판매업 경영 판매업자는 책임판매관리자도 할 수 있음(겸직가능)

- 맞춤형화장품조제관리시험: 매년 (　　)이상, 시험 실시 (　　)전까지 식약처 홈페이지에 공고해야 함

- 영유아: (　　)이하

- 어린이: (　　)이상 (　　)이하

- 안전용기포장에서의 어린이의 기준: (　　)

- 영유아 및 어린이 사용 화장품을 표시·광고할 경우 제품별 (　　) 자료를 보관해야 하는데 그 보관기한은 ① 사용기한 표시 시 사용기한 + (　　) / ② 개봉 후 사용기간 표시 시 제조연월일 + (　　)

- 화장품책임판매업자의 준수사항: 다음 성분을 (　　)이상 함유하는 제품의 경우 해당 품목의 (　　) 시험 자료를 최종 제조된 제품의 사용기한 만료일로부터 (　　)간 보존할 것

  [아스코빅애씨드와 그 유도체, 레티놀 및 그 유도체, 과산화화합물, 효소, 토코페롤]

- 화장품책임판매업자는 지난해의 생산·수입실적을 매년 (　　)까지 식약처장에게 보고해야 함.

- 화장품책임판매업자, 제조업자 및 맞춤형화장품판매업자의 교육시간은 (　　)시간 이상 (　　)시간 이하

- (회수관련) 회수의무자는 회수대상 화장품이라는 사실을 안 날로부터 (　　)이내에 회수계획서와 해당품목의 제조·수입기록서 사본, 판매처별 판매량·판매일의 기록·회수 사유를 적은 서류를 지방식약청장에게 제출해야 함

- (회수기한) 위해성 가등급: 회수시작일로부터 (　　)이내, 나, 다등급: (　　)이내

- 회수통보입증자료는 회수종료일로부터 (　　)간 보관

- 폐기를 한 회수의무자는 폐기확인서를 작성하여 (　　)간 보관

- 식약처장의 지정·고시된 원료의 사용기준의 안전성 검토 주기: (　　)

- 내용량이 (　　)ml(g)이하인 화장품, 비매품 및 견본품의 포장에는 화장품명, 책임판매업자·맞춤형화장품판매업자의 상호, 가격, 제조번호, 사용기한·개봉 후 사용기간만을 기재·표시

- 내용량이 (　　)ml(g)초과 (　　)ml(g) 이하 화장품의 포장에는 타르색소, 금박, 샴푸와 린스의 인산염의 종류, 과일산(AHA), 사용한도 고시 원료, 기능성화장품의 효능·효과를 나타나게 하는 원료 외의 전성분 생략 가능

- (15)ml(g) 이하 제품, 견본품, 비매품의 경우 바코드 생략 가능

- 소비자화장품안전관리감시원의 임기: (　　)/ 연임 (가능 / 불가능), 교육주기: (　　)

- 책임판매관리자는 품질관리 기록·화장품제조업자의 관리에 관한 기록 작성 후 해당제품의 제조일(수입일)로부터 (　　)간 그 문서를 보관할 것

• 화장품책임판매업자의 보고사항

　① 원료 목록 보고: 유통판매 (전 / 후)

　② 생산·수입실적보고: 연 (　　　)회(다음해의 (　　　)월 말까지)

　③ 안전성 보고: 분기마감 후 (　　)월과 (　　)월

　　-생산실적과 국내 제조 화장품의 원료 목록 보고: _____

　　-수입실적과 해외 제조 화장품의 원료 목록 보고: _____

　　-안전성 보고: _____

　　-맞춤형화장품조제관리사 자격시험 운영기관은 어디인가? _____

　　-맞춤형화장품조제관리사 자격시험의 자격은? (국가공인민간자격/민간등록자격/국가전문자격/국가기술자격)

　　-화장품의 안전성 확보 및 품질관리에 관한 교육을 할 수 있는 교육실시기관으로 지정된 4개의 기관은?

화장품 제형의 정의

(　　　　)란 유화제 등을 넣어 유성성분과 수성성분을 균질화하여 점액상으로 만든 것을 말한다.

(　　　　)란 화장품에 사용되는 성분을 용제 등에 녹여서 액상으로 만든 것을 말한다.

(　　　　)란 유화제 등을 넣어 유성성분과 수성성분을 균질화하여 반고형상으로 만든 것을 말한다.

(　　　　)란 액제, 로션제, 크림제, 겔제 등을 부직포 등의 지지체에 침적하여 만든 것을 말한다.

(　　　　)란 액체를 침투시킨 분자량이 큰 유기분자로 이루어진 반고형상을 말한다.

(　　　　)란 원액을 같은 용기 또는 다른 용기에 충전한 분사제(액화기체, 압축기체 등)의 압력을 이용하여 안개모양, 포말상 등으로 분출하도록 만든 것을 말한다.

(　　　　)란 균질하게 분말상 또는 미립상으로 만든 것을 말하며, 부형제 등을 사용할 수 있다.

(　　　　)라 함은 일상의 취급 또는 보통 보존상태에서 외부로부터 고형의 이물이 들어가는 것을 방지하고 고형의 내용물이 손실되지 않도록 보호할 수 있는 용기를 말한다.

(　　　　)라 함은 일상의 취급 또는 보통 보존상태에서 액상 또는 고형의 이물 또는 수분이 침입하지 않고 내용물을 손실, 풍화, 조해 또는 증발로부터 보호할 수 있는 용기를 말한다.

(　　　　)라 함은 일상의 취급 또는 보통의 보존상태에서 기체 또는 미생물이 침입할 염려가 없는 용기를 말한다.

(　　　　)라 함은 광선의 투과를 방지하는 용기 또는 투과를 방지하는 포장을 한 용기를 말한다.

• 분자량은 국제원자량표에 따라 계산하여 소수점 이하 (　　　)자리에서 반올림하여 (　　　)자리까지 표시한다.

• 주된 계량의 단위

	m		dm
	cm		mm
	μm		nm
	kg		g
	mg		μg
	ng		L
	mL		μL
	cm²		mmHg
	cs		cps
	N		M 또는 mol.
	%		w/v%
	vol%		v/w%
	ppm		pH
	℃		

미터		데시미터	
센터미터		밀리미터	
마이크로미터		나노미터	
킬로그람		그람	
밀리그람		마이크로그람	
나노그람		리터	
밀리리터		마이크로리터	
평방센티미터		수은주밀리미터	
센티스톡스		센티포아스	
노르말(규정)		몰	
질량백분율		질량대용량백분율	
용량백분율		용량대질량백분율	
질량백만분율		피에이치	
섭씨 도			

- 온도 규정 : 표준온도는 (　℃), 상온은 (　~　℃), 실온은 (　~　℃), 미온은 (　~　℃)로 한다. 냉소는 따로 규정이 없는 한 (　~　℃)이하의 곳을 말하며. 냉수는 (　℃)이하, 미온탕은 (　~　℃), 온탕은 (　~　℃), 열탕은 약 (　℃)의 물을 뜻한다.

가열한 용매 또는 열용매라 함은 그 용매의 비점 부근의 온도로 가열한 것을 뜻하며 **가온한 용매 또는 온용매**라 함은 보통 (　~　)℃로 가온한 것을 뜻한다. 수욕상 또는 **수욕중에서 가열**한다라 함은 따로 규정이 없는 한 **끓인 수욕 또는 　℃의 증기욕을 써서 가열**하는 것이다. 보통 **냉침은 (　~　℃), 온침은 (　~　℃)에서 실시**한다.

- 실험에서 「직후」 또는 「곧」이란 보통 앞의 조작이 종료된 다음 (　)초 이내에 다음 조작을 시작하는 것을 말한다.

미산성		미알칼리성	
약산성		약알칼리성	
강산성		강알칼리성	

• 기능성화장품의 심사를 위해 제출하여야 하는 자료의 종류(5종류)

_____

_____

자외선은 200 ~ 290nm의 파장을 가진 (   )와 290 ~ 320nm의 파장을 가진 (   )및 320 ~ 400nm의 파장을 가진 (   )로 나눈다.

(   )라 함은 UVB를 차단하는 제품의 차단효과를 나타내는 지수로서 자외선차단제품을 도포하여 얻은 (   )을 자외선차단제품을 도포하지 않고 얻은 (   )으로 나눈 값이다.

(   )이라 함은 UVB를 사람의 피부에 조사한 후 16 ~ 24시간의 범위내에, 조사영역의 전 영역에 홍반을 나타낼 수 있는 최소한의 자외선 조사량을 말한다.

(   )이라 함은 UVA를 사람의 피부에 조사한 후 2 ~ 24시간의 범위내에, 조사영역의 전 영역에 희미한 흑화가 인식되는 최소 자외선 조사량을 말한다.

(   )라 함은 UVA를 차단하는 제품의 차단효과를 나타내는 지수로 자외선A차단제품을 도포하여 얻은 (   )을 자외선A차단제품을 도포하지 않고 얻은 (   )으로 나눈 값이다.

(   )이라 함은 UVA 차단효과의 정도를 나타내며 약칭은 피·에이(PA)라 한다.

자료제출이 생략되는 기능성화장품의 종류(제6조제3항 관련)

1. 피부를 곱게 태워주거나 자외선으로부터 피부를 보호하는데 도움을 주는 제품의 성분 및 함량

(「화장품법 시행규칙」[별표 3] Ⅰ. 화장품의 유형(의약외품은 제외한다) 중 **영·유아용 제품류** 중 (   ), (   ) 및 (   ), (   )제품류, (   )제품류에 한함)

연번	성분명	최대함량
1	<삭 제>	<삭 제>
2	드로메트리졸	
3	디갈로일트리올리에이트	
4	4-메칠벤질리덴캠퍼	
5	멘틸안트라닐레이트	
6	벤조페논-3	
7	벤조페논-4	
8	벤조페논-8	
9	부틸메톡시디벤조일메탄	
10	시녹세이트	
11	에칠헥실트리아존	

연번	성분명	최대함량
12	옥토크릴렌	
13	에칠헥실디메칠파바	
14	에칠헥실메톡시신나메이트	
15	에칠헥실살리실레이트	
16	<삭 제>	<삭 제>
17	페닐벤즈이미다졸설포닉애씨드	
18	호모살레이트	
19	징크옥사이드	
20	티타늄디옥사이드	
21	이소아밀p-메톡시신나메이트	
22	비스-에칠헥실옥시페놀메톡시페닐트리아진	
23	디소듐페닐디벤즈이미다졸테트라설포네이트	
24	드로메트리졸트리실록산	
25	디에칠헥실부타미도트리아존	
26	폴리실리콘-15(디메치코디에칠벤잘말로네이트)	
27	메칠렌비스-벤조트리아졸릴테트라메칠부틸페놀	
28	테레프탈릴리덴디캠퍼설포닉애씨드 및 그 염류	
29	디에칠아미노하이드록시벤조일헥실벤조에이트	

2. 피부의 미백에 도움을 주는 제품의 성분 및 함량

(제형은 (   ), (   ), (   ), (   )에 한하며, 제품의 효능·효과는 "피부의 미백에 도움을 준다"로, 용법·용량은 "본품 적당량을 취해 피부에 골고루 펴 바른다. 또는 본품을 피부에 붙이고 10~20분 후 지지체를 제거한 다음 남은 제품을 골고루 펴 바른다(침적 마스크에 한함)"로 제한함)

연번	성분명	함량
1	닥나무추출물	
2	알부틴	
3	에칠아스코빌에텔	
4	유용성감초추출물	
5	아스코빌글루코사이드	
6	마그네슘아스코빌포스페이트	
7	나이아신아마이드	
8	알파-비사보롤	
9	아스코빌테트라이소팔미테이트	

3. 피부의 주름개선에 도움을 주는 제품의 성분 및 함량

(제형은 (   ), (   ), (   ), (   )에 한하며, 제품의 효능·효과는 "피부의 주름개선에 도움을 준다"로, 용법·용량은 "본품 적당량을 취해 피부에 골고루 펴 바른다. 또는 본품을 피부에 붙이고 10~20분 후 지지체를 제거한 다음 남은 제품을 골고루 펴 바른다(침적 마스크에 한함)"로 제한함)

연번	성분명	함량
1	레티놀	
2	레티닐팔미테이트	
3	아데노신	
4	폴리에톡실레이티드레티아마이드	

4. 체모를 제거하는 기능을 가진 제품의 성분 및 함량

(제형은 (   ), (   ), (   ), (   )에 한하며, 제품의 효능·효과는 "제모(체모의 제거)"로, 용법·용량은 "사용 전 제모할 부위를 씻고 건조시킨 후 이 제품을 제모할 부위의 털이 완전히 덮이도록 충분히 바른다. 문지르지 말고 5~10분간 그대로 두었다가 일부분을 손가락으로 문질러 보아 털이 쉽게 제거되면 젖은 수건[(제품에 따라서는) 또는 동봉된 부직포 등]으로 닦아 내거나 물로 씻어낸다. 면도한 부위의 짧고 거친 털을 완전히 제거하기 위해서는 한 번 이상(수일 간격) 사용하는 것이 좋다"로 제한함)

연번	성분명	함량
1		

✓ pH 범위는 (   )이상 (   )미만이어야 한다.

5. 여드름성 피부를 완화하는데 도움을 주는 제품의 성분 및 함량

(제형은 (   ), (   ), (   )에 한함(부직포 등에 침적된 상태는 제외함) 제품의 효능·효과는 "여드름성 피부를 완화하는데 도움을 준다"로, 용법·용량은 "본품 적당량을 취해 피부에 사용한 후 물로 바로 깨끗이 씻어낸다"로 제한함)

연번	성분명	함량
1		

(1) (   )란 다음 각 목의 어느 하나에 해당하는 화장품 원료를 말한다.

　가. 「친환경농어업 육성 및 유기식품 등의 관리·지원에 관한 법률」에 따른 유기농수산물 또는 이를 이 고시에서 허용하는 물리적 공정에 따라 가공한 것

　나. 외국 정부(미국, 유럽연합, 일본 등)에서 정한 기준에 따른 인증기관으로부터 유기농수산물로 인정받거나 이를 이 고시에서 허용하는 물리적 공정에 따라 가공한 것

　다. (   )에 등록된 인증기관으로부터 유기농 원료로 인증받거나 이를 이 고시에서 허용하는 (   )적 공정에 따라 가공한 것

(2) (   )란 식물(해조류와 같은 해양식물, 버섯과 같은 균사체를 포함한다) 그 자체로서 가공하지 않거나, 이 식물을 가지고 이 고시에서 허용하는 (   )적 공정에 따라 가공한 화장품 원료를 말한다.

(3) (   )란 동물 그 자체(세포, 조직, 장기)는 제외하고, 동물로부터 자연적으로 생산되는 것으로서 가공하지 않거나, 이 동물로부터 자연적으로 생산되는 것을 가지고 이 고시에서 허용하는 (   )적 공정에 따라 가공한 계란, 우유, 우유단백질 등의 화장품 원료를 말한다.

(4) (   )란 지질학적 작용에 의해 자연적으로 생성된 물질을 가지고 이 고시에서 허용하는 (   )적 공정에 따라 가공한 화장품 원료를 말한다. 다만, (   )로부터 기원한 물질은 제외한다.

(5) (   )란 유기농 원료를 이 고시에서 허용하는 화학적 또는 생물학적 공정에 따라 가공한 원료를 말한다.

(6) (   )란 제2호 또는 제3호의 원료를 가지고 이 고시에서 허용하는 화학적 공정 또는 생물학적 공정에 따라 가공한 원료를 말한다.

(7) (   )란 제4호의 원료를 가지고 이 고시에서 허용하는 화학적 공정 또는 생물학적 공정에 따라 가공한 별표 1의 원료를 말한다.

(8) (   )란 제1호부터 제4호까지의 원료를 말한다.

(9) (   )란 제5호부터 제7호까지의 원료를 말한다.

(   )는 천연화장품 및 유기농화장품의 제조에 사용할 수 없다. 다만, 천연화장품 또는 유기농화장품의 품질 또는 안전을 위해 필요하나 따로 자연에서 대체하기 곤란한 제1항 제4호의 원료는 (   )% 이내에서 사용할 수 있다. 이 경우에도 (   )부분은 (   )%를 초과할 수 없다.

천연화장품 및 유기농화장품의 용기와 포장에 (   ), (   )을 사용할 수 없다.

천연화장품은 계산했을 때 중량 기준으로 천연 함량이 전체 제품에서 (   )% 이상으로 구성되어야 한다.

유기농화장품은 계산하였을 때 중량 기준으로 유기농 함량이 전체 제품에서 (   )% 이상이어야 하며, 유기농 함량을 포함한 천연 함량이 전체 제품에서 (   )% 이상으로 구성되어야 한다.

• 영유아 또는 어린이 사용 화장품 광고 표시 시 제품별안전성 자료 3가지는?

(   )라 함은 개개의 화장품을 식별하기 위하여 고유하게 설정된 번호로서 국가식별코드, 화장품제조업자 등의 식별코드, 품목코드 및 검증번호(Check Digit)를 포함한 12 또는 13자리의 숫자를 말한다.

(   )라 함은 화장품 코드를 포함한 숫자나 문자 등의 데이터를 일정한 약속에 의해 컴퓨터에 자동 입력시키기 위한 다음 각 목의 하나에 여백 및 광학적문자판독(Optical Character Recognition) 폰트의 글자로 구성되어 정보를 표현하는 수단으로서, 스캐너가 읽을 수 있도록 인쇄된 심벌(마크)을 말한다.

　가. 여러 종류의 폭을 갖는 백과 흑의 평형 막대의 조합

　나. 일정한 배열로 이루어져 있는 사각형 모듈 집합으로 구성된 데이터 매트릭스

• 책판관리자 및 맞춤형화장품조제관리사는 매년 1회 (   )확보 및 (   )에 관한 교육을 받아야

• 책판업자 준수사항 중 수입한 화장품은 (   )를 작성, 보관

• 수입화장품은 (   )를 받으므로 원료목록보고가 생략됨.

• 책판업자는 제조업자로부터 받은 (   ), (   )를 보관한다.

• 제조업자는 (   ), (   ), (   ), (   )를 작성 및 보관한다.

화장품법·시행령·시행규칙에 의거한 시간 제한 모음 - 답지

화장품법·시행령·시행규칙에 의거한
시간 제한 모음 – 답지

화장품법 - 법령

- 화장품 제조업, 화장품책임판매업, 맞춤형화장품판매업자의 결격사항 中 등록이 취소되거나 영업소가 폐쇄된 날로부터 (1년)이 지나지 아니한 자

- 맞춤형화장품조제관리사 자격시험을 부정행위로 합격 시 자격이 취소되며 자격 취소일로부터 (3년)간 자격시험 응시 못함

- 영유아 및 어린이 사용 화장품임을 표시·광고하려는 제품에 대해 식약처장은 제품별 안전성 자료, 소비자 사용실태, 사용후 이상사례 등에 대해 주기적으로 실태조사를 실시해야 함(5년마다)

- 책임판매관리자, 맞춤형화장품조제관리사는 화장품 안전성 확보 및 품질관리에 관한 교육을 (매년) 받아야 함 → 교육 미이수시 과태료 (50)만원

- 폐업, 휴업, 휴업재개 시 식약처장에게 신고해야 하지만 휴업기간이 (1개월)미만은 제외→ 그 외의 경우 신고를 하지 아니하면 과태료 (50)만원

- (표시·광고의 실증) 식약처장이 영업자·판매자에게 표시·광고에 대해 실증자료 제출을 요구한 경우 요청받은 영업자 및 판매자는 요청일로부터 (15일)이내에 그 실증자료를 제출해야 함

- 천연·유기농 화장품 인증 유효기간: (3년), 갱신은 유효기간 만료 (90일)전에 연장신청해야 함

- (행정제재처분 효과의 승계) 영업자의 지위를 승계 받은 경우 종전의 영업자에 대한 행정제재처분의 효과는 그 처분 기간이 끝난 날부터 (1년)간 해당 영업자의 지위를 승계한 자에게 승계됨

화장품법 시행령 - 대통령령

- (과징금 처분) 과징금의 한도는 (10억원)이하(최대 (10억원)까지 과징금 처분 가능)

- (과징금 미납자 처분) 식약처장은 과징금 납부 대상자가 납부기한까지 과징금을 내지 않으면 납부기한이 지난 후 (15일)이내에 독촉장을 발부한다. 2차 납부기한은 독촉장 발부일로부터 (10일) 이내

화장품법 시행규칙 + 별표 문서 - 총리령

- 화장품제조업자, 화장품책임판매업자, 맞춤형화장품판매업자의 변경등록 - 변경사유 발생일로부터 (30일) 이내에 변경등록·신청(행정구역 개편에 따른 소재지 변경은 (90일)이내)
- 상시근로자수가 (10명)이하인 책임판매업 경영 판매업자는 책임판매관리자도 할 수 있음(겸직가능)
- 맞춤형화장품조제관리시험 : 매년 (1회)이상, 시험 실시 (90일)전까지 식약처 홈페이지에 공고해야 함
- 영유아 : (만 3세)이하
- 어린이 : (만 4세)이상 (만 13세)이하
- 안전용기포장에서의 어린이의 기준 : (만 5세 미만)
- 영유아 및 어린이 사용 화장품을 표시·광고할 경우 제품별 (안전성) 자료를 보관해야 하는데 그 보관기한은 ① 사용기한 표시 시 사용기한 + (1년) / ② 개봉 후 사용기간 표시 시 제조연월일 + (3년)
- 화장품책임판매업자의 준수사항 : 다음 성분을 (0.5%)이상 함유하는 제품의 경우 해당 품목의 (안정성) 시험 자료를 최종 제조된 제품의 사용기한 만료일로부터 (1년)간 보존할 것

[아스코빅애씨드와 그 유도체, 레티놀 및 그 유도체, 과산화화합물, 효소, 토코페롤]

- 화장품책임판매업자는 지난해의 생산·수입실적을 매년 (2월 말)까지 식약처장에게 보고해야 함.
- 화장품책임판매업자, 제조업자 및 맞춤형화장품판매업자의 교육시간은 (4)시간 이상 (8)시간 이하
- (회수관련) 회수의무자는 회수대상 화장품이라는 사실을 안 날로부터 (5일)이내에 회수계획서와 해당품목의 제조·수입기록서 사본, 판매처별 판매량·판매일의 기록, 회수 사유를 적은 서류를 지방식약청장에게 제출해야 함
- (회수기한) 위해성 가등급 : 회수시작일로부터 (15일)이내, 나, 다등급 : (30일)이내
- 회수통보입증자료는 회수종료일로부터 (2년)간 보관
- 폐기를 한 회수의무자는 폐기확인서를 작성하여 (2년)간 보관
- 식약처장의 지정·고시된 원료의 사용기준의 안전성 검토 주기 : (5년)
- 내용량이 (10)ml(g)이하인 화장품, 비매품 및 견본품의 포장에는 화장품명, 책임판매업자·맞춤형화장품판매업자의 상호, 가격, 제조번호, 사용기한·개봉 후 사용기간만을 기재·표시
- 내용량이 (10)ml(g)초과 (50)ml(g) 이하 화장품의 포장에는 타르색소, 금박, 샴푸와 린스의 인산염의 종류, 과일산(AHA), 사용한도 고시 원료, 기능성화장품의 효능·효과를 나타나게 하는 원료 외의 전성분 생략 가능
- (15)ml(g) 이하 제품, 견본품, 비매품의 경우 바코드 생략 가능
- 소비자화장품안전관리감시원의 임기 : (2년)/ 연임 (가능 / 불가능), 교육주기 : (매 반기)
- 책임판매관리자는 품질관리 기록·화장품제조업자의 관리에 관한 기록 작성 후 해당제품의 제조일(수입일)로부터 (3년)간 그 문서를 보관할 것
- 화장품책임판매업자의 보고사항

① 원료 목록 보고: 유통판매 (전 / 후)

② 생산·수입실적보고: 연 (1)회(다음해의 (2)월 말까지)

③ 안전성 보고: 분기마감 후 (7)월과 (1)월

  -생산실적과 국내 제조 화장품의 원료 목록 보고:대한화장품협회

  -수입실적과 해외 제조 화장품의 원료 목록 보고:한국의약품수출입협회

  -안전성 보고:의약품 안전 나라

  -맞춤형화장품조제관리사 자격시험 운영기관은 어디인가? 한국생산성본부

  -맞춤형화장품조제관리사 자격시험의 자격은? (국가공인민간자격/민간등록자격/국가전문자격/국가기술자격)

  -화장품의 안전성 확보 및 품질관리에 관한 교육을 할 수 있는 교육실시기관으로 지정된 4개의 기관은?

          대한화장품협회, 한국의약품수출입협회, 대한화장품산업연구원, 한국보건산업진흥원

화장품 제형의 정의

(로션제)란 유화제 등을 넣어 유성성분과 수성성분을 균질화하여 점액상으로 만든 것을 말한다.

(액제)란 화장품에 사용되는 성분을 용제 등에 녹여서 액상으로 만든 것을 말한다.

(크림)란 유화제 등을 넣어 유성성분과 수성성분을 균질화하여 반고형상으로 만든 것을 말한다.

(침적마스크제)란 액제, 로션제, 크림제, 겔제 등을 부직포 등의 지지체에 침적하여 만든 것을 말한다.

(겔제)란 액체를 침투시킨 분자량이 큰 유기분자로 이루어진 반고형상을 말한다.

(에어로졸제)란 원액을 같은 용기 또는 다른 용기에 충전한 분사제(액화기체, 압축기체 등)의 압력을 이용하여 안개모양, 포말상 등으로 분출하도록 만든 것을 말한다.

(분말제)란 균질하게 분말상 또는 미립상으로 만든 것을 말하며, 부형제 등을 사용할 수 있다.

(밀폐용기)라 함은 일상의 취급 또는 보통 보존상태에서 외부로부터 고형의 이물이 들어가는 것을 방지하고 고형의 내용물이 손실되지 않도록 보호할 수 있는 용기를 말한다. 밀폐용기로 규정되어 있는 경우에는 기밀용기도 쓸 수 있다.

(기밀용기)라 함은 일상의 취급 또는 보통 보존상태에서 액상 또는 고형의 이물 또는 수분이 침입하지 않고 내용물을 손실, 풍화, 조해 또는 증발로부터 보호할 수 있는 용기를 말한다. 기밀용기로 규정되어 있는 경우에는 밀봉용기도 쓸 수 있다.

(밀봉용기)라 함은 일상의 취급 또는 보통의 보존상태에서 기체 또는 미생물이 침입할 염려가 없는 용기를 말한다.

(차광용기)라 함은 광선의 투과를 방지하는 용기 또는 투과를 방지하는 포장을 한 용기를 말한다.

• 분자량은 국제원자량표에 따라 계산하여 소수점 이하 (셋 째) 자리에서 반올림하여 (둘째) 자리까지 표시한다.

• 주된 계량의 단위

	m		dm
	cm		mm
	μm		nm
	kg		g
	mg		μg
	ng		L
	mL		μL
	cm²		mmHg
	cs		cps
	N		M 또는 mol.
	%		w/v%
	vol%		v/w%
	ppm		pH
	℃		

미터		데시미터	
센터미터		밀리미터	
마이크로미터		나노미터	
킬로그람		그람	
밀리그람		마이크로그람	
나노그람		리터	
밀리리터		마이크로리터	
평방센티미터		수은주밀리미터	
센티스톡스		센티포아스	
노르말(규정)		몰	
질량백분율		질량대용량백분율	
용량백분율		용량대질량백분율	
질량백만분율		피에이치	
섭씨 도			

- 온도 규정: 표준온도는 (20℃), 상온은 (15 ~ 25℃), 실온은 (1 ~ 30℃), 미온은 (30 ~ 40℃)로 한다. 냉소는 따로 규정이 없는 한 (1 ~ 15℃)이하의 곳을 말하며, 냉수는 (10)℃ 이하, 미온탕은 (30 ~ 40℃), 온탕은 (60 ~ 70℃), 열탕은 약 (100)℃의 물을 뜻한다.

가열한 용매 또는 열용매라 함은 그 용매의 비점 부근의 온도로 가열한 것을 뜻하며 가온한 용매 또는 온용매라 함은 보통 (60 ~ 70)℃로 가온한 것을 뜻한다. 수욕상 또는 수욕중에서 가열한다라 함은 따로 규정이 없는 한 끓인 수욕 또는 100℃의 증기욕을 써서 가열하는 것이다. 보통 냉침은 (15 ~ 25℃), 온침은 (35 ~ 45℃)에서 실시한다.

- 실험에서 「직후」 또는 「곧」이란 보통 앞의 조작이 종료된 다음 (30)초 이내에 다음 조작을 시작하는 것을 말한다.

미산성	약 5~약 6.5	미알칼리성	약 7.5~약 9
약산성	약 3~약 5	약알칼리성	약 9~약 11
강산성	약 3이하	강알칼리성	약 11이상

• 기능성화장품의 심사를 위해 제출하여야 하는 자료의 종류(5종류)

기원 및 개발경위에 관한 자료, 안전성에 관한 자료, 유효성 또는 기능에 관한 자료, 자외선 차단 지수, 내수성 자외선 차단지수 및 자외선A차단등급(PA) 설정의 근거자료, 기준 및 시험방법에 관한 자료(검체포함)

자외선은 200 ~ 290nm의 파장을 가진 (자외선C)와 290 ~ 320nm의 파장을 가진 (UVB)및 320 ~ 400 nm의 파장을 가진 (UVA)로 나눈다.

(자외선차단지수)라 함은 UVB를 차단하는 제품의 차단효과를 나타내는 지수로서 자외선차단제품을 도포하여 얻은 (최소홍반량)을 자외선차단제품을 도포하지 않고 얻은 (최소홍반량)으로 나눈 값이다.

(최소홍반량)이라 함은 UVB를 사람의 피부에 조사한 후 16 ~ 24시간의 범위내에, 조사영역의 전 영역에 홍반을 나타낼 수 있는 최소한의 자외선 조사량을 말한다.

(최소지속형즉시흑화량)이라 함은 UVA를 사람의 피부에 조사한 후 2 ~ 24시간의 범위내에, 조사영역의 전 영역에 희미한 흑화가 인식되는 최소 자외선 조사량을 말한다.

(자외선A차단지수)라 함은 UVA를 차단하는 제품의 차단효과를 나타내는 지수로 자외선A차단제품을 도포하여 얻은 (최소지속형즉시흑화량)을 자외선A차단제품을 도포하지 않고 얻은 (최소지속형즉시흑화량)으로 나눈 값이다.

(자외선A 차단등급)이라 함은 UVA 차단효과의 정도를 나타내며 약칭은 피·에이(PA)라 한다.

자료제출이 생략되는 기능성화장품의 종류(제6조제3항 관련)

1. 피부를 곱게 태워주거나 자외선으로부터 피부를 보호하는데 도움을 주는 제품의 성분 및 함량

(「화장품법 시행규칙」[별표 3] I. 화장품의 유형(의약외품은 제외한다) 중 영·유아용 제품류 중 (로션), (크림) 및 (오일), (기초화장용)제품류, (색조화장용)제품류에 한함)

연번	성분명	최대함량
1	<삭 제>	<삭 제>
2	드로메트리졸	1 %
3	디갈로일트리올리에이트	5 %
4	4-메칠벤질리덴캠퍼	4 %
5	멘틸안트라닐레이트	5 %
6	벤조페논-3	5 %
7	벤조페논-4	5 %
8	벤조페논-8	3 %
9	부틸메톡시디벤조일메탄	5 %
10	시녹세이트	5 %
11	에칠헥실트리아존	5 %

연번	성분명	최대함량
12	옥토크릴렌	10 %
13	에칠헥실디메칠파바	8 %
14	에칠헥실메톡시신나메이트	7.5 %
15	에칠헥실살리실레이트	5 %
16	<삭 제>	<삭 제>
17	페닐벤즈이미다졸설포닉애씨드	4 %
18	호모살레이트	10 %
19	징크옥사이드	25 %(자외선차단성분으로서)
20	티타늄디옥사이드	25 %(자외선차단성분으로서)
21	이소아밀p-메톡시신나메이트	10 %
22	비스-에칠헥실옥시페놀메톡시페닐트리아진	10 %
23	디소듐페닐디벤즈이미다졸테트라설포네이트	산으로 10 %
24	드로메트리졸트리실록산	15 %
25	디에칠헥실부타미도트리아존	10 %
26	폴리실리콘-15(디메치코디에칠벤잘말로네이트)	10 %
27	메칠렌비스-벤조트리아졸릴테트라메칠부틸페놀	10 %
28	테레프탈릴리덴디캠퍼설포닉애씨드 및 그 염류	산으로 10 %
29	디에칠아미노하이드록시벤조일헥실벤조에이트	10 %

2. 피부의 미백에 도움을 주는 제품의 성분 및 함량

(제형은 (로션제), (액제), (크림제), (침적 마스크)에 한하며, 제품의 효능·효과는 "피부의 미백에 도움을 준다"로, 용법·용량은 "본품 적당량을 취해 피부에 골고루 펴 바른다. 또는 본품을 피부에 붙이고 10~20분 후 지지체를 제거한 다음 남은 제품을 골고루 펴 바른다(침적 마스크에 한함)"로 제한함)

연번	성분명	함량
1	닥나무추출물	2%
2	알부틴	2~5%
3	에칠아스코빌에텔	1~2%
4	유용성감초추출물	0.05%
5	아스코빌글루코사이드	2%
6	마그네슘아스코빌포스페이트	3%
7	나이아신아마이드	2~5%
8	알파-비사보롤	0.5%
9	아스코빌테트라이소팔미테이트	2%

3. 피부의 주름개선에 도움을 주는 제품의 성분 및 함량

(제형은 (로션제), (액제), (크림제), (침적 마스크)에 한하며, 제품의 효능·효과는 "피부의 주름개선에 도움을 준다"로, 용법·용량은 "본품 적당량을 취해 피부에 골고루 펴 바른다. 또는 본품을 피부에 붙이고 10~20분 후 지지체를 제거한 다음 남은 제품을 골고루 펴 바른다(침적 마스크에 한함)"로 제한함)

연번	성분명	함량
1	레티놀	2,500IU/g
2	레티닐팔미테이트	10,000IU/g
3	아데노신	0.04%
4	폴리에톡실레이티드레틴아마이드	0.05 ~ 0.2%

4. 체모를 제거하는 기능을 가진 제품의 성분 및 함량

(제형은 (로션제), (액제), (크림제), (에어로졸제)에 한하며, 제품의 효능·효과는 "제모(체모의 제거)"로, 용법·용량은 "사용 전 제모할 부위를 씻고 건조시킨 후 이 제품을 제모할 부위의 털이 완전히 덮이도록 충분히 바른다. 문지르지 말고 5 ~ 10분간 그대로 두었다가 일부분을 손가락으로 문질러 보아 털이 쉽게 제거되면 젖은 수건[(제품에 따라서는) 또는 동봉된 부직포 등]으로 닦아 내거나 물로 씻어낸다. 면도한 부위의 짧고 거친 털을 완전히 제거하기 위해서는 한 번 이상(수일 간격) 사용하는 것이 좋다"로 제한함)

연번	성분명	함량
1	치오글리콜산 80%	치오글리콜산으로서 3.0 ~ 4.5 %

✓ pH 범위는 (7.0)이상 (12.7)미만이어야 한다.

5. 여드름성 피부를 완화하는데 도움을 주는 제품의 성분 및 함량

(제형은 (로션제), (액제), (크림제),에 한함(부직포 등에 침적된 상태는 제외함) 제품의 효능·효과는 "여드름성 피부를 완화하는 데 도움을 준다"로, 용법·용량은 "본품 적당량을 취해 피부에 사용한 후 물로 바로 깨끗이 씻어낸다"로 제한함)

연번	성분명	함량
1	살리실릭애씨드	0.5 %

[1] (유기농 원료)란 다음 각 목의 어느 하나에 해당하는 화장품 원료를 말한다.

　가. 「친환경농어업 육성 및 유기식품 등의 관리·지원에 관한 법률」에 따른 유기농수산물 또는 이를 이 고시에서 허용하는 물리적 공정에 따라 가공한 것

　나. 외국 정부(미국, 유럽연합, 일본 등)에서 정한 기준에 따른 인증기관으로부터 유기농수산물로 인정받거나 이를 이 고시에서 허용하는 물리적 공정에 따라 가공한 것

　다. (국제유기농업운동연맹(IFOAM))에 등록된 인증기관으로부터 유기농 원료로 인증받거나 이를 이 고시에서 허용하는 (물리)적 공정에 따라 가공한 것

[2] (식물 원료)란 식물(해조류와 같은 해양식물, 버섯과 같은 균사체를 포함한다) 그 자체로서 가공하지 않거나, 이 식물을 가지고 이 고시에서 허용하는 (물리)적 공정에 따라 가공한 화장품 원료를 말한다.

[3] (동물에서 생산된 원료(동물성 원료))란 동물 그 자체(세포, 조직, 장기)는 제외하고, 동물로부터 자연적으로 생산되는 것으로서 가공하지 않거나, 이 동물로부터 자연적으로 생산되는 것을 가지고 이 고시에서 허용하는 (물리)적 공정에 따라 가공한 계란, 우유, 우유단백질 등의 화장품 원료를 말한다.

(4) (미네랄 원료)란 지질학적 작용에 의해 자연적으로 생성된 물질을 가지고 이 고시에서 허용하는 물리적 공정에 따라 가공한 화장품 원료를 말한다. 다만, (화석연료)로부터 기원한 물질은 제외한다.

(5) (유기농유래 원료)란 유기농 원료를 이 고시에서 허용하는 화학적 또는 생물학적 공정에 따라 가공한 원료를 말한다.

(6) (식물유래, 동물성유래 원료)란 제2호 또는 제3호의 원료를 가지고 이 고시에서 허용하는 화학적 공정 또는 생물학적 공정에 따라 가공한 원료를 말한다.

(7) (미네랄유래 원료)란 제4호의 원료를 가지고 이 고시에서 허용하는 화학적 공정 또는 생물학적 공정에 따라 가공한 별표 1의 원료를 말한다.

(8) (천연 원료)란 제1호부터 제4호까지의 원료를 말한다.

(9) (천연유래 원료)란 제5호부터 제7호까지의 원료를 말한다.

(합성원료)는 천연화장품 및 유기농화장품의 제조에 사용할 수 없다. 다만, 천연화장품 또는 유기농화장품의 품질 또는 안전을 위해 필요하나 따로 자연에서 대체하기 곤란한 제1항 제4호의 원료는 (5)% 이내에서 사용할 수 있다. 이 경우에도 (석유화학)부분은 (2)%를 초과할 수 없다.

천연화장품 및 유기농화장품의 용기와 포장에 (폴리염화비닐), (폴리스티렌폼)을 사용할 수 없다.

천연화장품은 계산했을 때 중량 기준으로 천연 함량이 전체 제품에서 (95)% 이상으로 구성되어야 한다.

유기농화장품은 계산하였을 때 중량 기준으로 유기농 함량이 전체 제품에서 (10)% 이상이어야 하며, 유기농 함량을 포함한 천연 함량이 전체 제품에서 (95)% 이상으로 구성되어야 한다.

- 영유아 또는 어린이 사용 화장품 광고 표시 시 제품별안전성 자료 3가지는?

 제품 및 제조방법에 대한 설명자료, 화장품 안전성 평가자료, 제품의 효능효과에 대한 증명자료

(화장품코드)라 함은 개개의 화장품을 식별하기 위하여 고유하게 설정된 번호로서 국가식별코드, 화장품제조업자 등의 식별코드, 품목코드 및 검증번호(Check Digit)를 포함한 12 또는 13자리의 숫자를 말한다.

(바코드)라 함은 화장품 코드를 포함한 숫자나 문자 등의 데이터를 일정한 약속에 의해 컴퓨터에 자동 입력시키기 위한 다음 각 목의 하나에 여백 및 광학적문자판독(Optical Character Recognition) 폰트의 글자로 구성되어 정보를 표현하는 수단으로서, 스캐너가 읽을 수 있도록 인쇄된 심벌(마크)을 말한다.

 가. 여러 종류의 폭을 갖는 백과 흑의 평형 막대의 조합

 나. 일정한 배열로 이루어져 있는 사각형 모듈 집합으로 구성된 데이터 매트릭스

- 책판관리자 및 맞춤형화장품조제관리사는 매년 1회 (안전성)확보 및 (품질관리)에 관한 교육을 받아야

- 책판업자 준수사항 중 수입한 화장품은 (수입관리기록서)를 작성, 보관

- 수입화장품은 (표준통관예정보고)를 받으므로 원료목록보고가 생략됨.

- 책판업자는 제조업자로부터 받은 (제품 표준서), (품질관리기록서)를 보관한다.

- 제조업자는 (제조관리기준서), (제품 표준서), (품질관리기록서), (제조관리기록서)를 작성 및 보관한다.

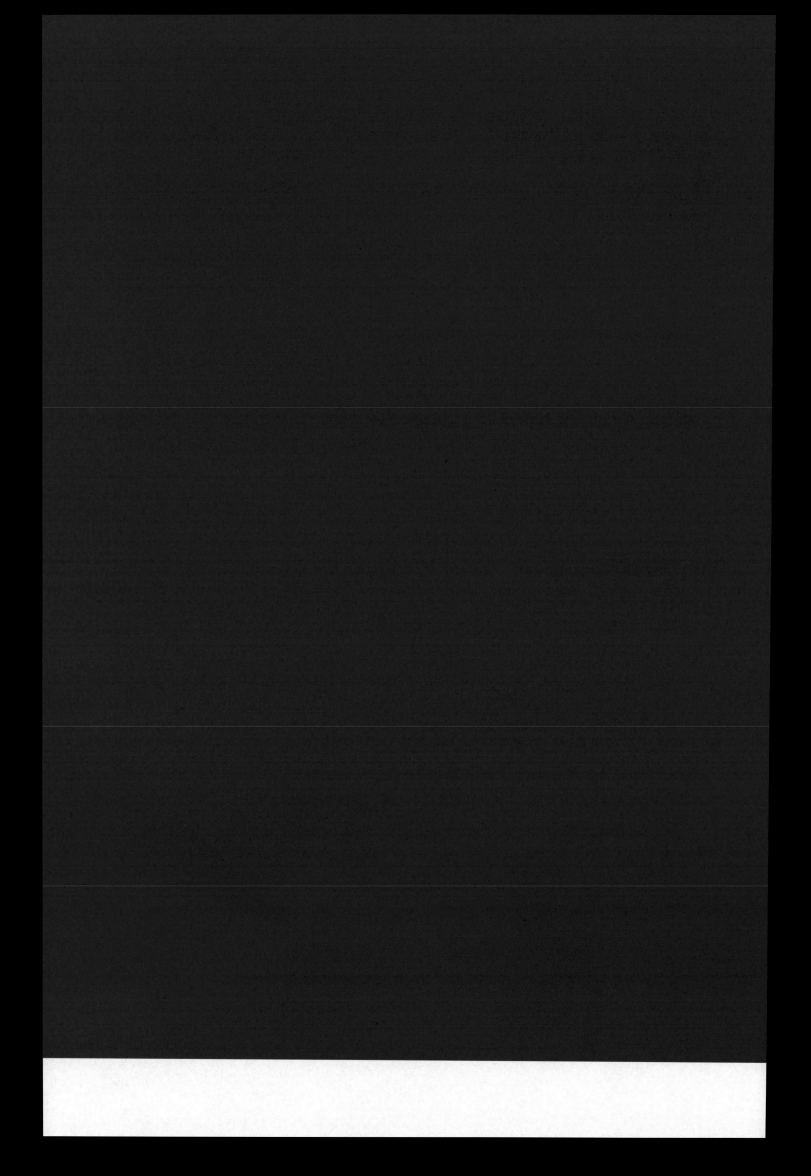

맞춤형화장품(소분·리필)의
품질·안전 및 판매장 위생관리
가이드라인(민원인 안내서) 제정(안)

특별
부록13

맞춤형화장품(소분·리필)의 품질·안전 및 판매장 위생관리 가이드라인

신설된 부분이므로 꼭 볼 것! 완벽 암기 추천!

특별부록13 목차

※ 맞춤형화장품판매업자의 준수사항 관련 주요 규정

■「화장품법」제5조제3항 및 제5조제4항

1. 소비자에게 유통·판매되는 화장품을 임의로 혼합·소분하여서는 아니됨
2. 판매장 시설·기구의 관리 방법, 혼합·소분 안전관리 기준 준수, 혼합·소분되는 내용물 및 원료에 대한 설명, 안전성 관련사항 보고 등 총리령으로 정하는 사항 준수

②「화장품법 시행규칙」제12조의2(맞춤형화장품판매업자의 준수사항)

1. 맞춤형화장품판매장 시설·기구 정기 점검
2. 혼합·소분 안전관리기준 준수
 - 혼합·소분 전에 사용되는 내용물, 원료에 대한 품질성적서 확인
 - 혼합·소분 전 손 소독, 세정(일회용 장갑 착용 시 제외가능)
 - 혼합·소분 전 제품을 담을 포장용기의 오염 여부 확인
 - 혼합·소분 장비·기구 사용 전 위생 상태 점검 및 사용 후 오염 없도록 세척
3. 맞춤형화장품 판매내역서(전자문서 포함) 작성 : 제조번호, 사용기한(또는 개봉 후 사용기간), 판매일자 및 판매량
4. 소비자 설명 : 내용물·원료 특성, 제품 사용 시의 주의사항
5. 부작용 사례 발생 시 식약처에 보고

③「맞춤형화장품판매업자의 준수사항에 관한 규정(식약처 고시)」

1. 내용물, 원료의 혼합·소분의 범위를 사전에 검토(최종 제품 품질·안전성 확보)
 ✓화장품책임판매업자가 혼합·소분 범위를 미리 정하고 있는 경우 이를 준용
2. 내용물, 원료가「화장품법」제8조(화장품 안전기준) 등에 적합한지 확인
3. 혼합·소분 전 내용물, 원료 사용기한(또는 개봉 후 사용기간) 확인 ; 사용기한 또는 개봉 후 사용기간 이 지난 것은 사용하지 말 것
4. 내용물, 원료의 사용기한(또는 개봉 후 사용기간)을 초과하여 맞춤형화장품의 사용기한(또는 개봉 후 사용기간)을 정하지 말 것
5. 사용하고 남은 내용물, 원료를 밀폐 되는 용기에 담음(비의도적 오염 방지)
6. 소비자 피부 유형, 선호도 등 확인하지 않고 미리 혼합·소분, 보관하지 말 것

☞ 국가법령정보센터(www.law.go.kr) > 법령 또는 행정규칙

④「맞춤형화장품판매업자의 준수사항에 관한 가이드라인(민원인안내서)」

☞ 식약처 홈페이지(www.mfds.go.kr) > 법령/자료 > 민원인안내서

1. 화장품 소분(리필) 내용물의 품질 · 안전관리

1) 소분(리필)용 내용물의 입고관리

(1) 소분(리필)에 사용되는 내용물은 입고 시 다음 사항을 확인

내용물 상태(변색/변취, 분리 및 성상 변화가 없을 것), 품질성적서(시험성적서 검토 및 적합 여부 확인), 사용기한(충분한 사용기한 확보)

(2) 내용물의 라벨 기재사항과 공급자(화장품책임판매업자)로부터 제공받은 제품정보 일치 여부 확인

✓예) 내용물의 명칭, 제조번호, 전성분, 보관조건, 사용기한 등 「화장품법」 제10조에 따른 기재사항

(3) 내용물 원료의 목록(전성분), 사용 시 주의사항 등 제품 고유 정보는 내용물 공급자(화장품책임판매업자)로부터 문서화된 자료로 수령

(4) 리필 내용물의 입고, 사용, 폐기 내역에 대해 기록 관리

2) 소분(리필)용 내용물의 보관관리

(1) 내용물은 품질에 영향을 최소화할 수 있는 적합한 장소(예 : 직사광선 피할 수 있는 곳, 필요 시 냉장고 등)에 밀폐상태로 보관

　① 내용물의 품질 영향을 최소화할 수 있도록 실내의 바닥과 벽에 직접 닿지 않도록 보관

　② 내용물 공급자(화장품책임판매업자)가 정한 보관조건을 준수

(2) 내용물의 보관 중 품질 이상 여부를 주기적으로 점검

주로 육안으로 관찰하며 내용물의 층분리, 내용물에 이물질 등 확인

3) 판매(사용) 중인 내용물의 품질 · 안전관리

(1) 보관되어 있는 내용물은 선입 · 선출의 원칙으로 사용(판매)

개봉하지 않은 내용물의 사용기한을 고려하여 늦게 입고된 제품이더라도 먼저 사용 가능

(2) 소비자에게 판매하는 내용물은 가급적 동일한 제조번호에 해당하는 것을 사용

다른 제조번호의 내용물을 같은 용기에 소분(리필)하는 경우, 해당 제품의 이력 추적이 가능하도록 제조번호 표시 및 관리 필요

✓예) 판매내역서 비고란에 소분(리필) 판매한 내용물의 제조번호 기록

(3) 판매하기 위해 개봉한 내용물은 가능한 소분장치에 전량 충전하여 판매

(4) 내용물 벌크용기에 개봉일자를 표시하여 소비자 정보 제공 및 판매장에서 제조일자/개봉일자를 제품 품질관리 요소로 활용

(5) 사용기한이 지난 내용물은 더 이상 소분(리필)판매하지 않으며 폐기

내용물 공급자(화장품책임판매업자)를 통해서 폐기하거나, 매장에서 자체적으로 폐기 업체를 통해 처리

※ 매장에서 판매하고 있는 내용물(벌크)의 품질, 안전관리 방법(예시)

★판매 중인 내용물은 주기를 정하여 유통화장품 안전기준 부합여부 확인

- 내용물 공급자(화장품책임판매업자)로부터 관련 자료를 제공받아 확인
  예 내용물의 소분 기간 중 미생물 기준에 적합한지 등 안전기준 부합여부를 확인할 수 있는 자료(방부력 시험자료, 미생물한도시험 결과) 등
- 리필 판매장과 내용물 공급자가 설정한 시험환경 차이로 인해 결과가 다를 수 있으므로 판매장에서도 주기적으로 시험 관리할 것을 권고
  예 판매장 내부 환경과 취급하는 내용물을 고려하여 분기 또는 반기별로 판매 중인 내용물을 판매 용기에 직접 샘플링하여 미생물 시험 의뢰

<검사기관>
① 내용물 제조업체(해당 시험시설을 갖추고 있는 경우만 해당)
② 식약처 지정 검사기관(식약처 홈페이지(www.mfds.go.kr) > 정책정보 > 시험검사기관 > 시험검사기관 지정현황 > '분야' 항목에 '화장품' 선택 후 검색)

2. 화장품 소분(리필) 판매장 위생관리

1) 판매장 및 소분(리필)장치 관리

(1) 판매장은 내용물의 오염과 해충 등을 방지할 수 있도록 항상 청결하게 유지

(2) 소분(리필)에 사용되는 장치, 기구 등은 제품의 유형, 제형 등을 고려하여 적합한 것을 사용

✓예) 소분(리필)하는 내용물이 액상 제형인 경우 분주장치(디스펜서) 또는 펌프 사용
✓참고) 내용물 공급자로부터 기기작동, 관리방법 등 정보를 제공받음

(3) 소분장치나 저울 등 소분에 사용하는 기기의 매뉴얼을 마련하여 관리하고 정상 작동을 주기
  적으로 점검

  ✓작동법, 소모품·부속품 목록과 교체 주기, 세척방법 등 포함

※ 소분 장치, 기구 등은 사용 전 다음을 확인할 것

① 충진 튜브, 노즐, 펌프 등은 장치에 적합한 청소용품을 사용하여 주기적으로 세척하며, 소모품은 교체주기
  에 따라 교체
  ✓세척제를 사용하여 상수도로 세척하고, 에탄올(70%) 등으로 소독
② 소분장치의 위생 상태를 주기적으로 확인(예 : 샘플링한 내용물 상태를 육안으로 확인하거나, 필요 시 직접
  미생물 검사 의뢰하고 부적합하다고 판단되는 경우 폐기)
③ 내용물 토출부는 소분 전·후 잔여물이 없도록 청소하고 필요 시 소독
④ 화장품 소분(리필)장치의 펌프나 밸브에 고여 있던 내용물이 바닥으로 떨어지는 것을 방지할 수 있도록 받
  침용 접시, 받침통 등 비치
⑤ 내용물 벌크용기 교체 시, 튜브는 세척·건조된 깨끗한 것으로 사용하며, 튜브와 일체형인 펌프의 경우는
  세척보다는 새것으로 교체
⑥ 세척하여 재사용하는 부속품은 가능한 동일한 내용물에 적용되도록 관리

(4) 장시간 소분장치를 이용하지 않는 경우, 토출부의 내용물이 펌프나 노즐 주위에 굳어 있거나
  흘러내리지 않도록 밀폐

  ✓예) 일회용 비닐캡으로 토출부위를 감싸주거나, 당일 판매 시작 전 토출구 주위에 굳거나 고여 있는 내용물을 버려줌
  ✓참고) 내용물의 제형과 점도를 고려하여 위생이 유지되는 방법을 선택

2) 리필용기 선택 및 재사용

(1) 소분(리필)용 재사용 용기의 적합성 고려

화장품 내용물과 용기의 구성물질 간 상호작용을 고려하여 사용 가능한 용기의 범위(기준)를 마련하고 용기의 특
성에 따라 재사용 가능여부 판단

  ✓예) 펌프(노즐) 타입 용기의 펌프와 튜브는 세척이 어려운 구조로 세척 후에도 오염물이 눈에 안 띄어 재사용이 어려움

(2) 판매장 전용용기를 이용하는 경우, 내용물 공급자(화장품책임판매업자)로부터 소분(리필) 용기와
  내용물 간의 적합성 검토결과를 제공받아 확인

(3) 소비자 제공 용기를 사용하는 경우, 가급적 원래의 내용물이 담겨 있던 용기에 동일한 내용물을 리필하여 판매할 것을 권장

① 원래의 내용물이 담겨있던 용기가 아닌 경우, 내용물 공급자(화장품책임판매업자)로부터 해당 내용물에 적용 가능한 용기 재질 등 정보를 사전에 확인

② 소비자 제공용기는 제품 품질에 영향이 있을 수 있음을 소비자에게 사전에 안내

✓참고) 판매내역서 비고란에 소비자 제공 용기 사용 여부를 기록

(4) 재사용 용기(매장 전용용기 또는 소비자 제공용기)에 내용물을 리필하기 전 용기의 청결 상태 등을 확인

잔여물이 남아 있는지, 완전히 건조되어 있는지, 용기에 금이 가거나 깨진 곳은 없는지 등

3) 장치관리, 기구·용기 세척방법

(1) 판매장에서 사용하는 세척 장치 및 건조 장치의 정상 작동 확인 및 주기적 점검

(2) 소분(리필) 용기를 매장에서 세척 시, 제품(내용물)의 특성을 고려하여 적절한 세척방법을 결정

✓예) 식품용기 세척에 사용하는 주방세제 등
✓참고) 유성화장품 용기 세척 시, 물로 헹구는 것은 잔류물 제거에 효과가 떨어지므로 적절한 다른 세척제를 선택

(3) 소비자 제공 용기를 사용하여 리필 시, 사전에 세척하여 물기가 없도록 완전히 건조시킨 뒤 사용하여야 함을 안내

① 소비자가 직접 자신이 가져온 용기를 세척하는 경우, 세척실 또는 세척대 근처에 세척제의 사용과 세척방법을 별도로 안내

② 세척실 또는 세척대를 갖추고 있는 경우, 수시로 물기를 제거하여 세척하는 공간 주변을 청결하게 유지

(4) 소비자가 매장에서 직접 소분(리필) 시 장치 이용법을 안내하고 작동순서 등을 리필장치 근처에 부착하여 알기 쉽게 이용할 수 있도록 제공

(5) 판매장 전용 또는 소비자 제공 용기에 내용물 리필 시 제품과 용기 특성을 고려하여 필요한 경우 판매장에서 별도로 용기를 소독하거나 UV 살균·건조 등 처리

✓예) 에탄올(70%) 소독, UV 살균기에 최소 OO분 이상 살균 등
✓참고) 일부 플라스틱 용기는 UV 살균에 적합하지 않을 수 있음

3. 소분(리필) 제품의 표시 등 방법

1) 재사용 용기의 표시 방법

⑴ 화장품법령의 필수 표시기재사항을 포함하도록 라벨스티커 제작

⑵ 용기 재사용 시, 기존의 기재사항과 혼동되지 않도록 라벨스티커 제작 및 부착하고 새로 부착한 라벨의 위치 등에 대해 소비자에게 안내

　　라벨 꼬리표(택)는 제품 사용기간 동안 분실의 가능성이 있어 바람직하지 않음

✓ 예) 기존 라벨의 기재사항을 가릴 수 있는 크기의 스티커로 제작

⑶ 용기에 부착할 표시라벨에 포함되어야 할 정보는 아래 기재사항 참고

소분(리필)판매하는 화장품은 2차 포장이 없는 경우가 많으며, 이 경우 1차 용기에 화장품 필수 기재사항이 모두 표시되도록 작성

화장품 소분(리필) 제품의 라벨스티커 기재사항

1. 제품명
2. 영업자(화장품제조업자, 화장품책임판매업자, 맞춤형화장품판매업자) 상호 및 주소
3. 제조에 사용된 모든 성분(인체에 무해한 소량 함유 성분 등 일부 성분 제외)
4. 내용물의 용량 또는 중량
5. 제조번호
6. 사용기한 또는 개봉 후 사용기간(개봉 후 사용기간의 경우 제조연월일 병기)
7. 가격
8. 기능성화장품의 경우 "기능성화장품"이라는 글자 또는 기능성화장품을 나타내는 도안으로서 식품의약품 안전처장이 정하는 도안
9. 사용할 때의 주의사항
10. 그 밖에 총리령으로 정하는 사항
   - 기능성화장품의 경우 심사받거나 보고한 효능·효과, 용법·용량
   - 성분명을 제품 명칭의 일부로 사용한 경우 그 성분명과 함량(방향용 제품 제외)
   - 인체 세포·조직 배양액이 들어있는 경우 그 함량
   - 화장품에 천연 또는 유기농으로 표시·광고하려는 경우에는 원료의 함량
   - 기능성화장품의 경우 "질병의 예방 및 치료를 위한 의약품이 아님"이라는 문구
   - 다음 어느 하나에 해당하는 경우 사용기준이 지정·고시된 원료 중 보존제 함량
   가. 별표 3 제1호가목에 따른 만 3세 이하의 영유아용 제품류인 경우
   나. 만 4세 이상부터 만 13세 이하까지의 어린이가 사용할 수 있는 제품임을 특정하여 표시·광고하려는 경우

2) 제품 판매내역서 등 기록관리

(1) 판매내역서에는 내용물의 공급자(화장품책임판매업자), 제품명, 제조번호, 사용기한(또는 개봉 후 사용기간), 판매일자, 판매량 등 정보를 포함

부작용 등 안전사고 대처와 특정 제품의 부작용 발생이력을 파악하기 위해 내용물 개봉일자, 용기 재사용 여부, 구매자 정보 등을 상세히 기재할 것을 권고

(2) 판매내역서에 포함되지 않더라도 특정 성분의 사용으로 인한 국내·외 안전문제 발생 등을 대비하여 내용물별로 원료목록(전성분)에 대한 기록관리 필요

✓참고) 맞춤형화장품판매업자는 매년 1회 판매 제품의 원료목록을 보고

※ 소분(리필) 맞춤형화장품 판매내역서(예시)

판매내역서						년	월	일
판매일	책임판매자	제품명	제조번호	사용기한	판매량(g)	소분담당자		비고

4. 소비자 안내 · 설명

1) 첨부문서 등 정보 제공 및 설명

(1) 소비자가 구매하는 내용물에 대한 정보를 쉽게 알 수 있도록 설명하고, 부작용 시 판매장으로 연락하도록 안내

(2) 내용물 공급자(화장품책임판매업체)로부터 제공받은 내용물의 '사용 시 주의사항'을 소비자에게 설명

첨부문서(안내문, 디지털 방식 등)로 제공 가능

(3) 판매자는 소비자 제공 용기가 깨끗하지 않거나 재사용에 적합하지 않은 구조와 재질로 판단될 경우 소비자에게 이를 알리고 리필을 거부할 수 있음

[참고] 내용물 공급자로부터 제공받아야 하는 서류

1. 내용물 명칭, 제조번호, 전성분 목록, 보관조건, 사용기한, 사용 시 주의사항, 사용방법 등 제품 정보에 관한 자료

2. 개봉하지 않은 내용물이 유통화장품 안전관리 기준에 적합함을 확인할 수 있는 자료(시험성적서 등)

3. 내용물의 소분판매 기간 동안 방부력이 유지됨을 확인할 수 있는 시험결과

   → 설정된 사용기한 내에서 주기를 정하여 시험한 미생물 한도시험 결과, 방부력 시험결과 등

3. 내용물에 적합한 용기 재질 등 정보에 관한 자료

   → 매장 전용용기의 경우, 내용물과의 적합성 시험결과(반응성, 용출시험 결과 등)

   → 소비자 제공 용기의 경우, 해당 사용 가능한 재질, 사용할 수 없는 재질 등에 관한 정보

별첨 1 　판매장 안전·위생관리 점검사항

※ 판매장 여건에 따라 항목을 가감하여 적용

화장품 소분(리필) 판매장 점검사항

OOO 판매장

항목	점검사항	비고
판매장 및 판매자	판매장 청결 상태 확인	
	판매장 시설·기구 상태 확인	
	내용물 보관 장소에 대한 확인	
	소분담당자, 조제관리사 등 건강상태 등 확인(질병 여부)	
	소분담당자, 조제관리사에 대한 점검(복장, 마스크, 손세정 등)	
내용물 입고	내용물의 확인 : 내용물 상태, 품질성적서, 표시기재, 전성분, 주의사항, 사용기한, 보관 조건	
	선입선출	
	내용물의 입고, 사용, 폐기 내역에 대한 기록 관리	
내용물 보관	보관 장소 : 온도, 습도, 냉장고(저온보관 시)	
	보관 중인 내용물 사용기한, 품질 이상 여부에 대한 주기적 확인	
내용물 충전	소분 장치에 내용물 충전 시 주의 사항 확인	
	내용물을 개봉하여 소분장치에 전량 충전하는 것이 바람직하며, 개봉 이후 재보관 시 품질관리 철저	
소분 장치	소분 장치 선택 시 고려 사항 확인	
	소분장치에 관리지침 또는 매뉴얼(장비사용설명서, AS 등) 비치	
	장치 사용 전 확인 사항 : 사용 전 위생 상태, 정상 작동 여부, 내용물의 함량, 내용물의 정량 토출, 기기 주변 필요 물품 확인	
	장치 사용 중 확인 사항 : 내용물의 상태, 사용기한, 토출부에 대한 관리, 장기 주변의 받침대 등 청결 상태	
	장치 사용 후 확인 사항 : 토출부(노즐)의 잔여물 제거, 소분(리필)장치 세척, 소모품 관리 등	
용기 사용	용기 적합성 확인(용기 재질, 내용물과 반응 유무 등), 판매장 제공용기 또는 소비자 제공 용기 등에 따른 주의사항 확인	
	용기 오염여부, 건조 상태 확인	
	용기 세척·건조 및 살균 시 고려 사항 : 세척 방법, 세척제 종류, 건조, 살균 방법 등	

항목	점검사항	비고
라벨	필수 기재 사항	
	라벨 표시 방법(제거 쉬운 스티커 등)	
정보제공	원료, 사용상의 주의사항, 사용기한 등 소비자 설명 사항	
	소분(리필)장치 등 이용 및 용기 재사용 시 세척방법 등	
판매 후	판매내역서 관리	
	부작용 대처 등 목적으로 판매한 내용물의 전성분(원료목록) 보관	
	소분 장치(노즐 등) 및 내용물에 대한 점검	
세척·건조	세척의 적절성에 대한 판단 기준	
	세척제, 세척 방법	
	세척 장소 및 세척 장치에 대한 확인 사항	
	건조방법 확인 사항	

별첨 2   판매장 일일 위생점검표

※ 일일 위생점검표(예시)로 매장 상황에 따라 항목을 가감하여 사용

화장품 소분(리필) 판매장 일일 위생점검표

점검일   년   월   일

항목	점검 내용	기록		
		예	아니오	해당없음
작업자 위생	작업자의 건강상태는 양호한가?	☐	☐	☐
	작업자의 복장이 청결한가?	☐	☐	☐
	화장품 내용물을 소분하기 전에 손의 청결상태를 확인하였는가?	☐	☐	☐
	내용물 소분 시 마스크와 위생장갑을 착용하였는가?	☐	☐	☐
판매장 위생	판매장 내 청소상태는 양호한가?	☐	☐	☐
	판매장 내부의 공기는 적절한 주기로 환기시켰는가?	☐	☐	☐
	내용물 소분 시 사용하는 손소독제가 비치되어 있는가?	☐	☐	☐
내용물 관리	개봉하지 않고 보관 중인 내용물의 포장상태(찢어짐 등)는 양호한가?	☐	☐	☐
	개봉하지 않고 보관 중인 내용물의 보관상태(먼지 등)는 양호한가?	☐	☐	☐
	개봉하지 않고 보관 중인 내용물의 품질이상(층분리 등)은 없는가?(이상이 없는 경우 '예')	☐	☐	☐
	개봉하지 않고 보관 중인 내용물의 보관온도는 적절하게 유지되고 있는가?	☐	☐	☐
	소분장치에 비치되어 판매 중인 내용물의 사용기한은 충분히 확보되었는가?	☐	☐	☐
	소분 내용물의 품질 이상(층분리 등)은 발견되지 않았는가?(발견되지 않은 경우 '예')	☐	☐	☐
	소분장치에 비치되어 있는(판매 중인) 벌크통(카트리지 포함)의 포장상태는 양호한가?	☐	☐	☐
소분 장치 (도구) 위생	소분장치 내·외부 청소상태는 양호한가?	☐	☐	☐
	소분장치는 정상적으로 작동하는가?	☐	☐	☐
	소분장치 내부에 내용물의 잔류물이 오염되어 있지 않은가?(오염이 없는 경우 '예')	☐	☐	☐
	소분장치 부속품(노즐, 밸브, 튜빙 등)의 세척·건조 상태는 적절한가?	☐	☐	☐
	소분장치의 내용물 카트리지와 부속품 간 연결 상태는 적절한가?	☐	☐	☐
용기 세척·건조	용기의 세척·건조 장치의 청소상태는 양호한가?	☐	☐	☐
	용기의 세척·건조 장치는 정상적으로 작동하는가?	☐	☐	☐
	세척된 용기의 건조·보관 상태는 양호한가?	☐	☐	☐
	매 소분 시마다 용기의 위생상태(건조, 이물질 오염여부 등)를 확인하였는가?	☐	☐	☐
특이사항	개선조치 및 결과	조치자	확인	

이지한

| 약력 및 경력

- 맞춤형화장품조제관리사 2회 고득점 합격자
- 초등 정교사 2급 자격증 소지(교육부)
- 부산교육대학교 졸업
- 現 공립학교 초등학교 교사

2024 이지한 맞춤형화장품조제관리사 화장품법령 백과사전

발행일 2024년 2월 23일   **발행인** 조순자

편저자 이지한   **디자인** 서시영

발행처 인성재단(종이향기)

정 가 44,000원   **ISBN** 979-11-93686-24-9